主　　编　邵益文
副 主 编　陶信成　韦志榕　魏运华

本书编选者　邵益文　程绍沛　张小萍　朱　诠

中国编辑研究

ZHONGGUO BIANJI YANJIU

（2010）

中国编辑学会　编

人民教育出版社
·北京·

图书在版编目（CIP）数据

中国编辑研究.2010/中国编辑学会编.—北京：人民教育出版社，2015.10
ISBN 978-7-107-23678-5

Ⅰ.①中… Ⅱ.①中… Ⅲ.①编辑工作—中国—2010—文集 Ⅳ.①G232-53

中国版本图书馆CIP数据核字（2015）第249406号

人民教育出版社 出版发行
网址： http://www.pep.com.cn
北京天宇星印刷厂印装 全国新华书店经销
2015年10月第1版 2015年10月第1次印刷
开本：890毫米×1 240毫米 1/32 印张：28.75
字数：659千字 印数：0 001~1 000册
定价：62.30元

目录

⊙ 改革发展论坛

⊙ 理论探讨

⊙ 学科建设

⊙ 期刊研究

⊙ 人才培养

⊙ 编辑出版教育

⊙ 历史与人物

⊙ 国外编辑出版

⊙ 图书评介

万紫千红总是春

——与时俱进的中国新闻出版业

柳斌杰

新闻，由封闭变为开放；出版，由“书荒”变成“书海”；传媒，由单一变得多样——这是改革开放以来中国新闻出版业所发生的举世公认的三大变化。30年来，在中国特色社会主义理论体系的指引下，我国新闻出版战线不仅率先解放思想，为改革开放和现代化建设事业提供强大的舆论支持和精神动力，而且不断深化自身改革，坚持开拓创新，推进了思想观念、体制机制、增长方式、管理模式的转变，解放了生产力，使我国新闻出版产业更加壮大，新闻出版事业更加繁荣，新闻出版制度更加完善，新闻出版工作更有成效。可以毫不夸张地说，我国新闻出版业进入了历史上最好的发展阶段，取得了前所未有的显著成就。

一、开辟了中国特色新闻出版业发展之路

我国的新闻出版业是中国特色社会主义伟大事业的组成部分，既不能固守计划经济时代形成的传统模式，也不能照搬西方发达国家的现成模式，必须实事求是、与时俱进，走中国特色的发展之路。经过30年的改革创新，在管理上，我们形成了党委领导、政府管理、行业自律、企业自主经营的新体系；在行政上，形成了宏观调控、政策调节、依法行政、市场监管的新模式；在宏观体制上，我们实行经营性单位和公益性单位两分开，支持经营性单位转企改制、面向市场、竞争发展，扶持公益性单位创新机制、增强活力、搞好服务；在微观运行上，机制灵活，形式多样，各具特色。总体而言，我国新闻领域，坚持正确舆论导向，实施舆论监督，贯彻“三贴近”原则，更加关注民生，已经做到准确及时、公开透明、有序开放、有效管理；我国的出版坚持先进文化前进方向，贯彻百花齐放、百家争鸣的方针，为人民群众提供了多样化、多层次的精神产品。同时，我国也在积极发展多媒体，使之成为全面覆盖、快捷传输的现代传媒生力军。整个新闻出版领域迈上了产业化、市场化、集团化、国际化的发展轨道。

二、中国特色社会主义新闻出版法律制度逐步完善

坚持中国特色新闻出版发展道路，必须有相应的法律制度来保证。30 年来，已经形成了以《中华人民共和国著作权法》《印刷业管理条例》《出版管理条例》《音像制品管理条例》《计算机软件保护条例》《著作权法实施条例》《信息网络传播权保护条例》《外国记者在华采访条例》为主的法制框架。围绕这“一法七条例”颁布实施的相关配套法规、规章，如《新闻采访规定》《出版物市场管理规定》《图书出版管理规定》《报纸出版管理规定》《期刊出版管理规定》《互联网出版管理暂行规定》等共有 30 多件，基本做到了有法可依，依法管理，受到国际相关组织高度评价。

三、新闻出版体制改革不断深化，解放了新闻出版生产力

30 年来，适应计划经济体制向社会主义市场经济体制的转变，新闻出版进行了多方面的改革探索。特别是党的十六大以后，新闻出版业改革加大了力度，取得了突破性进展。2003 年，中共中央、国务院正式启动文化体制改革试点，在所确定的 35 个文化体制改革试点单位中，新闻出版单位就有 21 家，占了 2/3。新闻出版总署坚持从体制创新入手，总体设计，分类指导，全面完成了出版、发行、报业改革试点任务，为全国文化体制改革向纵深推进提供了宝贵经验。2005 年，新闻出版总署进一步明确出版发行体制改革的总体思路，重点抓了转企改制、企事分开、职能转变、上市融资等难点的突破。一批地方出版社、中央部委出版社、高校出版社和一批经营性报刊社转企改制。转制后的企业，赢利水平大幅提高。49 家党报党刊集团实现了宣传编辑和经营业务两分开，报刊的发行、印刷、广告等经营活力大为增强。各级新闻出版行政部门完全实现了政事分开、政企分开、政资分开、管办分离，政府的职能发生了根本转变。融资渠道不断扩大，多种经济成分共同发展的产业格局初步形成。全国性民营连锁经营企业 8 家，民营发行网点达 10 万个，中外合资、合作或外商投资书报刊发行企业和印刷企业达 2 500 多家；一批民营网络出版发行企业快速成长；出版、发行、报业上市公司已达 11 家，市值 2 000 多亿元，净融资达 240 多亿元，大大解放了出版生产力。

四、新闻出版阵地得到巩固和加强

改革开放以来，新闻出版业在马克思列宁主义、毛泽东思想、邓小平理论、“三个代表”重要思想以及科学发展观等一系列经典著作、研究性著作以及普及读物的出版工作方面做出了重大贡献。经典理论读物、重点出版物也由单一向丰富多样转变，并通过坚持“三贴近”增强了吸引力。以《中国大百科全书》《中国美术全集》《汉语大词典》《汉语大字典》《辞海》等为代表的一大批基础性工具书，深受读者欢迎。主题出版年年出彩，新品力作不断涌现，大批主旋律作品在建设社会主义核心价值体系方面发挥了重要作用。

五、新闻出版产品丰富多彩，满足了人民群众多方面、多层次的精神文化需求

30 年的改革发展，使“书荒”变成了“书海”。据统计，我国图书品种已由 1977 年的 12 886 种增长到 2007 年的 248 283 种，总印数达 62.9 亿册。期刊由 1977 年的 600 余种、5.6 亿册发展到 2007 年的 9 363 种、29 亿册。报纸由 1977 年的 200 种、123.7 亿份发展到 2007 年的 2 081 种、438 亿多份。音像制品从 1978 年的 398 个品种发展到 2007 年的 3.37 万种，传统出版产品增加了 10～100 倍。我国电子出版业起步于 1993 年，到 2006 年出版电子出版物 7 207 种，发行量达 1.6 亿张，电子图书已达 160 多万种，其中有 50 多万种上了市。通过数字化和互联网传输的报刊已有 3 万多种，自主研发、拥有自主知识产权的民族网络游戏产品已有 300 多种上市，远销 40 多个国家和地区。新闻出版业真正实现了新闻出版产品从供应不足到“市场过剩”的历史性转变，在促进我国文化积累和传播、促进国民文化消费、促进经济和社会信息交流等方面起到了积极作用。

六、新闻出版业公共服务体系建设稳步推进

让人民共享文化发展成果是在中国特色社会主义的伟大实践中进行文化创造的本质要求。针对农村人口占全国总人口的比重仍然很大的实际，政府组织实施了把书屋建到村上、让农民有书读的农家书屋工程。目前已建成各类农家书屋 2 万余家，同时与民政部等共建“社区书屋” 6 万多家，这些书屋惠及 2 亿

多城乡人口。国家计划用10年时间使农家书屋覆盖到70多万个行政村和社区，彻底解决村民、居民看书难、读报难等问题。进入21世纪后，面对全球性的阅读新趋势，我们实施了全民阅读工程，倡导阅读风尚，引导阅读方向，运用报刊、图书、音像、网络等载体，向大众提供喜闻乐见的优秀读物，帮助他们读好书、看好报、上好网。为了解决好少数民族地区人民群众看书难、读报难的问题，中央和地方财政按照“增加投入、转换机制、增强活力、改善服务”的方针，加大了资金投入，组织实施了200多项民族文字出版工程，进一步推动了我国少数民族文字出版事业的发展。

七、高新技术的广泛使用深刻改变着新闻出版业

随着信息技术、数字技术和计算机技术的不断发展，以数字网络出版、数字印刷业为主体的新型出版业态呈现高速发展态势，成为我国新闻出版产业改革开放以来传播手段变革的重要标志。30年来，我们始终把加快新闻出版业的技术进步作为重要战略之一，通过制定科技规划和重点科技项目等措施，鼓励和支持新闻出版企业大力使用互联网、数字化等新技术，推动新闻出版业实现从传统向现代的转变。截至2006年，我国数字出版产业整体规模已经达到了200亿元；计算机显示器、阅读器有1.3亿台。网上书店越来越多，电子书的规模稳居全球第一，33家报业集团推出了数字报纸，手机阅读已成为新时尚。为了培育和推动新的出版业态，我们正在着手实施“中华字库”“国家知识资源数据库”“国家数字复合出版系统”“国家动漫振兴工程”等一批国家重点工程，大力推进电子书、手机报刊、数字出版等新兴业态的发展。

八、“走出去”战略成效初显，全新的出版业对外开放格局日渐形成

1986年第一届北京国际图书博览会的举办，标志着中国出版业正式向世界敞开大门。经过20多年的不懈努力，北京国际图书博览会的规模和层次逐年提高，已经成为国际上最重要的图书博览会之一。近几年来，我国坚持参与40多个国家或地区的书展、书市，宣传、展示和推介中国图书产品，开展版权贸易。在法兰克福、巴黎、纽约、莫斯科等地举办的大型书展上，中国都成为最大的亮点之一。加入世贸组织以来，我们兑现承诺，整个书报刊分销市场都已经向世界开放，在出版、印刷、发行等各个环节，不断加大引进外资的力度。中外合资或合作的印刷、发行、出版企业达2 500多家，期刊版权合作50多家，图书合作年均600多种；对外版权贸易的成交量由1990年的几百种发展到2007年的1.4万多种。引进、输出比例由10年前的15∶1缩小到2007年的5∶1，图书出口达730多万册，是进口的2倍；报刊出口达到400多万份，发行到了80多个国家和地区；一大批中国自主研发的网络游戏产品，进入了国外的主流市场。“中国图书对外推广计划”已经推出1 400多种中国精品图书，由40多个国家和地区翻译出版，在西方主流社会产生了一定影响。

改革开放30年来，我国在新闻出版改革、发展和管理的实践中，积累了不少成功的经验，概括起来，就是要处理好几个关系：必须处理好新闻出版意识形态与产业形态双重属性的关系；必须处理好坚持中国特色与遵循一般新闻出版规律的关系；必须处理好社会效益与经济效益的关系；必须处理好经营性产业与公益性事业的关系；必须处理好有序开放与有效管理的关系；必须处理好继承传统与改革创新的关系；必须处理好弘扬主旋律和坚持多样化的关系，始终保持科学发展的态势。

回顾30年，我们更加坚定了高举中国特色社会主义伟大旗帜、全面贯彻落实科学发展观、建设新闻出版强国的信心。今后，我们将坚决贯彻胡锦涛总书记提出的“高举旗帜、围绕大局、服务人民、改革创新”的总方针，继续解放思想，不断深化改革，推动新闻出版业发展方式、体制机制、政府职能三大转变，建设农家书屋工程、重大出版工程、少数民族文字出版工程、全民阅读工程、文化环境保护工程等五大服务工程，实施精品战略、集约化经营战略、科技兴业战略、人才战略、“走出去”战略等五大战略，尽快形成以国有经济为主体、多种经济成分共同发展的新闻出版产业格局，以民族文化为主体、吸收世界先进文化的开放格局，构建面向基层、服务人民的公共文化服务体系，统一开放、竞争有序的市场体系，覆盖全面、传输快捷的传媒体系，实现中国新闻出版业的大发展、大繁荣。

（原载《求是》杂志2009年第4期）

始终坚持解放思想、实事求是的思想路线
——在出版界纪念改革开放30周年座谈会上的发言

刘 杲

从出版界的立场回顾改革开放30年，最突出的印象莫过于解放思想、实事求是的思想路线。正是在这条思想路线的指引下，我们已经或者正在进行一系列重大的观念转变，为贯彻落实科学发展观的要求，推进出版业的改革和发展，奠定了思想基础。

一、出版业的观念转变

我们确认了出版业是中国特色社会主义出版业，这是解放思想、探索中国特色社会主义道路的一个成果，是推进出版业的改革和发展的前提。中国特色社会主义出版业，与社会主义的基本制度紧密地联系在一起，是建设中国特色社会主义的一个重要条件，又是这个伟大事业的一个组成部分。我们确认了为人民服务、为社会主义服务的方针，取代了过去被扭曲的“为工农兵服务、为无产阶级政治服务”的方针。我们确认了全面执行出版工作的任务，包括宣传理论、传播和积累科学技术和文化知识、丰富精神文化生活等，大大突破了过去“出书围绕政治运动转”的狭窄空间。重新确认出版业的方向、方针和任务，是出版业转变观念的第一收获。

二、出版物的观念转变

我们确认了出版物具有双重属性，既是精神产品，又是商品。对于出版物是不是商品，过去是有争议的。人们担心，承认出版物是商品，会有损出版物作为精神产品的积极作用。实际上，任何商品都有特殊性，从而都有相应的特定的质量要求。出版物作为商品的特殊性在于精神产品，自然具有精神产品的特定的质量要求。出版物能不能保持和发挥精神产品的积极作用，关键在于能不能保证精神产品的特定质量，而不在于是否承认出版物的商品属性。精神产品强调质量第一，商品也强调质量第一。出版物质量，关系出版企业的核心竞争力。抓住了出版物质量第一，就抓住了精神产品和商品这两个侧面的结合点。从文化价值和商业价值的结合上强调提高出版物质量，是进入市场经济之后出版业认识的一大进步。

三、出版功能的观念转变

我们确认了出版活动的根本功能是文化建设，取代了过去强调的“出版是阶级斗争工具”。出版业只有充分发挥文化建设的功能，才能为建设中国特色社会主义提供强大的精神动力和智力支持。出版业的文化建设体现在多出好书上。检验出版业改革和发展的成败得失，说到底，要看能否多出好书。标志性图书具有特别意义，既是出版业的成就的标志，也是全民族的文化的标志。出版传世之作是出版业的最高追求。改革开放30年，出版了一批标志性图书。其中笔者知道的就有：首次出版《中国大百科全书》74卷，中文第二版《列宁全集》60卷，引进《简明不列颠百科全书》10卷，新编《汉语大字典》8卷，新编《汉语大词典》12卷，新编《中国美术全集》60卷，校点《二十四史》，修订《辞源》和《辞海》，等等。这些标志性图书，不仅是对当代的重要贡献，也是对后世的重要贡献。

四、出版单位的观念转变

我们确认了出版单位是生产精神产品的企业，出版业是一项文化产业，这与出版物既是精神产品又是商品的双重属性是对应的。基本的要求是，完成从计划经济下的出版企业向市场经济下的出版企业的历史性转变。有条件的出版企业积极探索，兼并联合，组建集团，上市融资，做强做大，稳步前进，顺理成章。无论出版企业还是出版企业集团，都面临着如何正确处理社会效益和经济效益的关系的问题，既是热点，也是难点。中国出版业的优良传统是对文化和经济两个侧面的兼顾。比如，生活书店的邹韬奋，强调事业性与商业性相结合。作为继承和发展，我们强调公益性与经营性相结合；强调将社会效益放在首位，实现社会效益与经济效益相结合；强调在出版业的体制创新和机制创新中，实现社会主义文化建设的要求与社会主义市场经济的要求相结合。逐步实现这种结合，是出版单位转制改企必须努力完成的历史任务。

五、出版市场的观念转变

我们确认了培育统一开放、竞争有序的出版市场，是出版单位和发行单位的共同需要。一方面是塑造市场主体，一方面是培育市场环境。这两个方面相辅相成，相互推动，缺一不可。核心是按照市场经济规律办事。由规定的国有书店一家经营，改为多种经济形式的书店多家经营；由规定的单一统购包销，改为自主选择的多种购销形式；由规定印张价格，改为在政府指导下的市场调节出版物价格；由规定发行折扣，改为随行就市调节出版物发行折扣；由规定出版单位和发行单位的购销关系，改为出版单位和发行单位通过市场双向选择；由规定的出版物经营地区，改为跨地区经营；由地面门市销售，发展为不受时间和空间限制的网络销售；由国内市场，发展为国内和国际两个市场。总之，逐步实现统一开放、竞争有序的出版市场，是出版业通过改革和发展走向成熟的又一基本要求。

六、出版方式的观念转变

我们确认了信息传播数字化网络化技术带来的出版方式的革命。以往是复制和传播技术的发展，带动出版方式的发展。如今数字化网络化技术带来的出版方式的发展变化，更令人应接不暇。首先是对传统出版的改造和提升，接踵而至的有音像出版，有电子出版，有网络出版，有手机出版，有电子书，等等。特别是在互联网上，人机交互，及时更新，海量存储，瞬间检索，效果之神奇难以想象。飞速发展的新技术，逼迫我们在出版活动中形成有关选择的新观念、加工的新观念、编排的新观念、传播的新观念；同时，逼迫我们开创新的出版产业、新的文化传播、新的商业模式、新的服务路径。我们深信，信息传播数字化网络化技术是新的巨大生产力，必将带动经济、政治、文化、社会的巨大变革，前途不可限量。

七、出版队伍的观念转变

我们确认了改革开放的时代需要复合型的出版人才。过去总是讲“政治挂帅”。实事求是地分析，我们需要讲政治方向，还需要讲理想追求，讲道德修养，讲法律自觉。我们需要讲专业化和职业化，还需要讲专家和杂家的结合。我们需要讲文化建设，还需要讲商业运作。20 世纪 80 年代，在出版界发生过一场争论：做出版家，还是做出版商？当时两种意见相持不下，后来改革开放的实践逐渐回答了这个问题。看来，出版家和出版商并不是水火不容的。在一定的条件下，出版家和出版商可以结合。三联书店一位资深出版人总结经验说，要坚持文化理想与商业智慧的统一。说得很好。谁能够坚持文化理想与商业智慧的统一，谁就能够成为真正的出版企业家。出版企业家的成熟，意味着新的出版业的成熟。

八、版权保护的观念转变

我们确认了版权保护是文学艺术和科学技术的智力创新成果的法律保障，是建设创新型国家的重要条件。在批判“知识私有”的时候，版权保护当然无从谈起，是改革开放为中国带来了现代化的版权保护制度。当年着手起草版权法的时候，赞成的人不少，误解和质疑的也不少。有人说，版权法讲的，无非是资本主义的那一套。有人说，帝国主义掠夺过我们，凭什么今天还要给它们版税。当时的国家科委、国家教委、中国科学院、全国科协四大部门还曾联名向国务院报告，说是为了便于引进外国先进科学技术，我国不要制定版权法，更不要参加国际版权公约。我们必须回答这些误解和质疑。同时，我们还必须花更大的力气去积极探索，如何把世界公认的版权保护的一般原理，跟中国作为发展中国家的实际情况结合起来。我们坚持了，我们成功了。我们不仅有了自己的版权法，而且以版权法为基础加入了国际版权公约，实现了我国对外版权关系的正常化。中国要自立于世界民族之林，离不开文化创新和文化交流，而这两个方面，都离不开版权的法律保护。现在面临的问题不再是要不要版权法，而是版权保护如何跟上迅猛发展的网络传播的新形势。

伟大的改革开放还在继续前进。让我们坚持解放思想、实事求是的思想路线，不断突破思想禁锢和思维定式，力争把客观上可能的事情变为现实。这是贯彻落实科学发展观，谋求出版业改革和发展的更大胜利的必由之路。

（原载《中国编辑》2009年第1期，收入本书时作者进行了修改）

编辑要有国际视野

杨牧之

当今世界，经济全球化已是我们每天面对的事实；互联网技术的发展，使我们居住的环境成为地球的一个村落。而且，我国已经加入了世贸组织（WTO），享受了权利，承担了责任。在这种大的背景下面，我们不能就出版谈出版，不能就出书谈出书。我们应该从更大的范围——全世界的范围，更高的角度——文化产业的角度，去看出版业的经营和发展问题。

一、世界文化产业发展的情况

1. 美国乘机兴起，迅速强大

乘什么“机”？乘欧洲国家刚刚从第二次世界大战废墟中站起来，顾不上发展文化之机。乘欧洲一些国家观念陈旧，满脑子欧洲人传统的绅士文化，还拿不出新的品牌产业之机。“文化产业”一词的产生，就很说明问题。“文化产业”这一概念今天听起来顺顺当当，甚至于很时髦，但当初却是欧洲人作为对美国文化的嘲讽提出来的。20 世纪 40 年代，欧洲刚刚摆脱第二次世界大战的摧残，百废待兴；而美国以好莱坞、流行音乐、百老汇为代表的大众文化迅速发展，并乘机打入欧洲市场。欧洲的知识界、文化界对此很看不惯。

法兰克福学派讽刺美国的大众文化是工业流水线生产出来的“产品”，说好听一点叫作“文化产品”，不是真正有创意的文化作品。他们认为那些东西是美国社会精神危机的产物，只是为了赚钱而打造出来的。但美国并不把这种批评、嘲讽当回事，反而更加快速发展。美国的经济学界用理论阐释这种文化发展现象，提出“知识产业”的概念，得到社会认同。接着，金融资本、产业资本也积极投入文化产业，美国的文化产业如虎添翼。这种全社会的支持，使美国的“文化产业”在国民经济和对外贸易中所占的比重越来越大。1996 年，以电影、音乐、图书、期刊、电脑软件为主的美国文化产品，成为美国最大的出口产品，超过了包括汽车、航空、农业等在内的传统产业。到了 20 世纪末，美国的文化产业出现并购热潮，一个个大文化产业巨头诞生了。它们资金雄厚，来势凶猛，很会经营，凭借着经济全球化、信息网络化、传播集团跨国化的浪潮，迅速杀向世界，占领国际市场。

这种壮观的发展态势和巨大的发展潜力，鼓励着美国的文化产业加速发展并走向世界。以电影为例，美国电影产量只占全球总量的 6％左右，却占了全球总放映时间的 50％以上。就拿市场份额来说，美国的电影占据英国市场的 90％，占据意大利市场的 95％，就连千方百计抵挡美国文化进入的法国市场也占到了 60％。

第三世界许多国家的电视中，70％左右的节目来自美国，几乎成了美国电视节目转播站。从这些数字来看，是不是可以说，美国的文化产品在国际市场上已形成了一定的垄断地位？布热津斯基曾十分自豪地说：如果说罗马献给世界的是法律，大不列颠献给世界的是议会和民主政体，法兰西献给世界的是共和制，那么，美利坚献给世界的就是高新科技和大众文化。

2. 欧洲与美国的争斗

欧洲，尤其是法国、德国对美国文化产品在全世界几乎无孔不入的扩张，深恶痛绝。他们明白，这种扩张、入侵，不仅是商业利润的掠夺，而且是文化的扩张，是价值观的入侵。他们以保护民族文化为理由，反对把文化产品等同于一般商品，不同意文化产品像一般商品那样自由进入。

1993 年，在经合组织乌拉圭回合谈判中，美国要求欧洲开放文化产品市场，法国提出“文化例外”的原则，不同意美国允许各国文化产品自由流通的要求。

2001 年，法国改变提法，由“文化例外”改为“文化多样性”。这是由当时法国的总统希拉克在联合国教科文组织大会上正式提出的。法国认为“文化例外”不严谨，因为文化的性质虽然有价值观的一面，但也有商业的一面。他们认为，总结“9·11”事件的教训，缺乏文化方面的理解和沟通是造成西方与世界冲突的一个原因，所以要加强各国间的对话和文化交流。为了强调文化产品的特殊性，法国要求把文化产品问题的讨论由世贸组织转到联合国教科文组织。

随后，联合国教科文组织通过了《文化多样性宣言》。这是以法国为首的反对美国自由流通观点的胜利。但是，法国仍然不满意。他们认为“宣言”的形式没有约束力，远远不够。经过坚持不懈的努力，2005 年 10 月，联合国教科文组织第 22 次会议通过了《文化多样性公约》。“公约”规定要保护和发扬各国传统文化，比“宣言”进了一大步。“公约”得到绝大多数国家赞成，在 191 个参加审议的成员中，151 个成员赞成，美国反对。但世界上许多国家都担心美国的电影和音乐冲击自己的民族传统文化，不同意美国的意见，美国很孤立。日本的《每日新闻》，在“公约”通过的当晚即以“世界文化不再由美国主导”为题发表文章。争斗的实质很清楚：一是保护自己国家的传统文化，二是保护文化产品市场不被美国肆意进入。

3. 各国在争分夺秒地发展

面对这种局面，世界很多发达国家都在日夜兼程、争分夺秒地发展自己的文化产业。他们一是在理论方面开展研究，寻求理论的支撑；一是给政策、出资金。他们明白，不能又要马儿跑又要马儿不吃草。由于思路对头，又懂行，按照规律办事，所以时间虽短很多国家却都搞得有声有色。

比如日本，1995 年政府提出“新文化立国”的振兴文化发展的策略，把发展文化产业作为一项国策，接着又设计出“产、官、学”三者相结合的发展道路。政府提供政策支持，学术研究机构提供理论研究、市场分析和预测，产业积极改革，通过与政府、科研机构合作谋求发展。由于准备充分，政策到位，规划全面，文化产业发展迅速。日本基本上从两方面入手：一方面，大力发展新型高科技产业，用电脑技术大力发展动画片，一时成果不断。比如《铁臂阿童木》《灌篮高手》《机器猫》等产品风靡全球，以至于我们为了保护并发展民族动画，不得不限量审批进口外国动画片。另一方面，用高新科技改造传统产业。比如索尼公司，它的传统产品已逐渐衰微，严重亏损，就下大力气在传统的电子产品中增加文化内容，大力发展电脑娱乐、电子音乐、影视公司，把企业变成一个综合性的文化产业，很快使老企业得到了新生。

再如韩国，走“文化商业主义”之路，从 20 世纪末采取了一系列措施：1997 年，政府设立了“文化产业基金”，提供优惠贷款；1998 年，金融危机，精简机构，但政府仍然扩展文化部门的规划；1999 年，国会通过“文化产业促进法”；2001 年，成立“文化产业振兴院”。不到 10 年，至少在亚洲，让人感到“韩流滚滚”，被公认为文化出口的新兴国家。《爱情是什么》《大长今》等电视剧在中国大受欢迎。为家用电脑设计开发的数字化“天堂”游戏畅销亚洲，与微软、索尼在世界游戏市场形成三足鼎立的局面。韩国的经验是先研究理论战略，再提供政策支持，整体考虑，科学布局，而不是想起一出是一出的那种急功近利的实用主义，所以发展快速。

二、国外出版同行的思考

我们再具体观察一下发达国家出版业发展的步伐。

中国加入世贸组织，给一些发达国家的出版商带来希望，他们千方百计地筹划进入中国市场。以欧洲最大的媒体集团贝塔斯曼为例，该集团本为世界第三，仅次于时代—华纳集团、沃尔特·迪斯尼集团，但维斯康姆收购了哥伦比亚广播公司后，排名降为第四。1995 年，贝塔斯曼以读书俱乐部形式进入中国零售市场。2005 年，该集团又与辽宁出版集团合作，成立了图书发行公司，开始进入发行领域。他们的战略目标是雄心勃勃的。1999 年上海“财富”论坛期间，贝塔斯曼的总裁米德霍夫在接受《中国图书商报》的记者采访时，曾坦率地讲了贝塔斯曼下一步在中国发展的计划：第一，与中方密切合作，巩固和发展书友会；第二，如果条件允许，准备让俱乐部上网；第三，两年以内将开办印刷厂；第四，如果政府允许的话，准备开办工厂生产 CD-ROM，并与中国伙伴一起出版一流的杂志；第五，如果政策允许，愿意与中国出版社合作，将贝塔斯曼在全球的出版经验带到中国来，时间可能是 2～5 年内；第六，培养人才，贝塔斯曼大学为当地人才的培养做出了贡献。另外，从 20 名在美国读 MBA 的中国留学生中挑选 15 名，他们将接受贝塔斯曼的培训[1]。

很清楚，他们的计划是全面的：书友会，上网，办印刷厂，生产 CD-ROM，出版杂志，2～5 年内办出版，按照贝塔斯曼的经验培训中国人才，等等。当然，从市场经济角度去看，他们的想法无可厚非。企业就是追求利润最大化，企业就要按企业规则办事。只要不犯法，怎样做对企业发展有利就可以怎样做，这一点我们应该有充分的思想准备。因为我们也转企了，而且已加入世贸组织，并且完成了过渡期。

我们仿佛听到了他们大踏步走向中国市场的脚步声。培生集团、兰登书屋、斯普林格等国际著名出版商都在设计着自己的好梦，他们不会只满足于发行中国的出版物，必然要争取把他们的出版物送进中国市场。君不见，美国为了市场的开放，和法国打得难解难分。他们不会只满足于进入产品市场，必然要争取进入资本市场。

但中国市场有中国市场的规律和特点，也并不是有一番雄心壮志就能做成中国出版业做不成的事。贝塔斯曼在中国市场的退出，是他们实践和分析的结果。他们的经验帮助我们做出深刻的思考。

我们再具体看看国外出版商是怎样发展的。

1. 关于出版社的布局

日本有出版社 4 602 家，但 10 人以下的有 2 000 多家。全国年出书约 6 万种，年出书 60 种以上的出版社只有 226 家。可见，日本的出版社有大的，如讲谈社、小学馆、角川书店，等等；也有中等的、小型的，小到只有夫妻二人，每年只出版三五种书。这是日本的情况，日本的出版业正是在这种格局下，成为世界三大出版强国（美国、德国、日本）之一的。我们为什么动不动就是“一刀切”呢？

日本的出版社 80%在东京，经销公司 84%在东京，而书店却只有 30%在东京。这说明了，出版社、大的经销公司集中于政治、经济、文化中心，因为这些地方有人才、有资源、有实力，而书店却是遍布各地，让偏远地区和发达地区一样享受优秀的读物。再看看我们，30个省市，省省一样。就连偏远地区也都和大的省会城市一样：人民、文艺、科技、少儿，各类出版社都要有一家，好比没有金矿却要建一个黄金加工厂。现在则又是每一个省都要建一个出版集团、发行集团，他那里根本没有出版资源，只好把中小学生作为资源，规定中小学校一律不得买外省的书，即便外省的书质优价廉。外省的出版社要到我这里来销售，只能交换码洋，可以想见结果是什么样。这也难怪他们，他们如果连这点资源也保不住，在这种体制下就只好关门了。

2. 超级书店的兴旺

超级书店首先出现在美国。这是因为传统书店采取连锁经营方式后，连锁经营追求分店数量越多越好，结果导致经营成本大大增加。而且一个个连锁店虽然覆盖面不小，但店的规模都不大，图书品种有限，效益并不理想。再加上，超级书店不仅供读者购书，还因为资源雄厚，地理环境优越，成为读者聚会休闲、交流思想的文化场所，所以发展很快。在美国，76％的成人到超级书店购书；在英国，超级书店的20多家连锁店控制了全国70％的零售市场；在法国，最大的超级书店福耐克书店几乎覆盖了全国的城市；在加拿大，查普特书店仿效美国超级书店做法，增加超级书店，减少小型书店，已成为加拿大图书零售市场的“巨无霸”。

毋庸置疑，超级书店的发展大大促进了图书的销售，推动了出版的繁荣。但出版业的有识之士已经看到了这种经营方式带来的问题：超级书店控制了市场，它根据市场销售情况决定进货、退货，因为它独此一家，出版社只能依靠它，这就控制、至少影响到出版社的出版选题和出版计划。出版社必须看它的脸色，时间一长，出版就会完全受市场左右，出版的文化品质必然受到威胁。而且，随着众多独立书店的关闭，一两个或几个超级书店渐渐垄断了市场，竞争不存在了。在市场经济中，离开了竞争，发展也就停滞了。

这些情况，对中国方兴未艾的大图书城的建立有什么启示？我们正在羡慕超级书店、大图书城带来的好处，各地比着上超级书店，我们是不是也看看美国超级书店的弊端，总结一下它们的经验与教训，是不是把美国的两步（建设与调整）变成一步，在兴建初期，就尽力设法避免它可能出现的问题？

3. 美国如何打造畅销书

美国出版商打造畅销书的做法，真是煞费苦心。《飘》《廊桥遗梦》等书的出版，引起无数读者的兴趣，他们带着书，前往书中描述的地方游览、考察，发思古之幽情，这又反过来进一步推动了小说的销售。这是出版商始料未及的效应。后来，出版商、作家总结了此类畅销书的成功经验，抓住典型材料，从写作开始就设计好地点，让作者将故事情节与实地名物暗暗相合。比如兰登书屋出版的《善恶园中的午夜》，作者约翰·勃伦特用了10年时间全面调查佐治亚州萨瓦那镇1981年发生的一起杀人案，写作时巧妙地将故事情节与当地风光、社会风俗甚至当地人物融于一体，形成一本引人入胜的案情小说。该书出版后，出版商大力宣传故事的发生地以及当地的风土人情，吸引了一批批游客到萨瓦那镇旅游。作者亲自当导游，当地居民热情配合，镇里收入大增，镇长的脸上乐开了花。此书出版两年，共印56次，卖出100万册，还被译成6种外文。连到佐治亚州来的很多外国游客，也慕名去寻访萨瓦那镇。

欧美国家的畅销书，尤以性、心灵和死亡为题材的书为最。比如《性的乐趣》《女性至上》《心理转移疗法医师的经历》《我们如何死去》《无法回避的冬日》等，光从书名就可见其内容。一本名为《拥抱阳光》的书，销路非常好，作者自称在手术中几经生死，看见了上帝、天国和天使们。这本书连续 60 周上榜，销量超过 100 万册。后来，她又有新著《苏醒的心灵》，书还未写出，出版社定金就预付了 500 万美元。图书畅销了，作者也“畅销”了[2]。

这些事例很值得我们思考。试问，这样策划出来的书，承载了什么文化使命？其实，他们原本就没有想什么使命、文化，他们原本想的就是市场及市场能给他们带来多少利润。这也不必大惊小怪，对一个企业、一个出版商来说也无可厚非。但是，以建设社会主义精神文明为己任的我们，不能因追慕欧美，搞出几本这样的畅销书，就以为达到了出版的根本目的，就沾沾自喜、自鸣得意！

我们的社会五彩缤纷，需要可以娱乐、可以消遣、可以游戏，甚至可以猎奇的读物，但千万不要认为韩国的电视剧就是我们学习的榜样，甚至可以对精神文明建设起巨大作用。如果想不通，我建议去看看古今中外千百年来积淀下来的图书，即使看看书目，那些书名也可以让我们感受到文化的博大和厚重，也会让我们明白什么作品叫文化。

4. 如何看待国外出版商进入的威胁

角川书店是日本著名的出版社之一。早在 20 世纪 70 年代，当时的角川书店社长角川春树就因为提出“角川商法”而享誉书界。他们将《人证》拍成电影，打出出版史上十分著名的广告：“读了再看呢还是看了再读。”把自己的书，拍成电影，借助电影开展宣传，形成一时热点，进而再推销其书，让文字、影像、声音三位一体，使出版物的内容价值最大化，这就是“角川商法”。

今天的角川书店仍然经营有方，且看现任角川书店社长角川历彦的发展战略：一是当国外公司进入日本市场时与之合作。比如，与贝塔斯曼在日本的电子商务业务合作，贝塔斯曼拥有角川3%的股份。另外，角川也主动向国际市场进军。当记者问道，加入WTO以后，国外出版企业进入会对国内出版社造成威胁吗？角川说：虽然有国外大型传媒集团进入日本，比如贝塔斯曼和阿歇特，但它们都没有成为日本出版业的主角。其中的原因除了文化、语言方面的障碍以外，政府也有限制。比如，政策规定：国外的出版业拥有日本出版企业的股票不能超过25%。二是出版社获得竞争优势的关键是要有一支优秀的编辑队伍，其次才是资金的问题。如果资金是最重要的获胜因素，那么日本其他行业的那些大财团也可以进入出版业了。

角川先生的从容稳健值得我们学习，我们对国外的出版商既不要迷信也不必害怕。先进的经营经验拿过来为我所用；有影响本国资本危险的做法，用法律、政策来制约。在中国的土地上，讲中国的故事，给中国人看，外国人怎么可能竞争得过中国人？

5. 关于上市融资

应该说，上市是资本运作的主要手段。上市可以募集资金，扩大企业规模，促进企业发展。在有关中央领导的大力呼吁下，一时间，上市成为大家最为关注的活动，甚至成为标志性的活动。最先是上海新华传媒借壳上市，成为中国出版业第一家上市公司。接下来辽宁出版传媒和辽宁电视台广告传播中心完成发行并登陆A股市场。四川新华文轩在香港上市。最新的一家是安徽出版集团借科大创新股份有限公司之壳，以时代出版传媒之名上市。这几家的上市融资活动，引起市场的极大关注。据有关领导在2007年10月接受媒体采访时讲，在未来一年还会有十几家改制后的出版单位在资本市场上市。

这些公司的成功上市，给中国出版发行业带来巨大的冲击，预示着中国出版发行业即将到来的深刻变革。

我赞成出版发行公司积极开展资本运作，并赞成有条件的出版发行公司选择上市作为资本运作的手段，以壮大企业资本实力，促进出版主业的发展，并努力向与出版相关相近的产业拓展和延伸。

从欧美国家大型新闻出版集团的发展历程来看，上市融资是加速发展、增强市场影响力的重要举措。

但是我们还应牢记，中国不是欧美，中国有中国的国情。我们一定要牢记党中央的指示，中国仍然处于社会主义初级阶段，我们的目标是建设有中国特色的社会主义。

中国的《公司法》《证券法》规定，上市公司募集的资金只能用于招股说明书中列明的用途，变更资金投向必须按照法定程序进行。同时，出版传媒行业具有强烈的意识形态属性。中国的出版发行单位必须根据《出版管理条例》开展业务，出版单位的重大变化，如扩大业务范围，甚至书号（也可以说是产品生产的数量）都要经过审查批准。这些因素，必定要约束上市公司的市场活动。

从中国出版业上市公司的发展情况看，我体会有这样几点值得注意。

（1）上市公司要集中力量打造核心竞争力。从目前的情况看，报刊媒体的收入主要靠广告业务；发行企业的收入靠发行教材与教辅；图书出版社，有教材的靠教材，没有教材的则千方百计地开发一般图书。这些简单的业务，恐怕对一个上市公司是远远不够的。而且，上述业务仍然限于传统经营内容和手段，所需资金目前的出版业不用上市募集似也可以承受。特别是图书出版社，如果仅限于一般图书的开发，恐怕也不需要多大的资金。上市公司的重点在于打造以核心竞争力为主的综合性经营模式，如果做不到这一点，就可能让募来资金的巨大激动变成如何花费资金的无限烦恼。

（2）处理好投资相关产业与不相关产业的关系。根据《证券法》规定，上市公司募集来的资金主要应用于主营业务。目前，新闻出版上市公司以广告、发行、印刷为主，发行受中小学教材招标制和免费义务教育影响，营业额在下降；印刷厂有几十万家，省市县乡，星罗棋布，竞争激烈，经营局面颇堪忧虑。辽宁出版集团将编辑业务与经营业务一起上市，开了新闻出版业业务整体上市的政策先例，是一重大突破。现在看来，已有的几家上市公司，资金投向主要是内容制作、渠道建设、科技开发三大范围。

这样是否就能把上市公司办好？恐怕要结合中国的国情，借鉴欧美经验，还要向不相关产业投资。比如欧美大型新闻出版公司，没有一家仅仅限于新闻出版业，大多涵盖了广播、电视、报纸、期刊、资讯服务、互联网等业务，都是跨媒体、多功能的大型公司。否则，仅仅限于现在出版单位的这点业务，要十几个亿、几十个亿怎么支配呢？没有好的选题，要钱有什么用？而且一本一般性规模的图书，包括较大规模图书，一百万字甚或几百万字，又需要多少资金呢？

（3）上市是企业发展的手段，不是目的。上市只是为了按市场规律办事，是无数企业家探讨出来的符合市场竞争规则和制度的一种发展办法，是做大做强的一种手段。同时，挂牌上市还可以提升公司的市场形象，但它不是目的，这个道理不必多讲，国际上不少有影响的大公司并没有上市。所以，切不可以不顾自身条件，赶时髦，追时尚，更不能人造业绩，弄虚作假。那样的话，三五年后，弄得稀里哗啦，到那时候你去找市场算账吧，谁让你不按市场规律办事呢！前人栽树，后人乘凉；前人欠债，后人饥荒。

上面，笔者只是十分简略地把20世纪以来世界文化产业的发展和国外出版业的做法做一概述。这些情况，对我们如何发展“文化产业”，如何将国内的出版业做强、做大，将引起什么样的思考？显然，我们必须要有国际眼光，必须从世界大局去考虑我们的战略和发展。欧美国家虽然走在前面，占有了相当大的优势，但是，国际文化产品市场仍然处于开发、竞争、圈地阶段，机会还是很多的，我们要跟上这一大趋势，尽快争取主动。这些事，不仅仅是决定方针、大政的领导的事，作为一名编辑人员，对世界风云变幻，也应该有清楚的了解，应该做出自己的贡献。挑战就是机会，挑战是推动我们前进的一个动力。

世界潮流不可改变，世贸组织（WTO）不过是一种工具，工具有用才会存在。我们应该学会主动地利用这一工具。一个领导不能闭目塞听，应该了解、把握世界格局。一个编辑也要视野开阔，应该了解、借鉴国外的经验教训，在机遇和挑战面前，主动地选择，巧妙地利用，因势利导，为我服务。

参考文献

[1] 程三国，唐明霞．出版业的扩张模式．中国图书商报，2005-01-07；程三国．贝塔斯曼：誓做电子商务盟主．中国图书商报，2005-01-07．

[2] 杨贵山．世界出版观潮．沈阳：辽宁人民出版社，2002．

（原载《编辑之友》2009年第2期）

论编辑出版的专业理念

张子中

一、探讨编辑出版专业理念问题的必要性

编辑出版专业理念来自于本行业从业人员长期的认识和实践，也来自于专家学者的深入研究。目前，处于转型期的我国编辑出版业界专业理念含混不清，这对编辑出版业界的健康发展十分不利。之所以会出现这种状况，从业内原因来看，业内人士对专业理念的重要性认识不足，研究不深；从行业之间的比较来看，编辑出版行业专业化程度不高，很多出版单位的专业培养还停留在师徒传承阶段；从编辑出版业界及学界与社会的关系来看，编辑出版业界过于受社会潮流的牵制影响，而编辑出版学界缺少学科的相对自主性，专业理念内涵缺乏长期性和稳定性，结果就出现了从过去的偏重文本走向了今天偏重市场的状况。这种走极端的现象，干扰了人们对出版理念的正确认识，使出版理念变成随形势变化而改变的东西，从而降低了出版理念的地位和作用，影响了出版工作者崇高的事业目标和工作动力。因此，梳理编辑出版的基本理念，厘清容易产生误解的概念关系，探究出版理念的核心价值，对我国出版行业的长远发展具有重要的意义。进一步讲，能否坚持出版专业理念，关系到出版业的兴衰，关系到民族和国家的精神生活健康与否，乃至影响到整个人类文化的长远发展。

二、专业理念的厘清

1. 专业

专业特指知识性的专门职业，在前工业时代是指法律、医学、神学三个传统专业，一种专业是以构成专业的定义要素特征显示出各种特征的复合，以有别于非专业性职业的[1]。一种专业只有具备某些专业特性，才会被认定为是一种专业。这些专业特性是指：系统化的专业理念、社会公认的专业地位和专业权威、业内外普遍认可的专业伦理守则、特有的专业文化和专业组织或团体等等。专业特性具体还体现在专业精神、专业素质、专业技能、专业职业背景等方面。因此，专业有别于业余，是经过长时间的严格训练及考试审核，才能达到它的标准和特性的，未经训练的人不容易取代。

目前，出版行业因其出版物涉及各个专业，所以需要懂得某些专业的人才来做。对出版社来说，很难招聘到在某一专业领域有很深造诣的人来从事出版工作，应聘者的知识储备一般也达不到出版社需要的水平。即使这样，出版社还是加大力度引进所需专业的人才从事编辑出版工作，并不欢迎专门学习编辑出版的专门人才。这就使人以为，在编辑出版行业具体学科专业知识比编辑出版知识更重要。难怪有些人认为编辑出版行业专业特性不强，经短期见习都可以胜任。

现代社会已经进入了专业细分的阶段，专业主义盛行在各个领域，一个专业以专业化的职业特征、职业角色和职业标准与其他专业区分开来。专业区分越来越细，专业独立性增强，以至于出现了专业之间的隔膜和敌视以及不平等关系。这是狭隘专业主义的极端表现，与学科发展的跨学科化趋势相悖，是不宜提倡的。但是专业主义作为一种职业观，毕竟适应了现代社会对职业专门化的需求，并且专业化的价值、习俗与实践还能形成一种相对独立的文化体系，贡献于整个人类文化事业的发展。在此意义上讲，出版专业理念就是出版专业主义。因此，提高编辑出版行业专业化程度，是确立编辑出版行业专业理念的前提，从而克服“有业不专”的问题。

“有业不专”的问题与我国出版界制度性欠缺有关。这些制度性的欠缺表现为：许多编辑出版从业人员没有经过特殊的教育训练，以获取应有的知识和技术；编辑出版学教育不同学历层次课程体系的区分和衔接尚不清晰，并无实务之运作达成专业之目标；有些从业人员没有把编辑出版工作视为自己的终身工作，也没能担负起较多的社会责任；编辑出版行业现有的伦理规范的现实性还不够；编辑出版行业没有严格实行获得政府及社会认同的专业资格执照制度；等等。

2. 理念

理念是一种思想观念形态的东西，包括理想和价值。理念对行为和现实具有一定的引导作用。理念是无形的、内在的，理念的外在表现形式不足以表达出理念的全部内涵，所以在现实生活中理念的实现有一定难度，理念与现实可能会出现一定的冲突对立。在此意义上，理念是人们想要达到理想状态，或者说是一种理想信念。然而，这种理想信念若一味迁就现实，人的精神就可能衰退，工作生活的情绪也懈怠下来。编辑出版专业理念实现的特殊难度在于，本专业与意识形态及市场营销的关系非常密切，有些人把编辑出版专业理念简化成为特定意识形态或经济增长服务的工具，结果使编辑出版行业失去了行业的相对自主性，成为行政系统或市场系统的附庸，从业人员就可能做出背离专业理念的事情。可见，出版理念不是可有可无的，而是编辑出版业界的灵魂，是编辑出版专业的生命之根。失去了它，行业发展就失去了长远目标，从而失去了行业存在的价值和意义。

3. 专业理念

专业理念是一种专业认识和专业思想，主要包括专业信仰、专业原则、专业宗旨、专业精神等。其中专业精神不仅指对本专业领域知识的精通、业务的熟练、业绩的卓著，更是对一种职业信念的坚持和对专业伦理近乎于理想主义的追求，把专业当作信仰，对自己专业生活的忠诚信仰。专业精神来源于每个人对自身职业担负的社会责任的深刻领悟，专业精神搭建了一种专业的平台。

美国管理学家汤姆·彼得斯认为，一切价值都是由专业服务创造的[2]。专业主义精神是当今全球化、信息化时代的主流，这个时代需要的是既有专业化知识技能，又具备相应的职业道德理想，并将该职业作为长期的事业追求的人才。专业理念当然包括该专业的道德理想和行为准则在内。编辑出版专业的行为准则，既是对处于各种复杂关系中的编辑出版从业人员行为的规范，也是对编辑出版从业人员权利和义务的全面规定。

专业的理念作为一种价值观与信念的内涵，指引着个人思考的方式与行为举止，为个人提供一些基本原则，协助人遇到问题时做出准确判断。编辑出版专业理念是出版人对出版的信念、理想和所认同的价值，是从事编辑出版活动的指导思想，是判断和做决定的依据，而且会不知不觉地贯穿并体现在编辑出版工作之中。编辑出版的专业理念是编辑出版界行业建设的出发点，是行业实现自身价值、为社会做较大贡献的航标灯。尽管编辑出版工作是一门偏于实践的学科，但这并不能证明编辑出版工作就可以轻视理论探讨及专业理念的建设。

三、编辑出版专业理念的核心价值

美国心理学家马斯洛提出了人类基本需要的五个层次，指出人类的行为受这些基本“需要”所支配。其中，后三个需要即社会需要、自尊需要、自我实现的需要都与出版业密切相关。换句话说，出版理念的建构和实现关乎人类精神生活的提升和人格的全面发展。现代编辑出版专业理念强调，人应该受到尊重，写作、出版和阅读是实现人的社会性，改变、发展和改善人自身能力的不可缺少的有效途径，出版行业是传承文明、促进社会发展的助推器。编辑出版的专业理念核心价值，与实现人类共有的追求自由公正美好的理想密切相关。有学者把出版理念概括为产业理念、策划理念、品牌理念、国际化理念等[3]。毫无疑问，这些具体方面当然都与出版理念有关，也很重要，提出并分析这些具体方面是必要的，但这些具体方面并不是出版理念的本质内涵。医生的专业理念是“救死扶伤，治病救人”，法官的专业理念是“公平正义”，教师的专业理念是“传道授业解惑”。现代出版理念的核心在于，通过传播优秀出版物传承文明，实现公民的权利和人类的理想，推进人类社会的全面发展。

我国出版事业历史悠久，自孔子整理发掘传统典籍起，到了宋代已达到中国出版文化的高峰，并形成了官府、寺院、书院、坊间、私家多元化出书的优良传统。然而到了18世纪后期，专制统治者完全掌控了出版业，使出版业停留在对已有文献的整理上面，抑制了国人的思想觉醒。直到20世纪初，欧美出版业对中国出版社的主持者和实践者产生了潜移默化的影响。如今中国编辑出版行业，借鉴了国内外出版界的经验教训，与世界接轨、走向了世界，并在此基础上建立起有中国气派的出版形态。当前，随着改革的深入，原有的出版观念逐渐消解，商业主义乘虚而入，许多人片面理解建立在市场经济上的出版营销观念。与世界接轨本来是好事，可如果“取其糟粕，去其精华”，出版理念中的核心内容就被抛弃了。

师曾志认为：“出版理念就是指出版思想、观念和意识，它是出版科学建立的基础和前提，它也影响着出版学及出版业的发展路向。”[4]这些出版思想、观念和意识，虽然在不同历史时期有些变化，但其中最基本的内涵是大体不变的，即为读者提供经得起历史考验的优秀出版物，为此出版工作者要肩负起一些职责和社会责任。这些出版理念的基本内涵本来是出版工作者一致赞同和公众所期望的，但扭曲的观念一旦主导了出版工作者，出版理念的核心价值就被忘掉了。那种“不同时代产生不同的出版方式及不同的出版理念”的说法，并不能否定出版理念基本内涵的存在。吴平认为：“出版理念是以编辑流芳百世的精品图书为目标，获取尽可能大的经济效益，创造出版品牌、形成出版特色。”[5]随后还提到了“传播先进文化、承载人类文明的历史重任”这个出版理念核心内容，但并没有明确把它列入出版理念。罗紫初和田佳认为，出版理念是出版工作者一种主观的正确看法，是出版业发展的规律与趋势，具有很强的实践性，是出版工作者的精神追求和出版企业的价值判断[6]。虽然提出并分析了出版理念的基本特征，但它却没有涉猎出版理念的核心内涵。

出版理念实乃出版之道，而出版单位既是传承文明的传播机构，又是以优秀出版物服务于公民社会的服务机构。现在，有些出版工作者看似习惯了谈市场营销理念，实际上却把市场营销理念与出版专业理念截然对立起来，认为前者属于市场经济，后者属于计划经济。这种非此即彼的看法，没有看到真正的出版理念本身就包含了市场营销的观念。比如，出版界表面上的市场要求背后，潜藏着巨大的文化诉求以及日益成熟的文化自觉意识。商务印书馆原总经理杨德炎就说道："商务有一个理念，每本书出来以后就应该留在人们心目当中，应该长销。"[7]那些受欢迎的出版社成功之处就在于，坚守出版专业理想，遵循出版业的特殊发展规律，推出经得起历史考验的"长销书"，从而实现最大经济效益和社会效益。文化产业既是经济增长点，同时也是一个国家文化发展的支撑点。真正意义上的市场导向是不排斥出版理念的文化导向，它以文化导向为指针，是为文化发展服务的。正如复旦大学出版社社长贺圣遂所说："优秀的出版人，必须有文化守土职责。出版始终是关乎文化建设与文明传承的神圣工作。"[8]复旦大学出版社正是以这种"深度出版"理念，在出版界创造出了"多项第一"。编辑出版人作为精神产品的生产者，不能回避精神产品的思想导向、文化含量和精神品位。因为，编辑出版的本质在于传承文明、推进文化和社会的发展，这是编辑出版行业的基本理念和终极目标，所以，在市场经济条件下不能只抓经济效益而忘记了行业的理念和目标，缺少行业理念和远大目标的指引，即使有些经济效益也是短暂的，不可能持久的。聂震宁认为，一个出版机构，被学者、作家们乃至读者们看重的最终还是出版精神，社会效益和文化责任是出版行业的核心价值，出版行业的核心竞争力在于对社会的文化贡献力[9]。他还把出版理念与文化软实力联系起来，认为软实力是价值观，内在凝聚的实力，明确提出"提高国家文化软实力是中华民族伟大复兴的必由之路，出版业为国家软实力的提高作出贡献，实现出版创新，这是我们的必由之路"[10]。这就把出版理念问题提到了前所未有的高度。

参考文献

［1］亚当·库珀，杰西卡·库珀．社会科学百科全书．上海：上海译文出版社，1989：600-601.

［2］汤姆·彼得斯．汤姆·彼得斯论创新．林立，沙丽金，译．海口：海南出版社，2000.

［3］郑启贵．论新形势下编辑出版理念与意识．科技与出版，2007（5）：65-66.

［4］师曾志．网络环境下出版理念的变迁．北京大学学报：哲学社会科学版，2001（2）：113-118.

［5］吴平．编辑本论．武汉：武汉大学出版社，2005：149-153.

［6］罗紫初，田佳．近五年来出版学基础理论研究评述//黄先蓉．出版学研究进展．武汉：武汉大学出版社，2006：18.

［7］张弘．出版期待引入资本和理念．新京报，2004-11-19.

［8］肖春飞．文化，出版业立足之本．文汇报，2006-03-27.

［9］聂震宁．培育出版的精神．中国编辑，2006（1）：27-30.

［10］聂震宁．出版创新为提高国家软实力作出贡献．新华书目报，2007-12-17.

（原载《出版发行研究》2009年第10期）

试论出版文化自觉

杨 军

“文化自觉”是费孝通先生提出的观点，“其意义在于生活在一定文化中的人对其文化有‘自知之明’，明白它的来历、形成的过程、所具有的特色和它的发展趋向。自知之明是为了加强对文化转型的自主能力，取得决定适应新环境、新时代文化选择的自主地位”[1]。文化自觉表达了当前思想界对经济全球化的反应，体现了世界多元文化接触中人们应如何认识自身所处的文化的迫切要求。因此，文化自觉一经提出就得到学界的热烈回应，业已成为我国人文社会科学研究中的一个重要精神导向。出版不仅是传播社会文化的活动，同时在此过程中孕育、形成了一个具有自身特色的、自足的出版文化体系。出版人应对自己所处的文化体系有一自觉、全面的理性认识，才能使创造文化的出版活动纳入有序、有益的轨道。为此，须在出版研究中引入文化自觉理念，引导出版及出版文化研究走向深入，为当前某些出版文化中出现的出版精神萎靡、文化身份模糊、文化使命消解等弊端的解决指明努力方向，并为正在进行的出版改革给予理论指导。

一、出版文化自觉的含义

出版文化“是由一定的社会经济、政治和文化状况所决定的出版理念制约的、为一定出版机制所保证的整个出版活动的过程和结果的总和”[2]。依据文化的存在形式，出版文化可以分为自在的出版文化和自觉的出版文化[3]。自在的出版文化是指出版活动中以传统、经验、习惯、常识等自在的因素构成的出版文化，是出版实践中自在自发的文化形态，其载体各异，但都具有自在的基本特征：一方面，出版的历史意识、文化精神、价值追求等都是以潜意识、集体无意识、集体意向的形式自发地存在着，并发挥着规范作用。另一方面，自在的出版文化载体是出版群体内在的机制或组织形式，它们所承载的历史意识和文化精神不是外在的和外部强加的。因此，自在的出版文化相对于自觉的出版文化具有稳定性。自觉的出版文化是以自觉的理性思维方式为背景的出版文化，一般以出版文化的精神生产活动为载体和表现形态，对人们的出版活动起着有意识、有目的的引导作用。历史地看，出版文化的发展经历了由自在文化向自觉文化的演进过程。文化的发展决定于其内在的机制，而出版文化发展、演化的机制就在于自在的出版文化与自觉的出版文化之间的相互关系或张力。由自在的出版文化到自觉的出版文化不是一个自然而然的过程，而是一个饱含人的主观能动性的过程。因而，文化自觉不仅是对文化客体存在形式的自觉，也是对自在的文化和自觉的文化的理性认识，更是对人作为文化主体对其自身处境的自觉，是人的主体性与能动性在文化上的体现。因为“文化的价值在于对作为历史主体的人的不断塑造。如果文化只是停留在客体存在形式上，不转化为主体的存在形式，也不能维持自己的继续存在，更谈不上发展”[4]。

众所周知，文化世界中创造性的人类活动即文化创造是人区别于其他一切物种的文化特性。文化自觉是文化创造的产物。创造性的文化活动及其成果是人作为文化主体关照自身的一面“镜子”，由此产生主体的自我意识，产生主体的文化自觉。因此，文化自觉和文化创造是一个统一过程的不可分割的两方面，互为前提，相辅相成。出版文化活动只有建立在文化自觉的基础上，才是一种创造性活动；只有在文化创造性活动中，才能达到文化自觉。所以，离开了出版文化自觉的文化创造和离开了出版文化创造的文化自觉都是不可想象的。

依照费老的观点，当今出版文化自觉至少包含以下三方面内容：

一是要自觉地认识到出版文化的历史使命和现代担当。文化自觉首先是“自知之明”——一种历史自觉，是一种主动的历史精神的唤起。我国出版文化史上向来有重视经世致用、劝善惩恶、注重公共利益等出版理念，这从根本上决定了出版文化积极的发展方向，这些都是当今出版人应当继承的。如今市场经济给人们的传统思想以猛烈的冲击，出版人承受着道德责任与金钱利益的拷问。唯其如此，必须秉持从出版的社会效益中发掘经济效益，而不是在一味追求经济效益中仅将社会效益作为“点缀”“妆饰”的理念。

二是要自觉地认识到出版文化变革与创新的必然性。创新是文化的生命，只有在实践中不断对文化进行创新，才能使文化自觉地体现现代性、把握规律性、富于创造性。出版文化是在长期的出版活动中孕育、形成的，是出版中最为稳定的因素，要进行真正意义上的出版改革，其结果必然是出版文化的变革；更进一步说，必然是自在的出版文化与自觉的出版文化的交互作用和同步转型，而出版文化的变革仰赖于出版文化自觉。因此，出版文化的自觉是出版实践以及出版改革中一个重要且关键的因素，不把出版文化自觉作为改革的灵魂，就缺乏出版变革的机制和动力，出版改革必定无法完成其既定的历史使命。

三是要自觉地认识到在全球化的今天，出版人要有广阔的视野，积极吸收国外先进的出版文化合理的内核为我所用，并努力传播富有本民族特色的出版文化，使中国的出版文化成为世界出版文化不可或缺的组成部分。

二、出版文化自觉的本质

在哲学上，理性通常被定义为一种人所具有的探索真理的能力，或达到真理认识的某一认识阶段。理性是文化自觉的一个本质特征，出版文化自觉的本质也在于理性。因此说，出版文化自觉就是从事出版活动的人的自觉、理性的自觉。

1. 理性思维

文化自觉要求人们自觉地认识和把握对象，自觉地付诸实践，在思维方式上主要表现为一种理性思维。出版文化自觉是出版人在理性思维基础上确定出版的合理性、规范性和客观性的过程，是人类对于出版发展方向的理性认识和把握。具体说来，出版文化自觉就是在出版文化建构过程中以理性的方式观察、思考和行动，是出版实践者对出版历史和过程的理性认识和把握。

2. 理性统一

出版文化自觉产生于对出版的存在的理性追问以及对出版合理性的探寻过程中，是以人的本身存在的价值、意义作为实践和认识的最高准则和目的。同时，出版文化自觉不是简单的出版文化回归和“他化”，而是通过适应新的形势来调整出版文化本身，是在文化反省、文化实践、文化创造中体现出来的一种文化主体意识和心态，从而在社会文化的转型期完成出版文化的超越。

3. 理性选择

出版文化自觉是出版文化在社会变革中的理性选择和价值

重构。出版文化中的理性选择具体体现为出版实践者以社会意志、群体意志（包括读者需要、市场需求等）为基础的文化选择，是一种求真、求善、求美的过程。出版的目的在于人的全面发展，出版文化建设须以人为本，关注人的生存和发展，从而使人成为一种具有崇高境界、真正全面自由发展的主体，这也为出版理性选择起着定向和定位作用。

4. 理性态度

理性态度是出版文化健康发展的一个前提基础。在出版文化的价值选择和建构中，还须坚持以马克思主义的科学理性态度，以人的自由全面发展作为价值终极目标，挖掘古今中外出版文化史上优秀的文化精髓并将之熔为一炉，化为出版文化自觉的丰富滋养。

三、出版文化自觉的特征

1. 主体性的出版文化意识

主体性的出版文化意识是指出版本身是一种独立存在的、本体化的文化形态，赋予出版一种主体地位，使得出版具有自身的独特性、自觉性、自律性的文化属性。出版文化的主体性主要体现在以下方面：（1）出版人在选择、审理、加工作品时，会将个人经验、价值取向、知识观念乃至爱好、情趣等体现于出版过程中，从而产生出新的文化意义，实现文化增值。（2）出版文化与社会文化是互动的。社会文化赋予出版以文化意义，推动出版文化的演化、发展；反之，出版文化也对社会文化起着影响、塑造作用，促进社会文化的进一步繁荣与发展。（3）出版文化源于出版活动，出版文化一经形成，会对出版活动给予能动的影响。因而，出版文化自觉就是在出版活动中彰显自己的主体性存在。

2. 系统的出版文化结构

出版文化具有整体、系统的文化结构。这个结构以出版过程与结果、出版机制、出版理念为主要内容，构成出版文化的物质文化层、制度文化层、精神文化层三部分。物质文化层、制度文化层是出版文化的外层，精神文化层是出版文化的内核，三个层面由表及里地构成出版文化的结构框架。其中，制度文化层、精神文化层通过物质文化层显现它们的价值，物质文化层借助制度文化层、精神文化层表现出它的作用。出版文化的物质文化层、制度文化层、精神文化层三者有机地结合在一起，共同构成出版文化的统一体。

3. 开放的出版文化胸怀

开放是先进文化选择和生成的前提。迅猛发展的现代出版技术，引起了出版实践的空前深入和丰富，必然导致出版文化“由自我封闭转向自由开放（面向世界）”[5]。出版文化的产生与发展显示出其本身是一个开放的系统，具有开放的胸襟，是共性与个性、一元与多元的对立统一体。在文化全球化的浪潮中，我们必须以开放的态度对待出版文化的民族性与多元化。

4. 超越的出版文化品质

超越的出版文化品质是指出版文化自觉中出版文化的先行性、先导性、先进性等品质。这意味着出版文化自觉视野中的出版文化是一种位于时代、社会前列的，对社会起着引导作用的文化，是超越了功利主义、实用主义束缚和诱惑的文化。正是因为具有超越性的出版文化品质，出版实践活动才能充满生机、活力。

参考文献

[1] 费孝通. 关于“文化自觉”的一些自白//二十一世纪中华文化世界论坛筹备委

员会. 文化自觉与社会发展——二十一世纪中华文化世界论坛论文集. 香港：商务印书馆，2005：5.

[2] 杨小岩. 论文化出版与出版文化的发展. 武汉大学学报：人文科学版，2002 (2)：239-245.

[3] 衣俊卿. 文化哲学十五讲. 北京：北京大学出版，2004：60-63.

[4] 刘奔. 关于文化自觉问题之我见//二十一世纪中华文化世界论坛筹备委员会. 文化自觉与社会发展——二十一世纪中华文化世界论坛论文集. 香港：商务印书馆，2005：349.

[5] 向新阳. 试论出版文化. 出版科学，2004 (2)：28-31.

（原载《编辑之友》2009 年第 5 期）

试论新闻编辑业务的变革与发展趋势

蔡 雯

新闻编辑，作为新闻机构中专职从事新闻传播工作的人，最早在报纸编辑部中出现。后来随着媒介的发展，广播电台、电视台、网络媒介中也有了新闻编辑。虽然不同类型的媒介中新闻编辑工作的具体任务及其分工有所不同，但从新闻编辑业务的共性方面进行分析，新闻编辑工作的内容主要包括：新闻信息的载体设计、新闻报道的策划与组织、新闻作品的修正和把关、新闻信息的整合与展示。

具体来说，新闻信息载体设计是宏观的、前期性的新闻编辑业务，具体包括对报纸新闻版组或新闻版（含新闻性专版）的定位与设计，对广播电视新闻频道或新闻栏目的定位与设计，对网络媒介的新闻频道或新闻栏目的定位与设计。新闻报道的策划与组织是中观的、贯穿传播活动全过程的新闻编辑业务，具体包括对各个时期新闻报道选题的决策，对报道方案的设计以及对新闻报道活动的组织实施和调控。新闻作品的修正和把关是微观的、更加具体的新闻编辑业务，包括了对所有表现形态的新闻作品的选择、修正和核查把关。这些新闻作品包括了文字稿件、新闻图片、广播音响报道、电视影像报道、网络多媒体新闻等。新闻信息的整合与展示则是介于微观与中观之间、后期性的新闻编辑业务，具体包括对单个新闻作品的组合配置，对报纸版面的设计编排，对广播电视新闻栏目的组合编排和播出，对网络新闻栏目的组合编排以及新闻网页的设计编排。

新闻编辑业务在改革开放以来一直处于变化与发展中，并在今天媒介融合发展的进程中表现出新的发展趋势。

一、新闻编辑业务在各个层面上的突破与发展

改革开放之初，新闻编辑业务模式只有一种：党报编辑模式。当时传媒种类和数量都非常有限，1978 年全国公开出版的报纸只有 178 家，90%以上是党委机关报。广播电台种类单一，也由各级党委直接管理。电视刚刚开始进入家庭，影响力甚微。各类媒介之间缺乏竞争，绝大多数新闻媒介作为党政机关的舆论工具主要担负宣传任务。在这样的传媒结构基础上形成的新闻编辑模式必然是以《人民日报》为参照标准，“千报一面”的情况在所难免。新闻传播表现出传播者本位、由上至下简单灌输的特点。

1981 年，在“文革”中全部被停办的晚报开始了“复生”与“复兴”之路。由于晚报与机关报不同，不能靠行政拨款办报，也不能享受公费订阅的保护，因此必须以读者认可的内容与形式赢得市场。晚报选择了贴近读者、贴近生活的办报路子，利用出版时间差与日报展开新闻竞争。在新闻稿件的选择和编排方面，除了重时效，对新闻的接近性、趣味性的追求，也成为这类报纸的共同特点。无论是新闻标题的制作，还是版面设计编排，晚报都表现出与机关报完全不同的风格特色，受到读者的喜爱和好评。可以说，晚报在 20 世纪 80 年代的探索与突破，为我国的新闻业务改革拉开了序幕。

晚报的成功对机关报形成了压力。20 世纪 80 年代末至 90 年代初引人瞩目的“周末版热”可谓是困境中的机关报奋起改革的一场办报实验。这场实验实际上是引入了晚报的业务改革

思路，希望以贴近读者的内容与生动活泼的形式唤回读者的关注和热情。到1992年，1/2中央部委报纸、2/3省级报纸创办了“周末版”，其中不乏像《南方周末》这样风行全国的佼佼者。“周末版”取得了不少成功的经验，这些经验从选题的独家性、报道手法与体裁的创新、新闻标题的变革到报纸版式的变化等，涵盖了新闻编辑微观业务的方方面面。机关报通过这块“试验田”为后来报纸的进一步改扩版积累了经验。但由于“周末版”自身的特殊性及其功利性目标，这场实验未能解决机关报的根本性问题——如何才能做好时政新闻、经济新闻等严肃新闻的报道？可以说，新闻改革在这一时期表现出明显的“边缘突破”特征。

1987年，中国报纸的扩版浪潮在广州激起第一朵浪花，《广州日报》由四个版扩为八个版并得到好评，被广州市民评为当年广州市发生的“十件大事”之一。第二年，《解放日报》与《天津日报》紧随其后也迈出扩版的第一步。到20世纪末，几乎所有的报纸都经历了不止一次的扩版改版。广播与电视节目的改版同样此起彼伏，新增的频道与栏目令人目不暇接，新闻节目比重不断增加，新闻滚动播出逐渐成为常态。

媒介产品的种类和数量增多意味着新闻竞争的不断加剧，而新闻编辑水平在这场竞争中决定着新闻的品质和媒介的竞争力，突破传统规则，追求更快、更新、更好，是新闻编辑的必然选择。

版面作为报纸的外在形象，30年来的变化无疑是新闻编辑业务改革最具代表性的一个缩影。版面的变化是持续渐进式的，促使报纸版面改革的因素除了报纸类型的多样化、版面数量的不断增加、媒介竞争的日益加剧之外，科学技术的广泛运用也为新闻编辑提供了创新的利器。20世纪80年代以后，电子排版的普及、印刷技术的更新包括彩色印刷的普及以及数码照相、卫星传稿等技术的运用等，为报纸版面设计和制作提供了更大的自由发挥的空间。我国报纸版面从单调的黑、白、灰走向五彩缤纷，从全国尺寸一律的两种报型变得规格大小不拘一格。可以说，编辑业务的每一个环节都在版面上留下了变革的印迹。比如，对版面"导读"功能的重视逐渐取代对版面"美化"的强调，这是新闻编辑理念由传者本位向受众本位转变的结果。"导读"从广义上说就是要通过版面元素的组合引导和方便读者快速阅读，从狭义上说指报纸的第一版开设"导读窗口"，为读者了解厚报的内容提供指南。又如，企业识别系统（CIS）的理念被引入了报纸版面设计之中，1999 年创办的杭州《都市快报》设置了"版式总监"这一从未有过的新职位，推出了国内第一张"异型报纸"，体现出与国际潮流相吻合的特征。再如，新闻照片数量增多，篇幅加大，成组照片大量采用，照片的质量也不断提高。从上世纪末香港、澳门回归祖国，到新世纪初北京奥运会圣火在全球传递，越来越多的精彩新闻照片展示了一个个历史上重要的瞬间，带给人们永恒的记忆。此外，图示与新闻漫画在版面上大量出现；标题更加追求醒目和独特，字号普遍加大，在版面上更加突出；稿件的排列越来越多地采用模块结构，以方便读者阅读和剪辑；线条、色块、色彩的运用更加频繁，也更加注意视觉美观和对内容的表现力……在这一系列的变化中，传统的新闻编辑规范被新观念与新技术不断突破，如对新闻的价值判断不再是单一标准，不同媒介对稿件的选择与处理有着各自不同的取向，媒体的定位与特色通过头条、导读、图片等得以张扬；版面设计不再遵守"苟日新、日日新"的传统教条，静态设计、版式稳定逐渐成为主流；等等。

新闻编辑业务在中观与宏观层面上的突破与发展更为显著。

在改革之前新闻媒介无论是自身定位还是新闻报道都完全听从上级领导机关的行政命令，缺乏办报办台的自主权。因此，新闻编辑业务局限于微观层面，编辑的主要任务就是组稿、选稿、改稿、制作标题和设计版面，新闻编辑学的教学和研究也主要围绕这些微观业务展开，对中观与宏观层面的内容涉及不多。1981年之后，晚报、都市报、专业性报纸、生活服务类报纸等新型报纸纷纷崛起，广播电视频率频道迅速增加，宏观业务的重要性日益凸显出来，新闻编辑对于媒介定位的思考和报道策划的重视开始逐渐加强。

如果说，20世纪80年代《北京晚报》《新民晚报》等一批著名晚报以其“家庭报纸”的定位和“走入寻常百姓家”的办报风格，为中国媒体的发展开辟了一条新的道路，那么1995年创办的《华西都市报》及其后来的一批追随者，则在传统晚报的基础上又向前迈进了一步，以更加多样化的报纸定位和更加成熟的报纸设计后来居上。《华西都市报》创办者席文举提出的“总编辑就是总策划”的观点，从一个侧面反映了高层编辑业务职能的转变。

“都市报热”只是中国媒介产业崛起的风景一角。事实上，在市场经济的带动下，各类新闻媒介的产品种类都在不断递增，产品规模不断扩张，各类媒介产品结构的改造频率都在加快，每一次扩版改版，都是媒介对自身定位的重新审视，都是对传播内容和形式的重新设计。

政治变革同样是媒介变革的巨大推动力。1998年我国实行政府机构改革，2003年中共中央下达19号文件对报纸结构进一步进行调整，使一大批行业机关报面临一次又一次的命运转折。一些报纸因此倒闭，但也有一些报纸通过重新定位获得了更大的生存空间，如《中国汽车报》在划归《人民日报》之后，探索出办产业经济报的新路子，变日报为周报，提高了报道的专业性和报道深度，发挥了专业媒体的优势从而获得成功。

20 世纪 90 年代，中国广播的“分身术”催生了众多的专业电台，如经济台、新闻台、交通台、音乐台、儿童台，等等，真正实现了“分众”式的“窄播”，服务对象更明确，传播的内容和方式更具有针对性，广播的特色也由此走向多样化。有线电视与卫星电视的崛起，使电视频道剧增，节目改版日趋频繁。中央电视台新闻频道在走过一段艰难探索的道路之后，2008 年在四川汶川大地震发生之后以反应迅速、信息全面的连续直播赢得了全社会的尊重和好评。

“新闻报道策划”的概念是在 1993 年正式提出的，1997 年开始成为新闻界关注的热门话题，虽然实践中的困惑与学术层面的争议至今没有平息，但策划为新闻传播带来的变化却有目共睹。1997 年香港回归祖国，中央电视台史无前例的 72 小时直播，是精心策划与组织的产物，各家报纸五彩纷呈的版面同样也是策划的结晶。2001 年北京申办 2008 年奥运会取得成功，围绕奥运会的新闻报道策划持续了近八年，在新闻传播史上实属罕见。十年前，就有一位报纸总编辑感慨说：“在今天‘独家新闻’的概念已发生了深刻变化。‘独家新闻’已不仅仅意味着抢到了‘第一落点’和‘第一时间’，它还意味着：独家观念、独家视角、独家方法。”[1] 事实证明，任何“独家”都离不开新闻编辑的策划和组织，无论是媒介定位与产品设计这一宏观层面上的战略性的策划，还是新闻报道这一中观层面上的战略与战术策划，都是新闻媒体赢得竞争的利器。

宏观新闻编辑业务的重要地位决定了新闻编辑部组织机制随之变革。在报社编辑部中，“采编合一”与“采编分离”的利弊纷争一直是争议话题，如何将这两种模式进行有效的组合以扬长避短，成为“改版”与“改制”必须解决的问题。事实上，任何一种组织结构都有利有弊，媒介对于新闻编辑部的设置只能根据自己的目标和条件来决策。《广州日报》1998 年打破了以往“科室结构”的组织机制，推行国际惯例的“大采访工作通间”和“大夜编中心”。“大夜编中心”使稿件编辑权集中以后，“编辑中心真正成了采访工作的指挥棒，完成了一个良性循环，即‘市场指导编辑方针——总编辑在舆论导向的前提下，按市场信息指挥编辑中心——编辑中心以其版面的设置和稿件选择的标准指挥采访部门’”[2]。至 20 世纪末，“编辑中心”已经在各类新闻媒体中纷纷建立，基本确立了“编辑指挥记者、版面引导报道”的新的管理模式，这一模式对新闻编辑提出了更高的要求。

二、媒介融合进程中新闻编辑业务的发展趋势

21 世纪初，新一代互联网与数字技术在传媒业的广泛运用，促使新闻媒体的融合成为大势所趋，传统媒体与新媒体的结合日益紧密，新闻报道由单一媒体独立运行转向多种媒体融合传播。如 2008 年佛山传媒集团组建了一个跨媒体的采访团队，赴美国进行有关美国总统大选的报道。组建于 2005 年的佛山传媒集团是由机关报、都市报、电台、电视台等组成的一个多媒体集团。这次派出的采访团队由六人组成，既有文字记者，又有摄影记者和摄像记者，他们的工作任务不是针对各人原来所属媒体而设立的，而是打破媒体界限，为集团中所有的媒体提供新闻素材。后方编辑的工作平台则是临时搭建的可以为报纸、网站、广播、电视承载、筛选、加工新闻信息的多媒体编辑平台——“佛山传媒集团访美博客”。各类新闻素材都首先发布在这一编辑平台上，编辑再根据集团内各种媒介的介质特性进行

加工整合，然后以多种介质渠道发布，比如网站首先发布最新消息，然后报纸进行跟进深度报道，相关的音频、视频报道也在电台、电视台上播出。新闻信息发布时间的多重设置和新闻内容在不同平台上的相互嵌入得以实现，以全媒体的滚动报道扩张了传播效果，提升了媒介的影响力。

目前我国新闻传媒的组织结构都是基于传统媒体的生产方式建构起来的，在应对单一媒体的新闻报道时，表现出相当稳定成熟的性能。但在媒介走向融合之后，这种组织结构的问题和弊端就越来越明显，它不利于新的技术手段的运用，也不利于从媒介集团层面上对新闻资源的整合利用，更不能适应数字时代社会对新闻传播的新需求。而跨媒体新闻团队的组建，可以在现阶段媒介组织结构尚缺乏根本变革的情况下，根据某一重要报道项目的需要，暂时实现媒介组织架构的交叉融合。组建跨媒体的项目团队，可以充分调动并有效利用媒介组织内的现有资源，使原来因媒介或部门设置而孤立的工作单元为了共同的目标进行重组。同时，由于跨媒体的新闻团队是为完成某一次报道而组建的一种临时性组织，它不会从根本上破坏现有的媒介组织框架，却又能对资源的重新配置进行"实验"，测试媒介组织结构调整的可能，从而为将来媒介组织的再造探索道路和积累经验。

媒介的组织重构和采编流程再造，近几年来在我国一些新闻媒介有各种各样的探索。例如，2006 年上海证券报社将中国证券网和《上海证券报》全面融合，实行一个班子，一套架构，不设立重叠机构，对报网统一业务生产流程，统一考核。2007 年广州日报社对报社编辑部进行改造，推出了为多种媒体平台生产新闻内容的"滚动新闻编辑部"；成都商报社与成都电视台联合成立成都媒介集团，开始探索报纸与电视的新闻融合与互动……这些组织变革使新闻编辑业务必然随之发生改变。以往根据媒体类型而分割的编辑业务（报纸编辑、广播新闻编辑、电视新闻编辑、网络新闻编辑等）显然已不适应媒介融合发展的要求，业务技能单一的编辑人员将难以胜任跨媒体的新闻传播任务。因此，新闻编辑业务在新世纪的发展趋势将是以融合的业务技能实现对多种媒体的资源整合开发，以“融合新闻”的新模式提升新闻传播的品质和效果。

数字技术与网络技术是媒介融合的基础，而技术推进下的新闻传播的变化正在改变新闻编辑的传统角色。一个最值得关注的现象是：Web2.0的网络技术使广大网络用户的集体智能和力量得以爆发并有可能主导新闻传播的走向。如2008年3月，美国有线电视新闻网（CNN）等西方媒体在对“3·14”西藏打砸抢烧事件的报道中有意歪曲新闻事实，引发了中国国内网民和海外华人华侨、中国学生学者的愤怒，他们利用博客、播客、论坛等发表了大量有关西藏问题的文章、帖子和自制录像，甚至自发创办了一个反CNN的网站，在国内外引起了强烈反响。而这些由网民自发创造的内容成为传统新闻媒体的信息源头，使新闻报道突破了以往专业新闻工作者主导内容生产的模式，表现出报道主体由单一的媒体从业人员向多样化的人员构成发生转变。有学者评价“3·14”西藏打砸抢烧事件的传播效果时认为，“独立的直接的现场目击者的证词、视频、照片比一边倒的官方式新闻更容易对西方媒体和普通民众产生直接影响”[3]。事实上，正是新媒体与传统媒体的传播渠道“汇流”，才促成了专业新闻工作者的报道与社会公众创造的内容相交融。

媒介融合促使新闻编辑重新认识了“受众”这一在传播学理论中被作为信息接受者看待的群体：被新技术武装起来的“受众”能够成为信息的提供者，并能自由地表达自己的思想观点，他们不仅具有原创能力，也有自主权。这种角色转换使新闻报道由单向转向双向、多向，媒介的受众资源可以转换为信息资源。资源转换使媒体的报道面扩大了，重要新闻事件发生时专业记者不在现场的缺陷也可以得到弥补。2008 年北京举办奥运会时，《武汉晚报》没有条件派遣大批记者到比赛现场进行采访，报社想到在拥有奥运门票或者能到北京参与奥运服务的武汉市民中征集业余记者。他们在 1 800 多名报名者中挑选了 165 人，组成“奥运百人采访团”。报社对这批市民记者进行了新闻业务培训，并开通了自动语音台，采访团成员发现新闻后可以打回电话，语音台将语音转化为文字后，报纸的编辑进一步加工整理，并将部分有价值的线索通知在场记者继续采访完成报道。在奥运报道中，“奥运百人采访团”只是临时的业余记者团队，但由于奥运安保严密，他们采访的许多地点，反而是多数专业记者的禁区。据统计，百人采访团共发稿近三百篇，其中 95%以上为独家报道[4]。

全社会共同创造新闻内容，将促使新闻媒介从功能单一的新闻传播机构，演变为媒介产业链中处于上游位置的内容生产机构，即知识的生产部门；新闻编辑部从单纯的新闻采编部门向知识管理部门转型；新闻编辑从幕后走到前台，成为社会公众的对话者和新闻论坛的主持人，并将公众意见纳入新闻传播内容范畴内。

新闻编辑业务在媒介融合进程中正在发生的变革值得我们保持关注，在这一过程中新闻编辑组织与新闻编辑个人所面对的挑战和问题，需要比以往更多的理论创新和实践探索。

注释

[1] 肖培. 北京青年报新闻改革的十个问题. 新闻战线，1998 (4).

[2] 王放. 销量取决于质量——广州日报发行破百万的启示. 新闻记者，1999（4）.
[3] 李大玖. 西藏骚乱激发网络传播勃兴成为影响西方舆论重要力量. 新闻战线，2008（5）.
[4] 王玉娟.《武汉晚报》奥运百人采访团　平民视角报道奥运. 中国新闻出版报，2008-04-22.

（原载《中国编辑》2009 年第 3 期）

出版物的价值和效益评价辨析

——兼评“两个效益”重大命题

周蔚华

出版物的价值和效益评价是个老问题，但随着当前出版业正由过去的出版事业转向出版产业，绝大多数出版单位正在进行转企改制，这个问题又凸显出来。转企改制后，出版社的经济效益变得越来越重要，因此，如何对出版物的价值和效益进行评价，又变得复杂起来。本文试图对这个问题进行初步的探讨，并对当前流行的“社会效益与经济效益”的提法谈些不同看法。

一、关于出版物的价值评价问题

对文化产品包括出版物进行价值评价是一个世界性的难题，至今尚未找到人们公认的最佳方案。这个问题也一直困惑着笔者。

《现代汉语词典》中对价值做了两重界定：(1) 体现在商品里的社会必要劳动。价值量的大小决定于生产这一商品所需的社会必要劳动时间的多少。(2) 用途或积极作用。前者是如何衡量价值，即通过社会必要劳动时间来评判价值量；后者所体现的是一种主体性标准，即客观对象与人的主体尺度的一致性，对象对人的需要的满足程度。学术界目前也是从这两个方面人手来讨论价值问题的。

上述对价值的界定充分体现了马克思在《资本论》中对于一般商品的分析，但这里的一般商品其实是物质产品，因此，它对于物质商品是完全适用的。但是，文化商品与物质商品有很大的差异：首先，文化商品不像物质商品那样是中性的，它本身就是具有“意义”的，体现一定的价值取向。这种特殊的价值取向具有意识形态性。文化商品本身有先进与落后、进步与反动等价值取向，而这种价值取向从“质”上对文化商品的价值做出了根本性判断。其次，文化价值具有隐含性，它的有用性并没有在商品交换和使用中直接地显现出来，它的使用价值因受人的教育程度、个人喜好、价值观以及社会价值取向的不同而有极大的差异，有时甚至形成截然相反的评价。对文化商品，很难像物质商品那样有统一的评价、检验和测量的标准，因此，对它的价值评价极为困难。最后，物质商品的价值量可以用社会必要劳动时间来衡量，而文化商品由于所投入的是一种极为高级的精神劳动，它和个人的独创性、唯一性等特征密切相关。这类商品由于“不能由劳动再生产的东西（如古董、某些名家的艺术品，等等）的价格，可以由一系列非常偶然的情况来决定”[1]，因此，无法通过社会必要劳动时间来衡量其价值。例如，马克思的《资本论》、曹雪芹的《红楼梦》、李白的诗、袁隆平的《杂交水稻种植技术》等，是无法通过社会必要劳动时间来衡量的。如果说单件艺术品还可以通过拍卖等市场价格来衡量的话，那么，出版物则连这个衡量尺度也无法使用，因为出版物尤其是图书大多数是通过印张、成本等承载物的投入产出来定价，出版物所承载的内容的价值根本不能通过其价格来体现，也不能通过其在流通中所实现的直接收益来体现。

那么，是不是就无法判断出版物的价值了呢？也不完全是。我认为，评判出版物的价值有两个尺度：一是从质的方面来评价，就是它的文化价值或者内在价值；二是从量的方面来评价，即它的经济价值或者外在价值，如发行量的大小、传播范围的宽窄等。

出版物的文化价值包括哪些内容？日本《现代出版学》指出：迄今为止，图书一直发挥着积累、继承、传达、普及以及发展人类文化的基本作用。出版物的文化价值是传播信息和知识，传递思想、观念和方法，传承人类文明，通过这种信息、知识、思想、观念、方法以及文明成果的传播、传递和传承来达到教化育人、启迪思想、服务社会、促进生产力发展的目的，它体现了人类对真善美的追求。因此，传播信息和知识，传递思想、观念和方法，传承文明这一文化价值是出版物的基本价值所在，体现了出版物的本质属性。出版物的其他价值，如政治价值、经济价值等，或者内含在文化价值之中，或者是文化价值的附加物，出版物如果没有了文化价值，就失去了存在意义。

出版物的文化价值和经济价值作为一对矛盾，受到了中外出版家的关注。早在20世纪30年代，伟大的出版家邹韬奋就提出了出版的事业性和商业性的矛盾统一问题，他说的事业性是指出版的文化价值，商业性则是指出版的经济价值。他还提出了两者“要兼顾而不应该是对立的”这一著名论断[2]。美国著名出版家贝利指出，出版业首先在于其文化事业的性质，大部分出版商不把自己仅仅看作简单的生意人，他们非常重视各类图书的文化作用，考虑问题既从文化方面考虑，也从商业方面考虑。他还由此提出了出版人所熟知的名言：“出版社并不因为它经营管理的才能出名，而是因为它出版的书出名。出版社是出版了杰出书的杰出出版社的历史，也是图书文化品位发展的历史。”[3]这些都是对出版物文化价值和经济价值关系的精当概括。

对出版物文化价值的评价要从以下几个方面加以考虑：一是出版物的显在价值和潜在价值。有的出版物的价值在当下就可以实现和显现，而有的出版物的价值是经过很多年才被人们发现和认可的。二是当前价值和长远价值。有的出版物仅具有当前价值；有的出版物不仅在当时发挥作用，而且通过对人们文化思想和审美的熏陶，发挥深远的历史作用。这是文化具有强大生命力的表现。三是原创价值和集成价值。文化的本质在于创造，原创性出版物或者出版物内容的原创性是文化创造的体现，具有极大的价值；但通过内容的再集成满足不同消费者的文化需要，也同样具有价值。四是外在价值和内在价值。出版物的内在价值主要是其所包含的文化含量，而内在价值要通过外在价值来实现。只有通过更大范围的传播，才能使出版物的内在价值得以实现。出版物的内在价值和外在价值问题其实也是价值与价值实现的问题，也就是说，价值的实现需要更大的发行量、更广的传播范围。

出版物的经济价值体现在什么地方呢？过去我们强调出版物的经济价值主要是从单个出版物的投入产出的意义上来考虑的，这有一定的合理性。但是，随着知识经济时代的到来，随着信息经济的兴起，出版已经从外在于经济领域而变成了国民经济的有机组成部分，出版业也相应地演变为出版产业，并且成为文化创意产业的一个重要组成部分。因此，现在再判断出版物的经济价值就不能仅限于单个出版单位以及单个产品的投入产出，而必须从产业经济学的视角来看待出版物的经济价值及其对发展国民经济、提高综合国力的意义。

现有的出版物经济价值评价体系一般是从两个方面加以评价的：对于单个出版物以及出版单位，是从出版物的投入产出尤其是单品种利润、总利润等方面来评价的；而对于整个出版产业来说，目前采用最多的是产业经济学的 SCP（结构—行为—绩效）分析框架，也有的研究者采用竞争力分析框架，但因后者没有形成行业公认的系统分析框架以及各要素的加权参数，而且可操作性较差，并没有被人们普遍接受。因此，建立兼顾文化价值和经济价值、更具全面性和更有说服力的出版产业评价体系是出版业的共同课题。

二、关于出版物的效益评价问题

效益是和价值密切相关而又有所差异的概念。按照《现代汉语词典》的说法：效益是指效果和利益；而效果是指由某种力量、做法或因素产生的结果（多指好的），利益是指好处。这里的“好的结果”“利益”当然是从主体的角度来看的，但同一个行为对不同的主体产生的效果是不同的，对一主体有利的未必对其他主体也有利，甚至有可能是不利的。所以，这里的效益既包括好的结果，也包括不好的结果。而利益则主要涉及个体利益和社会利益的矛盾，也就是个体效益和社会效益的矛盾问题。因此，关于出版物的效益可以从个体效益和社会效益两个方面来评价。

所谓出版物的个体效益，是指出版物对个体行为者所产生的效果和利益，它可以是单个出版物的效益，也可以是单个人（如策划编辑、项目负责人等）的效益，还可以是单个出版单位的效益。

所谓出版物的社会效益，是指出版物对整个社会所产生的效果和利益，它既包括对社会所产生的经济效果和经济利益，即经济效益，也包括由于出版物的公共物品性质产生的“溢出效应”，即文化效果和文化利益。因此，出版物的社会效益既包括其经济价值，又包括其文化价值。

那么，对个体效益的评价主要涉及哪些指标？各项指标的权重如何？目前，新闻出版总署出版管理司经过几年的探索和反复征求意见，制订了一个评价经营性出版单位（个体）的评估体系，这个体系的主体部分包含3个大项目、22个子项目。第一大项“图书出版能力”中的图书再版重印率、销售排行榜、版权输出3小项，第三大项“资产运营能力”中的净资产收益率、主营业务销售收入增长率、图书单品种平均利润、速动比率、主营业务销售收入等5项，都属于经济绩效的评价，分值占总分值的50%，其余50%是对经济效益的支持条件的评价（如办公条件、人力资源状况、信息化状况等）和社会评价（如质量、获奖、承担国家项目等）。此外，这个评价体系还设定了企业社会责任指标作为加分因素。

我国著名的出版理论家巢峰先生设计了一个对出版社的评价体系：把出书结构、出书质量等作为社会效益指标，占70%；把利润、销售等作为经济效益指标，占30%。这个评价体系把个体效益和社会效益混在一起进行评价，常常难以区分什么是经济效益、什么是真正的社会效益。例如，再版重印率是社会效益还是经济效益？发行量是社会效益还是经济效益？其实，发行量直接体现的是经济效益，但也使社会效益在流通中得以实现。

我认为，无论是出版物的个体效益还是社会效益，都可以从经济价值和文化价值两个方面加以分析评价。出版物对个体的经济价值主要体现在资产收益率（投入产出）、利润率（总利润、单品种利润、人均利润等）、资产效率（包括但不局限于速动比率这一指标）等指标中；出版物对个体的文化价值体现在品牌价值、社会认知度、在本专业出版领域的影响、对教学科研以及文化普及的贡献、获奖情况等指标中。出版物对社会的经济价值主要体现在产业产值占国民经济总产值的比例、与其他关联行业的绩效对比、与社会平均绩效的对比等方面；出版物对社会的文化价值主要体现在对国家科学、文化和教育事业的贡献率、对创新型国家的贡献率、对提升国民素质的贡献率以及对生产力的推动等方面。

由上述概念可以产生以下四种情形（见下表）。

	经济价值	文化价值	与社会效益的关联性	政府的作用
个体效益	+	+	+	大力鼓励、奖励
	+	—	—	限制或禁止
	—	+	+	通过财政补贴等弥补个体效益
	—	—	—	禁止

可以看出，个体效益和社会效益的统一是建立在出版物具有文化价值的基础上的，离开了出版物的文化价值就谈不上两者的统一。我们所反对的是只追求个体效益而忽视社会效益、单纯追求经济价值而忽视文化价值的出版物和出版行为。

三、对“两个效益”流行说法的辩证

关于出版物的效益问题，最为流行的说法是“在坚持社会效益第一的前提下，实现社会效益和经济效益的统一”，这个提法已经为我们所熟知而且根深蒂固了。我查了一下正式的文献，在改革开放前，没有把两个效益并列的提法，提得较多的是强调出版要以文化为目的，不能以营利为目的。例如，在1949年中共中央华北局宣传部《关于当前出版工作几个问题的决定》

中指出，书店（因当时编、印、发没有分离，实指出版）以服务党的宣传工作与国家文化建设为目的，故不能追求利润，以做到实物保本、维持再生产为原则[4]46。最有代表性的提法是1961年周扬在《在〈知识丛书〉编委扩大会议上的讲话》中的观点：我们不应当只根据发行需要来决定印数，要根据书籍内容对人民有益还是无益。无益的，即使销路大也不印；有益于人民的，即使销路少，也要推广。他进一步指出：出版社是文化学术机关，不应以营利为目的，而应以发展文化、教育人民为目的，以满足人民和研究者的需要为目的，以普及文化、提高学术水平为目的[4]181-182。最早提出两个效益问题的文献是1983年的《中共中央国务院关于加强出版工作的决定》："社会主义的出版工作，首先要注意出版物影响精神世界和指导实践活动的社会效果，同时要注意出版物作为商品出售而产生的经济效果。"[4]375这里用"两个效果"的提法，其实和后来"两个效益"的提法是一致的，党的十二届六中全会通过的《关于社会主义精神文明建设指导方针的决议》指出："我国文化事业的社会主义性质，要求必须把社会效益作为最高标准。"这里没有谈及"两个效益"的统一问题，但提出了"社会效益"的问题，并把它作为最高标准。"两个效益"并列的提法正式出现在1988年中共中央宣传部、新闻出版署《关于当前出版社改革的若干意见》中："出版社既要重视社会效益，又要重视经济效益，必须把社会效益放在首位。但作为自负盈亏的出版社，如不讲经济效益，也难以实现社会效益。在具体问题的处理上，如果经济效益与社会效益发生矛盾，经济效益要服从社会效益。总之，要努力使社会效益与经济效益统一起来。"[4]408可以看出，起草者当时为了把两个效益统一起来，是费了一番周折的。这里没有笼统地说出版业两个效益的统一问题，而是加上了很多限制词，如“作为自负盈亏的出版社”“在具体问题的处理上”，等等，主要指微观出版主体或者是“个体”而言的。也就是说，个体出版单位要把自己的经济效益和整个社会的效益结合起来。中宣部、新闻出版署同时颁发的《关于当前图书发行体制改革的若干意见》也提出：“图书是精神产品，必须把社会效益放在首位；图书又是商品，必须注重经济效益，它的社会效益要通过商品交换才能够实现。……坚持按社会主义商品经济规律办事，重视社会效益和经济效益的统一。”[4]416此后的历次文献基本上都沿袭了这个基本提法，即把社会效益放在首位，实现社会效益和经济效益的统一。

这个命题的表述及其对这个命题的解释，其基本思想是强调出版物不能只重视经济价值，同时要考虑出版物的社会影响。从这一点上看，它有一定的合理性。但是，社会效益与经济效益的具体含义是什么？它们为什么就构成了一对矛盾？对此我们常常语焉不详、说不清楚，我自己也常常感到困惑。经过长期思考，我认为所谓社会效益与经济效益的矛盾是一个伪命题，它们不直接构成一对矛盾。出版物以及出版工作中的矛盾应该是文化价值与经济价值的矛盾、个体效益与社会效益的矛盾，这是出版物包括所有精神产品的两对普通矛盾，其中文化价值和经济价值的矛盾是其基本矛盾。

众所周知，矛盾是事物自身所包含的既相互排斥又相互依存、既对立又统一的关系。矛盾双方存在于既相互对立又相互依存的矛盾统一体中。之所以说经济效益与社会效益的矛盾是个伪命题，就是因为经济效益和社会效益之间的关系不是既相互对立又相互依存的关系，不能共处一个矛盾统一体中，因而不能构成一对矛盾。在出版物中，能够构成矛盾统一体的是个体与社会的矛盾以及经济与文化的矛盾。这可以从以下几个方面来理解。

第一，与“社会”相对应的概念不是“经济”，“经济”与“社会”不是一对对应的概念，因此，构不成矛盾统一体。从语义上看，与“社会”相对应的概念，一个是“自然”，另一个是“个人”或者“个体”。这里，我们讨论的是出版物的价值，从出版物的主体看，它包括出版物和出版者，而出版者既包括从事出版的个人，也包括从事出版活动的出版单位，还包括单个出版物，因此，与“社会”相对应的概念用“个体”比用“个人”更贴切一些。因为不存在“自然效益”这个概念，所以，与“社会效益”相对应的概念当然应该是“个体效益”。在整个出版工作中，社会效益与个体效益的矛盾是最常见的一对矛盾，它们构成了对立的双方，是一个矛盾统一体。一般来说，个体效益和社会效益是一致的，但两者不一致的情形也常常发生。公共经济学研究的重点内容之一就是私人收益与社会收益、私人成本与社会成本的矛盾及其解决方式问题。解决两者的矛盾有两种主要方法：其一，在一个充分竞争的市场，如果产权清晰，那么通过产权之间的交易由受益一方补偿受损一方来实现两者之间的平衡；其二，通过政府干预或者调控来解决两者之间的矛盾。当个体收益大于社会收益、个体成本（私人成本）小于社会成本时，就会产生负的外部性，社会为了这个个体额外支付了成本，个体利益就损害了社会利益，这时，政府就要对相关行为进行限制和惩戒。而当个体成本（私人成本）大于社会成本、个体收益小于社会收益时，这个个体（个人、产品和企业）就产生了“溢出效应”，形成正的外部性，对社会做出了额外的贡献，这时，政府就应该对相关行为给予物质和精神上的鼓励。无论是进行限制和惩戒，还是进行物质和精神上的鼓励，都体现了在市场失灵情况下政府的调控作用。政府就是通过这种调控实现“在坚持社会效益第一的前提下，个体效益和社会效益的统一”[5]的目标。

第二，与“经济”相对应的概念，从不同角度看，既包括“政治”又包括“文化”。但我们这里讨论的是对出版物的价值评价，而出版的本质是文化的传播和传承，因此，我们如果谈出版物的价值，就应该把出版物的文化价值和经济价值对应起来加以考虑[5]。至于出版物的政治价值当然要充分考虑，我们所讨论的文化不是“价值中立”，而是内在包含了先进与落后等价值评价，包含了政治评价的因素。因此，广义的文化价值就内在地包含了政治价值。实际上，与经济价值相对应的应该是文化价值，而且在出版物以及整个出版活动中的确大量存在着文化价值和经济价值的矛盾：有的出版物具有很高的文化价值，但其经济价值并不明显，甚至很小；而一些有经济价值的出版物却并没有多少文化价值，比如，一些低俗出版物有很大的市场需求，能给出版单位和策划人带来很大的经济价值，但由于其没有文化价值甚至是“反文化”的，因此，必须加以限制甚至禁止出版。在这种情况下，出版物的经济价值和文化价值就产生了明显的矛盾。而在两者发生矛盾的时候，我们就必须把文化价值放在首位，在坚持文化价值的前提下，努力实现文化价值和经济价值的统一。

第三，我们通常所说的经济效益和社会效益的矛盾其实是个体的经济效益和整个社会的经济效益的矛盾，也就是个体效益和社会效益的矛盾，而不是经济效益和所谓的社会效益的矛盾。所谓“不能只追求经济效益而忽视社会效益”，其实是说“我们不能只顾个体利益而忽视社会利益”，不能让整个社会为个体的获益付出更多的经济代价，支付高昂的成本。这一命题同时还内在地包含了不能只顾经济价值而忽视文化价值的价值判断。因此，出版物的内在矛盾经常体现的是出版物的个体效益和社会效益的矛盾以及文化价值与经济价值的矛盾。

第四，我们通常所说的“经济效益和社会效益的统一”中的“效益”一词，存在着前后含义不一致的问题。“经济效益”中的“效益”，其所指仅仅是经济利益，当我们说不能只顾经济效益时，实际上是说我们不能仅仅为了“赚钱”，这里的“效益”一词是“赚钱”的同义语，并不包含文化、思想等方面的评价。而“在坚持社会效益的前提下”中的“效益”一词，除了指称经济利益外，更多的是强调出版的社会责任，既包括经济利益，但更主要的是强调其文化价值、思想导向、社会影响等非经济因素。因此，所谓“经济效益和社会效益的统一”，其中前后两个“效益”的内涵和外延都不一致。因此，我觉得有必要用更为科学规范的、内涵更为丰富的“经济价值和文化价值的矛盾”来表述精神产品中的基本矛盾。

第五，文化价值和经济价值的矛盾是包括出版物在内的所有文化产品或者精神产品的基本矛盾。之所以这么说，一方面是因为只有这对矛盾能够体现文化产业的内在本质，反映了其特有的区别于其他产业的本质特性；另一方面，这对矛盾也贯穿于整个精神产品生产的始终，处理这对矛盾的不同态度决定了精神产品生产的基本方向。个体效益与社会效益的矛盾不是精神产品所特有的矛盾，而是一种普遍性矛盾，存在于所有商品领域。“三鹿奶粉”事件表明物质生产领域也同样存在着个体效益和社会效益的矛盾，但不存在我们这里所讨论的“文化价值与经济价值”的矛盾。

上述分析表明，我们应该改变“把社会效益放在首位，做到经济效益与社会效益相统一”的提法，代之以没有内在逻辑矛盾的“把文化价值放在首位，把文化价值与经济价值有机结合起来；在坚持社会效益的前提下，实现社会效益与个体效益的统一”的提法。前者体现了文化产品的本质要求，后者则是社会主义核心价值观的基本要求。这样一来，就把文化产品的一般要求和社会主义文化的特殊要求有机统一起来了。

参考文献

[1] 马克思，恩格斯. 马克思恩格斯全集：第 25 卷. 北京：人民出版社，1975.

[2] 邹韬奋. 事业管理与职业修养·生活史话. 北京：生活·读书·新知三联书店，1998：89-90.

[3] H.S. 贝利. 图书出版的艺术与科学. 北京：中国书籍出版社，1995：218.

[4] 宋原放等. 中国出版史料·现代部分：第 3 卷上册. 济南：山东教育出版社，2000.

[5] 周蔚华. 对“在坚持社会效益第一的前提下，实现社会效益和经济效益的统一”重大命题的一点看法. 中国出版，2009（1）.

（原载《中国人民大学学报》2009 年第 4 期）

一切为了读者

朱良洲

图书是一类性质非常独特的商品，其独特性在于就单品种图书而言，这一品种与其他任一品种都在内容主题、写作手法、定价、封面、作者等多方面存在着差异性。而从一类图书而言，每本书又互相存在着同一竞争性，即同一出版主题会有很多单品种图书参与竞争来抢夺读者。由于目前我国图书零售市场上的动销品种已经多达几十万种，几乎在所有的图书出版主题上都出现了重复选题，这就使得几乎所有的单品种图书都具备了差异性与同类竞争性。在目前的图书市场上，由于新书上市的速度非常快，这使得对图书的消费对象——读者，在出版前期工作中的重要性显得尤为重要。

在出版层面，读者既是出版、营销的起点，也是图书的最后归宿。一本图书的阅读对象越不确定，这个品种的销售量也越不确定——读者是谁，有多少，为什么买书，怎么买书等一系列问题都是影响图书销量的关键因素。因此，对于出版人而言，对读者信息了解得准确，才能将图书信息传递给这些潜在读者，实现销售。而在现实中，对读者的调研并不是一劳永逸的事情，每个门类的图书乃至每本图书，都需要进行最基本的潜在读者分析。

现在，任何一家出版社或工作室，在寻求图书是否畅销，是否能获得读者的认可时，必须准确判断这个图书品种是否能满足读者的需求，是否能实现读者认可的阅读价值。而这类问题目前并没有科学合理的方法来解答，大部分出版人还是依靠感觉与经验在回答这类问题。本文试图通过一系列连续问题来了解读者各类信息的细节，包括：他们是谁，他们有多少人，他们会买什么样的书，他们要买什么样的书，他们如何买书，为什么他们买这本不买那本书，等等。换言之，通过对这一系列问题的解读，树立在每个图书品种出版前建立读者定位的意识，尽可能准确地在大量潜在读者中寻找自己的目标群体，进一步传递信息，实现销售。

为了更好地梳理这一脉络，我们以一个虚拟的编辑角度来解析读者定位的过程。

先了解一个概念：我们的读者数量有多少

1. 这个概念为什么重要

推测图书零售市场上究竟有多少读者，回答这个问题是一个费力不讨好的事情。首先读者购书并非固定行为，以何种标准来界定有效读者也是一个难题；其次，即使了解到读者的数量多少，我们也因为读者分布的地域差异性、本社发行区域覆盖面等各类问题，很难去制定这一理论数量所对应的出版策略以及营销策略。但是为什么我们还要寻找这个问题的答案呢？在实际工作中，笔者曾经接触过很多出版社的编辑，经常看到大家在选题申报单上对读者定位上进行这样的描述：读者对象为关心这一方面话题的读者。这样的说法为后续的媒体营销工作乃至发行工作带来了很多的不确定性。而了解读者数量有利于我们在挖掘读者购书特征前建立读者基本量的概念。这个概念将协助我们在制定相应的营销策略时如何估算细分类的读者群有多少，在每个大小不等的读者群上又有怎样的购买差异，从而在后续的工作中确立图书主要销售对象感兴趣的第一卖点、第二卖点等信息。笔者认为，在选题出版前清晰地定位读者数量多少是所有后续营销工作的重心，它应该在很大程度上影响并决定这个选题是否出版并是否能获得令人满意的销量。

2. 如何找到这个数字

我们首先要对有效读者的基本条件做一些假设，这些假设将最大程度地保证读者购买图书的有效性。

第一，这个读者是非常愿意去购买图书的，即使在有其他渠道获得图书（例如，朋友间赠书、购买盗版图书、公司发书等），他依然每隔一段时间主动前往书店购买图书。做这样的假设是保证其能固定了解图书新书上市信息，排除那些偶尔才去书店买书的读者。

第二，这个读者购买图书的动机有很多种，包括工作需要、为家人或朋友购书、自己阅读需要等多个原因。这样假设是保证这类读者需要购买多样图书，其在书店有一定的浏览时间，需要在多个门类的书架上寻找目标图书，从而排除那些只购买专业图书的读者（从实际情况分析，专业读者的数量远比普通大众读者的数量容易估计，例如，每年各类考试的报名人数就能推测相应专业考试用书的规模）。

第三，这个读者每 2～3 周产生一次购买行为，而且每次购买图书的数量不低于 3 本。我们这样假设是保证这类读者连续购买的有效性，排除那些去书店阅读但只产生少量购买行为的读者（注：购买 3 本图书是我们对读者平均购买能力的一个估算）。

其次，我们了解到 2008 年图书零售市场的销售额约为 300 亿元。如果我们假定每本书的平均定价是 30 元（这一定价是对零售市场上所有图书定价的平均估算值），那么在 2008 年图书零售市场上大约实现了10亿册的销量。在这个销量的基础上，我们运用80/20法则可以计算出，占市场读者20%的读者将贡献出8亿册的销量（平均每2周实现3 076万册的销量）。在上述假设中，我们假定单个有效读者的购买量是3本，由此可以得出有效读者的数量约为1 025万，总体读者的数量约为5 125万。

在上述的分析计算过程中，由于我们在很多环节采取了估算、严格假设条件等分析方法，因此得出来的结果与实际结果会存在一定幅度的偏差。但是鉴于在整个分析过程中采取的是最小值法进行估算（即按照最苛刻的条件进行推断），我们相信这一数字是一个偏向于保守的数字，这个数字不影响其有效性，也不妨碍我们得出以下基本结论。

就整体市场而言，当我们假设有一类读者是中国图书零售市场的核心读者，他们每2周去书店购买一次图书，每次购买3本满足各种各样需要的图书。当这一假设成立时，我们推算这群读者的数量约为1 025万人，这些人在购买图书时，不受图书类别限制，购买图书的单本价格约在30元左右。

3. 这个数字有什么用

以1 000万的读者数量为基准，结合各省份的城市人口数，我们就能大致推断出一个全国范围内的读者分布图。例如，2008年年末全国非农业人口数为36 763.79万人，北京市在其中的比例为3.06%，上海市的比例为3.53%，浙江省的比例为3.96%，江苏省的比例为6.57%，广东省的比例为8.42%（注：考虑到大部分书店分布在城市中，我们以城市人口购买图书作为假设标准）。这样我们就能看出，如果1 000万读者也是按照这个比例分布在这些城市，各省份整体图书的有效读者就能大致估算出来。对于任何一家出版社的发行来说，这样的量化分析将在很大程度上帮助制定区域发行政策。

当然，以 1 000 万读者数量为基础，结合各主要省份的情况，我们可以从职业、年龄、收入等多方面来获得读者更进一步的信息。这样具体的数据调研可以通过第三方的调研机构进行。

在了解了读者基本量这个概念后，我们下面来回答几个核心问题。

第一个问题：读者是谁

了解“读者是谁”是读者定位的第一个问题，也是非常重要的一个问题。如果说确定有效读者数量是在战略上寻找读者目标，那么了解“读者是谁”就是要找出这些人的基本特征。事实上，在这个环节上我们是在做一种类似“画像”的工作——为这个即将出版的图书品种找到一个适合的读者，这个读者最少有一项特征满足我们对这本书的读者定位。因此在这个问题上回答得越仔细，我们在后续工作上制定的各类策略就越有针对性，例如营销策略、图书分类、推荐语、封面设计、定价、阅读价值、购买价值等。

我们需要了解以下相关细分方面的信息，从而准确描述读者形象：

（1）读者年龄段及性别；

（2）读者的学历——什么样学历的人在读者中占据主体；

（3）读者的职业及收入——从事什么性质的工作，收入多少；

（4）读者的地域分布——这群人集中在哪些城市。

下面，我们分别以金融类图书与青春文学类图书的读者形象为例，用上述问题简单描述一下这两类图书主要读者基本信息的差异性。

金融类图书读者——这类图书的读者年龄层应该是在22～40岁，以男性读者为主。他们中间大多数人的学历在本科以上，硕士以上学历可能占的比例较高。这些高学历的读者大多数从事与经济相关的行业，例如，银行、证券、投资公司等，也有在一些研究机构中工作的读者，如学校及科研院所。这些读者具备较高的收入水平，可以接受较高定价的图书，但是前提是图书内容包含了国内外最新的经济理论研究成果或讨论内容。因为工作性质的原因，他们工作的地点大多分布在北京、上海、广州等经济发达城市……

青春文学类图书读者——这类图书的读者年龄层分布在15～20岁，以女性读者为主。这些读者大多是初中至高中的学生群体，他们没有收入，购买图书的主要费用可能来自于父母给的零花钱，因此偏向于接受价格较低的图书。这类读者大量分布在各类城市的校园里……

以上是对两类内容差异较大的图书读者做出的一个很宽泛的读者定位，我们可以很清楚地看到在这样的描述中，读者的基本信息已经潜在反映了对图书各类因素的不同要求。例如，定价水平、发行策略等。

在这里需要补充的是，这样的读者特征分析不单单局限于不同类别的图书，对于同一类图书中不同作者的图书（例如，绘本漫画里的朱德庸与几米）、同一主题类图书下不同选题方向的图书（例如，描述奥巴马政府施政纲领的《我们相信变革》与奥巴马的自传《无畏的希望》），都可以根据选题本身不同的特点寻求差异化读者特征。

第二个问题：读者为什么买书
——读者的购买动机在哪里

寻求这个问题的答案其实就是在寻找读者的购书动机。实际上这个问题非常难回答——在现实生活中，对同一本图书的一千个读者而言，不但在不同的读者间可能存在一千个差异的购书动机，即使在同一个读者身上，其购买这本图书的原因也可能不是单一的。因此我们将各类可能影响读者购买的原因都进行罗列，结合上述第一个问题中的读者特征来寻找答案。

我们将读者购买图书的原因先划分为主观原因和客观原因，而后在上述内容中再寻找更细的影响因素（见表1）。

表1

<table>
<tr><td colspan="2">主观原因：读者内心产生购买动机</td></tr>
<tr><td>作者的忠实读者</td><td>内容具备购买价值</td></tr>
<tr><td>同类书中性价比高</td><td>书名具备吸引力</td></tr>
<tr><td colspan="2">具备其他使用价值，如赠送等</td></tr>
<tr><td colspan="2">客观原因：被外界影响产生的购买动机</td></tr>
<tr><td>书店内部宣传介绍</td><td>朋友推荐</td></tr>
<tr><td>社会热点</td><td>图书促销</td></tr>
<tr><td>排行榜上榜图书</td><td>……</td></tr>
</table>

在这里我们需要再次强调的是，每一个读者所产生的购买动机都不是单一构成的，当读者走进书店，书店的环境（包括图书专架、畅销书码放情况、人流聚散情况）与读者当时本身的情况（诸如阅读偏好、购买能力、购买目的等）合力影响读者的购买动机。在大多数情况下，大多数读者在产生购买动机

时，应该被以上两个以上的原因所左右。

了解读者购买图书的动机将很大程度上帮助我们挖掘影响读者购买的因素。结合上述读者特征的特点，挖掘出与读者特征关联度较大的因素作为影响读者购买的主观原因，进而实现销售。例如，学历程度较高，收入也较高的读者可能更在意图书的阅读价值，而年龄较低的读者则更多地偏向于性价比高的图书。职业层级较高的管理者可能比较在意书名有影响力的图书，并将其作为培训教材使用等。

而如何分析这类图书的信息呢？最简单的办法莫过于走进书店，向购买图书的读者来了解第一手的信息。这种方法虽然有效，但是需要消耗大量的时间成本和精力成本。除此之外，我们还可以通过日常工作中接触到的各类排行榜来分析可能影响读者购买动机的因素。例如，通过对比文学类图书与大众健康类图书的排行榜，我们可以看到在文学类图书中，知名作家的新作往往都有很好的排名，这类作家的代表作往往都是读者耳熟能详的；而在大众健康领域，有吸引力的书名通常构成了畅销书的主体。这样的对比反映出，在这两个领域，书名、作者的影响力是各不相同的。另外，我们也可以通过店面营销员来了解读者的购买情况，这样的方法能够得到一些大概的读者购买信息。

第三个问题：读者买什么书
——看什么样的书，书是什么样

在前两个问题中，我们研究的是读者的购买共性。从这个问题开始我们来探讨读者的购买特性。在这里我们分析读者的阅读需求类型以及购书注重细节。

图书在每个读者的工作、生活中都扮演着重要的角色：幼时图书是启蒙教导的重要工具——成长阶段是知识的载体——成熟阶段是获知其他信息的手段之一。书在每个读者的成长阶段都有不同的意义，而读者在不同年龄、不同经济背景、不同学历、不同生活阶段下具有不同的购书愿望和购买能力。我们首先将市场上的图书类型与读者的购买需求来做一个对应（见表2）。

表2

阅读需求类型	阅读特点	市场供应代表图书类型
研究型阅读	需求量小，但对内容要求严谨、权威，对价格不敏感，注重出版社品牌	专业类图书，例如，法律、科技、学术类、艺术类
娱乐休闲型阅读	需求量大，对内容题材无标准，跟随市场宣传，对价格很敏感，注重书名、作者的号召力	小说类、青春文学
学习型阅读	需求量普遍较大，内容上必须具备针对性，这种针对可能是对考试需求的专业，也是对实际需要的确切满足	教辅类、考试类、语言类等代表性最为明显，也包含心理自助类的大众图书
资讯信息型阅读	需求量不稳定，取决于内容信息的权威性、独特性以及最新性	各类图书都包含，例如，时政、传记以及近期畅销的金融类等
生活实用型阅读	需求量不稳定，取决于内容的实用有效性及作者的品牌号召力	大众健康、美容、家居装修、旅游、家庭教育、个人理财类

续表

阅读需求类型	阅读特点	市场供应代表图书类型
文化型阅读	需求量不稳定，取决于编辑能否将该类图书贴近读者的阅读口味	各类专业图书普及型读本，例如历史文化、哲学文化、科普类等

我们可以大致将读者的阅读类型划分为以上六种，事实上这六种阅读需求类型并没有明显的区分标准，同时对应的图书类型也并非满足单一的阅读需求。例如，一个读者可能会对金融危机产生一种混合的阅读需求，包含了对金融危机产生的本质研究，金融危机的最新信息了解，金融危机背后的各类机密事件等。而一本图书，也同样可能会满足不同读者的不同需求，例如，民俗类图书，可以满足不同读者的研究、生活实用、文化等多种阅读需求。比如去年的一本超级畅销书《杜拉拉升职记》，作为一本畅销小说，由于其中包含了职场题材信息，在满足读者休闲阅读的同时，也能满足一些读者的学习、文化类阅读需求。

明确了读者的阅读需求类型和特点，就要求出版人在出版前期做读者定位时，必须根据图书本身特点来确立所满足读者的主要阅读需求，主观地把一本书定位成万能书来满足所有读者的阅读需求，很有可能变成所有人的需求都满足不了。

从读者的不同阅读需求进行延伸，我们进一步可以分析读者在购买时所注重的图书细节。这一细节从小的方面来讲，涉及的是图书的文字可读性、定价高低、书名号召力、封面设计、作者知名度、开本大小、封面语推荐乃至内文的文字间距，而往大一点说，这个细节包括排行榜、店面的码放情况、媒体的宣传力度乃至读者的口碑效应（这点在当当、卓越、豆瓣等网络上比较明显）等外围因素。

总的来说，读者从购买需求落实到购买行为的实际产生，其购买原因既来自本身各种实际需求所产生的对各类图书的阅读需求，也有在实际购买时受图书本身所具备的细节所产生的影响。我们可以用这样一句话来形容二者的重要性及连贯性：准确分析读者的阅读需求类型将激发读者的购书欲望，而图书本身的细节将决定读者的购买行为。任何一个环节出现了失误，都将对图书最终的销售量产生不可测算的影响——因为我们不知道出问题的细节对读者的影响力究竟有多大，这样的问题无法量化。因此，作为一个策划编辑，前期的重点在于分析图书所满足读者的阅读需求类型及阅读特点，后期则需要在图书细节上多下功夫。

第四个问题：如何让读者买书
——通过合适的渠道传递图书关键信息给读者

假如有一个编辑敢承认自己在所有的出版环节都能做到完美，他是否能确定自己的图书能成为畅销书？恐怕没有人敢打这个包票——谁能保证在数十万种在销图书中让读者找到自己这本图书。如果读者不能及时了解图书信息并产生购买行为，那么源源不断的新书品种很快就会促使这本图书下架。因此，我们来分析最后一个问题：如何让读者知道这本书。

传递图书信息给读者，有三个关键需要我们来把握：第一是信息主体，第二是传递渠道，第三是读者类型。简而言之，将关键信息传递给关心这类信息的读者，所使用的渠道是这类读者所能接触到并认可其权威性。在上面我们已经分析了什么样的图书适合什么样的读者类型，所以我们默认已经选好了潜在的目标读者，在这里只分析信息主体和传递渠道。

1. 关于信息主体

传递给读者的信息内容，很多编辑都可以罗列出一大堆，比如内容的唯一性、可读性、权威性等，另外还包括作者信息、定价信息、封面信息等。而这种内容的载体通常也多集中在书讯、书评几种有限的方式上。随着目前这种信息传递的有效性似乎并不是那么明显——有多少读者是在接受这类信息后在书店产生购买行为？因此我们有必要在这里重申一下信息主体有效性这个概念。

通常编辑在这里所陷入的一个误区是：我们希望将这本书的所有信息都传递给读者以产生购买行为。殊不知当信息量扩大到一定程度后，读者将对信息的接受产生排斥，从而对这本书的所有信息都产生遗漏。事实上，有效的信息主体可能会非常简短，例如，知名作者的一本新作（比如当年明月推出的《明朝那些事儿（第六部）》）、有影响力人物的推荐（比如温总理推荐的《沉思录》）、一个有号召力的书名（比如《细节决定成败》）等，都是可以用来传递给读者的有效信息。传递给读者的信息量并非越大越好，而更多的是在于其对该类图书潜在读者的有效性。

2. 关于传递渠道

我们在信息传递的渠道上同样存在误区：当编辑们习惯了用书讯、书评的形式传递信息时，信息的传递渠道开始被限制在了平面媒体上，例如，报纸、杂志等。近段时间虽然大家越来越重视网络上的论坛宣传，但是其宣传的效果也并不如大家所预料的那样好。经常出现网上叫好声一片，书店实际的销量却并没有明显上升。因此，很多出版社开始更多地放弃将信息直接传递给读者，将书店当作了阅读对象，反而忽略读者的感受。

事实上，传递渠道多种多样。信息传递渠道缺乏有效性，一方面来自于我们在开发渠道上缺乏创意，另一方面则是我们将个性的传递渠道普遍当作共性渠道来使用。在前者，我们的传递渠道通常局限在固定的媒体上，与书店以外的第三方合作（例如，企业合作、研究会议、第三方产品开发、电视话题营销等）、开发其他领域成熟的宣传模式是我们将来需要开拓新传递渠道的重点。在这一方面，少儿类图书《喜羊羊与灰太狼》是近期显而易见的成功代表。而在渠道使用方面，针对读者接收信息的特征，合理筹划宣传渠道资源是提高传递信息有效性的手段。而仔细分析传递渠道的目标读者是否与图书潜在读者相吻合，是判断渠道传递有效性的重要标准。

综上所述，做好一本书必然需要在很大程度上分析研究读者，读者的潜在信息将决定这本图书的销量及生命周期。如何完整地把握潜在读者的购买线索，将是未来很长一段时间内实现成为一个好编辑的目标的根本基础。

注：文中所引用数据和资料来自北京开卷信息技术有限公司在2009年年初对外公布的数据。

（原载《出版广角》2009年第7期）

当代编辑的文化使命和社会责任

范昕悦

编辑是一种特殊的文化活动，也是一种崇高的文化职业。编辑工作担负着采集、加工、优化、积累和传播人类优秀文化的使命，承担着对社会进步、民族振兴和国家发展的一份责任。纵观古今中外人类社会的发展历史，以卡尔·马克思、狄德罗、孔子、司马光、解缙、纪晓岚、梁启超、鲁迅、茅盾、邹韬奋、叶圣陶、巴金等为代表的一大批思想家、文化大师，以及中国共产党的许多领导人，如毛泽东、周恩来、刘少奇、邓小平、胡乔木等，都曾做过编辑工作。他们以编辑为职业，以书报刊为阵地，以文化为武器，以实现社会发展和人类进步为宗旨，成功地创造思想，传承文化，改造社会，影响时代。从他们身上，我们可以看到编辑和编辑工作对于推动人类文化发展和社会进步的巨大作用。

党的十七大报告突出强调了加强文化建设、提高国家文化软实力的极端重要性，对兴起社会主义文化建设新高潮、推动社会主义文化大发展大繁荣做出了全面部署。这充分反映了中国共产党对当今时代发展趋势和我国文化发展方向的科学把握，体现了我们党在新的历史条件下的高度文化自觉。文化是民族的血脉和灵魂，是民族的精神记忆和精神家园，是国家发展、民族振兴的重要支撑，是国家核心竞争力的重要因素。作为新时代的编辑，必须站在新的历史起点上，按照中央的要求，顺应时代的呼唤，坚持以邓小平理论和“三个代表”重要思想为指导，深入贯彻落实科学发展观，身体力行地积累和传承民族文化成果，推动社会主义文化大发展大繁荣，满足广大人民群众日趋旺盛的精神文化需求。这是当代编辑必须十分重视的重大课题。

一、必须为社会主义核心价值体系建设而努力

社会主义核心价值体系，是社会主义意识形态的本质体现。马克思主义指导思想、中国特色社会主义共同理想、以爱国主义为核心的民族精神和以改革创新为核心的时代精神以及社会主义荣辱观，共同构成了社会主义核心价值体系的基本内容。当代编辑要通过自身的编辑活动，运用文化行为，借助大众传媒，坚持不懈地宣传中国特色社会主义理论体系，宣传中国特色社会主义伟大旗帜是当代中国发展进步的旗帜，宣传爱国主义、集体主义、社会主义思想、社会基本道德规范以及知荣辱、讲正气、促和谐的良好风尚，努力在全社会形成共同的理想和精神支柱。

我国是一个社会主义国家。社会主义是先辈们在一个多世纪的时间内经过几代人的不懈努力，用流血牺牲、前赴后继做代价而最终选择的一种社会制度。因此，在举什么旗，走什么路，怎样建设中国特色社会主义这些关系国家命运和前途的大是大非问题上取得共识，是思想文化建设的头等大事，而促成全社会达到这一共识，无疑是包括编辑工作者在内的一切思想文化工作者肩负的最重要的文化使命。当前，在建立社会主义市场经济体制过程中，在世界范围各种思想文化相互激荡的条件下，在对于上述大是大非问题的认识上，我们遇到了许多新的挑战和新的问题。对此，广大编辑工作者应旗帜鲜明地站出

来，始终和党中央保持高度一致，坚持以科学的理论武装人，自觉维护国家政治稳定和文化安全。同时，我们还应通过卓有成效的工作，以正确的舆论引导人，调整社会心理，重塑价值观念，阐明利益关系，树立社会公德。一方面，从正面给以积极引导，让人们认识当代社会的特点，对社会变革有心理准备，对改革充满信心；另一方面，对负面现象给以分析、批判，让人们有明确的是非观念，提高对问题的认识能力和辨别能力。

二、必须为中华文化的伟大复兴而努力

经过 30 年的改革开放，中国的经济和社会有了飞速的发展，中国的发展令世界瞩目，令国人骄傲。事实上，中华民族的伟大复兴必然伴随着中华文化的繁荣兴盛。如果说，经济建设是中华民族伟大复兴的核心，那么，文化复兴则是中华民族伟大复兴的灵魂。人类社会的发展史既是人类生命繁衍、财富创造的物质文明发展史，更是人类文化积累、文明传承的精神文明发展史。一个民族的文化，凝聚着这个民族对世界的认知和感受，积淀着这个民族的精神追求和行为准则。几千年来，中华民族历经磨难而绵延不绝，一个重要原因就是因为中华文化源远流长，博大精深，具有无比的生命力。可以说，中华文化始终深深熔铸在民族的血脉之中，始终是民族生存发展和国家繁荣振兴取之不尽、用之不竭的力量源泉。

随着世界多极化、经济全球化的深入发展和科学技术的日新月异，文化与经济、政治和社会相互交融的程度不断加深，与科学技术的结合更加紧密，经济的文化含量日益提高，文化的经济功能越来越强，文化已经成为国家核心竞争力的重要因素。为中华文化的伟大复兴贡献力量，是当代编辑理应担当起的历史使命。一方面，要围绕中心、服务大局，为中华民族的伟大复兴、提高国家经济硬实力而努力；另一方面，在全面建设小康社会、构建社会主义和谐社会、建设创新型国家的同时，要做好本职工作，为中华文化的大发展和大繁荣、提高国家文化软实力而努力。编辑在文化建设中有着特殊责任和特殊使命。编辑人员因为是出版物内容的选择者和把关人，其责任和作用不言而喻。因此，面对当前文化的多样选择、多种需求，甚至多方冲突的现实，作为文化选择和把关的编辑人员，在继续强调增强政治责任感和社会责任感的同时，还要强调增强文化责任感，对每一个选题、每一种出版物，都要考虑其对民族文化发展的影响，要多出精品力作，多出传世之作，并以此来确定自己的文化价值观，来捍卫和发展自己的特有文化。当然，仅有文化责任感还远远不够，努力提高出版物的文化含量，提高自己的政治素养和文化素养也是极为重要的，这也是当代编辑必须具备的基本素质。

三、必须为社会主义和谐文化建设而努力

党的十六届六中全会明确提出构建社会主义和谐社会必须着力建设和谐文化。和谐文化与和谐社会密不可分，和谐文化是和谐社会的重要内容，也是实现社会和谐的文化源泉，是全体人民团结进步的重要精神支撑。建设和谐文化，可以为推进社会主义现代化建设、构建社会主义和谐社会提供精神动力、思想保证、舆论支持和文化条件。

编辑工作的一项重要功能就是传播先进文化，教育和引导人民大力弘扬民族精神和时代精神。胡锦涛总书记曾经深刻指出："一个社会是否和谐，一个国家能否实现长治久安，很大程度上取决于全体社会成员的思想道德素质。没有共同的理想信念，没有良好的道德规范，是无法实现社会和谐的。"构建社会主义和谐社会，既要强调保证国民经济持续快速协调健康发展，切实维护和实现社会公平和正义等问题，又要强调切实加强思想道德建设等问题，这是提高全民族整体素质的关键所在。当代编辑在构建社会主义和谐社会中肩负着宣传科学理论、把握正确导向、传播先进文化、教育广大群众、增强综合国力的神圣使命，应该注意有效地利用出版物载体，切实加强全民族的思想道德建设，以优秀出版物教育广大社会成员，提高全体社会成员的整体素质，从而促进社会和谐和文化和谐。此外，当代编辑在推进和谐文化建设中还承担着形成良好的人文环境和文化生态的特殊使命。一方面，要通过我们的努力，为广大人民群众提供更多更好的精神文化产品和文化服务，向人们阐明新时期的价值观念和利益关系，在全社会倡导树立一种高尚的社会公德，宣传提倡科学、文明、健康的生活方式，提高公民文明素质和社会文明程度。另一方面，编辑自身要增强诚信意识和法纪意识，加强个人品德修养和文化修养，自觉履行法定义务和社会责任。

四、必须为创新型文化建设而努力

创新是文化的本质特征，是民族进步的不竭动力，也是推动文化繁荣发展的不竭动力，更是编辑工作者的天职所在。中华民族是有着伟大创新精神的民族，古代四大发明中的造纸术和活字印刷两大出版技术的发明，突出反映了出版创新在人类文明进步中的作用，表明了中华民族对人类文明做出的特殊贡献。事实上，在中华文明悠久的发展历史中，编辑出版活动在记载和传播伟大思想家、科学家的各种创造成果的过程中为后人留下了壮观的科技文化典籍。从社会科学角度看，春秋战国时期伴随着政治变革、经济发展、诸侯纷争、百家争鸣，造就了孔子、老子、孙子、管子等一批思想家、政治家、军事家，反映他们思想的《论语》《道德经》《孙子兵法》《管子》等重要著作，至今仍在产生巨大影响。从自然科学角度看，正是《黄帝内经》《山海经》《九章算术》《齐民要术》《本草纲目》《天工开物》《梦溪笔谈》等重要典籍，见证和反映了中国辉煌灿烂的历史和巨大的科技文化成就。面对当今人类社会飞速发展，科技进步日新月异，文化交融碰撞这样一种大背景，如何加强创新型文化建设，怎样提高文化创新能力，这对当代编辑来说依然显得十分重要和紧迫。

党的十六届五中全会在部署我国“十一五”发展规划的主要目标和任务时，明确提出了大力提高自主创新能力，建设创新型国家的目标。创新型文化建设是创新型国家建设的重要组成部分。当代编辑要充分认识编辑出版工作在建设创新型国家中的作用，大力反映科技等文化创新成果，积极传播科技等文化创新知识，努力营造科技等文化创新氛围。与此同时，要充分认识到建设创新型国家将为我国出版业的发展提供空前的机遇，编辑人员在服务国家建设的同时，应自觉为创新型文化建设做出贡献。为此，要在以下四方面给予更多的关注：一是创新观念。创新观念就是创新思想、创新理念、创新意识。在充满机遇和挑战的年代，要把握机遇，发展自己，就必须首先解放思想，转变观念。唯有如此，才能抓住机遇，加快发展。二是创新理论。创新理论需要继承优秀的文化传统，珍惜和开发民族文化的深层智慧，使其成为中国乃至人类共同的精神财富。同时，要博采众家之长，大胆借鉴世界一切文明成果，并作用于自身的理论和实践。三是创新制度。创新制度实际上就是一种体制和机制创新，当前，要特别关注深化文化体制改革。要对旧的行政格局、产业格局及其利益格局进行调整，对市场主体的组织结构进行战略性重组；要按照社会主义市场经济的要求，实行政事分开、政企分开、管办分离，充分发挥市场在资源配置过程中的作用。四是创新技术。就是要遵照“科学技术是第一生产力”的原则，在全球科技革命的时代背景下，用先进和适用的科学技术改造和提升传统文化产业。同时还要加速发展以数字文化为代表的高科技文化产业和新兴文化产业，逐步形成各类文化产业、各种新型媒体全面发展的格局。

参考文献

[1] 胡锦涛. 高举中国特色社会主义伟大旗帜，为夺取全面建设小康社会新胜利而奋斗——在中国共产党第十七次全国代表大会上的报告. 北京：人民出版社，2007.

[2] 刘云山. 更加自觉、更加主动地推动社会主义文化大发展大繁荣//十七大报告辅导读本. 北京：人民出版社，2007.

[3] 柳斌杰. 中国新闻出版业的六大转变. 中国出版，2007 (10).

[4] 桂晓风. 为中华民族的文化复兴贡献力量——在中国编辑学会第四次全国代表大会闭幕式上的讲话. 中国编辑，2006 (2).

[5] 邬书林. 自觉地为建设创新型国家服务，争取出版业有更大发展. 中国出版，2006 (7).

（原载《中国编辑》2009 年第 4 期）

编辑职责的历史嬗变

佘斯勇

职责者，我们可以简单地定义为某一职业或某一岗位中必须履行的责任和必须达到的要求。笔者试图从一个新的角度去考察编辑职责的历史嬗变。

众所周知，编辑学自 20 世纪 80 年代诞生之日起，就在一些核心概念、核心理论等等关键问题上存有分歧，诸如在关于编辑概念、编辑起源、编辑规律等基础性理论问题上，到现在都还没有一个具有说服力的说法。长久的争论不休，未必能为编辑学的深入开展带来什么好处。究其原因，山东中医药大学学报编辑部的丛林先生在其主编的《中国编辑学研究述评(1983—2003)》中总结道："编辑队伍成员复杂，从专业角度讲，可以覆盖人文社科和自然科学两大门类的所有学科，这是在编辑学讨论中很容易形成见仁见智、七嘴八舌局面的主要原因，这首先是大好事。"[1]

果真如此吗？笔者认为并不尽然。一是因为这一说法让人真正感觉到编辑无学，至少编辑学不是建立在科学的基础之上的，科学讲求理性和严谨，而不是因为人员不同就可以出现"见仁见智、七嘴八舌"的现象；二是因为丛先生曾认为的"大好事"，也就是编辑学研究的百花齐放、百家争鸣态势并没有按照我们所期望的那样持续下去。相反，近些年来的编辑学研究和开展处于沉闷低迷时期，甚至可以毫不夸张地说是处在偃旗息鼓的状态，根本无法与创立之初的红红火火和欣欣向荣相比较，仅有的、零星的几篇文章和几本专著多为评职称、晋升之需而作，且多为编辑工作、编辑实务之“术类”经验总结，谈不上系统和规划，更谈不上理论建树、理论创新，如同散兵游勇、各自为战，难成气候。不能再这样继续沉默和迷惘下去了，否则再过几年，当庆贺编辑学兴起30周年时，我们能拿什么在庆贺会上宣读？我们真的不忍心去看那尴尬的一幕，那样我们就太有愧于20世纪80年代初以来曾经为了编辑学的建立而艰辛耕耘过、奔走呼喊过，并最终建立起编辑学科的新老编辑家、编辑理论工作者了。

其实，关于所谓的“两种编辑”和由此而产生的“编辑起源”问题并不是不可调和的。众所周知，汉语里的“编辑”一词是个多义（既可指编辑活动过程，又可指代编辑这一社会职业）、多性（编辑活动——动词，编辑职业——名词）词。我们在讨论“编辑”一词或是在进行编辑学研究时，也必须遵循这一原则，事实上在具体的话语情境中，“编辑”一词的意义是明了的、精确的，在既定的研究域内，编辑概念的所指应该不存在分歧。譬如，我们讨论编辑史，当然是指全部的人类的编辑行为、编辑活动的历史，而不仅仅只含职业化后的编辑的历史，它应该而且必须包括职业化前的人类的编辑活动。因为在编辑职业化和社会化之前，人类的编辑活动不管是有意识的还是无意识的，也不管不同时代的人们怎样称谓这一活动，我们可以肯定的是，在人类漫长的文化缔构过程中，编辑活动是早已存在了的，我们的编辑史研究必须涵盖这一部分，即包括出版业诞生前也就是编辑职业化之前的编辑活动，它是编辑活动的发轫、萌芽、滥觞和基础，坚持这一点，就是坚持我们研究中的历史唯物主义，而不存在泛化编辑概念一说。由此可见，我们研究编辑职责的形成和嬗变过程也必须从最初的编辑活动的责任开始考察。

何谓“编辑”?《辞源》释之为“收集材料，整理成书”，此当为编辑之原义，表示一种活动，做动词，亦可做“编辑”之字面意。可以说，《辞源》的这一解释比较宏观地概括出了人类编辑活动的大致内容，即使到现在，我们的编辑活动的主要内容仍旧是以此为基础的，只不过活动的结果，不一定非得是“整理成书”，随着大众媒介的增多，有成“报”的，成“刊”的，成电视、电台栏目的，等等。林穗芳先生曾经从网上查阅中国部分古籍全文检索资料库，为我们详尽地论述了“编辑”词义的古今演变，从中我们可以了解到，在“二十五史”中，“编缉”一词在我国南北朝时期已开始使用，到唐朝时“编缉”书写规范为“编辑”。早期的“编缉”和“编辑”一词之义同于或近于“修”“撰”“编次”“修撰”等词，这也从一个侧面证明了早期编辑活动的存在性和非独立性：“依照事物发展规律，著作活动的产生总是先于编辑活动，先有作的诗文，然后有编的诗文集，表示著作活动的单词也比表示编辑活动的单词出现早。”[2]纵观人类编辑活动的发展轨迹，我们能够看到编辑活动及其职责演变的历史阶段大致如下。

一、职业化前编辑活动的特征及其责任

在人类漫长的文化缔构和积累过程中，编辑活动也随着社会生产力的发展和科学技术的进步以及文化生产的需要而不断成熟、不断完善，走过了一条漫长的职业化、专业化和社会化之路。早期的编辑活动没有独立性，一般是伴随着著、纂、撰、修等文化活动而展开，编辑的主体意识和社会角色并不显现。有学者认为，编著合一是古代编辑的一个显著特点，笔者则不

敢苟同，毕竟是当时人们著书立说的一种方式、方法和手段，为何硬要说成是编辑的特点？但同时不能否认的是：收集材料、整理成书的文化活动方式也就是编辑活动方式则是绝对存在的，尽管这种活动当时尚处于辅佐状态，但其目的性也是十分明显的。

古之著、编、撰、修者，或官或私，其目的或为立德立言，或为资政参政，或“助人伦，成教化”，或积累，或传承，不一而足，此亦可作为编辑活动的宗旨和目的，我们可以看出当时的编辑活动的特点有以下几点。

1. 主体意识不强

前已有言，出版业诞生之前的编辑活动，一般是伴随着人类文化缔构活动而开展的。活动的主体以著编身份出现，而作为编辑的主体意识并不显现。主体意识是指主体的自我意识，它是人对于自身的主体地位、主体能力和主体价值的一种自觉意识，是人之所以具有主观能动性的重要根据，主体意识随着社会实践的发展而发展。“‘编辑’在古代一般用来表示作品的一种著作方式，在古籍中尚未发现用来表示出版工作一部分的书证。古人从未给双音节词‘编辑’下过定义，《辞源》的释义‘收集材料，整理成书’不过是今人（词条撰稿人和编者）根据自己的理解对‘编辑’一词在古代的使用情况所作的不全面的概括，从字面和实际内容看以及联系二十五史中有关书的用例来看所指的都是一种著作方式，而不是作为出版工作一部分的编辑活动。”“在二十五史中‘编辑’的使用频率只有‘修撰’的0.03%，‘著述’的0.11%。”“当然不能否认历史著作包含编辑成分，有的编辑成分多一点，有的少一点。”[3]林穗芳先生的考证和论述充分说明了古代存在的编辑活动的非独立性，同时也证明了编辑活动主体对自身活动的主体意识并不明确。

2. 社会角色不明

出版业之前，人类的编辑活动既没职业化，也没专业化，活动主体或官或私，一般以著、撰、修者身份立世，社会也不会认定他们的“编辑”身份。社会角色不明是与当时编辑活动的主体意识不强相关联的。当然，人的社会角色具有多变性和多重性，但在古代的文化缔构活动中是没有“编辑”这一社会角色的。尽管古代的编辑活动以成书为目的，以诗文、礼书、律令、条例、事迹、言行录、日历、史书、字典等为编辑对象，但活动者的社会角色多为政府官员，或民间富贾、学人，他们既非专职，更不以此谋生、求生。加之古时“编辑”一词，多做动词用，这也从一个侧面说明了当时编辑活动主体社会角色的缺失，如《明史·陈于陛传》：“我朝史籍，止有列圣实录，正史阙焉未讲。伏睹朝野所撰次，可备采择者无虑数百种。倘不及时网罗，岁月浸邈，卷帙散脱，耆旧渐凋，事迹罕据，欲成信史，将不可得。唯陛下立下明诏，设局编辑，使一代经制典章，犁然可考。”“设局编辑”的任务是收集史料，既为保存也备将来写书使用，从中我们可以窥见当时“编辑”之真意了。

3. 编辑活动的自在控制性

古代编辑活动的社会角色不明和主体意识的缺失，并不能说明当时编辑活动的无目的性，相反，人类的活动都是在明确的思想指导下进行的，这种思想指导我们可以称之为一种活动控制。只是早期的编辑活动表现为一种自在控制，首先，编辑活动本身的目的不是预设的，行为的发生带有自发性；其次，活动本身的行为约束是一种非强力的自我限制，活动的空间比较宽阔，个体自由度比较大；最后，没有外在的强力制度的约束，编辑活动具有不稳定性和即时性。不仅如此，当时的整个文化缔构活动都处在一种政治化背景下，历代文人学士注经释典，因袭前贤，修补发扬，并代代不息，沿为传统，才铸就了今天博大精深的传统文化。

4. 非职业化、非专业性

“近代编辑工作作为一种独立的社会职业始于16～17世纪的欧洲报刊”，“书籍编辑作为一种独立的社会职业的形成比报刊要晚得多，在西方主要是从19世纪上半期开始的。在欧洲印刷业发展初期，编辑、印刷、发行往往是合一的，随着出版规模的扩大，编辑工作才逐渐分离出来，到19世纪末这个专业化过程才基本完成。”[4]也就是说此前人类的编辑活动虽然存在，但都是非专业性的、非职业化的。“中国的古籍凝聚着古代知识分子的辛勤劳动，而中国的学术主潮历来就不是独立的，而是政治的附庸，编辑主体的社会角色往往是政府的官员，‘学而优则仕’，如翰林院侍读大学士、编修等既是官衔又是学术的象征。”[5]如上所述，承认出版业前编辑活动存在的实在性，就是坚持我们研究的历史唯物主义，但如果过分强调当时编辑活动的主体性，则同样违背了历史事实，是我们学术研究所不允许的。

总而言之，出版业诞生前，在人类文化的缔构过程中，编辑活动早已存在，尽管当时这一活动主体意识不强，社会角色不明，但它确确实实构成了当代职业编辑的基础，可以说，没有出版业前大量的、长期的编辑活动的积累，就不可能有今天发达的出版事业。当然，出版业前的编辑活动尚只是处在一种自在控制阶段，由此我们可以肯定那时是没有纯粹的编辑责任的，编辑职业的他律和自律的形成有其漫长的历史发展过程。

二、职业化后编辑的特征及其职责

早期的编辑活动与人类文化构建活动中的著述、校雠等活动混杂在一起，直到近代出版业的诞生，编辑活动才开始了专业化和职业化之路。只是职业化的早期，编辑工作又与印刷、发行工作混合一起，既司组稿、加工、编排，又要负责印刷、发行。“随着文化教育的普及，识字的人数增多。铁路交通与远洋运输条件的改善，生产规模和国内外市场的扩大，使人们认识到图书业原来编、印、发合一的组织形式已不能适应时代的要求，必须实行专业分工”[6]。至此，编辑才真正地成为专司出版的职业人。尽管随着大众媒介的增多，今日之编辑一职还在进一步细化，出现了诸如报纸编辑、杂志编辑、图书编辑、广播编辑、电视编辑、网络编辑等行业分工，且在同一出版单位内部编辑工作再次进行细分，设立了诸如策划编辑、美术编辑、稿件加工编辑等职，可以说所有这一切都是文化生产和高效管理、科学管理的需要，是历史发展和社会进步的必然。但不管现在编辑工作怎样细化，将来还要如何区分，我们认为编辑活动的基本内容不会改变，编辑工作的初始任务不会脱离。一言以蔽之，编辑就是当代出版的把关人，是“文化成果的搜寻者，文化产品的设计师，作者原稿的美容师，文化传播的守门人，作者读者的桥梁和纽带”。这就是当今编辑的社会职责。

简言之，选题、组稿、审稿、加工、编排就是编辑的工作。当然，随着现今出版单位转制为企业以后，编辑人员的职责也有了相应的变化，即除了以上所说的“把关”这些文化职责外，编辑又有了经济职责，特别是在市场经济条件下，出版的企业性质迫使编辑也要分担企业的经济风险，承担相应的经济职责，为增强企业经济实力、发展出版产业服务。

用“出版把关人”去概括当今编辑的社会职责略显笼统，这只是一种宏观概括和总体述说。事实上，编辑的职业化和专业化，也就是编辑职业的社会化，编辑自身的主体意识得到了强化，社会角色得到了认可，社会给了编辑以出版的权利，同时编辑也必须承担相应的社会责任，编辑活动进入了自为控制阶段。“自为控制体系是人们有目的、有意识自觉建立起来的，是一个结构严整关系规范的体系，与自在控制相比具有较强的稳定性。”职业化后的编辑，有了他律，也有了自律，为了履行职责，完成任务，编辑必须具备许许多多的政治素质、业务素质、专业素质等方面相应的能力，唯有如此，编辑方能胜任其职务。对此学界已进行了比较多的研究，也取得了不少优异的成果，在此恕笔者不再赘言。

综观人类的编辑活动，从最初的主体意识不强、社会角色不明的自在控制阶段发展到职业化、专业化，真正成为文化的把关人、守门人和文化的传播者、传承者，现代的编辑主体意识强烈，社会角色明朗，社会责任明确，是为影响深远的演变，同时也为编辑自身的角色定位奠定了基础，为编辑更好地服务社会、服务人类创设了条件。

参考文献

[1] 丛林. 中国编辑学研究述评（1983—2003）. 济南：齐鲁书社，2004：3.
[2] 林穗芳.“编辑”词义从古到今的演变. 编辑学刊，2001（2）（3）.
[3] 林穗芳. 试论独立的编辑职业的形成. 编辑学刊，1994（6）.
[4] 李俊勇，吴群. 中国古代编辑特征浅论. 编辑之友，1995（3）.
[5] 阙道隆. 出版产业中的编辑活动和编辑人员. 出版科学，2005（2）.
[6] 杨桂华. 论社会系统的自在控制和自为控制. 哲学研究，1998（8）.

（原载《编辑之友》2009 年第 2 期）

文化传播还是信息传播

——关于编辑传播对象的思考

禤胜修

一、问题的提出

选择、加工、传播是编辑活动的基本功能，刘杲曾称之为编辑活动的基本规律[1]。田胜立认为："尽管编辑基本规律涉及选择性、加工性和社会传播性，但最本质的是传播性。"[2]可见，传播在编辑活动中占有何等重要的地位。

然而，在编辑学研究中，编辑传播"播"什么，或者说，编辑传播的对象是什么，却没有统一的说法。自20世纪80年代编辑学兴起以来，编辑传播的对象主要有文化传播和信息传播两种说法。编辑的传统角色是"收集资料，整理成书"，编辑活动在传统上就被认为是一种文化活动，许多学者对编辑的文化传播特性均有深刻的论述。但随着以信息传播为研究对象的西方传播学理论的引进及其与编辑学研究的交融，信息这一概念逐渐在编辑学界广泛使用，因而产生了编辑活动是以信息传播为目的的说法，且持此说者有越来越多的趋势。例如，有的研究者就明确认为："编辑传播的内容就是由信源向受传者发送的信息，……传播的目的就是要使受传者与传播者达到信息的共享。"[3]"编辑活动是以物化生产和传播信息为最终目的。"[4]任定华等强调编辑传播的对象是信息、知识，他们曾对阙道隆在《编辑学理论纲要》一文中多次使用"文化"一词很不以为然，认为“编导者传播于社会的是具体的信息、知识，不能说什么文化”[5]，而在编辑实践中，不少编辑主体由于失去了编辑责任的自觉，致使一些毫无文化含量甚至反文化的编辑产品大行其道。由此看来，编辑传播是文化传播还是信息传播，虽然只是一点之差，但关乎编辑学理论的构建和编辑实践的导向，很有辨析的必要。

二、编辑传播的文化本质

1. 信息与文化的概念

什么是信息？其定义众说纷纭，总的来说有广义和狭义之分。广义的信息理论认为，信息是一切物质的属性，任何物质都可产生信息，信息无处不在。狭义的信息定义以信息论创始人申农的理论为代表，认为信息是“在一种情况下能减少不确定因素的任何事物”[6]。《现代汉语词典》对信息的解释是：“信息论中指用符号传送的报道，报道的内容是接收符号者预先不知道的。”这个“预先不知道”就是申农信息定义的“不确定因素”。

关于文化的定义同样众说不一，也有广义和狭义之分。美国人类学家阿尔弗雷德·克洛依伯和克莱德·克拉克洪在《文化：概念和定义批判分析》一书中说：“文化作为一个描述性概念，从总体上看是指人类创造的财富积累。”[7]近代著名思想家和学者梁启超说：“文化者，人类心能所开释出来之有价值的共业也。”[8]指的就是广义的文化。《现代汉语词典》对“文化”的释义：“人类在社会历史发展过程中所创造的物质财富和精神财富的总和，特指精神财富。”前一句是指广义的文化，后一句“特指精神财富”就是狭义的文化。本文所述的“文化”是狭义的文化。

2. 编辑传播是文化传播

根据广义的信息理论，“信息”作为传播学的对象是合乎实际的。比如在大众传播领域，电视上记者、主持人的一颦一笑、一举一动都参与了传播，成为传播的信息。而在编辑学领域，虽然传播媒介也包括了图书、报纸、杂志、广播、电视和网络等等，但其活动的客体对象是作品，并不包括记者、主持人现场的言行举止。作品是作者精神劳动成果的载体，而且也不是任何作品的信息都可以进入编辑传播的视界，只能是那些对人类社会的生产和生活、思想和认识有价值和意义，能积累成为人类社会精神财富的信息，这样的信息本质就是文化。这样的“信息”与一般“信息”虽然在外延上有从属关系，但内涵却有本质的区别：前者反映的是人类创造的结晶，后者反映的只是一种客观存在。而为了保证编辑传播对象的文化特质，在编辑活动中，编辑主体必须对传播对象去伪存真，去粗取精，进行一番艰苦的选择和优化工作。因此，对编辑传播对象笼统地以“信息”称之，不仅显得外延过大，不能准确地反映编辑传播对象的内容特征，也淡化了编辑传播对象的劳动内涵。

根据狭义的信息理论，信息是“在一种情况下能减少不确定因素的任何事物”，是“预先不知道”的内容，新闻学中所谓“新闻就是你昨天所不知道的事情”，体现的正是信息定义中的“不确定因素”。但编辑学传播的对象显然不是这样，尽管编辑传播很多也是“预先不知道”的内容，比如学术期刊创新性的科学研究成果，但有时候也刚好相反，编辑常常在已有的人类文化成果中挖掘传播资源，比如唐诗宋词，不知编辑了多少版本；尤其是科普性书刊，所传播的均是已有的科学文化知识。之所以如此，是因为编辑活动除了文化的传播和积累之外，还承担着文化传承的责任。由此可见，用“信息”界定编辑传播对象是不符合实际的。

综上所述，无论是广义的“信息”还是狭义的“信息”，都无法正确反映编辑传播的对象，只有“文化”才能反映编辑传播对象的真正内涵。编辑传播始终是以文化传播为旨归，文化传播构成了编辑传播的本质[9]。编辑在进行文化传播的同时，也实现了人类社会文化的积累与传承。邵益文认为，传播学和编辑学既有联系但又存在着不可抹杀的区别[10]。那么，文化传播就是编辑学和以信息传播为研究对象的传播学的一个重要的区别。笼统地把编辑传播的对象界定为信息传播，实际上是模糊了编辑传播的本质及其与传播学的区别。

三、文化传播的编辑意义

1. 有助于统一编辑学建设的理论基点

编辑学自 20 世纪 80 年代兴起以来，已建立起了比较系统的理论体系和知识框架，取得了令人瞩目的成绩；但也还存在不少问题，如对编辑学的基本概念、基本范畴、基本规律等许多理论问题，学界没有一个比较合理的统一的界说，令人莫衷一是[11]。笔者认为，这其中一个重要的原因，就是编辑学的研究缺乏一个统一的理论基点，致使“各吹各的号，各唱各的调”。而文化传播作为编辑活动的本质体现，有助于建立这样的一个理论基点。

早在 2000 年，赵运通就已经指出：“普通编辑学只有从社会文化传播来确认编辑的科学地位，才能打通媒体分类编辑之间理论阻隔，从而达到学理原则的一致。”[12]不仅如此，以文化传播作为编辑学理论体系构建的基点，或许可为学界当前许多令人莫衷一是的论争提供一个统一的依据。比如，关于什么是编辑基本规律的问题，目前不下数十家言，如果我们以文化传播为基点对这些纷纭的论争进行检视，就会发现许多说法都是差强人意，甚至不是主观臆想就是不着边际。而在众多的界说中，以“选择和优化”说可谓最为切中肯綮，因为选择和优化正是针对编辑传播的对象——文化的特质而在所有的编辑活动中必然实施的编辑行为。所以邵益文说：“各种对编辑活动基本规律的表述……特别在选择和优化方面，已经表现出思路上的趋同倾向，这是一种重要的进展。”[13] 再比如编辑学与出版学、新闻学的关系问题，也是众说不一。如果从文化传播的基点来审视，编辑学与出版学实际上是一对“孪生兄弟”，它们的本质都是文化传播，只不过是一个过程的两个阶段而已；因此，1998年教育部在修订后的《普通高等教育本科专业目录》中将原有的出版类专业名称合并为“编辑出版学”，是有道理的。而新闻学则以“你昨天所不知道的事情”——信息为传播对象，与编辑学的文化对象存在着本质的区别。本质不同，其理论体系、原理规则自然也就不同。

2. 有助于建立防止编辑传播文化变异的学理规则

在编辑传播的实践中，一些打着科学的幌子宣扬伪科学和迷信、借着文化的外壳兜售色情和暴力、只为沽名钓誉却毫无文化含量的书刊，总是不时地招摇过市。这些所谓的“文化产品”与文化的本性背道而驰，不可能成为社会的精神财富，只能成为社会的精神垃圾。但可悲的是，这些所谓的“文化产品”，许多是经过编辑之手，经过正规的出版机构堂而皇之地流播于社会的。

这就是编辑传播的文化变异。长期以来，对编辑传播的这种文化变异的遏制，基本上是依靠政府部门的法律法规、社会舆论，以及编辑自身的道德自律。但是，可不可以通过学科自身的理论建设来加以指导和制约呢？其实，一个成熟的学科，其内部都有一套系统的原理和规则，这些原理和规则不但形成学科构建的理论系统，也是指导和检验学科实践的准则。当然，如果像有些论者所说的，编辑传播是信息传播，这样的规则是无从成立的，难道上述的“文化产品”传播的不是信息吗？但是，如果我们规定了编辑传播是文化传播，它就在学理上成为指导和检验编辑传播的准则：凡是不属文化范畴，即不能成为人类社会精神财富的编辑对象，都不能在选择和传播之列。这样，就有助于在学科内部形成一种自行制约的机制，或者至少可以让那些背离编辑传播本质的所谓“文化产品”，在学科内部找不到理论依据而失去存在的正当性。

3. 有助于增强编辑主体的文化自觉

首先是编辑行为的文化自觉。明确编辑传播是文化传播而不是信息传播，有助于增强编辑主体的文化意识，进而提高编辑行为的文化自觉性。文化作为人类的精神财富，是人类创造的结晶，无论是内容还是形式，都应体现出优秀和完美的特质。但编辑活动所面临的对象，总是泥沙俱下，良莠杂存。明确了编辑传播的文化本质，编辑主体就会自觉地对编辑对象进行选择和优化，努力挖掘编辑对象的文化内核，运用他的眼光和智慧，在沙子中拣出真金，在稗莠中选出芝秀，把璞石琢成美玉，把腐朽化作神奇，以保证编辑传播奉献于社会的都是文化精华，传播于人间的都是艺术珍品。

其次是编辑修养的文化自觉。编辑传播的文化本质，对编辑主体的文化修养有着极高的要求。编辑传播面对的对象，有纷繁驳杂的普通知识，有艰涩深奥的专业成果，编辑主体如果不具备相应的学识修养，就无法进行选择和判断。因此，明确编辑传播是文化传播而不是信息传播，就有助于增强编辑主体提高自身文化修养的自觉性，不断加强对专业的钻研和知识的学习，努力成为一个杂家兼学者型的编辑。

参考文献

［1］刘杲. 我们的追求：编辑学. 出版科学，1999（1）：4-5.

［2］田胜立. 从传播看编辑基本规律. 中国编辑，2003（4）：6-8.

［3］杜敏. 编辑传播学的研究对象与性质. 西安电子科技大学学报：社会科学版，2002，12（4）：107-111.

［4］李经. 编辑学原理初探. 编辑学报，2002，14（6）：394-396.

［5］任定华，杨忠民. 编辑学理论的构建应具有科学的、严密的知识体系——评阙道隆先生的《编辑学理论纲要》. 中国编辑，2005（2）：69-72.

［6］陈龙. 大众传播学导论. 苏州：苏州大学出版社，2006：122.

［7］陆扬，王毅. 文化研究导论. 上海：复旦大学出版社，2007：5.

［8］颜吾芟. 中国历史文化概论. 北京：清华大学出版社，2002：2.

［9］向新阳. 浅论编辑劳动及其主要矛盾. 出版科学，2000（1）：10-12.

［10］邵益文. 论编辑学与出版学、传播学的关系. 编辑之友，1995（4）：21-23.

［11］邵益文. 建立普通编辑学是历史的必然. 编辑学刊，2007（4）：23-27.

［12］赵运通. 关于普通编辑学的理论建设. 编辑之友，2000（6）：38-41.

［13］邵益文. 关于本世纪头五年编辑学研讨中几个问题的情况简述. 出版发行研究，2006（7）：60-66.

（原载《出版发行研究》2009年第7期）

从文化分工看编辑职能的增强与演变

——兼谈当今编辑的价值创新地位

郝 捷

孔子是出版界历来推崇的鼻祖之一，我们过去每每谈起编辑的职业特征时，多会引用孔夫子的“述而不作”，讲起编辑的职业操守时也多为“为他人作嫁衣”。在此，笔者试图从“述而不作”和“为人作嫁”两点谈起，重新诠释编辑的地位与作用。

所谓“述而不作”，《论语》中是这样讲的：“述而不作，信而好古。”何为“述而不作”呢？宋代大儒朱熹是这样解释的：述，传旧而已；作，则创始也[1]。这就是说，他只传授、讲述旧闻而不创新。何为“信而好古”呢？钱穆先生说就是信服而喜好古旧的[2]。孔子何以有这样的想法呢？春秋时期，周王朝日渐式微，各路诸侯的割据意识、霸权意识日盛，这是一个百家争鸣、百花齐放的时代，用今天的话来讲就是“思想多元化”。孔子当时是“弟子三千贤人七十二”，按道理讲，他应该积极进取而不是抱残守缺，然而他何故要“述而不作，信而好古”呢？清代学者章学诚认为：孔子生于衰世，有德无位，故述而不作，以明先王之大道。这样我们就明白了，孔子的所谓“述而不作，信而好古”在当时历史环境下，实属无奈之举，因为他的影响力对当时的掌权者来说还很不够。

说到“为人作嫁”，这原本也是一种无可奈何的感叹。《全唐诗》中收录的《贫女》一诗写道：“苦恨年年压金线，为他人作嫁衣裳。”我们把它演绎升华成了编辑的一种无私奉献、甘于助人的品格精神。过去在讲这种精神的时候，突出的是编辑的一种辅助性劳动价值，而今天全球都在大力发展文化创意产业，编辑作为这一产业链中的一环，笔者认为其意义已超出甚至颠覆了“述而不作”和“为人作嫁”的传统认知。

一

广义上讲，编辑作为一种职业是社会劳动分工以后的事。从社会发展史来看，社会分工始于原始社会后期，而编辑这一行当却出现较晚。但我国众多学者一谈到出版史，必追溯至商代甲骨文甚至更早，如肖东发、仝冠军在《图书起源五说》一文中归纳出五种有关图书起源的根据——“河图洛书说”“夏代产生说”“伏羲产生说”“殷商产生说”和“春秋末年产生说”。“河图洛书说”的根据是《易经》中的记载：“河出图，洛出书”，说是伏羲统治天下时，有龙马背着河图从黄河出现，有神龟背着洛书从洛水出现[3]。以下更是多举汉代之“佣书”（即雇人抄书）、宋代之坊刻……这是广义上对出版和编辑职业的考证和阐释。

从严格意义上看，编辑这一职业应该是文化分工的结果。所谓文化分工，笔者的理解是，当社会由简单和单一劳动方式发展到多种劳动方式以后，维持人类生存的物质条件大大改善，同时管理的项目和任务增多，统治者在统治社会中，劳动者在生产生活中，对思想、文化的诉求提高，于是就开始形成文化行业，进而形成文化产业。“在基本物质需求得到满足的基础上，人们开始关注文化上的、精神上的、心理上的需要，注重个体的全面发展和人的生存质量”，“精神产品需求的上升，促进了社会分工的发展，专门为社会提供精神文化产品和服务的劳动与物质产品生产劳动分离，成为一个单独的产业部门”[4]。文化分工的结果其实是经济分工的结果，也就是说当出版这一文化行为成为一种经济生产行为之后，编辑这一职业才有了独立存在于社会的价值。而从经济的角度看，任何一种或任何一个环节的经济行为，都有其独立存在的价值。从这一点出发，我们就可以认定任何一个经济活动的环节都有其独立存在的意义，它不仅为一个行业或领域创造增值，而且在创造增值的过程中还不断创新并影响整个行业或领域的发展。就拿编辑这一生产环节来讲，从理论上看，编辑工作依附于作者的创作，其生产活动的对象是作者的稿件，这是生产的基础，失去了作者的稿件就失去了编辑存在的意义。然而，从社会发展的角度看，文化的发展靠的是以人为本的整个社会政治、经济、科技等方方面面的提高，并不是单靠各类作者实现的，从这一点来考察，作者依附的是社会。没有作者或者稿件可以脱离社会而产生。编辑对作者的稿件进行加工，表面上看是作者创作工作的延续，其实是对社会文化发展的一种推动，其作用更多地体现于编辑职业的社会性，这一点在当今的创意文化语境下更加突出，编辑作为社会文化的组织者和创造者的作用已远非“述而不作”和“为人作嫁”可比。

二

我们还是以社会分工理论为起点。我们知道，生产力越发达，它推动社会各领域发展的动力就越强劲，对分化社会尤其是分化经济社会的作用就越突出。有人做过统计，西方社会从文艺复兴时代到19世纪的几百年间，每产生一项重大科技成果的周期大约是几十年，而进入20世纪以后，特别是第二次世界大战以后，这一周期被大大地缩短，几年甚至更短时间内就有新的重大的科技成果诞生；19世纪以前的科技成果大多由个人完成，而20世纪以后则突出显示了科研团队的作用。这一发展大势促成了社会分工的不断细化，产业链也不断地分化出创造价值或使价值升值的节点，编辑职业在出版产业链上就体现了这一独立的社会性，也就是说，编辑职业本身也可以组成一个系统的价值链。例如，东汉的许慎一人即可完成《说文解字》，而今的《现代汉语词典》《汉语大字典》等，哪一部不是由众多编辑、学者参与编写出来的，更何况当今众多皇皇巨著甚至畅销书都有一个编辑团队在全程跟踪，有的还从选题创意、写作框架、章节内容甚至语言风格上，为写作者提出具体的设计方案，营销推广运作就更不必说了。从这一点我们便可以来认定编辑工作在当今和未来文化建设中应当具有的创新性地位。

三

社会发展要求编辑工作独立出来，并担负起更加社会化的责任。从过去的历史来看，因为出版的商业性不强，编辑工作基本上是一个封闭的系统，甚至是作者—编者—出版者一体的闭锁系统。比如《文心雕龙》是怎么出来的？那是刘勰自己对文学进行研究的感悟和个人的一些思考的总结，有感而发，于是自己记录下来，呈示给同道者交流，基本上是在“圈内”传播。再如有学者研究清代的刻书，其出版者多是自写自编自刻，且这种出书行为多是对家学的传承，“在传统中国图书文化历史中，学术思想的创新、文化的进步从来没有完全依托商业化来保障”，“坊刻系统从来没有成为中国几千年图书生产的主流，倒是以宗族为依托的私人刻书系统是中国传统图书文化的中流砥柱。超越历史时空的立言不朽思想是中国传统知识阶层最直接的学术生产、文化创新的原动力”[5]，可见其商业目的不强。

这与当时封建社会相对来说是个较为封闭的社会体系不无关系。

进入商业社会以后，社会的文化创造系统被打开，成为一个开放性系统，于是，编辑成为文化生产的组织者，负责引领文化发展的方向。当今，数字化时代为出版业升级提供了极大的技术支持，也对出版业的经营和发展模式指出了新的发展方向，因此，编辑工作特征和发展路径也应该有所调整，把编辑是“文化选择者—文化把关人—文化创造者”的逻辑，重构为“文化选择者—文化创新者—文化把关者—文化推广者”。怎么理解呢？文化选择者就是我们选择什么样的选题方向，就像工程师设计建造一栋大厦一样，选用什么材料，不是建材生产者说了算。文化创新者就是编辑根据自己的选择方向和社会发展趋势，对生产者提出要求，类似于定制产品。这一点对编辑的要求很高，编辑只有真正吃透了时代精神并较准确地判断出发展趋向，才能够策划出具有创新意义的选题。如一位时政类杂志的国际版编辑在2002年伊拉克战争之前，就密切关注美国对伊拉克政策的变化和萨达姆的公开活动及言论，关注国际社会对美伊“言战”的态度，经过对这些信息的分析，他准确判断出美国肯定要打击伊拉克，并大致分析出了打击的时间。于是，他大量收集有关美国和伊拉克的军事、经济、外交等资料，形成了一组选题方案，然后找各方面的专业人士围绕选题方案框架撰写文章。结果，战争一打响，这组文章就在杂志上发表了，并引起了广大读者的热烈反响。文化把关者实质上就是检验生产者生产的产品是否符合前两项的要求，这和计划经济时代的把关人相比，其内涵扩大了，因为这是编辑对自己的选题方案在作者那里是否得以准确全面落实的把关，是以一个生产组织者的身份出现的。文化推广者就是说，编辑也要做商人，做文化商人。不要以为做文化商人会有损文化人的尊严。我们知道，当清王朝灭亡后，大批以儒学谋求功名仕路的文人在20世纪20年代前后开始探寻出路，不少人为了实现自己的文化抱负，组成文化小团体，形成“同人出版”的社会风气（如周作人、钱玄同、孙伏园、顾颉刚、章川岛、江绍原和李小峰等创办同人杂志《雨丝》），而在当时仍抱残守缺的迂腐清末遗子对于这种“同人出版”嗤之以鼻，因为“同人出版”除了追求“同人”们共同的文化理想（这才是“同人出版”的根本）外，其出版物也是要卖钱的（这是保障“同人”们文化理想得以持续传播的手段），于是就沾染了“铜臭味”。但在今天看来，当时的“同人出版”充满了创造新文化的精神和追求，可谓承继和创新文化的楷模。再看“百年老店”商务印书馆和中华书局，它们可谓是我国现代商业出版的开山鼻祖，其创新性的商业出版模式极大地推动了我国现代文化的建设。所以，从大的社会发展机制来看，商业行为是推动社会文化发展的一个很好的机制。

当然，围绕新时期确立编辑地位、发挥编辑作用的工作还有很多具体的内容，如创新编辑手段、创新营销方式、创新服务理念等，在这些过程中，都能体现出编辑职业的价值创新作用。

注释

[1] 汉语成语考释词典. 北京：商务印书馆，1989：1027.

[2] 钱穆. 论语新解·述而第七. 北京：生活·读书·新知三联书店，2002.

[3] 肖东发，仝冠军. 图书起源五说. 出版发行研究，2003（4）：75-77.

[4] 冯子标，焦斌龙. 分工、比较优势与文化产业发展. 北京：商务印书馆，2005：112-113.

[5] 何明星. 著述与宗族：清人文集编刻方式的社会学考察. 北京：中华书局，2007：121.

（原载《出版科学》2009年第1期）

试论编辑的文化敏感性

张　敏

中国是一个多民族的国家，各民族都具有丰富而鲜明的文化特征。全球化的浪潮把世界各地的文化推到中国大地，既带来了积极的影响，也暗藏着文化侵略与消极的腐蚀。奥运会在中国的成功举办，又把中国文化的精髓展现在世界人民的眼前。在这场文化“盛宴”当中，新闻出版业扮演着观察者、记录者和传承者的角色。在这个出版的大时代，编辑作为出版行业的核心力量，需对文化的多元化保持高度的敏感性，以此来指导自己的工作实践。

一、什么是文化敏感性

文化敏感性是一个心理学的术语，主要是指心理健康工作者为来自不同文化背景和社会阶层的来访者提供心理咨询和治疗服务时，需对来访者的文化保持高度的敏锐，关注来访者的多样化和差异性。以文化敏感性为核心内容的多元文化心理咨询，目前被描述为心理咨询领域的“第四种”力量，补充了传统的三种力量，即心理动力学、行为主义和人本主义对人类行为的解释[1]。

编辑在很大程度上与心理健康工作者一样，都是人类心灵的工程师。心理健康工作者主要面对的是单个的来访者（在个人心理咨询当中）或几十位来访者（在团体心理咨询当中），通过具体的心理咨询工作来影响数量较少的来访者，使他们走上心理健康发展的道路。编辑则是通过对作者提供的书稿进行选择、加工和出版，影响为数众多的读者，使他们获取所需的知识，使其心灵得到文化的滋养，最终成长为心理健康，对社会、国家乃至全人类做出贡献的人。“编辑是文化产品的选择者，始终处于时代进步的最前沿，对人类生活所发生的任何变化都保持着细微的敏感性。编辑行为将对社会的文化氛围产生直接的、极为重要的影响。在某种意义上说，这种影响有时甚至会对人的命运、价值观念产生决定性的作用。”[2]

然而，长期以来，对编辑的文化素养的要求基本局限在编辑所掌握的相关文化知识方面，对编辑的培训也多注重文化知识的了解和学习。文化知识的确是编辑文化素养的一个重要构成部分，但并不是全部。将文化敏感性这一概念引入编辑学范畴，拓宽了编辑文化素养的内涵。

编辑的文化敏感性，是指编辑作为个体对文化作为一种客体保持一种觉察。在编辑工作中，文化至少包含两个方面的含义：第一，文化是指“人类在社会历史发展过程中所创造的物质财富和精神财富的总和，特指精神财富，如文学、艺术、教育、科学等”[3]，它所指的事实上是一种文化产品。“编辑工作就是围绕文化产品的传播和传承而展开的，其基本职能是对文化产品进行评价、选择、优化（即编辑加工）、推荐，使之达到出版水平，适宜在大众中传播。”[4]第二，文化是指“外显和内隐的行为模式，通过人类创造的象征符号而习得和传播，包括其在人造物品中的体现。文化的基本核心由传统观念及相联系的价值观构成”[5]。这一定义是人类学家克罗伯（Kroeber）和克拉克洪（Kluckhohn）对文献中关于文化的160多个定义进行分析后提出的，它揭示了文化的多面性，包括人们的行为、态度、价值观、信念、人工产品、语言、社会交互作用、社会组织和物质生活、生活方式等。

在日常工作中，大多数编辑对于文化的第一个含义了解非常深刻，也始终牢记自己作为文化产品的选择者和加工者的重要职责。然而，文化作为行为、态度、价值观、信念等的多面性，却没有引起我们的足够重视。

二、编辑文化敏感性的缺失

我们每一个人都浸润在某种文化当中，文化深刻影响了我们的信念、价值观、态度和认知，使我们成为与其他群体不同的人。由于历史、特征、地理位置、风俗、语言、民族、宗教等的不同，文化多种多样，差异也相当大。如果编辑在实际工作中缺乏文化敏感性，对于文化的多样性和差异视而不见，认为“自己国家或民族的道德价值就是正确的尺度”，就有可能造成极为严重的后果。因为“一个普通的词，在一种文化中是善意而可爱的，但在另一种文化中却是极具侮辱性的，甚至会引发公众的混乱”[6]。在过去的历史当中，我们曾有过深刻的教训，这是值得每一个编辑深刻反思的。编辑文化敏感性的缺失，主要表现在民族中心主义倾向、对文化霸权主义的忽视、文化无知与文化封闭这几个方面，下面逐一分析。

1. 民族中心主义倾向

民族中心主义（ethnocentrism）是指个体认为自己民族的信念和价值观才是正确的，自己的行为和风俗习惯才是恰当的。一般来说，民族中心主义是一种较为普遍的现象，因为人们都会认为自己的行为方式是最好的、最优越的，自己的生活方式、信念和价值观是正确的、恰当的，同时也是符合道德规池的。但严重的民族中心主义倾向会导致以下一些问题：（1）对其他民族群体的行为进行不正确的归因（我们会从自己的角度出发来解释他们的行为）；（2）表示轻蔑或敌意（对来自其他文化的人们取带贬义的绰号等）；（3）对外来文化群体的视角的漠视与不敏感；（4）对其他群体施加压力使其遵循我们的文化标准；等等[7]。如果编辑对自己的民族中心主义倾向缺乏察觉，很容易导致对其他民族的人民形成刻板印象，产生文化偏见，甚至文化歧视。比如有的编辑在审稿和加工过程中，对作者文稿中出现的对其他文化群体的贬低或歧视的现象采取不重视的态度，对于“蒙古大夫”等伤害蒙古族人民感情的词汇视而不见；有的编辑对于其他民族的文化持猎奇的心态，在选题策划时专门选择与自己民族文化不同的奇风异俗的题材，任由作者胡编乱造，关注的是吸引读者眼球，而不是以尊重其他文化的独特性为出发点，结果导致严重的后果。

2. 对文化霸权主义的忽视

“文化霸权是指霸权国家从本国的利益和战略目标出发，立足于自身的文化强势地位，向世界上其他国家进行文化渗透和扩展，迫使别国接受其价值观念和意识形态，以达到制约、影响世界事务以及发展中国家内部发展过程为目的的一种国际霸权行为。”西方国家实施文化霸权主义，就是希望利用其“强大的科技力量、媒体优势、文化工具、意识形态”，达到“摧毁或消蚀第三世界的民族文化和本土文化，并把它们逐渐纳入到‘西方中心主义’的文化一体化框架中”[8]。目前，我国出版业在版权贸易方面仍旧处于逆差状态，版权引进与输出之比约为5：1。西方国家利用版权输出的平台实施文化霸权主义的企图从未消除。在版权引进过程中，如果编辑缺乏文化敏感性，就会忽略书稿中存在的干涉中国内政、文化歧视等内容，使西方的价值观占据主导地位。有的编辑甚至把中国人自己编写的书贴上洋人的标签，伪造“登上《纽约时报》畅销书排行榜第一”等评论，心甘情愿地为西方文化霸权主义服务，这些都是编辑须引以为戒的。

3. 文化无知与文化封闭

文化反映了共享的价值观、理想和意义，指导我们的思维、决策和行动。在共享的文化价值和标准当中，个体和群体倾向于遵守规则，因为它能带来安全、秩序和预期的行为。文化封闭源自个体对自己文化和民族、对其他文化和群体以及对文化的显著差异的有限觉察，它是一种有意或无意识的尝试，试图把世界中呈现的文化经验的错综复杂性及多样性简单化[9]。文化封闭反映了一种对与自己的信念体系不同的文化的恐惧，伴随着对与自己文化不相符的其他文化的人民和习俗的不接纳，通常是由文化无知导致的。由于缺乏对其他文化的了解，甚至对于其他文化中的差异感觉不舒服，同时更多是为了避免在工作中因民族、宗教等敏感问题而犯错，一些编辑甚至包括出版社的领导在选题策划和审批方面采取简单的文化封闭的态度，对于任何涉及文化差异的书稿都持封杀的心态，也不积极开展版权引进工作，这样也极大地限制了编辑和出版社在文化传播中的重要作用。

我们在实际工作中，既要注意避免民族中心主义倾向、对文化霸权主义的忽视以及文化封闭的心态，也要注重文化敏感性的培养。

三、编辑文化敏感性的培养

我们所处的时代呼唤“手握文化权力的大编辑”，即能“站在一定的历史文化的高度，对时代精神的培育、时代价值的构筑，起到积极的推动作用”的编辑。编辑作为文化工作者，“应当抓住这个时代的契机，成为一个时代文化的建构者”[10]。当前，编辑的工作空间不再局限在狭小的办公室里与作者和文字打交道，而是在各种文化交融的国际大舞台上施展才干，成长为具有国际视野的专业人才。对文化的多元化与差异性保持敏感是编辑专业素养的重要构成成分，编辑须自觉培养文化敏感性，以迎接全球化浪潮的冲击带来的挑战。编辑文化敏感性的培养涉及以下三个方面：对文化的觉察能力，文化知识的积累，多元文化技能的培养。

1. 培养对文化的觉察能力

我们所有人都存在于一种文化环境当中，都与一种具有文化独特性的生活方式相联系，它们影响着我们的态度、信念、价值观、行为举止和情感风格。首先，编辑必须对文化及相关现象的重要性有高度的认识，认识到在编辑工作中对种族、民族、宗教等与文化相关的问题处理不当可能带来的严重影响。其次，编辑需要对自己的文化、世界观、价值观及信念保持觉察，进行自我探索和自我反思，了解自己是否对自己所属的文化传统（历史、价值观、语言、传统、艺术等）拥有强烈的优越感，如倾向于用“更先进”“更文明化”的术语来描述自己的文化。当作者与编辑同属一种文化传统时，这种社会群体可能共同拥有的有意或无意识的优越感很容易被认同。因此，编辑更须注意作品中是否体现了这种民族中心主义的倾向。再次，编辑需要有探索自己对于不同文化背景的人们的态度，需要觉察自己或作者是否对其他民族或群体具有消极的情绪反应，觉察自己所持有的刻板印象和先入之见，如认为其他群体的文化传统是劣等的，认为其习俗、价值观、传统和语言、生活方式等是“不发达的”“文明程度不高的”“原始的”，甚至“病态的”。这些消极的情绪反应如果体现在作品中，将严重伤害到其他文化群体的感情，产生极其恶劣的影响。最后，编辑需要对西方文化霸权主义的侵略保持觉察，对于引进版图书中的文化偏见和文化歧视等现象予以高度重视。

2. 文化知识的积累

在对文化及相关问题获得了觉察之后，编辑需要努力增长与文化有关的知识。首先，编辑需要拥有关于人类作为一个整体的文化信息和知识基础。虽然我们不可能了解所有已经存在的文化体系，但是，我们可以学习有关人类在习惯、风俗、信仰、价值观体系和行为、社会规范等方面的基本知识并形成基本的理解。其次，编辑可以积极主动地获取有关不同的民族和文化群体的知识，包括国家关于民族宗教问题的政策等，尤其是对作者在作品中提及的特定民族的相关知识，需要更深入的了解，包括其历史、信仰、价值观、生活方式和风俗、特定的食物和语言、着装风格、礼仪和宗教仪式等等。再次，编辑需要确保通过正规的渠道获取与文化相关的问题的正确知识，这里涉及对主位的和客位的文化知识的特别关注。主位的文化知识是由属于其本土文化的作者提供的信息，即来自某一文化内部的关于自己文化的观点和知识；客位的文化知识是由该文化外部的作者所提供的信息，它可能与本位的观点和经验是完全不一样的。最后，编辑还需认识到当今国际世界存在的种族歧视、文化冲突等现象及其危害，并通过阅读书籍和文章来丰富自己的信息资源。

3. 多元文化技能的培养

对文化的觉察以及文化知识的积累，是为了将它们转化成编辑实际工作中极为重要的能力：多元文化技能。文化是一种相遇，是不同地域、风俗习惯的人们之间发生的一种心灵上的沟通。21世纪的编辑所处的工作环境是一个多种文化异彩纷呈的地球村落，必须有意识地培养自己的多元文化技能。首先，编辑须对其他文化持开放的态度，即有意愿去了解他人的生活方式，而不是局限在自己主观的思维当中，按照自己的理解来解释其他人的行为和信仰，由此可避免文化无知和文化盲点；其次，编辑要能认识到不同人群之间的文化差异，学会不带偏见、歧视和刻板印象来看待他们，同时理解和尊重他们的观点、信仰、态度、价值观、看待和处理问题的方式。再次，编辑还需培养跨文化的意识，依据自身对文化现象的洞察和领悟，在认知、态度和情感以及知识积累方面做好应对多元文化情境的准备，有意识地策划弘扬我国多民族独特文化的书稿，尽量避免潜在的文化冲突区域，同时努力把我国优秀的文化产品呈现在世界人民面前，为丰富世界文化做出自己应有的贡献。

对于编辑而言，文化敏感性的培养是一个持续一生的长期过程，涉及对自身文化和民族传统的自我反思、深刻审视和研究；它还涉及一种愿望，去了解其他民族文化群体的复杂性和微妙性。它既需要一种冒险的精神，也需要持有一种开放的态度。文化敏感性的培养并不是要让我们成为文化问题方面的专家，而是让我们在面对多元文化情境的纷繁复杂和不确定性的时候，以高度的敏感性和创造潜能来迎接挑战，在创造精神和文化产品的工作中不断总结、研究、反思和超越，达到编辑自身的专业发展，使我国的出版事业为祖国的进一步繁荣和富强做出贡献，而这正是新时期编辑的重大使命。

参考文献

[1] S. M. Nystul. 心理咨询入门：艺术与科学的视角. 张敏，等，译. 北京：高等教育出版社，2006.

[2] 任火. 论编辑的人文精神. http://www.kwkj.cn.

[3] 中国社会科学院语言研究所词典编辑室. 现代汉语词典. 北京：商务书馆，2002：1318.

[4] 桂晓风. 高层次、宽领域、多角度思考文化、媒体和编辑关系. http://www.chinact.org.cn/Html/200916113119-1.html.

[5] A. L. Kroeber，C. Kluckhohn. *Culture：a critical review of concepts and definitions*. Cambridge，MA：Peabody Museum，1952：181.

[6] C. Glasser. *International Libel and Privacy Handbook*. New York：Bloomberg Press，2009：xxi.

[7] E. C. Johnson. *Meeting the Ethical Challenges of Leadership*. Thousand Oaks，California：Sage Publications，Inc.：286-287.

[8] 晁丽华. 浅析全球化时代文化霸权主义对大学生的影响. 昆明师范高等专科学校学报，2005，27（3）：70.

[9] A. N. Vacc，B. S. DeVaney，M. J. Brendel. *Counseling Multicultural and Diverse Populations*. New York：Psychology Press，2003：13-15.

[10] 刘伟见. 时代呼唤大编辑. 人民日报，2009-01-04.

（原载《编辑之友》2009 年第 7 期）

编辑选择与社会文化

张　丽

社会文化传播的过程，就是人类在文化创造的过程中，对原有的和新创的精神文化产品进行收集鉴别、选择淘汰、加工改造、整理提高、规范定型，使之优化、完善，从而使人类文化不断积淀与进步的历史过程。编辑选择是指编辑主体在社会文化传播过程中，按照社会对精神文化产品的需求，对文化产品进行选优择秀、汰劣弃废的过程，是社会文化传播活动的源头。编辑主体对社会精神文化的选择，是一种文化创新，更是一种文化增值，目的在于实现社会文化结构的最优化。

编辑选择是一种文化创新

我们对于编辑工作性质的认识，早已不是停留在对作者原稿的加工、润色上，而是要把有价值的文化成果变成出版物，用以积累社会文化成果、丰富社会精神财富、传播社会知识信息，从而构建起社会文化的大厦。

首先，编辑的选择是一种创意性的选择。当今社会是一个信息社会，其特征就是信息层出不穷、纷繁复杂，并以飞快的速度变化、更新着。在这样一个时代背景下，编辑的职责就不仅是要积累文化、传播思想、传递信息，而且要与时俱进，以独特的职业敏锐性，凭借强烈的社会责任意识在瞬息万变的信息时代，及时、准确发现有价值的信息、把握社会所需要的信息。这就要求编辑要从社会生活的变化中发现新情况，从社会生产的过程中发现新领域，从科学研究的进程中发现新成果，从国家政策的调整变化中发现新趋势，不断地运用新角度、新形式、新内容，为人类增添新的文化财富。同时，也要有沙里淘金的慧眼，优化提升原始选题的价值；结合时代特征，挖掘出故有选题的新内涵。总之，就是要不断开拓新选题，产生有生命力的、客观的、科学的、经得起历史检验的优秀文化成果，形成优秀的社会精神文化产品。又要注重对传统文明成果的再认识，发现其闪光点，提升其价值，使之传承下去。

其次，编辑的选择代表了社会文化发展的方向。随着社会的进步和发展，社会文化也趋于更加繁荣与完善，这是社会文化发展的内在规律，具有必然性。因为，旧文化的糟粕不会轻而易举地退出历史舞台，而是会进行顽固的抗拒，新的进步的文化会遭受种种挫折甚至重创。但是，新事物必然要代替旧事物，一旦编辑主体做出了这种历史性的选择，这种新的文化形式终究会成为一种历史的新趋势，引领社会文化继续前行。在这里编辑的选择是与文化发展的必然紧密地联系在一起的，选择是一种延续，选择代表了一种方向。

编辑选择是一种文化增值

编辑对文化的传播是动态的，在传播的整个过程中会对文化产品进行筛选，有的被淘汰，有的被改造，有的被发扬。这种淘汰，在数量上是削减，但是在价值上是增值。

首先，编辑选择推动了社会文化的传播。伴随着信息时代的来临，信息匮乏的时代一去不复返，但是信息爆炸、信息泛滥、有效信息缺失又对我们形成了新的困扰。在这股信息的洪流中，人们日益意识到对信息进行整理和规划，提炼出有价值的信息是亟待解决的问题。而编辑就迎合了这一时代主题，被赋予了净化社会信息、提高信息利用率的历史使命，这又直接体现在编辑的选择功能上。面对纷繁复杂、杂乱无章的信息，编辑要独具慧眼，把那些具有真正文化价值的精神文化产品挑选出来并传播出去，使之成为人类共有的文化成果，而把那些不健康、不科学的垃圾信息剔除出去。如果那些具有真正价值的文化成果得不到编辑的认可，被拒绝进行大众传播，就会阻碍人类文化的发展，甚至会延缓人类文化发展的进程。而无用信息一旦进入了传播行列又会影响人类文化成果的整体质量。因此，编辑选择的文化功能是人类文化传播活动的需要，人类文化的传播必须依靠编辑的选择活动。

其次，编辑选择促进了社会文化的系统化。编辑选择就是把人类个别的、分散的、无序的、独特的精神创造物按照一定的社会需要和社会标准，使用特定的符号系统，自觉地加以收集整理、分类编排、缔结构造到整体的有序的社会文化大厦中去。分散的个别作品，有的原来具有某种明显的思想观点，有的却只有某种潜在性，无论是明显还是隐蔽，也只能代表某个问题的某一个方面，其社会力量相较于整体而言是微弱的。但通过编辑的选择，然后进行有序化的组构，就使明显者更突出，潜在者得以显现，并与其他相关作品形成一个整体，对社会某一领域或某一方面的问题形成系统、深刻、全面的理论认识，此时个体融入了这一整体之中，被赋予了新的生命，具有了新的优势。同时，编辑虽然不是社会文化的唯一传播者，却是重要传播者之一，所以有着一定的传播效力，能获得一定数量的受众，这就可能引起更广泛的共鸣，产生更多的共识，进而形成一种文化态势。也就是说，只有经过合理的编排组合以后出版物才能成为定型的、可以复制传播的、产生强大社会影响力的精神文化产品。所以说，当众多的、散乱的、无序的作品，经过编辑选择并组构成不同序列时，就形成了一个新的整体，并使每一个组成部分不仅具有原来所蕴含的意义，而且带有序列所形成的新意义，并以一种整体形态昭示于社会大众面前，显示出其强大的社会影响力。

编辑选择是编辑主体的历史使命和社会责任

编辑的选择是一种有目的、有原则的选择，依据的是一定的价值判断标准，也就是说编辑的选择是一种价值取向，所以选择的结果就代表着一种倾向。在当今社会，我们所要倡导的是科学的、人文的、进步的大众文化，这样的历史使命就降落在了编辑的肩膀上，更具体的说是落实到了编辑的选择工作上。

首先，编辑选择是对文化进行必要的鉴别和引导。编辑活动之所以在人类社会的精神生产领域产生，就是因为编辑主体能够按照社会的需要，对规模庞杂、良莠不齐的精神文化产品进行比较鉴别，去伪存真，有选择地传播给社会，这种构筑文化大厦的编辑选择就是一种文化选择。透过编辑选择的表象，我们看到其结果是一种编辑导向的产生，编辑选择的过程就是决定导向、形成导向的过程。编辑借助各种出版物所倡导的世界观、人生观、价值观等思想或精神导向，逐渐深入到广大受众的头脑中，并形成被他们所认可的信念或精神，这种导向必然代表社会主流思想，引导着社会风气。这种导向作用有的是潜移默化的，有的是立竿见影的，凡顺应社会主义发展的编辑导向将会促进社会精神文明的发展，而各种背离社会主义发展的编辑导向则会给社会带来诸多方面的不良影响。这种选择是沟通作者与受众的桥梁，是对党和人民负责的“过滤器”，也唯有这种选择才是编辑主体最首要、最本质、最能与精神生产其他环节相区别的基本功能。意识到这一点，编辑主体才能真正认识和把握自身在人类社会中所扮演的社会角色和负载的历史使命。只有把主要精力置于选择文化精品，才无愧于这种角色所肩负的重要历史使命。

其次，编辑选择要依据科学合理的价值判断标准。编辑在对文化进行组构的过程中，要本着对人类文化负责的态度去传承文化，以优秀的作品鼓舞人；要以开拓者的勇气，以高屋建瓴的文化自觉和纪律进行选题策划、主题创意，为社会文化大厦的完善而辛勤工作；要掌握文化的社会思潮，把社会急需的精神产品通过物质载体传播出去；要以满足广大消费者对精神产品的需求为目标，促进经济的发展和社会的进步。编辑与社会文化是一个互动的系统运动过程。社会文化的发生、发展凝聚着人类主体的价值判断、选择和创造，显现出很强的能动性。编辑以其对时代精神和文化命脉的深刻把握和强大的辐射力，对社会文化运动过程的方向、性质、前途起着不可或缺的作用。编辑应明确自己的角色意识，遵守行业规范，“有所为，有所不为”，为社会文化发展做出贡献。

不能夸大编辑选择的地位和功能

我们在认识编辑选择的功能时，不能夸大编辑活动在社会文化发展中的地位和作用，贬低精神产品生产者和消费者的地位和作用。社会文化运动是精神产品生产、传播、消费的有机统一。编辑活动只是社会文化运动中的一个中间环节，它联结社会精神产品的生产和消费，主要功能是将精神产品从生产者传向消费者，使精神产品成为社会文化的有机构成部分。编辑活动的创造性体现为一种再创造，是精神产品生产过程的延伸，原则上不可能超越精神产品生产活动的贡献。所以没有作品，编辑的选择就是无源之水、无本之木。作者和作品对于编辑的选择而言，是一个前提。没有这个前提，就不存在编辑的选择。编辑活动的最终目的是让大众形成对社会精神文化产品的消化吸收。编辑选择的首要依据，就是受众正当合理的喜好。所以，没有广大受众，编辑工作就没有了动力、没有了目的，也就毫无意义可言。因此，在认识编辑选择的意义，强调编辑选择的作用时，不能盲目，更不能夸大，要认识到这只是社会文化建设系统工程中的一个环节，只有与其他环节形成有序、合理的统一协作，才能发挥出最大功效。要想发挥好编辑选择的作用，编辑就要注意同作者和受众之间联络，和他们进行交流，并虚心接受他们的意见和建议，这样才可以提升编辑自身的选择水平，从而更好地为社会文化的构建服务。

综上所述，在知识经济时代，编辑以文化选择为使命，通过编辑文化产品，启迪大众心智，开发大众智力。编辑在对文化进行选择的过程中要建立科学合理的价值判断标准，对文化进行必要的控制和引导，充分发挥其特有的文化功能，本着对人类文化负责的态度去传承文化，为社会文化发展做出贡献。

参考文献

[1] 杨光宗. 文化缔构与编辑选择. 出版科学，2005，58 (6)：8-10.

[2] 禤胜修. 编辑选择的限制与自由. 编辑之友，2007 (3)：42-45.

[3] 赵同卷. 编辑活动的三项基本文化功能. 北京市工会干部学院学报：哲学社会科学版，2006，6 (2)：60-62.

[4] 赵欣. 论编辑的选择. 理论界，2005 (11)：113-114.

[5] 周鸿铎. 文化传播学. 北京：中国纺织出版社，2005.

（原载《中国编辑》2009 年第 3 期）

编辑的理性

——聚焦于编辑客体的三大关系

蔡玉麟

前不久，笔者受邀做一个讲座，主办方给出的题目是“何谓好编辑（主编）”。这是一个地道的老生常谈题：谈出新意不容易，因为谈的人太多了，且其中不乏名宿大家；谈出新意又不是太难，因为我们处于一个变革的时代，新的环境催生新的思想，对新事物的感知人人都处在同一起跑线上：于是我接受了这一邀请，愿意加入这一探讨之中。

编辑工作规律是超越时空的，所以无论何朝何代、何国何家的编辑都应该遵循这一共性，但是，作为个体的编辑是生活在特定社会中的，社会、经济、文化对编辑具有强大的制约力，所以不同时期、不同地域的编辑又有自己的个性。换言之，好编辑的标准会随时代与地域而异（此时此地的好编辑不一定就是彼时彼地的好编辑），而这并不妨碍我们探讨其中共通的内涵，因为这个超越时空的共性是基本面，时空特定元素总是在这个基本面上演绎变幻出无尽的精彩来的。

这个内涵如果简练到用一个词语表达，笔者认为就是“理性”——理性的编辑就是好编辑！当然，这样的表达方式一定是多解的，笔者在这里展开自己的立论，无疑是想抛砖引玉，以期让读者看到更多的宏论高见。

一、理性简解

2000 多年前，被誉为西方文化源头的希腊文化就是一个崇尚理性的文化，其代表人物之一的亚里士多德就说过："最优良的生活是理性指导下的快乐。"[1] 这句话里的"生活"是广义的，自然包括编辑生活；这句话里的"快乐"是指一种生活状态，自然包括编辑的工作状态。他进一步解释说："人们总在追求圆满，追求这个活动的最佳状态。这种最佳状态的心理感觉就是快乐。如果停止理性的追求，停止改变现实的活动，那快乐也不会持久。"他实际上是突出了工作状态在全部生活中的重要地位，即快乐的生活绝不仅仅是指业余生活，恰恰相反，快乐主要来自于工作（"改变现实"），因为这是"理性"追求的结果。

在确立了希腊文化这个核心原则后，亚里士多德又在执行层面上强调："理性原则有两种含义：一种是被动地服从理性指示，另一种是主动地服从理性指示。后者是在道德意识和意志支配下而实现的主动选择的生活，是一种有思考的生活，是一种有为的生活。"十分明显，他是希望人们主动地选择理性。为了不让普通人误解主动选择理性是一种"可望而不可即"的追求，他还特别指出："有人选择政治，有人选择思辨，另外一些人也许会选择平凡，都应该称作'有为'的生活。"也就是说，理性生活对于普通人也是"可望而又可即"的。

在对亚里士多德关于"理性"原则进行极其简单的解读之后，我们不难看出，做一个理性编辑应该且可以是每一位编辑的追求。

崇尚理性，是源于"思维的能力与思维的快乐是人所特有的"[1]。正因如此，人们更应将源于思维的快乐发扬到极致。借助歌德的名言"理论是灰色的，而生活之树常青"，编辑要倡导的是"文字是灰色的，而思维之树常青"。

非常值得深思的是，笔者今天的感悟 2000 多年前的哲人就已指明，是否太老生常谈而缺乏新意？是岁月白白流逝，还是时间潮水冲刷不去简明的真理？是真理生命力太长久，还是接受真理与实践真理真有如此遥远的距离？是笔者的感悟完全是多余的或是其他？

二、理性聚焦

树立起做一个理性编辑的目标之后，重要的便是行动。因为“编辑”是一个群体指认，而群体又是由个体组成的，所以编辑理性是需要从两个方面来解析的，即个体理性与群体理性。由此，理性编辑的行动也是需要从这两个方面分别论述的。

1. 个体理性

在解析个体理性时，为了不流于泛泛的说辞，笔者结合自己的体验会多一点实证的色彩，从而增加一些可信性，所以例证均为自引。虽然多引会增强说服力，但为避免本文自引过多，每一逻辑节点举例仅限一个，且引例均已在期刊上发表，为节省篇幅均未予展开，因为逻辑联系已然清楚。

就编辑个体而言，提升理性应该遵从循序渐进的原则，总而言之，就是从学习继承到自主创新。

（1）学习继承。提升理性就是一个从学习到创新的过程，自然应从“学习继承”入手，因为先行者已做了很多深入的探究，认真消化吸收人类已有的智慧，不仅会在自身智慧的积累上事半功倍，而且能够从中学会提升自身理性的方法和悟性。对于编辑个体，不仅学习继承的内容和方法各有不同，难以一言以蔽之，而且正如“活到老，学到老”所揭示的，学习继承是伴随个体一生的永无止境的漫长过程，这导致引例会不胜枚举，但总有令人难忘的大彻大悟的心得，这是自身理性升华的标志，如笔者对蒋广学先生的“感悟历史，走进历史”的学习与实践[2]。

(2) 自主创新。学习继承先行者的理性成果是提升自身理性的基础，但不是提升自身理性的终结，甚至不是提升自身理性的主体。提升自身理性主要是自己在编辑理论上的创新。创新成果的大小首先源于创新欲望的强烈与否，对此蒋广学先生有一段精美的点睛之笔：“编辑作为学者，最可怕的不是在学术圣殿中有无座次，而是在心灵中有无智慧的茅庐。”[3] 这是对每一位编辑提升自身理性的期待！他进一步解释说：“由自己的才学识营造的小屋要胜过世间最巍峨的学术殿堂。”显然这个“胜过”不能简单地望文生义，而应理解为无数“智慧的茅庐”才是“巍峨的学术殿堂”的基础，舍此无彼，此之“胜”显也！他对每位编辑的理性提升的重视胜过对编辑大家的期待正是他的深刻所在。

当心中的愿景形成强大的推动力时，自然会主动地进入自主创新的过程。这一个循序渐进的过程可以概括为以下四个阶段。

①运行探究。“运行探究”是指对流程性的编辑实践规律的探求。从“运行探究”起步，是因为“运行”可以感知，探寻规律的难度相对较小。正因如此，能够介入的编辑就会更多，已有的知识也会很丰富，如何从中找到自己独特的视角便是关键。“文章本天成，妙手偶得之”，揭示的是这类突破往往孕育在社会变革时期（环境的突变使得已有知识落伍），可遇而不可求（当然要有相应储备），如我国经济转轨时期，期刊社编辑与经营的辩证关系[4]。

能够驾驭“运行探究”之后，便渴望进入“规律初探”。

②规律初探。本文中的“规律初探”特指对非流程性的编

辑实践规律的探求，其难度显然大于“运行探究”。例如，对科技期刊竞争力的探讨[5]，显然是需要对整个科技期刊系统有一个整体的把握，需要对现象背后的本质有一个全面的透析，其中逻辑联系的复杂性相对较高，需要的积累自然更为厚重，而这正是提升自身理性的必经之路。

在“规律初探”中训练出的思维能力及取得的信心，会引导自己走向“创新尝试”。

③创新尝试。“创新尝试”是指完全不同于同时期的编辑同仁的理性思考，这是在前两个阶段积累的经验与训练出的能力的基础上，量变到一定程度的质的提升。例如，对科技期刊社会功能从传播信息到生产智慧[6]的解析。这类尝试往往难于得到一致认同，特别是因其对传统思维具有颠覆性，甚至会处于较为孤立的窘境，能否成长为新的理性需要时间（实践）的检验，但其在思维领域的价值是不容置疑的。

“创新尝试”是自主创新的代表性成就，是一个成熟编辑的标志，是编辑个体智慧茅庐的璀璨灯火，它令人激情澎湃、信心饱满地继续前行。

④创新整合。“创新整合”是指将若干创新（并不一定非是自主创新）整合为一个创新体系，引领一代编辑高效实践，成为一代编辑的宗师。这显然不是普通的理性，而是最高的理性；不是“庐中的灯火”，而是“巍峨的殿堂”。作为芸芸众生中的一员没有自引，当属正常。

以笔者的自身体验描述编辑个体理性提升的一般规律，是提升编辑群体理性的基础，然而群体理性并不是个体理性的机械叠加，而是多视角、多动力对编辑系统的理性聚焦，是特定环境下编辑系统主要矛盾的和谐运动。

2. 群体理性

从编辑群体理性着眼，作为主体的编辑主要面临着编辑客体中三大关系的和谐：三大关系的第一层次是编辑的工作对象——“稿与人”；第二层次是“人”中的“作者与读者”，“稿”中的“论著与评论”（见图 1）。

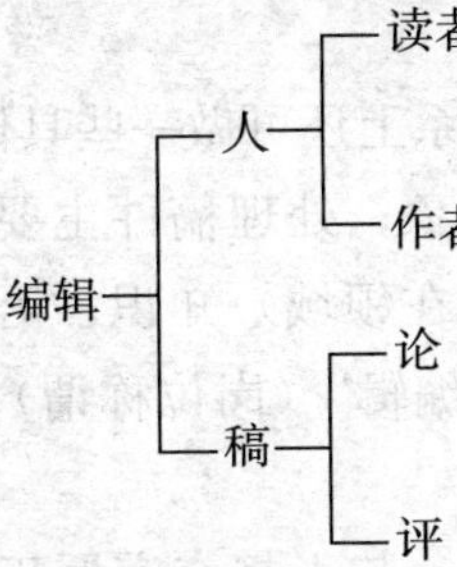

图 1　编辑客体中的三大关系

（1）稿与人。编辑工作的对象是稿件，而稿件的背后是人（因为优质稿件并不仅仅来自于作者，所以不能简单地说稿件的背后是作者）。“稿与人”这两个编辑客体不是孤立存在的，其间的关系应是辩证统一（和谐）的。从现象上看，整个编辑流程都是针对稿件设计的，似乎编辑的主要工作对象就是稿件，只是在需要约稿或修改文章时才与作者打交道，所以很多编辑经年累月处理了数不清的稿件，却与这些稿件的作者并不“相识”。如不辩证地对待“稿与人”的关系，很容易沦为“稿件就是一切”，这是“稿与人”关系不和谐的极致。按蒋广学先生的话说，这样的编辑“一生都在作者背后打圈圈”[3]，不能站在作者面前，平等对话学术发展的相关问题，是会平庸而无建树的。在“稿与人”的关系上，他倡导编辑“与高水平的作者侃侃交谈，助其成就学术”，这种“交谈”显然是超越稿件的，这才是他心目中的“良编”。当然，此处的“交谈”方式是广义的，书信、网络都包含在内。他道出的实质是在“稿与人”的关系中，“人”是矛盾的主要方面，“以人为本”才是成熟编辑的象征。“以人为本”的最高境界是“能汇集一群作者成一家之言，从而推动一股学术运动”，这样的编辑他称为“鸿编”。诚然，“鸿编”主编的期刊才是本学科的权威期刊，是引导、推动学科发展的利器！

在“稿与人”的关系上还可做一些具体分析。

稿件是显性工作对象；处理稿件主要是案头工作，它要求编辑具有专业（期刊所在领域）知识、语言功底和逻辑思维能力；履行的是“加工型编辑”（岗位称谓）的职责；具有的是现实竞争力。

人是隐形工作对象；与人打交道属于社会工作（早有借喻“功夫在编外”[7]），它还要求编辑具有广博的知识、哲学功底和社会交往能力；履行的是“策划型编辑”（岗位称谓）的职责；构成了未来竞争力。显然这些是对“稿与人”关系中的“以人为本”的另一种注释。

从这一视角，可以有一个极其简单的衡量标准，那就是一个编辑是否成熟（“理性”），可以用他的学术朋友（指具有学术对话关系的本学科一线学者）数量及其地位来衡量，即他的学术朋友越多，朋友的学术地位越高，他就越成熟（“理性”）。对“学术朋友”可做如下简要解读。

第一，“具有学术对话关系”包含以下递进内容：在已有的“编者与作者”的关系中，编者对作者论文质量的提高得到作者心中的认可，甚至有些依赖；作者放心地把他的最新成果交给编者；在作者进行新的研究前会主动与编者交换意见。

第二，“本学科一线学者”，强调的是“与时俱进”，把握好“新老交替”。

第三，“本学科”是起码的要求，能够畅游于相关学科才是名至实归的“鸿编”。如年高八旬仍在一线的《华中建筑》主编高介华先生的学术朋友，不仅包括建筑界的众多院士和知名学者，而且与钱学森院士[8]、邵燕祥先生[9]等建筑业外名家多有学术往来。有此背景，高介华先生作为主要发起人，从1989年始坚持至今组织召开了10届“建筑与文化”系列学术会议，主编《中国建筑文化研究文库》（国家“十五”重点出版工程）等建筑丛书，掀起规模宏大、价值极高的、具有国际影响的建筑学界的新文化学术运动[10]，实为期刊界屈指可数的“鸿编”。

从能与一群学者成为朋友，到“能汇集一群作者成一家之言，从而推动一股学术运动”，其间有相当大的距离。可以说“稿与人”关系的和谐是推动学术前进的基础，即当编辑群体处理“稿与人”关系达到和谐时，其中的佼佼者才有可能整合优秀学者群体的智慧，推动学科的发展。换言之，“鸿编”只是极少数，但只能产生于庞大的“良编”群体之中，而在这一特定的关系（“稿与人”）中，达标（如100① 位学术朋友）的编辑就是“良编”。“良编”达全体编辑的80%以上，才能认为“稿与人”的关系是和谐的。若是以此来衡量，目前我国科技期刊界的编辑群体在“稿与人”关系的和谐上明显存在问题，亟待关注与解决（即使笔者的简化指标不能得到认同，从其他角度也可以看出这种不和谐。）

（2）作者与读者。进一步分析编辑的主要工作对象“人”时，从编辑处于作者与读者的中介位置上，可以简要地认为，编辑做的就是作者与读者的工作，即“作者与读者”关系的和

① 此数字系笔者经验，仅供参考，有待做实证研究后得出科学数据。

谐是“好编辑”的追求目标。当前，我国科技期刊界在提高“为作者服务”的水平上不遗余力，但在“为读者服务”上的努力却相去甚远，以至成为科技期刊发展的软肋[11]。在办刊理念上的这一字之差，关乎科技期刊发展的根本。从期刊社会功能上看，“为作者服务”是手段（形象地说犹如打地基），“为读者服务”是目的（形象地说犹如建大厦），作者写出的优质稿件只有经过读者的吸收与运用才有可能产生更大的社会效益。当前，我国科技期刊界未能很好解决为谁服务这个根本问题，“作者与读者”的关系极不和谐。例如，我国现有1 000多种高校学报，这一占科技期刊总数约三分之一的期刊群是典型的“为作者服务”的（对此亲历者有精到的论述[12]），足见只“为作者服务”（从办刊理念上就明确不为读者服务）的势力有多大！同时，其他三分之二的期刊，也难逃“不为读者服务”的怪圈：其一，居于核心地位的少数期刊穷于应对源源不断的、汹涌而至的稿件潮，有限的人力（不愿以减少收入为代价而扩编）陷于作者包围中无力突围，即使感觉到愧对读者也力不从心（只为作者服务就能生活得很好，更削减了其为读者服务的原动力）；其二，多数期刊在业界核心作者的不屑中，流连彷徨在末流文章的选择与包装上而心难在焉，为生存发愁的编辑何谈更为细致与复杂的“为读者服务”！换言之，业界整体面临着“作者与读者”关系的不和谐！这种不和谐可以简单地说成是只将“人”的工作做了一半，而且是丢了更重要的另一半：由此引发的期刊社会效益的损失则远远不是一半所能衡量的。

在“作者与读者”的关系上还可做一些具体分析。

作者是通关者（相对于编辑是把关者），处于被动地位；以“作者为中心”是“以稿件为中心”的编辑理念的孪生姐妹；是计划经济体制下的编辑工作特征；做好作者工作需要的投入较低；期刊的风格是以严肃表征权威的难读；这样的环境中成长起来的只能是“加工型编辑”；编辑工作产生的作者效益只是手段（犹如宏伟建筑的地下基础），因为作者带来的社会效益极其有限；编辑活动主体形成的是“作者—编者”的循环；编辑活动形成的是“稿件—编辑出版—论文”的循环——这两种循环均为不完整循环，断链必将导致损失。

读者是上帝，处于主动地位；以“读者为中心”是“以人为中心”的编辑理念的孪生兄弟；是市场经济体制下的编辑工作特征；做好读者工作需要的投入甚高，如投资一种“为作者服务”的高校学报只需几十万元，而据姜汤测算[13]，投资一种“为读者服务”的市场型期刊需 2 000 万元；期刊的风格是将权威融入可读的清新；这样的环境中成长起来的必然是“策划型编辑”；编辑工作产生的读者效益才是目的（犹如地基上的宏伟建筑），因为读者带来的社会效益才能十分显著；编辑活动主体形成的是“作者—编者—读者”的循环；编辑活动形成的是“稿件—编辑出版—论文—传播”的循环——这两种循环才是完整的循环，效益因此必然倍增。显然这些是对“作者与读者”的关系中读者是矛盾的主要方面的另一种解读。

在“稿与人”“作者与读者”关系和谐的简要衡量指标上，笔者都锁定了特定的“人”（“学术朋友”“策划型编辑”）的数量（见前释）与质量（“学术地位”“组稿比例”），因为由此入手能够将这两种关系不和谐的现状调整过来。

（3）论与评。进一步分析编辑的日常工作对象“稿”时，可以看到，当前我国的科技期刊多数是论著一统天下的（期刊是论文的集合，有些学术消息，没有或极少有评论）。这是典型的单向、静态的传播：我说我的，你说你的，相安无事，天下太平。原因是多方面的，值得关注的是，大家都忙着申请课题，做完课题后便忙着向拨款方交差（发表论文是主要的考核方式），得到自己该得到的报酬的同时，也为继续申请课题建立自己的信誉。从这一通俗的视角来描述我国的科研运行机制似乎不够严谨，可也没有失真。这一运行机制并未突出自主创新含量的鉴别，所以成为低质量循环的温床。论著与评论在比例上的严重失调，反映出的深层问题便是因缺少自主创新而与争鸣无缘。试想，大量演绎西方舶来品的练习式文章、不可忽视的数据作假的博士论文、遭西方权威杂志重罚的一个实验结果在多篇论文中重复使用的沽名钓誉[14]……这些令人痛心的弊象怎么会引起学术争鸣呢（只能是道德批判）？从“一半以上的博士毕业生听说过自己周围的老师或同学有过抄袭、造假等学术不端行为”，“四成博士宽容学术不端”[15]等中国科协的调查结果中可以看到积弊已久，痼疾难消。当然，这也是一个全球性的问题，美国[16]、波兰[17]、印度、韩国等国家的同类问题也可从最近的科学网上看到。前不久，中国工程院院长徐匡迪郑重指出：“国内外已经发生的学术腐败现象令人震惊；一些学术不端行为引起社会的广泛关注”[18]，是对此的权威注释，“论与评”关系的不和谐仅是其冰山一角而已。

在“论与评”的关系上还可做一些具体分析。

论著是一家之言，应有创新性，但其发表只有传播的单向性（没有反馈），因而必然带来沉寂性，进而陷入迟滞性；只关注论著会使编辑局限于编辑加工，只能成为“加工型编辑”；只为各类基金论文提供园地（对期刊的考核恰恰有基金产文率，必然强化这种倾向），而不了解读者需求，易造成读之者寥，可能与学科进步无涉。

评论是百家争鸣，会使创新性增殖，其发表带来双（多）向性，从而提高可读性，且具有即时性；更关注评论会使编辑超越编辑加工，能成长为“策划型编辑”；策划型编辑的基本功就是了解读者需求，在论著与评论的动态平衡中，必然带来趋之者众，才有可能推动学科发展。显然这些是对编辑如何正确处理“论与评”关系的另一种解读。

综上所述，当今，我国科技期刊界编辑客体中的三大关系均处于甚不和谐的状态，科技编辑界从上至下必须给予极大的关注，并下大力进行调整，舍此将会延缓我国科技期刊事业发展进程。

三、理性展望

本文论述编辑群体理性聚焦于编辑客体的三大关系时，有一个隐含的前提，那就是探讨的是传统的印刷版期刊。在知识社会中，计算机技术与网络技术对编辑系统的冲击是极其巨大的，不仅极大地缩短了时空，而且提供了即时、多向发表论著与评论的可能，将作者、编者与读者更加有效地结合起来，使传播效率与传播质量达到印刷版期刊无法企及的高度，这一场变革将成为经济体制变革后我国科技期刊理性的聚焦点，需要探索的问题很多。

当下，王志明提出的“OA（open access）出海”[19]值得关注。在办刊理念上他强调科学无国界；在办刊策略上他指出要“OA 出海”（国外出版公司真正优秀的是他们的销售网络和队伍）；在办刊举措上他关注“重拳出击”（打造中国自己的优秀 OA 平台，自己的 PLOS）。他大声疾呼——“这是留给中国科技出版界的最后机会”，而且这个机会是稍纵即逝的。

笔者之所以推介“OA 出海”，是因为有这样的国际国内背景：2002 年 2 月 14 日布达佩斯会议成立开放社会组织；来自德国、法国、意大利等国的科学家于 2003 年 10 月 22 日签署《关于自然科学与人文科学资源的开放应用的柏林宣言》；2003年12月19日出版的*Science*载文指出，学术期刊开放将成为2004年的科学热点；2004年1月30日联合国经济合作组织科技政策委员会发布《采纳政府资金成果开放使用声明》；2004年2月24日国际图书馆协会理事会发布《采纳研究文献开放访问的声明》。对于国际上的这一系列权威发布，我国政府也迅速跟进：2003年12月16日教育部科技发展中心开通中国科技论文在线网站；2004年3月18日中国科技信息研究所、国家科技图书文献中心开通中国预印本服务系统；2004年5月24日我国签署《柏林宣言》。换言之，这个未来编辑群体理性的焦点已成为主流社会高层的共识。

当然，在科技革命带来的编辑活动的巨大变化中，有待发掘的智慧远远不是“OA出海”，因为“OA出海”只限于英文版期刊，虽然它关乎我国科技期刊的国际地位，且机遇重大，对于错过历史机遇追悔莫及的历史教训过多的我国，其重要性怎么强调都不为过，但毕竟只有少数人能有幸参与。对于默默坚守中文版期刊的多数编辑，要面对的是，科技革命对编辑系统的冲击是全方位的，因而也给编辑活动的质量提升提供了巨大的机会：在印刷版期刊与网络版期刊的有机结合，“策划型编辑”与“加工型编辑”的相辅相成，进而推进编辑客体三大关系的和谐等新研究领域中；在提升传播质量，提高传播效率，加大传播深度，进而提高期刊的社会效益等根本问题上，科技进步都提供了强有力的支撑，需要探索的未知规律纷繁众多而富有诱惑，如刊社规模，由于网络版编辑的比重将上升得更快，科技期刊编辑部将会告别只由三五人打天下的小农经济模式；如人员结构，不再仅仅有加工型编辑与策划型编辑之分，还会有印刷版编辑与网络版编辑之分（专业性越强的期刊越易先行，如材料保护杂志社），且其构成及其融合会更为复杂，甚至最终会过渡到全网络版编辑的格局；如为读者服务，网络版不再仅仅是将印刷版上网，而将发挥为读者服务的主力军作用，即时、多向、专题服务将成为可能，由此而产生的社会效益将前所未有，直至取代印刷版[20]；如信息收集、加工、选题、组稿借助网络将向高速、深度挺进，其规律亟待探索；如计算机技术与网络技术对外国期刊集约化、品牌化、网络化、全球化大走势的影响与作用；等等——年轻一代编辑是幸运而大有可为的！

四、结语

本文将希腊文化的理性原则应用于编辑实践，指出做理性编辑应成为每位编辑的追求目标；随之解构了编辑理性的组成：个体理性与群体理性；进而从自身体验论述了个体理性的成长历程，并将群体理性聚焦于编辑客体的三大关系，论证了当前我国科技期刊界这三大关系的不和谐，给出了调整的方向（简要的指标）；最后介绍了群体理性的未来焦点，点明了理性与人格的相依关系。

特别应该强调的是，经济体制的变革（由计划经济体制转变为市场经济体制）引发的编辑活动变化是 20 世纪后 20 年我国科技期刊编辑面临的理性焦点，而科学技术的革命（计算机技术与网络技术的突破性进展）引发的编辑活动变化则是 21 世纪前 20 年我国科技期刊编辑面临的理性焦点（在社会的发展中，当经济体制基本稳定后，科技革命自然成为主角）。对大局的清醒既是成为大家的前提，也是成就理性快乐的起点。

“何谓好编辑（主编）”的精辟论述实在是不胜枚举。最近，中国科技信息研究院总工程师武夷山强调“科技期刊主编最好是优秀学者”，进而指出“优秀学者办期刊可能更符合未来的发展方向”[20]。我想这亦是“做一个理性编辑”的另一种表达。同样的理念，表达得更为优美的当属南京大学学报原主持人蒋广学于13年前的深情呼唤：“编辑应该使编辑出版活动深深地打上自己的印记，让庐（心灵中的智慧茅庐）中的灯火变成一座启明之星。”[3]追溯起来，这些心灵感悟都是与亚里士多德的理性智慧一脉相承的——真理总是最简明的，自然是超越时空的，然而实践真理却需要每一个不愿虚度年华的人付出毕生的精力！

有无判别理性编辑的标准？这可能是读者更为关注的——能否提出一个简单易行的判别标准检验一下自己是不是理性编辑呢？是看发表编辑学论著数量的多少和质量的高低，还是看所编期刊的档次和文章的品味？似乎都不那么好量化。转而一想，留待有兴趣的读者给出更好的答案也许不失为是一种明智的选择，但不应成为自己偷懒的借口，于是推荐胡葆森的人生感悟“智者无怨”① 作为一个备选答案：虽然它很模糊，却道出格物致知的背后是厚德载物——大智者必有大境界，智慧是靠人格支撑的，这显然是应另外立题论述的。

参考文献

[1] 向培风. 智慧人格——苏格拉底、柏拉图、亚里士多德. 武汉：长江文艺出版社，1996.

[2] 蔡玉麟. 感悟历史 走进历史——《中国机械工程》杂志及其前身的20年. 中

① 2008年8月30日东方卫视“波士堂”栏目嘉宾——河南建业集团董事长胡葆森（坊间流传我国地产界三君子之一）在回答主持人袁鸣的问题“您最欣赏的格言是什么”时说：“我果为洪炉大冶，何患顽金钝铁之不可陶熔。我果为巨海长江，何患横流污渎之不能容纳”（《菜根谭》是其反复研读的心爱之书），并进而将之浓缩为“智者无怨”。

国科技期刊研究，2004，15（1）：118-121.
[3] 蒋广学．编辑通论．南京：南京大学出版社，1995.
[4] 蔡玉麟．科技期刊社的两翼——编辑与经营．编辑学报，1993，5（1）：24-26.
[5] 蔡玉麟．科技期刊竞争力初探．中国科技期刊研究，2003，14（4）：345-348.
[6] 蔡玉麟．从传播信息到生产智慧．出版科学，2004（1）：24-27.
[7] 蔡玉麟．功夫在编外——谈科技期刊工作的开放、搞活．科技情报工作，1988（5）：8-10.
[8] 傅礼铭．钱学森山水城市思想及其研究．西安交通大学学报（社会科学版），2005，25（3）：65-75.
[9] 邵燕祥．介华的词//高介华．击水词．南京：江苏文艺出版社，1995：3-6.
[10] 陈宏恩，张光辉．从精品期刊的创业者到“中国建筑新文化运动”的推动者——记《华中建筑》主编高介华先生．中国科技期刊研究，2008，19（3）：504-507.
[11] 蔡玉麟．为读者服务——我国科技期刊的软肋．中国科技期刊研究，2006，17（5）：689-693.
[12] 黄永惠．论高校学报的非市场特性与改革的可能性．中国科技期刊研究，2005，16（5）：617-619.
[13] 姜汤．不改革就死亡//杨洪祥．中国期刊的出路——中国期刊高手论坛．广州：新世纪出版社，2002：50-72.
[14] 佚名．两论文同一图，院士范上达被国际权威杂志禁投稿5年．（2008-03-27）．[2008-10-30]．http//www.sciencenet.cn/htmlnews/2008327155325328204713.html.
[15] 陈磊．中国科协调查显示：四成博士宽容学术不端．（2008-09-01）．[2008-10-30]．http//www.sciencenet.cn/htmlnews/2008/9/210556.html.
[16] 佚名．《自然》：美国学术造假瞒报现象严重．（2008-06-20）．[2008-10-30]．http//www.sciencenet.cn/htmlnews/200862011426243208114.html.
[17] 马世骏，张章．波兰高校论文造假现象严重，25%毕业论文为学术垃圾．（2008-04-04）[2008-10-30]．http//www.sciencenet.cn/htmlnews/20084416128926204975.html.
[18] 李新玲．徐匡迪列举科技界不良现象　国内外的学术腐败令人震惊．（2008-06-24）[2008-10-30]．http://www.sciencenet.cn/htmlnews/2008624904991208235.html.
[19] 王志明．科技期刊国际化三部曲．（2008-08-03）．[2008-10-30]．http://www.

sciencenet.cn/blog/user_content.aspx? id=34063.

[20] 任胜利. 纸版学术期刊：红旗还能打多久?. [2009-01-11]. http://www.sciencenet.cn/blog/user_content.aspx? id=208947.

[21] 武夷山. 科技期刊主编最好是优秀学者. 科技导报，2008（13）：99.

（原载《中国科技期刊研究》2009 年第 4 期）

数字出版时代的编辑理念

吴 平

一、出版已进入数字技术时代

数字出版作为一场革命已初露端倪，且必将成为今后出版的主流。《国家“十一五”时期文化发展规划纲要》也指出了发展数字出版的重要意义。数字出版即以数字化的手段进行的出版活动。它既包括直接利用网络编辑出版的行为，也包括将传统印刷版的内容数字化的活动，是一种依托传统和现代资源用数字化的工具进行立体化传播的出版方式。与传统出版相比较，数字出版速度、存储量、成本都占绝对优势，传统出版业因此遇到了前所未有的挑战。

1. 从纸质载体为主到多种载体并存

《国家“十一五”时期文化发展规划纲要》提出：“推动产业结构调整和升级，加快从主要依赖传统纸介质出版物向多种介质形态出版物共存的现代出版产业转变。”这里“多种介质形态出版物共存”含有非纸质载体、多媒体出版之意。

传统图书文献出版载体除甲骨、青铜、树叶、树皮、缣帛等天然载体材料外，主要是纸张。数字出版时代载体材料空前扩大，除纸质外还有大量的光、电、磁化材料，如磁盘、录像带、缩微胶卷、唱片、手机，等等。多媒体出版即是平面媒体、磁光介质媒体、网络媒体、移动媒体等多种介质共存的出版方式。数字出版时代数字媒体层出不穷，各种类型媒介的出现与共存现象改变了传统出版方式，也改变了人们的阅读习惯。近年来有出版社尝试把纸质图书和光盘版同时出版一起销售（简称“书配盘”），也有出版社把图书与网站捆绑在一起（称为“书配卡”），传统载体与现代载体得到有机结合。

当然，数字出版时代绝不仅是出版物载体性质与形态的改变，而且还是出版方式的根本性革命。包括了原创作品的数字化、编辑加工的数字化、印刷复制的数字化、发行销售的数字化和阅读消费的数字化，数字技术渗透到了出版的所有环节。

2. 读者被分解，纸质图书购买力下降，库存增加

在数字出版越来越发达的 21 世纪，读者选择余地更大，多采取更便捷的图书文献利用方式，去图书馆借书、书店买书者少了，到信息中心上网，在家中利用电脑查询资料者多了，即使买书也由上书店选购改为在网上订购，等待送书上门，许多高等学校教师对图书馆的利用主要是依靠网上数据库，除此之外借书证很少用。根据中国出版科学研究所的资料统计，传统出版物图书销售份额从 1999 年开始下滑，国民阅读率持续走低。人均购书册数多年变化不大，多数出版社利润停滞不前，图书库存金额直线上升，资金周转缓慢。

而数字出版则显示出强劲势头。2004 年中国网络出版收入达 35 亿元人民币，电子图书（E-BOOK）销量增长了 260%。2007 年，网络出版收入已超过 200 亿元，网络游戏收入达 67 亿元，有统计显示，“十五”期间，电子出版物由 2 254 种增长到 6 152 种，数量由 0.4 亿张增长到 1.4 亿张。已有手机报刊 300 余种，网络报纸 1 000 余种，网络期刊超过 2 万种，网络数据库经营企业近 10 家。数字出版还带动了 IT、通信、媒体、教育等行业、产业的发展。

3. 由平面印刷到内容立体展示，互动交流性能增强

传统出版是单方灌输式，即读者只能接受作者或出版者的教诲，即使产生了新的想法也只能另辟途径寻找交流渠道，不可能双方互动；传统出版也只能平面展示，最多也只是图文交错排列，以图说文或以文释图，不可能产生立体、“动漫”效果。而数字技术可以将印刷品加工成配有伴音、多语种显示、多发音输出的娱乐产品，由于漫画的通俗、娱乐特点，作为易于接受的教学素材，可实现寓教于乐的目的。同时，基于Web2.0技术的互动平台，可使作者与读者的交流更密切，读者可以在网上发表意见、感想，也可以与作者互动，推动原创发展。

二、数字出版时代的编辑理念

1. 明确数字出版是手段不是目的

数字出版不是一种出版类型，数字出版物也不是一种出版物种类。数字出版是一种技术，是一种手段。它与人们以往习惯的、按照出版物的形式来划分的电子图书、纸质图书有根本的区别。作为出版业未来发展的一种趋势，其在出版中的应用是为出版根本目的服务的。编辑明确了这一点，就不应在认识上把读者和网民割裂，把传统出版和数字出版割裂。

长期以来，出版社不懂技术、技术提供商不懂出版的状况正在数字出版中得以改善。如中国时代经济出版社采用的跨媒体出版，以第二代互联网技术为核心，融合了电子书、视频分享、语音书、网络交友、博客、网摘、书讯、论坛、无线手机等多种技术。“它是围绕纸质书、电子书、语音书、视频书、手机书、多媒体光盘、混合模式光盘等多种阅读形态的互动跨媒体出版。”数字技术应用于各种出版物，产生的效果与目的一

致，都是为了宣传文化、教育民众。

目前，浦东软件园、国家863信息安全成果产业化（东部）基地、致力于无线通信及多媒体终端核心芯片研发的展讯公司等，都能够为数字版权保护技术、数字内容传播技术提供强有力的技术支撑。事实证明，作为手段的数字技术完善了内容保护方法，加密技术使图像与文字作品在初始阶段便得到保护，增加了盗版成本与难度，在阻止盗版斗争中，最大限度保护了作者以及出版商的利益。技术手段的进步为编辑工作目的实现带来可能。

2. 重构编辑思维模式，让数字出版实现过去无法完成的功能

读者的需求是多种多样的，同时读者的需求也是与时俱进的。目前的纸质出版物和电子书都是以单一的方式在做出版，而读者的需求可以是一种，可以是多种，可以是同时满足，也可以是先后补充。很多读者对图书内容的要求常常不是仅从一种媒体来获取的。因而，从读者的角度出发，出版部门着手开发多媒体互动的跨媒体出版，重构出版发行模式与运行机制是十分必要的，可以从组织图书出版内容、安排表现形式、选择出版模式、拓展立体发行渠道等方面入手。

对于编辑而言，思维方式也应从平面走向立体。原来可能仅是从纸质媒介出发，设计思考时多考虑的是平面构图与纸张油墨的适应性能等，而数字出版要求编辑组织出版内容时向支持主题检索、开放链接、知识发现等方向发展。利用数字出版技术揭示内容、管理内容使内容的表现更为丰富多样，使读者感觉更加体贴。数字出版可以整合优秀的内容资源和作者资源，在线互动，做到许多纸质平面出版所难以做到的东西，如引文自动链接、检索词开放链接，等等。

有人说，IT 产业包含硬件、软件、内容三个层面，过去硬件是主流，很快大家发现软件也很重要，但在硬件和软件都具备时大家开始将注意力转向内容，认为未来真正的 IT 业将是内容主导。这种说法如果成立的话，是不是也辅证了数字出版时代编辑作为内容提供者的角色更加重要？

3. 适应变化，坚持技术所不能的“改变”

数字出版时代，编辑出版面临一些“变”与“不变”。

“变”是永恒的主题。数字出版时代，“即时出版”加快了出版周期，出版速度变了；单纯“为人作嫁”的人成为“数字内容提供商”，读者原创也可成为作者，身份变了；原来按个体读者对象出书，面对的多是识字的文化人，现在按专题、出版社、期刊销售产品，分为科研机构、企业公司、图书情报团体机构，客户定位变了；原来编辑出版图书后，只要售出就可获利，数字出版时代不仅有内容提供，还要向用户提供按需印刷、自办发行、售后服务、人员培训等一系列增值服务才能获得利润，营利模式变了；纸质图书为主打时也用网络，但主要是推动纸质图书销售，数字出版时代，出版商运用网络平台在线经营内容资源，实现运营的均衡化和效益的最大化，网络作用变了……

但仍然有很多的“不变”。

（1）文化创新方向不变。编辑是引领文化发展、社会进步的力量，寻找代表先进文化的选题，为数字出版提供代表先进文化的内容资源依然有着重要的意义。这是技术提供商不占优势、难以完成的。即使是在数据库建设中，术语、语词或语料数据库组建的时代性、科学性、选择性也都代表着一种文化、一种观念、一种价值。在数字出版时代，更加需要完整的知识产权公共服务平台，引进知识产权代理诉讼、技术转移等专业机构，聚集数字出版创新资源，完善创新服务体系。

（2）为读者服务宗旨不变。满足读者或用户需要非但“不变”而且越来越重要，不可有丝毫削弱而只能日益加强。因为数字时代的用户需求更加个性化，更加多样性，当彻底实现由内容提供者向信息提供商、平面传统出版业向现代传媒业转型之日，才是接近用户或满足读者需求之时。于编辑而言，可以一边寻求优质内容，一边借助网络平台满足各方用户需求。

（3）坚持编辑工作改革不变。数字出版要求必须有相应的改革，编辑出版业必须转型。原图书报刊出版将向以原创内容和信息增值服务为主体的数字出版转型，实现内容采集、编辑、分类、存储、挖掘、发布、版权管理及交易等全流程数字化，在著作权保护的前提下，最大限度地实现内容共享。

2008年4月16日《纽约时报》说欧洲商业管理学院（INSEAD）客座教授帕克（Philip M. Parker）自称可以利用六七十部计算机与人工智能程序进行POD（按需印刷）出版。读者下订单后13分钟就可收集所有数据，再由计算机输出内容、绘制图表，安排章节，排版成书。《纽约时报》是作为技术超越人脑的实例进行报道的，认为这是一个充满创意的行为。但是读者却认为这样的著作只能算是网络数据汇集，缺乏原创价值，质量不高。据说有位澳洲读者买了一本帕克编的《玫瑰痤疮》（*Rosacea*），看完后大失所望，因为书中根本没有针对这种皮肤病的具体研究，无法解答疑难。编辑工作的不可替代性一目了然，也印证了技术永远取代不了思想。

数字出版时代，国家对网络文化产品和服务的供给能力、网络文化产品的规模提出了高要求，为此，提高编辑人员对数字出版的意义和内涵的认识，调动编辑参与数字出版的积极性，方可有效推动中国优秀文化产品的数字化、网络化发展。

参考文献

[1] 彭致. 让纸质图书与数字出版联动. 中国新闻出版报，2008-02-20.

[2] 张志林，彭文波. 出版人应适应传媒转型变革浪潮. 北京印刷学院学报，2007 (5)：29-31.

[3] 郑旭英. 数字出版存在的问题及发展趋势. 赣南师范学院学报，2007 (6).

[4] 周清华. 中国出版集团的信息化建设与数字出版. [2008-07-17] CIO 时代网.

（原载《中国出版》2009 年第 2 期）

编辑主体研究断想

周国清

一、编辑主体研究是现实编辑活动的必然要求

编辑学是人类编辑实践活动的产物，是人类文明发展的必然结果。回望历史，人类社会的编辑活动源远流长，可以追溯到远古人类符号文化的创造时期，并紧随文字、文献、简册、书籍、报纸、期刊等人类文明最新成果载体的发展而发展。在某种程度上可以说，一代编辑创造一代文化，满足一代人的精神文化需求，引导一代文明，编辑主体的创造行为开创了人类文明的河流，构建了一部人类文明史。

在长期的编辑活动过程中，历代的编辑出版家不仅以无私的奉献精神为社会提供了大量的精神文化产品，而且在实践中总结经验，提升理论，形成了编辑思想、编辑方法，开创了编辑体例，积累了诸多规律性的理性认识。但长期以来由于编辑劳动自身的性质和社会经济、政治、文化等各种历史因素的影响，作为一种独立之文化实践的编辑活动没有得到应有的重视，“编辑无学”的状况持续了相当长时间。这既与编辑活动悠久的历史不相适应，也与中国作为世界文明古国的身份不相称。到近代，社会经济形势发生巨大变化，西方科学技术传入我国，报刊图书出版业空前发展，特别是以商务印书馆、中华书局为代表的编辑出版业显露出典型的行业特征，具有明确的文化生产目的，编辑主体也开始拥有独立的社会地位和文化功能。广

东国民大学新闻系李次民先生的《编辑学》作为中国第一本编辑学著作，1949 年 3 月由广州自由出版社出版，正式提出“编辑学”这一概念。此后，编辑学研究逐步取得了不少成果，但对其基础理论建设中的许多问题缺乏深入探讨，对一些关键范畴和核心概念有待形成共识。

21 世纪以来，出版新科技的发展和出版的产业化转型，使编辑活动出现了许多新变化和新现象。就新技术的影响而言，一方面给编辑活动带来了许多新机会，行业竞争能力增强，竞争优势凸显，经营水平提高，管理效能优化，市场空间拓展；另一方面也要迎接前所未有的挑战，行业进入门槛降低后编辑管理的难度加大，新的传播方式导致编辑角色变化，数字技术对纸质图书市场形成激烈竞争，不仅强调“内容为王”，而且要求提高对内容的集约整合能力，加快收集获取、加工整理的速度，提高信息处理速度和劳动效率。特别是互联网快速发展，数字化时代来临，网络出版、电子图书、按需印刷、网上书店等新的出版与营销形式，都为编辑活动带来了新的内容。新兴阅读媒介与阅读方式已成为一股新潮流，深刻地影响人的精神生活，改变了受众的接受方式、接受心理和阅读习惯。这些都必须由编辑理论予以回答。就经济的影响而言，中国出版的产业转型是对体制的空前改革，是对媒介产品生产和消费的极大改革。市场调节直接作用于出版物的生产与编辑各环节，编辑流程发生变化，编辑角色出现新特点，编辑活动对市场的适应性被强化，文化性与商业性的矛盾提出了新的要求，这是编辑学从未遇到的问题，必须面对现实，提出理论对策。所有这些情况表明，进入新的文化时代，面对新的文化思潮，经受新的技术考验，编辑学理论应立足于现实的编辑活动，在理论与实践的结合中迎接挑战，服务社会，不断创新。而编辑主体研究正是在这样的环境下应运而生，以此服务于现实的编辑活动和编辑理论建设，努力从实践中掌握规律，以编辑主体这一关键范畴为中心抽象出编辑活动的基本原理，推进现代编辑学的发展。

二、编辑主体是编辑活动的行为原点

一切编辑活动都是编辑主体的活动，是一种以编辑主体为行为原点的文化积累、传播与创造活动。编辑活动就是编辑主体对编辑客体进行加工、处理、改造的过程，在编辑主体与编辑客体的矛盾运动中展开，是通过编辑主体的创造性劳动来实现的。只有科学全面地把握编辑主体与编辑客体的辩证关系，展开对编辑主体活动系统各种因素及其运动程序中各个环节的研究，如编辑主体思维、编辑主体决策、编辑主体行为、编辑主体策划等，形成对这一范畴的科学认识，从理论层面揭示出编辑出版活动的规律，才能为编辑主体的自身行为提供有益的指导。

对编辑主体的重视和研究，能进一步确立编辑活动在整个社会文化发展中的地位，改变长期以来因对编辑活动的认识偏差特别是对编辑劳动价值权衡的不当而忽视编辑学研究的局面，从而确立编辑活动的职业位置和编辑主体的社会地位。在编辑主体与编辑客体的矛盾运动中，编辑主体处于矛盾的主要方面，决定编辑活动的整体走势和具体行为环节，也决定着出版的方向和出版物的质量。编辑主体作为社会文化发展的缔构者、传播者和累积者，代社会发言，代受众行使文化权力，无疑在社会文化发展中起着中坚作用。一个社会的精神文化消费走向，由经编辑主体选择提供的精神文化产品决定，而一个社会的阅读水平及其状况，是这个社会文明程度的标志和精神生产力的现实表征，决定其人口质量乃至一个民族的未来……可见，编辑主体对于社会文化发展具有内在的决定作用，对编辑主体的研究即可确立其社会地位与价值走向。编辑主体是一切编辑活动的行为原点和动力驱使者，处于出版传播活动的关键点，是编辑学的核心范畴。出版物质量的高低、社会文化事业的发展、精神文化产品的生产与消费状况，最为直接地取决于编辑主体的素质。编辑主体和编辑客体的矛盾运动构成编辑活动的总规律，是编辑主体研究的纲要性线索，从中凸显出编辑主体的本质特征与规律。编辑主体的活动过程是一个不断创造的过程，在具体的目标确立之后，往往面临着种种复杂的矛盾，编辑主体必须不断地自我调适，构建“读者第一，作者至上，编辑主体自身不断超越和创新”的新编辑观。特别应予重视的是，加强对编辑主体的研究，能激活其精神创造力和文化构建力，充分发挥其在社会精神文化创造活动中的主导与把关作用。在当今的文化消费时代，受众的需求更是处于变化发展之中，各种新的需求涌现，并且新的受众群体不断形成与转换，加之市场的调节因素对出版的影响越来越大，在商业与文化之间极难平衡，容易出现浅出版和出版的娱乐化倾向，这就要求编辑主体既要适应新的时代环境，又要坚守出版的文化阵地，不断提升和超越自己。同时在处理与作者的关系，运用现代化的出版手段和角色范围的扩大等方面，也应与时俱进。种种这些，都是以编辑主体为编辑活动的起点展开的。

三、编辑主体是编辑学范畴之网的关键纽结

在编辑学的范畴体系中，“编辑”无疑是其元范畴，而编辑活动、编辑主体、编辑客体则是由此衍生的关键范畴，以此铺展出编辑学的范畴之网，构建编辑学的理论大厦。编辑主体与

编辑客体的矛盾运动，推动人类编辑活动不断向前，优化和提升着人类精神文化产品的生产和消费。面对现实环境、社会条件、制度安排、媒介形式、文化消费方式、读者类型及其需求、阅读方式等种种因素的不断变化，编辑主体作为编辑活动过程的主导者、编辑行为的发出者，作为矛盾运动的主要方面、具有主观能动性的创造者和受众反馈信息的返咀者、回应者，对于人类精神文化产品的生产加工和效果调控等，始终处在主动者、把关者的地位，处于精神文化产品生产的中心，决定着媒介产品的生产方向、生产规模、生产质量、生产效益和消费状态。人们常说有怎样的主编，就有怎样的期刊，有怎样的编辑，就有怎样的图书，就是这样的道理。因此，从这个角度而言，对编辑主体的研究就显得特别重要，也十分繁难。正如前文所说的，我国编辑活动源远流长，但编辑无学旷日持久。编辑学研究直到20世纪80年代才成为一门独立的学科，但在关键范畴、学科构架、基本原理等方面，还有待进一步形成学科共识，建立共通的学科体系。而从研究编辑主体出发，可以延展解决编辑学中的许多问题，只有对编辑主体和编辑客体有深入的研究，才能进一步把握由此引申出的下一层的其他范畴，才能探寻和揭示出编辑活动的基本规律，才能构建编辑学的理论骨架，才能为编辑实践提供现实的指导，注入理论的活力。

从编辑活动过程中的矛盾运动来把握，编辑学由三大块组成，即主体论编辑学：研究编辑主体及其活动规律；客体论编辑学：研究编辑客体各要素及其与编辑主体的协同作用规律；过程论编辑学：研究编辑活动过程及其表现规律，以编辑行为中的组构、选择、优化、创造和媒介化等关键词为中心。主体论编辑学和过程论编辑学都是以编辑主体为中心点展开的。平常所说的编辑史学实际上是从人类编辑活动发展的流变中对两者的相互作用予以考察和提升，是对人类编辑活动过程中编辑主客体矛盾运动的历时性研究。对编辑学科的这种认识，无疑具有建设性的重要意义，也充分说明对编辑主体的研究是一个最为关键的问题。

而从作为编辑活动“元范畴”的“编辑”概念出发，可以以系列化、层序化的逻辑范畴来构建编辑学学科理论：编辑—编辑主体、编辑客体—编辑活动—编辑本质—编辑功用—编辑规律—编辑生态—编辑管理—编辑过程—编辑行为—编辑决策—编辑思维，等等。对这些范畴的理论提升都与对编辑主体的研究连在一起，从而探讨各类媒体的编辑活动特征与规律，以“总—分—总”的思维方式统括编辑理论体系。只有在理论和实践相结合的层面对编辑主体及其相关问题进行深入探讨，才能积极推进编辑学理论建设与发展，为作为社会文化行为的编辑活动提供现实指导与经验借鉴。

四、编辑主体是构建编辑学体系的核心点

架构编辑学理论体系，就要寻找其体系建设的核心点从而抽取出理论骨架，这是一个求得突破的关键问题，而编辑主体就是一个无法绕开的思维立点。

(1) 以编辑主体为中心，归纳研究编辑活动的产生、演变和发展的一般规律与特殊规律，寻找编辑学形成学科体系的背景和理论源头。编辑活动与人类文明共生，尽管有不同的表现特征与形态，但编辑主体的能动作用起了极为关键的作用。中国编辑活动丰富、久远，必须从历史经验的基础上提升到理论高度，注重将经验化入现实的编辑活动，在历史与现实的交汇中，构建编辑主体的系统理论。

(2) 从编辑哲学的层面确定编辑主体这一核心范畴和关键

概念，并以此为中心推进编辑学理论建设。任何学科体系的建立都有赖于形成公认的有建构力的、开放的范畴网络。在编辑学理论建设中，必须从编辑这个元范畴出发，依乎编辑主体和编辑客体推演出其具有内部联系与逻辑层次的关键概念、一般范畴，由范畴生成命题，由命题组建理论体系。范畴必须公认，约定俗成，具有学科增长力与生成性，既从丰富的编辑实践中抽象出来，又覆盖和包含着相应的内容。目前的编辑学研究没有做好这一工作，应该说对于编辑主体这一范畴的提取是一个理论突破。

（3）立足现实，研究现实编辑主体活动中的各种问题，既能给予理论的回答，又能综合概括出新的理论观点；既着眼于具体的编辑活动，指导实际的编辑活动，又以新的视野丰富编辑学理论。比如对编辑策划的研究，实际上是让颇有哲学蕴涵的编辑主体概念回到现实编辑活动之中，使理论研究具有现场感。而结合不同媒介的编辑活动予以研究则更是富于启发意义，既能为编辑主体研究提供现实支撑，又能将一些实践的经验上升到理论的高度。

（4）既着眼于研究各类媒体编辑活动的特点，又探索贯穿于新旧不同媒体中各种编辑活动的普遍规律，从中概括出多种媒体之编辑主体共同的思维特征与行为规律，将编辑活动置于人类文化活动的大系统中，为编辑学学科建设提供本原性理论支持，能有效避免“泛化”和“窄化”倾向。

因此，在对编辑学理论研究中必须抓住编辑主体这一核心范畴，对其进行实践操作层面的分析和理论高度的探索，深入剖析编辑主体和编辑客体的矛盾运动，把握编辑活动的基本规律，特别要集中探讨编辑主体思维、编辑主体决策、编辑主体行为和编辑主体策划等问题，并且紧密结合期刊、报纸、图书、网络等不同媒介的具体案例予以探讨。就这样，在对编辑主体各相关因素的研究中形成对这一范畴的系统认识。

同时，要充分认识到编辑主体这一概念的哲学高度，注重引入认识论的理念与决策论的方法，在理论和实践的结合中解决编辑主体研究的具体问题；将各类媒体的编辑活动视为一个整体，集合为编辑主体这一概念，从社会主体的层面予以把握；注重分析具体的典型案例、把握第一手材料的基础，将实践经验和感知上升为具有普遍意义的理论，从编辑学学科发展迫切需要理论建设和学理支撑的实际出发，将编辑主体做哲学的抽象，将编辑出版活动的感性经验和实际操作上升到编辑哲学的高度，达致编辑哲学的层面，真正构建出了较为系统的编辑主体理论体系。编辑主体和编辑客体的矛盾运动是一种系统的辩证运动，编辑主体自身是一个多因素的系统化整体，对编辑主体的研究也应渗入系统论的原理和方法，力争全面地探索编辑主体的运动系统，对编辑主体这一范畴做系统的解析，为编辑学理论建设提供一个新的视野。

五、编辑主体研究需要理论的开拓

在编辑学的研究中，早有人提出编辑主体这一概念，也解决了不少的理论问题，但对于究竟在什么背景下出现了独立的编辑主体及编辑主体与编辑客体的矛盾运动规律等，并没有形成系统的理论。早在 1986 年和 1987 年，胡光清就撰文探讨编辑主体问题，并对编辑主体与编辑客体的关系做了分析，颇有见地地提出编辑主体是编辑学的一个重要范畴，应以此为切入点深化对编辑学的研究[1]。1988 年，刘光裕撰文指出："从主体和客体方面去讨论编辑活动，为编辑学从整体上去把握研究对象，为在总结具体经验和描述工艺过程之外另辟研究天地，很有好处。”[2] 1990年，张聚元撰文试图从哲学高度来探讨编辑学主客体关系及原理，并引进相关认识论的一些基本观点，给人的启发是深刻的[3]。1991年，河南大学的张如法发表文章，主张回到哲学范畴来探讨编辑主体问题，从而真正以这一概念为核心来加强编辑学研究[4]。随着认识的深化，对编辑主体问题的研究可以说已引起人们的注意，有关问题较为充分地提出来了。之后，不少研究者陆续发表了一些文章来探讨这一问题，但均是从某一侧面或环节予以分析。由于编辑学科自身处于初创阶段，加上不少研究者是从编辑出版实践出发，是对感性经验的提升，是结合实际工作进行的一些理论上的探索，其研究成果多带感性化经验性色彩。2003年东北师范大学出版社出版了靳青万的《编辑学基本原理》，该书第四章“编辑学的基本问题”中提出了“编辑主体问题”“编辑源体问题”“编辑客体问题”“编辑用体问题”这四个范畴，并认为“主源客用”及其最佳交合是编辑学学科的基本问题，应以此来探讨编辑学的基本矛盾，分析编辑学的基本规律、基本原则，表现了作者一种理论建设的勇气。但能否将上述四个范畴并提值得进一步思考。只可惜作者对于编辑主体问题只做了很简单的阐述，并未集中力量研究。

当下正值我国出版产业化转型的关键期，编辑活动的功能发生了一些位移，出现了许多前所未有的新情况、新问题，编辑主体的社会角色与社会责任也发生了不少变化。笔者认为，正因与编辑客体相对而存在的编辑主体是编辑学研究的核心范畴，编辑主体是出版传播的始动者和关键点，直接决定其效果，决定媒介产品的质量和效益，编辑主体的素质直接影响社会精神文化生产水平，影响受众对精神文化产品的消费状态，因此在编辑学研究不断走向成熟的理论语境与现实视域下，亟须加强编辑主体研究，亟须理论开拓与建设的勇气。编辑学是极富中国特色的一门学科，其研究起步较晚，应充分重视学理研究的必要性，从关键范畴的层面推进理论建树与学科建设，强化攻坚意识，探索和深化对编辑主体这一核心范畴的研究。如编辑主体如何在实践中正确认识和掌握与之有关的客观世界的内部规律，如何在实践中检验自己的编辑理念与思想，如何在客观条件许可的范围内充分发挥主观能动性，努力从编辑活动的必然王国走向自由境界；在新的历史条件下编辑主体应具有怎样的知识结构、能力结构、思想素质、心理结构和法律素养，从而充分适应编辑活动的发展和产业化规模的要求；在出版产业化的发展中，编辑主体应树立怎样的作者意识、读者意识，怎样适应市场的要求，真正以与时俱进的观念，建立"读者第一，作者至上，编辑主体自身不断超越和创新"的新编辑观。再如，编辑主体的创造性思维能力、审美追求、定势扬弃，编辑主体的价值决策目标、价值决策矛盾与自我调适、价值决策标准，编辑主体的个性与风格、职业信仰与精神境界等，都是在充分把握和科学分析编辑主体和编辑客体矛盾运动之后予以研究的内容。编辑主体与编辑客体的矛盾运动是编辑活动的总规律，是编辑学理论得以展开的龙脉，不同于"基本规律""一般规律""主要规律"，在"总规律"下统摄着许多具体规律，如编辑主体自身的矛盾规律，编辑主体与读者、作者的矛盾规律，编辑主体与编辑环境的矛盾规律，编辑主体行为中的矛盾规律，编辑主体与编辑手段、方式、媒介的矛盾规律，编辑主体价值决策的矛盾规律等。在对这些矛盾规律的分析中，应通过一种立体透视的系统思维方式来把握编辑主体的本质与活动规律，推动编辑主体的研究和编辑学理论建设。

参考文献

［1］胡光清．论编辑主体．出版与发行，1986（1）；胡光清．论编辑主体和编辑客体．编辑学刊，1987（3）．

［2］刘光裕．当前的编辑学研究．编辑学刊，1988（2）．

［3］张聚元．编辑学主客体原理探析．编辑学刊，1990（1）．

［4］张如法．拓展编辑学研究和编辑主体论．编辑学刊，1991（1）．

（原载《吉首大学学报（社会科学版）》2009 年第 4 期）

编辑活动论

靳青万

编辑活动，即人类对自己所创造的文明成果进行编辑“制作”传播的实践行动。毫无疑问，它是编辑学研究的重要对象。然而多年来，学界对“编辑活动”的概念、内涵、与人类文明之关系、在社会进步与人的发展方面的作用等问题上，却缺乏较为透彻的研究。本文谨以一孔之见予以简括探讨之，并以之就教于师友同仁。

一、编辑活动的概念与内涵

在编辑学界近三十年来的编辑学研究中，学者们频繁使用“编辑活动”一词，其出现的频率之高，使我们毫不怀疑它已经合格地成为编辑学中的一个专业术语。然而，“编辑活动”一词准确的解释是什么？作为一个专业术语，在概念上应该给它做出怎样的一个界定呢？词典中肯定没有，似乎从来也未听见有人讲过。虽然，笔者自己也是较早使用这个术语的学者之一，可是，却也一直未能顾上给它做出一个解释。这种情况导致了人们对这一术语的不甚理解，甚至还奇怪地见到有人写文章，怀疑在“历史上是否有过一个编辑活动”。由此看来，无论如何，这件事情是不能够再继续拖延下去了，的确是到了该给“编辑活动”做出一个概念上的界定的时候了。

关于给概念下定义，我曾在拙著《编辑学基本原理》一书中，辟专节论述定义的基本要求、一般性原则与方法[1]。如果按照那样的要求来给“编辑活动”下定义，那么整个推导过程就会显得过于冗长而复杂。为了节约宝贵的时间，这里我们选择走捷径来做简单化处理，从而更便捷地解决这一问题。

虽然没有“编辑活动”这一概念的现成定义，但是“活动”一词的定义却是有的。《现代汉语词典》中对“活动”的定义之一是：为达到某种目的而采取的行动：野外活动、文娱活动、体育活动、政治活动[2]。

套用这一定义，很显然，“编辑活动”完全可以定义为：为达到编辑目的而采取的行动。

换句话说，即“凡是为达到编辑目的而采取的行动，都属于编辑活动的范畴”。这样的定义看似简单，但对于“编辑活动”来说，在内涵上却是十分丰富复杂。

（1）这句话形式上无行为主体，但其实却有多个主体。即“谁”“为达到……而采取的行动”，都有哪些人“为达到……而采取”了“行动”。很显然，为达编辑目的而行动的首先就是编辑者本身，我们称之为“编辑主体”的人；其次则是将自己的作品源源不断地提供给编者的作者，我们称之为“编辑源体”的人；再次则是使用编辑产品，并将使用需求和使用意愿及使用评价等反馈给编者的读者、观众、听众等，他们的这些“行动”，也是围绕“编辑”而进行的；最后，当然还有帮助编辑者制作和传播编辑产品的人，不用说，他们的种种“行动”也都是“为达编辑目的”而进行的。这四种人或称四种群体，都是与编辑活动关系密切的，毫无疑问都应当是上述“编辑活动”定义句的主语，都是编辑活动的主要构成部分。

（2）句中“编辑”的“目的”是什么？显而易见，这里的“编辑目的”是“行动”的目标。“编辑目的”有很多，如为读者、为市场、为价值、为效益、为传播、为庋藏、为质量等等。但这在“编辑行动”的序列上充其量只能是第三位甚至是终端的目标，排在它们前面的、更为直接的、编辑者最先采取的行动的目标是什么呢？毫无疑问当然首先是被编辑物，也就是稿件、作品等，我们称之为“编辑客体”。它与进行“编辑活动”的每个主体都有着不可割裂的关系——作者因为它而成为编辑源体，编者因为它而成为编辑主体，读者因为它而成为编辑用体，制作、传播者因为它而成为编辑辅体。由此可见，它既是“编辑目的”的最直接的第一标的物，又是为之“而采取的行动”的行动目标。离开了它，编辑就不会也不可能有任何“行动”了。所以，它理所当然地也是编辑活动的主要构成部分之一。

(3) 上述“编辑活动”也就是“行动”的主体有多种，不同的行动主体由于自己的角色、分工不同而“采取的行动”也不同，尽管这些“行动”是多种多样甚至是包罗万象的，但只要是围绕或针对“编辑目的”而进行的，就都应属于编辑活动的范畴，都应包括在编辑活动之内。

二、编辑活动与人类文明之关系

在阐述整个人类文明的时候，学者们用其发明的两个词汇，将人类文明划分为“物质文明”和“精神文明”两大类，并用其区分人类所创造的不同文明的不同属性。那么，编辑活动也是参与创造文明的，它所创造的文明属于什么性质？它与人类文明之间又是什么关系呢？物质文明创造活动内部运动的奥秘，尚有待该方面的研究者去做专门的深入探讨。而精神文明内部运动的奥秘，我们却大体上已经知晓。这个奥秘就是：在精神文明运动内部的核心中枢部位，有一个庞大的动作体系在那里起作用，它就像永动机一样自我产生巨大的动力能量，使人类精神文明方面的创造活动轧轧运转，永不停息。这个神秘的运作体系不是别者，正是我们所说的由编辑五体组成的编辑活动。

编辑活动是由编辑五体即编辑主体、编辑源体、编辑客体、编辑用体和编辑辅体共同运作、共同构成的，而这编辑五体又正是以创造、加工、制作、建构、传播和使用精神文明成果为整体特征的，它们几乎包括了人类精神文明的所有方面。笔者认为：人类整个精神文明体系除了它们之外还能有什么？没有，正是这五体，构成了人类精神文明体系的总和[3]。

即便是物质文明体系本身，与编辑五体也有着难以分割的密切关系。因为，物质文明和精神文明并不可以截然分开、泾渭分明，而是常常互相支撑、互以为用、互相渗透、互为借重的关系。精神文明常常需要物质文明载体、技术、物质等方面的支撑，如造纸术、印刷术、机械、电子等；而物质文明也总是离不开精神文明所给予的精神、文化、知识、教育、智力等方面的借重。更不必说，许多物质文明的创造者也给编辑者供应稿件作品，成为事实上的编辑源体；而他们同时还常常使用书籍、报刊、电脑网页等编辑产品，因而成为编辑用体，成为编辑五体的组成部分。如此说来，物质文明与编辑活动之间的密切关系，岂不也是互为统一的关系吗？

物质文明与精神文明的总和，便是整个人类文明；编辑五体相加的总和，便是整个编辑活动。编辑五体与物质文明和精神文明之密切关系，也就是编辑活动与人类文明之关系。编辑活动在整个人类文明发展中的核心中枢地位与作用，是其他任何活动都不可取代的！它对人类文明产生与发展的独特贡献，也同样是其他任何活动所难以比拟的！我们之所以要揭开这个秘密，其一方面是得因于编辑学研究的必然结果；另一方面，则可以使我们正确地认识人类的编辑活动，从而更好地发挥编辑活动在人类文明建设中的重要作用。

编辑五体中除编辑客体以外的四体都是人类文明的创造者和建设者，这是一个客观的事实。

三、编辑活动与社会进步之关系

社会，有两种含义：一种专指由一定的经济基础和上层建筑构成的整体，也叫“社会形态”，原始社会、奴隶社会、封建社会、资本主义社会、共产主义社会是人类社会的五种基本形态；另一种则泛指由于共同的物质文化条件而互相联系起来的人群。

人类社会在开始时由血缘、亲缘、族缘联系成小社会，继而由不同氏族部落融合而成大社会，进而形成统一国家。在这个过程中，统一的文字、文化因素起到了至关重要的作用。已经有学者指出文字的统一在中国统一中所起的巨大作用。而人们不应忽视的这种文字、文化的统一之功，正是编辑活动的重大成果之一，是编辑活动对于社会发展的重大贡献。

我们说生产力是人类社会发展的根本动力，这是正确的。中国30年改革开放的巨大成功，其实正是解放生产力、提升生产力、全面协调可持续地发展生产力的结果。然而社会生产力中最为重要、最为活跃、起决定性作用的要素，说到底还是人的问题，其次才是生产资料问题。因为，包括生产工具和劳动对象（包括当代科学技术）在内的生产资料，都必须要由人来掌握，它们也只有掌握在人的手中，才会发挥作用。在科学技术高度发达的当代世界，大部分的生产资料尤其是工具，都是由人创造出来的，已远非原始意义上的自然性生产资料了。所以，在当代以至以后，人在社会生产力要素中的权重已经更重，并且越来越重了。在人类社会形成和发展的各个阶段，起决定性作用的都是人。人是天地间第一要素，这是绝不会有错的。所以有伟人曾说过：世间一切事物中，人是第一可宝贵的。只要有了人，什么人间奇迹都可以创造出来。社会与生产力的进步，说到底主要是人的进步。

人之所以为人，人之所以区别于一般动物，就是因为人是高智能的，是有精神的，是有文化、有创造能力的。而高创造力得自于高智能，高智能得自于高文化，高文化则得自于高的精神意志。所以，精神文化是人类特有之内涵，也是社会进步和发展水平的特有内涵。尤其在现当代以至今后，生产力要素中的人，已经远非原始意义上的简单劳动的人，而是掌握了现代科学文化知识、具有现代科学技能、拥有高等级精神品位的当代智人了。我们这里需要特别说明的就是：这样的当代智人，他不是先天生来就有的，而是后天培养造就的。

那么，编辑活动与社会进步（我们姑且将“发展”改为“进步”，因为“发展”容易被理解为大步的，而“进步”更容易被理解为积小步而成大步的）有没有关系呢？答案是太有关系啦！因为，编辑活动不仅首先是以促进人的进步问题为中心的，而且还是始终坚定不移地以促进人的文明化为目标的，它所做的一切，首先就是为了提高人的素质、开启人的智力、培育人的文化、增强人的创造能力和优化人的精神品质。

编辑活动，从它主导创造符号进而创造文字而诞生之日起直至今天，它就一直地、不停息地主导和推动着人类文明的发展与前进。是它，使人类初期创造的各种各样、杂乱无章的记音表意的符号得以渐趋规范可用；是它，使人类用以记言记事的统一的文字得以产生；是它，创造并推广了文章、文献和书籍等各种文化科技载体；是它，主导、创造、传播、记载、积累和构建了整个人类文明。它使人类包括智能、知识、文化、科技、精神、创造力等在内的综合素质不断地提高，使人类社会生产力不断上升；它帮助人类不断地从古代智人到当代智人的进化，它推动人类社会不断进步和从低级社会到高级社会的一次次转型。可以毫不夸张地说，在人类文明和社会进步的每一个阶段，都可以寻找到深藏其后、活跃其中的编辑活动的身影。

通过提高人的素质来不断增进生产力，进而不断推动人类社会的进步和发展，提升整个人类文明水平，这就是我们对编辑活动与社会进步之关系的简明表述。在人类文明发展的史册上，理应记载编辑活动的至伟之功！

四、编辑活动与人的发展之关系

在上面的论述中，我们已经知道了人在生产力要素中的重要地位及其在社会发展中的巨大作用。人的地位和作用是如此地重要，有人甚至称其为天地间第一可宝贵之物，那么在我们的研究中，编辑活动与人的发展之间的关系当然也是最值得关注的重大课题。

人类的天性是爱人的，这最初表现在血缘关系中的呵护、亲缘关系中的帮助、族缘关系中的支持。自奴隶社会开始人们便已有了朴素的将人视为生产力的观念。视奴隶为财富，便是这种观念的一种体现，因为奴隶主要是用以从事生产活动的。封建社会的统治者大都懂得“民为邦本”的道理，其最有代表性的思想家孔子很早就提出了儒家的仁学之说，将其解释为“仁者，爱人也”。孟子建议君王在处理治属中的关系时，要遵循“民为贵，社稷次之，君为轻”的治国原则。在后来的资本主义社会里，以人为本也一直是资产阶级自我标榜的社会理念。

到了社会主义和共产主义社会，那就更是一切要以人为出发点和归宿。无产阶级的革命导师、科学社会主义思想体系的创始人马克思，就曾明确地提出过在共产主义社会要特别重视“人的发展”的问题。毛泽东思想和由邓小平理论、“三个代表”重要思想、科学发展观构成的中国特色社会主义理论体系，都是以人民的幸福和发展为主旨的。所以可以说，人的问题，在任何社会中都是必须全力予以解决的头等大事。

但是，人的问题有很多，是有类别、有层次的。其排在第一位，也是历代统治者都必须优先考虑的，则是吃饭穿衣也就是衣食住行问题。这是属于基本的低阶层次，亦即第一层次的问题。而属于高阶层次或第二层次的，则正如马克思所指出的是人的发展问题。这一问题就上升到了人的素质，包括人的智力水平、知识水平、道德水平、科学文化水平、创造能力水平，等等。人的这些素质和水平如何，直接关系着国家和社会的发展层次和水平，关系到综合国力的强弱与否。应当承认，这些问题，在以往很多时期、很多地方、有很多人也注意到了，并且也都采取了许多解决问题的措施。但遗憾的是，他们几乎全都将注意力和解决问题的焦点放在了教育上。虽然这样做并没有错，是正确的也是有效的，但几乎所有人都忽视了另一个极其重要之存在——编辑活动及其作用。

其实，编辑活动从其一开始，就是为了人的发展而产生、而存在、而发展的，这完全是一个“专门利人”的社会行业。对于人的问题来说，编辑活动虽然往往也间接地涉及第一层阶的衣食住行问题，然而它所主要针对的却是其第二层阶的人的精神道德、科学文化、知识能力等精神文明方面的问题，主要是人的素质水平问题，也就是真正意义上的人的发展问题。

历史地来看，编辑活动是从创造符号、创造文字开始和发展的。众所周知，文字的发明及其使用对于人类来说是多么重要，它简直就是整个人类文明的第一要素，整个人类文明大厦中所有的一砖一瓦一石全都是文字记录的，全都离不开文字！当今的人一来到这个世界上，第一项任务是学说话，第二项任务就是学识字。不识字，那就是文盲的第一标志。文字对于人的发展来说，所起的作用可真是太大了！认识字，就可以读懂别人的书信，可以看清经济往来账目，可以尽读天下之书，可以学到无尽的知识，可以使人变得博学、多识、聪明、睿智；而会写字，则可以抒发、表述和记录自己的奇思妙想，可以创作诗词歌赋，可以撰写鸿篇巨著，既可以寄托自己的夺关壮志，也可以表露个人的情思……一个熟练掌握了文字的人与一个不识字的文盲，其在文化素质上的差别不知有多少！编辑活动不仅创造了文字，而且在漫长的人类社会历史上还一直不断地在规范、统一、主导着文字的发展与使用，保证文字始终能够健康地为人和整个人类社会服务。其对于人的发展的巨大贡献，仅此便已可见一斑。

编辑活动编创了各种体裁的文体样式，普遍应用于文学、哲学、伦理、道德、政治、经济、军事、法律、教育、历史、科技、文化、艺术、教育等各个领域，使整个人类世界变得多姿多彩、无所不有，使人的精神生活、物质生活和文化生活变得五彩缤纷，充满了享之无尽的意趣，使人类从原始动物学意义上的低层阶的人，一下子变成了全新意义上的社会的高层阶的人，实现了人的发展的一次次大跨越。遗憾的是，编辑这样的贡献，在人类发展史册中却漏记了！

编辑活动编创了各种各样的图书文献，使天下之事莫不兼载，天下之物无不尽列，天下之情无不尽致，天下之理无不尽述，天下之技无不尽显，天下之能无不尽呈。人读其书尽可知其物、晓其事、动其情、明其理、获其技、得其能。“吾尝终日而思矣，不如须臾之所学也”，学也，尽在其中矣！书籍，对于人的发展来说，其帮助作用不知有多大！这样的贡献，凡是受到过这种帮助的人均可不言自明。

教育事业对人的发展是起了很大作用的，它在教育人、培养人、改变人、提高人的素质水平等方面的巨大贡献，我们并不否认。但有一个不争的客观事实却是，教育活动中最主要的要素是老师和学生，而老师所读、所用的书籍和学生所用的教材及一切读物，却无不是由编辑活动所提供、从编辑活动中所来的。即使是教授、讲师，他们的学问也是从编辑的书中读来的，正是因为读多了编辑的书才成为教授的。而更加有趣的是，正是由于他们使用了编辑产品，于是他们也都变成了编辑五体之中的“编辑用体”，成为我们这个大编辑学说中编辑活动的一个组成部分。因此，教育活动与编辑活动在此意义上已是难分彼此了。

编辑活动从它在创造符号中产生至今，人类时代已到了公元 21 世纪，人类文明已发展到了高科技、高层阶时期，人的发展也已从原始人到古代智人而今已发展到了当代智人的高级阶段。然而，编辑活动的作用以及人们对编辑活动的需求非但没有减弱，反而更趋强化，甚至到了几乎人人、天天、时时都离不开编辑的程度。一个人早晨起床打开收音机，无线电广播里有编辑，因为那节目是编辑编成的；吃完早点去上班，途中听到路旁喇叭中正播放着动听乐曲，那喇叭里面有编辑，因为那音乐是编辑编就的；到了单位进办公室翻开报纸，那报纸里面有编辑，因为报纸是编辑编成的；你不是上班而是上课，课堂上翻开课本打开教材，那里面也有编辑，因为那书是经编辑出版的；你说我不看报也不看书我打开电脑，电脑里面有编辑，因为那里面的网页也是编辑编好的；晚上你回到家里，吃完晚饭打开电视，电视里面有编辑，那电视节目同样也是编辑编成的；你有些生气索性不看电视了，出门上影院去看场电影吧，电影里面有编辑，那剧本和场景镜头等，也都是由电影编辑编成的；你干脆去看戏，这戏曲里面该没有编辑了吧？不，戏曲里面有编辑，戏曲剧本也是编辑编出来的。你说我是瞎子，什么都看不着，总可以离开编辑了吧？不，你需要听音乐，音乐里面有编辑；你又瞎又聋，并且还是文盲，总可以离开编辑了吧？不，你们家总会有小孩，有小孩就得上学念书，小孩念的书里面有编辑……编辑，简直就成了你的跟班，如影随形地跟随着你，简直就成了像柴米油盐一样的、人所须臾不可离开的好东西！而人类也正是因为有了这个好东西，大家才会人人从中受益，从而实现自己的发展成为当今社会中合格的一分子，甚至成为出色的、出众的、有种种成就和贡献的优秀分子！

在帮助和促进人的发展方面，编辑活动与教育活动有所不同的是，教育活动对人的教育只能是在人有条件接受教育、一定要亲自置身于教育环境和过程之中方可实现和完成；而编辑活动则不然，它完全是通过运用自己的编辑产品，随时随地、无所不在、更加方便地去帮助人们实现自我教育和自我完善，从而帮助人实现自我发展目标，使人人自我发展的愿望都可得以实现。编辑活动的这种无处不在的影响人的能力和效果，是其他任何活动所没有的。

编辑活动虽然不直接从事物质生产和经济活动，却通过促进人的发展来间接地推动物质生产和经济活动，来推动社会生产力的发展。如通过提高科技力（科学技术是第一生产力）来提高生产力就是一个明证，而科技文化水平正是人的发展的一个重要标志，毫无疑问科技文化水平的提高是编辑活动高涨而导致的结果。

诸如上述，便是编辑活动与人的发展之间的紧密关系。需要指出的是，对于这样一种深度影响人和社会发展的重要事物，以往却并未引起社会足够的重视，因而未曾采取足够的措施，使编辑活动对于人和社会的这种有益作用更好地发挥。但愿我们的研究成果，能对改善以往不大重视编辑活动的状况有所裨益。

参考文献

[1] 靳青万. 编辑学基本原理. 长春：东北师范大学出版社，2003.
[2] 现代汉语词典. 北京：商务印书馆，2002：571.
[3] 靳青万. 编辑五体论. 漳州师范学院学报，2008（4）.

（原载《编辑之友》2009 年第 11 期）

新型编辑的角色定位与多元发展

刘晓晶 曹 阳

传统上一般把编辑称为“杂家”，这主要是指编辑要具有扎实的基本功和比较全面的知识结构。在信息化的时代，这种“杂家”的概念内涵不断延展：编辑不仅要具有编辑知识，而且还要有良好的外语水平、熟练的计算机操作技术、一定的美学鉴赏以及多媒体信息处理等能力！可以说，编辑工作是全方位的，既要具有扎实的编辑理论修养、过硬的语言文字修养、一定的科学人文素养，又要具有和谐的人际关系、敏锐的洞察力以及敢于创新的时代精神。不仅如此，在新形势下，时代的发展又推动着新型编辑朝着多角色、多元化、一专多能的方向迈进！

角色定位一：探索发现中求转变者

新型编辑要用敏锐的洞察力去不断地探索与发现，要做生活中的有心人，要不断向“专家型”编辑的方向发展。这既是编辑职业的特点所决定的，也是时代对编辑提出的新要求。

1. 转变观念，做生活中的有心人——探索发现美

传统的文案编辑往往更多地关注书稿本身，对书稿的内容、形式进行反复的斟酌、完善，通过查询确定书稿内容的正确与否。然而在新形势下，这种只关注书稿本身的观念是跟不上日新月异的时代的，是难以适应时代发展的。

新型编辑不仅仅关注书稿本身，还要更多地关注与书稿内容息息相关的生活本身。因为一切都源于生活，源于生活中的美。编辑是文化传承的责任者和承担者，探索发现美是其中一个重要的工作。编辑通过不断与作者、读者、社会他人的接触，搜集人们的美好情感和美的感受，发现美的现象和美好事物，探究美的思想和精神，并将这些美的发现以一定的形式呈现出来，即策划出读者需要的图书选题：既可以是通俗易懂的文学读物，也可以是严谨科学的教材读本；既可以是图文并茂的科普读物，也可以是生动形象的网络视频。通过这些形式，不断向人们传播美的发现，让人们从这些美中感受、思考与提升，从而达到文化传承的目的。

2. 一专多能，做专家型编辑——探索发现新知

知识的不断创新推动了人类的发展。因此，不断探索发现新知是每个人的责任和义务。正如但丁所说："人不能像走兽那样活着，应该追求知识和美德。"而罗曼·罗兰说得更加决绝："必须有所知，否则不如死！"编辑是知识传播过程中一个重要的参与者，将知识传播给全世界，是编辑工作的重要目标。

文案编辑往往关注知识本身，关注如何将作者投来的书稿进行加工、完善，其实质就是更多地担当"工匠"的角色，很少能引导作者。

然而，新型编辑却不能只停留在"工匠"的层面，要向"专家型"编辑发展。社会日新月异，每时每刻都将产生大量的新知和信息，只有不断探索发现新知，具有相当广博的专业知识的新型编辑，才能时刻站在专业的发展前沿，捕捉焦点、聚焦新知，才能够对相关方面的知识提出自己的观点，能够引导作者的写作，从而在工作中脱颖而出。同时，新型编辑还要一专多能，不仅在一个专业有广博的知识，而且还要有极强的学

习能力和拓展迁移能力，能轻松地处理相关领域的书稿，既专业又多面，这才是新型编辑的最大特点。

探索发现新知需要编辑的脑、眼、口、耳、手、腿都要动起来。要将各个领域的新知识、新技术搜集起来。信息采集是新型编辑工作每个环节顺利进行的重要保证，更重要的是还要有目的地、系统地学习专业知识，积累学识水平，时刻关注本专业的发展，甚至能够有所创作和创新，成为掌握本专业发展态势的专业人士。如“中国知网”创始人王明亮，他提出电子出版自主创新技术与产业化机制，首创我国第一个以光盘为载体大规模集成整合学术期刊的全文数据库——《中国学术期刊（光盘版）》。他组织创建的支持数字化学习、研究与知识管理的数字出版平台和各类个性化知识服务数字图书馆正是他不断探索发现新知，逐步发展成为专家型编辑的最好体现。

角色定位二：弘扬主旋律的引导者

编辑、作者和读者是书刊编辑加工过程中的三个主体。书稿是作者撰写，由编辑组织加工，以满足读者需要。因此，正确处理、组织协调与作者、与读者的关系，是编辑必不可少的能力。然而新型编辑在此基础上还要能承担与电影导演作用相似的职能，即引导作者写出更受读者欢迎的图书，同时还要大力宣传和引导读者“好读书”“读好书”，这也是编辑责任心和使命感的体现。

1. 组织协调与作者的关系

编辑和作者的关系像鱼和水的关系，互相依存，共同生存。而这种关系是需要编辑精心维护的。要与作者和谐相处，就要与作者交朋友，力争成为作者的知心人，这样的编辑与作者的关系才是可持续发展的关系。尊重作者、保护作者，力争成为他们中的一员，既是编辑的责任和义务，也是编辑扩大作者队伍的必备要素。

在保持传统的编辑与作者关系的基础上，时代又赋予了新型编辑与作者的新型关系。

（1）引导作者写作，与作者共同成长。新型编辑既要平等地与作者对话，又要做一个好的向导，引导作者按照科学的、合理的呈现方式将文化传承。好的作者也不是天生的，而是在多次写作失败，与编辑的沟通、交流中一步步成长起来的。刚开始时，作者往往不了解应该将哪些内容或哪些方面作为书稿的内容呈现给读者，不知道读者真正需要什么，因此，写出来的东西往往流于形式，往往没有新意。这时，编辑要通过与其不断探讨，帮助作者挖掘新内容、新观点，找到闪光点，找出新意，这样才能有利于编辑与作者的共同成长。正如原人民文学出版社编辑室主任王仰晨，他就被巴金称为“默默地在给我引路”的人。

（2）以稿会友，搭建与作者沟通的平台。以书稿为媒介，编辑与作者为着同一个目标——给读者奉献出最好的作品而努力。在此过程中，编辑与作者通过探讨，以稿会友：编辑通过极强的学习和拓展能力，向作者学习专而深的专业知识，同时通过自己广而博的优势给作者以拾遗补缺的帮助，进而搭建了与作者沟通的平台。

随着书稿数量的增加及作者队伍的不断扩大，编辑与作者的沟通也更加广泛。新型编辑注重不间断地参与作者的专业研讨活动，包括参加他们的学术活动和学术讨论，以出版人的优势做学术研究的参与者，成为作者中的一员。从而提升自身对学术文化的宏观认识，同时也锻炼自身感知科学发展态势的能力。

2. 组织协调与读者的关系

陈景春在《文艺编辑学》中提出这样的表述："从读者出发，为满足读者需要而生产精神产品，通过精神产品培养读者、创造读者，并从读者中汲取有益信息，提高和扩大精神产品的生产，不断满足读者日益增长的需要。"组织协调与读者的关系正是基于这样的认识。

编辑在组织协调与读者的关系时，其中重要的一环是为读者做好服务工作。为读者服务，真正想读者所想、急读者所急，对出版物的质量进行严格把关，这也是为读者服务、对读者负责最重要一环。同时，尊重读者的个性需要，在读者和作品之间找到契合点。如《读者》杂志以年轻读者为服务对象，从年轻读者的心理需要出发，编选出适合年轻读者的文章。

新型编辑在此基础上要更上一层楼，不仅为读者服务，而且还引导读者阅读，担当起弘扬主旋律的责任。

（1）引导读者阅读。现在的读者阅读往往是浅阅读，读者在阅读时的心理往往具有以下两个方面的特点：

一方面是猎奇性。这体现在读者往往喜欢新奇、新颖的内容。罗素在谈到他开始学习欧几里得几何时说得更为形象，入木三分："它使我像初恋一样入迷，我当时没有想到世界上还会有这样有趣的东西。"

另一方面是易懂性。这体现在读者对所看所听的内容可以理解明白。也就是说出版物的内容能够让读者理解。正如中国古代文人作文赋词十分讲究文字的简洁美，"事以简为上，言以简为当"。

然而只停留在满足读者的猎奇性和易懂性的浅阅读层面是不够的。

新型编辑要不断提高自身的能力，包括审美能力、鉴赏能力、拓展能力等，引导读者向着深层次阅读的层面推进，提高读者的阅读水平。

（2）弘扬主旋律。新型编辑与传统编辑相比，觉悟更高，责任感更强。时刻以弘扬主旋律为己任，通过引导读者的阅读，将社会的和谐发展融入每一部作品中，让读者在不知不觉中感受到社会的和谐，从而发挥出版物的社会影响力，使读者感同身受。编辑花力气与销售人员从事编后工作，策划读书会、讲演比赛，撰写书评，利用读者喜欢的媒体进行广泛的宣传，为主旋律造势，传承文化，传播知识。在收到不同凡响的社会效益的同时，出版社也收到了可观的经济效益。

角色定位三：数字出版和编校手段先行者

传统上编辑总是被人称为优秀作品的“助产士”，这种称誉实际上从一个侧面反映出传统编辑只强调“工匠”性，而缺乏自主创新的特点。而新型编辑不仅是“工匠”，更是一个具有自我观点、自我创新、独到眼光和创造力的个体。尽管从选题策划到编辑加工，从版式设计到装帧安排，从出版印刷到发行营销是一个系统工程，但是每个环节所体现的创新之处，都在一定程度上体现编辑自身的精神追求、学识和见识。而学识越宽广、知识越丰富，越容易激发出想象力和创造力。

内容形式的创新并不是追逐市场热点，跟风模仿，而是真正意义的创新，填补空白。只有积极融入社会，进行调研，听取读者反馈意见，才能发现空白，从而力图填补空白。比如原岳麓书社总编辑钟叔河提出让读者“以最少的钱，买最好的书”的奋斗目标，刻意追求出书个性，力图“出自己的点子，走自己的路子，创自己的牌子”，策划出版了《曾国藩全集》《古典名著普及文库》等一批为文化界推崇的书。

然而，只注重内容和形式的创新是不够的。随着信息技术的不断发展，新型编辑也要不断关注技术创新。用技术的创新来提高出版物的质量和效率，从而使出版工作适应竞争压力日益增大的时代发展速度。

1. 开发立体化图书实践——引入数字出版

随着信息技术的发展，数字出版对纸媒出版提出挑战，因此，现在的图书不仅仅停留在纸质的层面，更多立体化图书的出版已成为图书发展的必然趋势。

立体化图书是集纸媒、音频、视频、数字等诸种媒体优势于一身的图书发展模式。这种模式既是科技发展的切实展现，也是人们日益增长的文化需求的产物。这就要求新型编辑要站在数字出版的前沿，深入研究图书的内容、呈现方式、读者对象，第一时间提出图书的立体化出版方案，供作者和市场营销人员参考。

2. 减少库存的方法创新——引入按需出版

随着数字技术的飞速发展，一些需求量较小的学术著作、专业性很强的教材，由于成本、利润等原因往往出版比较困难，但市场对此类书品种的需求却越来越多，于是一种适合小批量、个性化出版的数字出版方式应运而生，这种出版方式就是按需出版。

按需出版是一种全新的出版方式，它通过采用先进的数据处理技术、数字印刷和网络系统，将出版信息全部存储在计算机系统中，需要时直接印刷成书，省去制版等中间环节，真正做到一册起印、即需即印。它突破了传统模式的印数限制，印量较少时，制作成本比传统印刷大大降低。按需出版虽然主要集中在读者面较窄的小众范围，但是其环保、高效的特点正迎合了时代发展的要求，因此，不可小视。

按需出版虽然在国外已很普遍，但在我国还只处在萌芽状态，国内只有一些大的有实力的出版社，比如知识产权出版社、中国标准出版社、石油工业出版社、冶金工业出版社、气象出版社等凭借自身专业优势开展了按需出版业务。

尽管如此，按需出版的趋势是不可避免的。作为新型编辑，要走在行业的前头，通过不断的学习和研究，使自己尽早适应按需出版的要求。

3. 提高编、审、校效率的探索——编辑手段改进

图书质量是出版社的生命线。又好又快地出版市场需要的图书是每个出版人的期盼。为此，应创新编校程序，以保证图书内容质量和编校质量。比如原机械工业出版社社长、总编辑陈元直，带领出版社开创性地制定了“编审制度”“四校付型”“样书检查”等一系列保证文明出版的规章制度，部分制度仍沿用至今，被誉为“科技出版工作的开拓者”。

计算机技术走进出版印刷业，担当起重要角色，不仅极大地方便了读者，也方便了作者和编辑。比如设计与读者互动的环节，编辑就可以利用计算机技术设计读者可以参与的内容，网络编辑可以设计论坛、博客、群聊等形式，为读者提供探讨的空间，也利于获得第一手的反馈信息；在利用计算机软件校对的时候，编辑可以利用校对数据统计设计常用错别字或用法的校对记录库等。但是，计算机技术由于能够“一气呵成”地完成组稿、审稿、加工、排版、校对、出版直至网上发行的一系列工作，也极大地考问我们以往的编审校的程序。

目前出版社的编辑工作量大都超负荷，怎样在保证质量的前提下提高编辑的工作效率，是大家非常关心的问题。

笔者认为，新型编辑如果具备前面几方面的能力，提高编辑效率就有基础了。第一，编辑工作前移，尽早与作者对话，

提高作者来稿质量；第二，自身专业水平能把握住书稿内容，同时开发和使用相关专业编辑软件和校对软件缩短编校时间；第三，根据书稿类型，确定编审校的各自重点，确实保证不走过场，合理安排环节顺序；第四，熟练掌握其他媒体出版的流程，尽早确定出版方式；第五，要有极强的职业出版人的责任心，全身心投入到编辑加工中去。

结　语

随着出版行业的大发展，编辑队伍不断扩大。在行业竞争日益增强的今天，不断提高自身素质，向多角色、多元化、一专多能的方向发展，将成为新型编辑成长发展的必然趋势。谁能够顺应这种趋势，谁就将成为出版行业中的新领军人物。

（原载《编辑之友》2009 年第 12 期）

科技期刊商品属性的争论与困惑

冯远景　刘雪梅　陈希宁

经历了20世纪90年代信息化挑战的考验，我国科技期刊得到了长足的发展。本世纪开始的几年，在社会转型、体制改革的冲击下，我国科技期刊界又面临新的考验：科技期刊如何经营成为我们不得不重新审视和探讨的问题。但是，在探讨经营模式、管理体制和市场操作方法时，又遇到极大的困惑：科技期刊是商品吗？我们不得不从商品的属性和按商品的市场经济理念经营科技期刊所遇到的问题进行反思。

由于科技期刊的学术属性使其与其他大众性的“消费类期刊”具有完全不同的经济属性，因此在讨论科技期刊商品属性问题时，特指《科学技术期刊管理办法》[1]中界定的五类科技期刊中的综合性期刊、学术类期刊、技术类期刊和检索类期刊四类。同时，本文在引用和参考相关文献时，将学术期刊、学报均视为科技期刊的同义语。

一、科技期刊商品属性的争论

科技期刊研究的学术界对科技期刊商品属性有不同的看法，尤其是近几年发表了许多文章，归纳起来有三种不同的观点：(1)科技期刊是商品；(2)科技期刊是一种特殊的商品；(3)科技期刊不是商品，或者称其为准商品、弱商品。

1. 商品说

社会的发展，国家的体制改革，将科技期刊推向市场，科技期刊由完全政府拨款资助发生了变化，较自然地被认为科技期刊就是商品，“在市场经济条件下，学术期刊本身就是一种商品”[2]，“科技期刊也是商品”[3]，“学术期刊正是从精神产品中脱颖出来，成为整个出版行业的商品之一”[4]，因此应该运用商品的市场经济理念经营科技期刊[5,6]，“学报走向商品之途是出版规律的必然选择”[7]，走商品化道路，向市场要效益[8]。

“在商品经济发达的国家早已把科技期刊看作商品”[9]，一些介绍国外科技期刊基本情况的文献也认定，国外普遍将科技期刊的经营视为同普通商品一样，完全遵循市场规律[10-17]，并商业化运作[18-20]。

因此，时任新闻出版署副署长的梁衡指出：“商品属性是期刊的本质的属性之一。”[21]

但是，这种观点也受到质疑：“日益商品化的趋势，完全背离了学术期刊的根本宗旨。”[22]实际上，完全按商品的市场经济理念经营科技期刊还存在一些问题和困惑，尤其是在管理与市场运作时往往难以操作和解释，因此科技期刊是一种特殊商品的观点被提出。

2. 特殊商品说

特殊商品说是科技期刊界和科技界的主流观点。刘振兴等[23,24]院士认为，“从科技期刊的发行形式来看，它像是商品，但它不是一般的商品，而是一种特殊的商品”。

中国科协的中国科技期刊发展战略研究课题组的研究报告提出：“科技期刊是通过生产流程产生的可以交换的劳动产品，具有商品的一般属性，但又不完全等同于普通商品。”[25]自改革开放以来，“当出版物走向市场之后，期刊便作为特殊的商品而存在”[26]。

科技期刊作为特殊商品其特殊性表现如下：

（1）“科技期刊是一种特殊的商品，即‘高层次的精神文化商品’。”[25]

（2）科技期刊“具有精神与物质的二重属性”[27]或“经济价值和精神价值的二重性”[28]，从生产的环节上就具有“意识形态被创造”和“物化形态而重新制”的二重性[29]，既具有一般商品的经济属性，又具有独特精神产品的属性[30]。应追求社会效益和经济效益[31]。

（3）科技期刊并不遵循价值规律，“作为精神成果，它们的价值不是由所花费的劳动时间来决定的，是非物质性的价值”，“不能完全遵循一般商品的规律由市场机制调节”[32]。科技期刊与一般商品不同就在于它不能直接通过商品交换取得充分的价值回报[30]。“自然科学学术期刊的主要价值不是以发行量及其自身的经济收入的多少来衡量，主要体现在将科技成果转化为生产力，从而推动经济、社会、国家建设的发展和人类物质和文化生活的提高方面，因而它的价值是潜在性的、长期性的和间接的，难以用一般的商品价值来衡量的。”[33]

（4）科技期刊“是不以营利为目的的特殊商品”[33]。

（5）科技期刊具有特殊的商品性质，如商品的知识性，价值的倍增性，使用价值的长期性，知识的公共性，商品化的差异性[34]。

（6）科技期刊不能完全交给市场去调节[35]。“学术性期刊是一种特殊的商品，有着自身的特殊的价值规律。我们不能把它等同于其他一般商品的再生产，简单地推向市场。”[36]

任何一种商品对于其他商品而言，因其使用价值不同，都是特殊的。因此认为科技期刊是一种特殊的商品即承认科技期刊是商品。从理论上说，特殊商品论是不严密的。还有学者提出，“学术期刊是文化产品，作为意识形态，它不是商品；但作为物化形态，需要通过市场得到传播，所以它又是商品”[29]。这种导出“既是商品，又不是商品”的论点，就是“亦是亦非”自相矛盾的悖论。因此，有人又提出，科技期刊并不特殊。当前科技期刊在市场流通中出现的问题，不是科技期刊“特殊性”引发的，而是市场发育不成熟造成的[37]。

3. 非商品说

既然科技期刊的商品说受到质疑，特殊商品说又不严密，非商品说也就被提出。该观点认为，“期刊论文不是商品”[38]。科技期刊“并不是真正的商品”[39]，不具有商品属性[40-42]。持这种观点的人认为：

（1）科技期刊是以非营利为目的，长期不赢利的生产者不可能是商品生产者[41]。

（2）科技期刊尽管进入市场，却往往无法在市场经济中得到客观、公正的等价交换。可以说，“学术期刊是在不等价的情况下，在相对封闭的特殊社会渠道内流通的商品”[43]。

（3）科技期刊主要依靠政府财政拨款，更多是政府行为，而不是市场行为[41]。

（4）国家政策客观上支持学术期刊非商品化[41]。

（5）学术期刊的现有的“定价”无法证明学术期刊就是商品[41]。

（6）日益商品化的趋势，完全背离了学术期刊的根本宗旨[22]。

如果科技期刊不是商品，那么科技期刊具有什么样的经济属性，属于什么样的社会产品呢？持这种观点的人并没有给出答案。

于是，又有人提出，科技期刊是准商品[44]。科技期刊的“商品属性与一般商品的商品属性又是有所不同的，是不完整的，它只能算是准商品属性”[45]，或者说“科技学术期刊作为一种特殊意义上的产品，从生产至销售的全过程以及交换的不等价、狭窄的受众面来看，虽然属于商品，但具有明显的弱商品性”[46]。但是，什么是准商品或者弱商品，又是缺乏理论支撑的。

二、科技期刊商品属性的特征分析

1. 商品的定义和属性

关于科技期刊商品属性的争论都是以经典的政治经济学理论为基础进行探讨的，有必要重温商品的定义与属性。

按经典的政治经济学理论的定义，商品的典型特征是具有二重性，即具有使用价值和价值。“商品首先是一个外界的对象，一个靠自己的属性来满足人的某种需要的物品”[47]。也就是说，一种物品之所以成为商品首先必须具有使用价值，或者说有用性，就是具有能够满足人们某种需要的属性，如粮食能充饥，衣服能御寒等。但是仅有使用价值是不够的，它还必须是用来交换的，即具有交换价值。“要成为商品：产品必须通过交换，转到把它当作使用价值使用人的手里”[48]。交换价值就是一种使用价值与另一种使用价值相交换的量的关系和比例。一般把交换价值规定为“价值”。使用价值与价值是统一的，缺一就不成其为商品。“作为商品，它直接是使用价值和交换价值的统一；同时，它只有在同其他商品的关系中才是商品。商品相互间的实际关系是它们的交换过程。”[49]使用价值是商品的自然属性，体现人与自然的关系；而交换价值是商品的社会属性，体现商品生产者之间的经济关系。

因此，商品基本属性的充分必要条件是：（1）具有使用价值和交换价值；（2）使用价值与交换价值是统一的。

2. 科技期刊的使用价值和交换价值

毋庸置疑，科技期刊具有明确的使用价值。从事任何一个科学技术领域工作的人群都必须阅读本专业以及相关专业的科技期刊以获取所需要的信息，同时还需要借助科技期刊发布自己研究与探索的成果进行交流或求得同行的认可。对于科技工作者以及各行各业的生产者来说，科技期刊与其使用的仪器设备工具一样，都是必不可少的。

广义地说，科技期刊承担进行科学技术、知识交流与传播的职责，将科研机构、企业及科技工作者联系起来，为不同人群提供自身熟知领域和其他领域的知识和信息。在继承前人和吸收全人类创造的优秀科学文化的基础上创造新的科技知识，并将之转化为物质生产的巨大力量。科技期刊作为传播科学技术的媒介，是科学技术转化为现实生产力的重要环节之一。同时，科技期刊的导向作用可以对一个国家、一个民族文明发展的历史进程，包括它各个阶段性的进展做出具体的、科学的、理论性的指导，从而推动社会的发展。因此，科技期刊的使用价值不仅仅是表现为某一特定人群的特殊需求，而且表现为国家与社会发展的需求。

科技期刊经过对其载文的同行评议，编辑加工，公开发行，又通过流通渠道，即通过传播、交流、转换、储存来显示它的使用价值。正是科技期刊的这种信息传播属性，又使其使用价值与一般商品不同，它的使用价值往往是间接的、潜在的、持久的和滞后的，因而很难确定其具体的使用价值。科技期刊的经济效益和社会效益，往往是抽象的、潜在的，难以评价其所提供的信息一旦转化为生产力所产生的价值。正如刘振兴院士[33]所说，“科技期刊的主要价值和效益是体现在推动科学技术研究和生产力的发展方面，这些价值和效益不是短时间内看出来的，也不是能用多少钱来衡量的”。

科技期刊也表现出具体的交换价值。尽管我们都认为科技期刊的定价偏低，但是每种科技期刊在出版时都标明其货币价格，按《期刊出版形式规范》规定在版权页必须标明出售定价，并根据《中国标准刊号（ISSN）条码》[49]尚需印制统一的条码。

3. 科技期刊的使用价值和交换价值的不对称性

由于科技期刊的价格并未体现市场经济中的等价交换原则，因此表现出其价值的不对称性，主要有以下几个方面：

（1）科技期刊定价（生产成本、流通费用、税金和利润）不能体现自身的全部价值，就目前科技期刊的定价而言，远远低于投入成本。一方面由于学科领域比较专一、服务面窄、阅读群体小，发行量小，其成本本身就较高；另一方面在定价体系中并未计算人员成本、行政开支、稿酬、审稿报酬等。再加上受传统观念的影响，市场又难于接受较高的价格，故造成目前这种尴尬的局面。

（2）科技期刊的价值是难以量化的，很难在市场中得到等价交换。按经典经济学理论，一般商品的价值是凝结在商品中的一般的、无差别的人类劳动，而体现在商品里的社会必要劳动中价值量的大小决定于生产这一商品所需的社会必要劳动的时间的多少。但是，凝结在科技期刊上的社会必要劳动，无论是作者还是编辑，都是无法仅用时间来衡量，也就难以具体确定其价值；同时其对经济发展和社会促进的使用价值无法以最直接、最明显的方式表现出来，更无法在市场中得到等价的交换。

（3）科技期刊的办刊宗旨大都是以非营利性为目的，而且科技期刊所创造的价值并不完全归属科技期刊的生产者所有，长期不赢利的生产者不可能是商品生产者。

（4）科技期刊属于科学技术的一部分，政府是资助的。编辑部或多或少是要依靠政府财政拨款，作者撰写论文所花费的经费和发表费用，在相当程度上是直接或间接由政府或单位投入。因此，科技期刊的经营实际上不完全是市场行为。

4. 科技期刊具有巨大的外在性

科技期刊的使用价值和交换价值的不对称性实际上体现了一种非商品属性的经济学上的外在性。

从经济学角度看，在以货币为媒介的交易过程中，总是可以通过讨价还价达到某种平衡，使得边际收益等于边际成本。但是在这种交易的关系中，还可能产生对第三方或社会的收益或成本，而经济行为人又得不到这种利益或不必支付成本。这些处于交易之外的对他人的影响被称为经济活动的外在性、外部影响、外部效应、外溢性等[50]。之所以使用“外在性”一词，是因为对于市场来说，是“外部”的。

就科技期刊产品的经济效益来说，是无法像普通商品一样使得边际收益等于边际成本。科技期刊的专业读者面窄，发行量较小，经济收益也较低，但是许多学术成果最终可转化为生产力，它为社会带来的巨大财富远远超过期刊自身的收益。也就是说，其社会效益高于经济效益。这就表明科技期刊具有大量的外在性[50]。

科技期刊的外在性，最根本的原因在于知识的共享性。任何知识在某种程度上都可以说具有共享性，即意味着非排他性。一种知识一旦公开，便可被习得与共享，公众或社会就可以从中获益。但公众或社会并没有完全支付相应的费用，因此，任何知识一旦公开便具有正外部性[51-53]。

三、结论与启示

1. 结论

关于科技期刊商品属性的争论主要是业内人士根据实际工作的困惑，利用经典的政治经济学理论进行的讨论。科技期刊的确具有商品的使用价值和价值，即具有商品的二重性，粗浅地分析就应该是商品。但是，其使用价值和价值又是不对称的，也就是说，作为商品，其使用价值和交换价值是不统一的。按经典的商品定义，又不具备商品基本属性的充分必要条件。然而，科技期刊作为一种社会产品又的的确确在市场上流通，其所具备的巨大外在性并不是商品的基本属性。因此，我们可以得到结论：经典的政治经济学理论不能诠释科技期刊的经济属性。

2. 启示

面对经典的政治经济学理论不能诠释科技期刊的经济属性的事实，我们又遇到更大的困惑：科技期刊的经济属性究竟是什么？

面对这一难解的困惑，使我们想起“戈迪亚斯（Godeas）绳结之谜”。相传弗尼吉亚的戈迪亚斯王在其牛车上系了一个复杂的绳结，并宣告谁能解开它，谁就会成为亚细亚王。然而，几百年间，每年都有无数人来看戈迪亚斯打的绳结，许多有志之人试图解开这个结，可总是连绳头都找不到，甚至不知道从何入手。直到马其顿亚历山大（Alexander）大帝进兵亚细亚，他毅然挥剑将绳结劈成了两半，轻易地解开了这个“百年绳结”。墨守成规，从无头之结中找出头绪，是一种传统的思维定式，但是这种“复杂化”思维却难于解决问题。换一种思维方式，举起“亚历山大之剑”，直接行动，或许是解决问题的最简单方法。

实际上，我们换一种思维，借助目前备受关注的公共经济学理论，或许会找到解决之道。

公共经济学理论把社会产品分为私人品和公共品两大类。如果把一般市场上交换和使用的物品或服务称为私人品，那么公共品就泛指由以政府为代表的国家机构——公共部门供给，用来满足社会公共需要的物品和服务。公共品是每一个社会成员都可以无差别地共同享用的需求，包括行政、国防、文化教育、卫生保健、环境保护和基础设施，以及政府为调节市场经济运行而采取的各项政策措施的提供等。公共品区别于私人品的显著主要特征是消费非竞争性、受益的非排他性和外在性。进一步分析科技期刊的经济属性，我们发现科技期刊不是私人品，也不是纯粹的公共品，但是可以界定为私人品和公共品之间的准公共品。我们将在《论科技期刊的准公共品属性》[54]一文中详加论述。

参考文献

[1] 国家科委科技情报司. 科学技术期刊管理办法//科学技术期刊编辑出版工作文件选编. 成都：四川科学技术出版社. 1991：3-6.

[2] 朱建文. 学术期刊经营问题探析. 北京市经济管理干部学院学报，2004，19(4)：71-74.

[3] 李法惠. 要加强科技期刊的成本管理. 中国科技期刊研究，2007，18 (1)：21-23.

[4] 陈炳珍. 论学术期刊的商品性与出版定位. 首都师范大学学报：社会科学版，2000 (2)：62.

[5] 胡海霞. 商品理念运转科技期刊. 中国科技期刊研究，2006，17 (Suppl)：960-961.

[6] 边全乐，胡映霞. 论学术期刊的经营策略. 中国农学通报，2006，22 (9)：506-513.

[7] 张治国. 高校学报走向商品之途是出版规律的必然选择. 河南大学学报：社会科

学版，2007，47（6）：173-177.
[8] 王玉鑫. 走商品化道路向市场要效益——对市场经济条件下科技期刊经营工作的认识. 边疆经济与文化，2008（2）：174-175.
[9] 王燕，国秀利. 科技期刊作为“商品”推向市场初探. 华北工学院学报，2001，22（Suppl）：78-79.
[10] 张音，厉衍飞，黄蓉. 中外学会科技期刊管理体制与运行机制研究成果综述. 中国科技期刊研究，2007，18（4）：558-561.
[11] 沈悦林，汪光年，沈惠云等. 德国科技期刊考察. 中国信息导报，2005（8）：40-43.
[12] 盛忠. 对德国期刊业的考察与思考. 编辑之友，2000（1）：57-59.
[13] 刘海涛. 国外科技期刊的四个特点及我们的差距. 出版发行研究，2000（3）：65-67.
[14] 胡巍藏. 莫斯科报刊发行市场现状分析. 西伯利亚研究，2006（4）：70-72.
[15] 李秀英. 英国出版业考察报告. 出版经济，2000（6）：6-7.
[16] 郭志明，武建劳. 英国物理学会出版社及其期刊出版研究. 中国科技期刊研究，2006，17（1）：168-169.
[17] 曹著，王英雪，刘培一. 德国施普林格出版公司及其期刊出版成功经验剖析. 中国科技期刊研究，2006，17（3）：348-353.
[18] 刘培一，赵新. 美国科技期刊运行机制和发展环境. 图书情报工作，2006，50（3）：53-58.
[19] 刘远颖，刘培一. 英国科技期刊运行机制和发展环境. 图书情报工作，2006，50（3）：66-69.
[20] 刘延华，胡智慧. 日本科技期刊运行机制和发展环境研究. 编辑学报，2006，18（1）：71-74.
[21] 梁衡. 论期刊的本质属性. 中国报刊月报，1996（7）：16.
[22] 朱向东，刘书生. 学术期刊商品化之忧. 红旗文稿，2006（20）：28.
[23] 刘振兴. 建议将自然科学学术期刊纳入公益性事业管理的思考. 中国科技期刊研究，2006，17（1）：1-2.
[24] 刘振兴，陈运泰，曾庆存等. 关于自然科学学术期刊纳入公益性事业管理的建议. 中国科技期刊研究，2005，16（4）：437-438.
[25] 袁桂清，游苏宁，包务业等. 中国科技期刊发展战略研究. 中国科技期刊研究，

2006，17（6）：1050-1055.
[26] 张小红. 试论学术期刊的市场化经营. 编辑学报，2001，13（增刊）：60-61.
[27] 赵文义. 学术期刊的公益性分析. 编辑学报，2006，18（2）：103-105.
[28] 刘淑华. 科技期刊的品位. 中国科技期刊研究，2007，18（5）：731-733.
[29] 刘斌. 学术期刊的双重性及其他. 编辑学刊，1996（1）：51-53.
[30] 诸叶梅，覃怀银. 浅析科技期刊的发展及面对挑战的应对措施. 中国科技期刊研究，2006，17（专刊）：921-923.
[31] 杜利民. 剖析学术期刊的"两个效益". 编辑学报，2007，19（3）：202-204.
[32] 刘代焰. 导入市场经济机制与科技期刊的生存与发展. 编辑学报，1990，2（3）：157-161.
[33] 刘振兴. 对当前我国科技期刊发展的几点意见. 中国科技期刊研究，2003，14（1）：1-2.
[34] 张爱绒. 科技期刊的商品特性决定其市场创新的独特性. 2002，13（5）：372-374.
[35] 翁爱湘，遇树伟. 科技期刊不能完全推向市场. 杭州大学学报，1997，27（3）：162-163.
[36] 孙守增，杨琦. 学术性科技期刊的价值构成及其特点. 编辑学报，2001，13（1）：6-8.
[37] 董祥林. 关于"特殊商品"的思考. 内蒙古师大学报：哲学社会科版，1998（1）：31-35.
[38] 李六生. 期刊论文是产品还是商品的论证及意义. 中华医学图书情报杂志，2008，17（2）：5-6.
[39] 方集理. 学报商品属性探析. 编辑学刊，1995（4）：66-67.
[40] 尹玉吉. 学术期刊不是商品. 新闻记者，2005，23（5）：64.
[41] 尹玉吉，官庆新. 学术期刊商品论质疑. 河南大学学报：社会科学版，2006，46（4）：160-166.
[42] 尹玉吉. 学术期刊属性研究. 山东理工大学学报：社会科学版，2006，22（2）：99-105.
[43] 李立茆，学术期刊的商品属性与价值特性初探. 中国科技期刊研究，1994，5（3）：1-4.
[44] 任火. 学术性期刊商品化探讨：学术性期刊是准商品. 中国科技期刊研究，

1993，4（3）：30-34.

[45] 翁奕波．论学术期刊的准商品属性．中国科技期刊研究，2005，16（5）：595-598.

[46] 赵文义，杨琦．科技学术期刊的基本属性分析．编辑学报，2007，19（6）：402-405.

[47] 马克思．资本论：第1卷．北京：人民出版社，1975：85，106.

[48] 马克思，恩格斯．马克思恩格斯全集：第13卷．北京：人民出版社，1962：30.

[49] GB/T16827-1007 中国标准刊号（ISSN）条码．北京：中国标准出版社，1998.

[50] 段一．公共品的边界．当代财经，2003（11）：23-25.

[51] 杨伦增．学术期刊外部效益问题及其解决途径．编辑学报，2006，18（4）：282-284.

[52] 赵文义．学术期刊的公益性分析．编辑学报，2006，18（2）：103-105.

[53] 金诚．中国学术期刊的良性运行与协调发展．中国科技期刊研究，2006，17（5）：694-697.

[54] 冯远景，陈希宁．论科技期刊的准公共品属性．中国科技期刊研究，2009，待发表.

（原载《中国科技期刊研究》2009年第3期）

编辑学学科体系已臻成熟

——纪念中华人民共和国成立60年之编辑学研究

王振铎　龙玉明

富有中国特色的编辑学，经过60年来特别是改革开放30年来的科学研究和学科建设，已经形成了一门自有学理、自有历史、自有方术，既与新闻传播、出版产业实践系统紧密邻接而又相对独立的学科体系。对这一学科体系，尽管这些年来研究文章不少，但对这60年来编辑学学科体系如何形成的系统论述，笔者目前见到的还不多。

一、编辑学学科体系“三十而立”

中华人民共和国成立的1949年，世界上第一本《编辑学》问世。此后，虽然有中国人民大学和港台学者时不时地出版过《书刊编辑学教学大纲》《杂志编辑学》《现代杂志编辑学》与《报纸编辑学》等几本著作，但零星分散，颇显冷清。真正自觉地、系统地对编辑学进行科学研究、建设学科体系和开展编辑与出版专业教育，还是改革开放后的30年间，全国许多人士在实践中不断从事理论创新和学科建设，才使编辑学“三十而立”，终于形成一门科学。

1983年6月6日，中共中央、国务院发出《关于加强出版工作的决定》，指出“在建设高度物质文明的同时，一定要努力建设高度的社会主义精神文明”，“加强出版队伍特别是编辑队伍的思想建设、组织建设和业务建设，培养一支革命化、年轻化、知识化、专业化的队伍，是摆在我们面前的严重任务”。《决定》强调：“编辑工作是整个出版工作的中心环节，是政治性、思想性、科学性、专业性很强的工作，又是艰苦、细致的创造性劳动”，“充分调整和培训提高编辑队伍是当务之急”。显然，编辑队伍的建设，主要是编辑学理与科学知识的建设，不仅与培养我们的编辑队伍有关，而且与编辑学科的设置、编辑专业的发展有关。所以，当时具体负责这方面领导工作的胡乔木于1984年7月25日在《就试办编辑专业问题复教育部信》中提出“编辑之为学，非一般基础课学得好即能胜任”的问题，并建议教育部设置编辑学，“促成这个专业”的学科建设。这里所讲的编辑学，不是单指某一种媒体的职业编辑学，不是仅指“书刊编辑学”与“报纸编辑学”，而是指包括刊物、报纸、丛书、年鉴、辞书，以及古代典籍等各种读物在内的普通编辑学。胡乔木还建议编辑专业应设辞书学、目录学、校勘学，以及编目、标题、注释、摘要、插图、索引等的研究和试验，乃至于印刷、出版、发行知识等科目[1]530。随着国家教育部指示在大学里创办编辑学专业，国家新闻出版署大力倡导对编辑学进行学术研究，成立专门的科研机构，组织有关编辑学的研讨会，并调集专门人才编写编辑学和出版学的教材，教育和培训编辑人员。在全国的编辑出版系统，设置编审、副编审、编辑、助理编辑四级职业资格标准，评聘具备相应资质的专业人员任职上岗。这些促使编辑学专业的学术研究与编辑出版产业实践紧密挂起钩来。

1987年11月，全国教育界、出版界、新闻界、史志编纂界的工作者们，聚集郑州，时任中国出版科学研究所所长的边春光出席大会并带领大家共同研究讨论普通编辑学，推进学科建设。1988年，国家新闻出版总署同教育部在武汉召开全国高校编辑学专业负责人联席会议，研究讨论了编辑学教育与专业发展问题。此后便在《普通高等学校本科专业目录》中，正式列入了“编辑出版学”。有些大学还根据自己的条件和需要，报上级主管部门批准，开始以相邻学科的名义尝试招收攻读硕士学位的编辑学研究生，培养高级编辑人才和编辑学研究人才。

整个20世纪80年代，中国的编辑学教育和编辑学科学研究出现了一个高潮。专业出版社建立了两家，即中国出版科研所的中国书籍出版社和山西书海出版社。编辑学会也建立了两个，即上海市编辑学会和北京的中国科学技术期刊编辑学会。先后创办的编辑学专业期刊有：《编辑之友》（山西）、《编辑学刊》（上海）、《编辑学报》（北京）、《出版发行研究》（北京），新闻出版总署办的《出版工作》也改为《中国出版》杂志。大学里还有不少家学报开设编辑与编辑学研究专栏，或者不定期地发表研究编辑学的学术论文。这10年间，出版的编辑学研究著作，据邵益文先生收集到的就有21种之多。发表的编辑学研究论文“好几百篇”[2]6，其中研究编辑学理论及其学科体系架构的著作虽然较少，如《编辑学通论》《编辑思维学》等，但其逻辑起点较高，理论抽象的目标直接指向普通编辑学的基本学理。研究“新闻编辑学”“书刊编辑学”“杂志编辑学”“科技期刊编辑学”的著作，也日益多了起来。但更多的是研究编辑学的学术论文和概念阐释，如戴文葆的《编辑与编辑学》与收在《编辑学论集》《编辑学论稿》的编辑学论文，以及收在《编辑实用百科全书》《中国大百科全书·新闻出版卷》《中国出版百科全书》《社会科学学科辞典》中的编辑学词语、概念、范畴、术语、定义和命题等，俨然呈现出一个夜空中繁星闪烁的系统。

至于研究编辑活动历史、编辑事业发展与某一专业媒介的编辑实践经验、编辑方法技术方面的著作和论文更是沛然可观。阙道隆主编的《实用编辑学》、王耀先主编的《科技编辑学概论》、林穗芳的《关于图书编辑学的性质和研究对象》、戴文葆等著的《编辑工作基础知识》、韩仲民著的《中国书籍编纂史稿》，等等，都是既有深刻学理，又有实用价值的论著。同时编辑学的研究，开始跨出一步，与其他学科做链接式或比较式研究的论著，也初露端倪，如《编辑出版学》《编辑社会学》等。编辑学研究显示：编辑学理—编辑历史—编辑方术—编辑学与其他学科的关系的四个方向均已展开，编辑学学科体系的雏形已显现。

二、编辑学概念已构成范畴体系

改革开放的第二个10年，中国编辑学的研究进一步深化，编辑学学科体系已初具规模，高等学校的编辑学专业教育得到更大发展。

1992年，中国编辑学会作为具有独立法人资格的全国性群众学术团体正式成立。学会在会长刘杲、常务副会长兼秘书长邵益文的组织带领下，积极地、有计划、有组织地争取国家新闻出版总署和教育部的支持，吸引全国新闻出版系统、高等教育系统和其他媒介编纂机构（如地方史志、期刊或高校学报的编辑部），以及社会上一些对编辑学有兴趣的个人，参与编辑学的深层研究和全面探讨。学会每年召开一次规模较大的编辑学学术年会和一次层级较高的编辑学理论研讨会，并出版《中国编辑研究》年刊，刊载优秀的编辑学研究论文。2002年8月又创办了《中国编辑》双月刊。刘杲亲自撰写的发刊词《我们是中国编辑》，是一篇激情洋溢的史诗般的宣言："身为中国编辑，我们深知责任重大。振兴中华离不开出版，繁荣出版离不开编辑。我们要求自己做精神食粮的生产者，先进文化的传播者，民族素质的培育者，社会文明的建设者。”同时加强中国编辑学研究者与国外特别是亚洲，如日本、韩国、马来西亚、新加坡等国的出版学家进行学术交流，选编欧美等国研究编辑学、出版学的论著并翻译出版。中国出版科学研究所和中国书籍出版社也加强了对国外编辑与出版的学术研究，出版了欧、美、俄、日等国的编辑学著作。中国编辑学会在历时两届10年多的时间里，高高举起编辑科学的理论旗帜，在马克思辩证唯物主义与历史唯物主义的指导下，将中国编辑学的学理研究、实践应用研究与历史发展研究具体地结合起来，分头并进，推动编辑学的学科体系走向成熟。

如果说改革开放头10年的研究使“编辑”一词从两千年来文人们选、编、修、纂、辑书籍的概念，发展成为一个科学的学术术语的话，那么这第二个10年来的编辑学研究，沿着历史归纳与逻辑抽象之树，迅速深化与展开，使“编辑”这个科学概念，延伸产生出根须、主干、枝叶和花果，形成一种独特的、不同于现有任何一门学科的概念范畴与学科体系。

在编辑从业者或编辑学者的心目中，“编辑”概念绝对不再意味着那个“不学无术”的“思想看门狗”“把关人”“看门者”或“女佣”“奴仆”似的简单职业。编辑活动绝对不再是毫无主体创造价值的附庸性劳作。编辑人已被作为一种社会文化代表，甚至作为“先进文化”的精神生产者、媒介创造者的主体被确立起来。作为一个独立的逻辑思维范畴，“编辑”这个原初混沌的基本概念已逐步延伸产生出：编辑者、编辑工作、编辑职业、编辑职称（编审、副编审、编辑、助理编辑四个层级的专业素质和任职资格）、编辑活动、编辑对象（稿本、编本、文本）以及编辑所建立起来的人与人之间特有的社会文化关系（即编者在读者、作者之间做中介或枢纽的社会人文关系）。编辑者终于成为社会的一种人格主体——创造文化媒介的主体。编辑主体，在现代哲学看来，是一个典型的“间性”概念。它一头连接着作者主体，另一头连接着读者主体，具有“双向间性”。在与作者、读者发生双向关系时，自处中间，协调两头，起着枢机与纽带的作用。正是编辑这个独立主体的确立，变革了人与人之间的社会文化关系。列宁在1905年《党的组织与党的出版物》一文中所批判的那种“‘作家管写，读者管读’这个俄国古老的、半奥勃洛摩夫式的、半商业性的”沙皇时代的出版状态，连同那种陈旧的社会文化关系及其观念，不正是由于新的编辑主体意识的确立，才从理论上被打破的吗？日本朋友把这种由编辑主体的思想创新而充分爆发出来的文化创造力称为“编辑力”，认为编辑家的“奇思妙想”是发展出版业最好的发动力。这发动力完全不同于“诗人做诗”“思想家思考”“科学家发明”那样“春蚕吐丝”似的原动力，而是为社会文化综合传播而协同凝聚起来的精神创造力与文化整合力。

“编辑”的范畴体系，就像“编辑学”的胚胎，经过改革开放20年的培养，已渐渐发育成一个学科体系。“编辑学”的实践经验研究已经上升到学理的层面、科学的层面。而对不同文化媒体的大量的“差异性”研究，又使编辑学的一整套概念范畴逐步展开，形成完整的学科体系。例如，新出版的《报纸编辑学》《新闻编辑学》《影视编辑学》《电视编辑技术》《期刊编辑学》《图书编辑学》《书籍编辑学》，还有专业性的《文艺编辑学》《科技编辑学》《网络编辑学》《辞书编辑学》《教科书编辑》，等等。

大量的差异化研究与媒介分类学研究，最终导致了对编辑活动的普遍性、共通性或同一性的追寻和探讨。对编辑活动客观本质的抽象，对多种媒介的本质与本质之间的链接、生成、联系、转化与发展等关系的思考与研究，使得对编辑活动内在的特有的性质、原理、机制、历史和规律，有了更深的认知。《书籍编辑学概论》一书的出版，表明中国的编辑学研究已经呼唤超越“差异”的研究，进入共性的“普通编辑学”的研究。《编辑学理论纲要》《编辑学原理论》《编辑学原论》《编辑基本原理》《编辑学概论》等富有哲理性的编辑学科研论著，有的从差异研究，有的从“主体间性”与“文本交互”等现代哲学视角进入综合研究。仅邵益文先生公开评述过的这类编辑学著作，就有 62 种之多。这些著作，理论上更加深化，体系上更加完善，涉及范围更宽广，内容更丰富，也更具现代科学的形态。

这些蔚为壮观的编辑学科研成果，有的注重编辑活动的基本原理、普遍规律和科学发展的研究；有的注重对编辑活动历史经验的总结和继承优秀编辑传统，特别是现代编辑家革命传统的发扬；有的专注于当代编辑活动在改革实践中遇到的新变化、新问题、新技术，以及面对市场化、数字化、产业化等现实问题的研究，从而形成了各有特色的编辑学学术观，生出一些差异明显的学术流派。

概括起来，这些互有差异的编辑学学术观或学术流派有：其一，建构编辑学理论系统，探究编辑活动发展规律，形成一套与出版产业改革实践相呼应的科学的学科体系。这个流派又有三家——学理创新研究派、经验总结积累派、技术创新与市场营销派。其二，为出版产业提供选题、审定稿本并推助复制发行等实用知识与管理能力的一派。这一派多为按不同媒介而分别研究图书、报纸、期刊、广播、影视和网络等编辑程序及其特殊手段的学派。其三，希望将以上两大流派综合起来，各取其长而避其短，充分吸收它们各自“深刻的片面”，打“组合拳”，建立基础性的“普通编辑学”学科体系。现在已有不少编辑学研究者和编辑学教育工作者正在努力做这一工作。

三、编辑学的学科链条已经形成

改革开放的第三个10年，编辑学、出版学、媒介学以及新闻学、传播学等学科鳞次栉比，形成了一套完整的、系统的、特色鲜明的学科链条，弥补了我国现有的人文社会学学科目录体系的缺失。编辑学学科与其他任何学科一样，由于其学科的不可代替性而形成独立的自身体系。又因与其他学科发生或远或近、或密或疏、或类似而异质、或殊途而同归等多种相互关系，在整个学科生态系统中，衍生出不同的学科链条与学科族群。

如编辑学与出版学就是一个共轭相生、耦合互动的学科链。二者虽然各以其特殊的本质互相区别，编辑学主要以研究如何创新媒介的文化内容为其核心价值；出版学主要以研究如何复制种种媒介的载体形态，提高传播功效为其核心价值。又因文化内容离不开载体形式，载体形式也离不开文化内容，所以编辑精心创造的文化母本，需要大量而快速地复制成“文本”，向广大地方的众多人们传播；出版精工制作的文本媒介也需要味道鲜美且营养丰富的精神内容，才能满足大众（读者、观者、听众）阅读和视听的需求。即使在人类开始学习交换信息、传播思想的远古，编辑活动与出版活动就相互链接而萌生为一根互为表里、形神兼备、相辅相成的文化链条了。不论是蒙昧时期以图像媒介为主的传播时代，还是文明开化以来以文字媒介为主的传播时代，乃至今天以图像、语言、文字、音乐等多种符号构造媒介，快速并多向传播的时代，编辑与出版都是不可切断的链条。只有当编辑者编构成内载圣道的经典母本时，出版者才能复制出王牌的版本以供众人阅读。只有当剪辑台或编辑机上编出好的电影或电视的底片时，出版家才能拷贝出大量的正片以供发行观赏。也只有当出版者复制发行大量“王牌”的版本与影视拷贝片时，编辑新创构的神圣内容，才能得到很好的传播。编辑出版，“内圣外王”一条链。

我们在学科体系建设中，如果不坚持编辑学与出版学是一个学科链的观点，就会发生要建设编辑学，就不建设出版学，或者相反，要建设出版学就不建设编辑学的问题。要么，就会提出以编辑学包括或代替出版学，或者是以出版学包括或代替编辑学，或拟把编辑学完全等同于出版学等问题，不利于协调地、辩证地建构编辑学与出版学的整个学科体系。

抓住编辑学与出版学这个学科链，既有利于分别研究编辑学和出版学的学科体系，也有利于综合建设编辑出版学这个在专业教育、培养人才方面十分重要的一级学科。因为编辑与出版随着社会的发展、科技的进步与文化交流的复杂多样，讯息媒介越来越多，传播功能越来越大。编辑与出版的基本概念和术语范畴，今天听起来，已不像上世纪初创时那样让人感到生疏、新奇，或者贬之为“无学”，而是像孔子说的那样，“六十而耳顺”。并且，这些概念和范畴的外延越来越扩大，不仅出现了报刊编辑、影视编辑、软件编辑、数字编辑、网络编辑，同时也出现了电子出版、数字出版、网络出版等概括新媒介的新概念、新术语。而编辑学与出版学的内涵则逻辑地升级，抽象的程度越来越高，最终形成一个包罗各种不同媒介载体，如书、报、刊、广、电（影、视）、网等与各种不同学科专业（如文艺、科技、文史、音乐、图画等）的编辑学、出版学。这是一个相当可观的学科族群。如果我们把这个学科族群中的专业编辑学、专业出版学以及各类不同媒体的分支编辑学、分支出版学视为学科群体的基础，而把编辑学与出版学分别视为二级学科的话，那么，编辑出版学就顺理成章地上升为一级学科了。这样，编辑出版学的整个学科体系就可分为三级（图示如下）。

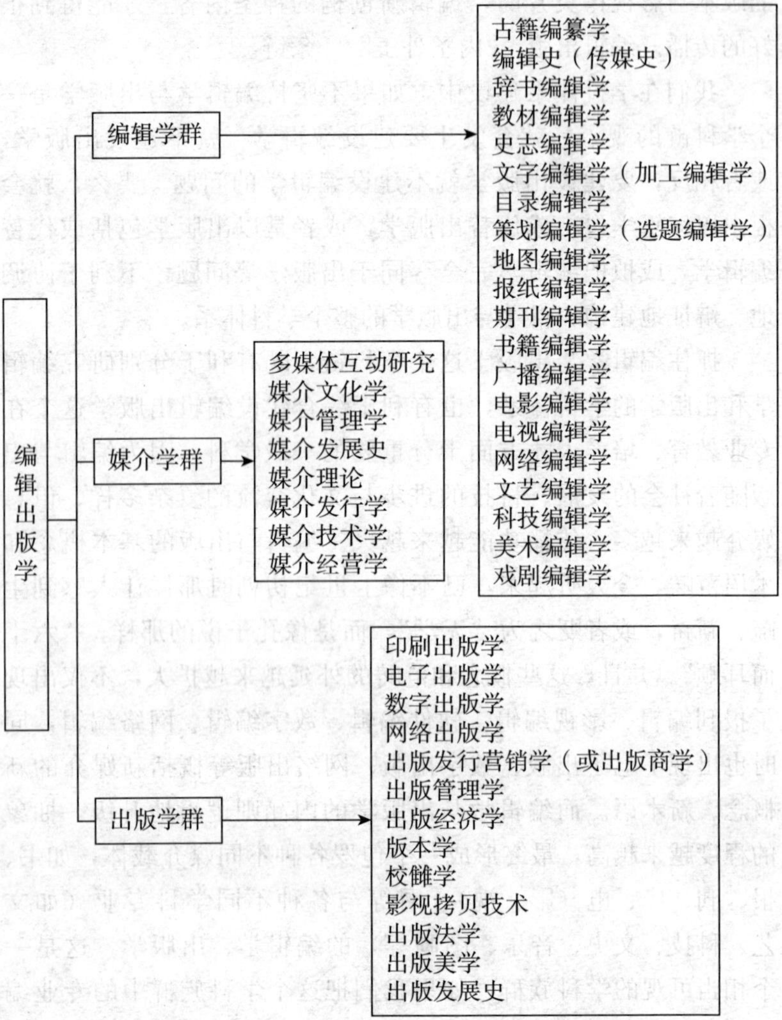

作为一级学科的编辑出版学，由于媒介内容的创意与媒介载体的出版，必然形成编辑学与出版学中间的邻接式学科，这就是上述体系中一个新的二级学科——媒介学。媒介学是专门致力于媒介交互相生、互补互动的学科，也是传播学的研究对象之一。自从40年前加拿大学者M. 麦克卢汉的《理解媒介》一书提出“媒介即讯息”，“媒介是人体的延伸”，媒介分为“冷热”两种，电子媒介使“地球变成一个村庄”，形成了一个“赛博空间”，引起欧美各家传播学学派纷争之后，媒介学逐步成为传播学的一个分支学科。中国特色的编辑出版学，实质上与西方的传播学相类似，二者都以研究媒介为对象。虽然它们研究媒介的起因、目的、环境、条件和方法有所差异，但媒介的“间性”特征关联着两边的主传方与受传方，媒介的技术载体又关联着传方与受方多主体交互的品质、速度、广度和深度等，需要编辑出版者这种创造媒介的特殊角色居中调控；因而编辑出版学也应当与新闻传播学共同被列为一级学科。我国现有的《授予博士、硕士学位和培养研究生的学科、专业目录》中，只列了一个舶来的“新闻传播学”，显然是不对称的，缺失本土的在深厚历史传统基础上发展成熟的现代“编辑出版学”。我们理当对二者以平等态度看待，在修订这个学科“目录”时，把新闻类这个一级学科的名称改革为：新闻传播学、编辑出版学。这两个一级学科正好又是一对高级的学科链，在更高层次上实现共轭相生与耦合互动。

四、与编辑出版专业教育协同改革，进一步完善编辑出版学教学体系

改革开放30年来，我国的编辑出版学专业教育，在科学地研究文化产业实践的基础上得到空前发展。中小学校的学生们

在课外作业训练中就学习编辑小报，出版壁报、黑板报。高等学校开设编辑出版学专业的最初仅有四五家，至今已发展到八十多家。招收培养编辑出版学硕士研究生的大学已有27家，招收培养编辑出版学博士生的大学也已有5家。尽管硕博学位授予的还是别种学科如法学、政治、文学、新闻学、教育学等学科的证书，但实际上他们研究的都是编辑出版学专业。毕业后，多数也是工作在编辑出版产业界，或者是在编辑出版科研部门、高等学校从事学术研究与专业教学工作。他们已成为现代编辑出版学学科体系建设的一支新的中坚力量。

2006年，在第三届中国编辑学学术年会闭幕式上，会长刘杲讲道："编辑学不是出版学的一个分支"，因为"编辑活动的范围大于出版活动的范围，编辑活动的发生早于出版活动的发生。弄清这一点，有利于编辑学的发展，也有利于出版学的发展"。在各种文化传播媒体的创新实践中，编辑学与出版学也是由"内圣外王"相统一的理论体系协调指挥的。无论现代化的数字媒体还是传统印刷的文本媒体，在实际的编辑创意、组织策划、编构母本与复制经营、市场行销、信息反馈等一整套连环链接的产业程序中，都离不开编辑学学理与出版学管理双重理论的协同指导。所以，在国家规定的出版系列职业资格考试中，既有编辑学的学科内容，也有出版学的学科内容。为职业资格考试编写的参考教材，也是两种课程都有。但考试的结果，却只是编辑职业的任职资格，没有出版职业的任职资格。而编辑得到国家颁发的编辑职业任职资格证书后，又不能像律师、会计师、审计师、建筑师那样自主就业，只能被出版部门聘用才能从业。这显然是由于编辑出版的体制改革不到位，相关机制不完善，政策不配套等原因所造成的。这种情况表明，我们的编辑出版学理论研究还需要进一步深化，切实能对编辑出版业的改革和发展起到启发、参考与推动作用。我们在媒介产业实践中，往往把以编辑为主的文化内容创新与以出版为主的复制技术、管理经营和市场推销，以及整套系统的数字化控制，紧密结合起来，打“组合拳”，如同进行一场海、陆、空综合性的立体化战争。单一体系的学术理论和方法，是靠科学研究解决的任务，而产业实践总是具体而复杂，且随时变化，不断出新的。任何一种媒介，一本书，一张报，一期杂志，一部影视片，一屏网页，从内容到形式，都是不能重复的。但任何一种媒介又是需要复制、拷贝或在线传播的，所以指导产业实践的理论应当是相关的或相邻的学科理论的系统复合，形成一整套能够纵横捭阖协同指导实践的理论体系。我国教育部门，曾经把教育学与心理学、新闻学与传播学，一对一对地组合成一门复合性的学科体系，也有意把编辑学与出版学组合成一门新的复合性学科体系。这应当是我国在学科建设中对所有的学科族群进行立门、划类、分级、调整与创新结构的题中应有之义。刘杲同志在讲到学术研究要专门化时谈到：我们特别需要在新的时代加快“编辑学理论研究和学科建设的进程”，日新月异的“编辑实践迫切需要编辑理论，理论问题是根本问题。编辑活动不仅需要知道‘当然’，同时需要知道‘所以然’。今后的编辑学研究仍然要以最终构建普通编辑学的学科体系为目标”[3]。在编辑出版学的专业教育发展中，则应科学地研究课程教学体系，把相关的科学理论与产业技术在实践中结合起来，进一步改革充实与提高现有的专业课程，突出各校的特色教学。

新一届中国编辑学会，以桂晓风为会长的领导班子承接了上届学会的目标和任务，大力引导和组织业界内外的新老编辑学研究者，继续深入开展编辑学理论创新与学科体系建设，并组织专家学者潜心钻研编辑学理及其方法技术，整合图书编辑学、报纸编辑学、期刊编辑学、广播编辑学、影视编辑学、网络编辑学等多种媒介的分支编辑学学术成果，并吸纳已出版的科技编辑学、文艺编辑学、数字编辑技术等专业编辑学研究成果，努力编纂初步定名为《普通编辑学》的基础理论著作，作为我国编辑学学科体系的主干，以普遍通用于各种媒介创新的学理，支撑起编辑学的历史发展研究、应用实践研究、专业教育与课程设置研究以及各种媒体的分支编辑学研究，推动我国编辑原创力与整个出版产业的大发展、大繁荣。

经过多次国内与国外编辑学与出版学的学术大交流、大讨论，2008 年 5 月，桂晓风会长代表中国编辑学会在郑州举办的“编辑学高层论坛”上，提出“大文化、大媒介、大编辑”的研讨课题，不少跨学科、跨行业的专家学者深谈细论。全国 30 多家编辑出版类学术期刊与不少大学学报，陆续发表了关于研究大文化、大媒介、大编辑、大出版包括纸印文字出版、电子出版、网络出版等数字化出版的学术论文。出版国际化的理论探讨也空前深入。趋于一致的共识，正是编辑创构符号媒介——通过媒介传播调控各种讯息——积累起来，就成为系统的文化结构。在这一思想认识基础上，将编辑学学科发展并提升到新的高度。其学科体系的生态趋势就是：大编辑创构大媒介—大媒介传播大文化—大文化推动出版产业的大改革、大发展、大繁荣。就其科学高度、专业精度以及与其他学科体系相比较的深度而言，编辑出版学毫不逊色于早已成熟的甚至营养过剩的某些老学科，例如教育学、文学、新闻传播学等“一级学科”。

倘使在我国旧的“学科专业目录”进行改革性的修订中，把编辑出版学与新闻传播学并列为同一学门中的一级学科，那将是我国学科体系改革和发展的一件幸事、一个新的标志。

参考文献

[1] 胡乔木. 胡乔木谈新闻出版. 北京：人民出版社，1999.

[2] 邵益文. 20世纪中国的编辑学研究. 石家庄：河北教育出版社，2000.

[3] 刘杲. 编辑实践需要编辑理论. 河南大学学报，2006 (3).

（原载《河南大学学报（社会科学版）》2009年第4期）

新时期我国新闻编辑学研究概观

庹继光

改革开放30年来，我国内地新闻编辑学的学术研究活动取得了多方面的突破，笔者将过去30年新闻编辑学研究大致上划分为三个阶段：第一阶段，创立新闻编辑学的学术研究体系，厘清新闻编辑学研究的基本内涵；第二阶段，学术界与新闻实务界一道，对“新闻策划”问题展开深入探讨，最终确立了“新闻策划”的学术地位；第三阶段，学术界开始关注编辑形式、符号的处理与运用，有关版面、栏目处理、策划及照片运用等的论文和学术论著相继问世，使得新闻编辑学研究持续走向深入。

一、新闻编辑学研究稳步奠基

1922年6月4日，张维周在北京《晨报》“新闻纸问题号”专版发表了《编辑新闻之我见》的文章；1926年，周孝庵出版了《如何编辑新闻》；1928年张九如、周翥青出版了《新闻编辑法》（上海中华书局3月初版，1933年5月再版）；1929年潘公弼又发表了《新闻编辑法》；1933年，郭步陶写有一本《编辑与评论》的著作。这些成果表明，中国新闻编辑的业务和学术研究已经开始起步了[1]。在我国学界，“编辑学”这个词是国民大学教授李次民于1949年3月在广州自由出版社出版的讲稿《编辑学》中首先提出的。李次民这本书中的大量篇幅是讲新闻编辑学，说明当时的报纸很重视编辑工作[2]。不过，我国内地真正有意识地将“编辑学”当作一门科学进行较为深入的研究，则是改革开放以后的事情。

20 世纪 70 年代末期，国内出版了新闻编辑工作的参考书籍：一本是中国人民大学新闻系报纸编辑教研室编著的《报纸编辑教学参考资料》，1979 年 4 月由中国人民大学出版社出版；另一本是北京广播学院新闻系与广东人民广播电台合作编著的《广播编辑工作手册》，1978 年由广州日报社编辑部出版。但这两本书仅仅是资料汇编，而并非强调学术创造的论著。其后，艾国云所著《报纸编辑学入门》于 1981 年正式问世，是 80 年代出版的编辑学著作中的第一本；中国人民大学出版社于 1982 年出版的郑兴东等人所著的《报纸编辑学》，则着重讲述报纸编辑工作的基本原理与方法，对于报纸编辑工作的特性、稿件编辑、版面安排、报道组织等方面进行了较为系统的归纳与总结，力图反映我国社会主义报纸在这些方面的基本经验，有一定理论深度。后来，许多人将人大版的《报纸编辑学》当成是新闻编辑学领域的第一本专著。

1982 年，山西省创办了我国第一个编辑工作的专业刊物《编辑之友》；1986 年上海成立我国第一个编辑学会，并创办了《编辑学刊》；在我国的一些大学里，设立了编辑、出版的专业。以后陆续涌现的编辑学专著、教材中，都设有“编辑工作与学术研究”的专门章节。编辑有学，已成为编辑出版界及全社会的共识。据初步统计，从 20 世纪 80 年代初开始的近 20 年里，编辑学方面已发表学术论文两千余篇，出版专著教材百余部，而出版的相关学术著作也有三百余部[4]。

二、“新闻策划”论争推动编辑学研究深化

1993年，当时尚在中国新闻学院执教的蔡雯提出了一个重要的问题——“新闻策划”，并由此在国内学术界引发了巨大的争论，1997年对这一问题的研讨全面展开。这一争论前后长达五年时间，最终学术界大体上统一了认识，确立了“新闻策划”的地位，并将其作为新闻编辑工作的核心环节。这一争论，在我国新闻传播研究30年的历程上是一个颇为重要的事件，也堪称新闻编辑学学术研究进程中最为轰动的事件。

作为这次论争的源头，蔡雯提出“报道策划就是新闻编辑部门在一定时期组织报道的设想和规划，这种策划的结果以文字表达出来，是包括如下内容的报道设计方案：报道的主要内容、报道重点、报道过程、发稿计划、报纸版面地位和形式、报道人员等”，指的是一种编辑策划。不过，作者指出了这种新型策划与报刊传统的报道计划的不同之处，即适用面更广，主动性更强，变动性更大，尤其是它贯穿并调控着一个报道的始末。因此，作者认为它是“对以往报道计划的改革发展”[3]。随着争论的深入，新闻策划的基本含义被确定为两个方面，即“报道策划”与“媒介事件”。前者指媒介对既有新闻事件的报道的策划，后者则是指媒介策划、引导、推动发生的新闻事件。

在这场涉及面很广的学术论争中，许多学者均发表了各自的鲜明观点。如刘建明教授提出：对于新闻报道中的任何环节都不宜使用“策划”一词，或认为既然新闻策划的内涵是报道策划，就不如用原来的报道组织之类的概念[4]。张允若教授则认为：报道策划以媒介自身的主体活动为对象，似乎并无不妥；即只认可媒介对报道活动的策划[5]。其实，笔者认为这一论争的结果已经比较清晰，因为进入21世纪以后，国内学术界已经普遍认可了新闻策划的存在，还有学者干脆提出“策划营造核

心竞争力”；“对于新闻出版业来说，一个出版社、一个新闻单位其竞争的关键或者说核心竞争力主要体现在该组织的选题策划能力、出版运作能力、营销能力以及品牌形象与组织文化等优势和能力方面。”[6]“新闻策划”学术论争结束后，蔡雯教授对于新闻策划的研究取得了更进一步的成就，她的博士学位论文《新闻传播的策划与组织》作为当时国内对新闻策划问题研究的最新成果，于2000年提交论文答辩顺利通过，并获得2002年第四届“全国优秀博士学位论文”奖励，成为获得此项荣誉的第一篇新闻传播学科的博士论文；2004年，蔡雯教授的专著《新闻报道策划与新闻资源开发》由中国人民大学出版社出版，标志着她在新闻策划领域的研究再度取得新进展。

三、新闻编辑学研究向纵深发展

进入20世纪90年代以后，我国内地报业竞争日趋白热化，促使新闻实践中先后采取许多举措，如强调图片、标题的作用，增加报纸的容量，变革报纸的版式风格等，这些均在新闻编辑学的学术研究中得到了积极的响应；此外，1998年联合国正式将网络确定为“第四传媒”，网络媒体的编辑工作也成为学术界研究和分析的热点之一。

1. 新闻标题和图片研究

报纸标题特别是新闻标题“既是新闻事实的浓缩与结晶，是新闻价值的集中体现，也是对新闻事实的认识与评价，是媒介对舆论的引导”。在报纸编辑活动中，新闻标题的制作、设计占据着非常重要的地位。随着国内报纸版面剧增、“厚报”局面形成，标题更起到了吸引人们购买报纸、引导读者阅读的作用，有关新闻标题的学术研究也逐渐增加。

实际上，从20世纪80年代起，国内就陆续出版了一些有关新闻标题的论著，如彭朝丞所著《标题的艺术》于 1985 年由人民日报出版社出版，陈仁风等人编著的《新闻标题评析》1988 年由中国人民大学出版社出版，其中均涉及新闻标题的制作和使用等问题。刘路所著《新闻标题论》2002 年由中国社会科学出版社出版，该书集中论述了新闻标题研究的对象、方法和意义，新闻标题起源论，新闻标题本质论，新闻标题功能论，新闻标题特点论，新闻标题结构论，新闻标题制作论，新闻标题的比较与鉴赏，新闻标题发展论等问题。图片尤其新闻图片，也是报纸版面的重要构成内容。很早就有“一图胜千言”的说法，近些年“读图时代”的说法，更把图片推到了提升报纸竞争力、促进报纸营销的重要位置。新闻实践的新变化，促使新闻编辑学术研究关注这一问题。张建在论文中提出：根据众多的平面媒体的读者调查表明，读者阅读时，读图占阅读时间的百分比是第一位的，所以在报业竞争中，各报社对图片的运用与重视，已自觉或不自觉地提到了一个相当的高度。能文能拍的“文武双全”的摄影记者也成了紧俏“商品”。图片编辑在报纸编辑上发挥的作用也越来越大[7]。徐凌则认为，当今人们的阅读方式已悄然进入了读图（图片）时代、读题（标题）时代、读头（头版）时代。新闻图片凭借其强烈的视觉冲击、逼真的情景再现以及直观的信息传递，在带给受众视觉享受的同时，也满足了受众了解真相、直击现场的心理需求。“一图胜千言”的巨大的传播优势，使新闻图片成为报纸在媒体竞争中的一个重要武器[8]。何琦隽提出，在“读图时代”，报纸版面设计应该实现“四化”，即视觉化、人性化、风格化和品位化[9]。还有的论文则以一个地区报纸运用图片的实践，阐释了这样的观点——“我们的时代是一个视觉的时代，我们从早到晚都受到图片的侵袭。当代文化正在变成一种视觉文化，而不是印刷文化。”[10]

2. 报纸版式研究

有关报纸版式设计及其理念的研究，早在 20 世纪 90 年代已经开始，当时先后出版的学术论著有张子让的《标题制作与版面设计》（复旦大学出版社 1991 年版）、任根珠的《实用版面编辑学》（山西高校联合出版社 1996 年版）等。桑金兰的《报纸版面创意艺术与电脑编辑》（复旦大学出版社 1999 年版）则立足于“研究报纸版面历史，分析当代优秀报纸版面创意，探索 21 世纪报纸版面艺术走向及电脑编辑的技巧”，该书作者认为，作为一个新闻工作者，只具备采写新闻、编辑稿件的能力，而缺乏版面创意和驾驭电脑的能力，已不能适应时代发展的需要。报纸的采编工作与版面创意是互相补充、相得益彰的。在某种意义上说，版面创意可以引导和推动采编工作。一个好的创意，既可以编出好的东西，又可以借此推出新闻精品力作，一起奉献给读者。还有研究者在论文中指出：在知识激增、信息活跃、传播手段日益电子化的时代，作为新闻物质载体之一的报纸版面，开始出现由平面化向立体化、形象化发展的新趋势。

随着汉字排版的电子计算机化和激光照排技术在印刷业的广泛应用，报纸版面的编排设计异彩纷呈。新闻的恰当组合和版面的赏心醒目，充分体现了鲜明的政治思想特色与丰富多彩的艺术特点[11]。也有学者分析：都市报版面设计高度合乎接受美学原理，其要义在于——千方百计保证读者阅读的方便；在此前提下进行时尚化包装，使版面更美更富有时代气息[12]。

进入 21 世纪，对于报纸版面设计的研究更加深入。赵鼎生所著、中国人民大学出版社 2002 年出版的《西方报纸编辑学》一书，因作者的特殊身份而显得非常有特色。该书作者曾在国内《北京日报》《工人日报》从事新闻业务工作多年，后进入加拿大一家新闻学院深造，并在加拿大留居将近十年，对西方二十多个国家的报纸版面等进行了研究，这些特殊经历反映在书中，最大的特点便是在介绍西方报社如何处理新闻题材、编辑新闻稿件的同时，往往能跟中国报纸的现实情形展开对比，从而给人以更深刻的启示。如作者在介绍西方报社组织机构和编辑职能时，指出西方报社“以编辑为中心”，并分析其与中国“采编合一”体制的结构性异同。还有人借鉴美国报纸版面设计师洛克伍德的新闻组合思想，认为版面设计本质上是新闻的设计，促进国内报纸进一步提高版面设计的质量，从而努力实现报纸作为一门视觉传播艺术的功能[13]。

在此阶段，许多研究生的学位论文也以报纸的版式设计作为选题。四川大学陈雪奇在其博士学位论文中，重点运用格式塔心理学有关理论和美国斯坦福—波因特媒体研究所等多项实验结果进行分析，同时采用大量的图表加以验证，并对若干个案实例进行比较，以此论述如何实现整合版面视觉语言的过程。这项研究的意义在于：它通过视觉语言的整合，把新闻内容与设计有机地结合在版面上，努力挖掘报纸作为视觉传播媒介的潜力，以期为实现版面信息的有效传播而提供一种方法，为我国当前报纸版面设计的创新研究提供一条思路[14]。李祥则认为：版面风格是报纸风格的重要组成部分。它是在长期的版面编排实践中积淀、凝聚而成的版面特色，是报纸个性化和成熟的标志。版面风格体现在报纸版面内容与表现形式各种要素中，是形式与内容完美结合的产物。版面风格的形成可以使报纸版面在整体上而不是局部上、在长期内而不是短时间内与其他报纸区别开来，从而有助于形成报纸稳定的读者群。版面风格的形成过程是一个主动的、有意识的构建过程。每份持久发展的报纸，其版面风格都源于一定的传统，具有一定的承传性。在尊重传统、遵守法则的基础上，版面风格要进行创新，与时俱进[15]。

3. 新闻编辑学学科的进一步发展

早期的新闻编辑学著作，大部分是以报纸编辑作为主要研究对象的，郑兴东教授为浙江大学吴飞教授《新闻编辑学》一书所写的序言便明确指出了这一点："现有的新闻编辑方向的著作，包括我所参与编写的几本，大都是以报纸编辑的流程为基本框架的，这自然有它的长处：比较适合新闻编辑学是应用性学科的特点，具有较强的可操作性，且比较容易避免与新闻学理论、大众传播学等学科的重复。但新闻编辑学的框架是否就应该如此，是很难说的。即使有它的长处，把它视作一个固定的模式，所有的新闻编辑学著作都照此来写，也未必是好事。这无疑会束缚学生的思维，也不利于学科的建设。"[16]不过，20世纪是大众传媒获得空前发展的一百年，媒体的种类极大地丰富：20世纪20年代，出现了广播媒体；20世纪30年代，出现了电视媒体；到了20世纪80～90年代，出现了网络媒体。所有这些媒体无疑都将新闻传播作为自己的重要内容，而且无一例外地形成了记者、编辑的分工。因此，新闻编辑的职业涵盖面在20世纪得到极大的扩充，新闻编辑的学术研究也必然要增加这些内容，使自己的体系更完整，现实针对性也更强。

进入20世纪90年代后期，电子媒介的栏目编辑问题引起了学者们的关注，刘志筠、宋昉所著《电子新闻媒介栏目编辑学》，1997年由中国人民大学出版社出版，就是专门探讨这一问题的。此后，网络编辑更成为学术界高度关注的热门话题。四川大学蒋晓丽教授主编的《网络新闻编辑学》一书，作为"十五"国家级规划教材，于2004年由高等教育出版社出版。该书从网络新闻编辑理论和网络新闻编辑实务两方面，着重探讨了网络新闻编辑的起源和发展、网络新闻编辑的概念和特性、网络新闻编辑的生存环境及影响、网络新闻编辑的职能及其编辑原则等，意在通过对网络新闻编辑规律进行系统研究，期望对网络新闻编辑的传播理论和实际运用技能有所指导，从而推动网络新闻事业的全面发展。在此前后，国内有关网络编辑的书籍、论文也层出不穷。同时，在这个时期出版的许多新闻编辑学论著中，均加入了各种新兴传媒的编辑工作的特点，如吴飞教授主编、高等教育出版社2004年出版的《新闻编辑学教程》，除详尽分析了报纸编辑的工作特色外，还加入了一些章节，分别论述广播编辑、电视编辑、网络编辑等不同类型编辑人员的工作特点。

在21世纪，随着新闻编辑学研究不断深入，一些论文突破了表层研究，使学术研究进入到更深的层面。复旦大学张志安博士的学位论文以《南方都市报》为研究个案，考察其创办十年来的发展路径以及新闻生产的复杂过程，从编辑部场域的视角出发研究其新闻生产和社会控制因素之间的互动关系。通过这项研究，作者力图揭示潜藏在宏大叙事和简单概括的理论背后真实、复杂的新闻生产实践和力量规制特征，由此，给我们解读新闻生产与社会控制、新闻改革与社会转型、媒介系统与社会情境之间的关联提供生动的现实依据[17]。如此的研究视角，给新闻编辑学研究提供了新的思路和视野。

参考文献

[1] 邵益文. 编辑学，走向新的发展阶段. 编辑学刊，2001 (2).

[2] 吴飞. 新闻编辑学研究的困境与出路——我国新闻编辑学研究二十年评析. 编辑学刊，1999 (4).

［3］蔡雯．搞好新时期的报道策划．新闻战线，1993（11）．
［4］刘建明．慎用“新闻策划”．声屏世界，1998（4）．
［5］张允若．新闻策划：辨析与质疑．新闻记者，1997（3）．
［6］吴飞．新闻编辑学教程．北京：高等教育出版社，2004：13-16．
［7］张建．新闻图片编辑技巧谈．新闻业务研究，2001（12）．
［8］徐凌．读图时代的新闻图片编辑．南通大学学报，2007（4）．
［9］何琦隽．读图时代的报纸版面设计“四化”．传媒观察，2007（6）．
［10］皮传荣．报纸图片的运用理念——以重庆都市类报纸为例．当代传播，2006（6）．
［11］李德军．报纸版面视觉冲击中心的设计．当代传播，1991（2）．
［12］吴定勇，王珏．论都市报的版面定位策略．西南民族大学学报，2005（11）．
［13］陈雪奇．洛克伍德新闻组合设计解析．西南民族大学学报，2005（12）．
［14］陈雪奇．整合版面视觉语言研究．四川大学博士学位论文，2004．
［15］李祥．近年来羊城晚报版面风格研究．暨南大学硕士学位论文，2005．
［16］吴飞．新闻编辑学．杭州：杭州大学出版社，1995：序言．
［17］张志安．编辑部场域中的新闻生产——《南方都市报》个案研究（1995—2005）．复旦大学博士学位论文，2006．

（原载《西南民族大学学报（人文社科版）》2009 年第 6 期）

从传播看编辑出版学学科名称的不合理性
——兼论“大编辑”“大出版”观念的树立

王和平

一、引言

“编辑出版学”其名虽小，关乎的意义很大。它关系到编辑学和出版学各自的学科性质，关系到编辑学和出版学各自研究对象、内容、范围的准确定位，关系到编辑学和出版学的关系问题，也关系到编辑学和出版学以及编辑和出版专业教育的未来发展。“编辑出版学”作为学科名称，自其问世之日起，就受到人们的质疑——在学科性质、研究方向、范围、内容等方面让人莫衷一是，因这一概念含义的多义性与不确定性，这一名称在其产生之初就有了不合理、不科学、欠规范的隐患。随着电脑技术的广泛应用、社会的飞速发展和网络传播的迅速崛起，编辑和出版各自的内涵和外延都发生了很大的变化，编辑和出版、编辑学和出版学所面临的形势和问题与以往相比大有不同。“编辑出版学”作为一门学科的名称，其不合理性愈来愈明显。它容易给人们造成认识上的模糊和观念上的分歧，不利于编辑学和出版学各自的发展和学科定位，不利于编辑和出版专业教育的发展。

应当说，一门学科的名称是对该学科研究对象、内容、范围的准确定位。任何一门学科的建立与发展，都需要从事该学科研究的人员对该学科研究对象有基本的认同，构建一个共享的学术话语空间，因而关于学科名称的探索对于该学科的发展无疑是极为重要和有益的。迄今为止，就此问题专门撰文进行探讨的只见到孔正毅一人，在其发表的《关于编辑出版学科名称的若干思考》一文中，孔正毅认为，“从学科建设、专业概念的逻辑性上讲，用‘出版学’代替‘编辑出版学’，逻辑上更严密，更具科学性和规范性”[1]。

本文试图从传播的角度出发，就编辑出版学学科名称的不合理性做进一步的分析和论证，并就编辑学和出版学的关系、两门学科的未来走向及其他相关问题提出自己的观点和看法，以就教于同人。

二、编辑出版学学科名称的由来

由于编辑和出版的关系密切，在相当长的一段时间里，人们在头脑中便形成了一种思维定势：提到编辑必然联系到出版，谈出版自然离不开编辑。于是，人们就习惯于在口头表达中将编辑和出版连用，称之为“编辑出版”或“编辑出版学”。“编辑出版学”这一名称在书面中最早出现于 1988 年叶再生编著的《编辑出版学概论》一书。

1999 年秋，我国 20 多所办有出版类专业的高校，按照教育部颁布的《普通高等学校本科专业目录》，统一按编辑出版专业招收新生，而不再按原来各校分别设置的编辑学、出版发行学、出版管理等专业招生。此后，各高校针对这一变化进行编辑出版专业的学科建设，将出版发行学等出版类专业与编辑学专业合并，组建成编辑出版学专业（大多隶属于新闻与传播学院）[2]。编辑出版学这一学科名称从此得到官方的正式认可。应该说，教育部这一举措在当时的历史条件和社会背景下，仅仅是一种权宜之计，也是一种无奈之举。它的出发点和初衷是好的，一是为了平息编辑学界和出版学界之间长期以来关于“编辑和出版孰大孰小”的争论，二是为了实现编辑学和出版学两门学科的合并，三是为了促进编辑和出版专业教育的发展。

从此以后，“编辑出版学”这一在1999年之前还只是散见于各种场合的名称，不仅屡屡出现于各种学术论著中，也常见于政府文件和相关学会的简报中。编辑学界和出版学界在日常的口头交流中也频繁地使用“编辑出版”来替代“编辑和出版”，用“编辑出版学”指代编辑学或出版学，用“编辑出版专业教育”指代“编辑专业和出版专业教育”。

三、从传播看编辑和出版、编辑学和出版学的关系

出版与编辑、出版学与编辑学的关系长期以来一直是学术界讨论的焦点和关注的话题，至今尚未有一致的结论。我们一直认为，源于西方的传播学未能将编辑和出版作为其研究对象是它的一大缺陷，中国的编辑学和出版学如果不在传播学的观照下开展研究也不能不说是一大遗憾。只有站在传播的角度，我们才能科学、准确地认识和把握编辑和出版的关系，才能对编辑出版学学科名称的不合理性做进一步的分析和论证。传播、编辑和出版之间的关系可见下页图。

从人类传播的历史看，有了传播，才有了编辑和出版。编辑和出版现象的产生是人类传播现象发展到特定阶段的产物，编辑和出版的产生都是缘于人类信息传播的需要。真正意义上的编辑活动产生于人类的文字传播时代[3]，而真正意义上的出版活动则产生于人类的印刷传播阶段。编辑活动和出版活动从其产生之日起就属于一种信息传播活动。编辑和出版的目的都是为了传播。

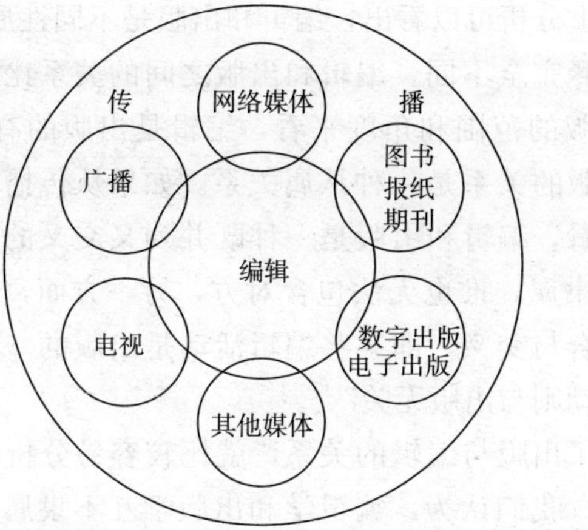

进入大众传播时代以后，编辑和出版在人类传播中的作用日显突出。编辑在整个信息传播过程中，起着对所需要传播的文、图、声、影、像、电子、数字等各种信息进行把关、选择、加工和优化的作用，使之适于传播、利于传播，并尽力满足受众的需要。编辑活动由传播需要出发，完成于本次传播产品的生成，结束于传播效果的实现[4]。编辑是所有大众传媒信息传播过程中的一个必不可缺的重要环节，是整个信息传播的中介和枢纽。古往今来的编辑莫不如此。

传统的纸质出版就是一种印刷传播，其过程由作者（信源）、编辑、印刷和发行四个环节构成。出版的过程本身就是一个完整的信息传播过程，是对编辑加工好的信息产品进行外包装，然后进行大量的生产和复制，并通过宣传、营销等手段向社会和公众发行。无论是在传统出版还是在现代出版（包括音像出版、电子出版、数字出版和网络出版）中，编辑都发挥着不可替代的作用，即策划、把关、选择、加工和优化。编辑把握着出版的方向和质量。没有了编辑，出版传播的质量和效率就无法得到保证和提高。

由以上分析可以看出，编辑和出版是不同性质的两个概念，二者的内涵完全不同。编辑和出版之间的关系比较复杂。如果我们从出版的范围和角度来看，编辑是出版的有机组成部分，编辑和出版的关系是一种从属关系。如果从传播的范围、高度和角度来看，编辑和出版是一种既并列又交叉的关系。一方面二者互不隶属，谁也无法包含对方，另一方面，二者“外延有很大的重合与交叉，即某些编辑活动是出版的一部分，另外一些编辑活动则与出版无关”[1]。

理清了出版与编辑的关系，就比较容易分析编辑学和出版学的关系。我们认为，编辑学和出版学互不隶属，二者之间是一种并列的关系。事实上，编辑学研究的范围绝不仅仅限定在出版领域，而是早已延伸到了出版领域之外的其他传媒领域。因此，编辑学不可能是出版学的分支。同样，由于出版学研究的不仅仅是出版领域的编辑活动，更有其他的诸如印刷、发行、营销、管理等活动，牵涉的内容广泛，因而出版学也不可能是编辑学的分支。专门研究出版领域编辑活动的学科是一种交叉学科，应该称之为出版编辑学，而不是编辑出版学。

四、对编辑出版学学科名称不合理性的进一步分析和论证

首先，从字面意义看，“编辑出版学”这一名称指代不明，不同的人对它有不同的理解。编辑学界的人理所当然地把编辑出版学当作编辑学，这一点在张天定、郭奇 2004 年的《编辑出版学》一书中得到强有力的印证。该书共分 14 个章节，涉及出版的仅有“出版管理”一个章节，其余讨论的均是有关编辑学的问题。出版学界的人则理直气壮地视“编辑出版学”为出版学。由此造成人们认识上的模糊和观念上的分歧，引发了编辑学界和出版学界长期以来关于“编辑和出版孰大孰小，编辑学

和出版学谁是谁的分支”的无谓争辩。而对于外界来讲，人们更搞不明白该学科到底是编辑学还是出版学，编辑出版学究竟是一种“学”，还是编辑学和出版学两种“学”。这导致外界不但对这一名称的合理性提出诘问，而且对编辑学和出版学的科学性、编辑学界和出版学界治学态度的严谨性产生了质疑。

我们认为，“编辑出版”这一概念没有明确的内涵和外延，它要么将编辑活动限定在出版领域，要么将出版的研究重心放在编辑活动上，造成它的内涵繁杂而外延缩小，使得它根本无法涵盖古今中外的编辑活动和出版活动。而“编辑”和“出版”各自的内涵和外延却相对清晰。二者内涵不同，外延虽有交叉，交叉的部分仍然是编辑外延的一部分。

其次，编辑出版学作为一门学科，人们无法对它的学科性质、研究方向、对象、内容和范围做准确的界定。而编辑学和出版学分别作为独立的学科，其研究方向、对象、内容和范围都很明确。编辑学是研究传播媒介中的编辑工作的规律和历史的科学，其主要任务是对凝聚于图书（报刊）、广播、电视（包括网络）等传播媒介中的编辑劳动方式、价值进行阐述，并对编辑工作的内部和外部构成因素，以及它们之间的互相联系与影响予以分析，按编辑工作对象可分为图书编辑学、刊物编辑学、报纸编辑学、电子出版物编辑学、广播编辑学、电视编辑学（网络编辑学）等[5]。出版学是研究出版工作的规律及其社会作用、发展历史的科学，它以各类出版物和出版业为研究对象，探讨（出版）传播的性质、任务、功能、效益和经营等问题，把实际经验系统化、理论化[5]。可见，编辑学就是编辑学，出版学就是出版学；编辑出版学既不能等同于编辑学，也不能等同于出版学。“编辑出版学”不仅模糊了编辑学和出版学的界限，而且混淆了两门学科的区别——专业特性。

如果仅仅是为了申请晋升为一级专业学科就将编辑学和出版学两门独立的学科不加严密论证地进行整合，把两派学术力量融合在一起，即便是申请成功，那这门学科还能否称为科学？即使能勉强称为科学，有谁能够阐明“编辑出版”的内涵和外延，并对这一概念做科学的界定？有谁能够指出编辑出版学的研究方向、对象、内容和范围？又有谁能够指明“这门学科”的后续发展之路？

将编辑学和出版学合二为一，这是非学术因素对学术研究的干扰，是学术实用主义的表现。非但如此，这种做法也忽视了两门学科发展的历史和客观现实，违背了两门学科发展的自身规律性。实事求是地讲，编辑学和出版学从其诞生之日到现在，几乎都是各走各的路。两个学术共同体基本上没有共享的话语空间。即便是两门学科的学者们偶尔坐在一起，也没有多少共同语言，在各自所发表和出版的论著里，编辑学界和出版学界涉及和探讨的均是各自领域的问题和话题。两门学科发展至今，都已形成了自己的基本理论体系和框架。

再者，从“编辑出版学”这一学科名称正式被官方采纳到今天已经有十年了。恰恰是在这十年之间，编辑和出版赖以生存的传媒领域发生了巨大的变化。变化之大、变化之快，令人目不暇接，措手不及。当编辑学和出版学还未来得及对大众传播之前及大众传播时期的编辑活动和出版活动琢磨明白、研究透彻之际，飞驰而至的网络快车已经把编辑人和出版人带到了大众传播和网络传播相互融合的信息时代。在这个时代里，知识和信息以大容量、大范围、高速度和高质量传播，给传统的编辑和出版带来了前所未有的重大变革：编辑和出版各自的活动范围在扩大，编辑和出版的分化会越来越明显，编辑和出版的模式和流程都在改变，“编辑”和“出版”的内涵和外延发生了新的变化，编辑和出版的观念和思维方式也在转变。再加上网络编辑的出现，传统出版与数字、电子出版的互补，出版企业的体制机制改革等，这些都使编辑和出版面临着新的变化和形势，给编辑学和出版学提出了新的课题和任务。两门学科的传统理论已跟不上形势发展的需要。“现有的编辑学、出版学从概念术语、基本理论体系到基本内容观点都需要重新审视，重新加以研究。”[6]

尤其值得注意的是，2005年底中共中央、国务院颁布的《关于深化文化体制改革的若干意见》规定：所有的报刊都要实行采编业务与经营活动分离。这意味着采编报道不能同广告、经营发生任何关系，广告、经营部门无权过问采编部门的事务。我们知道，经营是出版的重要组成部分，也是出版学研究的重点所在。采编与经营分离还意味着编辑和出版在一定程度上的分化。因此，编辑研究和出版研究在今后不可能走到一条路上。

五、我的观点和主张

（1）“编辑出版”“编辑出版学”这两个名称指代不明、名实不符，既不能反映编辑活动和出版活动的历史和现状，也不能体现编辑学和出版学各自研究的历史和现状。因此，我们郑重呼吁，在口头表达和交流中，应该尽量避免这样的表述；在各种书面表述中，应当坚决停用这样的术语。

（2）编辑学和出版学已经走到了发展的十字路口。是各走各道，还是合二为一？这是一个重大的问题。我们给出的答案是：编辑学和出版学应当一如既往地走各自发展的道路。编辑学和出版学既无合并的可能，也没有合并的必要。两门学科的合并和两派学术力量的整合并非简单的“1＋1＝2”。编辑学和出版学都有其自身的特殊性和不可替代性，都有宽阔的研究和发展空间，都有作为一级学科门类的必要条件和充分理由。

多年来，“编辑学、出版学一直未能跳出自设的狭小圈子”[7]，总是习惯于从自己的角度和范围看对方，因而有时得出的结论难免有失偏颇和片面。从“编辑和出版孰大孰小”的无谓争吵中就可以看出这一点。编辑学界和出版学界只有走向社会和现实，开阔视野，创新思维，解放思想，顺应变化，认真研读和掌握传播学、新闻学、社会学、营销学、网络传播等的相关理论和知识，把各自的研究推向纵深，才能构建指导编辑和出版实践活动的理论体系，才能培养出社会需要的既懂理论又能实践的专业人才。也只有这样，编辑学和出版学学科才能得到社会的广泛认可，才能为各自晋升为一级学科打下坚实的基础。

（3）编辑学界和出版学界要勇于树立“大编辑”和“大出版”的观念。“大编辑”“大出版”并不是比谁大谁小或谁包含谁，而是强调编辑和出版的同等重要性。

网络时代的信息传播，一方面带来了信息的公开化、多样化等优点，另一方面也不可避免地带来了信息的真实性和可信度等问题。因此，编辑的作用和功能不仅不会削弱，反而会进一步增强。

当今，传媒产业已成为社会的支柱产业之一。作为所有传媒运作核心的编辑以及作为传媒产业主要生力军的出版业，正日益受到国家、社会和政府的重视。在 2008 年 4 月召开的主题为“大文化、大媒体、大编辑”的首届中国编辑高层论坛上，与会代表刘志鹏认为：“编辑是媒体的核心与骨干，是文化的传承者与传播者，是文化创新的推动者，是国家核心竞争力的重要组成部分，是民族软实力的重要组成部分。”[8] 中国编辑学会会长桂晓风指出：“要建立大编辑的理念，是因为编辑工作是媒体工作的中心环节，无论科技发展还是文化体制改革，都没有也不可能改变编辑工作的这一地位……在传播队伍中，编辑群体对传播的方向和质量起着决定性作用……‘立足大出版，面向大编辑’是整合和提升当代编辑工作的必然途径。”[9]

笔者认为，“大编辑”和“大出版”不仅是编辑学界和出版学界今后努力的方向，也是编辑学和出版学未来发展的方向。

六、结语

编辑就是编辑，出版就是出版，不可将这两个概念混为一谈；编辑学就是编辑学，出版学就是出版学，二者相互独立，互不隶属，不能把它们合二为一。“编辑出版学”既不能等同于编辑学，也不能等同于出版学，因而这一名称应当废止。在大众传播和网络传播相互依存的信息时代，编辑和出版的作用日显突出和重要。编辑学和出版学应当在传播学和其他相关学科的观照下，走各自发展的路子，不断把各自的研究向纵深推进，以便为编辑活动和出版活动提供非富的理论指导和坚实的理论支撑。编辑学界和出版学界要与时俱进，顺应变化，勇于树立“大编辑”“大出版”的观念，为跨国传播、跨文化传播和我国的传播事业做出应有的贡献。

参考文献

[1] 孔正毅. 关于编辑学学科名称的若干思考. 中国出版，2006 (12).

[2] 李建伟. 谈编辑出版学的学科地位. 河南大学学报，2006 (3).

[3] 王和平. 编辑研究的传播学视角. 西北大学学报，2009 (2).

[4] 田胜立. 从传播看编辑基本规律. 中国编辑，2003 (4).

[5] 辞海编辑委员会. 辞海. 上海：上海辞书出版社，2002.

[6] 张积玉. 编辑学论稿. 北京中国社会科学出版社，2004.

[7] 鲍明，张麟. 走进传播学：编辑学、出版学的战略选择. 辽宁教育学院学报，

2001（7）.

［8］刘志鹏．首届中国编辑高层论坛开幕式致辞．http://book.sina.com.cn/2008-04-28/1105234428.shtml.

［9］桂晓风．多角度思考文化、媒体和编辑的关系．http://www.cnci.gov.cn/content%5C20081110/news_34467_p3.shtml.

（原载《出版发行研究》2009年第8期）

简论对图书出版的传播学误读

王勇安　朱　尉

近年来，我国的传播学跨学科研究取得了许多有价值的成果，但同时也存在用传播学概念简单附会其他学科的问题，其中最有代表性的，当属理论研究和实践活动中对图书出版的传播学误读。这些误读不仅冲淡了传播学本身的学术架构和理论话语而导致研究泛化，更重要的是在一定程度上造成了图书出版实践的思想混乱，为种种图书出版乱象推波助澜，使图书出版发展陷入迷茫。因此，我们有必要深入分析这些误读，在认清其负面效应的基础上正本清源，明确图书出版传播的本质属性，进而选择正确的发展策略。

一、图书属于大众传播媒介——严重的传播学误读

“印刷媒介指借助文字、图片等印刷符号系统传递信息的媒介，如书籍、报纸、杂志。印刷媒介作用于读者的视觉，是最原始、最基本的大众媒介”[1]，“除了书籍以外，报纸是历史最悠久的大众传播媒介”[2]，这种图书出版就是大众传播媒介的认识普遍存在于出版学界和业界人士之中，潜移默化地影响着图书出版经营运作。

毫无疑问，作为一类古老的出版物，图书曾经肩负着传承思想、传播知识、引导舆论等多种传播功能，在报纸诞生之前，一直扮演着大众传播媒介的角色[3]。但是，在传媒环境发生天

翻地覆变化的21世纪，图书出版依然是大众传媒吗？回答这个问题，需要我们从大众传播的概念出发，全面综合考察图书出版的传播属性。

1. 图书出版与大众媒介的传播过程不同

大众传播媒介概念中的核心意蕴在于“大众”。大众的概念内涵比较复杂，它兼有数量、空间和时间等方面的含义。仅数量就有两层意思：一是受传者数量众多，至少要达到传者不可能与受传者都进行面对面的接触；二是传播的内容包含较大的信息量。空间也有两层意思：一是传者与受者在地理位置上相互分隔，二是受众具有相对的空间分隔性。时间的含义指传递信息的速度比较快，同时也隐含传播内容的易逝性[1]。也就是说，大众传播过程中，受传者的数量是巨大的，传播内容是公开的，传播内容是易逝的，信息传播是快速的。

为了有效地比对图书出版过程与大众媒介的传播过程，我们不妨将图书细分为工具书、教科书、学术著作和畅销书来仔细考量。在传播内容公开和信息流通单向性方面，图书的出版发行与大众传播基本相同；在传播速度方面，对信息深加工的特性，决定了任何图书无法与报刊、广播电视和网络媒体相提并论；在受传者数量上，学术著作读者很少，工具书、教科书和畅销书发行量较大，但也远远比不上报纸期刊、广播电视和网络媒体；在传播内容上，内容稳定、长期流传是工具书、教科书和学术著作的生命力所在，就是畅销书，也只有一部分的内容是易逝的，很多畅销书一版再版，成为珍贵藏品，恰恰说明其内容不是易逝的。通过上述比对，除少数畅销书外，图书在数量、空间和时间上均不符合大众传播媒介的传播过程。

2. 图书与大众传媒在传播信息的内容、社会功能方面都有区别

在传播内容和社会功能上，图书与大众传媒是有明显区别的。

大众传媒讲求时效性，“新”是大众传媒的生命力所在，无论是资讯还是舆论，无论是思想还是娱乐，大众传媒传播的信息都强调一个“新”字。因此，大众传播媒介的社会功能重在及时传递信息、引导舆论、提供娱乐、进行监督[4]，其重要特征之一就是以最广泛的大众为诉求对象，它是以满足社会上大多数人的信息需求为目的的大面积的传播活动。

图书传播的信息是经过精心选择、精细加工之后的信息，是人类多年积淀的深邃的文化成果，是抽象思维和形象思维的融合，是绵延民族血脉和延续历史的纽带[5]。所以，历史上图书也曾经行使过大众传播工具的职能，小册子等宣传品在引导舆论方面也起过一定的作用，但图书的内容特点，决定了其传递信息、引导舆论、提供娱乐、进行监督方面的功能逐渐弱化，积累文化、传承文明、陶冶情操、净化心灵、增加知识方面的功能日益强化，已经成为推动人类进步的阶梯。

3. 图书的读者有别于大众传媒的受众

近年来，用传播学的话语表述图书出版中的问题越来越普遍，其中最具代表性的当属用受众取代读者。这种做法使我们不知不觉产生了一种错觉，似乎图书的读者和大众传媒的受众就是同义词。但是，从数量、阅读的集中性、接受信息的主动性和参与传播活动的程度上综合考察图书的读者与大众传媒的受众，我们会发现二者有较大的差别。

大众传媒传递信息的高速度和点对面的单向传播过程，决定了其受众具有大量、分散、混杂、匿名、流动、隔离、无共

同背景、无组织等特征[3]，图书出版的周期长，传播的内容相对集中，问题探讨比较深入，比较专门，读者相对集中。因此，与受众相比，读者是小众的，阅读的需求是相对集中和专门化的。

在传播过程中，受众和读者在接受信息的主动性和参与传播活动的程度上有所差异。读者层是指那些已把读书作为日常生活一部分的人，而受众在传播学中被定义为媒介信息的接受者，概念的外延较之读者大得多，而且行为具有一定的被动性。

由此可见，传播学是根据传播活动中信息的发布者和接受者将读者、听众和观众统一在受众的概念下，不分语境、不分场合，一律将读者和受众这两个概念视为同义词，是在出版研究中对传播学的又一误读。

4. 图书出版者与大众传播媒介经营者的运作方式不同

从信息发布者的角度来考察图书与大众传媒，二者也有较大差别。

首先，大众传播和图书出版运作中编辑的主动选择功能表现不同。大众传播媒介中，编辑的角色是传播中的把关人，其把关功能的实现主要是在新闻发生之后所做的把好政治关和文字关。而图书编辑作为精神产品生产的主力军，要从人类文化宝库中选择精髓内容进行生产，选择的主动性很强，而且现代图书编辑的选择在稿件的策划生产之初就开始，一直贯穿图书出版过程的始终。

其次，报纸、期刊和广播电视等现代大众传播媒介是具有双重意义的特殊商品：它们自己是商品，同时又作为广告载体推销商业信息。因此，广播电视的收入主要来源于广告，报纸和期刊的收入主要是发行收入加广告收入。但是，由于图书的出版周期长和传播范围小，再加上传阅率低，其广告效果无法与大众传播媒介相比，商家一般不会选择图书作为广告宣传载体。这样，图书就与其他商品一样，只能靠发行来盈利，不仅自己不是广告载体，而且还要在其他媒体上刊载广告。

通过以上比较我们不难发现，单纯强调图书的大众传播属性，将现代图书完全等同于大众传媒的认识是错误的。其实，既往曾有学者并不认同图书等同于大众传媒，只可惜这些真知灼见没有引起我们的注意：美国传播学鼻祖韦尔伯·施拉姆在《大众传播媒介与社会发展》一书中，只把报纸和新闻杂志作为大众传播媒介；日本布川角左卫门在《出版事典》中把报纸、杂志、印数大的畅销书作为大众媒介；日本著名的出版家清水英夫认为书籍和杂志有着不能称为大众传播媒介的因素，只是具有新闻性或大众传播机能（这只是它们全部属性的一个方面）不能简单断定“出版”就是大众传播媒介[6]。

二、误读的负面效应——图书出版的乱象与迷茫

1. 对图书出版传播特征的认识错误导致经营管理本末倒置

大众传媒以最广泛的大众为诉求对象，通过追求视听率从而吸引大量的广告投资，对极少数人的需求通常不予理会。图书出版在追求大众需求满足的同时却不排斥小众的个别需求，面对读者的阅读需求，无论它多么微弱和特殊，图书出版都可以以相应的方式予以满足。但令人遗憾的是，近年来在出版界所形成的有关编辑和图书市场的概念，都是建立在图书是一种大众传媒产品的假设的基础上。于是，那些被想象成将会备受大众青睐的畅销书得到了出版者的极大重视，而专业化程度较高、市场局限性较大的图书所能获得的关注就越少。然而从总体上看，出版业所获得的大宗利润和支撑都来自于那些热衷于各种专门志趣和爱好的图书购买者。因此，过分注重想象中的

“大众”读者，而忽视了各类专业图书购买者的需求的做法，好比搬起石头砸自己的脚[7]。此外，图书出版与其他大众传媒的不同之处在于极度重视出版中的一对一传播。日本著名出版家中岛健藏认为，大众传播是一对多的传播，而图书出版传播的基础是一对一的传播关系，出版过程中不能只为追求出版规模而使图书选题只关注大众需求而忽略少数人的需求。

这种对图书出版传播特征的认识错误，直接引发了出版经营管理上的本末倒置。对并非大众传媒的图书，却要按照大众传媒的运作规律进行出版传播活动，这是单纯追求规模效应导致的一系列乱象的根源所在。就一般的信息传播功能而言，报纸、广播电视等其他大众传播媒介有着图书无法企及的优势，图书一旦丧失了思想知识载体的特征，沦为普通的信息传播载体，极有可能被其他大众传媒取代，长此以往会对出版生态甚至文化生态造成毁灭性的伤害。

2. 片面理解规模效应，制造虚假繁荣

与大众传媒不同，图书出版的规模效应表现为提高复制数量和增加图书品种两个方面。但牺牲“小众”需求满足“大众”需求的大众传媒经营理念，以及由此衍生的“大量复制—大量销售”运作逻辑，使我们对图书出版规模效应产生了错误认识：只承认图书的印数规模而不承认其品种规模。诚然，图书单品种印数越高，图书的成本越低，出版社收益也越大。但这种将图书原本已经退化的大众传媒功能无限扩大的做法，实际上是图书以其之短在传媒市场上与大众传媒竞争，注定要以失败告终。

3. 生产周期与生命周期缩短造成图书内容缩水，质量滑坡

吸收最新技术、加快信息传播的速度，已成为大众传播的发展趋势。广播电视和网络电子传媒注重传播速度，报纸等印

刷大众传媒则更强调制作速度。在这种追求传播和制作速度的大众传播经营理念的影响下，图书生产速度越来越快，图书生命周期越来越短，带来了内容缩水、质量滑坡等负面效应。

大众传播媒介以满足受众浅层次阅读需求为目的，因此无论是对原始信息的选择程度还是加工程度，都无法和以满足读者深度阅读需求为目的的图书出版相提并论。图书的精神生产，需要深入的市场调研和准确的需求把握，精心地策划选题。图书的精神生产周期与其生命周期呈正相关关系，与内容精细程度和质量水平呈负相关关系。当我们一味缩短图书出版周期时，同时也缩短了图书的生命周期，并且牺牲了图书内容质量水平。因此，当“出书”变为“做书”，继而成为“攒书”时，图书异化为报纸期刊，在传媒市场上错误定位，以及图书内容缩水，质量问题频发就不足为奇了。

4. 违背出版规律，导致产品结构失衡和创新动力不足

对图书出版的传播学误读也是我国图书出版业创新不足的主要原因之一。

大众传媒“大量复制—大量销售”运作逻辑的物质基础是发行收入加广告收入的盈利方式，而且当其发行量达到一定水平后，广告收入就成为其主要经济来源，媒介本身作为商品的价值无足轻重。因此，一旦进入发行与广告盈利的良性循环，报纸等大众传媒就可以有足够的资金满足对稿件质量进行经济调控。但是，图书出版仅仅依靠发行收入盈利，将图书出版定义为大众传媒来经营，在“大量复制—大量销售”的运作逻辑下，出版社也只有通过完全依靠成本控制来付给作者稿酬。图书出版文化选择的社会功能，决定了许多承担文化传承重任的学术著作注定不会有较大印数。这样，“大量复制—大量销售”运作逻辑就像一个筛子，筛去了许多质量上乘但注定不会有大

印数的学术类书稿。长此以往，发行量大小成为考察出版工作成绩的唯一实际指标，根据发行量来评价图书内容质量和出版工作成果成为出版界的坏习惯，导致图书市场结构失衡，过度依赖教辅图书等大印数图书出版。

由于图书的价值只能依靠调整成本来实现，因此当“大量复制—大量销售”运作逻辑逐渐成为一种时髦的出版理念时，稿酬等精神产品成本就会在图书定价中所占的份额越来越低。优秀作者大量流失，全行业创新动力严重不足，跟风出版导致的产品同质化就成为普遍现象。于是，从选题策划到生产制作环节都缺乏个性，大量同类题材的图书几亿甚至几十亿地积压在仓库，造成了纸张、人力和财力资源的极大浪费，无形中占据了优秀图书的出版资源，出现了出版泡沫现象。

正确认识图书出版的分众传播属性，使图书出版回归文化传播本位，既是出版专业化和产品差异化生产的理论支撑，也是出版经营管理由经验管理和科学管理为主转向服务管理和文化管理的题中应有之义。因此，无论是从提高传播学跨学科研究的抽象程度和理论程度的角度，还是在统一出版界认识的层面，都需要我们对图书出版的传播学误读进行认真分析。唯有如此，我们才能从停滞的泥沼中走出，不断提升我国出版业在国际出版大舞台上的地位。

参考文献

[1] 俞旭．“大众媒介”和“大众传播”疏释．新闻大学，1986（2）：119.

[2] 胡舒立．大众传播媒介简介之一——报纸．新闻与写作，1988（10）：22.

[3] 张国良．现代大众传播学．四川人民出版社，1998.

[4] 周敏．大众传播媒介与舆论的互动．新闻前哨，2003（3）：14.

[5] 辰目．生产周期短，生命周期也短？——探讨图书出版的某种规律性．出版参考，2006（7）：1.

[6] 清水英夫. 现代出版学. 沈洵澧等，译. 北京：北京大学出版社，1994.
[7] J. P. 德索尔. 出版学概说. 姜乐英，等，译. 北京：中国书籍出版社，1988.

（原载《出版发行研究》2009 年第 5 期）

近两年来我国编辑学研究特点简论

姬建敏

2008年，中国编辑学会提出了以“大文化、大媒体、大编辑”为主体的编辑学研究方略。在“大编辑”思想的指导下，近两年来我国的编辑学研究取得了诸多成果，编辑学理论研究、实践研究与编辑史研究并重，涉及面广而又有所侧重，博而又有所精深；既关注学术焦点问题，亦顾及现实需求；既重视编辑学研究中老话题、新视角的重新审视与重新发现，亦兼顾编辑实践发展中新课题、新现象的深层思考，尤其是对编辑学研究30年、编辑学创建60年的有关回顾，颇有深度。

本文无意对近两年的编辑学研究进行全面总结，在此仅就笔者所能看到的、近两年发表的题目带有“编辑”二字的文章，探讨一下近两年来我国编辑学研究的特点，以期从一个侧面展现当今编辑学研究的成果，预测未来编辑学发展的走向。

特点之一：学术史意识加强

科学研究的一个显著特点是它的继承性，任何科研活动都是在继承和借鉴前人的基础上创新和发展的。清理以往的研究成果，对学术史加以回顾和总结，既是学术研究、学术发展“自我意识”的自省，也蕴含着对未来学术的展望与期待。这种学术史意识，在近两年的编辑学研究中表现得非常突出。最为典型的例子就是对改革开放30年编辑学研究的总结和新中国成立 60 年编辑学有关方面的回顾，可谓近两年编辑学研究中最令人瞩目，也最有独特风采的华章。比如，邵益文的《30 年编辑学研究综述》[1]，王振铎、龙玉明的《编辑学学科体系已臻成熟——纪念中华人民共和国成立 60 年之编辑学研究》[2] 等。前者以编辑学研究理论问题为出发点，以改革开放为轴线，详细而科学地总结了关于编辑学有学无学、编辑学的性质、编辑学的归属、编辑学的研究对象、编辑学的研究范围、编辑学的学科体系、编辑学的理论框架以及编辑的概念、编辑的起源、编辑工作的导向性、编辑劳动的性质和作用、编辑主体及其能动性、编辑基本规律和编辑学与邻近学科的关系、建立涵盖多种媒体的普通编辑学等问题的论争与讨论，是编辑学理论研究阶段性的历史总结，可以说在编辑学研究历史上具有筚路蓝缕的作用。后者从中华人民共和国成立的 1949 年，我国第一本（也是世界第一本）《编辑学》问世写起，论述了新中国成立 60 年来，我国编辑学学科体系“三十而立，六十而成”，最终形成自身独立的学科体系的历程。较之其他的综述文章，它突出强调的是 60 年来具有中国特色的编辑学学科体系已臻成熟，学科链条已臻完善的学科建设发展脉络，在编辑学的学科发展史上同样功不可没。二者可作为改革开放 30 年、新中国成立 60 年的代表性作品，实事求是的总结，高层建瓴的分析，为以后编辑学研究明晰思路、探讨规律，奠定了基础。

另外，对编辑学总体研究状况的归纳与总结，王建平的《2007 年编辑学研究综述》[3] 和《2008 年编辑学研究述要》[4] 也较具代表性。两文无论是对 2007 年的综述，还是对 2008 年的分析，都立足于对文章内容的解读，涉猎文章多，总结比较细，像编辑学原理、编辑出版教育、编辑主体、编辑工作、新型编辑以及编辑史和编辑家研究等都分门别类地进行了归纳和概括，既客观反映了 2007 年、2008 年编辑学研究的整体风貌，又突出了热点、重点，这对于现在以及未来编辑学研究具有启示和借鉴意义，颇厚重。

除了对总体研究状况的归纳与总结以外，对专题研究的梳理与分析，近两年也受到重视。比如，姬建敏的《编辑心理健康问题的研究与考量》[5]、吴赟的《中国编辑出版研究学术史简论》[6]和蔡克难的《概说编辑学理论的基本问题》[7]、佘斯勇的《编辑职责的历史嬗变》[8]，或总结了目前国内编辑心理健康问题的研究状况和研究成果，或回顾了中国编辑出版学的研究源流和发展路径，或厘清了什么是编辑、什么是编辑学等编辑学基本概念，或归纳了编辑职责历史嬗变的过程，在一定程度上涵盖了这几个领域的研究成就，比较有分量。

上述学术史的省思，以新的眼光审视已有的研究，以新的视点透视已有的成果，既是学术进步的内在需求，也促使人们对编辑学有关领域学术根基和学术方向产生新的认识和冲动。

特点之二：研究领域拓宽

新闻出版总署署长柳斌杰指出，“大媒体”时代的编辑，职业范围日益扩大，肩负各种传媒载体所传播内容的选择、加工和制作，成为传播领域的核心环节和关键岗位。为此，近两年的编辑学研究，受当前社会环境和出版媒介、出版产业多元化的影响，研究范围扩大，研究对象也更多元化。

撇开数量众多的对编辑素质、编辑工作、编辑出版教育等的研究文章不说，这两年值得关注的是对新媒体编辑及新编辑群体的研究。前者如侯小强的《新媒体与新编辑》[9]和蔡洋的《试论网络编辑活动的认知特点》[10]，研究对象是媒介变革过程中涌现出来的网络编辑、博客编辑等；后者如余佐赞的《编辑流程中分化出的新编辑群体——兼论〈图书编辑工作基本规程〉与时俱进的必要性》[11]和石长顺、唐晓丹的《全媒体语境下电视编辑的角色转型与功能拓展》[12]，研究对象是图书编辑分工细化后出现的策划编辑、文字编辑、配图编辑、公关编辑以及全媒体语境下的电视编辑等。与前两年相比，无论研究深度的挖掘或是研究广度的拓展，都有所进步。尤其是王晓翠的《编辑与新兴媒介文化建设——以博客文化为例》[13]和王军华的《论新兴媒体的影响力及其编辑的社会责任》[14]，分别从文化建设和社会责任的高度对新媒体编辑的社会角色进行了探索，不乏深意。王振铎的《阅读、出版与教育——数字阅读、文本阅读与编辑出版教育之变革》[15]从数字阅读、文本阅读、编辑出版媒介出发，论述了古今编辑出版教育的变革，文章不仅在研究范围上突破了以往编辑学理论、编辑实践、编辑史的界限，进行跨学科的交叉研究，而且视野开阔，内容斑驳多彩，研究更深入，也更具学理性。

研究范围和研究对象的扩大，要有与之相适应的理论与之匹配。与前几年理论研究不太景气相比较，近两年的理论研究在反思中有所改观。蔡克难的《编辑学研究为什么不能深入》[16]从研究编辑学基础理论的必要性和如何认识、组织编辑学研究进行反思，对编辑学研究的进一步深入具有参考和借鉴价值。王鹏飞的《编辑学研究的范式危机——“出版思维”与“实践思维”之批判》[17]旗帜鲜明地提出，当下编辑学研究难以深入的原因是编辑学研究群体带来的“出版思维”和研究之初形成的“实践思维”这两种范式的局限，文风犀利，颇有见地。而李景和的《编辑本质的界说与研究者的思维方法》[18]、柳斌杰的《做无愧于时代的新型编辑》[19]和钟边的《以科学发展观统领中国编辑》[20]、郝捷的《从文化分工看编辑职能的增强与演变——兼谈当今编辑的价值创新地位》[21]等文章，则从文化体制改革的大背景出发，以科学发展观为指导，阐释编辑的文化责任、价值、使命以及编辑学研究的现代内涵，特别是“大编辑观”理论命题的提出，对于建立涵盖多种媒体的普通编辑学学科体系和理论框架，具有建设性的价值和意义。

上述编辑学研究中对“新”内容的讨论与探索、“新”领域的尝试与开拓、“新”理论的思索与追问，既是编辑学在网络化时代内涵丰富的表现，也是编辑学学科完善与发展创新的必要环节，体现了编辑学研究者理论建设的自觉。

特点之三：研究方法多元化

科学的研究方法是科学发展的武器，方法问题历来是科学研究的基本问题，也是决定科学进步的关键因素之一。编辑学作为理论和实践兼具的新兴学科，其研究方法的特点是随着编辑理论和编辑实践的发展变化而发展变化。近两年，由于研究领域的拓宽，研究方法也呈多元化趋势，比如调查研究法、分析综合法、抽象逻辑方法等。其中，影响比较大的要数借鉴相邻学科的方法进行研究了。

借鉴相邻学科的方法进行编辑学研究，并不是始于这两年，但近两年表现得比较突出。比如，孟大虎的《学术编辑劳动价值的评价与考核——从现代经济学视角出发》[22]就是借鉴现代经济学的研究方法，把经济学的团队生产理论和信息不对称理论作为分析工具，系统地回答了学术编辑的创造性劳动为何难以得到承认、学术编辑劳动的价值为何难以评价等问题，进而提出应当建立一种以内部人评价为主的学术编辑评价考核机制。禤胜修的《论编辑传播信息的周延性》[23]是借鉴传播学的研究方法，把传播学的媒介使用与满足理论运用到编辑学领域，通过形式逻辑“周延性”这一术语，描述编辑活动中信息传播的充足度。王建平的《河南省编辑出版专业研究生心理健康状况的调查研究》[24]是借鉴心理学的研究方法，运用“SCL—90心理卫生自评量表”对河南省编辑出版专业的研究生进行调查研究，不仅指出影响他们心理健康的因素，而且根据他们心理健康的特点，进而制订相应的提高措施。杨粤芳、欧继花的《编辑策划劳动力浓度评析》[25]是借鉴经济劳动价值理论，阐释编辑劳动现象或编辑劳动过程的本质，在此基础上提出编辑策划劳动力浓度的概念，通过编辑策划劳动量比较编辑劳动价值的大小。这些研究，方法已经不是外在的形式，而是内容的灵魂。它们不仅为编辑学研究提供了一个不同的视角，开阔了编辑学研究的视野，也给编辑学研究注入了新的活力，对于编辑学学科建设和完善具有积极意义。

另外，运用理论联系实际的研究方法，从现实需要出发对编辑出版教育进行研究并运用历史分析的方法对编辑史和编辑家进行研究，这些年来一直比较热。但这两年与以往相比，在方法上突出了理论与实践的联系、历史与逻辑思辨的结合，前者以张积玉的《编辑出版学专业教育模式探析》[26]和李建伟的《中国编辑出版学本科教育现状研究》[27]比较有代表性，后者以杨迎平的《论施蛰存的现代编辑思想及〈现代〉的现代性》[28]、李乐的《“明道”——理学大师朱熹的编辑追求》[29]比较有代表性。这些研究，由于方法的拓展，也使内容进一步深化，表现为近两年的编辑出版教育的研究和编辑家的研究趋于理性，编辑家的研究更彰显编辑思想这一恒久魅力和深远影响。

总之，科学方法论与科学活动本身一样，是历史的，永远不会停留在一个水平上。编辑实践的变化也使编辑学研究方法多样化。尤其是在网络环境下，面对丰富多彩、性质迥异的编辑实践，不仅编辑学的研究方法、研究内容缤纷多彩，编辑学的研究前景也是光辉灿烂的。对此，我们充满了信心。

参考文献

[1] 邵益文. 30年编辑学研究综述. 编辑之友，2008（6）.
[2] 王振铎，龙玉明. 编辑学学科体系已臻成熟——纪念中华人民共和国成立60年之编辑学研究. 河南大学学报，2009（4）.
[3] 王建平. 2007年编辑学研究综述. 出版科学，2008（4）.
[4] 王建平. 2008年编辑学研究述要. 出版科学，2009（4）.
[5] 姬建敏. 编辑心理健康问题的研究与考量. 河南大学学报，2008（5）.
[6] 吴赟. 中国编辑出版研究学术史简论. 河南大学学报，2008（5）.
[7] 蔡克难. 概说编辑学理论的基本问题. 编辑之友，2009（2）.
[8] 佘斯勇. 编辑职责的历史嬗变. 编辑之友，2009（2）.
[9] 侯小强. 新媒体与新编辑. 中国编辑，2008（4）.
[10] 蔡洋. 试论网络编辑活动的认知特点. 出版科学，2009（1）.
[11] 余佐赞. 编辑流程中分化出的新编辑群体——兼论《图书编辑工作基本规程》与时俱进的必要性. 编辑之友，2008（1）.
[12] 石长顺，唐晓丹. 全媒体语境下电视编辑的角色转型与功能拓展. 中国编辑，2009（2）.
[13] 王晓翠. 编辑与新兴媒介文化建设——以博客文化为例. 今传媒，2008（5）.
[14] 王军华. 论新兴媒体的影响力及其编辑的社会责任. 湖北师范学院学报，2009（1）.
[15] 王振铎. 阅读、出版与教育——数字阅读、文本阅读与编辑出版教育之变革. 河南大学学报，2008（6）.
[16] 蔡克难. 编辑学研究为什么不能深入. 编辑之友，2008（1）.
[17] 王鹏飞. 编辑学研究的范式危机——出版思维”与“实践思维”之批判. 河南大学学报，2009（1）.
[18] 李景和. 编辑本质的界说与研究者的思维方法. 编辑之友，2008（5）.
[19] 柳斌杰. 做无愧于时代的新型编辑. 中国编辑，2008（3）.
[20] 钟边. 以科学发展观统领中国编辑. 中国编辑，2009（1）.
[21] 郝捷. 从文化分工看编辑职能的增强与演变——兼谈当今编辑的价值创新地位.

出版科学，2009 (1).
[22] 孟大虎. 学术编辑劳动价值的评价与考核——从现代经济学视角出发. 河南大学学报，2008 (4).
[23] 裲胜修. 论编辑传播信息的周延性. 出版发行研究，2008 (9).
[24] 王建平. 河南省编辑出版专业研究生心理健康状况的调查研究. 河南大学学报，2008 (1).
[25] 杨粤芳，欧继花. 编辑策划劳动力浓度评析. 湖南商学院学报，2009 (1).
[26] 张积玉. 编辑出版学专业教育模式探析. 出版发行研究，2008 (3).
[27] 李建伟. 中国编辑出版学本科教育现状研究. 编辑之友，2009 (1).
[28] 杨迎平. 论施蛰存的现代编辑思想及《现代》的现代性. 文艺理论研究，2009 (1).
[29] 李乐. “明道”——理学大师朱熹的编辑追求. 编辑之友，2008 (3).

（原载《编辑之友》2009 年第 12 期）

研究范式与我国编辑学的发展

王　伟

编辑学独立成为一门学科已有百余年的历史，在我国则始于20世纪80年代[1][4]。虽然目前编辑学的学科地位问题一直没有得到解决，但经过20多年的发展，编辑学研究已取得可喜的成就，并不断走向深入。80年代以来，编辑学研究取得的成果，包括上百种的编辑学的专著、数以万计的论文，内容非常广泛。全国范围内，专职从事编辑学理论研究的人也已不少。为了使今后编辑学的研究领域更加宽广，探讨更加深入，笔者试对编辑学研究范式进行初步的探讨，希望以此推动编辑学的进一步发展。

一、对编辑学研究范式的思考

范式这一概念是由库恩提出 的，根据库恩的说法，其范式概念主要有两层意义：第一，它代表科学共同体成员所共有的信念、价值、技术等等构成的整体；第二，它涉及该整体中的一种元素，就是具体的问题解答，作为一种模型或范例，可以代替规则作为常规科学其他疑题的解答基础[2]。国内学者现今在讨论研究范式时多采用第一种更为宏观的、形而上的定义。社会科学中的研究范式，是有关科学和社会基本性质的一组形而上的假定，无所谓对和错，而只是提供了观察人们社会生活的不同方式和思路。

从整个国内编辑学界来看，目前绝大多数研究主要体现了三种研究范式，即社会科学研究范式、诠释研究范式及批判研究范式。这三种编辑学研究范式，在本体论与认识论上都存在着差别。如果择其要点而言之，笔者以为差别首先来源于社会科学与人文科学的区分。社会科学想仿效自然科学，因此主张价值中立，认为学者必须不带个人偏见地去揭示纯粹的客观规律；而人文学者认为价值中立是无法真正做到的，研究工作具有一定的价值导向不仅是可以的，而且也是必然的。这样一来，如果说社会科学主要是想揭示社会究竟是什么样的，那么人文科学的价值关怀已经让研究工作带有了一点揭示社会应该是什么样的性质。前者在编辑学研究中直接产生了编辑学的社会科学研究范式，强调客观、强调实证、强调规律性。后者在编辑学研究中又可以分为两支，在具有价值导向的前提下，一派强调理解，这更带来了编辑学的诠释研究范式；另一派强调批判，则带来了编辑学的批判研究范式。

二、历史语境与中国编辑学研究范式

笔者认为，目前在中国编辑学研究中居主导地位者依然是批判研究范式，这与西方社会科学研究范式占主导地位的局势形成了一种对比。中国编辑学研究是改革开放后在胡乔木提议下，在新闻出版界、教育界同仁的努力下才得以崛起的，老一辈的编辑学研究者大多是从其他学科转行过来的，其中又以中文专业为多。其后，新一代的编辑学者才是高校编辑出版专业和其他专业培养的。但不管老一代学者还是新一代学者，在中国所接受的教育中，马克思主义理论会对他们产生潜移默化的影响。这样一来，马克思所代表的批判传统对这些学者来说并不陌生，他们对编辑学的批判研究范式具有一种天生的血缘上的亲切感，这使得他们非常容易接受并发展这种研究范式。总之，中国的知识社会学传统造成了编辑学的批判研究范式目前在国内仍居于主导地位，至少在研究成果的数量上表现如此。

然而，随着国门的进一步打开，与西方的学术交流日益增多，在西方居于主导地位的社会科学研究范式，开始对国内各个学科的发展产生了越来越大的影响，许多学者开始提倡要进行实证研究，要进行量化分析。他们认为传统的定性研究容易沦为一种概念游戏，容易让学术研究转变成为一种政治话语。应该说，这些主张有其合理性。从近期的研究来看，国内学者在这方面还是取得了一些进展的。不过，从总体而言，目前绝大多数学者采用的依然是批判研究范式。当然，我们有理由相信，采用社会科学研究范式的学者在以后会越来越多，至少这一范式在中国呈现的是一种上升趋势。与以上两种范式相比，编辑学研究的诠释范式在国内应该说表现得最弱。早些年很少见到采用这种范式的研究成果，近年来随着文化研究在中国的红火，以及符号学逐步被引进，少数学者试图转入这一范式的编辑学研究。但与前两种范式相比，诠释研究范式在中国可以说仍处于萌芽状态。

对国内采用三种范式进行编辑学研究的状况进行比较后不难看出，一种研究范式的被采用并不是一种偶然的结果，事实上其受制于该学科的知识传统。马克思主义在中国的领导地位决定了批判范式在中国的流行，而如果没有文化研究与符号学在国内的译介，那么编辑学研究的诠释范式能否导入也尚存疑问。因此，有理由认为范式的采纳和发展与特定的历史社会语境相关。此外，笔者还想强调的一点是，学者的研究工作虽然属于上层建筑的范畴，但它同样受制于经济基础。众所周知，如果采用社会科学研究范式来进行实证研究，那就需要进行大量的调查统计，而这显然需要经费。但在中国目前的研究环境中，能拿到科研经费的学者只是非常小的一部分，那么对于大多数手上没有任何科研经费的研究者来说，社会科学研究范式是可望而不可及的。如果忽视了这一制约条件，仅仅怪罪国内学者不愿意与国外接轨，不愿意从事实证研究，那是不公允的。不过，让笔者迷惑的是，诠释研究范式与批判研究范式类似，并不建立在需要大量经费的实证基础上，那么这一范式为什么没有得到充分的重视与发展？笔者以为，在研究经费问题短期之内在国内可能无法得到解决的今天，也许诠释研究范式的导入与发展，可以为中国的编辑学在现有的条件的推进提供一种新的动力。

三、多元范式的并存与中国编辑学的发展

编辑学研究的多种范式并存将是一个必然的结果。这种多元范式并存的现象在某种意义上来说是一件好事，因为它标志着学者们从不同的角度通过不同的手段来研究同一个对象，可以大大扩展我们对事物的认识。然而，不可否认的是，不同研究范式之间是存在矛盾的，它们在本体论与认识论上的不同使它们之间形成了一种张力，而这种张力如果不能得到较好的理解与应用，便会对研究工作造成危害。

就编辑学研究而言则面临着这样一种困境：对一些采用社会科学研究范式的学者来说，编辑出版是一种社会现象，可以作为一种社会事实来进行考察与分析，探讨其因果规律，而那些采用批判研究范式和诠释研究范式的学者显然无法接受这种观点。尽管在物理学领域，环境与对象的关系是显而易见的、可测量的，而研究人类行为，其中的关系却绝非如此。人类行为常常十分复杂且有目标取向，是很难量化的。社会科学与人

类行为的结合是值得质疑的[3]。举个例子来说，拿量化的研究手段可以得出一本书的发行量，让我们知道究竟有多少人在看这本书。但另一个不容忽视的事实是，在这些受众中，每一个人的理解与感受都会有所不同，而这是无法通过量化的手段来认识的。事实上，以上三种范式的研究都有其合理性，且在一定程度上还能构成一种互补，让我们对编辑出版事实获得更多的了解。然而，如果我们无法接受编辑学研究多元范式并存这一前提，那么就会党同伐异，唯我独尊。在学术发展史上，各种学派之间因为研究范式的不同而相互攻讦的例子很多，教训值得汲取。多元范式并存也具有一定的积极意义，因为它会让研究者注意到任何一种研究范式都有其不足之处，而其他范式对它的质疑可以让它为了应对而进一步发展与完善自身。但是，如果这种攻讦超出了学术探讨的限度，那就成了一种为了争夺话语权的谩骂，对学术的发展就没有什么好处了。在这层意义上，对不同研究范式之间的张力一定要慎重对待，以达到用其所长、避其所短，从而为学术研究的发展创造一个良好的环境。

具体到中国的编辑学研究，笔者以为，社会科学研究范式、诠释研究范式以及批判研究范式的并存会让中国编辑学迎来一个新的发展时期，大大改变以往所有编辑学者都采用批判研究范式的局面。但也需克服范式之间张力所可能导致的负面影响。然而要做到这一点，就需克服二元对立的思维模式，以一种辩证的态度来看待多元范式的并存。具体而言，以下两点尤其值得注意：首先，要克服量化研究与质化研究的二元对立。笔者在前文中已经提过，编辑学的社会科学研究范式多主张量化研究，而诠释研究范式及批判研究范式采用质化研究方法更多。这两种方法各有利弊。虽然，我们在具体的研究工作中可能有某一种方法更为适用，但也要承认其他方法的合理性。当然，从绝对的标准来看，任何分析的目的、分析过程终点、分析工具和分析客体，几乎都不可能彼此相容。然而，真正的问题是必须找出在什么范围、什么层面下，质化和量化这两种研究模型可以彼此相容。事实上，在一些复杂的研究工作中，两种方法的并用早已是一种常见的现象，因而强调这两种方法的互补性是编辑学发展中应有的态度。其次，要克服编辑学研究中实然与应然的二元对立。编辑学研究当然首先要搞清楚编辑活动的事实，但是我们不能认为这些编辑出版事实就是纯客观的，不含有任何价值导向，编辑活动与意识形态结合之紧密是一个根本无法否认的现象。这样，以事实作为理由从而抹杀价值的做法并不可取。当然，我们也不能为了某种导向就全然不顾甚至篡改事实。我们应该追求在编辑学研究中实然与应然的辩证统一，从而使编辑学研究真正能够为受众带来益处。

注释

［1］李经．编辑学原理初探．编辑学报，2002，14（6）：394-396.

［2］库恩．科学革命的结构．北京：北京大学出版社，2003.

［3］Stanley J. Baran，Dennis K. Davis. *Mass Communication Theory*：*Foundations*，*Ferment*，*and Future*. Wadsworth Publishing Co.，2000：33.

［4］李经先生的原文是这样的："编辑工作的历史可谓久远，从我国图书发展的历史进程来看，可以说，自从图书的出现，便有了编辑工作，编辑工作是随着书籍的形成和传播而产生的；但编辑真正脱离开著书立说而独立成为一个事业，不过100多年的历史，而编辑学，作为一门新兴的学科，自突破'编辑有术无学'的论点发展至今，更是短暂，时至今日，我们说'编辑有学'，这其中的'学'自然指的是编辑学原理。"（本年刊编者注）

（原载《编辑之友》2009年第7期）

对编辑学与出版学关系的再思考

吴　赟

编辑学和出版学孰大孰小、谁包容谁，从 20 世纪 80 年代开始中国编辑出版研究界对此一直存有争议。目前研究界大致存在四种观点：（1）认为出版学涵盖编辑学，编辑学从属于出版学；（2）认为编辑是出版活动的核心，编辑学应该延及或引导出版学；（3）认为二者互不隶属，编辑学和出版学是既有区别又有紧密联系的相互独立的学科；（4）认为编辑学等同于出版学，二者无实质差异而只是名称不同。本文认为，在探究编辑学与出版学的关系时，需要着重注意以下几方面的问题，针对这些问题作者提出以下一些观点，以期引起同仁对这些问题的重视和进一步探讨。

一、在考察编辑学与出版学关系时应从各自的研究对象出发，注意研究的逻辑起点和关键概念的内涵

1. 编辑学与出版学不是从属关系，说二者是并列或平行关系也不十分确切，而是“你中有我、我中有你”的交叉关系

在过去近三十年中，我国不少学者已经就作为著述活动的“编辑”和作为专门职业活动的“编辑”二者的异同、“编辑”概念的来源与发展进行了很多探讨，已经有了一些定论，本文不想就此赘述，只想强调的是：要正确认识和处理编辑学与出版学的关系，必须合理界定研究的逻辑起点——“编辑”“出

版”概念的内涵。我们在探讨编辑学和出版学的关系时，要对“编辑”和“出版”进行层次对等的概念对应，而不应以广义的“编辑”概念去对应狭义的“出版”概念，或以广义的“出版”概念去对应狭义的“编辑”概念。

当以“大出版”概念作为出版学的研究对象时，应以与“大出版”对等的“大编辑”概念来考察二者的关系。因为，编辑学的研究内容并不局限于书刊编辑，还包括报纸编辑、影视编辑、网络编辑等编辑活动和编辑现象。如果进行同层级的概念对应，编辑学和出版学应是紧密的交叉关系。

2. 随着媒介的融合和人类传播行为、传播活动的发展，“编辑”概念和“出版”概念也将不断发展，编辑学与出版学的关系正处于一种互补、渗透、融合的发展状态

现阶段我国编辑学和出版学的研究对象、研究内容是一种相互交叉、相互渗透、相互补充的关系，当然，二者的研究领域存在不同的侧重点。一些认为编辑学就不应研究编辑活动以外的出版业务活动，或认为编辑活动不是出版学研究内容的观点有失偏颇，其狭隘的观念误区应予以消除。而且，随着纸质出版、音像出版、电子出版、网络出版等传播活动的迅猛发展和快速融合，“编辑”“出版”概念的内涵将不断发展，现有编辑学、出版学的研究将会逐步融合。事实上，目前这一趋势已经显现。

二、对编辑学和出版学关系的考察，应适当参照编辑学与其他近邻学科的关系

编辑学与出版学的学科关系类似于编辑学与新闻学的关系。与出版活动中天然地存在编辑元素类似的是，新闻活动中也大然地存在信息的编辑、策划元素。然而为什么目前有关编辑学

与新闻学的学科关系问题讨论得比较少，而编辑学与出版学的关系问题吸引了较多的注意力？其中的主要原因在于：发轫于20世纪初的新闻学已经形成了比较稳定的研究对象和知识框架，新闻学也研究新闻编辑活动和现象，对此编辑学界没有多大异议，因此编辑学与新闻学的关系被定位为密切的近邻关系或交叉关系。而与此形成鲜明对照的是，出版学学科概念虽然早在20世纪30年代即被提出，但出版学研究正式肇始于20世纪70年代末，基本上与编辑学研究同期起步，而且建立“现代编辑学”和“现代出版学”的目标又几乎同时被中国出版界、学界提出，因此，这两个学科的研究对象、知识版图自然发生了一些“碰撞”。我们在考察编辑学和出版学关系时，或许真应跳至局外，适当参照编辑学与其他近邻学科的关系。

三、目前国家学科专业目录中的“编辑出版学”概念虽是折中的称谓，但在现阶段有一定的合理性，符合这一领域发展的需要

历史上的“编辑学”“出版发行学”两个专业在1998年教育部颁布的《普通高等学校本科专业目录》中以一个专业名称——“编辑出版学”出现。虽然这一学科专业名称是一种折中的称谓，编辑出版学科的发展还未完全定型，但在现状下采用“编辑出版学”的学科名称具有一定的合理性，符合学科专业发展的需要。

我们可将“编辑出版学”领域视为一个“学科联邦”或“学科联合体”。目前，在国家正式的本科专业目录中，编辑出版学是“新闻学与传播学”一级学科之下的二级学科专业，而在国家正式颁布的《授予博士、硕士学位和培养研究生的学科、专业目录》和“国标”《学科分类与代码》中尚未见编辑出版学

学科。假使有朝一日如我们编辑出版学界所愿，编辑出版学被升格为一级学科，那么可以考虑在编辑出版学一级学科下设编辑学、出版学两个二级学科，其下再细分方向。

“一个专业、不同表述”是目前编辑出版学教育、研究现状的真实写照——在编辑出版学这一“学科联邦”的版图内，不同的主体对这一领域有不同阐释。目前教育部允许各高校根据自身历史和办学优势开办编辑出版学专业，因此各校编辑出版学专业各具特色，异彩纷呈。从院系归属来看，有的高校将编辑出版学专业置于新闻传播院系，有的置于信息管理院系，还有的开设在中文或历史院系。从教学特色和培养目标来看，有的高校以培养平面媒体编辑人才为主，有的高校以培养出版营销或版权贸易人才为特色，还有的高校长于培养广播影视编辑、编导人才。

如此看来，我们是否可以说，在学科发展层面，我国编辑出版研究界所论争的编辑学与出版学关系问题或许只是一个学科符号问题，而“编辑出版学”是目前能为大多数人接受的一个学科称谓。

四、从建立普通编辑学的视角来考察编辑学与出版学的关系

当前编辑界和学界正为建立普通编辑学而努力探索，这一目标的实现必须具备一定的分类编辑研究基础。唯有具备坚实的分类编辑研究基础，涵盖各种编辑活动共同规律的普通编辑学才能形成，否则，脱离具体编辑实践的普通编辑学有可能仅仅停留在纯理论的、抽象的“编辑哲学”层面。我们所热望并为之奋斗的普通编辑学绝对不可坠入“无源之水”“无本之木”境地的“玄学”！

在出版学范畴内研究编辑学（研究出版活动中的编辑现象

和规律），与在新闻学范畴内研究编辑学（研究新闻活动中的编辑现象和规律）及在广播电视艺术学、电影学范畴内研究编辑学（研究广播影视媒介传播活动中的编辑现象和规律）等多种编辑学研究取向并不矛盾，相反，这种全方位、多角度的编辑学研究很有必要。如果一味片面地强调编辑学的学科独立性，而忽视甚至割裂编辑学与上述近邻学科的关系，那么在人文社会科学加速融合、交叉，学科边界渐趋模糊的今天，编辑学很有可能面临“孤家寡人”的处境。从建立普通编辑学的角度来看，编辑学不应孤立发展，其发展需要出版学、传播学、新闻学、广播电视艺术学、电影学等近邻学科和其他学科的理论知识和方法支持，编辑学应与出版学等学科协同发展。

（原载《中国出版》2009 年第 2 期）

论出版学的核心与边界

李　频

一、问题及理论背景

1983年，中共中央、国务院做出《关于加强出版工作的决定》，其中特别提出："要加速建设北京印刷学院，在以后条件具备时，可改为出版学院。"该文件是新中国成立以来第一个也是唯一一个由党中央和国务院联合做出的出版决定，"有着很强的思想性、理论性和政策性，是新时期指导出版工作的纲领性文件，具有长远的指导作用"。历经近三十年，该院条件一直不具备，成为中国高教史上虽然经历全国性高校更名风潮也没有执行党中央决定的唯一高校。其三十年的办学实践形成了一个悖论：要么1983年中央建议更名的决定是错误的，学院坚持原名的发展路线正确；要么学院违背中央决定错了，中央决定正确。

指陈这一悖论，是缘于北京印刷学院与新闻出版总署的原隶属关系，而认同它与出版学科发展的进程安排、学科建设水平存在内在关联性，将该学院没有遵循中央政府更名决定视为出版学发展滞后的重要表征，讨论其对中国出版改革的影响。

中央政府决定该学院更名，基于出版行业在人才、理论等方面的系统要求，首先表现为对出版人才的渴求。决定该学院更名反映了中央政府将出版学科纳入制度化建设的意图，这是对出版制度绩效的期盼。

这一校名悖论的本质在于计划经济体制下的系统化与去系统化两种观念、两种力量的博弈。其校名的坚守则浓缩、包裹了去系统化含义。在21世纪初全国高校调整管理体制以前，该学院是新闻出版总署直属唯一的本科院校，它不执行“决定”的结果是，全国出版服务业链环难以衔接成系统，如：人才培养、科学研究、决策咨询难以得到系统解决；学院自身发展限于印刷，出版业优势资源难以转化为办学资源，因而在中国出版业兴旺发达时期也尴尬于捧着“金饭碗”讨饭吃的现状。

以这一校名悖论为症候的去系统化，正是出版理论研究滞后的关键阻滞所在。这种去系统化还有其他表现形式，当下出版理论研究突破的有效途径首先是批判和扬弃这种去系统化，不再割裂编辑与出版的有机关联，不再切割出版学与现实的传播学之间在理论工具与知识资源等方面可能的联系，让出版理论研究回归到出版系统自身。

二、出版的制度结构

出版活动是出版学研究的对象，出版制度结构是出版学研究的核心。这一陈述强调：出版领域作为社会关系总和的整体性；出版制度结构作为核心概念指称了出版活动的深层结构与动力机制、出版学理论核心，它作为新兴学科在当下社会转型期的价值诉求。本文拟分三个步骤展开论述：第一，界定出版并简要阐述出版活动与出版制度的相关性；第二，描述出版制度结构；第三，以刘杲命题1为例，对出版的制度结构予以实证性分析。

1. 出版活动受制于出版制度结构

出版行业是政治、经济、社会—文化共存一体并纠结、矛盾乃至冲突的社会领域。出版活动是出版资源通过某种制度下的出版人行为转换成更有价值的出版物的实践过程，是在政治、经济、社会—文化三种力量相互作用下的社会文化活动。在从出版资源到出版物的转换过程中，存在实践主体的创造性、活动形态的专业性、知识和能力要求的专门性，值得重视和思考的是其中的社会性。出版活动受到各种社会力量的激励与限制，集中而言是布坎南所说的“通过制度性结构对个体行为进行的调整”。这种在一定时期、一定国度的出版领域存在的制度性结构，对当时当地的出版活动产生有形或无形、直接或间接、正式或非正式的深刻影响。因此，制度性结构成为出版人个体、群体及其活动创造性、专业性、文化思想性的主宰。中国以往的出版理论研究为外在现象、表层假象所蒙蔽，忽略了出版制度结构的存在及其意义，主要研究出版活动的外在的显性的表象，没有深入到决定出版活动成效的内在的隐性的制度结构。今后的出版理论研究不仅要将注意力指向出版活动及其过程，更要集中指向出版活动得以发生并展开的制度结构。

出版活动中有预设的或者说前置的出版制度，是对出版活动的最一般的理论说明，出版实践者无时无刻不切实地认知它的存在以及规约力量。值得提出来讨论的是，为何过去三十年的出版理论不研究出版制度（更不用说研究出版制度结构）？这对出版学理论建设、出版业的健康发展产生了并还将继续产生什么影响？

这可能源于受意识形态影响而相信政府全知全能，无意识地认同或有意识地坚信一个假定：出版制度毋庸置疑地高效、公正、公平。中国出版改革三十年的实践进程逐渐质疑了其不可质疑性，逐渐觉悟到真理的假说性，但面对出版制度的复杂结构，现有的出版理论工作者拘于目前的理论工具准备和认知水平，只能犹疑乃至茫然失措。

出版制度研究缺席的影响，可以这样描述：在出版改革走向深入的进程中，出版业有识之士深感出版制度变迁中制度安排的困惑、矛盾、不一致等种种困境，而出版理论界表现出一定意义上的“集体无意识”——对出版活动的研究中没有制度的维度，在理论对象的认定中没有出版制度的存在，从而对转型期的出版制度及变迁“无知”或者说不深入，进而导致在出版改革的制度安排中，自觉或不自觉地丧失话语权，沦为对政府官员话语的随声附和与解释。

2. 出版制度结构的意义与内涵

提出出版制度结构是对科斯“生产的制度结构”的移用。移用目的有二：以出版制度结构替代出版体制，以更理论化的范畴标示出版体制的结构化内涵；尝试借用西方新制度经济学基本研究范式研究中国出版，以求更明确、清晰地解析出版体制的内在结构系统。

在确立了出版活动与出版制度的内在关系，并假定出版活动受制于出版的制度结构后，是否可以明确以下两个观点：出版制度和出版资源一样，成为出版活动重要的生产要素；出版工作的效果在一定意义上讲就是出版制度绩效，是出版人在出版制度结构中与相关方面展开博弈的结果。

出版制度结构就是指出版领域中正式制度和非正式制度、内在制度与外在制度的总和。非正式出版制度是历代出版人在长期实践中积累、形成的不成文规则，它内化于出版人的思想意识之中，是出版文化的重要组成部分，包括出版价值观点、出版伦理规范、出版道德观念以及相关的意识形态等。出版业的内在制度是出版从业人员随经验而演化的规则，外在制度则是“外在地设计出来并靠政治行动由上面强加于社会的规则”，如三审制等。

出版制度结构是出版活动以及由此展开的出版行业、出版产业部门等出版系统的内核。出版活动的周期性、循环性、规则性运动的动力核心在于此，出版体系的演变、出版制度的变迁作为一种社会历史的具体进程的变化，源于出版制度结构的某一两个制度参数的变化引起制度结构的转型。

出版制度结构有整体性、转换性、自身调整性等特征。其形态是以出版企业—政府为核心，在政府和出版企业之间展开的经济、政治、文化层面（和维度）的规约关系。出版界常说的出版者与作者、读者的关系等，都只是在企业与政府关系基础上的衍生关系。也就是说，出版企业生产什么、为谁生产，是受到企业和政府的关系制约的。出版制度结构的形态是二元三维的网状立体结构，二元是企业和政府，三维是经济、政治和社会—文化。

作为企业的出版社和作为政府的出版行政管理机关的矛盾是出版制度结构中的主要矛盾。经济体制转轨决定了这二元核心的重心偏移：在计划经济体制下，政府是核心，出版企业遵令完成指令性计划；在市场经济体制下，分散决策成为基本制度，企业是核心，政府为其提供服务或指导性建议。目前中国出版业正在进行从计划经济到市场经济的艰难转型，这转型并没完成，还处在从以政府为核心到以企业为主体的转轨、过渡过程中。在这结构转型过程中，出版企业家、出版人、政府官员的交往行为是企业与政府之间博弈，经济、政治、社会—文化三种力量矛盾冲突的载体，同时也是力量转化、结构与功能置换的枢纽性关节。要以此为视角审视出版个人与群体行为，评价其历史使命担当与价值实现。

3. 刘杲命题1分析

刘杲命题1的话语形态为：出版改革“关键在于精神文明

建设和市场经济体制的结合”。语出刘杲《关键在于精神文明建设和市场经济体制的结合》：“把社会主义精神文明建设和社会主义市场经济结合起来，是出版业改革和发展必须坚持的正确指导思想，也是出版管理必须坚持的正确的指导思想。”

刘杲命题1是自觉的实践命题。它源于新时期中国出版改革的历史实践，历史借这位出版老人的沉思说出了对一个重要的理论命题的必然性要求。对它的解析既需要在过去和当下的实践中进一步求索乃至完善，更需要在理论层面上清理其内在要素及其关系。刘杲自白：“我关心出版业改革和发展的指导思想。因为指导思想是行为的依据、成败的关键。我们在认识上和实践上的某些曲折，大多源于对正确指导思想的某种偏离。出版业改革和发展的顺利推进，要求我们大家都努力坚持中央提出的正确的指导思想。”1997年7月，他指出国家有关出版行政管理部门“不足之处在于指导思想的把握不够全面”。

刘杲命题1以“精神文明建设”合指文化体制改革和政治体制改革，构成隐喻。他在1992年指出：“出版体制改革还要同政治体制改革相适应。”刘杲后来回避出版体制改革与政治体制改革的矛盾关系，2003年撰就并引起较大反响的《出版：文化是目的，经济是手段》就避而不谈出版领域的政治问题。周蔚华后来明确表述为：“我们要建立的是适应社会主义物质文明、精神文明和政治文明要求的全新的社会主义市场经济体制下的出版体制”。这更为明朗。

刘杲命题1饱含了对出版制度结构这一出版理论重要范畴的期盼。其理论意义在于提示出版界，启发出版人深刻关注出版改革的主要矛盾关系，提示、引导人们思考出版领域中政治、经济、文化三股力量及其关系。出版理论界对此没有继续推进，诚为遗憾。回答刘杲命题1是一个较为艰难的理论任务。对其求证讨论要展开多个层面和维度。从政治、经济、社会—文化相互交错的中国出版改革实践来看，该命题是否存在？未来的出版改革是否存在着和谐一致的价值观和价值取向的可能区间？如果存在，政治、经济、社会—文化的三股力量的交集点在哪里？平衡点在哪里？是在何种程度上，在何种条件下，以何种结构形式与运行机制存在？也就是说，刘杲命题 1 存在的逻辑前提和基础是什么？如何将刘杲命题 1 在出版改革实践中具体化、操作化？如果该命题不存在，某种非同步和谐的单一决定力量对出版改革、出版文化生态将会产生什么影响？进而，出版改革的目标该如何预设？改革进程将如何安排？对出版改革的绩效将如何期盼？

三、出版学与相邻学科的关系

1. 对本文所说相关学科的说明

本文所说的出版学相关学科主要指编辑学、新闻学和传播学。对出版学与相邻学科边界问题的探讨，最理想的话语形态是从知识谱系的层面或角度指陈、描述出版学与相邻学科的结构关系，即其上下层次、前后位序、包含与交叉等。本文将重心指向出版学边界模糊的路径分析，重在提示导致出版学边界模糊的路径依赖。这需要出版学学术史的方法自觉，应以发生学的视角和方法探究学科启动之初的意识形态根源。

出版学与相邻学科的关系是否可以这样描述：从学科内在结构关系着眼，传播学是出版学的上位学科；从学科发展历史着眼，新闻学是出版学的先行学科；从学科开拓程度和目前现实认知水平，可以认同一些专家提出的编辑学是出版学的平行交叉学科。

2. “胡乔木烙印”的必然性与内涵

有专家指出：“20年前，我国著名理论家胡乔木连续三次向国家教育部建议在高校试办编辑出版专业，这一提议对推动编辑出版学的发展有着重大的意义。”“胡乔木烙印”正是对这一历史功绩的肯定和描述。在认同“胡乔木烙印”的前提下，进一步提出“胡乔木假设”或许有助于相应学科关系认识的深化细化。在笔者看来，这是出版学学术史分析的基本内容之一，也是解析出版学边界模糊的重点。

“胡乔木烙印”首先指从胡愈之倡议出版专业到胡乔木命名编辑学专业的名称转换。胡愈之提议出版专业在前，胡乔木提议编辑学专业在后；胡愈之建议没有被采纳，胡乔木建议在政府推动下贯彻执行。比较分析“两胡”意见的一致性与专业名称的差异性，或许是解开相关问题的节点。胡愈之由“五四”以后在商务印书馆等市场经济环境下的从业经历而形成出版思想。胡乔木出版经验积累主要源于在延安主编《中国青年》，协助毛泽东编选《六大以来》等重要历史文献，其不同经历是否决定了其对大学设立出版专业还是编辑学专业的分歧？是否可以这样推断，胡乔木的出版从业经历、他所处的计划经济时代以及在计划经济时代主管意识形态决定了他不可能提倡出版学？如果这样的推断成立，是否又可以进一步推断，在市场经济中，在向市场经济的转轨时期，出版领域更需要的是出版学？

“胡乔木烙印”其次指编辑或编辑学研究对象从出版领域的系统性切割——离开出版系统讨论编辑和编辑学的学术思维路线。需要讨论从出版专业到编辑学专业转换的思想意识根源与学科发展的客观历史效果。

编辑工作中心论就是思想意识根源之一。这种割裂编辑与出版关系的话语形态有两个典型形式：编辑学的英文译法和胡乔木关于“编辑是独立的学问”的表述。编辑诚然可以想象为“独立的学问”，但它作为“独立的学问”而存在的社会基础和理论前提是什么？如果脱离社会基础和理论前提来认证“编辑是独立的学问”，那“独立”的含义是什么？这是需要回答的。

3. 从“胡乔木假设”看学科边界

“胡乔木假设”以“胡乔木烙印”为逻辑前提，进一步分析一个细节：学科与专业名称选择及其影响。操作方法是，尝试提出两个反设事实：假如胡乔木当时倡导传播学，假如胡乔木当时倡导出版学。

“胡乔木假设”非为文字游戏，而是借以说明某些难以超越的个人局限虽为小概率的偶然事件，其影响则可能是深远的。出版学学科发展的历史约束促成了、放大了出版制度设计中的有限理性，出版制度设计中知识资源的缺乏严重影响了出版制度绩效。其中的连带关系惊醒出版界认识发展出版学的意义。

出版学发展的滞后集中表现在学科发展的现实水平、学科格局与出版业发展需要错位。传播学是国际通用、中国政府也认可的学科，有相对成熟的学科范式。因为胡乔木倡导编辑学，中国编辑学的开创者们当初高举编辑学旗帜，编辑学的旗手及其旗手的追随者、旗帜的捍卫者们对传播学始则不屑、继则观望，目前依然游离。出版学是中国出版业为可持续发展而急需建设的学科，但由于出版理论界着力发展的是编辑学而非出版学，而社科学术界对作为学术对象的出版业缺乏应有的关注，使出版学比较而言滞后程度更为严重。长此以往，结果堪忧。

（原载《陕西师范大学学报（哲学社会科学版）》2009年第4期，
收入本书时作者进行了文字压缩）

科技期刊编辑学学科框架的构想及评介

钱俊龙　谢　燕　熊樱菲
潘小论　许　云

据文献[1]报道，至2004年，我国有关编辑学研究的专著和会议论文集已达263种。其中，有关科技期刊编辑学的有46种，说明我国对科技期刊编辑学的学科建设取得了可喜的成绩。但是，目前的趋势是，一大批人转向以图书编辑学为对象的普通编辑学学科建设的研究，其中，不乏从事科技期刊编辑学研究的人员。我们认为，普通编辑学需要深入研究，这是毫无疑问的。但是，作为一名科技期刊工作者，应把主要精力投入到深入开展对科技期刊编辑学的研究。因为，科技期刊编辑学的研究需要深入，有很多问题需要阐述清楚，正如文献[2]所指出的："在已有的科技期刊编辑学研究的成果中，属于自身特有的东西不多，因此要强化科技期刊编辑学学科特色的研究意识，要开展科技期刊编辑学学科属性的研究，开展学科基本概念的研究。"而且，理论研究的目的是为了指导编辑工作实践。因此，有必要加大对科技期刊编辑学学科建设研究的力度。为此，文献[3]对目前国内科技期刊编辑学学科建设的现状进行了梳理，并从五个方面对此进行了评述，明确提出需要对科技期刊编辑学的学科体系和理论框架进行完善。鉴于此，我们在此提出"科技期刊编辑学学科框架的构想"，并对其进行了评述和介绍，还对今后的发展做了些展望，以期和科技期刊编辑同行进行切础，为深入开展对我国科技期刊编辑学的学科建设贡献一份微薄的力量。

一、科技期刊编辑学学科建设的基本内容

有关科技期刊编辑学学科建设的内容，文献[1,3]中已有明确的阐述，即它主要涉及几个基本问题，如学科（知识）体系、理论框架、学科性质（属性）与定位、编辑学方法研究等。

（1）学科知识体系的建立与否，是一门学科成熟与否的标志，是学科建设几项主要内容中的重中之重，这要花大力气研究。

（2）理论框架则描述编辑学的基本概念及从理论分析中得出的原理、原则、规律。这部分内容对指导编辑工作实践关系密切，因此也是非常重要的，也要花大力气研究。

（3）有关学科性质（属性）及定位问题，有关文献的报道有较大的差异，但有一点是共同的，即认为科技期刊编辑学（或编辑学）属于应用科学，综合性边缘性科学。但其与有关学科的从属关系上就各诉其说了[1,3]。需要说明的一点是，陈仲雍认为："科学技术期刊的工作不能说是社会文化学。"[4]这一点我们有同感，但要着重从科技期刊与科学技术的关系角度阐述清楚。

（4）有关编辑学方法研究问题，应分成四个层次来阐述：指导方法（哲学方法）、一般方法、具体方法、特殊方法。我们认为，从具体方法的角度讲，应强调定量分析方法的作用和应用。这与科技发展及科技期刊发展的关系密切，而且也只有应用数学工具的定量分析结果，才能科学地反映编辑活动的内在规律，更深刻、更精确地揭示编辑活动的科学本质，也是编辑学是否成熟和科学的重要标志。

（5）科技期刊编辑学研究的是科技期刊，它有五个要素（包括三个基本要素和两个外延要素）。文献[3]从五个角度对现

有科技期刊编辑学学科建设提出了评述，并提出应完善科技期刊编辑学学科建设。

据上所述，表 1 给出了我们对科技期刊编辑学学科框架的构想。下面对此构想做一些评论和介绍。

表 1　科技期刊编辑学学科框架的构想

学科体系：	编辑理论 编辑史 编辑过程（工程）［编辑过程的一般程序，同行评议、深入第一线组稿、国际合作出版、网络（数字）出版］ 编辑社会环境［编辑与社会政治、经济、文化和科技的相互作用，编辑工作的现代化、国际化，科技期刊的评价，知识产权保护］ 编辑学与相关学科的关系
理论框架：	编辑概念、编辑学概念、编辑活动规律［基本规律，一般（普遍）规律，特殊规律］、编辑要素、编辑与社会关系间相互作用［政策与市场，知识经济，新技术与新媒体（网络、手机）］、基本原理、编辑学与相关学科的关系、定性和定量分析
学科性质与定位：	性质：应用科学、综合性边缘学科 定位：有两种（1）大传播学——编辑学——科技期刊编辑学 ——出版学 ——新闻学 （2）科学技术学——科技期刊编辑学 ——科技传播学 ——科技出版学 ——科技新闻学

续表

研究方法：指导方法（哲学方法） 一般方法： 具体方法：定性和定量分析方法 特殊方法：

二、对科技期刊编辑学学科框架构想的评介

1. 关于学科体系的变更

通常，编辑学著作中对学科体系的描述为三部分：编辑理论、编辑史、编辑过程（编辑工程），现构想把它变为五个部分，增加了编辑社会环境、编辑学与相关学科的关系。

(1) 关于“编辑社会环境”。编辑社会环境对编辑活动将产生重大影响，有时将决定期刊的生存，文献[3]曾列举沪上著名科技期刊《上海环境科学》和《上海消防》被一纸公文勒令停刊的事，原因是它们违背了政府部门不能做主办单位的规定。社会经济、政治、文化、科技的发展水平决定编辑活动发展的水平；经济制度、政治制度和文化政策，决定编辑活动的方针、宗旨、规范和运作方式；社会的发展变化，也对编辑活动产生深刻的影响，引起编辑概念、编辑体制和编辑方式的深刻变化。因此，要研究编辑与社会环境的关系。有关编辑与社会经济、政治、文化和科技的关系，文献[5]已做了详细论述。这里需要提出的是，在编辑与社会环境的关系中，由于社会的需要，促使科技期刊国际化、编辑工作现代化，及对科技期刊的评价和对知识产权的保护。反过来，编辑活动对社会经济、政治、文化、科技的发展也起巨大作用。如它对经济发展提供精神动力和智力支持，在市场经济和现代信息技术的推动下，编辑活动

不仅传播文化成果，还可以推动产业的发展，创造巨大的经济效益；它对文化的反作用表现为在传承文化方面具有不可替代的作用，并具有导向作用；科技是生产力，也是文化成果。科技的发展引起复制材料、复印技术和传播媒介传播方式的变化，从而引起编辑活动的变革。传播媒介更加多样化，编辑概念、编辑方式也随之变化。

编辑活动对科技的影响主要表现在三个方面：（1）普及科学知识，提高人类科学知识水平；（2）交流科技成果，促使科技成果转化为生产力，推动经济的快速发展：（3）为科技研究提供信息和资料。综上所述，“编辑社会环境”应该成为科技期刊编辑学学科体系五大内容之一。

（2）关于“编辑学与相关学科的关系”。早在 1978 年，张觉民编的《现代杂志编辑学》[6]中已提到编辑学与相关学科的关系。在目前已出版的编辑学著作和编辑工作著作及论文中，有不少概念和方法是从相关学科移植过来的。例如，传播学中的“五 W”概念，文献计量学中的科技文献增长和老化规律，布拉德福文献分散定律[7]，以及出版学中的有关营销的理论和方法。特别是科技传播学、科技出版学、科技情报（信息）学、科技文献计量学、科学技术学等与科技期刊编辑学关系密切，交互渗透，它们不断丰富了科技期刊编辑学的内容。因此，把“编辑学与相关学科的关系”作为学科体系的五大部分之一是理所当然的。

3. 关于科技期刊编辑学学科框架的具体内容

表 2 列出了中国科学院自然科学期刊编辑研究会上海分会“科技期刊编辑学研究”课题组，经三年多研究得出的学科内容(编写提纲)。

表 2　科技期刊编辑学学科框架具体内容（提纲）

编名称	章名称
Ⅰ编：总论	第 1 章：近代科学技术的发展和科技期刊的产生 第 2 章：科技信息传播的规律和科技期刊的发展 第 3 章：科技期刊的分类和社会功能 第 4 章：科技期刊编辑活动产生的渊源与发展 第 5 章：科技期刊编辑学研究的起源与发展 第 6 章：科技期刊编辑学研究对科技期刊工作的影响
Ⅱ编：科技期刊编辑学理论研究的范畴	第 7 章：科技期刊编辑概念 第 8 章：科技期刊编辑学概念 第 9 章：科技期刊编辑学研究对象 第 10 章：科技期刊编辑学学科性质及定义 第 11 章：科技期刊编辑学的基本原理与规律
Ⅲ编：科技期刊编辑方法论	第 12 章：科技编辑方法论 第 13 章：科技期刊编辑方法论 第 14 章：科技期刊编辑学方法论 第 15 章：科技期刊编辑学定量研究基础
Ⅳ编：科技期刊编辑工程	第 16 章：科技期刊编辑过程（工程） 第 1 节：编辑过程（工程）的一般程序 第 2 节：深入科技工作第一线组稿 第 3 节：同行评议 **第 4 节：国际合作出版 **第 5 节：网络（数字化）出版
Ⅴ编：科技期刊编辑史	第 17 章：国际上科技期刊的产生及发展 第 18 章：中国科技期刊的产生及发展 第 19 章：科技期刊编辑学著作的产生及发展

续表

编名称	章名称
Ⅵ编：科技期刊编辑学与相关学科的关系	第 20 章：与科技传播学的关系 第 21 章：与科技出版学的关系 第 22 章：与科技语言学的关系 第 23 章：与科技文献计量学的关系 第 24 章：与科技情报学的关系 **第 25 章：与科学技术学的关系 第 26 章：与美学和德学的关系
Ⅶ编：**编辑社会环境	**第 27 章：编辑与社会政治、经济、文化、科技的关系 **第 28 章：以人为本，科技期刊的协调发展和可持续发展 第 29 章：科技期刊编辑工作现代化 第 1 节：科技期刊编排格式国内外标准的比较 第 2 节：科技期刊排版软件的评述 **第 3 节：科技期刊远程编辑与审稿系统 **第 4 节：新媒体的兴起与应用 第 30 章：科技期刊国际化 第 31 章：科技期刊的评估 第 32 章：科技期刊知识产权的保护
Ⅷ编：科技期刊现代发展趋势	第 33 章：科技信息载体的发展 第 34 章：科技信息传播的全球化 **第 35 章：科技期刊经营模式的多元化和市场化（OAJ 和 DOI 的发展）

续表

编名称	章名称
	第36章：制度建设
	**第37章：编辑劳动的评价和人才战略及队伍建设
Ⅺ编：科技期刊编辑部管理	第38章：营销策略和办刊经费的多渠道筹措
	第39章：成本核算
	第40章：宣传谋略
	第41章：激励机制
	**第42章：编辑、管理、经营三者间的协调发展
Ⅹ编：附录	

注："**"为对原提纲的修改。

2. 关于"学科性质及定位"

关于学科性质，在学科框架构想中已提到，科技期刊界或编辑界已有共识，编辑学是应用科学，不是基础科学，是综合性边缘学科。

关于学科定位，学科框架构想中提到有两种：目前较多的学者倾向于社会文化学—大众传播学—编辑学（与其并列的有出版学、新闻学）—科技期刊编辑学，而我们根据陈仲雍的观点[4]和《科技传播与科技传播学》[8]的启示，认为科技期刊编辑学应有双重内涵，即除了第一种情况外，还有第二种情况：科学技术学—科技期刊编辑学（与其并列的应有科技传播学、科技出版学、科技新闻学）。由于科技期刊与科学技术的特殊关系，科学技术的发展催生了科技期刊并促进了科技期刊的发展；反过来，科技期刊在记录、传播、促进科学技术的发展中具有不可取代的作用[9]。而科学技术学是研究科学技术本身发展规律及其与社会关系的科学。根据最新的文献[10]报道，科学技术学（Science and Technology Studies，STS）是在国外日渐兴起的一门前沿交叉性科学，针对科学技术对人类社会的各方面作用和影响进行多学科、多角度、多层次的深入研究，具有非常重要的学术价值和应用前景。在该书的应用与案例研究篇中，有“试论中国科学技术期刊的学术分层”。因此，可以说，对科学技术成果的记录、传播应是它研究的一个分支。所以，科技期刊编辑学成为科学技术学的分支科学是很自然的事情。

3. 科技期刊编辑学学科框架构想的特点

（1）深刻阐明了科技期刊发展（创新）与科技发展（创新）的关系（第1编）。明确回答了科技发展（创新）是科技期刊发展的最根本动力；同时，科技期刊的发展（创新）也促进了科技的发展，促进了科技成果转化为生产力，它是科技成果—生产力的中介站。这是科技期刊与其他期刊不同之处，也是其他媒体所无法替代的。两者的关系可用下列的词语来表达：“如影随形”[8]“龙头、龙尾与龙”[11]的关系。因此，科技期刊创新是科技期刊工作者议论的永恒主题。

（2）突出编辑过程中的四个亮点。与一般的科技期刊编辑学研究的著作不同，在简略阐述“编辑过程”的一般程序外，重点突出了四个亮点：同行评议、深入第一线组稿、国际合作出版、网络（数字）出版（第4编）。现分别评介如下。

①同行评议。同行评议，特别是小同行评议，是使编者掌握论文科技含金量的重要手段和方法，是把握论文学术质量的有效途径。文献[12]对此有详细的研究。

②深入第一线组稿。深入第一线组稿是获得最新科技成果信息和优质稿件的方法，国际上一些著名学术期刊已把此方法

作为常规的组稿方法。国内已有越来越多的编辑部采用此方法，中国科学院上海药物研究所《中国药理学报》的期刊大学行[13]正是对这一方法实施的记录。

③国际合作出版。国际合作出版一方面是“经济全球化和科学技术合作全球化”在科技期刊出版发行及传播方面的反映，同时也与经济全球化趋势相对应。如何在更广范围内传播优秀科技信息，国际合作出版无疑是一种值得选择的方法。如中国科学院上海生命科学研究院的 *Cell Research*、《亚洲男科学》英文版、《中国药理学报》英文版等，选择与国际著名期刊 *Nature* 合作出版，这对提高期刊的知名度、扩大期刊的发行量、提高论文的点击率和影响因子，无疑是有作用的。当然，这个过程中，如何保护自己的知识产权也是至关重要的。国际合作出版仅是个手段，不是最终的目的。如何由国内出版机构完成向国际上发行的任务，这是值得探索的自主创新课题。这方面，文献[14]对此的研究有了良好的开端。

④网络（数字）出版。网络（数字）出版是科技信息传播的新的重要的手段。它改变了传统的出版模式，网上出版、网上订阅、网上发行、网上阅读等一系列数字化行为，使得按需出版和按时出版有了可能[15]。这将大大有利于科技信息的传播，有利于科技成果迅速转化为生产力。

（3）体现了时代特征：现代化和国际化（第 7 编）。目前的世界是信息化时代、知识经济时代、网络时代。为此，构想详细解读了科技期刊的现代化和国际化。从国际上最新的编辑管理和排版软件的应用，到 DOI、新媒体的应用，到 OAJ 期刊的产生与发展。突出反映了科技期刊应对新媒体、新技术的能力，及为科技现代化发展的服务功能。这一切都源于科技信息发展的需要[16]。

（4）提出评价科技期刊的方法和知识产权保护（第 7 编）。在国际合作出版中，在网络出版中，如何来保护作者及编辑部的知识产权，这是必须考虑的问题，也是应该做好的。这一点已成为国际上的惯例。因此，要深入研究知识产权保护的方法，努力使国有资产不流失，作者知识产权不受损[17,18]。在此前提下，如何评价期刊或论文的质量，特别是学术质量，已成为全世界研究的重要内容之一。构想花相当笔墨介绍了对科技期刊的评价方法，这有利于读者选择优秀期刊，也有利于优秀期刊更好地发展。对此，文献[19]做了详细的评述。

（5）发掘科技期刊特有的编辑规律（第 2 编）。要明确几个问题，如：什么是规律，什么不是规律；如何区分社会规律和编辑规律；如何区分编辑规律中的基本规律、普遍规律和特殊规律。这几个问题弄清楚了，对规律问题的研究就容易得多了。

什么是规律，大家众说纷纭，但不少人[1]引用列宁的说法——“规律就是事物本质的关系和本质之间的关系”，并对含义做了诠释。编辑规律是客观存在的，人们只能认识和掌握规律，但不能任意创造规律[20-23]。刘杲和阙道隆[1]83都认为，编辑规律有三个层次：基本规律、一般（普遍）规律和特殊规律。基本规律应当是体现古今中外各种媒体编辑活动的规律，是决定编辑活动发展的一切主要方面和主要过程的规律，是最高层次的规律。因此，基本规律只有一个，不是很多个。普遍规律是编辑活动某些层次的规律。特殊规律是某一媒介或某一工作环节的编辑规律，如图书编辑规律、辞书编辑规律、审稿加工规律等。因此，我们要在普遍规律的基础上，对现有的编辑规律列表，从中分析出哪些是适用于科技期刊特有的编辑规律，并努力发掘科技期刊特有的编辑规律。

①对现有编辑规律的归纳。在目前263种编辑学著作及相关论文中提出的编辑规律列于表3。

表3 著作及论文中论述的编辑规律汇总

作者（论文发表年份）	观点	参考文献
徐柏容（1985—1987）	（1）质量与社会效益同步规律 （2）同异和互济规律 （3）主客观矛盾统一规律	［5］10
胡光清	（1）编辑实践与社会发展的关系 （2）编辑实践与生产能力的关系 （3）编辑实践与书稿内在要求的关系	［5］10
向新阳（1995）	（1）编辑劳动实践与经济、政治、文化相统一的规律 （2）编辑劳动实践与社会文化需求相统一的规律 （3）编辑劳动实践与精神文化产品内在要求相统一的规律 ** （4）精神文化生产的个性自由与精神文化产品社会化矛盾统一规律（是编辑劳动的基本规律）	［5］10 ［1］93
逸士（1999）	（1）一次性和创新规律 （2）增殖性与优化规律 （3）有序性和最佳运行规律	［5］10

续表

作者（论文发表年份）	观点	参考文献
阙道隆（2001）	（1）尊重作者创作个性与编者选择把关相统一规律 （2）传播已有文化成果与文化创新重构相统一规律 （3）保证文化产品质量与掌握最佳传播时机相统一规律 （4）编辑活动的内容要求与传播媒介的特点、功能相统一规律 **（5）在文化创造和传播过程中与社会的相互作用规律（是编辑活动的基本规律）	［5］11—13 ［1］92 ［1］92
刘杲（1998）	（1）（编辑活动的基本规律是）对科学文化成果的选择和加工	［1］90
林穗芳（1987）	（1）在全面准确评价的基础上依照质量第一和社会效益第一的原则加以调节和解决	［1］90
邵益文	（1）优选优化规律	［1］90
田胜立	**（1）基本规律涉及选择加工性和社会传播性，但最本质的是传播性	［1］91
杨焕章	（1）编辑主体与编辑客体这一对矛盾展开的规律	［1］91
杨晓明	（1）能动性与受动性相统一是编辑活动的普遍规律	［1］91

续表

作者 (论文发表年份)	观点	参考 文献
默语	(1) 编辑主体与编辑客体的对立统一规律	[1] 91
仝冠军	** (1) 对客观现实的创造性把握(是编辑活动的基本规律)	
	A. 相互作用规律:编辑活动与编辑主体、编辑活动与受众、编辑活动与媒介组织、编辑活动与社会文化,都相互影响和相互制约	[1] 91
	B. 目的性规律:传播只是编辑活动的表象的、浅层的目的,其终极目的是文化的传承与革新	[1] 91
	A 和 B 是对基本规律的补充	
陈景春	** (1) 选择和加工(成为编辑活动基本规律或元规律的核心) (2) 试论编辑活动的元规律	[1] 91 [21]
靳青万	** (1) "推拉创变率"(应是编辑活动和编辑学唯一的基本规律): 源体(作者)推进率、团体(读者)拉动率、主体(编著)创新率、客体(编辑产品)变革率	[1] 91
潘宏丽	(1) 文化制约编辑规律,是三元(作者、编者、读者)文化结构之间相互制约矛盾运动的规律	[1] 92

续表

作者 （论文发表年份）	观点	参考文献
刘进社	**（1）（编辑活动的基本规律是）文化选择规律	［1］92
任定华	**（1）（编辑的基本规律就是）信息、知识有序化、媒体化与社会化的规律 化成三条：信息、知识的有序率，信息、知识载体结合率，信息、知识传播率	［1］92
蔡克难（1991）（2003）	（1）编辑对他人作品有意识地选择加工和使自己掩身于作者身后对社会施加影响的实质，是编辑活动区别于其他任何社会实践所特有的、普通的与编辑活动相始终的（永恒的）本质性规律 （2）编辑活动必然地借助于某种物化载体或媒体的扩散来完成 （3）编辑活动的本质是传播思想、观念、见解、主张、道德、宗教、哲学、艺术等意识形态，而不是借助物质形态本身 （4）编辑活动本质地、必然地、无例外地要借助他人的作品来实现 （5）编辑者本质地、必然地在编辑活动中表达自己的世界观 （6）编辑活动对于社会具有巨大的影响力	［1］93 ［1］93

续表

作者（论文发表年份）	观点	参考文献
王振铎（1989）（1997）（2003）	（1）编辑规律分为内部规律和外部规律两方面 ** 内部规律：信息传播规律、媒介建模规律、文化缔构规律 编辑活动的内部特殊规律也是编辑活动的基本规律 外部规律：编辑活动跟其他社会活动之间的相关性规律 外部规律只有同社会发展规律，特别是政治变革规律和客观经济规律结合起来，才能顺利运行	［1］94 ［22］
蒋广学	（1）精神生产的规律，是编辑出版劳动的第一规律 （2）劳动产品扩大再生产的规律，成了当今编辑劳动的第二规律	［1］95
邵京起	** （1）为政治服务（是编辑的基本规律） （2）随着科技的发展而发展，是编辑的特定规律 （3）为社会主义市场经济服务，是编辑的特殊规律	［1］95
王学业	（1）编辑活动受社会诸因素制约 （2）编辑活动受读者需求所制约	［1］95

续表

作者（论文发表年份）	观点	参考文献
王华良（2006）	（1）编者、作者、读者之间反映作品供需矛盾的关系，得到什么样的调节和整合，最终决定着编辑活动的得失盛衰	[23]

注："＊＊"为编辑活动的基本规律。

从表3可看出，论述编辑活动基本规律的有10位作者的10种表述，这显然不能都是基本规律。基本规律应是涵盖编辑学各分支学科的规律。我们认为，编辑在读者和作者间的中介作用规律和编辑主体和客体矛盾统一的规律，是两条编辑学的基本规律。对信息知识的有序化、媒体化和社会化及对信息的选择加工是两条编辑学的普遍规律。但对编辑学基本规律和普遍规律的探讨需继续进行下去，以期使编辑规律的研究取得更丰富的成果。

②对于科技期刊特有的编辑规律的探索。主要是从科技期刊发展与科技发展的关系中去发掘，从编辑过程中去发掘，从科技期刊有哪些其他媒介无法替代的作用中去发掘，从与相关学科的关系中去发掘或移植。文献[24]对此做了较细致的研究。根据以上原则，我们认为，科技期刊与科学技术"共荣共衰"的发展规律，科技期刊与科学技术"互促互映"的规律，是科技期刊编辑学特有的两条规律。但对科技期刊编辑学特有规律的研究和探索，有待于进一步深入研究。

（6）编辑部管理。从表2可见，编辑部管理涉及很多方面，众所周知，管理出效益，管理出成果。其中，最重要的是人才战略和队伍建设。它包括编审队伍建设，作者队伍建设，读者群体的研究三个方面。不少单位都建了这方面的数据库，以便充分发挥人才作用，进一步办好刊物。但这方面需要进一步研究。

三、信息化和互联网时代科技期刊编辑学学科建设的展望

随着人类社会进入信息化和互联网时代，编辑工艺和传播手段正在和将要发生很大变化，就要考虑对编辑学学科建设的影响。在信息化和互联网时代，科技期刊编辑学学科体系和理论框架均需要不断地完善和发展，这些都需要努力探索。我们提出的科技期刊编辑学学科框架的构想，仅与现阶段科技期刊发展的状态相对应，随着科技期刊的发展和科技期刊编辑学研究的进一步深入，必将有新的内容注入科技期刊编辑的研究成果中来。我们期盼广大科技期刊编辑工作者和对此感兴趣的人士提出宝贵意见，并共同探索，以推动科技期刊编辑学学科建设的新发展。

参考文献

[1] 丛林. 中国编辑学研究评述（1983—2004）. 济南：齐鲁书社，2004.

[2] 杨勇. 科技期刊编辑学研究现状与学科构建的思考. 中国科技期刊研究，1998，9（3）：1-5.

[3] 谢燕，钱俊龙，熊樱菲，等. 科技期刊编辑学学科建设的现状及评析. 中国科技期刊研究（待发表）.

[4] 陈仲雍. 对《编辑学理论纲要》构想之管见. 编辑之友，2000（4）：33-34.

[5] 阙道隆. 编辑学理论纲要. 出版科学，2001（4）：8-23.

[6] 张觉民. 现代杂志编辑学. 台北：商略出版社，1978.

[7] 邱均平. 文献计量学. 武汉：武汉大学出版社，1988.

[8] 翟杰全. 科技传播与科技传播学. 北京：北京理工大学出版社，2002.

[9] 刘振兴. 建议将自然科学学术期刊纳入公益性事业管理的思考. 中国科技期刊研

究，2006，17（1）：1.

[10] 许为民. 走近科学技术学. 北京：科学出版社，2008.

[11] 卢嘉锡. 对科研工作来讲，科技期刊既是龙尾，又是龙头. 中国科技期刊研究，1997，8（增刊）：封二.

[12] 朱倩蓉. 科技论文的同行评议//上海市科技期刊学会. 科技期刊发展与导向：第七辑. 上海：上海科学技术文献出版社，2010.

[13] 刘谦，吴民淑，肖宏等.《中国药理学报》组稿与宣传的新举措——期刊大学行. 中国科技期刊研究，2007，18（3）：469-470.

[14] 周兆康. 中国科技期刊与国际出版社的合作情况和初步分析. 中国科技期刊研究，2007，18（1）：38.

[15] 何先刚. 3G手机媒体与科技期刊数字化出版//第12届京津沪渝主编/社长研讨会论文集，2007：13-21.

[16] 钱俊龙，谢燕，熊樱菲，等. 科技期刊创新的历史轨迹及其内涵与外延. 中国科技期刊研究，2008，19（4）：523-527.

[17] 徐文娟，陈素军，吴秀君，等. 网络期刊的知识产权保护//上海市科技期刊学会. 科技期刊发展与导向：第七辑. 上海：上海科学技术文献出版社，2010.

[18] 徐文娟. 大力推广科技期刊版权合同. 中国科技期刊研究，2004，15（6）：683-685.

[19] 丁玉薇. 科技期刊评价方法//上海市科技期刊学会. 科技期刊发展与导向：第七辑. 上海：上海科学技术文献出版社，2010.

[20] 潘宏丽，钱荣贵. 文化制约，编辑活动的普遍规律. 编辑之友，2001（4）：32-34.

[21] 陈景春. 试论编辑活动的元规律. 出版科学，2002（4）：20-22.

[22] 王振铎，胡义兰. 编辑活动的规律和特点. 出版科学，2005（5）：21-27.

[23] 王华良. 再论编辑活动基本规律. 出版科学，2006（3）：36-39.

[24] 徐秋栋. 科技期刊编辑规律探讨——对国内研究状况的粗浅思考. 在“科技期刊编辑学学科建设的发展”课题组学术讨论会上的报告.

（原载《中国科技期刊研究》2009年第6期，收入本书时有改动）

探寻编辑出版学的奋起之路

——中国高等教育学会新闻学与传播学专业委员会编辑出版学研究分会成立暨编辑出版教育研讨会综述

张天定

中国高等教育学会新闻学与传播学专业委员会编辑出版学研究分会暨编辑出版教育研讨会于2009年4月18—19日在百年老校河南大学召开。会议由中国高等教育学会新闻学与传播学专业委员会主办、河南大学承办、河南大学出版社协办。与会70多位代表来自全国42所高校和出版单位。会议宣布成立了中国高等教育学会新闻学与传播学专业委员会编辑出版学研究分会，通过了分会章程，建立了第一届研究分会组织机构。编辑出版教育研讨会进行了主题发言和分组讨论。与会代表就编辑出版教育30年回顾与反思、数字时代的编辑出版学人才培养模式、编辑出版学学科体系建设等议题进行了广泛深入交流与研究。

一、构建新的研究交流平台

在大会开幕式上，河南大学校长娄源功教授向与会代表介绍了河南大学新闻与传播学院的编辑出版专业现状，对编辑出版学研究分会的成立表示祝贺与支持。中国高等教育学会新闻学与传播学专业委员会副会长罗以澄教授回顾了中国高等教育学会新闻学与传播学专业成立26年来学科地位逐步提高的奋斗过程，并用典型事例特别强调了编辑工作的重要性，在此基础上对编辑出版学的学科建设和教育提出了更高的要求。罗副会长要求研究分会成立之后，要充分发挥分会的凝聚力和号召力，更好地团结全国编辑出版界同行认清形势，把握机遇，多想问题，多办实事，为我国编辑出版事业培养人才，出谋划策，以取得更加优异的成绩。

中国高等教育学会新闻学与传播学专业委员会编辑出版学研究分会召开了第一届理事会。选举河南大学为中国高等教育学会新闻学与传播学专业委员会编辑出版学研究分会会长单位。北京大学、复旦大学、中国传媒大学、中国人民大学、南开大学、四川大学、华中科技大学、武汉大学、南京大学为副会长单位。中国地质大学、北京印刷学院、上海理工大学、河北大学、陕西大学、浙江传媒大学等27所院校和《中国编辑》杂志社为常务理事单位。会议推举南开大学赵航教授、北京大学肖东发教授，河南大学王振铎教授、宋应离教授，陕西师范大学张积玉教授、武汉大学罗紫初教授为顾问。选举河南大学新闻与传播学院院长李建伟教授任会长，河南大学新闻与传播学院张天定教授任秘书长。会议通过了代表大会例会及会费收缴与管理、会员发展等决议。

编辑出版专业经过长期的积淀与酝酿，终于有了自己的研究与交流的平台。代表们热切期盼编辑出版学的教学与研究能够在新的平台上展翅奋起。南开大学赵航教授高度评价研究分会的成立是一件很有意义的大事。四川大学文学与新闻学院李苓教授认为，分会成立是编辑出版学专业学科发展的里程碑，是编辑出版专业大发展的一个新起点。复旦大学新闻学院曹晋教授认为，编辑出版学研究分会的成立，为我国编辑出版高等教育的发展提供了一个很好的契机，应该从更高的层面去认识这种发展。她还建议学会：（1）建立网络交流制度，信息以电子邮件形式群发每一会员；（2）吸收出版业界的领导进入学会，和业界保持联系；（3）兼顾国际视野，与海外同行定期互动交流；（4）注意和其他学科创立对话机制等。

二、教育与研究成绩显著

与会代表对改革开放30年来编辑出版学的教育与研究深情回眸。大家认真总结了改革开放30年来编辑学教育与研究取得的成绩：一是编辑工作实践从无序到有序，编辑从业者从无名到有名。二是编辑理论研究从无学到有学，研究活动空前活跃，研究机构纷纷建立，目前全国设立的编辑出版研究机构已达20余家。三是编辑学术期刊迭出，先后创办的编辑学专业期刊有《编辑之友》《编辑学刊》《编辑学报》《出版科学》《出版发行研究》《中国出版》《中国编辑》等10余种。出版学术著作、教材等数以千计。四是编辑与出版专业教育蓬勃发展，我国高等学校开设的编辑出版学专业已发展到80余家，招收编辑出版硕士研究生的大学已有35家，招收编辑出版学博士研究生的大学已有5所，从事高校编辑学术研究和专业教学的人员，已成为现代编辑出版学学科体系建设的一支重要力量。编辑出版学的教学与研究成果已经在出版界发挥着参谋和指导作用，为有关决策部门提供了智力支持和理论支撑。

回顾编辑学发生、发展的历史，令全国编辑出版学同仁自豪的是，编辑学原创于中国，具有中国特色、中国风格和中国气派，不受西方话语的支配。

三、学科体系建设初具规模

学科体系建设是专业长期可持续发展的根本所在。学科体系建设应符合学科发展方向，遵循学科发展规律，保证学科体系的自主性和严谨性。学科发展目标是否成功，关键在于目标的特色体现。编辑出版学属应用学科，学科建设和战略措施均要体现其应用特色。如何构建优势互补、交叉融合、资源共享、人才荟萃的优势学科平台一直是编辑出版学学界高度关注的大事。

河南大学王振铎教授在他提交的《编辑学学科体系已臻成熟》的论文中提出：编辑学与出版学逐渐形成了一个多主体共轭相生、耦合互动、“内圣外王”的学科链。其学科体系的生态趋势已经彰显：大编辑创构大媒介—大媒介传播大文化—大文化助推整个出版信息产业的大繁荣。编辑出版学学科体系已初具规模。

南京大学张志强教授在主题发言中呼吁有关领导和主管部门重视编辑出版学专业，提请把编辑出版学专业列入一级学科目录，按照一级学科建设，使编辑出版学高等教育获得快速发展。

河南大学李建伟教授在他提交的《论我国编辑出版学学科体系建设》一文中认为，我国编辑出版学高等教育已初具规模，但由于现在编辑出版学专业分散在新闻类、管理类、文学类等学科，学科体系的规范化、制度化迫在眉睫。因此，对于编辑出版学的相关学科、分支学科以及学科设置、专业教育等更应当得到足够的重视和研究。

陕西师范大学南长林教授提交的《大地微微冷气吹：当前新闻传播教育反思》，从多个方面分析了编辑出版学专业学科建设的现状与问题。认为当前新闻传播学科构架边界不清与专业发展缺乏个性的现象已转化成学科结构性和社会性矛盾，编辑出版专业学科发展出现了严重的生态危机。

四、课程设置渐趋科学

教育部早在1998年就发布了《关于深化教学改革，培养适应21世纪需要的高质量人才的意见》，该意见明确指出：对一些确有一定社会需求的专门人才，可通过在宽口径专业内设置柔性的专业方向或选修课程进行培养，这为行业特点鲜明的编辑出版学专业指明了方向。根据21世纪编辑出版人才市场需求的特点，按照教育部的精神，编辑出版学教育的课程设置要以培养目标为出发点，从剖析专业方向所需的知识结构、能力结构入手，建构科学规范的课程体系。对此，各高校结合实际介绍了各自的课程设置情况。

北京大学张积教授介绍北京大学新闻与传播学院本科开设有新闻学、广告学、编辑出版学、广播电视新闻学四个专业。研究生开设有新闻学和传播学两个硕士点，含编辑出版学方向。编辑出版学的课程设置主要分为两个方面：一是编辑出版史方面，主要由院内教师担任教学任务；二是业务方面，主要由业界人士担任教学任务。

山东工商学院张子中教授认为，要搞好编辑出版学教育，首要就是在新生入学时培养其专业认同感。具体做法是：一方面通过老师对专业领域内先贤事迹的介绍使学生有一种文化传承的使命感和责任感，另一方面要抓好阅读、对话、写作、发表提高专业能力的四个环节。关于课程设置，他提出四点建议：开阔学生视野，积淀思想文化；开设中国思想文化史课、西方思想文化史课；把编辑出版知识与财务管理知识相结合，培养懂经营、会策划的专业人才；开设社会学课程使学生掌握社会科学研究方法和调查方法。

中国人民大学周蔚华教授提出本科教育要打通课程设置，打好理论基础。比如取消编辑实务课而选择版权法和版权贸易课，以“大出版”为发展方向，依托新闻学院的办学优势，采取每班 13～23 人的小班教学方式；专业教学除了专职教师以外，还聘请出版社的社长、总编担任教师，借用人大的声望与北京优厚的出版社资源，经常请业界人士做讲座，请成功引进或输出版权的策划编辑做案例分析等。这样既能丰富学生实践方面的知识，对学生实习和找工作也提供了各种便利。

河南大学路振光教授提交的《编辑出版专业计算机应用课程研究》，指出编辑出版专业开设计算机应用课程势在必行，开设这门课程可使编辑出版专业的学生胜任电子文本的编辑校对、数字图像处理、电子排版、数字出版物制作和网络编辑等工作。

河南大学张锦华老师提交的《编辑出版学硕士研究生实践教学问题及对策研究》，提出编辑出版学专业的师生要转变观念，在课程设置、实验室建设等方面采取措施，加强实践教学环节。

五、人才培养模式异彩纷呈

面对知识经济、市场经济和国际化融通的大背景，编辑出版学如何适应形势发展，尽早、尽快、尽多地培养有策划能力、有创新能力、有动手能力的高素质人才，既是专业教学考核的重要指标，也是编辑出版专业的生命力所在。专业的特色首先体现在特色人才的培养上。对于编辑出版学人才培养模式，自编辑出版专业成立以来，全国同仁就开展了多层次、多角度的探索与研究，并取得了不少有益的经验与感悟。

上海师范大学陈丽菲教授介绍了该校编辑出版学专业实行

“双学位制”，多种层次对人才进行培养的模式。比如，课内组织学生进行图书、报纸、期刊、网站的制作，学校所有报刊的编校制作全部由编辑出版专业的学生完成。实行职业资格制度，学生在大三就可以进行编辑职业资格证的考试。学生在掌握出版和编辑学基础理论的同时，将受到能参与一个出版项目的基本能力训练，在具体项目中提高学生的多种能力。

浙江传媒学院郑小军编审介绍：该校编辑出版学专业教师95%以上有业内工作经验；学生第一年不分专业，同北京大学一样，第二年选择专业；每年选择编辑出版的学生非常多，而且学风很好；学院有自己的电视台，学生在电视台通过实际操作得到很好的锻炼。

武汉理工大学贺子岳教授介绍了该校和长江出版集团签约的“3+1”教学模式。学生在校学习三年，第四年的专业实习阶段到长江出版集团进行，由学校和出版集团共同管理，完全按照企业运作实际操作，让学生学到更多实际技能。

汕头大学长江新闻学院行政总监王军认为，现行教育体制造成学界不研究业界所需，而业界对学界的研究内容又不感兴趣。汕头大学十分注意培养学生具有国际视野和实践能力，创造机会让学生到国外做新闻采访及进行其他与出版有关的活动来拓宽学生的视野。

河北经贸大学刘玉清副教授提交的《适应业界需求的编辑出版本科人才培养模式》，认为本科人才培养模式重知识轻能力，与业界需求错位。针对用人单位对专业学生提出的眼高手低、实践能力弱、合作能力差等问题，学校应踏踏实实提高学生档次，根据业界需求及学生个性采用不同培养模式。

河南大学张天定教授提出培养编辑出版学应用型人才的制度设计思路：借鉴德国双元制模式加快编辑出版人才培养步伐，

学校与出版单位联合培养编辑出版专业人才。学校负责基础理论教育，并注重理论联系实际，出版单位也要承担企业责任，为编辑出版学学生的实践教学提供支持，求得产、学、研多方共赢。

漳州师范学院靳青万编审认为，目前的出版教育改革会给出版业带来良好的发展机会，使业界出现能者上、平者让、庸者下的良好竞争机制，这在某种程度上能促进学生就业。

针对有的学生专业思想不够巩固、学习态度不够端正的问题，河南大学宋应离教授介绍了自己“三个抓紧”的教学经验：一是开学要抓紧，不能出现“一年松，二年紧，三年坐不稳”的现象；二是实践能力培养要抓紧，“就业好不好，关键在于能力强不强”；三是毕业论文要抓紧，现在的学生大多“敏于感悟，疏于写作”，所以要重视毕业论文的写作，“严于把关，反复修改”，把它作为大学期间学习成果的见证。

六、编辑出版学前景光明

毋庸讳言，由于世界大环境及其他多种因素的影响，编辑出版学专业教育存在一定的问题和困难，有些情况还比较复杂，但编辑出版学的前景依然值得期待。

赵航教授认为：第一，所有的传媒根于编辑出版，编辑是高智慧的学问，必须联系现实，解决实际问题。第二，现在的出版改革，阻力很大，因为关系到多方面的利益，但是，虽然艰难，为了大局我们还必须进行下去。第三，要学会根据当前形势，适时调整。台湾地区这个市场对我们来说基本还是一片空白，应该注意开发。

王振铎教授面对编辑出版学专业学生就业难的现状，鼓励大家不要泄气。他感慨一些出版社社长扬言不要编辑出版学专业的人，要这个，要那个，说白了，就是要能给他们发财的廉价劳动力，要发财专业的人，这是社会浮躁的表现。他认为编辑学研究现在还有很多问题有待解决，比如，编辑权的缺失、出版权等同了著作权、阅读使用权和影视编导权的不明确，等等，这些都有待于大家的努力。

出席这次大会的代表有初创本专业的前辈，他们虽然已经离开教学第一线，但对本专业一往情深；也有刚刚步入本专业的时贤，对本专业一见钟情。无论是大会发言还是分组讨论，都出现热烈的争鸣场面。会议还就我国传媒业的其他理论和实践问题进行了广泛深入的讨论。大会收到三十多篇论文，相对集中地展示了目前学界和业界的研究实力和关注焦点。

比如，兰州大学张利洁副教授从内容配置方面讨论了“农家书屋”的可持续发展问题；中国劳动关系学院吕明涛副教授提交了论文《黄洛峰在陪都重庆时期的出版活动》；河南大学张如法教授提交了论文《关于编辑学教育的思考》，闫现章编审提交了论文《略论编辑出版传播过程的教育特点》，袁喜生编审提交了论文《关于大学出版社转制后自我定位的思考》，赵建国教授提交了论文《图书至少应该被视为准公共物品》，惠萍博士提交了论文《近代出版业与传统知识分子的双向建构》，王鹏飞博士提交了论文《编辑学研究的范式危机》，姬建敏编审提交了论文《从一个栏目的发展看我国编辑学研究 30 年》。各种观点的融通交汇，深化了编辑出版学理论的研究，形成了良好的学术氛围。

这次大会，正如编辑出版学研究分会首任会长李建伟教授在大会闭幕式上所说：“各位代表研讨的时间虽短，但为共同的编辑出版研究事业所结下的学术情谊将是久长的，它对编辑出版研究所产生的学术影响将是深远的。这是一次高规格、高质量、高层次的学术会议，这是一次检阅编辑出版研究队伍、展示编辑出版研究成果、交流编辑出版学术信息的大会，同时也是一次深化编辑出版研究、理清编辑出版研究思路、明确编辑出版研究方向的大会。

（原载《河南大学学报（社会科学版）》2009 年第 5 期）

全媒体语境下电视编辑的角色转型与功能拓展

石长顺　唐晓丹

当中国电视媒体跨过50周年之际，媒介变革的全媒体时代正悄然来临，对传统媒体运作理念产生强烈的冲击。如何在全媒体语境下，抓住机遇实现自身的转型发展，传统电视媒体任重道远。而作为传统电视内容生产的重要环节——电视编辑工作，也面临着新的嬗变。

电视编辑，从广义上说，它既指电视编辑业务，也指从事电视编辑工作的人，其工作涵盖了电视生产的全过程，不仅要负责节目的后期处理和编排，还要负责节目前期的组织工作；从狭义上讲，电视编辑工作主要指后期制作，即节目的编辑处理、编排播出等环节[1]。其实，电视编辑也是一个不断发展的概念，在全媒体时代电视内容运营中，“电视编辑”这一概念的外延正不断扩大，除了传统意义上的节目编辑外，还涵盖了频道编辑、直播编辑以及新兴媒体内容编辑等。优秀的电视编辑工作在电视实践中的积极作用日益得到彰显。

一、电视编辑的角色转型

现代电视编辑，已不是单纯的节目制作者，而是在整个电视传播链环中充当着全能型角色，其角色转变的原动力就来自它所处的全媒体语境。

“全媒体”这一概念是随着信息技术和通信技术的发展应用

而催生的“跨媒体”逐步衍生而成的。从狭义上理解，是指所有媒介载体形式的总和。而更为广泛的认识是，随着时代的发展，越来越多的信息传播手段带来了我们获取新闻、资讯的新体验，这类新体验都可以纳入到全媒体的范畴中去。电视编辑的角色转型正是基于传统媒介工作形态对全媒体语境的主动应对。

1. 电视编辑的全能角色

全媒体语境给我们分析电视编辑角色以全新的视角，但回顾中国电视发展历程，可以发现电视编辑的角色从来都不是一成不变的，而且已经得到了极大的丰富。

在最早的“电视编辑”概念里，编辑只是扮演后期制作者的角色，在传统的电视报道范式中，记者和编辑的角色是分离的。但从 20 世纪 90 年代开始，编辑与记者的角色界限开始模糊，很多电视媒体都成立了由记者和编辑共同组成的报道组，共同负责对某一主题的报道，很多专题和专栏节目中的编导，甚至已经取代记者，成为编辑和记者合一的角色。如在《焦点访谈》和《新闻调查》等节目中，片尾字幕上的“编辑”往往同时指代着“编辑”与“记者”的双重身份。

随着商业化生产模式的引入，一些电视媒体开始采用一种更大众化、更廉价的节目采编模式，独家的、第一手的信息可能被更多内容来源的选择、加工所取代，如凤凰卫视的《有报天天读》、江西卫视的《传奇故事》等栏目，都是通过对新闻资源再利用的“编”与“辑”形成的。与此同时，电视编辑在节目制作中的地位得以加强。

伴随媒体竞争的加剧，电视频道的品牌建设和个性张扬显得更为重要，电视编辑的任务此时也不再仅仅是关注单个节目的图像编辑和文字解说词的写作，更为宏观的电视栏目定位和改版、频道品牌的构建和维护，都开始进入电视编辑的视野，从频道理念的实施，到频道节目编排的调整，均纳入到电视编辑的工作范畴。

在全媒体语境下，传统电视开始将触角伸向新兴媒体，这对电视编辑所扮演的角色提出了更高的要求。从发展趋势来看，广播电视新兴媒体对节目内容的大量需求，将带动媒体内容资源的重新整合，这意味着电视编辑将融合媒体新闻等节目资源，参与到包括新兴媒体的内容运营之中，将不再仅仅从传统电视的立场上考虑和处理问题，而应掌握好不同媒体的特性，有的放矢，学会在同一平台上将节目资源进行组合与调配，从而适应不同媒体的需求。因此，从全媒体语境下进行考量，电视编辑在整个电视内容运营中无疑承担着一种全能型的角色。

2. 电视编辑的全新理念

新的编辑角色转型必然需要新的编辑理念来支撑。而编辑理念，在我国指的是“编辑在编创媒体、结构文化时，根据自身的素养和对社会的政治、经济、意识形态等形势的总体把握，形成的关于媒体的主流活动与主导意识的思维灵智，是对编辑活动规律的理性认知和意识的升华”[2]。

理念不是一成不变的，同样，电视编辑理念也是不断变化的，而这种变化是环境体制改变的一个缩影，是电视变革的一种社会反映，同时导引着电视传播的创新。当前，电视同业内部的巨大压力，传统电视和新兴媒体之间的竞争与融合，都对指导电视内容生产的电视编辑“理念”提出了新的要求。

面对激烈的竞争，明确媒体定位与维护媒介个性是首要问题，因此电视编辑首先要有“定位”的理念，包括内容的定位与受众的定位。内容的定位最关键的就是媒体选择以什么样的姿态面对受众，它是编辑理念的具体阐述和实践指南，也是各栏目风格与媒体个性及单个媒体内统一风格的基础。而受众的定位即媒体选择面对什么样的受众，怎样更好地服务受众，在新兴媒体与传统媒体的博弈中，越来越趋向传者与受众真正的平等，这就需要编辑在理念上真正做到“以人为本”，并在此基础上进行受众细分，做到分众化与小众化。

此外，“整合”的理念也在全媒体时代得到张扬。在传统媒体向新兴媒体扩张的过程中，往往在内容生产上会实行“大编辑部”的概念，即同一媒体集团下的传统电视与新兴媒体的内容提供由同一个编辑平台来完成。如上海文广旗下的东方明珠移动电视的四套节目，均是采用上海东方传媒集团有限公司（SMG）开路频道的节目资源而加以针对性改造后播出的。在这种情况下，如何将同一节目资源经过整合后应用到不同媒体也成为了电视编辑所面临的新的问题。“为全媒体生产内容”的理念将越来越深入人心。

编辑理念是进行编辑工作的前提，只有将编辑理念系统化并在实际应用中不断深化，编辑人员的业务素质才能得到不断提高，编辑的角色转型才能顺利完成，而电视编辑的各项功能才能得以实现。

二、电视编辑的功能拓展

传统意义上，电视编辑的工作对象是各种体裁和形式的电视节目，图像剪辑、文本编辑和叙事编辑是电视编辑的基本功能。在全媒体时代，栏目编辑、频道编辑和直播编辑以及新兴媒体内容编辑也进入到电视编辑的功能范畴。

1. 编辑内容的拓展

随着电视业务的不断拓展，电视编辑的内容即电视编辑的工作区间在整个传播链环中已得到极大延伸，电视编辑工作由浅入深，逐步在四个层面上展开：电视节目编辑层面、电视栏目编辑层面、电视频道编辑层面和电视媒体编辑层面。节目是电视编辑工作的基础，在这个层面上电视编辑主要从事节目后期制作工作；到了20世纪80年代末，电视业务的运行已经由节目制作转向栏目化管理，电视编辑工作也就相应地加入了电视栏目编导功能；而90年代以来，电视媒体的生存和发展已经进入频道化经营阶段，电视频道成为了电视节目编排和电视直播编辑工作的阵地与平台；目前，在全媒体语境下，全媒体编辑进入电视编辑工作的视野，全媒体编辑包括新兴媒体编辑与电视媒体整合编辑。

与此相适应，电视媒体编辑功能得以拓展：首先，传统电视在多元化的时代要吸引电视受众注意，就需要对海量信息认真筛选、把关和进行媒体个性的营造；此外，在传统电视与新兴媒体的竞争、整合中，新兴媒体自身的内容发展为传统媒体编辑功能的扩展增加了新的内容，如新兴媒体在用户使用媒体的过程中会产生很多新的内容，像新闻评论、网络调查、博客等，这些内容不但是新兴媒体内容的重要组成部分，电视编辑将其加以改造后，也往往能使其成为传统媒体经常使用的新内容。

另一方面，传统电视媒体纷纷加大了对新兴媒体的开拓力度，使新兴媒体内容编辑进入到电视编辑的业务范畴，如SMG和中央电视台等都陆续开展了全媒体业务，整合电视媒体资源，加强台网联动，打造手机电视、网络电视、移动电视等全新多媒体播出平台。目前，新兴媒体在内容上往往还需要借助传统媒体强大的内容生产能力和经过长期职业训练的内容生产团队。如何在全媒体的视野下对传统电视资源进行二次改造，使其适应新兴媒体播出的要求，这为电视编辑工作提供了新的内容要求。

2. 编辑平台的拓展

随着全媒体时代的来临，那种只能通过电视机看电视的时代已经一去不复返了，电视传播已经从单一的电视终端转向多视屏、多媒体传播。在新技术的发展背景下，现实生活中与人们关系最为密切的三个“屏幕”——电视机、电脑显示器、手机屏幕，都成为了人们收看视频节目的终端，也成为电视编辑功能运行的平台。

目前，电视编辑工作主要在以下平台进行：

（1）传统电视媒体。这是电视编辑工作运行的常规平台，一个电视媒体往往是多个频道的经营者和多个栏目的拥有者。

（2）移动电视。移动电视是以数字地面广播技术传播电视节目的新兴媒体。它支持移动接收，即“机动人不动”，在汽车、地铁、火车等交通工具上，都可接收电视节目。在我国，移动电视还涵盖了“人动机不动”的楼宇电视。

（3）网络电视。网络电视是通过宽带互联网传输影视节目等多媒体内容的新兴媒体，它可为用户提供视频点播（VOD）、直播、录播、数据广播、游戏等服务，如IPTV、网络宽频都属于此范畴。

（4）手机电视。作为“第五媒体”的手机，主要通过其屏幕实现电视传播，不管其技术手段是广播式或流媒体式，其在手机电视节目编辑上的要求都是一样的，即简明清晰、特写多，适应手机屏幕需求。

我们必须认识到，不同的平台对其播出内容的要求也是不同的，支撑以上任何媒体平台持续发展的力量都来自它的内容，而内容的提供永远离不开电视编辑，所以未来随着新兴媒体的不断出现，电视编辑的工作平台还将不断拓展。

3. 编辑话语的拓展

话语的产生是一种综合而又复杂的过程。编辑话语是从编辑活动中产生，对编辑主体、编辑对象以及接受群体同时产生影响的一种语言形式。编辑话语是蕴含在编辑活动中的一种话语实践，它不仅是构成思考、产生意义的方式，也是构成它们试图控制的那些主体的思想意识、心智活动及情感生活的要素[3]。

电视编辑话语是从电视编辑活动中产生并影响其发展的重要要素，在全媒体语境下，电视编辑话语的拓展主要体现在两方面：话语选择与话语构建。

从传播学的角度讲，"编辑工作旨在调节信息的无序化和信息产品的有序化这对矛盾，编辑通过自己的工作，把纷繁的客观世界之中的知识信息系统化、条理化，使无序的信息以体系化、知识化、有序化的方式存在"[4]。这种由无序到有序的实践过程实际上也是电视编辑话语进行选择与整合的过程。没有经过选择与整合的信息是一盘散沙，只有经过这道工序的信息才能被受众更充分地利用，在整合的过程中，电视编辑拥有内容选择权与形式选择权。以新兴媒体编辑为例，目前新兴媒体节目来源主要来自三部分：将传统媒体节目资源进行整合、自制节目或外购节目。至于整合哪些传统电视资源，外购哪些节目，采用何种形式改造、呈现，都包含着电视编辑的设计和思考。

编辑话语构建主要体现在意识形态的控制与把关上。加拿大著名媒体研究者麦克卢汉曾提出"媒介即信息"论断，因为任何事实、消息都不能自己选择自己，推广自己，而需要通过媒介的选择、编辑和推广才得以传播。在某种意义上说，媒介本身就是信息价值的重要组成部分，从这一角度，可以更深刻地理解电视媒体的核心价值，即传递主流权威信息。目前不管是新兴媒体还是传统电视，在节目上基本遵循“三审”制度，电视媒体编辑都有一整套相当严格的自我审查机制，特别是对一些重大新闻，如何报道，用多少篇幅，怎样评论，等等，各媒体都会根据自己的报道风格和理念做周密的计划。这种自我审查便是编辑话语意识形态控制的具体表现。另外，尽管同样属于编辑话语的主体，但作品或文本要真正实现进入公共领域的目的，还需要经过电视编辑主体的把关，电视编辑主体通过对编辑客体的编辑加工，将其自身的理解和观点融入到编辑客体之中，并将这种观点带给原创主体和需求主体。

总之，在面对海量资讯的时候，电视编辑通过话语选择和构建，往往提供给我们对海量信息的判断和价值评估；电视媒体中呈现的世界，实际上是经过选择之后的世界，这个做出选择和判断的人，就是媒介传播过程中的“把关人”，即电视编辑；而正因为电视媒体面对的是“千差万别的公众”，电视编辑在内容选择和播出次序的决断中，会始终坚持“公共利益至上”原则来进行意识形态控制。

三、电视编辑的机制创新

英特尔前总裁格鲁夫曾说过，人类已经进入了“十倍速时代”：“整个世界正处于游戏规则不断变化的环境，传统与习惯不断被新的变化冲击和颠覆……在这个时候，企业或个人必须在经营策略上做根本性的调整，才有可能转危为安，甚至攀向事业的新高峰。”[5]这个“根本性的调整”并不是单指发展新兴媒体业务内容，更是对内容的生产环节——电视编辑进行全方位的机制创新，以实现更好地“为全媒体提供内容”。

1. 内容生产社会化——树立品牌意识

在全媒体时代，对品牌节目的重视被提升到了一个前所未有的高度，竞争也极为激烈，因而“内容为王”的理念即使在全媒体环境下，也仍然是一条颠扑不破的规则：谁拥有内容谁就拥有号召力，拥有行业旗舰地位。为了更好地激发媒体活力，充分利用资源，目前我国的电视媒体正走在内容生产社会化的道路上，而这样的发展路径，则对电视编辑机制提出了树立品牌意识的要求。

应该说，传统电视和新兴媒体走向市场的路径并不一致，传统电视节目内容市场化主要依托两种方式：制播分离与收费电视。制播分离主要指将电视台的节目制作部分（新闻除外）剥离出来，成立电视节目公司，同时加入社会力量参与电视台的内容生产。制播分离在我国现正稳步推行，如中央电视台在充分借鉴电视剧制播分离经验的基础上，采取由内而外的“两步走”计划来推进央视节目制播分离改革。其目标是引入市场竞争机制，实行节目市场招标采购，由央视审查播出，逐步实现节目制作社会化。

另外，经过数字化改造后，传统电视节目的一部分节目内容则走向付费电视，即采用收取收视费的方式来给观众有偿提供节目内容。不管是要在制播分离这场节目“上岗”的竞争中获得优先，还是让已经习惯免费的中国电视观众能心甘情愿地付费，都需要电视编辑有更强的精品意识，只有职业化的队伍，加上成熟的工业化生产流水线，一个电视媒体才会有相对稳定的节目内容，才能打造出品牌。

2. 传播渠道立体化——增强资源整合

电视播放的是节目，体现的是节目制作能力、编辑思想和编排水平。

传统电视媒体一个明显的特性就是更多依赖于内容的影响力来赢得受众的眼球。在全媒体时代，媒体的内容受到了渠道特性的制约，在“大编辑部”的操作下，传统媒体上完整的内容被拆分、重组和调整，以适用不同媒体平台传播的需求。

可以看到，目前新兴媒体的节目内容很大一部分还是依托于传统电视编辑提供的，“以编为主”是很多依托于传统电视平台的新兴媒体的立台之本，这也体现了其所依托的传统传媒集团的整体优势和强大的节目流，但必须要注意到，新兴媒体播出平台不同，对节目的要求也就不同。电视编辑要为新兴媒体创造内容，而不仅仅是把传统媒体上的内容简单剪辑放到新兴媒体上。面对立体化的传播渠道，必须在电视编辑体制上强调整合能力。

厨师烹制菜肴，虽原料一样，但由于不同厨师的手法各异，成品菜的口味与品质也就千差万别。电视编辑也是如此，源自传统电视的节目，经过编辑人员的选择、再编辑、再编排，就可以形成一套新的节目，为受众提供新的、增量的价值，这种整合能力，就是目前电视编辑的核心竞争力。对于从事新兴媒体内容编辑的人员，其整合能力还包括：有较强的导向意识，把关能力，对新兴媒体不同环境下的收视规律、媒体特征、竞争环境、受众等有完整而深刻的认知，具有敏锐的节目判别和鉴赏眼光以及策划和改编的激情。从某种意义上讲，新兴媒体节目质量所能达到的高度，大部分取决于电视编辑的整合能力。

而这种整合也是双向的，在新兴媒体发展的过程中，一些新的对受众有吸引力的内容，电视编辑也可以将其整合到传统电视中，如东南卫视的《播客风暴》就是其中较好的案例。这种双向整合互利双赢的效果，一方面可以相互借助已经在社会上形成热点的节目资源，另一方面也可以使双方的重点节目获得更多的平台支持，得到更大的宣传效果。

除了各媒体平台间的平行性整合，电视编辑还必须加强垂直性整合能力，将新兴媒体和传统电视节目有机地结合起来，创造出一种跨媒体的新的节目模式。而所有这些整合能力，也是全媒体追求“投入最小—传播最优—效果最大”精神的具体体现。

3. 媒介运作差异化——彰显编辑策划

在传统电视编辑的工作机制中，营造媒介个性是编辑的重要工作任务，而在新兴媒体编辑中，通过策划机制来实现媒体个性化还需要进一步加强。

从理论层面上讲，目前新兴媒体很少有自办的节目，这固然可以减少节目创作人手，内容也比较丰富，但是一个公共传播媒体没有自己的话语权，如同一个主权国家没有自己的军队和警察，生存安危只能握在别人手中；从业务层面上讲，如果只是把部分电视频道的内容“平移”到新媒体的播出平台，所提供的节目内容和传统电视没有本质区别，却要求用户支付更为高昂的收视费用，将缺少足够的说服力使受众改变已有的收视习惯。目前，一些非广电系统的生产商和机构也开始介入新兴媒体市场。面对竞争，要解决困扰新兴媒体的“新旧媒体同质化”问题，电视编辑应该加强策划，利用一些独有性资源，在平台上保持一定比例的量身定做的节目，来构建自身的核心竞争力。

要打造出不同媒体鲜明的个性，在栏目编辑层面，新兴媒体内容编辑应注重发展一些自创的节目，目前来看，各新兴媒体的编辑局限于传统编辑思维，缺乏对全媒体语境下，尤其是对新兴媒体内容编辑个性的认识。应充分发挥新兴媒体快捷的优势，开发直播编辑的潜力，参与重大新闻事件直播。在频道编辑层面，应注重节目编排，依据不同收视平台的收视环境、收视特点和时间分配，形成差异化节目版面。同时，在市场运作层面，还可利用“长尾”优势，丰富服务，在新兴媒体平台中开办各类专业性频道，如财经、体育频道等，实现小众化播出服务，以付费方式实现盈利。

4. 受众构建自主化——完善互动机制

经调查发现，中国电视收看人数正呈现出逐年下降的趋势，尽管这种下降趋势目前仍然是缓慢的，但是在发达城市以及年轻的群体中，却十分明显[6]。这与传统媒体的特性是相关的。传统的电视传播都是自上而下、以电视台为中心的单向传播；而在全媒体时代，传播模式转变为双向或多向，受众的概念也将转变为“订户”“授众”，即有订制行为、具有授权资格的观众。要让被动收看的“受众”变为主动参与的“授众”，电视编辑在内容提供上必须遵循互动机制。

其实，如今的传统电视与受众的联动处处可见，如节目中及时播报观众来电，观众发短信参与，电话与互联网有奖竞猜等。但这种互动还只是一种浅层面的单向传播下的互动，而在未来媒体发展的趋向中，每个人都是传者，每个人都是受众。因此，电视编辑的方针和策略均应有所调整。

首先，受众细分是传媒进步的大趋势，要完善互动机制，不论是传统电视还是新兴媒体，电视编辑的受众结构和受众需求调查是不可或缺的。

其次，在未来的发展中，无论是何种媒体，都要让消费者参与到内容的创造中来，必须让观众有兴趣获得关于内容的信息，并且及时表达自己的意愿，加入自己的判断和期待；节目根据受众的反馈不断修整、调整，在受众的不满足与部分满足中向前推进，迅速在互动中提升受众的兴趣，扩大受众群；节目叙事保持开放而受众之间也是开放的，他们可以及时交流意见，传达态度和感情。

电视媒体的互动讲究人性化和服务化，美国卫星数字电视就树立了一个“精品节目与良好服务有机结合”的案例。它除了提供高清电视、本地频道、体育赛事的点播，国际频道节目的按次付费收看，以及电影及音乐会的按次付费外，还提供交互业务，如交互频道和涵盖游戏、新闻、体育、娱乐、购物等方面的交互服务。

总之，机制的创新总是为了创造出更好的内容。内容永远是灵魂，不管传输渠道和接收的终端如何变化，生产内容的电视编辑工作永远是电视媒体运营的重要环节。近几年，无论是新兴媒体还是传统电视领域，都在发生重大的变化，传统电视与新兴媒体的竞合正在进行中。要进一步彰显电视编辑的重要作用，获得中国电视媒体未来更大的提升空间，就必须从当前语境下出发，厘清电视编辑的角色和功能，从而进行电视编辑机制上的创新，达到更好的“为全媒体提供内容”的目的。

参考文献

[1] 石长顺. 电视新闻编辑与制作. 长沙：中南大学出版社，2005：1.
[2] 张组乔. 网络时代编辑该具有什么样的理念. 编辑之友，2007 (2).
[3] 王金茹. 论编辑话语的基本特征. 吉林师范大学学报，2007 (8).
[4] 王振铎，赵运通. 编辑学原理：修订版. 北京：中国书籍出版社，2004：149.
[5] 格鲁夫. 只有偏执狂才能生存. 安然，译. 沈阳：辽宁教育出版社，2002：18.
[6] 胡正荣，陆地，杨硕. 中国电视产业发展概况//崔保国. 中国传媒产业发展报告. 北京：社会科学文献出版社，2008：137.

（原载《中国编辑》2009 年第 2 期）

数字时代出版与新媒体竞合探究

张美娟　李密珍

目前，网络阅读、手机阅读率直线上升而纸质出版物阅读率连连下降，这表明国民并不是对阅读认同的下降，只是对阅读方式和媒体选择发生了变化。对此，出版业应积极面对新媒体的竞争，抓住当前数字化、网络化大发展的有利时机，尽快实现传统出版业与互联网、电信等新兴信息传播媒体的有机结合，顺应媒体融合的发展趋势，促进出版业的可持续发展。

一、数字时代出版与新媒体竞合的环境分析

1. 读者阅读新选择，市场环境新变化

中国出版科学研究所从 1999 年开始每两年对全国国民阅读进行一次系统调查，先后进行的五次调查显示，网络阅读率从 1999 年的 3.7％、2005 年的 27.8％增长到 2007 年的 44.9％，8 年间增长了 12.1 倍；与上网阅读率持续攀升相反，国民图书阅读率呈下降趋势。中国不仅是目前网民最多的国家，也是全世界最大的手机用户国，2007 年电子图书读者总数为 5 900 万人，比 2006 年增长 37％[1]。手机阅读开始流行，加上手机阅读用户身份易于确认，付款方便，手机阅读的产值和份额亦将持续扩大。可见，读者阅读正在步入数字时代，传统出版业应该用全新的思维审视读者市场环境的这些新的变化。

2. 数字出版新主体，竞争环境新变化

网络阅读的兴起，促使数字出版融入新媒体，数字出版业

不再是传统出版一统天下的格局。当前国内的数字出版领域，一些技术公司远比传统出版单位发展得迅速，他们对内容、技术、渠道和资金资源具有更大的集约整合能力，主导着数字出版市场，具有明显的竞争优势，并正在或打算向内容提供商过渡。

数字出版产品不像纸质产品只有出版社才有书号才能产生，从“网络出版”这一现象来看，实际上众多电信、广播电视等单位与传统意义上的出版单位一样，都在进行着事实上的“出版”活动，甚至前者比后者更超前，影响更大。例如在电子图书生产与数据库建设服务方面，技术公司与作为内容提供商的出版社相比就显得更为主动与强势。据不完全统计，新浪、搜狐的读书频道以及阿帕比读书网、中文电子图书网提供的免费电子图书下载服务，培养了近千万的电子图书读者；大量文学网站的原创作品也在大批量生产，甚至数字图书馆、电子图书网站等技术提供商都开始同出版社一样在网络上寻找优秀的作者签约，竞争日益激烈。同时很多出版社的网上电子商务开始和当当网、卓越网等展开合作，有的还尝试利用手机移动网络平台开展新型的出版活动。

总之，新媒体向出版业的渗透正改变着传统出版业的市场环境，与新媒体积极合作以共同分享新的市场“蛋糕”，是目前出版业现实而明智的选择。

二、当前出版与新媒体竞合的现状分析

面对数字时代新媒体带来的挑战与机会，传统出版充分发挥在内容资源、市场信息、行业规则等方面的优势，积极开展与新媒体的竞合，推动产业升级，加速向现代出版业的转型。就竞合形式而言，有出版内容提供商与搜索引擎商之间的合作；

有出版单位与技术运营商的合作，如2008年5月13日，清华大学出版社和方正阿帕比数字出版实行战略合作；还有出版社与电信的合作等。就竞合内容而言，可以面向内容、资本以及技术平台的开发等诸多方面。就竞合产品而言，有在线教育、手机小说、手机报纸、网络小说与期刊等。

1. 出版与网络媒体的结合

出版与网络媒体的结合是由于读者网络阅读选择的改变，为了满足新的市场需求，网络平台上出现了大量的电子图书、电子期刊、网络小说、数据库、网上书店等。网络成了出版单位为读者服务的第二阵地，全部出版流程都可以在网上实现，在线创作、在线编辑、在线发布、在线营销。另外，顺应新的读者需求，还可以尝试开发全新的服务业务，如与搜索引擎网站合作提供网上搜索，搜索与纸质工具书的结合又形成在线工具书。商务印书馆和上海世纪出版集团都推出了工具书的网络版；中国大百科全书出版社利用网络版百科产品构建了百科搜索平台；社会科学文献出版社挖掘“皮书”价值，整合出一套SSDB数据库产品，实现了全文搜索、下载、分割、自动叠加等功能，让“皮书”数字化，大大方便了读者的使用，促进了“皮书”系列出版物的销售。

另外，教育类出版社与网络媒体结合推出了在线教育，例如，广东省出版集团正在规划建设广东基础教育资源服务平台，该平台主要面向广大中小学学生、教师、家长和各级教育部门，提供丰富优质的教育教学资讯服务。该平台具备教材、教学信息的海量收存、管理、检索功能，并通过教育资源管理系统和网络教学支撑平台，以科学、规范的教学资源体系，构建在线学习、辅导、讨论、交流等独具特色的网络教学环境。

2. 出版与手机媒体的结合

比网络更新的、号称第五大媒体的手机与出版相结合，更是综合了手机服务业务与网络服务业务，通过内部资源数字化，形成内容一次生成多次利用的模式，实现商业价值的充分实现。

比如，结合手机短信、彩信服务业务，出版社为营销找到了新的方法。湖南文艺出版社为推广新书《野草根》，除了作家签名售书、媒体采访这些传统的营销方式外，还通过中国移动手机报“移动图书馆”，向 30 万手机用户发送新书彩信，将新书内容介绍传递给读者。安徽出版集团与中国移动安徽分公司合作的手机新媒体业务“移动漫”8 月份已正式开通，通过无线传输方式，把各类动漫资讯以彩信方式送达手机用户，短短 2 个月已达数万用户的规模。

基于网络服务业务，出版社可以将已生成数字化的资源再次利用于无线网络平台。例如，由网络小说转化为手机小说，又如商务印书馆发布的工具书在线的二期阶段便启动了面向手机、移动设备等无线网络用户的实时工具书内容查询、内容订阅服务。湖南出版投资控股集团有限公司在《潇湘晨报》和红网的基础上，开发的潇湘晨报手机报，已成为湖南第一大手机媒体。或是将网络出版业务扩展到手机平台，如华东师范大学出版社在出版界首创“手机短信网址搜书平台”，外研社与诺基亚公司达成合作，联合推出国内第一个互动在线移动学习服务——“行学一族”移动英语学习平台。中华书局在其 2007 年出版的《马骏细解二战谜中谜》等书上尝试使用中国移动二维码。此外，长江出版传媒集团的手机阅读已开始和湖北移动方面进行洽谈，江西出版集团的《农村百事通》也办起了手机杂志，出版与手机媒体的合作呈现一派繁荣。

三、当前出版与新媒体竞合中需要思考的两个问题

当前出版与新媒体结合的市场空间仍然很大，而出版与新媒体的竞合现状，更是洋溢着各竞争主体的参与热情。面对这种高涨的热情，每一个跃跃欲试的出版单位都应该冷静地思考两个方面的问题：一是战略上的部署安排问题，二是战术上的经营模式问题。

1. 慎重决策，防止跟风冒进

虽然合作更有利于传统出版竞争，而且大量的事例也正在努力证实合作的可行性，而且传统出版借助与新媒体的融合，来保存甚至放大出版业的内容资源优势，确实变得十分必要和迫切。但是面对业内对新媒体的热情，仍需冷静分析投入与产出的关系，不可跟风冒进。这主要是因为出版与新媒体的融合推进需要资金、人力、技术等方面的大量投入，并且近期收益不明显。这种投入是很多传统出版单位难以承受的。

所以，数字环境下与新媒体竞合是出版业的一个战略方向，两三年内赢利不是主要目标，要统筹部署安排好什么时候、以何种方式与其他媒体开展竞合。我国大部分出版业与新媒体现阶段合作的主要目的应该是通过项目的运作来整合资源、锻炼队伍、储备技术、创新业态。

2. 借助新媒体，创新经营模式

虽然出版与新媒体竞合现状正方兴未艾，可赢利模式一度被认为是新媒体战略的“软肋”，如何赢利、何时赢利成为众多出版企业发展新媒体最为关心的问题。然而随着部分实力出版集团在手机报、在线教育等方面的探索实践，“赢利”已经被赋予更新的认识。

（1）在线教育：一种新型的经营模式。在线教育是教育类出版社与网络媒体的结合，它需要出版社拥有雄厚的教育资源，

这种专业性强的产品需求弹性小，进入壁垒相对较高，市场也相对具有预测性，通过平台提供优秀产品、优质服务，形成品牌，聚集人气，结合与教育系统良好的公共关系，以适当偏高的产品价格制定和持续销售，可以获得较好的经济回报。目前有充足教育资源的集团，开始尝试掘金在线教育媒体。2005 年，华东师范大学出版社与香港意成资讯科技有限公司联合创立上海意智成网络科技有限公司，打造中国首家同步游学网站。2007 年，又积极开展在线教育的全新探索，依托网络技术，结合 E-learning 理念，推出了国标数学学习网，把学生、教师、名师有机地联系在一起，打造了一个一流的学习与交流的平台和社区。也可以直接通过在线销售赢利，如华中科技大学出版社年出版高等教育课件（资源包）100 多种，销售收入达 200 多万元，成为支撑电子出版业务发展的重要支柱。

（2）手机小说：拓展赢利空间。手机出版是以无线通讯技术和互联网技术为手段，将加工复制后的数字出版物发布给手机用户的一种出版形态。随着手机小说的突破，不少传统出版单位渐渐嗅到了手机终端暗藏的商机，并积极尝试以各种方式与手机媒体结合，寻求新的增长空间。

手机作为新兴媒体，其最大优势是便携性，还具有交互性强、信息接收与传送快、多媒体性、高容量和个性化、低成本和环保性等特点。同时，手机小说不需要花费印刷成本，也没有库存压力，还可以从上网人数很快统计出阅读率。特别针对需求弹性大的文学类产品，这些优点刚好投其所好。中国首部手机小说是 2004 年广东的千夫长所创作的《城外》，全文共 4 200字，分为 60 个章节，以每章 70 个字发送给手机订户。该小说最终创下了高达 80 万名手机用户订阅的记录。快速增长的手机阅读需求、可观的数据吸引了不少老牌出版社积极经营起手机出版业务。

另外，很多文学原创小说均能通过手机短信通知读者最新佳作，或是直接通过手机订阅、上网登录网站下载阅读小说。收费方式可以通过包月形式，也有 VIP 充值形式，并且有些文学网站可以积累分值享受不同优惠。

综上所述，出版与新媒体的竞合虽是蒸蒸日上，但也不可避免地遇上一些困难，如数字版权困扰数字出版的发展，由于我国著作权法的限制，一般的图书合同都是 10 年以内有效期，这就制约了数字出版的版权问题。很多好的纸质图书内容，如要转换为数字出版的形式，往往都会碰到版权过期的问题。还有格式问题，当然争议最多的是赢利模式的问题。

在部分集团的新媒体实践中，赢利问题已经有了突破口。江西省出版集团的网络销售已初步盈余，其网络营销的赢利可以补贴数字出版，追求的是总体赢利，集团计划把数字出版和动漫出版两大板块结合起来整体运作。湖南出版投资控股集团的红网是目前为数不多已实现赢利的地方新闻门户网站，其赢利主要来自于广告，而手机报则通过投入较少、成本低来实现赢利。

对此，当前我们应清楚的是，由于发展新媒体投资巨大，而赢利模式尚在探索中，就整体而言出版业发展新媒体实现赢利还需时日。但是，新媒体对促进出版企业创新、改变经营机制与拓展增长空间，都具有积极的战略意义。因此，出版业对发展新媒体，应审时度势，运筹帷幄。

注释

[1] 2007 年中国电子图书发展趋势报告. [2008-04-16]. http://news.du8.com/html/67/n-68667-2.html.

参考文献

[1] 电子图书：渐成阅读趋势. 中国图书商报，2008-06-30.
[2] 田丽丽. 08’出版集团新媒体竞合年. 中国图书商报，2008-07-14.
[3] 文冀. 大学社整装试水数字出版. 中国图书商报，2008-07-08.
[4] 手机出版：数字出版下一桶金. 中国图书商报，2008-07-11.
[5] 田丽丽. “网栅”，数字出版新契机. 中国图书商报，2008-07-15.
[6] 金霞，田丽丽，马莹. 九集团数字出版合纵连横. 中国图书商报，2008-07-22.

（原载《出版科学》2009 年第 2 期）

工具书“在线”模式及开发思路

于翠玲

随着数字出版技术的发展，传统的纸媒介工具书正在逐步转换为“在线”版本，为读者提供网络检索服务。目前这种转换有两种模式：一是由技术供应商搭建的“中国工具书集锦在线”平台，一是由辞书出版社实施的“工具书在线”策略。鉴于印刷版工具书有特殊的编辑体例和知识类型，读者使用工具书也有特定的目的和检索习惯，本文具体分析两种“在线”模式的现状和特点，进而提出印刷版工具书资源与技术平台优势有效融合的思路。

一、搭建平台，吸纳资源：中国知网的“集锦”模式

“中国工具书集锦在线”（以下简称“集锦”），是由清华同方“中国知网”开发的规模较大的工具书平台，其特点有如下两点：

（1）收录数量多，但缺少权威辞书。所谓“集锦”，它主要通过整合中小出版社的工具书，将印刷版本转化为数字版本。据说目前已经收录了2 000余部工具书，更多的工具书还在陆续录入。同方声称：全部工具书已妥善解决版权，其中90%的工具书和出版社签的是独家网络出版协议，因而内容有明确的出处。然而，恰恰是由于版权问题，目前“集锦”的辞书还缺少权威出版社出版的品牌辞书，特别是缺少读者常用的语文辞书

（只收录了《通假大字典》《现代汉语正误辞典》《现代汉语“离合词”用法词典》等比较专门的辞书）。这必然造成一种偏颇：一般中小出版社在辞书编辑和出版品种等方面没有优势，却通过“集锦”而得到了数字化出版和推广的机会。由于近年来工具书出版数量繁多，难免存在选题跟风、内容雷同现象。“集锦”不能只以数量多为特点，还要审慎考察出版社有无辞书出版资质，对现有工具书要在同中选优，避免重复；另外，“集锦”编者还应关注工具书修订的信息，审核已经收录的工具书的出版年代，特别是内容信息的时效性和准确性。

（2）检索快捷，但检索结果繁杂。传统工具书大体分为语文性、检索性、参考性等类型，形成了比较完整的知识检索体系。“集锦”只是根据已经收录的工具书情况，将其大致分为汉语词典、英汉词典、专科词典、百科全书、医学图谱、图片鉴赏等栏目，每一栏目再分出若干小类，然后列出书目。每一本工具书则提供扫描版的原封面，录入原书的凡例（说明）、附录，有的还列出了根据笔画或汉语拼音排列的词目。读者如果明确选择单本工具书进行检索，这和使用印刷版没有什么区别。

“集锦”的技术优势是，可以对其所收录的“全部工具书”进行全文“搜索”，就像使用网络搜索引擎一样快捷。例如，输入“自然科学”这一条目，立即显示“共有记录22条”。根据“集锦”的编辑理念，“当对几千种工具书进行统一检索时，我们发现同样的术语和词汇，在不同的辞书里有不同的视角和表达”，这“让我们的思维更多元，视野更开阔”。但从实用角度来看，读者并不需要同时检索“几千种工具书”。尽管超文本技术可以根据关键词，将条目、书名以及释文都链接在一起，但这种检索结果并不是严谨有序的知识系统，如上述“自然科学”

条目，在22条记录中大部分是出现在“释文”中的字频，而不是明确的定义。而且，检索同一词条的释文，即使出自不同的辞书，却难免大同小异甚至雷同的情况。所以，这种技术上快捷的“模糊”检索，打破了工具书原有的知识类型和编辑体例，反而使读者难以迅速找到明确的答案。

二、依赖资源，开拓空间：辞书出版社的“在线”策略

“集锦”是技术提供商吸纳多家出版社资源的产物。而权威的辞书出版社也在利用各自的资源优势，自主建构工具书在线平台。其特点如下：

（1）品牌有优势，但互不关联。几家权威的辞书出版社都在将其品牌辞书数字化或网络化。例如，中国大百科全书出版社开发了《中国大百科全书》的光盘版，他们在2005年与新浪中文互动搜索引擎“爱问”合作，推出了“中国大百科在线搜索”；在2006年与比利时合作开发了欧洲版（光盘及网络版）。上海世纪出版集团2001年在其易文网开通了“工具书在线”频道，目前列出的书目有《汉语大词典》《中华文化通志》《辞海》等。商务印书馆则从2006年起实施“工具书在线”工程，其一期工程发布了《新华写字字典》《新华正音词典》《新华拼写词典》《中华人民共和国地名大词典》；其二期工程发布了《辞源（四卷本）》《新时代汉英大词典》《新时代英汉大词典》《综合英汉科技大词典》等辞书。即将上线的有《故训汇纂》《四库全书总目提要》等各类工具书，并将逐步增加到上百种。由于辞书特点、版权、开发成本、营销方式等原因，像《中国大百科全书》《辞海》《辞源》《汉语大词典》等大型辞书都是单独开发的电子版，不可能被“集锦”在一起。这也带来一个问题，有些在内容方面有关联的辞书，却无法汇集在一个平台上，相互参

考。例如，商务印书馆的《辞源》（1983年版）曾经以扫描版形式上传“在线”，而对《辞源》进行考订、补释的《辞源续考》一书却被“集锦”收录了。如果商务印书馆能够收录其他出版社的《辞源通考》《辞源续考》等书，并实现“在线”的关联检索，这会有助于《辞源》的修订工作，也方便读者参考。

（2）资源很丰富，但有待深入开发。易文网的成员单位包括上海辞书出版社，应该拥有大量工具书资源，但目前“工具书在线”仅列出了几种工具书，而且不提供任何免费检索，读者如果不注册成为会员，是根本不能查看任何页面的，所以让人觉得“高深莫测”。相比之下，“集锦”免费提供条目检索和部分释文的方式比较适合普通读者的需求。商务印书馆曾经将古籍辞书《辞源》以电子书形式上线，主要提供关键词检索，但读者在遇到不认识的繁体字或者字库中难以找到的生僻字时，却找不到检索途径。原版本的四角号码词目表是不少专家比较熟悉的手工检索词条的方式，这种方式能否“在线”保留？还是可以提供更为快捷的电子检索方式？此外，商务印书馆具有一百多年的辞书编辑出版历史，其历年出版的辞书具有重要的史料价值，如近年来有关“历史文化语义学”的研究引起了海内外学者的关注，中国早期辞书也成为学者收集、检索和研究的对象。商务印书馆可以将其早期辞书资源逐步转换为数字化版本，形成独具特色的语料库，或编写历时性的汉语词典。商务印书馆还拥有多种近代期刊资源，目前已经将《东方杂志》（1904—1948）扫描版上线，并形成了内容丰富的专题主页。有关妇女、儿童、文学等方面的早期刊物以及早期教科书、国学丛书、大学丛书等，也都是商务有待综合整理和开发的专业数据库资源。

三、开发思路：内容资源与技术平台有效融合

上述两种“在线”模式各有特色，但都处在开创阶段。笔者认为，进一步的开发有必要考虑单本工具书的“在线”版能否超越原印刷版？如何综合利用和开发各种类型的工具书资源，并建设吸引读者关注的“在线”平台？

（1）发挥各自优势。商务印书馆拥有资源优势和广大读者的信任，但目前实际“在线”可以检索的工具书只有新华系列的几种小词典。《新华字典》《现代汉语词典》等品牌辞书由于印刷版本非常畅销，读者随手检索也比较方便，目前还不需要上线。但也不妨开发比较简明的网络版，为读者提供在线免费检索。其《汉英双解新华字典》等可以开发为嵌入移动载体的电子辞书，供海内外汉语学习者随时检索。还可以利用其辞书编辑专家的优势，参照工具书指南的体例列出栏目，有针对性地选择和整合其他出版社的优秀辞书，以精取胜，形成类型齐全、条目内容权威、知识体系完备的检索工具系统。而“集锦”由于集纳工具书的数量较多，可以实现检索条目的超文本链接（如相邻词条、参见其他参考书、相关词提示），可以跨库检索“知识资源总库”其他数据库（如提供相关期刊文章），还可以免费浏览检索词的目录，形成纵横交叉的知识结构网络，具有更为广阔的读者市场。其开发前景在于获得权威辞书出版社的品牌工具书、集纳已经开发的电子版工具书，进而自主开发网络版工具书，真正实现“集锦”的理念。

（2）提供多媒体资源。《中国大百科全书》的光盘版虽然提供在线检索，但只是文字版，而不是多媒体版；借鉴《大英百科全书》网络版的模式，开发出中国品牌的多媒体“百科全书”在线平台，并将其推向世界，这是未来的开发前景。商务印书馆介绍其“在线”是“一个集文字、图像、声音、动画、视频

为一体的全方位、立体化的多媒体数字出版平台，向全球互联网用户提供各种工具书的检索服务”；还计划介入移动工具书搜索，向手机、移动设备等无线网络用户提供实时工具书内容查询、内容订阅等，并将建设英语、日语、法语等多种语言版本的“工具书在线”[1]。这一系列计划具体实现后，才会显示出不同于“集锦”的资源开发优势。

（3）利用多种互动功能。美国大不列颠百科全书公司总裁霍和·高兹强调互联网对出版企业的意义：“我们并非仅仅将互联网看作一个发布信息的地方，它也是一个更为快捷、更为一体化、更为合作和更为精确的企业的平台。大不列颠百科全书其实一直是由一个‘社团’创作的，该社团由世界上 4 000 多位学者和专业顾问组成，他们的稿件由我们的编辑们在协调整理。如今我们得到了一个机会来使这一过程的合作更加顺畅，在我们的专业作者群之外将我们的学者社团扩展至有见识的读者群中。”[2]根据同样的思路，商务印书馆也在建设工具书“在线”编纂平台，以便利用其编辑力量，聚集更多专家在异地协同参与编纂工作；并通过论坛、博客等多种形式吸引网民参与编写，最后由专家把关。“这样就将维基百科的在线互动模式和传统的工具书编撰方式结合起来了”，既保证了工具书的权威性，又实现了网络同步出版[3]。其实，百度百科就是应用维基百科模式编辑中文词条的例子，辞书出版社“在线”平台不妨直接与百度合作，利用其编辑技术和已经积聚的网民资源，特别是参考其迅速编辑的新语词条目。工具书“在线”平台应注重开发读者反馈板块，提供答疑服务，统计为读者检索最多的辞书和词目，了解读者对辞书的需求信息和修订意见等。读者之间也可以借此平台建立联系，使不说话的老师（工具书）变成可以交流的朋友，相互解答问题，提供检索案例，组成自主学习的兴趣小组。

（4）考虑不同层次读者的使用能力。读者需要了解传统工具书与在线工具书的不同特点，综合利用多种工具书，有效获取并整合利用知识信息，最终解决实际问题，而不是仅仅依赖网络搜索引擎。因此，在线平台应该具有工具书指南功用，面向读者进行信息素养教育。可以集纳有关信息检索的教材（电子版），吸引高校教师、图书馆员等专家参与，建设信息检索开放课程，形成使读者终身受益的“没有围墙的大学”。出版社在现阶段还要考虑不同层次读者的知识需求和使用能力，把握印刷版与“在线”版工具书的平衡、个人在线付费检索与提供免费信息的平衡等问题，在一定程度上弥合数字化的知识鸿沟。

参考文献

[1] 刘成勇. 传统出版业弄潮数字化出版. 中国知识产权报，2007-08-31.

[2] 霍和·高兹. 参考工具书的划时代阅读意义. 中国图书商报，2007-08-28.

[3] 韩阳. 商务印书馆引领工具书的数字化革命. 出版参考，2007（1）.

（原载《科技与出版》2009 年第 1 期）

新媒体的传播偏向与大众文化

雷启立

20世纪末以来，以数字技术为核心的新媒介迅速发展。新式媒介日渐深刻地卷入到人们的日常生活中。视觉文化兴起，图文书的出版成为常态。图片的增加只是使书籍更美观和好看吗？不是。人们不同的“观看”方式带来的更是对观看内容不同理解的“思想”变化。手机、电子阅读器等新式媒体的流行，只是方便了人们更快捷便利地接收和发送信息吗？不是。新式传播手段的使用，为人们的表达方式、表达内容，社会文化和社会事件的组织方式等多个方面带来了深刻变化。个人博客、网上社区、人肉搜索、海量复制，凡此种种，使个人观点、局部事件不经意间就可能成为大众事件。个人与外界的时空关系，人们关心外界事物的方式和手段随之变化。新的传播手段因此还制造了新的语言和符号，表征了今天的社会状况，大众文化的变化表现出新的特征。各种文体竞赛、集会仪式和对自然、社会的征服只是用来丰富人们的精神文化生活、增强社会凝聚力的吗？不一定。从大众传播的角度看，在新的媒介状况下，这些功能可能会很快被反转，人们广泛关注的媒介事件体现的既是媒介的策略也是媒介的本质。

社会文化形态就这样随着这些大众事件的传播发生变化。在今天这样的时代，一切事件经由传媒。青年文化、媒介事件和大众传播本质之间的深刻关系，正是大众传媒学分析和研究的重点。

一、时空转换中的传播技术与思想

2008年以来，人们越来越多地注意到信息的传播方式。在媒介对各种事件的报道中，虽然最后造成声势的是电视、大的门户网站等主流媒体，但个人，特别是年轻人，通过手机、博客、电邮等人际传播传递和接收信息，在社会上也造成了巨大的影响力。怎样理解这一巨大的影响力？与此同时，人们还普遍感到，重大事件并没有带来与之相对应的深入思考。由于数字技术在日常生活中的广泛运用，信息的传播是广泛和迅速了，人们在享受这一便利的同时，也痛感知识、思想的能力和深度发生了特别大的变化。“知识分子”蜕变为“知道分子”，没有了艰苦和深入的思考，再多的信息也难以转化为思想的力量。“不争论”“向前看”是重要的，从思想者自身的角度对个人和时代进行反省也不失为一种路径，但社会现象的变革既然是从不同的传播媒介方式发起，就应该从传播技术特点的角度加以分析和思考。

从新媒体信息传播和接受的技术特点看，手机短信、个人博客，便于传达个人的即时感受，但也容易止于个人感受。仅有感受是难以持久的。一般而言，人们写一封信会反复思考措辞，写一篇文章会数易其稿，但写手机短信和博文就要轻松简单得多了。对于阅读者也是一样，一封信可以看几遍，一篇好文章会被反复揣摩，而短信和博文被看过，信息被接受了，其使命也就完成了。传播的技术偏向早在半个多世纪以前就已经为哈罗德·伊尼斯（Harold Innis）所揭示。在伊尼斯看来，媒介会对文化和文明的状况产生很重要的影响。通过历史的总结，他发现，意在流传时间久远的媒介，信息的载体会笨重耐久，空间扩散能力就差。与此相对的，致力于空间传播的媒介，信息的载体轻便，有利于空间的扩张，但不利于保存和传播时间的久远[1]。信息载体笨重，镌刻不易，传播的内容会更精挑细选，内容会更深刻也更有价值，传播时间久远意味着对既有文化价值的传承和影响长久。生活于现代主义思潮处于上升期的20世纪早期，伊尼斯把论述的媒介偏向主要集中在对时间和空间上不同侧重的探讨上，其价值和立场的取向是显而易见的。他忧心于20世纪30～40年代日渐扩张的实用主义思潮侵蚀了人类基本的价值和思想的尊严，使一切坚固的东西烟消云散，他对此忧心忡忡。

对于具体的个人而言，同样存在着对于不同媒介的认知偏向。读图时代来临，承载厚重思想的文字变轻了，阅读和思考的时间和空间关系也就在这样的轻重之变中体现出来。图像的特点是直观，它是一种很不同于文字的传播中介。在阅读书面文字时，人们会做更多的停留、凝视，所谓思考、理性也就在这样的凝视和思考中攀爬出来。而图像就不一样，后机械复制时代的数据图像所提供的是视觉的冲击，是惊鸿一瞥中的快感和印象。时间在这个“一瞥”中是转瞬即逝的。有没有“印象”，会形成怎样的“印象”，就取决于那个“一瞥”。西谚云：“一小时是黄金，60秒就是60颗钻石。”商业主义对于时间的理解成为新的价值标准。凝视从视像意义中的分离，造成了眼睛“看”对意义的不同处理方式。文字和图像之别既然有主观感受的不同，就会带来意义世界的变异。由于新媒介的发展，空间大到无以复加，时间快到转瞬即逝。太快的时间使它背后所具有的现代意义受到严重的改变。象形文字起源于图像，但数字时代的成像技术及其背后的意义完全有别于象形文字，迅速和不直接显现思想成果的图像因此传递的是一种很不同于文字的信息和意义。数字成像、网络传递，图片的生产和传播是容易的，但其丰富的意味需要人们用心去体会，用思考去开掘。缺少了对于文字的"凝视"，也就缺少了对文字的遗憾的思考和开掘的"深度"与力量。那种被本雅明称作是"灵韵"（aura）的东西，在机器复制时代需要人们以自己强大和丰富的感受力去启动。偏偏今天人们的"感受力"是如此无力，传播的技术和载体悄然替代了传播内容本身。于是，在某个时节给某人发短信，在某个名人的博客里抢占"沙发"，其重要性超过了短信的内容和对博文的回应。技术让形式本身成为内容。

这样的媒介交往及其困境在今天已经很普遍了。时间是如此重要，庸庸碌碌的人们忙忙碌碌，来不及叙述，也来不及阅读。手机短信和互联网传播的速度、容量极大提高，使叙述的方式完全改变，实时传输的信息和传播受众的海量，让人们对于信息的内容的反应发生了变化。"新闻海鲜价"，人们更追求信息传播的速度和量。互联网和数字技术将世界各地的计算机、手机都联系起来，图像实时传输到世界各个角落。整合（convergence）是一个技术术语，更是一种社会文化状况。它将曾经彼此分离、互不联系的事件通过图像直观地连接在一起。也就是说，缺乏内在逻辑和关联、相互矛盾和分裂的若干事物，可以在外力作用下黏合在一起，形成一种新的物质或社会状况。等而下之者，文章不再"两句三年得，一吟双泪流"，而是靠拼贴、整合，于是没有自己观点和创造性的文章充斥于眼前。东拼西凑的抄袭现象，以加速度出现。大而言之，新的传播技术使地球上各不相同的文化形态和物质被"整合"在"全球化"的格局里。于是，20 世纪 60 年代马歇尔·麦克卢汉（Marshall McLuhan）所预言的"地球村"景象仿佛以更全面和深刻的方式实现了。每个人的计算机一启动，就如同爬上了村头的大槐树，村子里的鸡飞狗叫都在眼底。无论黎明还是黑夜，每个人都可以爬上各人的槐树，随时随地生产和发布各自的“新闻”。随着数字技术的进步，照相机和手机获取图像变得极为便捷，图像成为报道的主体，曾经是思考和表达工具的文字更多地只是承担说明性的功能，其表达过程中的深刻性和曲折、丰富的意味因此而丧失。此消彼长，这样的方便和随意，降低了感受的质量和价值。也因此，知识分子渐少，知道分子日众。

人们常常感叹于今天阅读的匮乏，感叹于今天的人们少读甚至不读经典，特别是年轻一代喜浏览而不喜阅读，好上网而不读书，思想和行为的定力不能持久，以为一代不如一代，为未来忧虑。痛定思痛，人们会从个人的行为方式和思想上找原因，却对于传播技术变革所带来的巨大变化熟视无睹。在这样的时刻，把传播方式与思想的时空特点联系起来思考，能不给我们以有益的启迪吗?

二、媒介事件与大众传播策略

伊尼斯论述了不同媒介影响集体社会心理和主流文化的形成，指出了媒介对于社会政治的影响。他一针见血地说：“喇叭和广播的使用促成了希特勒的上台。”借助于口语，广播突破了国家的疆界，在利用民族主义方面，提供了一个传播基础。它可以对更多的人发生作用，“文盲状况不再是严重的障碍”[2]。伊尼斯没有具体分析这样的影响如何通过媒介动作而产生。现代传媒通过媒介事件的运作，展现了巨大能量。

2008 年以来的各种事件之所以能迅速成为世界瞩目的大众事件，一方面固然是由于每天有新事今年特别多，但也同样是由于近年中国大众传播随着新媒介技术变革而迅速发展之故，是拜媒介的本质及其运作策略所赐。传播学者丹尼克·戴扬（Daniel Dayan）和伊莱休·卡茨（Elihu Katz）将媒介事件分为三个类型（3C）：竞赛（contest，如奥运会、世界杯等）、征服（conquest，如对险恶的自然、太空的挑战等）、加冕（coronation，如各种仪式等）。他们认为，这三个C紧密相连，互相渗透，都是媒体用以凝聚群体的重要方式[3]。媒介欢迎并不时参与制造竞赛、征服和加冕事件，借此赢得主流公众，取得在公众中的支配性权力和地位。因此，当各种可能造成上述三种事件出现以后，报纸、电视、互联网等各种媒介，都会积极参与报道，以吸引大众的注意力，赢得公众的信任，从而建立本媒介对于事件诠释的权威地位和民众信任度。这是媒介的本质和策略。从这一角度看，2008年以来，发生在中国大地上的多个事件会被世界所瞩目，也就是这样的媒介本质和策略制造、运作的结果。

迅捷便利的新媒介与当下鲜活而多变的社会、政治状况相连接，常常会表现出更为复杂的特性。大众传媒自身就有着多元性，不同的媒体中涌动着语言、符号、图像、声音的巨大洪流，其中有大量公开的争议，也有大量批判，这就注定传媒不可能汇聚成一种共识而静止不动。对灾难惨烈状况的揭示，天灾之下的人祸，灾民日常生活中的困难，政府的责任与运作效率，积重难返的官僚体系，都将会因媒体的进一步放开而受到更广泛的关注和批判。媒介也就在这个过程中通过赢得主要公众群体的认同获得支配地位。当然，大众传媒产业可以“向巨大的媒介市场灌输意见”，它们会控制舆论的形成，“以使舆论在评估有效权力、增值的声望、获得更多的财富时，成为一项更具安抚性的工具”。在极端的情形中，媒介的权力还可能会被公然赤裸裸地歪曲使用，传媒信任和工具的意义作用会发生变化，从而使得大众传媒只是一个利用物质和制度进行政策宣传的附属品[4]。但是，现代媒体对媒介事件的集束性报道，不可能延续太长时间。同样用戴扬和卡茨对媒介事件的研究概念来说，通过媒介制造“竞赛”和“征服”而凝聚的群体还可能带来脱轨（derailment）和冲突（disruption），意在加冕的仪式化大事件更可能由于媒介的过分渲染而触发犬儒嘲讽，从而生产出幻灭（disenchantment）。3C 变成 3D，集体认同刹那间松散，认同变成分化。

今天的整个社会缺乏面对思想问题的“争论”和讨论，知识群体普遍的学院化和专业化，缺乏对新事问题的介入，接受和传递信息依赖于成像和解读都迅速的“印象”式图画。在“不思考”的“快闪”文化中长大的青年一代，其所集聚、形成情感和思想的情形，恰如现代传媒一样，聚焦迅速、强烈。正由于这样，情感和思想消解、散失得也快。

如何理解和认识今天的青年思想和文化，新的传播学理论和研究给我们开辟了新的路径。

注释

[1] 哈罗德·伊尼斯. 帝国与传播. 何道宽，译. 北京：中国人民大学出版社，2003.

[2] 哈罗德·伊尼斯. 传播的偏向. 何道宽，译. 北京：中国人民大学出版社，2003：65-66.

[3] 丹尼克·戴扬、伊莱休·卡茨. 媒介事件. 麻争旗，译. 北京：北京广播学院出版社，2000：30-32.

[4] 米尔斯，权力精英. 王昆，许荣，译. 南京：南京大学出版社，2005.

（原载《编辑学刊》2009 年第 6 期）

转企改制后总编辑要更好地履行对出版单位文化贡献的总责任

——在“出版社转企改制后总编辑工作高峰论坛”上的讲话

桂晓风

参加今天的会议，我和中国编辑学会的同志深受鼓舞，深受教益。深受鼓舞的原因是今天的会议有这么多重要出版单位参加，不仅有图书出版单位，还有新媒体单位，不仅有多位总编辑出席，还有多位社长和业务骨干出席，反映了出版界对会议主题的普遍认同。更重要的是，新闻出版总署邬书林副署长和中宣部出版局王萍副巡视员，还有总署人事司司长孙文科同志、产业发展司副司长张良同志等管理机构的领导同志到会，听取烟台会议①的情况汇报和同志们的发言，等一会儿书林同志还要代表总署讲话。这些情况使我们对出版单位转企改制后总编辑工作的地位和成效更加抱有信心。我认为，今天的会议是中国编辑界在出版业两件大事以后的一次重要会议（这两件大事是出版单位转企改制，经营性图书出版单位等级评估），是烟台会议的延伸和深化，必将产生重要成果。深受教益的原因是

① 指此前由中国编辑学会科技编辑专业委员会（筹）召开的总编辑工作研讨会。

在会议发言中听到了许多重要的情况和意见，汲取了许多思想养料。此外，还感到分外亲切，因为我本人和在座许多同志一样，曾经长期从事编辑工作（我走上出版岗位，就是从担任助理编辑开始的，先后当过图书编辑、期刊编辑，总编室主任、副社长、社长），现在又担任中国编辑学会的会长，编辑工作是我终生引以为荣幸的职业。我对编辑工作始终抱有一种特殊的情结，有机会和同行们就编辑工作中的重要问题在一起交流和切磋，感到特别高兴，也进一步感受到编辑工作的特殊职能、特殊魅力和自己作为中国编辑学会负责人的责任。

我在9月烟台会议上曾经就出版社转企改制后的总编辑工作做过一个专题发言。后来在10月召开的中国编辑学会第十四届年会上又有过一个致词，其中一部分内容也是谈总编辑工作。致词已经在《中国编辑》上发表。另外，待会儿邬书林副署长还要做重要阐述。为了不占用会议更多时间，又达到和大家交流的目的，我在这里把自己的主要观点做一个粗线条的讲述，供同志们参考，也为书林同志讲话做一个铺垫。

我发言的题目是：转企改制后总编辑要更好地履行对出版社文化贡献的总责任。

一、要正面面对改革，把出版单位的改企转制，看作推进和提升编辑工作的历史性机遇

说到“转企改制后的总编辑工作”，首先要强调的，还是要坚决完成“转企改制”这一重大转变。虽然出版改革已经进行了多年，但当前正在经历的单位转变性质、职工转换身份的阶段，是改革的关键阶段，也可以说是真正触及本质、动真格的阶段。因此，首先要解决的，恐怕还是思想与观念的问题。出版单位和总编辑都要勇敢地而不是胆怯地、主动地而不是被动地、积极地而不是消极地对待改革。我想，“五个第一”的说法，在出版界也是适用的。这就是：发展是第一要务，改革是第一动力，人才是第一资源，科技是第一生产力，稳定是第一条件。从进取的角度说，改革是发展的动力，要想发展，必须改革。如果说，改革开放新时期的30年，是新中国编辑出版业的最好时期，那么，通过深化改革扩大开放，我们必将迎来包括编辑工作在内的中国出版业更加丰富多彩、波澜壮阔的时期。跟今后30年、60年相比，我们已经做的，还只不过是序幕。从保守的角度说，也应看到改革是大势所趋，不可逆转，绝大多数出版单位转企改制，是既定方针，绝对不可能再倒回去。要想适应形势，要想生存，只有改革。所以说，领导机关一再告诫，晚改不如早改，早改早主动。令人高兴的是，许多出版单位已经在转企改制方面迈出了决定性的步子，为全行业提供了宝贵经验。但是，想保留原来事业单位性质，想保留“官方身份”，想继续依赖主管机关资源的，也还大有单位在。这些单位的负责人和职工，包括总编辑，一定要尽快转变观念，改弦易辙，迎头赶上。要根据中央的统一部署和本单位的实际情况，把改革的各项准备工作做细做实，把改革的步子迈准迈稳，把应该争取到的条件争取到，把应该分解的问题分解掉，在此基础上，建立起新的体制和机制。在这方面，机不可失，时不我待，决不能糊涂和迟缓。

二、进一步建立“大文化”的理念，在改革和发展中牢记并突出出版单位的文化责任

对出版单位来说，改革并不是目的，目的是通过改革激发活力，壮大自己，更好地履行对民族、对国家的文化责任。

前不久结束的经营性图书出版单位首次等级评估，首次以一个全面覆盖社会效益、经济效益和可持续发展要求的完整的指标体系来考察出版单位。这次评估表明，经营性图书出版单位承担的责任是多方面的；这次评估更鲜明地表明，国家对出版单位的首项要求是文化贡献。归根到底，一个出版单位之所以被人们记住，之所以在历史上留下足迹，不是因为它挖到了一座金山或银山，而是因为它贡献了站得住、留得下的出版物。正如著名导演谢晋所说，“要拍能够留得下来的电影”，“金杯银杯不如人们的口碑”。中华民族的伟大复兴无疑要坚持以经济建设为中心，但是不能单纯以经济指标作为标志，还要以文化复兴作为灵魂。而文化复兴出版社有重大责任。明末清初大思想家顾炎武有句被无数炎黄子孙传诵的名言：“天下兴亡，匹夫有责。”今天出版人应该说：文化兴盛，出版有责。如果一家出版社没有尽到对祖国对民族的文化责任，是根本的失职，从原则上说，这家单位作为出版单位，可以取消。

我建议，每一个出版单位在经历了等级评估以后，第一，要利用评估体系和评估资料，对走过的道路进行再回顾、再认识，并与兄弟单位业绩进行比较研究，从中获得教益、激励和鞭策，增加对出版工作和出版社建设道路规律性的认识，把自我认识上升到新的阶段，成为一个更加清醒的出版社。第二，把这次评估的终点作为追求和奋斗的新起点，深刻领会评估导向，对未来目标进行再思考、再设计，形成更加科学、明确的发展规划，成为一个更有追求的出版社。而这一追求的首要内容，就是为国家和民族做出更大文化贡献。

文化贡献有多方面、多层次的内容。作为有高远文化追求的出版单位，我想要重点考虑贡献五类出版物：原创性出版物，能够成为国家文化骨干工程项目的出版物，反映当今时代精神、能传之后代的出版物，与当代科技最新成果相联系的出版物，能代表中华文化形象“走出去”、为世界人民喜闻乐见的出版物。

要做出文化贡献有内外条件。出版社要把功夫下在练内功上，尤其是下在创新体制机制、提高编辑工作水平、加强人才建设（包括提高队伍整体素质和促成高端人才脱颖而出）、加快科技进步等关键性条件上。

三、进一步建立“大编辑”理念，为中华文化的新辉煌更好地贡献编辑队伍的智慧和力量

编辑队伍作为出版物内容的选择者、策划者、加工者和推荐者，是出版单位文化责任的主要承载者和担当者，出版单位履行文化责任离开了编辑队伍和编辑工作就无从谈起。当今编辑工作早已远远越出图书出版范围，正在报刊、广播、音像、电子出版乃至影视、戏剧、网络传播、移动终端等更多领域，越来越广泛并深刻地影响着人民的思想。立足大出版，着眼大编辑，是整合和提升当代编辑工作的必然途径。

今天的编辑如何切实履行文化责任，我想谈三点。

1. 做一个挚爱职业的新世纪中国编辑

这里首先提出的是感情，或者说是激情，即对编辑职业的爱。我以为，没有这样一种炽烈的爱，就不会有献身职业、不懈追求的动力，不会有强烈的职业责任感。

爱的前提是对职业性质的深刻认识，以及由此产生的职业自豪感和职业荣誉感。编辑工作是一项崇高的、值得献出毕生心血和精力的工作。古往今来，许多思想家、文化大师都把自己一生中最重要的岁月献给了编辑工作。叶圣陶一生做过很多重要工作，但当别人问他一生做过什么事情时，他说：“我一生就做过一件事，当编辑；如果说还有第二件事，那就是当老

师。”他并没有提他当过全国政协副主席、民进中央主席、出版总署第一任副署长，等等。外研社原社长，现任中国出版集团党组书记李朋义说过一句很经典的话：“如有下辈子，我还干出版。”被列为新中国六十年百名优秀出版人物之一的唐浩明，因为编辑《曾国藩全集》成了曾国藩研究专家，写出了驰名海内外的长篇小说三部曲《曾国藩》《杨度》《张之洞》，但在名片上从不标是湖南省作家协会主席和两届全国政协委员，而只标“岳麓书社首席编辑”。人的一生有机会从事提高人的灵魂和促进人的全面发展的编辑工作，是非常幸运的。

热爱编辑工作的前提是热爱文化。编辑工作是为文化服务的。本人不爱文化、不爱作品，不爱出版物，无从谈起做好编辑工作。

2. 做一个有崇高文化追求的新世纪中国编辑

对今日的编辑工作者，在要求继续增强政治责任感和社会责任感的同时，有必要特别提出增强文化责任感。每确定一种选题，策划一种出版物，加工一种稿件，都要考虑其对民族素质、对祖国文化大业的影响。每一个时代都应该创造本时代独特的文化高峰，有幸置身于今天这一伟大时代的中国编辑，更应志存高远，立志为创造民族文化的新辉煌竭尽全力。

3. 做一个有高度职业素养的新世纪中国编辑

“编辑”一词有两种词性。作为动词时，指的是编辑行为，即对文化产品进行评价、选择、优化和推荐的行为；作为名词时，指的是编辑人。编辑行为的水平和质量取决于编辑人的品格、知识、技能和群体结构。编辑工作者是传递民族文明和人类文明火炬的人。新世纪编辑工作的崇高使命决定了编辑人必须具备高尚的职业道德、精湛的职业技能和丰厚的文化底蕴。血管里流出来的都是血，自来水管里流出来的都是水。以其昏昏，不可能使人昭昭。编辑工作者不提高自己的职业素养，要提高产品的文化含量和文化品位，那只能是天方夜谭。这一道理非常明显，不再具体展开。

在以上三点的基础上，我主张青年编辑要力争成为编辑大家。出版工作是一项需要人才而且能够产生人才的工作。我国历史上有过许多编辑大家，现在也有很多杰出的、优秀的编辑工作者，但总体来说，编辑大家的数量还远远不够。青年编辑要立志成为新世纪的张元济、邹韬奋、叶圣陶。

四、出版单位转企改制后总编辑要更加自觉、更加有效地履行对编辑工作的总责任

出版单位作为文化组织是有灵魂的，这个灵魂的人格化表现就是出版单位的领导集体，其中总编辑的地位和作用不容忽视。总编辑并不是出版单位的一把手，但他是董事长、总裁、社长的主要助手，在出版社的中心工作——编辑工作中承担着总责任，是编辑工作能否保持正确方向、达到应有水平的关键因素。总编辑的文化自觉、文化追求、文化胆识对整个编辑队伍产生着重要而直接的影响。《亮剑》中有一句话，说军事主官的品质和风格在一定意义上就是队伍的品质和风格。这句话对编辑工作也很有启发。

围绕这一想法，说三个观点。

1. 新世纪新阶段总编辑工作只能加强，不能削弱

出版单位转企改制后，对总编辑的地位和作用有不同认识，在一些单位，出现了总编辑工作淡化、弱化甚至缺失的倾向，有些单位在讨论改革方案的时候，简单套用物质生产企业的“法人治理结构”，甚至取消了总编辑设置。大家在烟台会议和今天的会议上，就纠正这一错误倾向发出了强烈呼吁，并提出

了许多很好的意见和建议。

我以为出版社转企改制以后，有“三个没有变”，决定了总编辑的地位和职能不能削弱：第一，出版产业是内容产业的性质没有变；第二，出版单位实行两个效益相结合、必须把社会效益放在首位的原则没有变；第三，编辑工作是出版工作中心环节的地位没有变。此外，还有“三个变了”，决定了总编辑工作还必须加强：第一，在全面建设小康社会阶段，较之于解决温饱问题和解决基本小康问题阶段，人民群众精神文化需求大大提高了；第二，国际形势的新格局对出版单位为国家文化竞争力做贡献的要求提高了；第三，市场经济条件下，出版单位和出版队伍中一部分人见利忘义的危险增大了。（一些单位出现的总编辑职能被弱化、淡化、边缘化的倾向正是同这一倾向联系在一起的。）

2. 全面履行总编辑在新世纪新阶段对出版单位文化贡献的总责任

要通过为转企改制后的总编辑工作提供必要的保障条件和强化总编辑文化责任感及履职能力两个方面，来实现总编辑工作的加强。其中，总编辑自身有高度的责任自觉是重要前提。

我以为，因为编辑工作是出版工作的中心环节，总编辑对出版单位的文化贡献负有总责任，这种总责任至少表现在三个方面：第一，出版计划总设计师的责任。总编辑必须谋划编辑工作全局和进行长远考虑，在自下而上调查研究和集思广益的基础上，提出关于全社出版物总量、结构、布局、板块、特色、重点的总体设计，自上而下指导各编辑室和分社据此设计局部选题计划，从而在所有的出版物上打上社级意志的烙印，体现出版社编辑工作的总意图，而不是当一个总装配师或总拼盘师，主要功能是汇总各编辑部、分社的出版计划，只是对其中不符合法律法规的行使否决权。那样的话，将是一个很不够格、很没出息的总编辑。第二，出版物编辑质量总把关人的责任。一方面指导、监督接受总编辑委托的其他终审人履行职能，恪守规范，严格把关，另一方面直接承担重大工程的组织和重点稿件的终审职责。第三，编辑队伍总带头人的责任。包括编辑作风培养、编辑职业道德建设、编辑新人培育等，凡是要求编辑队伍做到的，总编辑首先要模范做到，成为高远文化追求的楷模、高尚职业道德的楷模、高深职业素养的楷模。总编辑在这三方面都应该有高度的责任自觉。

3. 大力促进总编辑工作创新，在新的时代条件下谱写总编辑工作新篇章

说总编辑的地位没有变，绝不是意味着总编辑工作可以简单沿用过去的内容和方式。那样，将是对总编辑工作的削弱而不是加强。面对转企后的新体制，面对开放的新格局，面对科学技术日新月异的新发展，新世纪新阶段的总编辑工作要在继承中国古代、近现代、当代总编辑工作光荣传统的基础上，大力推进内容创新、手段创新，谱写新的篇章。

总编辑工作创新是一篇大文章。我想说其中三条：

（1）为全民阅读服务。中华民族有着光荣的阅读传统和出版传统。作为一个编辑工作者，我在多种场合强调过中国的编辑出版传统，但如果与阅读传统相比较，编辑出版传统是第二位的。阅读是原动力，有阅读需求才有编辑和出版。无论古今，万千读者对出版物的需求和挚爱，是出版业发展的永恒动力。五千年的历史长河中，中华民族留下了无数的典籍，其数量之多和水平之高都堪称世界之最，中华民族更留下了无数有关读书的格言和故事，例如“开卷有益”，“韦编三绝”，“读万卷书，行万里路”，“凿壁偷光”，“牛角挂书”，“读书破万卷，下笔如

有神”，“立身以立学为先，立学以读书为本”，“几百年人家无非积善，第一等好事只是读书”，“为中华崛起而读书”，等等，等等。阅读这一中华民族的杰出传统，在新中国 60 年的历程中得到了新的提升，在改革开放 30 年中谱写了壮丽篇章，必将在今后新的历史阶段得到更高层次的弘扬和发展。阅读正在从过去少数人才能享受的权利进一步演变为全民的需求和权益，成为实现民族伟大复兴的保障。在新世纪新阶段，为全民阅读服务，是全体传播工作者要着力书写的大文章。总编辑应首先从这一认识出发，带领编辑队伍为培养全民阅读风气，推进全民阅读提供自觉、有效的服务。

（2）为中华文化进一步走向世界服务。中华文化走向世界已经取得了可喜的成绩，这次法兰克福书展中国年活动更是一个新的里程碑。但比较而言，还存在三个不相称和两个不对称。三个不相称，一是和中华文明的历史地位不相称，二是和我国当今的政治、经济地位不相称，三是和中华民族实现伟大复兴、争取和平发展国际环境的目标不相称；两个不对称是指输入与输出不对称，人家了解我们和我们了解人家的程度不对称。在开创文化“走出去”新局面方面，中国出版任重道远，每一个有志向、有抱负的总编辑都应该带领本社编辑队伍为中国文化走向世界、提升中华文化软实力、增强中国文化的国际影响力做出自己的贡献。这是编辑工作中具有全局性和普适性的问题，而不是局部和个别性问题。

（3）进一步建立“大媒体”理念，利用现代科技提供的一切可能，开拓编辑工作新的广阔天地。在几百万年的人类历史中，特别是几千年的文明史中，人类发现、开发和利用了各种力量，其中最强大、最深厚、最持久的力量无疑是文化力。而文化力的奥秘在于“传”字，离开了传播和传承，文化产品所蕴含的力量就无法发挥和接续。所以，文化力是和传播的广度及有效性成正比的，或者说，是和传播力成正比的。

既然传播力如此重要，传播工具就非常重要。只要简单地回顾一下人类的文明史，就会看到一个基本事实：文化产品的传播力与传播工具的科技水平有着极为密切的关系。出版载体从青铜器、帛书、竹简、贝叶、莎草纸、羊皮发展到纸质印刷品，再到唱片、录音带、录像带、光盘，每一次重大更新，都给传播力插上了新的更加有力的翅膀，因而使思想文化的传播产生了更加强大的影响，甚至以传播工具的变革为标志划出了人类思想史的新阶段。正是从这个意义上，我们可以说，一部出版史或传播史，就是一部科技史。

我们还要看到，当代以数字技术为代表的科学技术的迅猛发展，为文化产品的传播提供了一系列新手段、新载体、新途径，所带来的，不只是传统传播功能简单的延长和扩大，而是革命性的变化，这种变化使许多梦想成为现实，使过去一系列根本不可能想象的事情成为可能。其影响比以往几次出版手段的变革可能更加巨大，如果用“伟大”二字来形容，恐怕也不会过分。其中最为突出的事态之一，就是数字出版的出现和蓬勃发展。毫无疑问，有相当众多的读者，阅读纸介质图书将是他们永远的、不可替代的享受和愉快，应当允许他们保留这种享受和愉快，并为之提供服务。但是，数字出版代表着出版业的方向和未来，这已是业界越来越多有识之士的共识。对于网络出版、电子出版、手机出版、多媒体出版等新的出版方式，总编辑一要有足够的职业敏感，二要有高度的热情，三要掌握相应的知识和技能，带领编辑队伍，掌握编辑工作新手段，开拓编辑工作新天地，并协助社长，创造数字出版赢利的商业模式。

五、为转企改制后的总编辑履行职责提供必要的保障条件

这种保障条件有内部和外部两个方面。外部条件主要是宏观条件，包括干部管理制度保障（出版单位职位职责设置、干部选拔任用奖惩，等等）、政策导向保障（出版社等级管理、出版资源分配、出版基金使用，等等）、舆论保障等多方面，由行业主管部门和其他管理机关创造。据我所知，新闻出版总署、中宣部出版局在这方面已有若干重要设计正在运作，书林同志待会儿讲话将要说到。

对出版单位来说，重要的是练好内功，也就是解决好微观条件问题。这种内功包括思想保障（集体的文化自觉，对法人治理结构的正确理解，既认识出版企业与其他企业的共性，又认识出版企业的特殊个性，有条件地借鉴和运用物质生产企业的经验）、组织保障（科学的岗位、职能设置等）、制度保障（班子的合理分工，科学的工作规则、决策制度等，形成社长和总编辑合理分工和互相支持的良好工作关系）。已经有一些单位进行了很好的探索，需要及时加以梳理总结，使之上升到理论和规范层次。

六、加强对总编辑工作和总编辑素质的研究

由于新世纪新阶段总编辑工作的重要地位，总编辑工作及总编辑个人素质应当成为编辑学研究和培训的重大课题，这一研究和培训比对普通编辑和编辑室主任的研究和培训更为重要。

近年来出版界、编辑界的一个可喜变化，是在继续为22个知识门类研究提供载体和为宣传三百六十行模范人物提供服务的同时，显著加强了对自身的研究和本行业先进人物的宣传，但比较起对一般编辑工作和普通编辑素质的研究来，对总编辑工作和总编辑素质的研究，乃至对总编辑的培训至今还相当薄

弱和滞后，必须大力加强。

总编辑首先要研究总编辑工作，管理机关、编辑学会、研究机构、高校也要加强研究。这次会议是新的良好的开端。对总编辑工作及总编辑素质的研究应以新世纪新阶段为主要时间背景，以如何适应新形势新要求为重点，以总编辑实践中的新探索新开拓新经验为重要素材，以为推动文化建设大发展大繁荣提供自觉主动的服务为目的。其中的一项重要内容，加强对总编辑典型人物和典型案例的研究。

要为加强总编辑研究提供必要的组织形式，如举办总编辑论坛、总编辑研讨班，组织总编辑沙龙。这次由编辑学会主办，由编辑学会科技委、教育委和版协科技委、校对委联合承办，由多家单位支持的高层论坛是一个良好的尝试。中国编辑学会正在筹备成立总编辑研究会，已经向管理机关报告了初步构想，希望大家能就实现这一构想，提供指点、支持和帮助。

在总署的指导下，中国编辑学会近年来的学术活动贯穿着一条主线和两大主题。一条主线就是“编辑与文化”，两大主题则是“文化”和“人才”。说得完整一些，就是“为中华文化的伟大复兴提供编辑服务”，“为编辑工作的新使命培养高素质编辑人才”。我们的宗旨是推动“三个提高”：提高整个编辑界的文化自觉，提高全体编辑人的文化素养，提高编辑产品——出版物的文化品位和文化含量。在新中国成立60年后出版界新的、更高一轮的追求中，中国编辑学会愿意更好地为大家服务，也十分希望在座各位和各位所在的单位更好利用编辑学会这一平台，和编辑学会有更紧密的联系和更多的合作。

最后，有两个祝愿：

——祝愿与会的所有单位，在转企改制后，凭借产品的特色和质量，凭借卓越的经营，赢得更多的读者和更大的国内外市场，为国家文化大发展大繁荣做出应有贡献，并在国内外出版社群体中上升到更加更要的位置；

——祝愿在座各位身体好，心态好，人缘好，在为中华民族伟大复兴提供编辑服务的进程中，充满豪情地工作，充满激情地创造，充满幸福感地生活！

（原载 2009 年 12 月 28 日《中国新闻出版报》，
收入本书时作者进行了相关补充）

出版社转制后总编辑工作不能忽视

杨西京

当前，出版业转制工作正在按照中央的统一部署向纵深进行。而在转制的热潮中，总编辑的角色和作用却成了“不是问题的问题”。在各社制订转制方案的过程中，有的同志提出，转为企业后其组织结构框架应遵循《公司法》的要求，但《公司法》只规定了以总经理为主体的经营班子，没有对总编辑设置的规定，因此，在确定企业法人治理结构时不知如何安排总编辑一职。再者，就是考虑了总编辑的设置，本来毫无争议的总编辑的职责和作用，也就是总编辑的定位，却成为这次转制中热议的话题。

实际上，根据我国对新闻出版业的管理要求，出版社总编辑是不可或缺的职位，然而面对转企带来的新情况新问题，不能不引人思考和关注。

一、转制后设置总编辑职位是内容管理的需要

早在 1995 年新闻出版署下发的《关于印发出版社社长等 72 个岗位规范和培训要求的通知》中，对出版社设置总编辑岗位是有明确要求的。尽管自 2002 年 2 月 1 日起施行的《出版管理条例》中没有对设立总编辑职位做出明确规定，但条例中强调了对出版内容的规定以及强调了实行编辑责任制度，这实际上就是指总编辑的职责范围，因为总编辑是负责全社出版物编辑

工作的。从事中国特色的新闻出版工作，党和国家对总编辑是有特殊要求的。

首先，出版社转为企业后，党对意识形态的管理原则没有变，国家对出版业的内容管理没有变，出版物的精神产品和物质产品的两重属性没有变，因此，总编辑的职责也不会因为转制而自动放弃。其次，新中国成立60年来，随着中国国家实力和国际地位的日益提高，西方国家对中国的遏制也在加强，相对来讲，中国的软实力包括文化的影响力还很弱，因此，在增强我们自身的文化实力的同时，维护好国家的文化安全尤为重要。近几年，西方国家有些人不愿意看到日益强大的中国，在各方面对中国的发展进行干扰，包括在文化和意识形态领域。社会主义核心价值体系和资本主义核心价值体系是当前渗透反渗透、西化反西化的一个核心，新闻出版工作正是处于两种不同价值观交锋的第一线。因此，在任何时候都要牢牢记住把握正确导向，这是新闻出版工作的灵魂，切不能只顾赚钱赢利而忽视了方向问题。由此看来，对出版内容的管理，不能因为转制而放松，相反，更需要在转制的过程中去强化政治意识、大局意识、责任意识，巩固住我们的意识形态阵地。这符合我们大力发展社会主义先进文化的要求，与繁荣文化市场、增强文化实力是一致的。也由此得出结论，出版企业的内容管理不能忽视，总编辑工作不能缺失。

二、转制后总编辑工作应在把握主线的前提下更好地适应市场化的管理需要

1. *既要增强市场经营意识，更要强化社会责任感*

出版社转为企业，参与市场竞争，但国家赋予出版单位的职责没有变，承担的社会责任没有变。我国《出版管理条例》

“总则”中“第三条”规定了“两个坚持”，它明确“出版事业必须坚持为人民服务、为社会主义服务的方向，坚持以马克思列宁主义、毛泽东思想和邓小平理论为指导”。在“第四条”的规定中指出：“从事出版活动，应当将社会效益放在首位，实现社会效益与经济效益相结合。”在“出版单位的设立与管理”中，将“符合国家规定的资格条件的编辑出版专业人员”作为出版单位设立的重要条件。在出版的规程和制度中，总编辑承担着选题审批和内容终审的重要职责，决定着我国的出版物是否符合国家对意识形态的要求，决定着以什么样的品位满足读者对出版物的需求。转制后，总编辑仍要把握这条主线。

当然，转制后出版社作为市场的主体，首先要满足市场经营的需要。总编辑负责产品开发，必须增强市场经营意识，这是出版社赢利的基础。以往对总编辑工作的认识有种误区，就是认为总编辑只负责选题把关，只负责意识形态的管理，不参与经营，在许多出版教科书上也都是这样描述的。但是，转制后总编辑工作不能是单一的，他必须参与经营，因为出版社的大多数经营活动都是从选题策划开始的。

实际上，对总编辑工作的经营要求并不是转制后才强调，以市场为导向的选题开发工作早在“事业单位企业化管理”时期就已开始，多年来一直在强化，而出版社在变为真正的企业后更应强调，这是无可置疑的。但要看到，当今社会处于活跃的历史转型时期，来自读者的需求多种多样，来自市场的信息五花八门。与以往相比，作者也发生了巨大变化，从选题反映的内容来看可谓泥沙俱下，必须筛选。随着我国改革开放的深入，国际化也成为大势所趋，如何遵循“以我为主，为我所用”的原则，利用好境外市场和国际资源，这是我们面临的现实问题。所以说，建设社会主义文化需要做好内容选择，这就要求出版人特别是总编辑必须意识到自己的社会责任，要有大局意识、安全意识，既要在市场竞争中生存与发展，又要在国家文化建设中负起应有的责任。总之，市场竞争和社会责任两个意识不可孤立地理解，两种意识都要增强，两个职责都要兼顾。

2. 既要多开发有市场效益的产品，更要为社会、为历史打造精品

毋庸置疑，出版企业也要追求利益最大化，作为负责内容产品开发工作的总编辑对此应义不容辞。另一方面，内容产品又是特殊的商品，《出版管理条例》第四条明确强调：从事出版活动，应当将社会效益放在首位，实现社会效益与经济效益相结合。为此，就不可偏颇，不能只追求经济利益而忽视社会责任。

我们常讲要做到两个效益的统一，在实践中应注意三点：首先，开发和出版内容产品要有社会责任意识，不能出坏书或者是对社会有负面影响的书，把握内容积极正向是出版人的首要义务。其次，有社会进步意义的书并非总是经济效益不好的书，关键在于策划到位，真正针对社会的需要去开发，真正满足社会读者的需要。近年来一些出版社出版的中华传统文化丛书就得到了国内外读者的好评，经济效益也很好。最后，要有历史责任感和精品意识。出版物承载着厚重的历史责任，要能经得起历史检验，平庸的书，必将被历史淘汰。精品意识，就是要重视“树品牌”，而品牌的基础就是质量。随着新技术的发展，出版载体越来越多样化，对内容品质的要求也越来越高。转制后，传统出版社要适应这个变化，研究在新形势下如何把好质量关，提高产品品质，这是为社会、为读者服好务的基础。

3. 既要适应业务的变化，更要坚持和创新传统的、成熟的业务原则和规程

当前，出版社的业务结构正处在转型阶段。随着通信网络

技术和计算机技术的快速发展，传统出版遇到了不可回避的挑战，新技术将在一定程度上改变阅读形式和出版形态，出版业务的调整势在必行，包括全媒体出版也将应运而生。作为负责编辑出版业务的总编辑，要对未来业务形态的发展趋势做出判断和应对。我认为，传统出版必须适应数字出版发展的需要，早准备，早主动。转制是为了发展，而数字化转型恰恰是未来发展的转折点、关键点。为此，我们的未来发展战略一定要适应由以纸介质出版为主向与数字出版互补互融的转变，积极探索多媒体出版形态，调整我们的业务结构，逐步实现转型。总编辑负责出版业务，必须有预见性，做好资源、人才储备以及技术等方面的准备工作，以实现“内容数字化—产品数字化—服务数字化”的转型。

另一方面，总编辑工作还应坚持传统有效、业已成熟的管理制度，包括配合社长的经营管理和自己责任内的内容管理。在经营管理方面，总编辑要加强这几方面的精细化管理：一是以成本核算为中心的预算管理，主要是对成本实施有效的控制、管理，保证成本、费用等核算的完整性、真实性，建立编、印、发全过程成本的概念，划小核算单位，核定各生产经营部门的年度生产规模和成本，提高有限资金的利用率，对直接成本支付等重点环节加强审核监督，针对纸张缺货、供应放缓、涨价等问题，制定具体应对措施。二是以总调度制为中心的生产管理，要通过生产进度汇报制、分级调度管理制、计划执行检查制、流程电子监控制等实施一体化的全过程管理。三是以效益考核为中心的编辑考核管理，建立科学化、规范化、量化的考核体系。考核办法要体现以效益为中心的原则，建立编印发一体的考核联动机制，增加和细化效益型考核指标，加大效益型指标的考核权重，着重提高单品种效益，强化成本意识，使考核真正起到激励导向作用，同时完善编辑分级制度，对编辑工作进行量化管理。四是以营销体系为中心的营销管理，逐步建立整合营销体系，大力促进策划编辑与营销的互动，形成整体的营销合力，力求建立从选题策划到营销的一体化机制。

在内容管理上，总编辑工作更是不可忽视，“三审三校”“齐、清、定”及质保体系等一些行之有效的管理制度必须坚持，不能因为业务结构的调整而淡化，特别是随着数字出版物的出现，要研究新的审读方式，制订适应其变化的管理流程。这要求在坚持传统制度的同时，要适应新的变化；在把握大方向的前提下，从提高编辑人员的素质、采用新的技术、利用新的设备入手，进一步改进和强化对内容产品的管理。

4. 既要配合组建经营团队，更要适应编辑队伍职业化变化的需要

转制后，出版企业要组建更适合市场竞争的经营团队，这是社长或总经理首先要考虑的问题。这支经营团队里自然包括策划编辑、营销编辑，这同样也是总编辑要考虑的人才选用问题。因此，转企后，在组建经营团队上，社长或总经理和总编辑都有责任和义务选好、配好这支队伍，而总编辑应侧重在产品开发方面的人才选用上。这与在事业单位形态下总编辑只负责单一的业务工作有所不同，他与社长或总经理是一种互补和相互配合的关系。

总编辑在考虑编辑团队的建设时，要适应编辑队伍职业化变化的需要。目前，国家已开始出版职业化建设工作，并在不断地完善。而出版职业化也正是传统出版社缺少的，是需要在未来的团队建设中加以关注的。因为，出版行业是一个特殊的行业，对人才有着特殊的要求，现在大多数出版社离这些要求都有一定的差距。因此，在未来的人才规划中，必须有职业化

人才培养和选用的整体考虑，才能适应出版业发展的需要。在人才选用上，特别要重视复合型人才的培养，重视德才兼备人才的培养。

总而言之，随着转制工作的深入，我们对转制后总编辑工作的定位以及职责、作用将会逐渐有一个更加深刻的认识。作为出版企业，总编辑不能没有，他们应发挥更大、更好的作用。这个课题无论是出版企业在实践过程中，还是政府部门在改进管理上，都应该认真地思考，并加以完善。我相信，我们对总编辑作用的认识将会随着出版企业的成熟而成熟，总编辑也将会发挥其应有的作用。

（原载《科技与出版》2009 年第 12 期）

终审、策划与编辑培训

——专业出版社总编辑工作谈

王 飙

一、终审、策划与编辑培训是总编辑的重要工作

一般认为，书稿终审和选题策划是出版社总编辑（包括副总编辑）的两项最重要的工作任务。

终审是三审制的最高环节，是保证和提高图书质量的一个关键环节。这个质量，不仅仅指由文字、版式和印装等因素构成的显性质量，更指由内容的创新、适当、合用等因素构成的隐性质量。尤其是对专业出版社而言，总编辑往往是出版社编辑队伍中编辑能力和专业能力最强者，切中肯綮、高屋建瓴的终审意见对于帮助责任编辑提升书稿隐性质量至关重要。

但是总编辑不能只以做好终审工作为满足，更重要的工作是策划。“在今天，只会埋头于书稿堆中的总编辑不能说是一个合格的总编辑。总编辑应该成为本社图书出版的总策划。”[1] 尤其是在专业出版社，总编辑这个岗位，要求能够依据本社的专业优势和市场定位，协助社长制订出版社总体发展规划，策划符合本社专业结构的系列选题和一些重大选题，为编辑部的选题策划出谋划策，行走于专家学者之间、积极组稿，对某些有改进空间的书稿进行二次策划，发挥专业优势参与营销策划，等等。应该说，总编辑把精力更多地投入到策划中去，对出版社的发展作用更大。

不过，如何协调终审与策划工作，却往往使总编辑陷于困境，很多总编辑投入的精力同其重要程度成反比，被沉重的终审任务压在案头的时间远多于投入策划的时间。以平均每年终审 100 部书稿、平均每部 20 万字计算，如果每部书稿终审 10%，年审稿量为 200 万字；如果每部书稿终审 30%，年审稿量为 600 万字。一些重点书稿，还要全稿终审。这样算下来，总编辑的年审稿量少则 300 多万字，多的话可能达到 400～500 万字。终审是瓶颈环节，如果终审压稿，就会造成出版流程滞塞，进而影响整个年度出版计划和发行计划的实现。因此，现实情况往往是，终审工作让总编辑疲于应付，策划工作让位于终审工作，总编辑在出版社发展中所应该和能够发挥的作用受到了很大的限制。

“严格质量把关，终审是最后一关，不能放松。认真终审就不能不看书稿，好多问题的发生与总编辑不看书稿有关。”[2] 因此，解决终审与策划的矛盾不能靠减少终审文字量。委托他人终审，不仅难以放心，而且往往杯水车薪，治标不治本。唯一的办法是在三审环节将审读加工重心前移，在初审加工和复审加工阶段——尤其是在初审加工阶段解决大部分问题，使终审的大部分工作成为简单的质量监督，从而降低终审加工的强度，保证终审的进度，同时节省精力，加大策划的力度。这就需要培养和建立一支高水平的专业编辑队伍，提升编辑的专业书稿审读加工能力。随着出版社的全面转企改制，编辑人员的流动性较之以前也将大大增强，要想维持出版社的专业竞争力，也必须将新编辑培训当作常规工作。因此，除了终审与策划，编辑培训可以说也是专业出版社总编辑的重要工作之一。

二、专业出版社总编辑的终审

专业出版社编辑的审稿加工能力是编辑业务能力、市场把握能力和学科专业能力的综合体现，总编辑应该在这三方面都达到相当的高度，其终审能力是这三种能力的完美结合。

编辑业务能力包括从事编辑工作应该具备的与图书编辑出版相关的业务知识和较高的文字功力，市场把握能力是对书稿市场前景进行预判和对书稿市场定位加以调整的能力。这两种能力是可能在从事编辑职业后一两年间培养出来的。学科专业能力则不同，一般是在从业前就已经具备了扎实的专业基础，从业后又结合编辑工作，经过长期的理论学习和实践总结，才能逐渐积累起来。专业出版社总编辑应该同时也是该学科专业内的专家学者。虽然同一般的专家学者相比，总编辑的区别价值在于其具备的编辑业务能力和市场把握能力，但是，对于专业出版社而言，总编辑胜任岗位所需要的却是结合着编辑业务能力和市场把握能力的学科专业能力。

自然，对于编辑的学科专业能力的要求与作为作者的专家学者侧重点有所不同。曾长期担任权威学术刊物《中国语文》主编的著名语言学家吕叔湘先生（1981）曾说过：“当编辑的可以眼高手低。要他自己写不一定写得好，可是他议论别人的东西很有见解，当编辑的人能这样就行了。虽然我写不出来，你的稿子有什么问题，我可看得出来。”[3]这个“眼高”，既包括慧眼识珠的能力，即能发现优秀书稿，或者能从书稿中发现真正有创新、有价值的观点，也包括指瑕求疵的能力，即使对于高质量书稿，也能发现作者的疏漏、偏颇，提请作者修改完善。这就要求专业出版社的编辑从业后要加强专业学习深造，持续关注学科前沿动态，努力使自己成为学者型编辑。

对于总编辑，要求则更进一步，应该做到“眼高手不低”，甚至“眼高手也高”。对专业出版社而言，由内容的创新、适当、合用等因素构成的隐性质量是出版社核心竞争力的重要组成部分，隐性质量的表现形式不是对与错的问题，而是优秀与平庸的问题，是普通编辑容易忽视或难以把握的问题；而无论是对隐性质量高低做出判断，还是就此提出修改建议、进行编辑加工或者做出二次策划，都需要具备相当高的学科专业能力，甚至是不低于作者水平的学科专业能力。作为终审者，总编辑无疑是必须具备这种高度的学科专业能力的。一些总编辑自身就是专业造诣颇深、经常发表专业著述，或深谙教学、编写过专业教材的编辑型学者，对于书稿隐性质量的高低更能体察入微，修改建议或编辑加工也能曲折尽致，大大提升图书的隐性质量。

只有具备了一定高度的学科专业能力，与作者才能在专业上进行对话与互动，对书稿才能在质量上加以把关和提升；指瑕求疵必能切中肯綮，赞扬肯定亦可搔到痒处。终审是出版社审稿的高端环节，必须保证能够体现出版社在专业领域内的专业水平，这样，不仅有助于树立出版社的专业品牌形象，而且能加强对学科内专家学者的亲和力，赢得他们的信任，获取优质稿源。

如果说图书的隐性质量是专业出版社的核心竞争力之一，那么，编辑人员结合着编辑业务的学科专业能力就是这种核心竞争力中更为核心的一部分。专业出版社要求编辑努力成为学者型编辑，一方面要靠编辑自身的不断学习深造，另一方面则需要靠以总编辑为首的编辑型学者加以指引，将编辑业务与学科专业相结合的幽微曲折的独得之秘倾囊相授，加快培养人才。

三、专业出版社总编辑的策划

策划与终审不同。终审一般只由总编辑负责，而选题策划则是所有编辑都可以承担的，而且总编辑应该鼓励和推动编辑进行选题策划。有些出版社为了让不同性格、不同专长的编辑扬长避短、各尽所能，还实行策划编辑与案头编辑分流制，让策划能力突出的编辑专事选题策划。因此，总编辑与编辑在策划层面上应有所分工。我们认为，专业出版社总编辑应该将策划重点放在如下方面。

1. 选题的战略规划，要处理好选题战略的变与出版社总体发展战略的不变的关系

很多文章都把制订总体发展战略作为总编辑的第一要务。任何一家成功的出版社，发展战略在一段时期内都应该是相对稳定的，专业出版社尤其如此，发展战略的制订绝非常规性工作。专业出版社总编辑所要经常思考的，应该是根据所在学科的专业发展需求和市场变化情况，推陈出新，优化结构，规划选题策划的方向，引导本社的选题策划、营销宣传乃至品牌塑造。选题战略有的是远期实现战略，有的是中、近期实现战略，但即使是富于前瞻性的远期战略，也应该每年规划，每年检查实现情况并校验调整。选题的战略规划，必须由总编辑亲自承担，一是因为只有总编辑才能享有全社信息资源，调度全社出版资源；二是因为专业出版社的选题战略规划要求制订者拥有深厚的学科专业知识、敏锐的专业前瞻眼光和过人的市场实现能力。

2. 结构性选题的策划

专业出版社与非专业出版社不同，基本上都靠纵横交织的结构性图书支撑。以专业教材为例。对于任何专业出版社而言，专业教材都是维系生存的重要板块。专业教材的建设要求覆盖

专业内不同分支或不同技能在不同等级水平上的课程，基本上都是根据课程的经纬结构编写出版教材，横向配合，纵向衔接，教材格局呈纵横交织的面貌，一般来说都规模庞大。新教材的编写出版，往往是为了引进新的教学方法或吸收新的研究成果，与时俱进，实现教材的更新换代。如果说，人文社科类选题的策划可能来源于编辑灵光一现的奇思妙想，专业结构性选题无论就策划构思还是作者组织而言，都必须凭借扎实的学科专业能力、对学科专业研究和教学现状的深入调查和对潜在作者的长期深入了解，是一个需要统筹安排的规模化策划行为。

3. 重点选题的策划

重点选题指两种情况：第一种是总编辑策划的选题被列为重点选题，无须多言；第二种是一些对专业出版社意义重大的选题，或因题材重要，或因难度较高，等等，需要专业能力很强的精兵强将方能驾驭，可以交由总编辑负责策划。第一种选题成形前的过程一般编辑难以了解，第二种选题的策划过程则是社内可以公开观摩的。这样的重点选题不仅可以树立专业品牌形象，对于全社编辑也能够起到示范作用。

4. 专业创新选题的策划

学科专业是不断发展的，新理论的提出，新方法的应用，必能给专业出版社带来新的选题策划契机，甚至形成新的经济增长点。总编辑不仅由于职务原因能够更快了解到学科前沿动态，而且由于自身较高的学科专业素养而形成的敏锐的预见能力，应该善于发现这种有潜力的选题，并且善于开发和培育。

5. 在书稿二次策划和营销策划上也应当发挥重要作用

由于专业出版社选题策划规划性很强，大部分选题都是系列化、规模化选题，可能会有部分书稿没有达到策划要求，或者作者自由来稿需要根据出版社的图书结构进行调整，需要对书稿进行二次策划。二次策划主要由责任编辑在审读过程中进行，总编辑终审时进行指导或重新策划。

专业图书的使用对象基本上都是专业人士，营销推广必须要体现专业高度，因此，总编辑的专业意见可以大大提升营销的效果。以笔者所在的北京语言大学出版社为例。北语社依托对外汉语教学核心基地北京语言大学，对外汉语教材多为本校教师编写，国内市场占有率超过60%，是中国最优秀的对外汉语教学专业出版社。长期以来，留学生规模越大的学校，北语社对它们的营销力度也越大。但是，对外汉语教学的迅速发展，催生了两个反方向发展的倾向。一个倾向是从北京语言大学分离的倾向，这些大学教师资源与学科力量的积累促使他们产生自己编写教材的愿望，其留学生规模的扩大使这种愿望变为现实。而一大批原先留学生规模较小、最近几年飞速发展到中等规模的学校，尤其是文科教学传统薄弱的学校，却急需专家帮助其规范、完善教学，有向北京语言大学靠近的倾向。经过调查了解，北语社将营销重点调整为这些中等留学生规模的学校，联合本校的相关学院，结合教材推广，提供包括课程设置、教学安排、教案演示等有效教学服务，备受欢迎，在竞争日益激烈的形势下，市场占有率不降反升。像这种对专业市场的深入了解和服务的专业周到，正是以专业见长的总编辑的用武之地。

出书、出人、出思想，是出版人的三重境界。如果说，对一般编辑的要求是推出好书并培养出自己的作者队伍的话，总编辑的策划高度则必须以出思想为要求。就专业出版社而言，“出思想”，就是以图书策划、出版的方式，敏锐地捕捉先进理论、先进方法的苗头，甚至是诱发新理论、新方法的产生，并通过成功的营销宣传推波助澜，培育普及，由此促进社会进步，同时以社会效益促进经济效益。总编辑应该将自己的策划眼光、策划思想、策划方法灌输给编辑，不仅可以提高其策划能力，也能提高其审读加工能力，因为专业图书的审读加工要求编辑必须在理解策划思路的前提下才能做好，而编辑优秀的审读加工结果反过来又能使策划思想发扬光大，二者相辅相成，相得益彰。

四、专业出版社总编辑如何培训编辑

总编辑对编辑的培训，就是其终审能力的向下传递与策划思想的向下灌输。做好编辑培训工作，加快其成为学者型编辑的过程，不仅可以提高其审读加工质量和选题策划水平，而且能将总编辑从繁重的终审中部分解放出来。因此，虽然在培训之初需要多投入一些精力，但是，一旦培训效果显示出来，总编辑就可以受益无穷了。

编辑培训，首先要贯彻在日常终审工作中，要树立终审育人的观念。对于责任编辑审读加工的不足，不仅仅是做出修改，还应该针对责编因为专业修养不足而出现的加工疏漏或错误，不辞辛苦，在旁边注明原因，使责编知其所以然。对于加工问题超标的书稿，要区别对待。如果是显性质量问题太多，说明责编工作态度存在问题，总编辑决不代劳，终审少量即可退回重新加工。如果是隐性质量问题太多，说明责编的专业能力尚不足以胜任，问题越多越具有标本价值，终审比例越大越好，甚至应该终审全稿，然后向责编分类指出其问题，再退返书稿，让责编重看。如果同一责编做了几部书稿专业能力仍没有提高，则应将其调离编辑岗位。针对隐性质量问题较多的书稿，总编辑还应该撰写较为详尽的终审意见，从一定高度上指导责编如何把握书稿。

除此之外，总编辑还应该就终审发现的问题定期举办讲座，有针对性地进行强化培训。这就要求总编辑在平时终审过程中做有心人，收集编辑在审稿加工中的疏漏和错误的例证，归纳类型，探究出错规律，选择具有标本价值的问题，集中向编辑传授应该如何处理类似问题。讲座中可以与编辑互动讨论，答疑解惑。讲座后应将讲稿整理出来，发给编辑，让编辑仔细体会，举一反三。没有听过讲座的新编辑，也可以直接通过讲稿学习。

在对编辑进行培训的过程中，要注意建设人才梯队。选几个水平较高、能力较强的编辑作为梯队编辑，单独指导，着力培养，尤其是培养其处理某一分支专业的选题和书稿的能力，成熟后可令其分担复审这一分支专业的书稿，加强复审力量，提高复审比例。这样既培养了梯队编辑的能力，又减轻了终审的工作强度。例如，可以以项目管理制培养梯队编辑。就一些重要选题成立项目小组，由能力较强的梯队编辑担任组长，负责选题实施和书稿复审。以后因同类选题和书稿而成立的项目组，可以令其较为固定地担任组长。这样，他就会经验越来越丰富，专业能力越来越强，逐渐成长为专家型编辑。

要鼓励编辑在相关专业领域持续学习深造。总编辑在工作中进行的专业培训，只能结合编辑出现的问题有的放矢，比较零散。而作为专业出版社的编辑，应该在较高层面上系统地掌握学科专业知识。因此，对于专业修养不足、需要系统补习的编辑，总编辑可以在培训时指点门径，建议其阅读一些指定的专业著作。对于专业能力已经胜任的编辑，也要鼓励其向更高层次深造，了解学科前沿知识，并将其转化为自己的专业能力，成为学者型编辑，甚至编辑型学者。对于工作突出的编辑，要鼓励其在职攻读更高的学位，系统充电，提高专业能力。

总编辑要鼓励编辑结合工作撰写专业论文，并带头示范。

发表论文，不仅是编辑评定职称的必要条件，也是检验其专业能力的试金石。很多编辑因为编务繁忙，加之不知如何结合工作进行科研，没有论文，长年停滞在中级职称上。而拥有较高比例具有高级职称的编辑，不仅是上级部门对专业出版社的要求，对于提升出版社的专业形象也是十分必要的。事实上，无论是结合选题策划，还是就文字加工中发现的专业问题深入钻研，结合编辑出版进行研究、撰写论文之路是十分宽广的。以选题策划为例，从一个创意的产生到落实为选题，到选题实现为图书，必然要涉及对既有同类图书及其不足的调查与分析，选题实施过程中运用新理论或新方法时遇到的难题和解决办法，新图书相对于旧作品的突破与成功，等等，这些都可能成为论文的选题。一次成功的选题策划及实施，实际上就是一次实践性很强的专业研究过程。总编辑撰写这样的论文，不仅可以作为编辑选题策划能力培训的成功个案的材料，其实也是引导编辑如何结合选题策划撰写研究性论文的榜样。

参考文献

[1] 吴培华. 总编辑工作的要务是策划. 大学出版，2004（3）.
[2] 刘杲. 新形势下的总编辑工作. 中国出版，2002（7）.
[3] 吕叔湘. 谈谈编辑工作. 出版工作，1981（4）.

（原载《中国出版》2009 年第 5 期）

未到香山也论剑

——对出版业几大问题的感想

祝君波

2008年秋的香山论坛未及参加，但论坛涉及的当代出版业的几大问题，作为一个出版人，不能不予以关注。现将本人对这些问题的思考整理如下，以求教于各位同道。

一、关于网络出版

网络出版还是个模糊的概念。比如网络游戏，新闻出版总署把它归到网络出版，文化部说它是网络娱乐，信息产业部称之为信息技术产业，有人又将它归到创意产业。

我认为对我们操作层面的人来说现在不急于弄清概念，也不要提空口号，而是先弄清自己是谁，自己要做什么，做这件事对自己有什么帮助，自己打算如何操作，想明白这些问题可能比较有效，比较现实。

对大部分出版社来说，介入互联网产业，也要先想明白几个问题，制定好自己的发展策略。我的看法有如下几点。

1. 不要舍本求末

对传统出版社来说，最强的是纸介书出版。这块阵地千万不要放弃。现在全国有500多个出版社，而网站前几年有50多万个，现在已有70多万个，强手如林。凭国有出版社这点能耐，先把自己的地盘守好十分重要。因为全国还有几百亿元的纸介书市场需求，我们还有书号的优势，还有 60 年的老本可吃。说守也不是保守，是竞争的态度，因为守住也是需在产品、营销、服务、人才队伍建设和管理上下功夫的。

2. 在守好的基础上，看看自己如何介入网络产业

这里也有几种思路。一种是基本不介入。只用互联网这种技术手段提升纸介书，不去投入新产业。不要把这种思路说成保守，这也是一种活法。因为网络产业是需要连续性投入的，与单本书不同。对很多出版社来说，投入网络产业的条件比较差。第二种是结合型。依托纸介书与新技术结合，催生另一种产业。不要举“手机报”的例子，这是报业的事。还是想想与书业如何结合好。我们说了很多云里雾里的事，其实还没有一个结合好的例子。我在上海市新闻出版局管数码出版时，那时很多出版社把纸介书转成数码书，品种累计数万种，全上海每年收益只有几十万元，后来是数百万元，而上海出版界纸介书的销售收入是 19 亿元。2007 年全国电子书收入是 2 亿元，而纸介书有 600 多亿元。可见还是没有结合好，不能形成产业。我在英国访问过一个出版社，他们把纸介书转换成电子书做了二度加工，重新编辑，效果比较好。不知这是不是一种结合法。结合好的标准是什么？我认为除了阅读率的提升，必须要有明显的经济效益，不能只是烧钱，不能只讲点击率。第三种是另辟蹊径。全新的网络出版完全是另一码事，与自己原来的基础并不搭界。我是赞成发展网络出版要另辟蹊径的。很多人说，这不是很累吗？是的，白手起家似乎很累，其实知道互联网特点的人，就知道又累又不累。累，白手起家，有一点；不累，互联网是一种全新的技术，与传统出版特点不同，不要为了不累，硬从借助自己的所谓优势出发，结果越做越累，毫无效果。

3. 体制是关键

在互联网领域，技术、资金、创意和体制几方面中，体制是关键。这或许是互联网这一新技术处于新时代的特点。我们传统出版人在国有体制里搞惯了，又往往把自己的成绩放大了无数倍，自我感觉良好。殊不知，用这种思路搞互联网，失败可能大于成功。体制对了，资金、创意、人才和技术才会上去。在写这篇文章的时候，正好上海久游公司的王子杰总裁来看我，当年他是一介平民，只几年的工夫，2008 年他的公司已有 1 600 余员工、近 10 亿元的营业收入、4 亿元利润。而陈天桥的盛大，又比久游强了很多。2000 年，我和陈天桥先生还合作办过刊物，当时他向我讲解虚拟社区的概念（也就是后来的网络游戏），没想到仅仅几年就成功了。网游成就了一批民营企业，却没有看见一个国有企业介入，更谈不上成功，可见，体制具有决定性。

所以国有出版社要进入数码出版，仍然用原有的体制做是个问题。恐怕要先想想愿不愿意与民营、外资合作，甚至让他们控股，或者愿不愿意把钱投到他们创业的项目上，占他们的股份，与他们合作。如果没有这个胆量，没有这点勇气，盲目上项目可能会吃亏。目前为什么互联网的发展中几乎看不到国有单位的成功案例，值得我们想一想。可能在纸介书这个国家垄断、看得到物质（纸介书）流通的行业，国有出版社尚有优势，而在高风险、全开放、完全竞争的无疆域的互联网产业里，我们就不再走运了。

4. 创意是灵魂

传统的出版人谈起互联网有一个特点，都说自己有很多资源，可以整合，可以上网。他们认为自己有内容，没有技术，自己可以用内容换技术，因此认为自己有身价，在互联网领域可以一拼。其实，有不少出版人是用传统的思路在想，在搞数码，认为“我有的是图书品种，我将其数码化，我就可以卖钱”。就好比开传统的图书馆一样，“我有100万册藏书，我强过你50万册的”。（这里我不说报纸和杂志的数码化，那是另外一个命题。）

而恰恰在数码领域，强者往往从一无所有做起，成功贵在创意。微软起于软件开发，谷歌强于搜索引擎，盛大兴于网络游戏，分众走的是楼宇视频，阿里巴巴盛于网络商务，新浪、搜狐走新闻网一路。即使在最热闹最赚钱的网络游戏行业，王子杰的久游就是从休闲游戏入手（非暴力游戏）而独树一帜的。没有创意，就没有成功，在网络出版方面，就是如此的绝对。因为有了好的创意，才会有资金和人才的聚集。不认清这一点，只会拿钱打水漂。有的传统出版人说“守着传统慢死，投入网络早死”，这有偏颇之处，但也含有道理。以传统之思维，创网络之产业，也许就是早死。所以找对一个创意点，而不要为自己那点“优势”所束缚很重要，成功的往往是那些没有“基础”的。

二、关于现代物流

20世纪90年代末以来，一些出版人去海外学习、参观，带回来大商流、大物流的概念，目前打造图书物流之风正在兴起。笔者认为盖现代物流仓库要算算账，好好论证一下，一切要从需要和可行出发。

出版单位或出版集团构想它的物流，有几点要想明白。

1. 我们的核心竞争力是什么？是创意跟不上，管理跟不上，还是物流跟不上？

我认为现在对大部分出版社来说选题创意、管理和营销三者更重要，更紧迫。如果真有钱，应该用来提升核心竞争力，而不是投在现代物流上。为什么呢？

（1）制约出版社发展的不是物流。20世纪80年代由书店转向出版社自办发行，当时发不出货是主要矛盾，现在这个问题已基本解决。现在的仓库虽不漂亮，但很实用。人工加电脑开单，加打包机，符合书业国情。（2）物流，关键是“流”，现在流得不畅，是产销环节上出了问题。出版单位、省店和基层店三者中由于省店的集约化经营，又以新的形式回到省店一统天下的时代，造成书流不畅，这是主要矛盾。现在书发到省店再发到销售店，效率大为降低。这个问题不解决，出版单位的物流建得再好，也是白搭。（3）物流不会给一本书以附加值。读者不会计较一本书是从五星级仓库发出的，还是从一个简易仓库发出的。对读者来说，他买到的是一本书，而不是过程。

2. 建现代物流要算算经济账，失败了也没有社会效益可做挡箭牌

（1）目前的出版社，如扣除教材、杂志和房产收入，仅就图书而言，几乎无利润可言。全国现存的几百亿库存，应该不是教材而是图书，是图书挤占了仓库。（2）中国的书价低得可怜，数年内没有上升的空间。（3）60％的发货折扣几乎难以维持，加上10％～20％的退货率，书业生产窘迫。大部分出版社的物流发货费用必须限制在书价的2％～3％之间。

新建现代的物流，永久性的仓库、数码技术控制的自动化设施，肯定又高级又好看，但土地、建筑折旧以及设施投入，加上管理人员的人工费提升，合起来的费用肯定超出了现阶段书价的承受能力。这一点造物流时就要预测到。据说有一个日本企业，看了我们一个出版集团的物流计划，打了合作的退堂鼓。可见日本人是算账的。主张算账不是反对造现代物流，而是要把握一个度，要在经济上能承受得起。

3. 仓库不要造得过大

在欧美，仓储人工贵，书价贵，中国是人工便宜，书价便宜。在欧美，物业并不贵，而中国大城市的土地和物业，已与国际接轨，甚至大大超出。再者，传统书业的实物量也许不会再有大发展。所以即使建现代物流也不能以大为好，自己够用即可。不要设想为第三方服务，同行是冤家，没有人会把自己的图书交给同行。要实事求是，要经得起历史的检验。

三、关于事业转企

有的地方出版社转企已有几年了。问这些单位的干部群众，转与不转有什么不同？大多数人说感觉不到不同。也有的说："以前事业性质，企业化管理。现在是企业性质，事业化管理。差不多。"也许本来就是一回事，换个说法而已；也许本来是两码事，只是我们并未意识到。

我想应该是两码事，但如下几个问题不阐述清楚，不做到位，给人的误导是一码事。

（1）管理对象发生了变化，管理的条文是否要变化呢？比如以前只学《出版管理条例》，现在要不要学学《企业法》呢？《出版管理条例》根据出版企业的变性，是否也要修改，也要做出新的解释？两部法规交叉到出版企业，如何结合使用呢？如果《企业法》对出版企业是无效的，大家当然会认为转不转企是一样的。

（2）对出版价值观该如何认识和执行，也要做出科学解释。企业和事业有矛盾，该如何统一？是不是讲经济效益就一定损害社会效益？或者企业就没有社会效益要求了呢？

（3）出版社变为企业，要求也已经市场化了，出版资源的市场化配置是否跟上去了呢？如果资源配置不能市场化，企业也难以按企业规律、出版规律来办事。

(4) 企业的决策机制和内部管理与事业是否有所不同？有哪些不同？这也应该明确。

(5) 员工和企业的关系如何？全员劳动合同如何操作？能不能照大多数企业的做法做呢？与之相关的薪酬分配，如何更有激励作用、更有弹性呢？

(6) 企业的劳动组合与事业是不同的，这不同在哪方面呢？怎样的组合更有激励作用？

总之，文件上说的改企是为了适应市场的变化，使其成为市场竞争的主体，更有竞争力、创造性，要给人耳目一新的印象。这个"新"要体现在不同上，如果与以前相同，效果就会打折扣。

四、关于多元经营、多业发展

既然大多出版社是企业，这个问题是无可争辩的。企业以效益为先，多元可以补一元的不足。

1. 多元发展是企业的生命

李嘉诚从做塑料花起家，现在是世界华人首富，谁在乎他今天还做不做塑料花、占多少比重。今天，他的产业已遍布各界，谁都承认他是与时俱进的、成功的。在竞争加快、节奏加快的今天，一业为主，多元发展；或者多业为主，多业发展，都是很正常的。

2. 对多元发展要大胆设想，谨慎操作

对出版人来说，可以走媒体多元的路，也可以走文化多元的路，还可以走文化一元、其他产业多元的路。如何选择道路，应该从自己的能力、资本和条件出发。经商之道，既要算计成功，也要算计对失败的承受力。这点特别重要。用余力去选择多元，不要因多元使主业大伤元气。没有企业用一个团队去搞多元，而是多个团队分头去搞多元，所以原来的图书主业不容忽视。

3. 什么都可以学会

不少人说，我只做我自己熟悉的。我的观察是，由于在一个封闭的环境中做出版，我们很多同道把自己看得很专业，很熟悉内容产业，其实未必。近年不少业外人士介入出版，也很成功，说明出版也不深奥，他人也可以学得会。反过来我们进入其他行业，如果机制好，用心，什么都可以学会。改革开放已经证明，很多大企业、大企业家，就是从一无所有起家的，就是从一点儿不懂起家的。所以，发展产业、办企业不要囿于自己以往的经验，要善于发现新的需求、新的发展空间。要知道，中国的图书业包括教材，年生产码洋只有 600 多亿元，而中国的国内生产总值总量已超过 20 万亿元了。作为企业，应该看到更大的空间。世界太大，行业太多，我们要有想象力。

4. 一业到底、一成不变的企业几乎是不可能的

笔者去过贝塔斯曼，它由图书起家，后来发展到传播业、娱乐业，多业并举。可见，一个稍大的企业尤其是当下的集团，很难以一业求生存，“三足鼎立”总要强过“金鸡独立”。古代孟尝君说，狡兔三窟方能高枕而卧，说的也是多元的好处。

（原载《编辑学刊》2009 年第 6 期）

转企改制背景下“三农”图书出版的路径选择

张利洁

近年来，随着我国社会主义新农村建设重大战略决策的实施，出版行业自上而下形成了一个服务“三农”文化建设的热潮。不仅如此，为了更好地提升服务效果，业内业外的研究者从责任角度、服务角度对此进行了较多探讨，对政府和出版者提出了若干期待和要求，这些研究成果对于促进出版行业更好地服务新农村建设颇有裨益[1]。与此同时，出版行业正面临着转企改制的新发展环境，如果继续单纯强调其服务社会主义新农村建设的责任，忽视其市场属性，与出版行业全面完成经营性转制任务，建立现代企业制度，在企业内形成有效率、有活力、有竞争力的微观运行机制就不相适应；与“十一五”期间我国新闻出版业开发、扩大农村出版物市场，满足广大农民的文化消费需求的要求也不相符合。目前我们需要对这一新形势做进一步分析，积极探索出版行业在转企改制背景下既服务“三农”建设又开发“三农”市场的路径选择，促进出版行业在服务新农村建设中又好又快地发展。

一、出版环境变化中“三农”图书出版的路径选择

1. 政策支持下“三农”图书出版路径的变化

长期以来，我国出版业在专业类、教育类、大众类图书出版方面主要围绕城市读者展开，面向农村读者的图书较少。究

其原因，一是我国广大农村地区相对于城市而言，经济发展缓慢，农民收入较少，文化程度较低，限制了对图书的消费需求，使得“三农”图书的市场难以做大；二是“三农”图书发行网络不健全，发行环节多，占用的人力和场地成本高，效率低，导致图书发行经营者缺乏开发市场的内在动力。“出版社卖书难，农民买书难”成为比较普遍的问题[2]。因此在进入新世纪的最初几年，虽然出版业整体发展速度较快，对于“三农”图书出版而言，因为既缺少市场动力又缺少政策支持，出版行业的积极性普遍较低，如2002年全国出版社仅安排“三农”选题1 796种，2003年仅安排“三农”选题1 380种[3]，选题数反而减少了23%。随着国家对“三农”问题重视程度的不断提高以及社会主义新农村建设的实施和农家书屋工程的展开等，我国出版行业逐渐自上而下形成了一个服务“三农”建设的高潮，如2004年全国出版社安排“三农”选题3 138种（比2003年增长了127%），2005年安排“三农”选题4 077种，2006年安排“三农”选题 5 097 种，年选题增加 1 000 余种，增长幅度25%[4]。2009年的“三农”图书选题达7 106种，比2008年的7 047种多出59种[5]。

通过2004年前后“三农”图书选题数量变化的比较，我们发现，2004年以前的“三农”图书出版，由于受“农业、农村和农民”的特殊环境限制，“三农”图书需求不旺，导致供给不足、市场萎缩，这一阶段政府调控较弱，出版者主要是在“事业单位，企业管理”的体制下进行“三农”图书的出版与开发，追求的是双效益，在保障社会效益的前提下主要依据市场路径进行“三农”图书的出版与发行，所以对于仅有社会效益而没有经济效益的“三农”图书而言出版较少。2004年以后持续出现的“三农”出版热潮主要是政策推动的结果，是一种典型的诱致性制度变迁，出版者走的是依靠政策加资源的路径。如2004年中共中央、国务院发出了《关于促进农民增加收入若干政策的意见》，强调要把解决好农业、农村、农民问题作为全党工作的重中之重。中宣部、新闻出版总署2004年下发《关于进一步加强“三农”读物出版发行工作的意见》中明确指出：“各出版发行单位要进一步增强服务大局、服务党的中心工作的意识，充分认识出版发行‘三农’读物，不仅是经济问题，也是政治问题，积极健康地拓展‘三农’读物出版领域，带着感情为‘三农’服务，多为农民群众提供物美价廉、品种多样的读物。”[6]政府部门为了加大“三农”读物的出版，实施了一些优惠政策，如新闻出版总署和各地新闻出版局在实施书号、版号总量控制的前提下，对“三农”图书和直接服务“三农”的音像制品、电子出版物实行优惠政策，书号、版号不限，免收条码费；通过建立全国“三农”读物出版基金进行资金支持；税收优惠等。再加之2007年开始实施的由政府出资采购内容配置物的公益性的农家书屋工程全面实施，各出版单位对“三农”图书出版的热情更是被极大地激发。

2. 转企改制背景下“三农”图书出版路径的变化

当前，“三农”图书出版的环境再次发生了变化，那就是正在实施中的出版单位的转企改制，转企改制之后的出版单位将全面走上经营之路，对于经济效益的关注会比以往任何时候更加强烈。

转企改制之前，在“三农”图书出版方面，出版社普遍眼光向上，要政策，要资源，走的是依靠资源和政策的出版路径，效果较好，保证了双效益的实现。转企改制之后，上游的资源与政策将逐步减少，出版社需要眼光向下，主要通过市场路径出版“三农”图书。在此现实情况下，如果继续单纯从服务、从责任大局来要求出版界，显然与经营化的转企改制存在分歧。如何解决长期以来将“三农”出版作为公益性事业而形成的对政府的路径依赖；如何使出版业在转企改制的新发展环境下把经营“三农”出版与服务社会主义新农村建设结合起来；如何改变出版业服务“三农”的传统模式，培育新的开发路径，变“要我做”为“我要做”，实现“三农”与出版者的双赢目标；这些是摆在出版管理部门面前的一个重大现实问题。

二、目前出版业在“三农”图书出版中的路径依赖

1. 转企改制中的“三农”图书出版路径依赖分析

道格拉斯·诺斯认为，路径依赖类似于物理学中的“惯性”，一旦进入某一路径（无论是“好”的还是“坏”的），就可能对这种路径产生依赖。初始的制度选择会强化现存的制度刺激和惯性，因为沿着原有制度变迁的路径和既定方向前进，总比另辟蹊径要来得方便一些。路径依赖形成的深层次原因就是利益因素[7]。笔者以为，我国转企改制中的出版行业在“三农”图书出版方面存在较强的路径依赖。

长期以来，提到“三农”图书出版，总是把它与购买力小、农民文化素质较低、农村发行网点少等因素联系起来，所以虽然目前出版业在进行正式约束的制度变迁——转企改制，但非正式的约束——“三农”图书出版观念仍然存在较强的路径依赖。出版行业关于“三农”图书出版仍然更多地是从公益性角度来看待，认为政府应该加大力度进行扶持；加之有相当多的出版者在由政府组织实施的农村公共文化服务体系建设中获得了较好的收益，比如农家书屋建设工程，使很多出版社的“三农”图书获得了较好的双效益，一些“三农”图书通过政府资助得以出版等。久而久之，出版行业已经习惯于政府扶持之下

的“三农”图书出版路径，在服务社会主义新农村建设的前提下将“三农”图书出版的责任主要归为政府，淡化了“三农”图书出版的市场路径选择。因此“三农”图书出版中的路径依赖，对于“三农”市场路径的选择有较强的制约作用。无论是在转企改制前还是转企改制后，提到“三农”出版，出版行业反映最为集中的仍然是提困难，仍然是要政策、要资源。所以笔者认为，虽然出版体制正在改革，但是出版行业在“三农”图书出版方面的传统观念、习惯改变仍然较少，进而将会影响到“三农”图书出版市场路径的运行；而长期依靠政府扶持的“三农”图书出版又不大可能像大众出版、专业出版那样与读者有着紧密的联系，能够出版真正依靠市场推动的图书。

2.“三农”图书出版中对政府路径依赖带来的问题

当前，如果出版行业继续单纯依靠政府力量发展“三农”图书出版，将导致“三农”图书出版繁荣现象的表象性与短期性。首先，目前的“三农”图书出版就是一种表象的繁荣。无论是从选题数量的激增，还是从发行数量的突飞猛进上，我们都能够看出服务“三农”的出版热潮是政府推动的结果，通过优惠政策、税收减免、基金支持、农家书屋在内容配置方面的政府采购等推动了“三农”图书的出版。出版行业出版“三农”图书的动力来自上面而不是下面，缺乏根基的出版热潮在相关的优惠政策退出以后会不复存在。其次，依靠政府的力量发展“三农”图书出版，出版者的关注点在如何争取更大的资源上，而不是在如何更好地开发市场上，出版的图书与农民读者的需求存在一定的距离，短期内“三农”图书依靠政府采购等措施虽然会有一定的经济效益，长期来看，农民用不上导致农民不爱看最终导致农家书屋形同虚设，短期实惠丧失的是长期的利润，这是“三农”图书出版面临的最大困境。

三、当前“三农”图书出版跳出对政府路径依赖的思考

笔者认为，在新的发展环境下，出版行业需要改变服务“三农”的传统模式，变“要我做”为“我要做”；政府也应该调整以往扶持“三农”出版的方式，重点将源头扶持改为市场扶持。通过两方面的共同努力促使出版业尽快跳出对政府的路径依赖，将“三农”出版市场做大做强。具体而言，有以下几点。

1. 转变观念，不单纯从服务“三农”的角度要求出版企业

自从新农村建设实施以来，自上而下要求出版行业服务“三农”的导向非常明显，从国家的大局、从出版业传播文化的角度出发这是无可厚非的，但是随着出版环境的变化，仍然从责任、从服务、从智力保障的角度要求出版企业，显然与转企改制的目标有分歧，这样不但加大了出版企业在“三农”图书出版方面对政府的依赖，而且容易“产生面子工程、政绩工程，因而敷衍响应，具体操作不甚用心，编辑出版过程中的选题策划、读者调研、出版论证相当草率，只是马虎地凑上些品种，简单编辑，仓促推出。严肃的出版行为最后真的被做成了装点门面的花活儿，看着光鲜，实用不足”[8]。笔者认为，企业的目的就是赢利。事业与企业，体制不同、目的不同，达到目的的路径也不一样。转企改制之后出版行业有提高农民文化素质的责任，但作为一个企业，它也需要依靠盈利保证其不断发展壮大。所以目前的发展环境下，对于仅有社会效益而没有经济效益的图书，出版者是没有多少内在动力的。我们需要转变观念，从实际出发，不单纯从服务、从责任的角度要求出版企业，宜倡导出版行业通过积极开发“三农”图书市场进而服务社会主义新农村建设这样一个导向来促进“三农”图书的出版。如金盾出版社无论是在依靠市场的时期，还是在依靠政府的时期—

直坚守“三农”图书出版，出版了大量农民需要的图书，不但实现了开发“三农”图书市场的目的，而且为新农村建设做出了很大贡献。

2. 将开发“三农”出版与服务“三农”出版的契合点明晰起来

在我们倡导出版行业要服务好“三农”建设的环境下，出版“三农”图书主要是为了满足广大农村读者通过科技图书脱贫致富，提高文化素质的需要等；而笔者提出通过开发“三农”图书出版市场进而服务社会主义新农村建设主要是从农民读者的需要出发，出版符合他们需要的“三农”图书，提高他们的科技文化素质等。仔细分析，二者之间都是为了满足需要，提高农村居民的科技文化素质，这说明开发与服务之间的契合点是满足农民读者的需要，提高他们的素质。而目前开发“三农”与服务“三农”的路径选择是不同的，开发主要是通过市场路径满足需要，服务则主要是通过政府路径满足需要，同一种需要成了两张皮。我们要将这两张皮变成一张皮，做到你中有我，我中有你，谁也离不开谁，就要研究两种满足农民读者需要的路径哪一种更能够起到提高农民素质的目的。通过政府路径满足农民需要是一种自上而下的出版方式，“需要”主要是由“上面”[9]确定的，有与实际需求脱节的现象；通过市场路径满足农民需要则是一种自下而上的出版方式，“需要”是由农民自己确定的，是一种实实在在的需要，这种需要才能真正推动“三农”图书出版的繁荣与持久。我们在找到开发“三农”与服务“三农”的契合点之后，重点应该围绕需要做文章，有了市场需要的推动，出版者对“三农”图书出版的内在动力自然爆发。

3. 抓住机遇，努力策划适应市场需求的“三农”图书选题

从市场原则看，目前的“三农”图书市场只能算是一个潜

在的市场，受众也只是潜在的受众。从潜在转变为现实的市场和受众，出版行业自身的努力是很关键的。汪晓军在探讨出版业培育、开发“三农”市场时认为，假如出版业现在不能有所作为，农民对于出版物阅读的兴趣淡漠、对于以阅读为方式的文化接受和文化消费生疏，出版业就可能在今后的农村文化市场建设中缺位……因此，要抓住政府主导、多方投入的机遇，精心推出农民“买得起，读得懂，用得上”的精品力作，吸引农民亲近图书、习惯从阅读中获取知识、喜好从读书中分享文化，以确保出版业在农村文化市场发展和繁荣当中有更大的施展天地[8]。对此笔者深以为然。从出版者的角度而言，培育和开发“三农”市场，主要就是策划出版适应市场需要的“三农”图书。具体而言，首先，出版者必须扎扎实实走下去，在农民中间采集信息，策划选题，出版符合他们实际需要的图书是当务之急。“许多出版人有过农村生活体验，或是本身就来自农村，但是，过去时态的经验，很难与现在时态和现在进行时态的农村农民生产、生活状况相一致。想当然的，以为自己天然知道应该给农民什么样的出版物，总免不了隔靴搔痒”[8]，结果所出版的“三农”图书有时成了应景之作，花了钱出了力农民还不买账。其次，策划选题要结合大环境的变化，善于抓住市场机遇，如目前的金融危机使相当一部分农民工在城市里找不到合适的工作，只好返乡创业，这些人文化程度高，创业需求强烈，可以策划关于农村种植养殖新技术、新工艺、新品种的选题；目前食品安全问题较多，全社会对于绿色粮食、蔬菜和健康肉食品等有着极高的需求，可以策划这类农业产品的相关技术及售卖信息方面的选题，等等。这些选题贴近农民的实际需要，应该具有较好的市场前景。

4. 政府重点培育读者市场而不仅是对出版环节进行激励

"三农"图书市场的培育与开发同样离不开政府的支持，政府与出版业的合力推动是"三农"市场得以成功开发的重要基础。目前政府对"三农"出版的扶持主要停留在对出版者的扶持上，是"为了服务新农村文化建设（目的）—扶持'三农'出版（结果）"的被动模式，成本很高，效果虽然显著，但不具有长期性。新形势下，我们需要"三农"出版的可持续发展和可持续热潮，那么就需要通过"挖掘出版业内在开发动力（目的）—繁荣'三农'出版—服务新农村建设（结果）"这样一种主动模式，使出版者和农民读者双赢。由于我国广大农村的经济社会发展仍然比较落后，人们的文化素质较低，对于图书的阅读需求并不高，而是否拥有可持续的阅读需求就成为这一模式成功与否的关键因素。面对这一现实，笔者认为，政府是"三农"图书市场培育的主导者，宜通过培育可持续的受众、进而培育旺盛的市场需求达到提升农村居民文化素质、繁荣"三农"出版的目的。因此从政府的角度而言，对于"三农"图书出版的扶持不但是必不可少的，而且还应该加大力度，但是扶持的对象应该有所改变。要减少将扶持力度放在上游环节——出版环节的做法，避免供需脱节的出版损失，宜通过培养农民的阅读习惯、购买补贴、加强农家书屋的建设力度等相关措施，通过扶持下游环节激发受众有效需求，从而达到培育"三农"图书市场，拉动出版环节的内在开发动力与活力的目标。这样做，对于已经习惯于依靠政府资源和政策出版"三农"图书的出版者而言，会有一些暂时的不适应和经济利益上的损失，但是从长期看却能够培育出真实的"三农"图书市场，真正使我国的农村图书市场不断繁荣和壮大，出现可持续的"三农"图书出版热潮，实现出版业与农村读者的双赢。

当然，农村图书市场的培育与开发将是一项长期的、艰巨的工作，面临的困难较多，但希望也是显而易见的。笔者认为，首先，要从孩子抓起，重点培育农村中小学生的课外阅读习惯。农村中小学生是一个很大的阅读市场，而且不存在阅读门槛问题，但是主要因为经济原因，“农村孩子从小到大，每人每年所读的课外书籍平均只有 2 本。一些西部贫困地区的孩子们甚至连少儿期刊是什么样子都没有见过”[10]。针对这一现状，政府部门在实施农村公共文化服务体系建设时应加大对农村中小学生课外读物的投入力度，将欲取之，必先予之。通过政府大量采购适合他们阅读的优秀读物，免费下发，这样既培养了他们可持续的阅读习惯，提高了文化素质，又培育了未来成年人对图书的持续需求，长此以往，将形成代际良性循环。其次，目前农民文化消费的增长、农民人均收入的不断提高、农民闲暇时间的增多、农业科技致富榜样的启示等，都是培育农村图书市场的良好机遇，政府部门不但要继续加大农家书屋建设的力度，还应该经常在农村成年人当中举行一些公益性的有奖阅读、阅读心得比赛、乡风文明知识竞赛等活动，力求通过一元化投入、多元化培养等方式，提升农村居民对阅读的兴趣，进而巩固政府对农村文化市场培育的效果。

注释

[1] 这类研究成果主要有：翁寿昌的《社会主义新农村建设与“三农”图书：一种传播学的视角》，《现代传播》2006 年第 2 期；王鹏涛的《浅论出版业如何为社会主义新农村建设服务》，《出版科学》2008 年第 1 期；亓乐秋、张铁成的《从细节入手做好服务社会主义新农村建设出版工作》，《中国出版》2008 年第 8 期；孙英姿、黄永红的《出版社服务“三农”的五点要素》，《出版发行研究》2006 年第 5 期；中国农业出版社的《带着感情和责任做好服务“三农”出版工作》，《中国出版》2006 年第 8 期；《加大三农图书出版力度　积极服务新农村建设》，

《中国新闻出版报》2009 年 3 月 16 日等。

[2] 周兴安. 阳光总在风雨后：江苏科学技术出版社建社 30 周年感怀. 中华读书报，2008-11-19.

[3] 翁寿昌. 社会主义新农村建设与“三农”图书：一种传播学的视角. 现代传播，2006 (2).

[4] 王玮，谭华. 服务“三农”图书成出版热点. 光明日报，2006-04-03.

[5] 加大“三农”图书出版力度　积极服务新农村建设. 中国新闻出版报，2009-03-16.

[6] 中宣部，新闻出版总署. 关于进一步加强“三农”读物出版发行工作的意见. 2004.

[7] 曾小华. 文化、制度与社会变革. 北京：中国经济出版社，2004：218.

[8] 汪晓军. 农村市场谁与争锋：谈出版如何服务于社会主义新农村建设. 出版广角，2006 (9).

[9] “上面”在这里可以是政府部门，也可以是出版者、专家、作者等。——作者注.

[10] 张利洁. 从读者定位审视“三农”图书的选题策划. 出版发行研究，2007 (11).

（原载《出版科学》2009 年第 6 期）

编辑参与全程策划的利与弊

孙　杰　田　秋

图书市场的迅猛发展为出版业带来了前所未有的机遇和挑战，也促进了出版社间竞争的升级。为了在瞬息万变的图书市场上立于不败之地，各家出版社都对其管理和运行体制进行了不同程度的改革。策划编辑体制就是在这一背景下出现的。

为了及时捕捉市场动态、开发适应市场需求的选题，出版社将一部分编辑从文字编辑加工工作中解脱出来，专门进行选题策划和开发，这些编辑就是策划编辑。另外一些编辑专职从事文字编辑加工工作，称为文字编辑。进行专业分工后，策划编辑不必在文字编辑加工工作中消耗大量时间和精力，而是集中精力专注于市场动态分析、热点追踪、选题确立和图书前景预测，从而可以更好地把握市场，开发适应市场需求的选题，为出版社创造更大经济效益，为社会创造更多精神财富。然而，近来很多业界人士提出，策划编辑应当参与图书出版的全过程，认为“只有策划编辑直接参与或跟进、监督选题实施过程的各个环节，充分及时地与作者和社内相关人员进行沟通，才能使策划目标得以贯彻”[1]。这种观点具有一定的普遍性。概括来讲，策划编辑参与出版全过程具有如下优点。

1．有利于编校质量的提高

在策划编辑体制中，文字编辑负责书稿的编辑加工，但对选题的特殊要求很难把握，而且，在策划编辑与文字编辑分岗的情况下，对文字编辑的考核以加工字数为基准，这样，文字编辑的工作很容易流于消灭文字差错、纠正明显的规范问题，很难有效提高书稿编辑质量。策划编辑参与编辑加工过程，向文字编辑明确书稿的策划目标和加工要求，文字编辑在加工时除了按照一般规范要求加工外，还能够有的放矢，使书稿在文字内容方面更符合策划目标，从而在编校质量上，更多的是在内容质量上有更高的突破。

2. 有利于协调各部门工作

一本图书的出版包括选题、组稿、编校、审校、排版、美工设计、印制、发行、储运多个环节，涉及出版社各个部门，各部门之间沟通协调的顺畅程度在很大程度上决定着图书能否保质保量地、及时地推向市场，从而决定图书的成败。策划编辑全程参与，对图书出版的各个环节进行监督，可以有效协调各部门之间的工作，从而有利于图书项目的顺利进行。

然而，策划编辑全程参与图书出版的各个环节，也不可避免地存在一些弊端，主要表现如下。

1. 策划编辑浪费大量时间，无法集中精力策划

策划编辑的职能是把握市场动向，开发适应市场需要的选题。进行策划编辑和文字编辑分工的目的在于希望策划编辑能够摆脱案头工作的束缚，全身心投入选题策划工作中去，全程参与的做法使策划编辑从案头工作中节省出来的时间又分散浪费到整个图书出版过程中，无法集中精力进行新的选题策划。

2. 分工不明确，无法有效管理

策划编辑全程参与，使得图书出版从各司其职变成了事事无人管，所有的事情都成了策划编辑一个人的事情，责任一个人承担，使策划编辑疲于奔命，造成图书出版的低效率和低效益。

3. 职责不清，协调工作困难重重

策划编辑有对图书的管理权限，却没有对各个部门的管理权限，协调工作变成了四处求人，开展十分困难。

这一问题的出现，其原因在于混淆了策划编辑和项目编辑的定位，让策划编辑同时担当了策划编辑和项目编辑两个角色。《基于图书出版的项目质量策划与控制》一文，对策划编辑和项目编辑进行了明确的定位[2]。文章指出，项目编辑的职责是保证图书的整体质量，主要工作包括：与项目组成员沟通、协调，将质量责任落实到具体的责任人和工作环节，监督、检查项目质量计划的执行情况；策划编辑的职责是保证图书的内容质量，主要工作是对选题大方向的整体把握，包括对选题价值的判断、大纲结构的推敲、同类书市场现状的调查、作者专业水平和语言文字功底的考察、图书市场前景预测等。两个工作角色由同一个人承担，必然造成工作过程的混乱。

考虑到编辑的能力与精力，解决上述问题的方法就是建立图书出版的项目管理体制，形成紧密的团队。图书出版项目是指：出版社按照其经营目标策划选题与遴选作者，对作者所创作的作品进行编辑加工和设计，按照出版规范和有关标准组织印装以形成合格的图书产品，将该产品销售给读者并获取读者意见，使图书产生社会效益和经济效益的一系列相互关联的过程[3]。建立图书出版项目管理体制，就是针对具体图书建立由项目编辑、策划编辑、文字编辑、营销管理人员组成的项目小组，负责项目图书的策划、组稿、编辑、包装、宣传、发行等全过程。项目管理体制的特点在于“合”，项目组成员相互合作，为了一个共同的目标努力；而它的优势在于“分”，项目组成员各有所长，各尽所能，每个人的价值都在合作中充分体现。在这种体制下，策划编辑专职负责图书的选题策划，精力集中，可以更好地把握市场脉搏，开发出满足市场需求的图书产品；而项目编辑负责图书整体质量，协调各部门工作，可以有效保证图书质量，从而做到工作有分工，在分工中体现共同合作，真正实现了“术业有专攻”。当然，这对项目编辑和策划编辑都提出了更高的要求。

参考文献

[1] 高晓蔚．策划编辑不应忽视选题实施过程．科技与出版，2008（6）：32-33.

[2] 李书伟，柳青．基于图书出版的项目质量策划与控制．科技与出版，2007（7）：44-45.

[3] 邓宁丰，阎列．图书出版项目管理．科技与出版，2006（3）：18-20.

（原载《编辑之友》2009 年第 3 期）

编辑在书稿审读加工中的审美创造

杨秦予

编辑工作不仅是一种技术性工作，更是一种艺术性工作。创造性永远是编辑艺术的生命。要做好编辑工作，不仅应该掌握编辑工作的具体方法，还应该掌握编辑艺术。编辑工作者掌握了编辑艺术，不仅能按规范化的编辑程序、编辑方法来进行编辑工作，而且会调动其整个的社会生活经验、工作经验，全部的思想感情、聪明才智，来创造性地进行编辑工作。这样，编辑出来的书才会有独创性。审读加工是编辑工作的中心环节，是创造图书美的根本条件，换句话说，没有图书审读加工的流程美，就难以产生美的图书，更不能实现图书的审美价值。

一、编辑加工与复审、终审中的美学处理

设计选题、组稿，是图书出版流程的基础环节；而编辑加工与复审、终审，则是文稿向定型出版样品转换的中心环节。编辑加工与复审、终审，是图书编辑活动的两个主要层次。

首先是编辑加工。编辑加工是编者对已确定采用的文稿进行修改与润色的过程。它是提高图书质量、完善图书美的相当关键的一环。不管文稿的基础如何，都必须经过责任编辑的加工。因为文稿在确定采用的时候，在大的方面诸如政治思想倾向、学术水平、基本框架等，虽然已经基本解决，但由于作者的精力和知识是有限的，会受到所处环境、从事的工作以及所

掌握知识的限制，因此，所撰写的文稿也难免有这样或那样的疏漏和不足，即使是专家的文稿，也很难做到十全十美。正因为如此，编辑人员要认真细致地进行编辑加工。

其次是复审、终审。复审由编辑室主任或副主任负责，终审由总编辑或由总编辑委托的编审或副编审负责。他们是文稿质量和编辑加工质量的鉴定者和最后判决者，其目的都是保证文稿质量，使文稿达到图书出版的审美要求。编辑对书稿进行加工或与作者协同改稿，都要遵循学科研究或艺术创造的规律以及编辑出版规律与原则，使修改、加工的书稿符合图书出版总体流程美对环节的要求，进一步达到合规律合目的的自由和谐境界。编辑加工好的书稿，经复审、终审的环节，形成完整的规律化、程序化编辑过程，形成图书出版具体环节的流程美，既给人有机运转的节律美感，又使得书稿经层层检验、调控，一步一步地趋向既定的设计，使蓝图形态的图书出版流程美得以不折不扣地外化，或超越原先的审美设计。编辑环节是图书出版流程美外化的十分关键的环节，它既是对蓝图的实施，又通过复审、终审等机制展开对实施的调控，以保障图书出版流程美按照预定的轨迹、要求外化，保证图书出版流程美的质量和图书美的质量。

二、编辑艺术

编辑艺术是一种社会意识形态，贯注着编辑的思想感情，编辑艺术的创造与人的立场、思想密不可分。以编辑构思而言，既贯穿着编辑思想，同时也贯穿着编辑艺术，是编辑思想与编辑艺术的统一。因此，编辑思想必然要影响到编辑艺术，而编辑艺术也必然要体现编辑思想。可以将编辑艺术概括为披沙拣金的艺术、损丰益歉的艺术、集中有序的艺术、统一规范的艺术、核对求正的艺术。

1. 披沙拣金的艺术

披沙拣金并不仅仅是个编辑艺术问题，首先是个编辑学识素质问题，是对编辑鉴审、鉴识、鉴赏能力的综合检验。学力不到就难以识别孰为沙，孰为金。同时，编辑也要有艺术功力。如无艺术功力，则纵然学力足以分辨科学上的金与沙，却未必可以分辨艺术上的金与沙。何况，分辨金与沙之后，还有个如何不使金子从指缝中流失、如何不使金上粘沙的问题。书稿中的金和沙是各种各样的，不像自然界中的金，基本都是一样的，一眼就可以看到它闪闪发光。编辑拿到书稿后首先要审读，这是编辑文稿的前提。编辑必须通读全部文稿，深入到其中，弄清特点，找准毛病。从书稿的思想内容、学术价值、结构体系、语言文字、编辑规范几个方面加以衡量。思想内容方面衡量的标准是看书稿是否符合党和国家的路线、方针和政策，是否违背四项基本原则，等等。学术价值方面衡量的标准，是看书稿是否具有创新性、科学性、先进性和实用性，是否提出了新鲜、深刻的见解，有无独具匠心的研究方法，论据是否充分，论证是否严密。结构体系方面衡量的标准，是看整个书稿框架结构是否合理，内容是否前后重复，体系是否完备。语言文字方面衡量的标准，是看语句是否流畅，用词是否正确，标点是否规范，修辞是否合理。编辑规范方面衡量的标准，是看量和单位是否正确使用，数字用法是否规范，名词术语是否正确，版式体例是否统一，引文是否准确无误等。

2. 损丰益歉的艺术

损丰益歉的编辑艺术也即删繁就简的艺术。首先要从书稿的逻辑构成和艺术构成上去辨清何处是不应有而应删损的“丰”，何处是不应缺而应增益的“歉”。淘汰无关的杂物，增添必要的枝干，使多的多到适当而不厌其繁，少的少到适当而不恨其疏。这个艺术要求编辑同样既要有科学素养，又要有艺术功力。编辑在认真鉴审的基础上对稿件中写得不好的地方要进行删除。如：（1）与主题表达没有密切关系的词句和段落；（2）重复的例证和内容；（3）反科学、违反事实的提法；（4）政治性和常识性的错误。比如，某书中提出，“毫不利己，专门利人是错误的”，“一个人为了他自己的利益而工作，比他故意地为社会做好事对社会的贡献还大”等。这些观点与我国社会的主流意识不符，应删去。当然，编辑删改作者的稿件时，必须谨慎，一定要征求作者意见。最好的办法是，将删改意见写下来，或用铅笔直接注在原稿旁边，然后交给作者，让作者自己来删。

3. 集中有序的艺术

集中和有序是图书编排艺术中最重要、不可或缺的两种手段。最常见的诸如按时间顺序、地域顺序、作者顺序等。在编辑大型丛书、套书、文集、选集、全集时，要找到一条序线更加困难，这时常用“卷”“编”“集”的方式把性质不同、题材各异的文章按照几个集点集中在一起，然后再按顺序编排。

编辑艺术中的集中，和作文相似，要有主题，要集中于主题之下。虽然，单本书编辑工作的主题，要受作者所写书稿主题的约束，但作者所写书稿的主题，又往往先渗入了编辑的构思。这个主题，是从制订选题开始就渗透了总体编辑构思的。作者在写作过程中，有时可能会偏离主题，另生枝蔓；或者表现主题不足，而有旁骛。这就需要编辑以其编辑艺术，围绕主题加以集中。再进而求书籍形式与内容的统一，使之成为完整的书稿，成为完美的书籍。编辑艺术中的有序，则要求编辑工作从总体编辑构思、设计选题内容到审读书稿，都要讲究起、承、转、合的有序化艺术。起，是说开头要照顾到以下；合，是说收尾要综合全文全书；承，既承上，而又启下；转，是文章的曲折处。起、承、转、合的有序化艺术可以千变万化，匠心独运，编出锦心绣口之书。

4. 统一规范的艺术

就是用一个标准对稿件加以统一。如版式全书统一，编写体例统一，名词术语统一，脚注和参考文献著录格式统一，人称统一等。比如，名词术语的统一，在一本书中“心肌梗塞”与“心肌梗死”，“颅神经”与“脑神经”，“围产期”与“围生期”，“病人”与“患者”，“功能”与“机能”等，随处可见，有的不规范，有的不统一，严重影响书稿质量，编辑必须按照国家名词审定委员会公布的最新名词统一。在学术性论著中，标注往往不规范，有的引文标注出处，有的不标注出处，有的只标出作者名，有的只标出书刊名、页码。参考文献著录格式不规范、不统一，也是编辑加工常见问题。无论是学术专著还是教材，数字用法不统一的现象普遍存在，大写与小写数字不统一，汉字与阿拉伯数字不统一，所以，必须按规定予以统一。同级标题字体字号全书统一，接排或另起也要统一。对于一本书来说，不仅一章内要统一人称、统一口吻等，而且各章都要统一体例、统一格式、统一标注、统一名词、统一标点符号、统一数字用法、统一字体字号。否则，一本书就不可能成为一件完美的或比较完美的艺术品。

5. 核对求正的艺术

主要核对稿件中的引文、数据、公式、定理、人名、地名、物名、图表等。实践表明，相似的数据，相似的人名、地名，颠倒的人名、地名，很容易出错。这些问题如不仔细查阅、核对原始资料就发现不了。特别是引文中的毛病，很容易为作者和编辑所忽略。直接引用古籍时，断句标点不正确，造成意义相反；对古代文献的古今字、通假字，引用时任意改动；对古文译引时，随意曲解附会；对外文译引时，人名地名不遵守约定俗成的规矩任意改动，断章取义；对成语典故的引用，臆用或乱改。此外，引用诗文或名言时，作者张冠李戴的现象也屡见不鲜。如央视经济频道李咏主持的娱乐节目《咏乐汇》，其中一期嘉宾是著名影星刘晓庆。李咏说："刘晓庆在《我的路》中写了一段话，已经成了名言，'走自己的路，让别人说去吧！'"刘晓庆马上纠正道："这句话不是我说的，是鲁迅说的，我引用的。"其实，这句名言，既不是刘晓庆说的，也非鲁迅先生所说，而是出自意大利诗人但丁的长诗《神曲》。但丁强烈谴责教会统治，主张冲破神权束缚，这与当时的主流思想不相容，得不到理解与支持，故有此言。鲁迅先生在《故乡》中倒是写了这么一句话："其实地上本没有路，走的人多了，也便成了路。"刘晓庆当时可能是想到这句话了吧。

诚然，编辑只有经过认真的学习、长期的磨炼、不断的总结，才能熟谙编辑艺术。编辑工作本质上是一种发现美、创造美的活动，是对人类创造的精神文化财富进行种种发现、筛选、组合和创造，为一种审美、塑造美的实践。在这些活动中，科学审美观念必然以其特有的方式和力量渗透于编辑的情感之中，编辑自身的知、情、意等也必定会进入编辑客体，以种种美的标准审视原稿，遵守精神生产自身的规律性，倡导精神产品的审美价值，力争达到主体和客体的完美统一，为社会提供具有高度精神文明的、形形色色编辑美的物化产品。

参考文献

[1] 黄理彪. 图书出版美学. 北京：首都师范大学出版社，1998.

[2] 阙道隆，徐柏荣，林慧芳. 书籍编辑学概论. 沈阳：辽宁教育出版社，1995.

［3］沈涌．策划编辑方法论．韶关大学学报：社会科学版，1998，19（4）：118-122.
［4］高明强．简论编辑艺术．河南大学学报：社会科学版，1998，38（4）：110-112.
［5］高斯．出版审美论．南京：江苏教育出版社，1994.
［6］邵京起．编辑审美论．辽宁师范大学报：社科版，1994（4）：59-66.
［7］杨玉东．编辑审美观新探．编辑之友，2002（2）：39-42.
［8］陆鼎一．试论编辑工作和图书美学．苏州大学学报：哲学社会科学版，1997（4）：110-112.
［9］傅煜铭．刘晓庆以错纠错．咬文嚼字，2009（6）：28.

（原载《科技与出版》2009 年第 8 期）

谈谈编辑改稿的谨慎原则

谭文芳

当前，图书质量越来越多地成为广大读者关注的问题，作者因图书质量而与出版社发生纠纷的情况也逐渐增多。这些纠纷，往往和编辑改稿子问题有关。当前，可以说有两种倾向。一种是不改稿，有的甚至不看稿，稿子来了，就交出版科发排，校样来了，就交校对人员校对……由此出现的问题，业界和社会上批评议论甚多。另一种倾向就是随意改稿。这里主要指后者。有的书一出来，作者就喊冤叫屈：图书的内容与原稿不符，与作者的原意有出入，有的地方甚至与作者的观点相反。这种情况的产生，究其主要原因，症出编辑忽略了改稿的谨慎原则，对作者的稿件妄加改动，使得作品要表达的语义、观点以及作品风格等与原稿偏离，这严重侵犯了作者的修改权和保护作品完整权。

一、书稿修改权的归属

关于修改权，《著作权法》有明确的规定，即，作品的修改权属于作者本人。任何作品反映的都是作者的观点、态度和思想感情，是作者个人意志的体现，他人包括编辑不得把自己的观点强加于人。即使出版单位已合法取得作品的使用权，编辑对作品的修改，不仅改前要得到作者的授权，改后也理应得到作者的认可。

二、把握好改稿的“度”

《图书质量保障体系》中规定：责任编辑“除负责初审工作外，还要负责稿件的编辑加工整理和付印样的通读工作，使稿件消除一般技术性差错，防止出现原则性错误”。这明确地规定了对书稿的加工整理是责任编辑的职责。众所周知，不加一丝修改就可以付印的书稿几乎是没有的。由于作者笔误或其他各种原因，原稿总会存在这样那样的问题。轻的，如文字标点使用不恰当，体例不一致，等等；重的，如政治、宗教等方面的问题，等等。因此，为了使书稿质量达到“内容更完善，体例更严谨，材料更准确，语言文字更通达，逻辑更严密”（以下简称“五个更”），符合出版要求，就需要编辑加工。关键在于编辑在改稿的过程中，如何把握好“度”。

把握改稿的“度”既是重点，也是难点。实际工作中，有的编辑“谨慎”过度，错误理解“文责自负”，放弃编辑把关，对书稿睁一只眼闭一只眼，认为如果出现问题，责任由作者自负；有的编辑则过于自信，毫无谨慎原则，一味按自己的喜好和理解对书稿大动刀斧，或以出版时间紧为由，不让作者对修改后的书稿进行确认，认为图书出版后，作者也就认了。这两种做法都是错误的，违背了编辑工作的职责，而后者很有可能会侵犯作者的修改权和保护作品完整权。

因此，为使作品达到“五个更”，高质量地提供给广大读者，编辑在改稿时，应时刻用谨慎原则提醒自己。

三、捉刀弄斧须谨慎

1. 改必有据，改必有效

改必有据是对书稿进行修改的基本要求。在改稿工作中，有很多可以依据的法律法规、国际标准和国家标准。例如，对文字性差错的修改可以参考《现代汉语词典》《新华字典》以及相关学科的权威工具书，对量和单位的修改可以参考GB3100～3102—1993《量和单位》等。总之，对书稿的改动，不管是文字、数据、图表、公式，还是注释格式、参考文献的著录方式等，都应该确保准确、规范。

改必有效是提高书稿质量的有力保证。“有效”首先体现在改稿时，消灭书稿中存在的差错，使内容“正确”，即“改对”；其次，“有效”还体现在，通过修改使书稿增色，即“改好”。

2. 宁存疑，勿擅改

这是保证作者原意的基本措施。编辑对书稿的疑问一般有两种情况：一是受自身知识所限，对书稿中的有关术语、名词、事件等不理解、不知晓；二是对作者的观点、论据等存有疑问。

对于前面一种情况，如果从上下文或有关的文献中找不到的，或即使找到但还不能确认、拿捏不准的，可以标示出来，留给作者确认解答。例如，笔者在一次改稿中，对书稿原文中“视界”一词，不能确认是作者写作录入时，因输入法的缘故将“世界”录为“视界”，还是作者原意本身就是用“视界”，从上下文来看也拿捏不准，所以在编辑加工时做了标记，最后经与作者确认，确认作者原本用的就是“视界”，借用的是物理学上的一个名词。如果按笔者最初的想法，以为作者是将“世界”录成了“视界”，并按此修改，就违背了作者的原意。

对于第二种情况，同样也应该标示出来，与作者沟通，万不可按自己的方式去改动。在与作者的沟通过程中，可以就各自的观点、思路进行探讨甚至争论，但落实在作品中，只要作者的观点合理合法，就要予以保留。

3. 多沟通，再认可

编辑改稿时与作者多沟通并取得其认可，是保证改稿质量、使图书符合作者原意、保护作品完整的有力保障。书稿经过修改（甚至经过三审三校）后，仍然可能存在错误。这些错误大致有两类：一类是由于粗心，编辑没有发现的错误；另一类是编辑误改导致的错误。当前的出版物中，这些错误并不少见。例如，在著名作家王蒙先生的自传中，编辑将书稿中“红学”研究的“索隐派”改成了“索引派”。在王立群先生的《读〈史记〉之汉武帝》一书中，谈到汉武帝晚年“迷恋黄老，烧香拜佛”，而“烧香拜佛”四个字在作者原稿中没有，是编辑凭自己的理解加进去的。这一加，使读者质疑作者的学术水平，因为汉武帝时期，佛教还没有传入中国。这些错误都是编辑在改稿时不谨慎，而改稿后又忽略了将书稿返回给作者确认导致的。这些错误严重侵害了作者的修改权。

得到作者对改稿工作的认可，最好的方式就是将修改后的稿件（或清样）返回给作者审阅或通读。作者通过对全稿的再次审阅，能够全面地了解编辑对书稿做了哪些改动，改得是否恰当。经这一环节，作者可能会进一步找出编辑没有发现的疏漏，也可能发现编辑误改之处。在前面提到的那些例子中，如果编辑在付印前能将修改稿返回作者再度审阅，那些硬伤应该都是可以避免的。

相信我们都有这样的感触，作者通读过的校样往往使我们受益匪浅。例如，一次改稿中，笔者对一道习题进行了修改，把其中的“使用队列实现以下功能”改为“使用堆栈实现以下功能”，作者通读清样时，将这一习题改回为原稿的“使用队列实现以下功能”，并对编辑强调说明在这一习题中希望考查的是学生对队列的掌握程度。如果没有将校样返回作者通读，实际上就侵犯了作者的修改权。另外，如果图书已经印装，而作者要求修改重印，那也会给出版社带来很大的经济损失。

总之，编辑在改稿过程中，应把作者的权益放在首位，谨慎有效地对作品进行修改，并得到作者的认可。这样才能在不违背作者原意、观点、风格的前提下，保证改稿的质量，出版“好”书呈献给广大读者。

参考文献

[1] 周国清. 编辑改稿原则之我见. 中南林业科技大学学报：社会科学版，2008 (6).

[2] 王玉芝. 出版领域中对著作权人的侵权现象分析. 学术交流，2003 (5).

[3] 龚桂明. 编辑行使修改权时应注意的几个问题. 中国编辑，2004 (1).

（原载《科技与出版》2009 年第 9 期）

做有灵魂、有质量的书

李　凌

有一次，与一位作者聊天，在谈到目前有很多书在书名、内容乃至封面设计上都刻意模仿她的一本畅销书时，她说："我的书与这些书相比，是有灵魂、有质量的书，它们模仿的只是形式，没有灵魂在里面。"

这句话一下子触动了我，以至此后久久琢磨、品味这两个词。作为图书编辑，我们常常用经济效益和社会效益来评价一本书：一本书发行量大、利润高，我们就说这本书经济效益好；一本书引起了很大的社会反响，或者获得了某某奖，我们就说它社会效益好。图书编辑追求的是做双效益的图书，相信这是每个编辑从一开始就明确的目标。在我看来，这两个标准更偏重于外界的认可和评价，多少有些以成败论英雄的意味。而且，在图书出版前我们只能对两个效益做预测，至于出版后的发行量和社会反响还会受各种因素的影响和制约。

为什么"有灵魂、有质量"这两个词能打动我呢？我想，用"有灵魂、有质量"来评价一本书，实际上与双效益的标准并不矛盾，只不过主观色彩更浓一些。它直接追问的是编辑的内心，是编辑在拿到选题之初就需要做出的判断：这是否是一本有灵魂、有质量的书？这本书是否能打动我？怎样才能让它更有效地打动读者？如果连编辑自己都不能被打动，却抱着侥幸心理希望能打动读者，这其实是一种自欺欺人的做法。也有的编辑为了完成每年的发稿任务，觉得这个选题差不多，怎么着也有个几千册的销售量，就通过了选题。抱有这两种想法，做出来的只能是平庸书，是对读者的不负责任，也是对自己的不负责任。

一、什么是有灵魂、有质量的书

我认为，这其实是一种内心感受，并没有一个可以量化的客观标准。你能从书中感受到作者的思想和信念，能捕捉到作者独有的个性和风格，读后能有所收获、有所感悟，觉得花钱买这本书、花时间看这本书值，那么，这样的书可以算是有灵魂、有质量的书。

有灵魂，并不意味着作者必须有深邃的思想、艰深的理论，其作品必须流芳百世，而是作者在生活中用心观察、用心感悟，将自己的生活经验、见解和心得以及所擅长的某类知识进行总结升华，厚积薄发表达出来，并倾注自己的感情在其中，使读者在获得阅读审美的同时，感受到作者所要表达的情感或思想，并能有所借鉴和感悟。一本书能做到这点，我以为，就可以称得上是有灵魂、有质量的书了。

二、怎样做有灵魂、有质量的书

1. 在组织和策划选题的过程中，找到合适的作者来写合适的题材

曾经有一段时间，我对策划选题有了一种偷懒的理解。我认为，编辑有了一个理念，或者大概的题材和思路，找一些写手或者是工作室来充实成一本书，这种方法又快又省事，并为此沾沾自喜，以为找到了一条捷径。但具体实施下来，却发现并没有想象的那么美好。不管是个人写手还是工作室，他们是

把书稿当成一个交易来完成，他们不是发自内心地想写，而是认为能写，是命题作文。写作时想着稿费和想着把自己的观点有效地表达出来，写出来的东西是不一样的，其中投入多少热情一看便知。这样做出来的书细细读起来，感觉味同嚼蜡，只是看到了一行行的文字，却感受不到文字后面的作者，就像一个没有灵魂的面具，眼神呆滞，表情僵硬。试过几次之后，我发现这样策划选题的路走不通——尽管省时省事，但是是对读者和编辑自己的不负责任。

我逐渐认识到，策划选题的过程就是找到合适的作者来写合适的题材的过程。编辑功夫在编外，建立好自己的作者队伍是编辑的主要任务之一。但即使是找对了作者，也并不意味着万事大吉，需要编辑和作者更加深入地互动沟通。

2. 找准作者的兴奋点，激发起作者的写作欲望

我曾经与作者讨论过一个关于情感的选题，这位作者比较擅长这方面的题材。我把自己对选题的认识和设想细细地讲给作者听，她边听边记，并不时问：你的意思是不是这样？过了几天，作者的大纲出来了，我们讨论的点都有，但就是觉得哪里不对劲，四平八稳的，说不上坏但也不好，好像一个相貌平庸的人，看一眼就会相忘在人海中，没有亮点，没有灵动的地方。思来想去，我明白问题所在了，在讨论中，我说得多，作者说得少，我只顾把自己感兴趣的东西表达出来，却忽略了创作主体的内心想法。在接下来的讨论中，我开始注意听作者的表述，发现闪光点就追问下去，帮助作者发现她的兴奋点在哪里，在引导和磨合中思路变得越来越清晰。第二稿大纲发来，我惊喜地发现，不论是语言还是思路，都变得灵动了，有了作者自己鲜明的个性，好像一个神采飞扬的人在活灵活现地表达他的感受，让人印象深刻。

由此，我对策划选题的认识有了一个由浅入深的过程。我领悟到，要想做有灵魂、有质量的书，编辑首先要建立自己的作者队伍，在与他们成为朋友的过程中，了解每个作者擅长的题材和领域，他对哪方面的话题更感兴趣，他所擅长的写作风格等等。找到了合适的作者，在磨合过程中，既要引导作者，又要善于发现作者的兴奋点在哪里，什么地方会让他文思泉涌、灵感频现，帮助作者找到市场和个性的最佳结合点。

3. 通过编辑加工，使文稿的灵魂、亮点凸显出来，更有效地传达给读者

书稿完成后，除了作者本人，编辑可能就是最了解这本书的人了，他知道作者思想的闪光点在哪里，哪里是书稿的精彩之处。这时，就需要编辑下功夫找到这些亮点加以凝练突出。比如在标题、目录和宣传语的拟定上，就可以把其中的精华提炼出来，以简洁直观的方式告知读者；在章节的编排上，力求层次清晰，避免冗长或零碎，使读者阅读起来有节奏感；在封面和版式设计上，与美编充分沟通，使设计风格能从视觉上体现文稿内在的神韵。这些都是非常重要的，需要发挥编辑的主观能动性，需要编辑对市场、对读者心理的了解和掌握。

三、我是怎样做有灵魂、有质量的书的

做有灵魂、有质量的书，这个理念也是我在编辑工作中边实践边体会的。一个比较有代表性的例子就是编辑出版《你的形象价值百万——世界形象设计师的忠告》一书。这本书之前在其他出版社出过，书名叫“修炼成功”，销量不到2万册，没有引起太大的反响。当我翻看这本不起眼的书时，立刻被内容吸引了，它不是一本单纯地教人穿衣打扮的书，而是融合了很多成功的理念在其中，有很强烈的励志色彩，读来让人热血沸

腾，能感受到作者强烈的气场，这一点是国内同类书中少有的。作者的背景也非常难得，她在西方系统接受了商务形象设计的培训，并为多家大公司做过形象咨询。她了解西方商务形象的理念，同时又熟悉国人的情况，写作这本书的目的就是为了帮助国内读者提升自身形象，因而非常有针对性。综合上面的考虑，我感到这是一本有灵魂、有质量的书，而且有畅销的潜力。

要让读者领会到这本书的价值，就必须先吸引住读者的眼球，使他们在第一眼看到后有拿起来翻阅的欲望，这就需要在书名上下功夫，而原来的书名传达出的信息很模糊。我想到作者曾说过，这本书不仅是告诉你怎样做，更重要的是告诉你为什么这样做，只有在明白了道理之后，才能自觉自动地执行，这可以说是本书的特色所在。几经推敲，我把书名定为“你的形象价值百万”，让读者从书名上就感受到冲击力，意识到个人形象原来有这么重要。

同时，我发现这本书的另一大亮点就是作者的语言非常有特色，凝练、一针见血并略带幽默，很有点西方格言的味道。怎样能让读者不用细读，在翻阅浏览时就能注意到这一特点呢？我从文稿里找到 200 多条精辟的语句，在书中每一面的上方都设置了一个小框，放在里面，让读者一眼就能发现本书的特色，看到作者的思想精华。

事实证明，这本书确实得到了读者的欢迎和认可，重新出版至今，发行量达到 25 万册，在各类排行榜上占据了很长时间，获得了好几个奖项，被多家公司和学校选为培训和推荐书目。

在几年的编辑工作中，我逐渐体会到，做有灵魂、有质量的书，意味着作者和编辑大量心血的投入，这其实是与编辑出版图书的本意直接相关的。在浮躁的社会，很多编辑不知不觉中偏离了图书出版的本来目的，有人为了完成任务而做书，有人为了赚钱而做书，图书出版变成了手段和工具。经常以有灵魂、有质量的标准来审视自己的选择，可以使自己静下心来，扎扎实实地做事，发现好书，促成一本好书的出版，让更多的人分享受益，自己会有更大的成就感，同时也会杜绝很多平庸书的出现，促成更多精品书的诞生。

（原载《编辑之友》2009 年第 11 期）

一个童书编辑的思索和忧虑

叶显林

承蒙《出版广角》编辑的看重，邀约我写一篇“责编手记”之类的文章，说说“哈利·波特”的成功出版。一开始，我颇觉得有些为难，一方面是觉得“哈利·波特”的编辑出版已成为我编辑生涯中的一段往事——过去的就让它过去吧；另一方面是觉得，要说起“哈利·波特”的成功，其实我个人在其中所起的作用是微乎其微的，实际上是它占尽了天时、地利和人和——我忘不了的倒是我编辑的其他图书的失败，只是失败得比较寂寞，没有引起人们注意罢了。但转念一想：自己入行已整整十个春秋，在其中跌跌撞撞地摸爬滚打，虽然平时对自己的工作也做过星星点点的反思和总结，但因为基本上一直处于疲于奔命的工作状态，的确还未曾比较完整、比较理性地梳理过。想到这，我便欣然接受了编辑的邀约，决定说说自己在儿童图书编辑出版工作中的成败得失以及个中的酸甜苦辣，但愿能给同行带来一点启发，哪怕只是一点点，也就知足了！

成功，那不是我一个人的事儿

还是从“哈利·波特”说起吧。

那是1999年的下半年，刚入行的我在人民文学出版社外国文学编辑室当了一年多的编辑，有些无聊，有些无奈，因为那时出版社的发展应该说正处在一个低谷期：效益不好，人心不齐！——当然，这是我个人偏激的看法。一个曾经就是因为在原工作单位看不到希望而逃遁出来的人，现在依然看不到希望，在无奈无聊之余难免感到着急。好在遇到了几个不太大的好领导，告诫我这个年轻人——其实，已近而立之年，不算年轻啦——不要卷入人事纷争，好好地做事。于是，我就好好干活——既然要做一天的和尚，那就撞好一天的钟嘛，别浪费了自己所剩无几的青春。

干吗呢？当编辑，那就找选题呗！找什么选题呢？既然领导要求我做外国儿童图书，那就找外国儿童图书的选题呗！上哪儿找呢？那时没有电脑，整个编辑室就只有一台电脑，想上网得请示领导，怪烦的！那就看杂志吧——出版社订的一些外刊。看是看了，可我还是糊涂——什么样的书才是好书，才受孩子欢迎呢？琢磨，跑书店！可能是源于此前当教师的经历吧，我觉得孩子就是容易“喜新厌旧”。当时，“经典”在孩子们当中已被“点”得太“经常”，似乎已成了孩子们的“盲点”，可以说是沉寂了；还有就是“科幻”，也已经流行了很久，也到了“可换”的时候。其实，一种文化现象流行到一定的时候，必定是要沉寂的，必定是要被替代的，但最终又会以另外一种更现代的形式复兴。那我就找一点儿新鲜的，也就是所谓的创新吧。就这样，“哈利·波特”进入了我的视野。“哈利·波特”说的是西方的魔法故事：一群孩子骑着扫帚在天上飞，追打着一种叫什么的球；画像上的人不光会说话，还会从一幅画像跑到另一幅画像里串门……看了之后，觉得有趣，就想魔法这玩意儿虽是西方的老话题，在经典的外国儿童文学作品中出现得也比较频繁，但随着“经典”的沉寂，怕是早已被中国的孩子淡忘了。不过，魔法这玩意儿还是比较符合孩子的心理的。那就试试吧。于是，我向部门领导做了汇报，说是有一套很有趣的魔法书，在国外很畅销。部门领导说找来看看，于是我就去找啊找，找了半年——那时和外面的联系太不方便啦！终于，样书来了……结果，“哈利·波特”就这样在人民文学出版社落户了。其实，没我什么事儿，因为后面的事完全在于社领导的决断和魄力。再后来，是全世界人民把哈利·波特闹红了，闹成了全世界的明星，闹成了一种文化现象，那就更没有我什么事儿了。

不过有空的时候，我还是琢磨了一下，觉得“创新”这事儿的确不错，能带来效益，不过就是费脑子。还有，就是“创新”这事儿有时也会让你“闹心”。中国人太爱投机，太爱跟风，可能还是因为创新太费脑子吧，也可能是因为在中国的某些领域里还缺乏让人愿意“创新”的机制——比如图书出版这一领域。这不，哈利·波特骑着魔法扫帚刚在中国大地上溜达了没多大一圈呢——也许是因为中国太大了——外国的赝品“哈利·波特”就被引进来了，中国的冒牌“哈利·波特”也被创造出来了，真跟施了魔法似的——且不说盗版“哈利·波特”——说起盗版就更闹心啦！总之，文化创新在眼下好像是比较艰难的，除非知识产权能得到进一步的尊重，得到进一步的保护，进而消灭盗版。否则，你这里费脑子创新，他那里跟着你坐地收银子，谁愿意当傻帽儿创新，费那个脑子呢?！所以，中国的出版类型化了，中国的写作类型化了，甚至流水化、作坊化了。搞出版的人头疼了，写作的人头疼了。谁还会十年磨一剑，磨出精品？因为你这里磨得面黄肌瘦，他那里跟着你马上就肥得流油！——不过好在中国人多，毕竟还有一些人愿意琢磨，愿意创新，因此行业才能发展，社会才能进步。

失败，这可是我一个人的事儿

“哈利·波特”的事儿完了之后，我又遇到了达伦·山，找到了杰奎琳·威尔逊。说起这两个人，其实他们和“哈利·波特”的妈妈罗琳女士一样，也都是英伦三岛上的名人。在英国，若拿他们与罗琳女士相比，他们一点儿也不逊色，可他们的“孩子”到了中国之后就远没有“哈利·波特”幸运了。

达伦·山原名叫达伦·奥肖内西，是一个70后的英国小伙子，创作了一套关于吸血鬼的故事。看到这套书稿时，我感动坏了，心想这可是一套比“哈利·波特”更加深刻更能揭示人性的好书啊。再说，吸血鬼在西方文化中跟魔法一样根深蒂固，同时也为中国的孩子所熟悉，特别是为年龄大一些的孩子所钟情，不过前些年也沉寂了。可是图书第一次上市后如石沉大海，没有激起一丝波澜，死了！可我心不死啊，改版再上市——是春节前。还好，有声音了：读者反应不错，媒体也注意了。可是，春节了，供货跟不上。春节后，大家过完年，一乐呵，可能就把这旧事儿给忘了——新年新的开始嘛！

这之后，我再琢磨呀。好好的书，咋就没气了呢？第一次是读者定位不够明确，同时对其重视程度以及宣传力度不够——我只是想借助外部（国外）的宣传力量来带动国内的宣传；第二次是出版时间没有把握好，当然对其重视程度以及宣传力度还是不够——因为宣传的事儿我有些无能为力，出版社确定重点图书并加以宣传的事儿不是我所能决定的，或许我的主要责任是没能吆喝得让领导重视它。于是，我还是不死心，又进行了第三次改版，可这一次形势更是急转直下。因为这时已是新世纪的第六个年头，政府的文化导向强调弘扬民族文化——前些日子崇洋媚外的现象是太过分了。全国上下立刻响应政府的号召，如此一来，这外来的东西自然不像以前那么炙手可热了。尤其是有些大人物不知怎的还注意到了这套图书，可能是听说了它是关于吸血鬼的，认为它会对青少年的思想造成毒害吧——于是，我们便也不敢宣传了。说到底，它的失败是我的事儿，从开始的读者定位不明确，到没有把握好出版时间，再到没有给予其足够的重视而加大宣传，直到最后没有及时根据政府文化导向的改变而调整出版计划。

可是我想，既然“鬼”路走不通，那就走“人”道吧。就这样，我把英国的一个叫杰奎琳·威尔逊的老太太领到了中国。

杰奎琳·威尔逊出生于二战结束的那一年，是英国最受欢迎的儿童小说家之一。她用一双敏锐、清澈的眼睛洞悉着当代西方少年儿童，对他们的生活方式、他们面临的问题、他们的欢乐、他们的幻想以及他们那特有的幽默，有着充分而深刻的理解。她的作品充满童趣，但不失对儿童问题的严肃思考，不失对他们生活方向的指导，因而在世界各地广受欢迎。

看了威尔逊的作品，我有一种强烈的冲动，迫切希望把她的作品引进到中国，让中国的孩子能更加全面而立体地了解西方同龄人的真实生活，而不是虚幻的魔法生活。我以为，随着中国这么多年与西方越来越广泛而深入的交流，因文化差异而造成的隔阂应该不再那么深了，就连圣诞节、情人节这样的洋节现如今在中国不都已经大大超过了本土传统节日的影响。于是我第一次推出了威尔逊的四部获奖作品，没多大动静；接着又推出了她的四部关于女孩成长的作品——“青橄榄女孩”系列，还是没有动静。这一次，我又错了，而且错得很厉害，八本书都如泥牛入海啊！说到这，我脸上都流汗了，真是罪责难逃。我怎么就没有意识到这东西方文化数千年来循着各自的轨迹发展而形成的差异以及由此而造成的文化隔膜，怎么会是十几年或数十年的交流就能消除的呢？在儿童图书出版方面，除魔幻、探险等故事性特别强且淡化了现实背景的西方儿童图书，其他现实题材的图书被引进之后之所以水土不服，恐怕原因正在于这种文化上的隔膜。

可见，“创新”也得向时而动，不可逆流而行，正所谓“识时务者为俊杰”。所以，我还得更加关注政府的文化导向，关注深藏在读者当中的阅读趋势，也就是关注时与势吧。

成功或者失败，说也说不清

其实，作为编辑，我自认为还是挺爱琢磨的，还是比较关注时与势的。比方说，早在2001年前后，我就注意到了少儿英语图书市场存在着一个难得的契机。当时英语课程进入小学和幼儿园的话题正闹得沸沸扬扬，我想如果这时找到合适的产品及早进入少儿英语图书市场，创立自己的品牌，那就等于抢得了先机，抢占了市场。于是我在国外众多少儿英语产品中觅得了美国Scholastic公司的一套品牌产品——“大红狗”，但是由于种种原因，该项目未能进入操作阶段，夭折了。后来，大约两年后，又有代理人拿着这套产品找来希望合作。此时，我已觉得时过境迁，因为这时少儿英语图书市场上早已充斥了各种产品，这个项目已不再有当初的价值，我就拒绝了。再后来，这个项目还是在别家出版社完成了，我只能眼看着它折戟沉沙。因为这个项目在我手里没有进入操作性阶段，没有得到市场最后的验证，我姑且就把它当作一桩“无头公案”吧。

这事儿已经久远了，只不过在我心里留下了一道难以愈合的伤口。现在我想说的是近三年来我在忙活的事。

由于“哈利·波特”刮起的旋风，由于“鸡皮疙瘩”和“冒险小虎队”的推波助澜，曾几何时，少儿图书市场上几乎变成了引进版图书一统天下的局面，引进版图书的版权竞争一度进入了白热化的状态。我从个人所处的环境以及国家文化政策的调整考虑，决定改变自己的编辑方向，将工作重点放到国内原创图书的出版上。然而，由于势单力薄，人微言轻，我最终没有做成气候。后来我眼看着天下英雄纵横在少儿原创文学图书市场上，呼风唤雨，唯有黯然神伤，昔日的雄心和抱负也已悄然消逝，只想去经营一下自己的自留地——翻译一点儿东西，写一点儿东西罢了。三年下来，以兢兢业业的态度、勤勤恳恳的方式，手边总算还留下一套“中国当代获奖儿童文学作家书系”可以聊以自慰。

这事儿还没有完，因为最近我又起了雄心，试图做一点儿事情，心里在琢磨着、盘算着、掂量着，但前景如何现在不得而知。那么，这也算是一桩“无头公案”吧。

经过这两件事之后，我领悟到，一个出版社要想获得发展，一个编辑要想在当今竞争激烈的出版行业里打拼，且不说这个行业的大环境如何，单单他所在的出版社的机制、奖励制度等，以及出版社的全体员工能否上下一心发挥团队精神就非常重要！当然，现在中国出版行业正处在转型期，也可以说是正处在一个混乱的时期，中国出版业要想走出困境，走出当前的混乱局面，恐怕并非是一朝一夕的事儿，也不是简单的集团化、企业化就能摆平的，而是有赖于政府的文化政策以及集团化、企业化后采取的一系列适应新形势的举措。

忧虑：成王败寇，怎一个“乱”字了得

中国人向来喜欢以一时的成败论英雄，成王败寇论深入人心。各行各业，男男女女，莫不如此！还好，我既不属于成功者之流，也不属于失败者之列，只是一个普普通通的小编辑，做着普普通通的事情——为作家搭台，为读者——主要是孩子编书，为出版社挣利润，最终是为了自己养家糊口！

说到这里，我心中有越来越多的困惑，但归结起来也就是

一个字：乱！因为出版社和图书公司与作家的关系乱，作家与读者的关系乱，出版社和图书公司与读者的关系乱。作为一个编辑，因为和他们的必然关系，自然也就跟着乱了，乱了选稿标准，乱了职业道德，乱了人生目标，一直乱到了家里！我已经不知道他们彼此之间的正常关系应该是什么样的，但我只是觉得他们之间的一些现象不正常！

现在的一些出版社和图书公司，是长能耐了，特别是那些以利润为“成功”唯一标准的，不唯对作家的作品有生杀予夺大权，而且更是走向了极致：给作家命一个题，写去吧，或者按照某某畅销作家的路子去写吧，更有甚者都给作品开好了头。为何这么做？图书利润的驱使。那么作家呢？也需要钱呐！谁都知道现在是市场经济，钱就象征着能力！那好，你们既然肯给我钱，那我就写呗——你要什么我给你什么，不就是给孩子写点儿东西嘛，孩子喜欢什么书，那就写什么书出什么书吧，好糊弄。伪作家！创作对作家来说是怎么一回事儿，我想作家和编辑都清楚。可现在呢？不过也不必太担心，我想那些真正的作家是不会自甘堕落的！

出版社和图书公司一味追求利润增长，作家一味追求银行账户数字变大，孩子一味放纵自己的喜好，这样儿童图书市场能不乱吗？其实，这里的一个关键人物是编辑！可是，编辑能怎样呢？外有单位领导的利润指标，内有家人的资金指数！难啦，乱就乱吧！没关系的，现在有很多理论根据呢，都可为我所用，什么“儿童本位”“快乐成长”，等等——那些理论本身是好的，可被用着用着似乎就变味。一切都为了孩子嘛：“孩子喜欢的，就是好的！”

可是对于这样的话，我实在不敢苟同。我想说出这番话的人可能是自己没有孩子，也根本不了解孩子，更谈不上爱孩子。但凡稍微了解一点孩子的人，都知道孩子的选择能力和判断能力还是不完善的——就连成人在这些方面有时都是有缺陷的——需要不断地给予引导和纠正，这恐怕也是家长为什么和自己的孩子总有摩擦的原因。谁敢说自己从来没有拂过自己孩子的心意？为什么会这样？那是因为觉得自己的孩子还需要引导和纠正，好让他或她健康成长！至于别人的孩子嘛，那我就不管啦，只要我的口袋能挣得满满的。可是别忘了，在现代社会，一个人不可能独善其身，任何人的孩子长大了最终是要跟别的孩子在一起的，只怕到时我们会觉得是自己搬起石头砸了自己的脚。

当然，不论什么时候，总还有一些不是一味计较利润高低和银行账户上数字大小的人在默默地工作着，我们下一代的健康成长，优秀文化的积累和传承，靠的正是他们。也许他们才是真正的成功者，即便现在不曾有名、不曾有利！

至于我，我现在所能做的，就是在做每一本书时，首先想到的是这本书我会不会拿给我的孩子去看？他看了对他的成长是不是有帮助？如果答案是否定的，那就算了吧！

（原载《出版广角》2009 年第 1 期）

论品牌出版物的延伸开发

金鑫荣

我们在出版品牌出版物的过程中，除了要开发新的原创作品，还应该关注既有产品的延伸开发和内容创新。社会大众对优秀文化产品的需求，读者对优秀出版物的期待以及出版社自身发展和建设的需要，都要求我们不断开发新的产品。经验表明，对已有品牌出版物的延伸开发和内容创新是一条“捷径”，可以节约大量的时间和物力；如果运作得当，还可以凤凰涅槃，焕发品牌出版物新的生命活力。

对品牌出版物的延伸开发大致可以分为以下几个途径。

一、衍生开发，一纲多目

即在原有产品的基础上，开发出一种或若干种优秀名牌读物。品牌出版物从诞生之初就是出版社着力打造的精品，从作者的遴选、内容的确定等方面经过精心的酝酿。它们往往是某一个知识领域或某一个学科的经典之作，是位居该领域或学科的“上游”产品，而其“中游”乃至“下游”的衍生产品有待于持续开发。比如有些品牌产品是集大成的大部头作品，其衍生产品就可以根据市场的需要分化为若干子项目，各炫其彩；反之，有些品牌出版物是单本或零散的作品，也可以根据需要集腋成裘，整合成大部头的作品。一些大型工具书，如《辞源》《辞海》，篇幅大，价格高，一般读者使用率低，尤其对中学生来说，往往勉为其难。但如果能够开发出适合学生使用的《学生辞源》《学生辞海》之类的小型工具书，就会受到广大中学生朋友的欢迎。再如百科全书之类的作品，内容包罗万象，不适合中学生使用，但现在有的出版社“借壳上市”，借用百科全书的“壳”，推出《少儿百科全书》《学生百科全书》之类的作品，取得了极大的成功。依照此例，有的品牌出版物还可以开发出简约版、图文版、动漫版、影视版，甚至可以开发适合不同市场需要的城市版、农村版等。

在开发的过程中，出版者还应该在图书内容、装帧设计、价格策略上下功夫，以满足各个不同层次读者的需要。当然，衍生开发要注意“形散神不散”，即在开发的形式上可以多层次、多途径，但不能散漫无章，一味求全；要把握好品牌出版物的核心价值及主体意义之“魂”，不能捡了芝麻、丢了西瓜，损害到品牌出版物的良好声誉。

二、接壤前贤，连续开发

有些品牌出版物在推出阶段性的成功之作之后，因各种原因没有持续开发，留下了一条“光明的尾巴”。这条“尾巴”为后续出版物的及时跟进留下了很大的发展空间。这和影视剧的开发有些类似，往往是一部作品大红大紫之后，接着就推出续作。但作为图书生产，在操作此类图书的接壤之作时，要注意时序、内容、方式、方法上的关联性，不可一成不变，也不可面目全非，要拿捏好接壤的分寸，否则狗尾续貂，起了反作用。《红楼梦》高鹗续作的四十回，就是对经典作品的接壤之作。虽其创作水平红学家们见仁见智，但毕竟使得《红楼梦》成为一部完整的文学巨著，是一大贡献。风靡全球的青少年读物《哈利·波特》，作者J. K. 罗琳就非常懂得读者的心理渴求和市场的销售规律。她不是一次性完整地推出一系列的图书，而是分期推出，让市场酝酿出一个个时间上的“空窗期”，吊足了小读者的胃口。这就是一种极为高明的出版技巧。所以，我们对品牌出版物的出版也可以不“毕其功于一役”，而是给市场一个充分的时间缓冲期、一个适当的读者期待期，借此机会听取各方对它的反应，再根据市场的需要做出调整。

三、触类旁通，“形”“神”兼备

品牌出版物的内容和主题在某一个学科或领域取得了成功，对其他学科或领域的内容创作也具有借鉴意义。这是一种发散性思维模式，由点到面，成功的概率很大。第二次世界大战后日本的许多制造业产品也是从模仿西方的名牌产品起步的，但经过他们不断地改良、创造，取得了极大的成功。这就是一种“创造性的模仿”。图书生产中，同样可以借鉴这种成功的模式。例如，《十万个为什么》无疑是一套经典的丛书，其影响力几十年经久不衰，但因其内容仅限于自然科学的知识解答，于是有出版社推出不同知识体系的人文社会科学的“为什么”书系，也取得了不俗的市场效果。再如，20世纪80年代中期，有出版社推出了第一本古诗鉴赏词典，风靡一时，于是有的出版社及时跟进，相继推出了宋词、元曲、明清小说等的鉴赏词典，也取得了相当多的收益。当然，模仿并不等于因袭，不能亦步亦趋，不能在低层次的水平上重复。它应该是“形同神不同”，更多的是借鉴其形式和创作的模式，在内容上必须具有独特性和创造性。否则，就像白石老人所说的——“学我者死”。

四、推古出新，洋为中用

这既是我们对待古今中外文化一如既往的态度，也是我们今天对经典出版物的一种创造性开发的方法。人类的文化传承和积累是一个漫长的过程，而留存下来的经典之作是我们今天宝贵的文化财富，值得我们不断总结。我们可以在对中外经典的汲取和整理中创造出具有时代特色的新经典。例如，泱泱中华五千年灿烂辉煌的文明史中，有些大型集成式的类书、史书需要不断地修订、补充，经史子集也需要吸收最新的研究成果，对原有经典的诠释和整合就成为现代的需要。目前已经和正在出版的《中华大典》《清史》之类的大型书系就是这样的案例。同样，我们也要以开放和宽容的心态接受西方的经典作品。从晚清到现当代，对西方传统经典的译述一直是知识界、出版界致力的目标；许多经典的出版物历久弥新，是学术界的必备之书，有的甚至已成为出版社的品牌代言。而在当今信息化的“后现代”时期，我们尤要关注当代西方经典的译介工作。中外经典品牌出版物必须是对经典的发扬光大，而不是割裂扭曲。要杜绝“伪经典”的产生，要防止借阐释经典之名，挂羊头卖狗肉，肆意地篡改亵渎；要注意不能一哄而上，“村村点火，户户冒烟”，似乎“拿来主义”就可以信手为之。事实表明，如果没有前瞻性的思路、精心的组织、持之以恒的坚持，想要将经典译述打造成为品牌出版物是不可能的。

最后要注意的是，延伸开发是手段，不是目的。要杜绝以延伸开发为名剥除品牌出版物核心价值的现象发生，或以此作为“傍大腕”的手段肆意侵犯品牌图书的知识产权。我们所主张的延伸开发是对原有品牌的光大，而不是重复。但目前出版界有人做的只是重复性的工作，看到市场上某一种书畅销了，就跟风而作，急功近利，粗制滥造，结果成为图书市场的“山寨”版，成为品牌出版物的赝品，给品牌出版物造成了伤害。同时，我们还要把握好科学适度的原则，不能因为是品牌了，就无限度地开发，结果使读者出现审美疲劳，得不偿失。有的品牌图书是独特的“这一个”，从内容到形式不可能有什么延伸的空间，那就要尊重并维护其独特性。我们不可能因为有一本霍金的《时间简史》，就再来照葫芦画瓢创作一部《空间简史》——总之，要遵循品牌图书的出版规律。

品牌图书的延伸开发给我们图书的内容创新提供了一条可行的路径，但我们更应该关注新品牌的创造、新产品的开发，与时俱进，拓展更大的发展空间，在品牌图书结构的创新上找到适合自身发展的道路。

（原载《科技与出版》2009 年第 5 期）

引进外版图书需要把握的几个要点

余心乐

加入世贸组织以后，中国出版业加快了走向世界的步伐。很多出版社都把引进版图书作为一个新的经济增长点。优秀外版图书有着内容新颖、设计巧妙、版式活泼、印刷精美等特点。这些外版图书把世界各国人民的文化精髓引入我国，丰富了我国的图书市场，也为一些出版社赢得了良好的声誉和可观的利润。

然而，中国版权贸易的历史不长，和世界著名出版公司的同行相比，中国的出版人在版权贸易这个领域还是个新手。众所周知，版权引进具有一定的风险。特别是从世界著名出版公司引进产品需要支付高额的版税和预付金。版权引进工作是否能够成功地进行，关系到出版社的投资是否能够得到预期的回报。总结过去这些年外版图书引进工作的经验与教训，笔者感到，从事外版图书引进工作一定要把握好以下六个要点。

一、要对版权输出公司进行认真的筛选

正确选择版权输出公司是版权引进工作顺利进行的前提。目前，世界各国、各地成百上千的出版公司都看好中国的图书市场，争先恐后地向我国图书市场进军。近年来，参加北京国际图书博览会的世界各国及港澳台地区出版公司的数量一直在持续增长。此外，一些海外出版公司和版权代理公司还通过各

种方式，包括邮政和网络，不断给我们发来公司介绍材料和书目，甚至派人亲自登门拜访，推荐他们的图书产品。在这种形势下，我们必须保持清醒的头脑，对版权输出公司、版权代理公司进行认真的筛选。

对版权输出公司、版权代理公司进行筛选必须建立在考察、了解这些公司基本情况的基础之上。我们首先应该通过各种渠道（例如，参加国内外各种图书博览会、借助网络获取信息以及向相关部门或单位询问）考察这些公司是否在国际出版业有着良好的信誉，是否具有规范的管理体制。在未全面掌握该公司的情况之前务必谨慎行事。

曾有一家台湾版权代理公司通过电子邮件主动向北京一家出版社推荐该公司代理的台湾一些出版社的图书产品。经过挑选和论证，出版社决定引进其中的一套英语自学用书，双方签署了合作协议。出版社按照协议支付了版税预付金，版权代理公司提供了样书。当第一部书稿已经完成全部编辑流程、准备排版时，出版社的一位编辑偶然在外文书店发现了这套学习用书，却是由东北地区的一家出版社出版的。原来，由于该版权代理公司管理混乱，业务员不知道这套图书已由该公司的另一个分支机构授权给了东北那家出版社。尽管北京这家出版社当即终止了与该代理公司的合作协议，并向该代理公司索取到了一定的赔偿，但版权引进、选题论证和编辑三审都已经耗去了很多人力和时间。这个教训告诉我们，选择信誉好、管理规范的出版公司或版权代理公司对于版权引进工作是非常重要的。

二、要结合自身的产品优势确定引进产品的定位

确定引进产品的定位应该遵循与本社出版定位一致的原则，应选择与本社出版特色、产品优势相同的品种，而绝不能盲目跟风、赶时髦。一般来说，不管是国内还是国外，一家有着较好业绩的正规出版公司一般都已经形成了自己的产品特色。许多取得喜人业绩的引进版图书的案例，都是由于出版社在前期对市场进行了认真的调查和选题论证，依据本社的品牌和优势，有计划、有目的地引进优秀外版图书。北京语言大学出版社外语图书的特色产品一是雅思考试用书，二是小语种短期强化培训教材及其学习用书。近年来，我们根据我社外语产品的特色，从英、美、意、韩等国的著名出版公司引进了《如何准备雅思考试》《新视线意大利语》《新视线韩语听说》和“小语种词汇分类学习小词典系列”（包括法、意、德、西、日、俄 6 个语种）等，都取得了令人满意的社会效益和经济效益，加强了北京语言大学出版社外语考试用书和小语种教材及学习用书的特色品牌。

三、要慎重对待版权问题

外版图书引进工作的核心就是版权问题。从表面上看，版权输出公司向我们输出一个产品的版权，版权方面还能有什么问题呢？其实不然。笔者认为，有三个方面的问题值得特别注意。

第一，版权输出方是否拥有向我国输出该产品版权的权利。一个出版公司出版了某个作品，并不意味着这个出版公司就拥有这个作品的所有版权。在国外，著作权人通常只将作品的部分权利（例如，在本国出版纸介产品的权利）授予该出版公司，而保留其他权利（例如，在国外出版的权利、以电子形式出版的权利等）。因此，我们必须确认版权输出公司具有该产品著作权人向中国输出该产品的版权的授权证明；对于版权代理公司，我们则需要获得该产品出版公司的代理授权证明。

第二，版权输出方是否拥有输出产品全部内容的版权。由于输出一个图书产品的版权的出版公司并不一定拥有该产品全部内容的版权。有时，他们可能只拥有该作品正文的版权，但并不拥有书中的图片、封面设计或插图的版权，甚至只拥有大部分正文的版权，而不具有其中某些章节的版权。

北京语言大学出版社曾与美国一家著名出版公司签署过一份引进该公司一套雅思教材的协议。出版社刚刚签署了协议、准备启动该项目时，接到了美方的一封电子邮件，说他们才得知该公司并不拥有该教材中的图片和一些阅读文章的版权，而且无法提供这些图片和阅读文章的著作权人的联系方式，中方必须自己联系这些人，洽谈版税事宜。由于联系这些材料的著作权人的难度较大，并且，他们的版税要求也是未知数，出版社最终被迫放弃了这个项目。尽管该公司对他们的疏漏给出版社造成的损失表示了歉意，并进行了适当的赔偿，但出版社对这个项目所做的投入毕竟全部落空了。

第三，版权输出的期限不能太短。国外大出版公司授予引进方出版其产品权利的期限一般是三年。如果只有两年就太短了，引进方无法获得较好的经济效益。如果可能，要尽力争取五年的期限。如果五年争取不到，一定不能少于三年。同时，我们应要求在协议中写上“协议期满时双方可协商是否延长合作期限”的条款；此外，还应尽量争取能将我方“拥有出版该作品修订版的优先决定权”写入协议。争取较长的版权期限，可以保证我们为一个外版产品的选题论证、版权引进、编辑、生产以及营销推广等方面投入的所有人力和财力获得最大限度的回报。

四、要坚持对外版图书内容的政治性进行审查的权利

从外国著名出版公司引进的图书产品常常具有原创性强、学术功力深、编写制作质量高等特点。但由于这些国家与我国在政治、文化、意识形态方面存在差异，图书的内容难免会存在与我国现行的政策法规等不相符的问题。这种情况，在我社这些年从国外引进的对外汉语教材和外语教材中已经多次碰到。例如，将我国的香港、台湾地区视为国家，过分夸大我国目前存在的社会问题，片面理解我国政府有关人权、宗教、少数民族等方面的政策，等等。因此，对于外版图书内容的政治性进行严格的审查是外版图书编辑过程中必不可少的一个环节。

然而，由外国出版公司拟定的通用合同文本中往往都会有一项条款，要求“被授权方不得自行改动图书的内容，如要改动，必须得到授权方的书面同意”。为了保证外版图书的审查工作能够顺利地进行，在签署合同时，我们必须坚持我方对图书内容进行审查的权利，和对违反我国政府对出版物要求的内容进行修改或删除的权利。对于前面提到的“被授权方不得自行改动图书内容……”的条款，我们应要求增加“如果图书中存在违反中国现行政治、文化准则的内容，被授权方将立即用书面形式告知授权方，并有权对其进行修改或删除，授权方应予以合作”的内容，以免碰到意想不到的麻烦。

五、要在认真核算的基础上力争合理的版税条件

版税是引进外版图书的谈判过程中的一个焦点问题。一方面，由于国内越来越多的出版社开始涉足版权贸易，版权贸易市场上的竞争日趋激烈。对于一些热点选题，许多外国著名出版公司不断提高版税率和首印数。另一方面，由于国内一些出版社只图短期利益，不讲诚信，谎报销售量，不如实支付版税，

使得一些外国出版商提出了引进方必须先支付高额预付金的条件。

关于版税率的谈判往往是最艰难的。然而，版税率是否合理，直接关系到引进项目是否能够为出版社带来理想的经济效益。对于输出方提出的版税要求，我们决不能为了获得该产品的出版权就盲目接受，而必须事先对协议期限内要付出的成本、市场的需求和可能获得的利润进行认真的、实事求是的估算，并根据估算结果，力求对方能够接受一个合理的版税条件。如果阻力太大，我们可以根据具体情况，考虑提出有福同享、有难同当的“阶梯式版税率”方案。例如，首印低于输出方提出的版税率，二印达到输出方提出的版税率，三印略高于输出方提出的版税率。这种根据销量逐步递增的版税率方案可以有效地降低我们承担的风险，往往也比较容易被对方接受。

对于预付金，要确认它在支付首次版税时予以扣除。至于预付金的数额，同样必须进行认真估算。如果过高，我们前期的资金负担就会过重，承担的风险自然也可能过大。

六、要遵守诚信原则，认真履行协议

无论是对内对外，诚信都是我们从始至终必须遵守的原则。没有诚信，协议就是一张废纸；没有诚信，就不会有成功的合作。然而，我们不得不承认，目前我国仍然有一些出版社缺乏法律意识，只顾眼前的小利益，不认真履行协议，无故拖延出书时间，不如实报告销量，不按时支付版税等。另一方面，由于版权引进工作通常是由出版社专门的版权贸易部门负责，一旦合同签署、生效后，执行合同的工作就要涉及编辑部、出版部、音像部、总编室、财务部等多个部门。有些负责版权引进工作的同志以为签署了合同自己的职责就完成了，没有从始至终密切关注、严格把握落实合同条款的各项工作，结果导致了某些环节上的脱节，未能按照协议出书或支付版税等。无论是缺少诚信还是缺乏认真负责的工作态度，不履行协议的后果都会损害出版社的信誉，使出版社失去长期合作和更广泛合作的可能性，影响出版社的长远利益，同时还有损于国家的形象。

为了保证版权引进工作的成功，为了使我们的版权贸易事业能够健康地发展，中国的出版人必须进一步提高法律意识，严守诚信原则。同时，出版社应该选拔具有强烈责任感和较好协调、组织能力的人负责版权引进这项系统工程。我们要用认真履行协议的每一项条款的实际行动（包括保证图书质量、按时出版、按期并如实支付版税等），告诉全世界出版业的同行：中国的出版人是可以信任的。

（原载《中国出版》2009 年第 2 期）

挖掘海外作者资源　提升学术出版品牌

王丽萍

一、引言

"作者是出版社的衣食父母"，通俗而形象地反映了出版社对作者的依赖。而在学术出版中，有效地获取高质量的作者资源，是工作的重中之重。

海外优秀的学者由于其较高的国际学术地位，历来是国际各知名出版社重点争取的对象。一方面，他们当然愿意选择质量好、信誉好、服务好，并有国际影响力的出版社来出版自己的作品，巩固自己在国际学术界的地位；另一方面，大部分海外作者也希望能在中国的优秀出版社出版其最新研究成果，借此扩大自己在中国的影响力。

二、努力提升自身素质，有效获取作者资源

编辑应具备某一领域的专业知识，在特定领域内对某一学科有比较系统、深入的研究，同时持续学习提高，才能具备与本行业专家"对话"的能力，获得专家们的认可和信任。

与海外作者打交道，要经常用英语沟通，英文是学术专著出版的通用语言。平时一定要注重全方位提高自己的英语水平。现高等教育出版社已专门开展针对编辑的英语培训班，目的是提高编辑的英语应用能力。

参加高水平的国际会议，一方面能让我们及时了解所关注

领域的国际最高水准，提高自己的专业水平，了解不同学者的当前研究方向及其学术水平；另一方面，这是结识海外作者的重要场合，可以充分利用这样的机会与老作者和意向作者沟通。会议前应做好参会人员及其研究方向的分析工作，并尽量约定好讨论的时间和方向，这样在会上见面时就能做到有的放矢、事半功倍。

三、做好宣传参谋工作

大多数海外作者不清楚我国的出版流程，尤其是我国的学术出版流程。在很多海外作者眼中，我国的学术出版都是需要作者提供资助的。因此，他们很少考虑在中国出版著作。对这种情况，我们要多利用各种机会，向他们介绍我国学术出版新政策，鼓励他们在我国出版著作。

很多海外作者选择国外出版社出版其专著，除了受国外出版社品牌吸引外，也跟其并不知道中国出版社也能出版英文专著有关。而随着国人英文水平的提高，对英文专著的需求也越来越多。海外出版社出版的著作，通过原版引进后，价位难以被国内的更多读者接受，而且也不容易购买到。如果海外作者能直接在中国出版著作，就能以适合国情的较低价位满足我国读者的需求。此外，我国出版社还可以通过与海外出版社合作出版等方式将英文专著销售到海外去。这样一来，既能保证海外作者的著作能在国际上销售，又能有效扩大其在中国的学术影响力。

而对于因种种原因，有些海外作者选择国外出版社出版其专著，我们则可以通过沟通，争取获得其中文版出版权。必要时，还可以协助海外作者在国内寻找合适的中文版合作者。

四、用心处理作者与出版社的经济关系

学术著作由于读者群较小，销售数量较少。作者和出版社花费了大量的时间、人力和物力，但能得到的经济利益却不多。

专业品牌的形成是一个长期积累的过程，加强学术图书的出版，有利于提高出版社的专业性和权威性，向社会传递出版社的价值观和企业文化；有利于出版社向市场提供高度差异化和个性化的图书产品，带动其他图书的销售。因此，学术图书的出版已成为出版社创建品牌、扩大市场影响、提高竞争力的有效途径。

为了更多更好地吸引优秀的海外作者，就要从经济的角度充分体现我们对学术出版的尊重。这可以通过设立学术出版基金，或者通过提高版税率等办法来实现；为了某些特定的作者，还可以支付一定的预约金。虽然这些都不能从实质上改变作者难以从学术著作出版中获取合理报酬的局面，但作者能从中切实感受到出版社对其劳动的尊重，从而将自己的著作交给国内出版社出版。

目前，我国出版社和作者签署的出版合同，大都是出版社事先准备好的格式合同。海外作者常常会根据其需要，提出很多个性的要求，如保留某方面的权利。在出版社基本权利得到保证的前提下，编辑要根据不同情况草拟各式各样的合同，这点特别需要多与作者及本社的法律顾问沟通，认真处理好出版社和作者的权利关系。

从长远发展的角度考虑，有效的学术图书出版，是能给出版社带来一定利润的。在国外，许多著名的学术图书出版公司，如埃尔塞维尔公司、培生公司、牛津大学出版社、布莱克韦尔出版公司等，其学术图书不仅具有很高的质量和学术品位，同时也获得了很好的市场回报。

五、结束语

与国外的学术图书出版相比，国内学术著作在品种、数量、内容等方面都有很大的差距。国内学术图书的出版市场亟待开发，积极挖掘优秀的海外作者资源是国内出版社快速提升学术出版品牌的最佳切入点。

参考文献

[1] 肖宏. 品牌——科技期刊学术经营的第一要务. 科技与出版，2008（1）.
[2] 王桂珍. 关于编辑与作者互动关系的思考. 科技与出版，2003（2）.
[3] 王春丽. 谈编辑如何提高自身素质. 出版发行研究，2007（5）.
[4] 陈露晓. 浅谈编辑与作者的心灵沟通. 出版发行研究，2007（7）.
[5] 何满子. 编辑与作者之间：人文品格，职业道德. 新闻记者，2001（8）.

（原载《科技与出版》2009年第4期）

传统出版：发展正未有穷期

琚林勇

在这个无人不谈数字出版的时代里，和大家谈论传统出版的前途问题，多少有些反潮流。我的本意，不是要挑起一场纸介出版与数字出版的对抗。对于数字出版一派光明的大好前途我不存丝毫怀疑。我要说明的只是，在这样一个变化激烈的大时代里，传统出版非但不会“日薄西山，气息奄奄”，反而会在相当长时间里保持自己的主导地位和增长势头。

一、数字出版赢利模式的确立需要一个较长的过程

20世纪电子媒体问世以来，所谓出版“去物质化”“印刷死亡”的预言便不绝于耳。但是直到现在，图书非但没有灭绝，而且出版物的数量和经济规模超过了以往任何时候。恰如法国国际出版局主席阿兰·格伦德所说：“技术的发展远没有给图书带来末日，恰恰相反，它帮助图书保持了地位。”2008年10月法兰克福书展的调查显示，未来60年内，电子图书将成为最重要的出版形式。到2018年电子图书销售将超过传统图书的市场份额。这是一项基于国际背景尤其是西方背景的预测。我国的数字出版情况，最新出炉的《2007—2008中国数字出版产业年度报告》表明，尽管数字出版产业在收入的增长率上势头强劲，但由于绝大多数的数字出版项目赢利模式不清，投入大于产出，“整体上尚不足以对传统出版产业构成颠覆性冲击”。2007年书

报刊整体收入 990 亿元，而其中数字化书报刊整体收入只有 19.6 亿元，就是一个最好的说明。

二、巨大的距离，巨大的空间

我国传统书业经过多年发展，取得了举世瞩目的进步，但是与发达国家的出版业比较，还存在着不小的差距。相对于 13 亿人口的文化消费需求和 20 余万亿的国民经济规模，我们的书业还存在着不适应、不匹配的问题。我们的出版资源人均占有量与发达国家相比，还有相当的距离。图书消费在城乡之间、地区之间也存在着极大的差异。巨大的发展差距就是巨大的发展空间，是数字出版的空间，更是传统出版的空间。这说明传统书业仍是一个有待发育的朝阳产业，有着巨大的发展潜力和增长余地。潜力余地究竟多大，实在很难做出具体预测。但是有两个数字可供大家参考。一个是 2006 年书刊发行业非公委产业观察报告的预测，中国的“人均购书和图书价格的增长空间应该支撑起中国图书产业每年 6 000 亿元的规模”。另一个是 2007 年 10 月公布的“小康社会出版业指标体系研究”项目的预计，到 2020 年，我国出版业增加值将达到 8 000 亿元左右，其中印刷业 4 000 亿元，网络出版超过 1 000 亿元，书报刊出版、发行业等其他领域共计 3 000 亿元。请注意，2005 年全国出版业的增加值仅为 1 700 亿元。大家不难看到两者之间的明显距离。

三、宏观环境有利，政策助推发展

近几年，特别是党的十七大以来，“推动社会主义文化大发展大繁荣”成为全党全社会的共识。国家加快了公共文化服务体系的建设步伐，并且先后出台了一系列支持文化发展的政策和措施，加大了对各项文化事业的财政投入。图书出版业作为文化产业的重要组成部分，受惠多多，其中尤以新闻出版总署代表国家实施的农家书屋工程帮助最大。根据规划，全国今后要陆续建成 64 万个农家书屋，每个书屋配备 1 500 种图书、30 种报刊、100 种音像制品。这么巨大的文化普及工程以及政府财政的巨大投入，切切实实地让中国出版业享受了一次国家级文化大餐。其他文化投入，如图书馆、文化馆、博物馆、乡镇文化站建设，也使出版业间接受益，为图书出版业的发展带来了新的契机。地方各级政府对文化的投入也越来越大。以笔者所在的山西省为例，由省出版局主持的农家书屋工程，计划 2015 年前建成 3 万家，每家投资 2 万元，包括国家投资在内，共投 6 亿元；文化厅和财政厅实施的革命老区、贫困地区流动图书室，连续 5 年，每年投入 2 000 万元；出版集团的出版产业园物流建设项目，省财政、发改委投入估计近亿元；出版集团的“三晋文库”和“三晋万米书城”两个项目，政府投入也会过亿元。真正形成了政府搭台、出版唱戏的大气候，为文化大发展大繁荣提供了坚实的支撑和保障。

将倡导阅读提升到事关国家软实力建设的高度，对于传统出版的发展来说具有非常积极的意义。在中宣部、新闻出版总署等部委的倡导和推动下，全民阅读活动已连续举办三年，活动的内容与形式不断创新，参与的人数越来越多，结合其他官方非官方举办的各级读书活动，在全社会营造了浓厚的“多读书，读好书”的阅读氛围。中国出版科学研究所公布的第五次全国国民阅读调查结果显示，连续数年下滑的国民图书阅读率 2008 年开始止跌回涨。这是全社会从上到下重视阅读活动的一个收获。

四、改革激发活力，市场主体雄起

我们对书业性质的把握，经历了一个逐步深化的过程。在相当长时间里，我们为图书的事业性所限，发展的手脚受到了限制。党的十六大以来，出版体制改革的思路逐渐清晰。随着改革步伐的日趋加快，一系列制约出版发展的深层次矛盾和问题开始解决，大大激发了出版业的生产活力。政事分开、政企分开、管办分离，特别是进行转制以后，一大批出版单位挣脱了影响发展的体制与机制桎梏，真正成为自主经营、自负盈亏、自我约束、自我发展的市场竞争主体，显示出勃勃生机，创造效益的能力普遍提高。通过集团化、股份制改造、跨地区跨行业重组、上市融资等方式，一批实力雄厚、具有强大核心竞争力的出版发行企业集团正在崛起，逐步成为出版物市场的引领者和产业发展的投资者，大大提高了国有资产的资金控制力、市场影响力和行业带动力，极大地改变了我国出版产业的生态环境，加快了我国出版产业的发展步伐。

五、调整改造升级，开拓新的市场

为了迎接新挑战，满足新需要，传统出版业加快了结构调整的步伐，加强了专业化经营的程度，加大了市场开发的力度。传统出版业除却纸介这张皮，已很不传统。

中国出版有着雄厚的资源背景。我们有着几千年悠久的历史文化、汗牛充栋的文献典籍、近千万平方公里的广袤大地、数十万亿的巨大经济规模，特别是拥有日趋富裕的庞大人口，这一切都是中国出版业长期发展所依赖的资源禀赋。30 年来，特别是近 10 余年来，中国出版业的发展相当程度上受益于教育事业的发展，形成了偏重教育的产品结构。大众出版特别是专业出版，应该成为今后传统出版的主攻方向。即使在教育图书内部，职业与技术教育读物、学生课外读物、成人终身教育读物，仍然存在着供应不足、质量不高的问题。我们的出版关注青少年学生比较多，多少忽视了中国正在进入老年社会这样一个事实。满足老年人精神、生活与发展需要的图书，今后定会成为出版热点。我们已进入一个消费者主导的时代。出版者应该致力于满足消费者的最佳需求而不是一般性需求。有人预言，中国阅读正在进入“细分时代”。传统出版应该看到其间的巨大商机，尽快建立以读者、市场为导向的出版机制，有效满足读者个性化、多样化的需求。总之，我们不缺需要，缺的是好的选题和好的作者，以及能发现好选题、找到好作者的好编辑。

传统出版的专业化经营水平有待提高。我们的专业社是一种人为的分工，而非市场竞争的结果，严重地妨碍了出版单位核心竞争力的形成。大家更乐于趋同，而不是求异。同质化现象严重，重复出版泛滥。以少儿社为例，全国 30 余家少儿社，只做少儿书的，大概子虚乌有。身份不纯粹，术业有多攻，就会分散原本有限的力量，就做不到主业突出，形不成自己的特色和品牌。近年来这种情形有所改变。一些出版单位在组织结构和生产结构方面进行的事业部与分社建设、生产流程再造，大大提升了出版社专业经营的水平。特别是上海世纪出版股份有限公司和中国出版集团公司推出的产品线建设计划，更让我们看到了传统出版在打造优势产品、培育核心竞争力方面的远见卓识。书业的发育需要为数众多、分工各异的中介服务机构，尤其是能够整合优势媒体、具有广泛社会影响力的市场营销运作机构。例如，美国的奥普拉节目、英国的温妮与朱迪电视节目。很遗憾，我们的生活中还看不到类似的情形。即使影响有限的“读书时间”，从我们的视线消失也有些年份了。我们的畅销书无论在品种数量还是在单品种发行量方面，都与发达国家存在明显距离，折射出我们在营销运作水平上的不足。可喜的是，一些出版机构在畅销图书的操作上已积累了相当的经验，各种营销手段逐步得到广泛使用，越来越多的出版社尝到了重视营销的好处，预示着书业的营销时代即将到来。

更为显著的变化发生在书店系统。中盘整合与终端渗透均有所成就。通过新型的物流支撑和完全的信息化管理，全国三分之二省级新华书店实现了省内连锁或跨省连锁。10 万平方米以上的图书物流中心已有 5 个，对周边地区的辐射作用日趋明显，标志着区域中盘已显露头角。特别是总面积近 30 万平方米的北京出版发行物流中心于 2007 年 11 月开始使用，为全国 560 家出版单位的图书提供了一个集中展示的平台，形成了商流、物流、信息流、资金流和综合配套服务功能一体化的超大中盘。中国出版物市场群雄林立、划地而治的发行格局正在悄然变化之中。

长期以来，农民由于收入少，图书消费极低；农村由于偏远分布，图书的发行网点建设缓慢。总的看，我们的图书市场并不完整，基本上是一个城市市场。过半人口处于图书销售的盲区。如果说“三下乡”活动特别是农家书屋工程撬动了图书进入农村的门，那么十七届三中全会提出的城乡一体化建设则打开农民消费图书的窗。一些新华书店在基层试行的图书混业经营模式特别是增加农家书屋的售书功能，铺平了图书源源不断进村的路。上述工作只是开头，已让不少出版社尝到了甜头。终端抵达能力的增强，极大拓展了传统出版物的市场范围，为中国出版业的更大发展奠定了坚实的基础。

（原载《编辑学刊》2009 年第 1 期）

中国报纸版面的现代特征及其成因

甘险峰

自20世纪80～90年代到21世纪初，中国报纸版面发生了一些明显的变化，呈现出越来越多的现代特征。这些特征归纳起来，主要表现为以下几个方面。

特征之一：大题大图大行其是

大标题、大图片、短文章的做法，目前已经成为绝大多数中国报纸版面（尤其是新闻版面）的典型特色。看报看题，读书读“皮”，大标题能够达到“先声夺人”的效果。“一图胜千言”不仅是对图书信息量和可信度的强调，而且是对优秀新闻图片视觉的冲击力和在营销中独特作用的肯定。至于短文章，则更是为了适应读者快节奏生活的需要。

大题大图为什么能够大行其是？喻国明教授曾把读者选择报纸的过程描述为“五步三秒”，即读者途经报摊的一刹那，他的选择时间为“五步三秒”，因此报纸版面要在五步之间、三秒之内吸引住读者的眼球，大题大图能够起到十分关键的作用。读者购买报纸、订阅报纸，往往取决于“五步三秒”的视觉效应。一份报纸能不能在“五步三秒”的短暂一瞬引起读者的注意，使其注意力停留在你的报纸版面上而“不及其余”，并从无意注意转变为有意注意，进而在怦然心动的那一刻决定购买或订阅你的报纸，具有视觉冲击力的大图片和醒目的大标题作用举足轻重。因此，使用大图片、大标题来制造视觉强势点，成为目前报纸的惯常做法。

特征之二：封面导读备受重视

美国报纸的导读设计理论认为，好的报纸应当像一幅地图，读者能够轻易找到他感兴趣的新闻在什么位置。导读就是引导读者找到所需新闻的那条快速通道。除索引功能外，导读还能增加一版的信息量，弥补文章转版带来的不便，符合厚报时代的抛弃型阅读行为的要求。因此，如今的中国报纸都已经懂得在头版将最精彩的内容集体呈现给受众，导读几乎成为每张报纸的必备栏目，甚至一些报纸的内页也专门设置了导读。

导读在国内的发展分为四个阶段。

第一阶段：借力造势阶段。1994 年，河南的都市类报纸《大河报》在创办之初，在母报《河南日报》上开辟了导读栏，这是借力造势、媒介互动式导读。当然，这还不是严格与规范的导读，不过《大河报》很快也在本报设立了导读。

第二阶段：普遍采用阶段。由于信息爆炸和厚报时代的到来，导读的优势很快为人们所认识和重视。于是，在 20 世纪 90 年代中后期，中国大报尤其是厚报普遍在头版使用了导读，而且大多以“导读栏”的形式出现。

第三阶段：整版导读阶段。1997 年，《南方都市报》改为日报后，开始把头版整版拿出来做导读，对人们普遍关注的重大新闻，选用大幅图片编排在版面中心，以突出视觉冲击力，其他重要新闻则标题化处理。如今，大多数都市类报纸的导读都已实现了整版化。

第四阶段：导读独立阶段。2006 年 9 月 8 日，《广州日报》推出两个版的“导读与索引”，赋予导读独立的地位，可以说，这是报纸导读在形式与内容上的一次全面创新。两个“导读与索引”版起初是单张，随报附送。随即又将之与报纸 A 板块最后两个版面连在一起，成为整张报纸的封一封二。封一主要是标题新闻与大幅图片，使读者在短时间内能对当天的重大新闻一目了然。封二除标题新闻外，还对重要新闻的核心内容进行了提要，类似于简明新闻。这在我国报业发展史上还是第一次。

特征之三：传统禁忌遭遇忽视

长期以来，中国报纸的版面编排存在着一些排版禁忌。所谓排版禁忌，又称版面禁则，是指在编排版面的工作中对某些版面现象应该回避的规则。按照传统中国报纸的编排规则，“对题”“通栏”这样的现象是应该严格禁止的。

对题，也称碰题，是指两个以上的标题左右（横排报纸）或上下（竖排报纸）紧接，在版面上形成一条横线或竖线的现象。过去认为，对题使版面割裂，也使标题不能在版面上分布匀称，影响美观。通栏，也称通线，是指版面上的栏线从版面顶端一直通到底部（横排报纸）或横贯版面（竖排报纸）的现象。过去认为，通栏把版面整体分割为几部分，破坏了版面的整体感，有碍美观。

应该指出的是，对题和通栏的禁忌都是热排时代对版面编辑提出的要求，体现的也是热排时代人们的审美观念。现在，随着电脑技术的普遍应用和制版工艺的不断提高，过于强调这些排版禁忌似乎已无必要。尽管没有什么编辑教科书和报纸排版操作规范明确提出废除这种禁忌，但在实际操作中，已经很少有人拘泥于这种束缚。也就是说，这种禁忌事实上已经被突破。在当前的报纸中，通栏和对题几乎随处可见。从实践中看，借助一些编辑技巧和手段，通栏并未给人以割裂感，并未破坏版面的整体性。对题也一样，既不会影响美观，也不让受众误读。在这种情况下，再强调这种传统的排版禁忌就似乎有些不识时务了。

特征之四：竖题竖排渐行渐远

中国文字排版经历了竖排时代和横竖兼有时代。近代以前是第一时代，时间漫长；新文化运动以后，横排版面开始出现，标志着向第二时代的过渡。1956 年 1 月 1 日，改版后的中共中央机关报《人民日报》首开新中国横排版式先河，中国内地报纸逐渐采用易于阅读的横排式版面，替代传统的竖排式版面。但是，在某些港台报纸和海外中文报纸中，仍然有竖排式版面存在。至于竖题就更常见了。

我们现在处于第二时代末期——横竖兼有行将结束、横排时代正拉开序幕。尽管仍然有人对横竖相间、错落有致的效果念念不忘，但是，任何人都不得不承认这样的现实：竖排文字甚至竖排标题的用武之地已经越来越小，将来很有可能会进入第三时代——绝对横排时代。目前，在中国内地，以竖排为主的报纸已经销声匿迹，甚至已经很难在版面上找到一篇竖排的稿件。演变更替的进程逐步加快，符合文明进化的规律。20 世纪 80 年代后，中国报纸开始引进美国报纸的设计理念，尽量考虑读者的视觉习惯和心理生理承受特点，通过对版面编排布局的调整，为读者营造舒畅的版面视觉感受。于是，内地报纸纷纷告别正文竖排和标题竖排，在这方面率先尝试的是《解放军报》和《解放日报》。《深圳商报》等一些报纸还在编辑手册中明文规定不许使用竖题竖文。这些举措标志着竖排时代即将结束，横排时代即将到来。横排时代的到来并非人们单纯强调新鲜所致，而是社会进步的必然选择。其原因有二：其一，从视觉生理的角度分析，人的一双眼睛呈平行扫描，在日益追求以人为本的社会必然产生符合这个理念的变革；其二，计算机广泛应用带来排版习惯的变化。随便观察任意一台电脑中的文本，几乎很难找到竖排的文字。尽管现在大型的排版软件设计有竖排功能，但由于逐渐养成的横排习惯，同时也出于方便读者阅读的考虑，越来越多的版面采用横排版面。竖排标题顶多是偶尔点缀版面的装饰，至于竖排正文的确已经离我们越来越远了。

需要说明的是，尽管我们正在无限接近横排时代，但是绝对横排时代还没有真正到来。由于传统、历史和习惯的原因，这个过渡期也许会持续较长时间。

特征之五：版面穿插淡出舞台

中国传统的穿插式版面也因阅读不便而逐渐淡出版面舞台，从西方引进的模块式版面逐渐成为中国内地报纸版面设计的主流。

一个版面中稿件的布局结构分为排列、穿插两种。排列，就是稿件以矩形规整地排放在版面上。穿插，就是稿件以多边形互相交错咬合在一起。版面穿插曾是海派报纸的代表性版面风格，以《新民晚报》《文汇报》为代表的海派报纸都曾大量使用穿插式版面。但是，版面穿插是以文字为主的薄报时代的产物，以“精耕细作”为特征，能够起到长文化“短”、减轻读者阅读时的压迫感的作用。但是其局限也非常明显，主要是让读者的眼睛不得不随着文章的走势转来转去，给读者带来了阅读的不便。近年来，连《新民晚报》的这样对版面穿插十分执着的报纸也已经有了一定的变化，开始呈现出向模块式版面过渡的趋势，由此也可以看出穿插式版面正逐步淡出历史舞台。

与穿插式版面相对应的，就是所谓“模块式版面”。模块式版面，英文称为 modular design，兴起于 20 世纪 60 年代的美国，其特点就是尽量将文字、图片等材料安排在规则的区域内，避免稿件的穿插。从 20 世纪 70 年代初开始，模块式版面成为西方报纸版面的主流。模块式版面具有四大优势：首先，简洁、齐整。简洁、齐整的版面透气性强，给人以清新之感，符合现代审美观。其次，方便阅读。稿件之间区分明显，避免了穿插交错、破栏的方法，形成一个个独立的版块，篇与篇之间有着明显的空隙间隔，版面不再被塞得满满当当，减轻了阅读带给读者的心理压力。读者在阅读过程中不会发生串行、误读现象，阅读速度和效率得以提高。再次，便于操作。编辑的排版工作更为简捷，如有重要的突发新闻，也方便编辑快速调换。最后，有利于报纸品牌形象的体现。随着这些优势在内地报纸编排实践中的体现，模块式版面进一步挤压穿插式版面的生存空间，也许穿插式版面销声匿迹的时候已经为时不远了。

特征之六：版式个性逐渐显现

实事求是地说，改革开放以前，中国内地报纸的版式是缺乏个性的，大多模仿《人民日报》，以严肃庄重为主。改革开放以来，随着报纸种类的丰富、市场定位的细化和受众的细分，不同报纸开始在版式设计上注重个性，并涌现出一批能够充分显示自身特点和品牌形象的报纸，如《北京青年报》《精品购物指南》《广州日报》等。以《北京青年报》为例：反白、大字号、重字体、大照片的“浓眉大眼”的独特风格，在引起阵阵争论的同时，也形成了《北京青年报》的品牌。打破常规、突破传统被视为对传统报纸版式的叛逆，一些有个性的成功版式很快成为其他报纸模仿的对象。

中国内地报纸版式之所以逐渐凸显出上述现代特征，其原因是多方面的。笔者认为，这与下面几种意识的觉醒和不断增强不无关系。

成因之一：受众意识

中国媒体一度是不太在意受众感受的，这与媒体在中国的特殊地位密切相关。改革开放以来，中国媒体的受众意识开始觉醒，市场竞争的日趋激烈又使媒体的受众意识不断得到强化。中国报纸在版面上发生的上述变化，正是报纸受众意识不断增强的体现。

如上文所述，大题、大图、短文是为了适应受众快节奏的生活方式，导读的出现与加强也是为了满足读者快速搜寻所需信息的需要，竖排与穿插版式的远去恰恰也是因为这样的编排方式不尊重读者的阅读习惯、不符合读者的阅读规律、不适应读者的视觉心理。

同样也是因为媒介受众意识的增强，报纸甚至在形式上都发生了变化。在21世纪最初的几年中，《都市快报》《北京青年报》《南方日报》等报纸纷纷采用“瘦报”的形式，重要的原因之一，也是为了方便读者在公共交通工具等狭小空间里的阅读。

成因之二：设计意识

长期以来，中国报纸是没有专门负责版式设计的工作人员的，文字编辑与版面编辑往往是合二为一的。从20世纪90年代开始，随着设计意识的增强，越来越多的报纸开始聘请有美术和设计专业基础的人担任专职版面编辑（有的报社称美术编辑），体现出报纸设计意识的加强，同时也带来报纸版式的巨大变化。

成功的设计，一方面可以提高传输信息的质量和速度，提高信息的视觉识别性；另一方面也可以提高读者的阅读速度和效率，节省读者的阅读时间。更重要的是，设计可以提高读者的阅读兴趣，充分运用点、线、面、黑、白、灰、彩等元素，以及视觉设计上的对比、切分、休止、刺激等手法，引起读者的阅读注意和视觉兴奋，同时减少读者的视觉疲劳。

受过设计专业训练的美术编辑、版面编辑，对图像、色彩、留白都有着不同于文字编辑的独特认识，对整个版面的设计也有一个整体构思。他们的大量出现使中国媒体对新闻图片的重视达到了空前的程度，新闻图片也终于获得了与文字同等重要的地位。在色彩方面，按照美术设计的专业眼光，一张报纸首先应确立色彩基调，以体现报纸的办报理念、市场定位及独特追求。确立主色调后，还要注意营造色调的变化以活跃版面。2002年，《深圳商报》就曾根据当年的国际流行色，设计出报纸的主色调，推出之后颇受好评。在留白方面，过去的报纸版面，无论是在东方还是在西方，都曾认为空白是一种版面的浪费，编辑们都会考虑加上补白文字或者一些装饰图案。后来，西方报纸编辑开始意识到，把版面填满有时反倒不如留白效果更好。很快，设计意识逐渐增强的中国报纸编辑也明白了这个道理，开始利用留白的特有魅力来装点版面。为了美观和大方，即便是“寸土寸金”的头版，也不惜为空白留下一展身手的空间。

平面设计的许多理念已经在影响着中国的报纸版面设计，这种影响还有继续加强的趋势。可以肯定地说，随着报纸设计意识的增强，平面设计在报纸版面上会有更大的用武之地。

成因之三：营销意识

中国报纸营销意识的加强，是由于报业市场竞争的加剧。改革开放以来，中国报业的竞争呈现不断加剧的态势。随着报纸的自主经营、自负盈亏，中国报纸市场化的程度日趋深入。报业竞争分成这样三个层次：首先是报纸与广电媒体的竞争，其次是报纸与互联网、手机等新媒体的竞争，第三是报纸与报纸之间的竞争。在这样惨烈的市场竞争面前，报纸要生存、要发展，没有营销意识显然不行，甚至可以说营销意识不够强都不行。

营销意识的加强给中国报业所带来的最直接、最显著的变化，就是报纸在“经营”好报纸的“门面”——版面上下足了功夫。《人民日报》前总编辑、清华大学新闻与传播学院院长范敬宜曾说过：“版面的优劣不仅仅是个‘门面’问题，而且反映着一张报纸的导向作用、宣传水平、文化内涵、审美思想等等。版面有没有魅力，直接影响到一张报纸在读者心目中的地位。”市场经济的发展将报纸带入新的营销时代，版面既是报纸产品形象的集中体现，又在很大程度上向社会公众展示着报纸的精神和品格。因此，为了取得营销的成功，就必须首先取得版面设计的成功。

成因之四：品牌意识

报业的繁荣和报业市场的竞争，使中国报纸的品牌意识逐渐增强。如何彰显报纸的品牌价值呢？很重要的一个方面就是树立有个性、有品位、有价值的版面风格，“千报一面”的版面模式应该改变了。“扼杀了报纸版面的个性，就等于扼杀了报纸存在的一部分价值。”品牌意识的增强，为中国报纸版面的现代化又注入了一支强心剂。

20 世纪 80 年代末 90 年代初，《北京青年报》抢先采用浓眉大眼的特色版式，鲜明地打起了品牌的大旗，使自己在竞争激烈的报业市场中站稳了脚跟。如今，“浓眉大眼”就成了《北京青年报》一块鲜明而响亮的“招牌”。读者看到这样的版面，即便还没有看到报名，也会随即想到《北京青年报》。有了《北京青年报》的示范作用，不少内地报纸纷纷开始通过有个性的版面塑造自己的品牌。如今，能够用成熟的版面风格塑造品牌的中国报纸已经很多了。比如，《广州日报》从传统的8栏减至5栏或6栏，分栏数减少，栏与栏的空字从传统上的1个字增加为2～3个字，题区也从撑满变为左右留空。这样的处理方式使版面留白增多，透气性增强，疏朗大气，简洁流畅，因而成为《广州日报》的品牌特色。

成因之五：科技意识

科技意识的增强使中国报业决策者们对最新的科学技术手段兴趣浓厚，并广泛将其运用到报纸出版和编辑业务中，自然也体现在中国报纸的版面设计上。正是由于20世纪80年代后电子排版的普及、印刷技术的更新和组版软件的不断升级，报纸版面的设计和制作才获得了更多自由发挥的空间。这不仅表现在可以有更多的字体、字号、网纹、线条、色彩供编辑选用，也不仅表现在电脑制图能够更加随意、更加完美，更重要的是它使版面编辑能够方便快捷地实现其编排构思，如同小孩子搭积木一样轻松惬意。

成因之六：借鉴意识

考察中国内地报纸版面的发展变化，我们可以发现，这与对西方报纸版面的学习与借鉴密不可分。正是因为中国报界打破了闭关自守和夜郎自大的心态，承认落后，善于学习，才有了中国当代报纸版面的快速发展与进步。视觉冲击中心（center of visual impact，CVI）、模块式版面、基本视觉区（primary optical area，POA）、纯净设计（pure design）等概念，我们都是从西方“拿来”的。对于这一点，中国报界从业者和媒介研究者都是公认的，已无须赘言。因此，在中国内地报纸版面的现代化进程中，借鉴意识也是不可或缺的一个因素。

参考文献

[1] 胡道立. 新闻摄影. 武汉：华中科技大学电子音像出版社，2007.

[2] 赵鼎生. 西方报纸编辑学. 北京：中国人民大学出版社，2002.

（原载《编辑之友》2009 年第 1 期）

网络编辑把关工作中面临的问题及对策

闫东艳

网络传播时代的传播载体与模式发生了根本性变化。用户在获取信息的过程中拥有广泛的主动权，不再被动地接受记者、编辑设置的内容，这对传统“把关人”理论形成了冲击。同时，网络传播对传统舆论的权威性也构成了挑战，传统舆论“把关人”作用受到了抵制和消解。

一、网络编辑把关工作中面临的问题

1. 极度丰富的信息数量使“把关人”对信息筛选失去意义

“传统媒介受版面、时间的限制，不可能把所有采集到的信息发布给受众。‘把关人’必须经过周密考虑，慎重筛选，去芜存菁，有时甚至不得不忍痛割爱。网络传播的巨大空间突破了时空上的局限，使得海量信息有了同时存在的可能。”[1] 在不考虑信息自身质量的前提下，网络编辑把关中可以不经压缩、删减而采用来自网站记者、国内外通讯社以及个人的任何稿件。北京奥运会期间，新浪、搜狐等商业网站采用滚动播出新闻的形式把各项比赛、各局比分信息在第一时间同时传递给受众，这是传统媒体无法做到的。多媒体、超文本、超级链接技术的运用使受众可以不依赖于“把关人”，自由方便地调阅丰富多样的背景资料以及其他相关信息。信息空间容量的急剧膨胀使网络编辑对信息的控制权、优先占有权被削弱了。

2. 高度开放的信息空间使信息“把关人”形同虚设

“网络化的信息系统是个高度开放的电子信息空间，它不同于传统的物理信息空间，整个网络不受某一政府和商业机构的控制，网络用户不分国家、民族，不论何种思想、政见都可以进入网络，自由地获取和传递信息。”[2]许多人在网上开设了自己的专栏，随写随贴，普通公民所享有的基本传播权利，如言论自由、出版权、著作权、自由通信权等在网络空间得以实现。用户可利用多节点的连通访问轻易绕开“把关人”设置的障碍获取需要的信息。对于一些国际上有争议的事件，通过代理就能直接访问国外网站，了解各方评论看法，而不只是被动地听取经过“把关人”过滤处理后的内容，受众了解真相的权利不断增大。

3. 双向互动的传播特性使“把关人”角色模糊，给把关工作带来了困难

网络传播中的受众不再是简单的信息反馈者，也是自由的信息发布者。传播主体的多元化、信息传播的自由化造成网络上虚假、不良信息泛滥。网络媒体上受众发言虽有所限制，比如资格认证、网络管理员的管理等，但受众还是可以通过其他手段“畅所欲言”，如网络日记、私人网页、聊天室以及借助聊天工具的群发信息功能达到目的，这些都给网络编辑的把关工作带来困难。

4. 网络媒体为了追求信息发布和反馈的速度而降低了把关力度

以中超联赛转播为例，新浪、搜狐等门户网站体育频道的“中超直播室”纷纷采用文字直播方式，不经编辑严格把关，第一时间发布正在进行的比赛报道，以求达到“现场直播”的效果。为了获得受众对刚刚结束的比赛的及时迅速的反馈，网络

体育频道对“留言板”的把关不严格，使得一些非文明语言及恶意或非恶意的重复发言屡禁不止，“留言板”变成各地球迷相互谩骂攻击的场所。

二、加强网络编辑的把关作用

1. 基本要求

媒体公信力的核心在于准确和真实性，新闻的时效性也是在此基础上建立的。网络媒体提高公信力的首要做法就是要确保新闻的真实准确，这就要求网络编辑在把关工作中，严格控制采制编播各个环节，提高网络媒体的社会影响力；其次，网络上一切信息、文档、网页、网站等都在编辑把关之列，这就需要网络编辑具备高度的政治觉悟和业务素养。过硬的政治素质是编辑识别有害信息、传播社会主流文化的基本要求。最后，网络传播中许多内容都属于转载而来，很容易引发侵权官司。因此，网络编辑要熟悉国家相关的法律法规，及时关注近期出台的一系列网络管理条令，真正加强网络把关作用。

2. 现实做法

网络编辑根据媒体自身定位、报道方针筛选信息，选择有价值的新闻进行发布，如体育类与就业服务类网站对信息的筛选标准迥然不同。即使同为大型门户网站的新浪和搜狐，其体育频道对各项体育赛事的报道力度、关注角度也有差别。虽然网络传播具有很强的互动性，受众对信息的选择更加自由、开放，在网络上以头版头条形式出现的传统媒体的议程设置功能不明显，但“网络媒体的新闻来源主要依赖于传统媒体，使得传统媒体的议程设置功能得以在网络媒体中延续”，“虽然，网络媒体中不再有头版、头条这样硬性的议程设置，但是也会有专题、热点等软性的议程设置”[3]。网站编辑应根据自身特点、行业原则、市场利益等标准决定信息的取舍、主次以及信息发布的次序安排，以此影响受众。

新华网、中青在线等以传统媒体为背景建立的网站拥有采访权，其他网络媒体则只能转载传统媒体发布的新闻信息。比如新浪体育频道对中超各球队的报道，都是转载当地媒体的报道。信息经传统媒体记者和编辑把关后还要经过网络编辑的重新筛选，这是网络编辑二次把关的过程。网络上即使原文转载，看似未经编辑把关，但新闻的取舍、来源的选择以及在网络媒体上出现的位置、次序等方面，都体现着网络编辑的议程设置及把关功能。

网络编辑还要把好言论关。网民在评论专栏上发表言论，先要经由编辑审阅、审订通过后才能发表；在论坛上发帖子，必须通过注册申请账号，注册过程中要接受发言规范协议，然后才能发言。如新华网和人民网的论坛屏蔽掉不文明和禁止使用的文字，还设有禁止重复发言的机制，通过网络编辑的严格把关，最大限度地杜绝了不良信息的发布，保持了官方论坛的权威性和公信力。此外，网络论坛的版块管理员可以延伸编辑把关的作用，版块管理员往往是论坛里较有声望、颇具影响力的成员担任，能起到"舆论领袖"的作用。这些版主对辖区内的发言进行监督，对优秀言论"加精""置顶"，删除不良、过时、冗余信息，通过设置讨论话题体现再次把关职能。

网络传播时代受众从网上获得大量信息，多数人没有足够的时间、精力和相应的专业能力分辨信息的质量，尤其面对同一新闻事件的多种报道内容时，经常困惑不解、难辨真假；而专业水平高、权威性强的网络编辑作为"把关人"，对受众接受信息的引导作用就显得非常重要。网络编辑的把关作用还体现在其作为"意见领袖"的角色定位上。"把关人"最先形成的看法和观点对受众会产生深远影响，并形成广泛的社会舆论；网络编辑还应起到思想者的作用，在传播过程中有能力成为虚拟社会中公认的组织者和领导者，面对网络中纷繁复杂的信息浪潮以及涌动的众多文化思潮，网络“把关人”要在最短的时间内对新闻信息进行真实性、价值、意识形态的准确判断，从而做出符合主流文化思想和主流价值观的取舍。同时，网络编辑在把关过程中要在健康的行为规范和道德自律约束下，为网络受众提供正确的价值观念，以促使虚拟世界健康、有序、快速地发展。

参考文献

［1］赵伟．由网络传播对“把关人”理论的冲击反思传播学研究的发展．http://old-blog.blogchina.com/article-187105.1074353.html.

［2］潘知常，林纬．传媒批判理论．北京：新华出版社，2002：37.

［3］谢新洲．网络传播理论与实践．北京：北京大学出版社，2004：56.

（原载《编辑之友》2009 年第 11 期）

把握重点热点 有效引导网上舆论

舒 斌 杨国炜

网络化、数字化、虚拟化正深刻地改变着人们的生活和思维方式，社会舆论环境与舆论格局正在发生深刻变化。网络在为人们提供海量信息的同时，其开放性、自由性、交互性、群体性特点和沟通交互、民意表达汇聚等功能，使个人自由表达思想和言论的空间得到空前的拓展。公众只要进入网络，便可随时随意发表各种看法，无所不言，畅所欲言。于是，一种新的舆论形态——网络舆论应时而生，并日益体现出巨大的社会影响力，同时，也给传统的信息传播方式带来了巨大变革。

网络媒体作为党与政府的喉舌、民情社意的集散地，如何把握自身的特点和规律，因势利导，积极主动地针对重点、热点新闻与政策方针开展网络舆论引导工作，是目前不可回避的一个现实课题与义不容辞的职责。近些年来，红网在利用自己搜集和处理信息的专业能力为公众提供权威的信息服务，对国内外的重点、热点新闻与政策方针问题进行跟进的同时，探索出了一些有效引导网络舆论的方式与方法，充分发挥了地方重点新闻网站在网络舆论引导中的重要作用。

一、通过“议题设置”将舆论引导到特定的方向

几年来，红网的舆论引导工作始终注重于服务大局，抓住重点，紧紧围绕党和政府当前的工作，特别是突发事件，充分

运用“议题设置”等方式方法，把网民的注意力引导到特定的方向，从而达到引导舆论的目的。

如在2003年衡阳市“11·3”大火发生后，红网于第二天及时发表了《衡阳市“11·3”大火烧出了什么?》的评论文章。接着，连续发表了《最可爱的人，烈火中永生》《记者——和平年代最勇敢的名字》等多篇评论，配合政府部门积极引导舆论，在全国掀起了一股向消防官兵与三名血溅废墟的记者学习致敬的热潮。

2008年元月中下旬，湖南遭遇罕见的冰雪灾害，全省上下都面临着前所未有的大考验。红网及时推出了“全民破冰”“抗冰十问”“湖南抗冰英烈和抗冰英雄录”“今年过年不回家”“灾后重建”等八个专题，及时全面地反映湖南的抗冰救灾情况及交通与气象信息，组织编发了三十多篇评论，号召万众一心抗击冰雪，众志成城共渡难关，齐心协力搞好灾后重建。在“抗冰十问”专题中，就“温总理为何两赴湖南”“政府为被困旅客、灾民做了什么?”“北方也下雪，为什么南方受灾这么重”等十个问题，及时化解群众疑惑，传递政府声音，使网民看到了党中央和国务院、湖南省委省政府高度重视抗冰，“国家在行动”，“湖南在行动”，“全民在行动”，把党和政府抗冰救灾行动融入老百姓关心的问题中，这种问答方式浅显易懂，易为网民接受，对稳定民心、消除影响、争取理解支持有着重大意义，对引导民众全面了解、正确地看待这场自然灾害起到了积极的作用。时任湖南省委书记张春贤因此在省委常委扩大会议上高度肯定了红网出色的网上舆论引导工作，国务院新闻办全国通报表扬了红网的抗冰救灾宣传，红网因此荣获“全省抗冰救灾先进集体”和“全省宣传系统抗冰救灾先进集体”称号。

二、捕捉热点话题使舆论引导更具针对性与现实性

2006年5月16日凌晨，在红网论坛出现了一篇《湖南人，你的血性被狗吃了?》的帖子。一石激起千层浪，一向被认为“有血性”“敢为天下先”的湖南人，忽然被人指着鼻子痛骂“冷血”“血性被狗吃了”，湖南网友开始群起“反击”……旋即掀起轩然大波，成为网上热点话题。对此，红网及时发现舆论倾向，因势利导，通过发挥网络媒体的灵活互动性，对话题适时引导与提升，将这个有争议的，甚至可能带来负面影响的话题引导到正面教育与反思的层面上。

利用报网互动的优势，红网与《潇湘晨报》一起征集“湖南人的血性故事”，鼓励网友找寻、发现生活中的“美”和“好”，推出平凡的英雄人物，通过“例证”为正面舆论的发展指引了方向和出口。同时，利用红网“红辣椒评论”的评论员队伍，组织撰写了系列评论文章，并迅速开设专题，推出“公众调查”，整合消息和评论，及时体现论坛言论趋势，使网友能全面及时了解该热点话题。对于网友的一些泄愤言论，并不一概删除，而是通过发布更多积极的声音，让少数人的消极情绪得以冷却。在整个过程中，红网编辑始终牢牢把握舆论走向，引导理性反思和参与，及时稳定和宣泄了网友的个人情绪，也让网民们经历了一个自觉提升认识的过程。

2007年12月21日，中央电视台2007年度“感动中国”候选人网络投票与展播正式启动，但网民的非议颇多。红网通过对评选活动的有关情况进行研究，发现历年“感动中国”十大人物个个事迹震撼人心，感天动地，但一些网民始终不为之所动。通过分析找出原因：一是央视的评选是从一个宏大的角度进行的，面宽视广，网民总觉得评选出来的十大人物跟自己很遥远，与己无关；二是不认同由约40位“社会各界精英”组成

的推荐委员会，认为部分精英评选出来的人物不能代表自己，更不能代表全面。特别是网友对通过各地各部门从系统中推荐、推选出来的人物具有一种逆反心理，认为带有功利性质。

于是，我们在网络上收集了2007年度全国各类媒体报道的近两百个令人感动的人物事迹，经过反复斟酌，以平凡人为对象，以重义、守信和承担家庭责任等为评判基准，从基于人性的生活、情感、道德准则和价值立场出发，于2008年1月1日在红网论坛发布了“2007感动中国十大小人物”榜单。榜单推出后，引起了网友热烈讨论，得到了社会各界的广泛关注与好评。国内各大网站、电视、报纸、杂志等各类媒体纷纷跟进报道，在整个互联网和传统媒体上掀起了关注“小人物”的热潮。时任中共中央政治局委员、中央书记处书记、中宣部部长刘云山就此做出了重要批示，要求：“围绕小人物在网上组织网民开展讨论，也可以是网民推荐身边的小人物，在网上形成良好的网络氛围，推动网络文明建设。”

2008年1月中旬，由红网发起，在国务院新闻办网络局的指导下，全国46家中央和省级重点新闻网站、主要商业网站共同决定，联合举办“首届中国网络媒体‘感动中国小人物’评选活动”。活动每年举行一届，由主办网站轮流承办，红网作为这一活动的策划发起单位，具体承办首届评选活动。这一活动的开展，是网络舆论引导针对性和现实性的例证。

三、利用官方与专家的权威声音在互动中引导舆论

针对当前发生的一些重大事件及网民关注的民生社情问题，红网力争在第一时间发出官方与专家的权威声音。通过嘉宾访谈等形式在与网友的讨论中，整合、梳理那些杂乱无章的信息，在互动中引导舆论，用主流、权威及真实可信的声音占领网络。

每年全省“两会”期间，红网均会推出“连线两会”大型专题，安排专门的记者队伍对全省各级主要领导干部与“两会”代表和委员进行专访，解读“两会”精神，畅谈政治、经济、文化等方面取得的成绩、存在的问题及今后的目标规划，并且还采取嘉宾访谈的形式，邀请代表和委员到红网嘉宾访谈栏目与网友们进行面对面的网上交流，针对网友关心的各类热点问题组织发表评论，进行积极引导。

2008 年 9 月开始，湖南连续开展了“解放思想大讨论”和“深入学习实践科学发展观”活动。对此，红网第一时间在首页挂出了通栏横幅，在首页头条、首页看点、首页湖南区显著位置、首页红辣椒评论区显著位置均对相关信息进行高频率宣传，首页专题区一直把相关专题挂在第一条，分别开设了“解放思想大家谈”和“科学发展大家谈”专版、专栏，开展了对策建议征集活动，并利用红网嘉宾访谈栏目，邀请省、市、县各级领导和专家学者与网友在网上进行互动交流。

专题整合了自采新闻、通讯员来稿、省内其他媒体新闻以及省外媒体对湖南的关注和评论，将省内外有关动态尽收网中。红网动员所有记者投入到采访报道中，并调动了通讯员队伍力量，目前共发表原创新闻七百余篇。论坛分别开设了“解放思想大家谈”和“科学跨越大家谈”专版，管理员对相关帖文每帖必看，每帖必回，及时进行引导，对优秀帖子的加精、固顶推荐也向与活动相关的题材倾斜，使广大网民参与讨论的热情持续高涨，三个多月来与此相关的帖文数量持续增长，主帖总数高达一万多条。红辣椒评论频道开设的“解放思想大家谈”和“科学发展大家谈”专栏，既作为讨论的一个平台，又进行深度解读，使活动得以向纵深推进，平均每天精心编发评论 3～5 篇，目前已发表相关原创评论 400 余篇。红网为每一次的嘉宾访谈都做了精心准备，除访谈内容各有侧重外，几乎每位嘉宾都有几个引人入胜的精彩话题，谈出了新意，引来众多网民关注、提问，现已邀请领导干部、专家访谈 15 次。对策建议征集活动也取得了丰硕的成果，已收到建议 1 400 余件。

红网通过充分利用网络媒体的优势，精心组织和强有力的引导，用正面、理性的声音彰显了继续解放思想和深入学习实践科学发展观的必要性、迫切性、持续性。不仅在互联网上营造出了全体动员、全民参与的热烈氛围，掀起了一波又一波的高潮，而且将虚功做实了、做好了、做精了，真正起到了凝聚民心，集中民智，聚集民力的作用。

四、采用观点撞击的方式疏导公众情绪

在保证导向正确的原则下，采用观点撞击的方式，让身份不同、观点不同、利益背景不同、论据与逻辑不同的言论都有自己的一席之地，通过观点交流与碰撞，诠释新闻事件，起到宣泄公众情绪、引导社会舆论的作用。

如在政府采取对娱乐场所高危人群发放安全套的措施，以控制与防范艾滋病的蔓延时，网络上出现了两种观点：支持者说，这是正视社会问题的转变，体现了政府的人文关怀；反对者说，这是在让卖淫嫖娼合法化。针对此，红网及时组编了多篇观点撞击文章，让持不同观点的网友一起来参与辩论。通过多次辩论交锋，最后形成了一种主流观点：尽管卖淫嫖娼不被法律和道德所接纳，一直隐匿在水下，但又是一个无法回避的社会存在；采取对娱乐场所高危人群发放安全套的措施，以控制与防范艾滋病的蔓延，并不是纵容性交易的蔓延，而是一种预防艾滋病的积极态度和行为，不影响公安部门对卖淫嫖娼的打击。这种多方观点交流互动撞击的组织方式，既达到了疏导

公众情绪的目的，又为政府推行这一措施营造了积极有利的舆论环境。

五、组织发挥各方面的力量以形成舆论合力

2005 年 6 月 20 日，湖南省委组织部、省委宣传部等部门和单位，联合在红网开办了“湖南省中心组学习”网页。目前，这个专门的网页已成为全省各级中心组学习信息交流的平台和全省各级领导干部理论学习的课堂。自开办以来，经常接到读者电话和邮件，称该栏目的开办是全省理论学习交流的“及时雨”，他们通过网络这种现代化的传播方式，更全面、更及时地学习政策方针、理论知识和经验方法，更多地了解与领会高层思维与政策内涵，对提高他们把握与贯彻执行党和政府的方针政策的能力有很大的益处。

2008 年元月下旬，疑似陈冠希与多位女明星的艳照出现在网络，并呈迅速扩散之态势，艺人、警方、网友、传媒等纷纷上阵，成为 2008 年初影响甚广的网络事件。鉴于此，红网于 2 月 13 日率先在网站中发出倡议，号召网站、网友和传媒从业者，共同抵制有关不雅照片的传播，从我做起，不下载、不传播、不炒作，不提供相关照片和视频下载服务。这一举措得到半岛网、腾讯、搜狐等全国六十余家网站的积极响应，众网站纷纷表示要还大众一个健康的网络环境，特别是为青少年健康成长营造良好的网络环境。该倡议也得到了国务院新闻办网络局的充分肯定。国务院新闻办网络局向全国发出通知，认为红网、半岛网、搜狐、腾讯等网站发起抵制陈冠希艳照行动，表现了中国网络媒体的社会责任感，有益于建设健康、文明、和谐的网络环境，值得肯定。要求各地外宣办、网宣办（网管办）动员属地内网站积极响应；请各网站立即行动起来，自觉为纯

洁网络环境做贡献。

随着时代的发展，网络媒体对中国的影响将会与日俱增。它为大众带来了更丰富、更快捷的内容，但同时也肩负着重大的社会责任。今后，越来越多的人会通过网络媒体获取信息，并受其潜移默化的影响。如何把握及引导舆论导向，传统媒体在实践中积累了丰富的经验。网络媒体是新兴媒体，还处于探索阶段，需要不断总结经验，努力提高舆论引导水平。因此，研究网络媒体的舆论引导，对于正确把握舆论导向，促进网络媒体的健康发展，具有十分重要的意义。

（原载《中国编辑》2009 年第 1 期）

网络出版对传统出版伦理的影响

黎伟华

随着社会和科技的发展，网络已经成为人们学习、生活和娱乐必不可少的一部分。同样不容忽视的一个现实问题是，网络技术的发展也催生了很多新的产业，这些新产业的出现，对原有传统产业的发展必然会产生十分重大的影响。作为文化产业中一个重要组成部分的出版业，就面临着这样一个现实问题，网络出版业的诞生，引发了整个出版行业的高度关注，并带来了对传统出版伦理的挑战与影响。

一、从发展趋势看网络出版对传统出版伦理的影响

网络出版产生于20世纪90年代，在短短十几年的时间里，网络出版经历了由初期的迅速勃兴到骤然降至低谷再到今天的理性思考的几个阶段。客观地讲，直到现在，我们还很难说网络出版已经进入理性、快速发展的健康通道，但毫无疑问，如今的网络出版呈现出产业化和泛自由化两大趋势。而这两种发展趋势对传统出版伦理则产生了深刻的影响。

1. 网络出版的产业化趋势

随着网络技术和数字技术在出版以及社会生活上的广泛运用，网络出版将变得十分普及。其生产特性决定了网络出版更容易进行流水线运作；其广泛传播性也决定了越来越多的投资将会向这个新兴的行业转移；其几乎没有内容局限的信息广度

和突破传统阅读习惯的技术优势，都决定了它将迅速走向产业化，成为综合报刊、图书、广播、电视等传统媒体形式优势的崭新媒体形态。产业化的发展一定程度上决定了网络出版的赢利导向，而急迫的、过度的赢利追求将使出版伦理的理念基石发生根本性的动摇，网络出版将在一定程度上为赢利而放弃正确的价值取向。

2. 网络出版的泛自由化趋势

作为内容为王的文化产业，网络出版越来越趋向于内容传播的泛自由化。也就是说它将摆脱传统出版的把关约束，由于广泛的主体多元化导致内容的传播选择可能完全取决于个体的主观意志，这将对传统出版百年来积聚的伦理基础提出严峻挑战。人们或许会为实现虚拟世界的“绝对自由”而丧失对人类现实世界的道德控制。

二、从功能层面看网络出版对传统出版伦理的影响

网络出版就其本质来说也还是将作品公之于众，有着与传统出版相同的一些共性。传统意义上的出版主要指通过编辑、印刷、发行将作品的复制件向公众传播。编、印、发三个阶段是传统出版不可缺少的流程。而网络出版是在计算机网络上直接组稿、编辑、出版、制作及销售的新型出版形式。与传统出版相比，网络出版拓展了出版物的概念，扩充了出版主体，实现了多元化出版，并且可以实现出版信息交流的交互化。因此，必将对传统出版伦理产生巨大的影响。

1. 网络出版将削弱传统出版的教育功能

网络出版打破了传统出版秩序中国家权力形成的少数人对出版的控制权。在互联网上任何个人、组织、团体、机构等都可以在法律允许的范围内完全自主地、不受限制地进行信息传

播，成为出版的主体。

网络出版主体的多元化必然削弱传统出版对出版理念的执着与追求。相对网络出版而言，传统出版行为都肩负着强化社会主流意识形态、教育广大读者群、弘扬社会良好风气的社会职责。而网络出版则非如此。现实情况是，不论是实名还是虚拟主体，更多的网络出版者，是来自于非传统出版领域，他们没有传统出版理念的束缚，缺少强烈的社会责任意识。由此，大量的非主流意识甚至是背离人类社会基本道德规范的思想或知识，在网络出版中得以出现就不足为奇了。

2. 网络出版将影响传统出版的主流道德意识功能

由于网络的开放性和虚拟性，网络出版为出版的充分自由创造了条件，这就更需要管理者和整个社会共同加以监督，坚决杜绝那些背离社会公德和基本人类道德的作品。全球范围内的文化平等交流和信息资源共享，促使人们在新的时代背景下寻找一种共同的伦理准则，这是网络出版给伦理道德带来的新的课题。人们希望找到用以规范人们的网络行为、实现网络交流最佳效果的好的机制。

当我们把网络出版放在更为宽泛的范围时，个人网络出版的道德规范问题似乎是一个更棘手的问题。开放、自由、率性是博客（也有的学者不将其列为网络出版范畴）的魅力所在，但是网络社会也应有自己内在的规律和准则，不应是一个完全无序的社会。博客也应该对读者和社会承担责任，应该遵循社会共有的道德规范和伦理准则。

3. 网络出版将降低传统出版的社会信誉

由于网络出版的主体可以是虚拟或隐匿的，因此，网络出版中所包含的知识信息有存在虚假的可能性，从而人人削弱网络出版在传播中的社会信誉度，进而影响原有社会规范下的社会信度。比如，一些不法机构在网上发布虚假信息，利用著名教授或学者的名气谋取不当利益；一些博客发布违背社会基本道德观念的文章，等等。这些做法的最终后果冲击了出版的基本伦理操守，降低了网络出版的诚信度，弱化了读者对它的认同度。

4. 网络出版加剧了对传统出版的传播伦理秩序的破坏

网络出版大大提高了信息传播的范围、时效和数量。与传统出版相比较，一方面发行时间大大缩短，另一方面则实现了作者、出版人与读者的超时空互动，拉近了出版物与市场的距离。但是，与此同时，网络出版的特点又为侵权与盗版提供了便利的技术条件，在某种程度上加剧了对出版的传播伦理秩序的破坏。在网络出版发展过程中的诸多问题里，侵权与盗版的破坏力居于突出的位置。

三、网络出版对传统出版伦理的积极作用

网络出版在发展过程中对传统出版伦理的影响也是一把双刃剑。网络出版在影响传统出版伦理的同时，也积极推动着传统出版伦理向现代新型出版伦理的过渡和迈进。

1. 公平与正义在网络出版中得到了更多的体现

网络出版借助于互联网的技术平台实现了出版的全面、即时传输，同时也改变了传统出版特定的社会定位，特别是它的开放、即时、互动的特点使出版的门槛放低，更多的组织或个人都能够借助网络参与其中，这也使出版主体变得更加自由与开放，出版者与作者开始合而为一，这样的出版者也就包含了传统意义上的作家、专业作者的概念，甚至形成一种“全民开讲”的局面。这时的出版参与者呈现一种近于原始的平民出版状态，这样的出版才有了公平的基础，由此产生的正义才更可

信赖。

2. 文化传播的多样性在网络出版中得到了有效保护

网络出版本身的自由开放性也反过来推动多种文化的传播，尤其使弱小文化摆脱经济与资本的限制，借助网络平台通过出版与传播展现它的多层维度。因此多元文化的传承仍然是出版活动最根本的社会职能，也是出版的基本价值体现。

3. 出版伦理的概念在网络出版中得到发展

网络带给人类社会的影响是全面而深刻的，而网络出版作为网络传播的重要表现形态，对于人类社会的影响同样令人瞠目结舌。网络出版物的载体是全世界通用的无形网络，世界上不同地域、不同民族、不同文化的人都可以在网络上寻找自己所需要的相关内容。通过网络，不同民族、语种之间的作品可以非常方便地传播和交流，使得文化真正成为无国界的、可以让所有人都来感受的精神产品，让不同的文化可以充分地相互影响并得以更好地传承。

因此，网络出版以其开放性、交互性、多媒体性、即时性等特点重新诠释了出版的概念，也因此向传统出版伦理提出了挑战，提供了发展的机遇。一种或可称为“网络出版伦理”的概念已经初现。作为出版界的一员，我们只有适应网络带给我们的机遇与挑战，探索研究新的出版伦理的内涵与意义，才能适应新时期出版业的飞速发展与变化。

（原载《科技与出版》2009 年第 3 期）

转折期出版人的价值选择和发展路向

李红强

历史的转型，其实往往从个人开始。如果勘察全国图书零售市场排行榜，钱锺书创作于 20 世纪 40 年代的长篇小说《围城》多年来榜上有名。而每年新上市超过 3 万种的长篇小说，能为读者熟知的并没有多少。巨大的差别在钱锺书这一个案中一览无余。与此同时，名叫朱洪志的网络“大神”写手，在短短 4 年时间里创作小说 1 000 万字，依凭网络点击阅读的年收入超过 100 万元。经典如钱锺书、稚嫩如朱洪志，在文学价值和文学消费的两翼分别创造着奇迹。介于这两者之间的，则是默默的一大群作家。愤怒出诗人，痛苦出作家，这是中外文学史上如屈原、杜甫、亚里士多德、托尔斯泰等用生命留下的古训——但在今日的文学时代，古训似乎纯属过去。新的出版时代已经降临，今日的出版人究竟何去何从？

一、双重价值逻辑的空白点

自 2003 年以来不断加速的文化体制改革，让今日出版人面临着根本性的选择。这一选择并非事业性或商业性那么简单，也非事业身份或企业身份那么截然分明，根本性的问题在于价值选择。

新中国以来的出版业主要建立在两种文化价值之上。第一种是出版业属于“文化战线”，无论来自国统区的茅盾、巴金、叶圣陶、胡风，还是来自延安革命圣地的冯雪峰、丁玲、赵树理、李季，这些建构新中国第一批图书或期刊出版业的出版人，几乎都自觉地将出版作为战斗的堡垒，革命理想主义与现实的战斗精神交织在他们案头的工作之中。文化信仰的单纯性，以及国家文化建设的使命感，使新中国的出版业看似平凡却发挥着极大的影响力，从而吸引着一代又一代的青年俊杰投身到出版事业中。在这种主流性的文化价值观念之下，又存在着沈从文、聂绀弩等人的“潜文本”，他们将文字间的驰骋当作精神世界的滋养，当作梦中的精神故乡。这是出版业本源性的精神选择，可能远离生活但丝丝缕缕直入内心。传统文化中的儒家精神与道家精神，分别渗透到这主流的和潜在的两种价值观念之中。

相比文化出版业在新中国的价值起点，文化体制改革所面临的语境则发生了极大的变异。今日世界的整体语境堪称“力时代”。两军对垒、阵线分明的战争与军事之争隐居幕后，将全球民众都带入其中的经济力、文化力则登上舞台中心。因为经济、文化与寻常百姓紧密相关，更因为市场的全球化和商业的渗透性，经济、文化的“力之争”更显得广阔无边。也正由于此，出版业这一在国民经济中并不占主要地位的领域，变得更为重要也更为平凡。说其重要，因为它是文化的直接生产者，直接关涉“文化力”的建构。说其平凡，是因为文化的信仰性、出版的神圣性在今日已经被经济、商业、市场所遮蔽，出版业与其他任何经济行业开始被等量齐观，出版人与其他商业从业人员别无二致，“沦落”为消费“产品”的直接生产者。

今日，老一代出版人面对文化体制改革所生的困惑和心有不甘，恰在两种价值逻辑的歧异：新中国的双重价值起点并没有在今日得到正常延续，“力时代”以凶猛的商业气势覆盖了信仰的曙光。而对新一代出版人来说，问题更应该引起关注，在两种价值逻辑不相契合甚至正相对立的时候，他们正处于价值的空白地带。文化体制改革之于他们，也有欢呼，其欢呼在于文化体制改革有可能清除“战斗堡垒”所导致的“官本位”“行政化”等体制弊端；更有迷茫，其迷茫不仅在于新一代出版人的“文化光环”日渐黯淡，更在于众多出版单位从行政事业单位的樊笼中走出来却落在了行政主导的“国企”沼泽。理想主义和神圣性、信仰性的丧失，与弥漫“国企病”的残缺体制纠结在一起，对新一代出版人来说，恐怕是更值得关注的双重挫伤。

二、出版人建构自身的四个趋向

跳脱于现实中的“国企病”，在现代企业的制度下勘察自身，这是新一代出版人必须的关照尺度。但究竟怎样才算是现代企业制度？当今出版业在现实层面是否已经提供了这样的制度范式？

新中国以来的出版业，正处于三种管理制度模式的交错互动中。第一种属于传统的事业单位模式，出版人基本上只有职称、职务这双重发展管道，收入制度也按这两种层级配置。正在进行的文化体制改革，使这种管理模式正经受着颠覆。第二种是20世纪90年代以来的事业部制管理模式，出版单位按照资源优化配置、放权让利的原则，拆解单位本来的大一统结构，将更大的自主权赋予相对独立的事业部单元。这一模式在90年代初期确实起到了解放生产力的重要作用，基本适应了市场经济初期的要求。但随着民营公司与事业部之间的“不规范”合流，国有资产日益严重的虚空化危险，这一管理模式开始受到约束。当下的体制改革，则以出版业集团化建设为前提，以国际化竞争、市场化经营、挺拔出版主业与开展包括资本运作在内的多元化运营为主要内容，出版管理模式逐渐开始以上市公司为目标进行制订。这是未来出版业的重点和方向，也是新一代出版人自身设计的出发点。它要求新一代出版人必须在四个方面完善自身。

1. 必须培养单纯的文化爱心

这是一个人在出版业安身立命的基石。特意强调对文化的爱心而非文化信仰，根本性的前提在于今日的出版业分出了两个层次，最基础的层次在于无论出版业如何变迁，如何等同于一般的经济企业，如何演化为上市公司在国际舞台上展开资本竞争，出版业的基本属性仍然是文化。经济、商业气息充斥于出版业已经成为不争的事实，无论是“利润第一”的商界奇才、经济巨头，还是仅仅谋取生存的一般人，都将进入出版业并成为出版业的人员主体。在这样的情景下，保留一份文化爱心，哪怕仅仅是对出版物的简单热爱，都会对出版业坚持自身固有的文化属性做出一份贡献。当然，出版业最高的层次仍然弥漫着文化信仰的气息，坚守文化信仰者未必能够成为出版巨头，但一定能够缔造出版业的文化高度。这两种层次并非完全隔离，但恐怕只有在文化信仰、文化理念、文化运作都相当成熟的情况下才能完全融合。马克斯·韦伯的《新教伦理与资本主义》揭示了美国文化称霸世界的根本原因，新教凝聚着美国人的宗教信仰，由此演绎而出的“民主”理念深入人心，而美国军事外交的巧妙安排，尤其是好莱坞电影在全球范围的文化普及，共同造就了美国“软实力”的强大。处于历史转型期的我国文化出版业，通向全面融合的道路还会很长，但保留单纯的爱心意味着为出版业的健康发展保留火种。

2. 要有国际视野下的独特认知

与国际出版业共舞的愿望，这些年尤为强烈。其实，成为国际出版界的一支重要力量，在新中国成立伊始就已经开始。只不过，改革开放之前，我国出版业在国际舞台上的亮相更多出于巩固战略友谊或者展示文化成就的需要。真正以“竞争”态势进军国际出版市场也就是20世纪90年代晚期的事情。这种历史脉络意味着，参与国际化竞争，无论对于老一代出版人或新来者都是新课题，是一个机会均等的人生际遇。近些年来的国际化进程，我们基本达成了“三阶段”共识，即版权输出、“买船出海”和“造船出海”。问题恰恰也在这里，无论是版权输出，还是购并国外出版机构或者在异域建立分支机构，国际化的专业人才和经营人才都相当缺乏，国际化的管理制度与管理模式远远没有建立起来。熟悉国际出版界的运作模式，甚至最基础地精通某种外语，都是新一代出版人努力的方向。

不得不承认的是，国外出版业发展的高度、国外出版市场的饱和程度都超出我们的设想。进军国际出版市场并不能仅靠美好的愿望，更为理性的做法其实在两个方面，首先要大量吸取国际出版业的制度经验、管理模式。比如英国培生集团的经营范围遍布全球一百多个国家和地区，员工包括了不同文化、肤色、国家的人群。如此广阔的地域和庞大的员工，英国培生实行的却是最为简单化的管理，即以产品线梳理全球业务分工，以本土化管理员工队伍。金融时报集团代表的商业信息、培生教育集团代表的终身教育、企鹅集团代表的大众阅读，引领三条产品线的这三大实体在结构上横向分工、纵向延伸，让培生集团的经营既清晰明了又运转有力。

3. 培养经营者的制度素质

制度素质的基础来自经济知识和把握大局、合理调度的协调能力。出版业的市场化运营尤其是进入资本市场的博弈，意味着出版业的最低目标将定位在利润、效益的最大化获取。一大批职业经理人在出版业纷纷出现，正是出版业这一趋势的表征。国际出版界由“外行”掌管也是基本事实。比如，法国最大的拉加德尔集团由传统的水务公司在2000年前后一举成为世界第三大传媒集团，阿诺—拉加德尔所凭借的一系列商业并购是根本原因。金融操作和并购，已经成为国际出版巨头快速成长的根本道路。在这方面，由于政策、制度等原因，我们最多处于起步阶段。近两年刚刚出现的一些跨地域、跨行业、跨媒体合作，大多还只是停留在框架协议的阶段，即便已经开展的一些运作，也不过是简单移植本单位既有的模式。事实上，资本运作、并购只是第一步，真正的考验在不同单位、不同操作单元之间的优化效应。经济操作为管理提供了基础，有效管理才决定着经济操作的成败。

4. 在把握全媒体融合的趋势下合理融通和定位

数字出版与传统出版之间的敌对、辅助、融合等关系，已经讨论多年。目前的趋势则表现为两个特征：一方面数字出版已经摆脱对传统出版的依赖，有了自己的盈利模式；另一方面传统出版试图利用自身的资源优势向数字出版“升级换代”。也就是说，从出版形态来说，数字出版对传统出版的依赖性越来越少，因为数字出版的受众网民在可见的未来只会越来越庞大，他们足以支撑起数字出版产业；而传统出版在“升级换代”的理念下继续操作会越来越困难——市场已经告诉了我们一个残酷的道理，传统出版进军数字出版的道路，只能是对传统出版有计划地“放弃”，而不是在传统出版的基础上进行自我“改造”。这里更想说明的，则是在出版业自身建构上，传统出版商的下一个发展课题或者自身定位将是“全媒体架构”。我们面临的国际出版巨头，很少是单一性的出版商，他们只不过是更为庞大的集团的先遣军。国际上的出版集团目前分为四类：一类是工商业集团中的出版集团，如维旺迪环球出版集团背后的母公司是法国军工、水务集团拉加德尔集团，我们熟知的法国《ELLE》杂志，只不过是维旺迪环球集团259种杂志中的一种。第二类是媒体帝国中的出版集团，如西蒙—舒斯特出版公司在国际出版界占据领先地位，但在其母公司——维亚康姆集团中，前者仅占其总收入的15%。第三类是多媒产业链中的出版集团。如贝塔斯曼集团的产业链延伸到古纳亚尔杂志集团、兰登书屋（大众出版）、施普林格（专业出版）、卢森堡广播电视公司、贝塔斯曼音乐娱乐集团、贝塔斯曼俱乐部等。第四类是专业性的出版集团，这便是下辖金融时报、企鹅、教育三大板块在内的培生集团。这四大类集团共同的特点，是以产业链和价值链为架构原则，对同一种文化产品多向度、多形态开发，相互借力，组成完整的“全媒体结构”，从而产生超出想象的附加值。国际优秀出版人能在不同文化、出版形态、企业形态之间随时转换身份，与国际出版集团这种“全媒体架构”的文化、企业环境密切相关。无疑，这也是新一代中国出版人的路向。

（原载《出版广角》2009年第9期）

解读出版专业技术人员职业资格制度

孙文科

2008年2月，新闻出版总署颁布了《出版专业技术人员职业资格管理规定》（第37号署长令），9月在全国8个省、自治区、直辖市和中国出版集团进行了登记注册试点，2009年第二季度，登记注册在出版行业全面展开。这标志着出版专业技术人员职业资格准入制度进入了关键性的实施阶段，同时也意味着对出版从业人员的管理将开始步入一个新的阶段。在此，有必要对这项具有突破性意义的管理举措进行梳理和总结，以利于出版从业人员更深入准确地了解出版专业职业资格准入制度。

一、实施出版专业职业资格制度的重要意义

建立出版专业职业资格制度，通过考试完善编辑岗位职责，形成全国统一的职业标准，是提高编辑人员的政治业务素质和社会责任意识，增强编辑职业社会声誉的重要举措。通过严格的管理监督制度，建立行业自律机制和编辑职业的“进入”“退出”机制，使编辑队伍保持应有的活力和职业吸引力，这是我国出版行业人事制度改革的一项重大突破。要从以下几个方面来认识推行这一制度的重要意义。

1. 是适应我国社会主义文化大发展大繁荣目标的必然要求

党的十七大提出推动社会主义文化大发展大繁荣，提高国家文化软实力的目标、任务和要求，新闻出版业作为文化建设

的重要组成部分，在积累传承文化、推动社会发展进步、满足人们精神文化需求、保障人民基本文化权益、扩大中华文化影响、提高国家软实力等方面承担着十分重要的责任，发挥着不可替代的作用。新闻出版行业是一个知识密集而且与科学技术、文化建设密切相关的行业，具有重要和特殊的地位。出版物作为一种精神产品，具有深刻、持久、广泛影响人的思想的特殊作用。出版工作事关国家和公众利益，事关国家的文化安全和社会稳定。而编辑工作在出版物生产环节中发挥着中心作用和关键性作用，编辑的素质和能力决定着出版物的质量和水平。推动出版业的大发展大繁荣，必须有一支高素质的编辑队伍做保证。建立出版专业人员职业资格制度，从国家的层面对编辑人员思想政治素质、道德品质修养和职业技能水平提出统一要求，对重要岗位实行准入管理，是确保新闻出版业大发展大繁荣的必然要求。

2. 是适应我国出版业改革发展及出版队伍自身建设的客观要求

改革开放以来，随着我国出版业的繁荣与发展，我国的出版队伍迅速壮大，目前全国直接从事出版工作的专业技术人员超过 10 万人。但多年来由于我国长期没有统一规范的出版编辑职业标准，进入出版单位从事编辑工作的人员，基本上没有系统学习出版专业知识的机会和条件，出版单位也无法用一个社会统一的职业标准对新进入出版单位的专业技术人员进行正规系统的基本能力训练，致使从业人员的文化水平、知识结构、专业结构、出版专业素养得不到及时更新和补充。这种现状势必造成从业人员的专业素质后劲不足，编辑水准参差不齐，导致出版单位的实力和水平相差悬殊，影响我国出版业的整体改革和发展。

随着科学技术的日新月异和互联网的迅猛发展，出版业态发生了很大变化，新技术、新手段、新表现形式不断涌现，编辑的策划能力、组稿能力、审稿能力等迫切需要与时俱进不断提高，这些都对编辑的知识结构和综合素质提出了新的更高的要求。建立出版专业职业资格标准，强化出版工作的标准化、专业化和队伍的职业化，通过职业标准和岗位要求导向，促进从业人员的知识结构和专业结构有序调整，培养更多符合时代要求的复合型、外向型、创新型出版专业人才，对改革我国出版体制、创新工作运行机制、培育新型业态、发展新型技术都具有基础性和决定性的意义。

3. 是完善出版管理制度及依法行政的需要

我国现行的出版管理制度主要是对出版单位及其出版活动实施有效管理，但对专业技术人员个人资质水平规定得不够明确，特别是对专业人员个人在从事出版活动中的权利、义务、责任等没有明确规定。当前，总署正按照党中央、国务院对新闻出版管理工作的有关要求，逐步构建以企业准入（法人准入）、市场准入、职业准入、岗位准入等“四大准入”制度为核心的新闻出版管理工作新体系，其中，“职业准入”和“岗位准入”都与职业资格制度密切相关，并建立在其基础之上。

出版专业职业资格制度是依据国家的相关法规建立的，是对国务院《出版管理条例》《音像制品管理条例》《国务院对确需保留的行政审批项目设定行政许可的决定》和国家对职业资格管理等有关制度的贯彻落实。例如，国务院《出版管理条例》第十一条第五款规定，设立出版单位应当具备“有适应业务范围需要的组织机构和符合国家规定的资格条件的编辑出版专业人员”；第二十五条规定，“出版单位实行编辑责任制度，保障出版物刊载的内容符合本条例的规定”。《中共中央国务院关于深化文化体制改革的若干意见》第30条规定，要求加强文化市场监管，“把好资质、产品、资金、人员、技术等准入关”。《中华人民共和国国务院令》第412号第84项规定，“列入政府管理范围的专业技术人员职业资格审批，由人事部和国务院各有关主管部门实施”。这些法规都对从业人员资格提出了明确的要求，因此，总署决定对编辑职业实行职业资格管理制度，建立和实施全国统一的出版职业资格标准，明确出版专业技术人员的从业资质条件，实现编辑出版工作的职业化和规范化。这是依法加强出版从业人员管理，引导出版从业人员提高职业水平、强化社会责任感的有效手段。

4. 是对从业人员有效管理的需要

建立职业资格制度是我国各类专业技术人员管理和评价的总体方向，但由于我国现行的出版管理制度对专业技术人员个人资质水平规定不具体，对编辑、责任编辑违背职业使命和岗位职责的行为没有明确的责任追究细则，这在一定程度上成为了出版违法、违规行为层出不穷、屡禁不止的因素之一。例如，近些年发生的多起出版社违纪违规事件处理，大多都是处分出版单位和出版单位领导人，而直接责任人——责任编辑却往往因无明确规定，其责任追究不够或者无法追究，显失公平。编辑是掌握作品选择权的第一人，从源头监管，首先就要抓好责任编辑的管理。实行职业准入之后，就可以避免出现这种管理上的空当，对严重违背出版工作者职业道德，践踏我国出现法律法规，生产有害出版产品的人员，进行必要的处罚，直至取消其编辑资格。通过实行职业资格制度，建立现代编辑的职业标准和编辑人才科学培养体系，不仅可以加强对出版从业人员的管理，而且可以确保专业技术人员特别是编辑人员有效学习，从而提高出版专业编辑队伍的整体素质和职业化水平。

自2002年建立出版专业职业资格制度以来，至2009年，已经进行了7次全国统一考试，7年内全国共有71 958人参加考试，已有25 446人通过考试并取得资格证书，总通过率为35.36%。出版专业职业资格考试在业内的认可度越来越高，已成为出版业界有影响的重要业务活动，这为总署建立以“四大准入”制度为基本框架的管理格局奠定了基础，并成为“四大准入”的重要组成部分。

二、出版专业职业资格制度的基本原则和要求

2001年人事部、新闻出版总署联合颁布的《出版专业技术人员职业资格考试暂行规定》和2008年新闻出版总署颁布的《出版专业技术人员职业资格管理规定》对出版专业职业资格制度的基本原则和要求做出了明确规定。为了有关单位和人员更好地掌握这两个文件，结合目前对这两个文件认识上的一些误区，在此强调以下几点：

1.《出版专业技术人员职业资格管理规定》的核心内容

国家对出版单位的编辑、校对和部分主要管理岗位的人员实行登记注册管理，凡在出版单位从事出版专业技术工作的人员，必须在到岗2年内取得出版专业职业资格证书，并按规定办理登记手续。否则，不得继续从事出版专业技术工作。在出版单位担任责任编辑的人员必须在到岗前取得中级以上出版专业职业资格，并办理注册手续，领取责任编辑证书。实施范围包括在图书、非新闻性期刊、音像、电子、网络出版单位内承担内容加工整理、装帧和版式设计等工作的编辑人员和校对人员，以及在报纸、新闻性期刊出版单位从事校对工作的专业技术人员。

2. 职业资格与专业职称的关系

实行职业资格制度后，出版单位不再评定中初级专业职称，改为以考代评。出版单位对已取得出版专业职业资格证书的从业人员，可依据《出版专业技术职务试行条例》和工作需要，从中聘用编辑或助理编辑。聘用编辑，要从取得中级职业资格的人员中择优选聘；聘用助理编辑，要从取得初级职业资格的人员中选聘。没有职业资格的人员，不可以被聘专业职称。因此，可以理解为职业资格是聘用职称的前提条件，而非充分条件。获得专业职称，可以享受相应的岗位工资和有关待遇；获得职业资格证书，不与工资待遇挂钩。

3. 职业资格证书的效用

取得初级职业资格证书，是出版从业人员进入出版单位从事专业技术工作的上岗证；取得中级资格证书，是在出版单位从事责任编辑的必备条件。

另外，新闻出版总署 2002 年颁布的《出版专业技术人员职业资格管理暂行规定》要求，在规定颁布前已取得出版专业初、中级职称的人员应在 5 年内通过相应等级的职业资格考试，否则应调离出版专业技术岗位。目前，5 年时间已过，从 2008 年起，新闻出版总署已经将中级职业资格作为晋升副编审职称的必要条件。

4. 不予续展注册的条件

取得责任编辑资格并不是一劳永逸，有下列情况之一者，不能续展注册，并要注销其责任编辑证书：

（1）有参与买卖书号、刊号、版号等违反出版法规行为，且情节严重的；

（2）担任责任编辑的出版物出现严重内容质量、编校质量问题，且情节严重的；

(3) 连续2次年度考核达不到岗位职责要求的;

(4) 新闻出版总署认定不予续展注册的其他情形的，比如，继续教育不达标就不能续展注册，按照《出版专业技术人员职业资格管理规定》要求，出版专业技术人员应按规定参加继续教育，每年完成12天脱产学习或72学时的继续教育。

5. 相关责任和处罚

(1) 行政责任。责任编辑有参与买卖书号、刊号、版号等违反出版法规行为的，或担任责任编辑的出版物出现严重内容质量、编校质量问题的，由新闻出版总署或者省、自治区、直辖市新闻出版行政部门给予警告；情节严重的，注销其责任编辑证书。被注销责任编辑证书的人员，3年内不得申请责任编辑注册。

(2) 法律责任。出版专业技术人员因违反出版法规被追究刑事责任的，由新闻出版总署或者省、自治区、直辖市新闻出版行政部门取消其出版专业职业资格，注销其出版专业职业资格登记和责任编辑注册，不得继续从事出版专业技术工作，并不得申请参加出版专业职业资格考试。

(3) 对单位的处罚。出版单位聘用未取得责任编辑证书的人员从事责任编辑工作的，或是未按规定履行出版专业技术人员登记注册手续的，由新闻出版总署或者省、自治区、直辖市新闻出版行政部门给予警告，可以根据情节并处3万元以下罚款。

6. 公开透明管理

推行出版专业职业资格登记注册制度的目的之一，就是要对从业人员实行公开透明管理。新闻出版总署今后将定期向社会公布取得责任编辑证书的人员姓名、所在单位、证书编号等信息，接受社会监督。同时，对出版单位做出的行政处罚，新闻出版总署或者省、自治区、直辖市新闻出版行政部门要告知其主办单位和主管单位，并可以向社会公布。

三、出版专业职业资格制度的发展方向

为了进一步规范出版专业职业资格管理，加强出版专业技术队伍建设，新闻出版总署今后将进一步完善出版专业职业资格制度，主要有以下三点考虑。

1. 进一步完善出版专业职业资格考试办法

与人力资源和社会保障部共同研究初、中级的考试报名条件，使出版职业资格面向社会、更加开放，以使更多的人才流向出版业；进一步完善考试内容、考试方式等相关规定，使考试与出版实践紧密结合，更加符合出版业改革发展对人才队伍建设和管理的实际需要。

2. 改革目前出版专业高级技术人才评审制度

与人力资源和社会保障部共同出台出版专业高级职称考评结合办法并开展试点工作，使出版专业高级技术人才的评价体系更加科学、公正、合理、规范。

3. 加强职业资格管理制度与出版法人管理、产品管理制度的对接

出版职业资格管理制度出台、实施的时间还不算长，今后在进一步完善的过程中，将注意使其与出版单位和出版物的管理制度（例如，出版单位年检制度，书号、版号管理制度，等等）建立联系，使其成为出版管理制度体系的有机组成部分，为出版事业繁荣和出版产业发展发挥应有的作用。

（原载《科技与出版》2009 年第 5 期）

关于做强我国科技期刊的八点建议

师昌绪　祖广安

长期以来，对我国科技期刊我们既密切关注，但又十分无奈。科技期刊是反映一个国家科学技术研究水平的重要窗口，必须引起国人的高度重视。很难想象，一个科技大国在国际上没有一个像样的科技期刊，更不要说科技强国了。为此，2008年8月底，作为“双清论坛”系列会议之一，国家自然科学基金委员会在北京召开了一次“科技期刊在国家自主创新体系中的作用”的专题会议。与会人员有国家新闻出版总署新闻报刊司、科技部条财司及中国科协学会部的领导、国内部分期刊主编及编辑部同仁，还邀请了国内外多名在科研工作有成就、办刊有经验的著名科学家建言献策。他们对我国科技期刊工作的发展提出了很多宝贵意见。

本文所述是我们在这次专题会上发言的主要内容，抛砖引玉，希望批评指正。

一、高水准、有影响的科技期刊的作用

（1）高水平期刊是反映一个国家科学技术研究水平和成就的重要标志之一。

（2）高水准、有影响的科技期刊是国内外学术交流的重要平台。

（3）高水准、有影响的科技期刊是培养创新型人才的有效

园地。

（4）高水准、有影响的科技期刊在一定意义上代表着某一学科的学术领导权，通过其高水平学术论文的优先发表，引领着相关学科发展的国际新潮流。

因此，做大做强我国的科技期刊，不仅是科学家和技术专家以及期刊编辑人员的责任，更是国家政府有关部门的重要职责。在科学发展观的指引下，现在应该提到议事日程上来了，因为办好一个期刊并非一日之功，需要有一个长期酝酿和积累的过程。

二、我国当前科技期刊的现状

我国目前有科技期刊约 5 000 种，应该说是一个科技期刊大国。在国内外发表的文章也不少，根据《科学观察》（*Science Watch*）2008 年第 4 期所发表的数据，中国人所发表的文章超过了日本，仅次于美国而居世界第二位[1]。这里说的中国人所发表的文章仅是指以中国大陆境内单位名义所发表的文章，没有包括以国外单位名义所发表的文章。

图 1 说明近二十多年（1985—2007）来亚洲各国和我国台湾地区论文数量的变化。可以看出，中国大陆论文数量增长迅速，特别是进入 21 世纪以后，随着科研经费的增长和研究生的大量扩招，论文数量增加迅猛。

据美国汤姆森—路透科技信息集团统计，从近十年（1998—2007）各个学科领域中按照被引频次排序（SCIJCR 所收录的 6 417种期刊[2]所发表的文章），位于前 1%的研究论文被命名为“影响大的论文”。我国境内研究人员此类高端文章的数量增加速度也明显加快，如表 1。

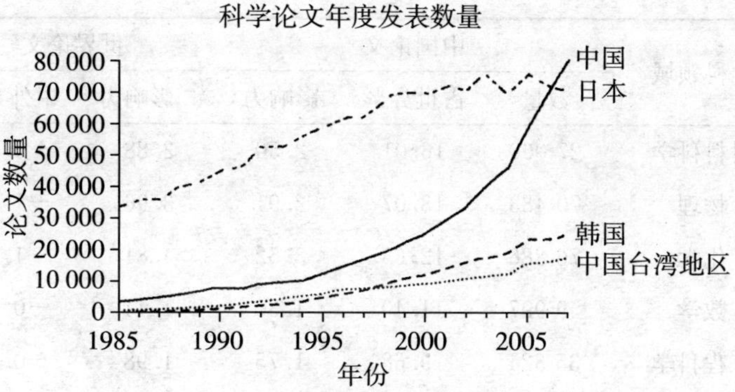

图 1　中国、日本、韩国和中国台湾地区科技论文增长图

数据来源：美国汤姆森—路透科技集团出版的 *Science Watch* 2008 年第 4 期。

表 1　近十年（1998—2007）我国影响大的论文增加情况

年份	论文数量
1998	73
2000	127
2002	245
2004	363
2006	530
2007	571

数据来源：美国汤姆森—路透科技集团出版的 *Science Watch* 2008 年第 4 期。

从国际影响来看，2003—2007 年 5 年间中国在国际显示度较高的 10 个学科领域，如表 2 所示。

表 2　2003—2007 年中国期刊国际显示度较高的 10 个学科

学科领域	中国论文			世界论文	
	数量	占世界%	影响力	影响力	中外差距
材料科学	27 060	16.01	2.50	2.88	−0.38
物理	70 483	13.07	2.91	3.96	−1.05
化学	76 886	12.65	3.52	4.81	−1.29
数学	9 997	11.40	1.30	1.44	−0.14
工程科学	35 324	9.68	1.75	1.98	−0.23
地球科学	10 369	8.00	3.04	3.80	−0.76
计算机科学	4 674	7.95	1.27	1.50	−0.23
药理学	5 528	6.20	2.99	5.40	−2.41
生态/环境	7 423	6.06	2.69	4.06	−1.37
空间科学	2 461	4.73	4.27	7.80	−3.53

数据来源：美国汤姆森—路透科技集团出版的 *Science Watch* 2008 年第 4 期。

注：数据包括与外国人合作发表的论文，所占比例不详。

论文影响力：是指该学科领域所发表论文总数的平均影响因子。

从上述图表可以看出：

（1）四个学科（材料、物理、化学、数学）论文均占世界10%以上；

（2）从影响力看，均低于世界平均水平，除空间科学和药理学外，差距并不很大。

但是根据汤姆森—路透科技集团 ESI 2008 年 9 月 1 日论文被引数统计，1998 年 1 月 1 日—2008 年 6 月 30 日的 10 年间差距却十分明显，中国论文被引用篇数低于美、日、德、英，排在第 5 位。如果按论文被引用次数的国家排序，中国就更低了，排在第10位，篇均被引数排到第11位。

表3 论文篇数及被引数量的国家排序

	国家	论文篇数		被引数		篇均被引数	
1	美国	2 906 268	(1)	40 629 557	(1)	13.98	(1)
2	日本	784 173	(2)	6 936 597	(4)	8.85	(9)
3	德国	752 622	(3)	8 447 163	(2)	11.22	(5)
4	英国	666 290	(4)	8 419 266	(3)	12.64	(3)
5	中国	554 478	(5)	2 495 294	(10)	4.50	(11)
6	法国	538 191	(6)	5 699 266	(5)	10.59	(6)
7	加拿大	405 617	(7)	4 638 710	(6)	11.44	(4)
8	意大利	386 295	(8)	3 878 706	(7)	10.04	(8)
9	西班牙	285 327	(9)	2 486 484	(11)	8.71	(10)
10	俄罗斯	272 532	(10)	1 095 171	(12)	4.02	(12)
11	澳大利亚	261 001	(11)	2 662 008	(9)	10.20	(7)
12	荷兰	229 998	(12)	3 017 198	(8)	13.29	(2)

注：括号内为排序号。

数据来源：美国汤姆森—路透科技集团出版的*Science Watch* 2008年第4期。

另据汤姆森—路透科技集团2008年5月发布的数据：在国际上5 538个研究前沿中，494个研究前沿有中国科学家的贡献，仅占8.9%；51 429篇研究前沿的论文中，932篇是中国科学家主持或者参与的，占1.8%，说明我国在前沿科学方面存在更大的差距。

而且，这些显示中国科研人员实力和水平的研究论文大都发表在国际专业期刊上，国内的科技期刊很难得到有创新内容的高质量研究论文。

我国改革开放30年来，随着国民经济的快速发展、综合国力的提升，国家对科学及教育的投入大幅度增加，研究人员通过各类研究计划、国家自然科学基金等渠道研究经费不断增长，基础研究设施不断更新，为高水平论文的产出创造了基本条件。此外，近几年来大批在海外有突出表现的华人学者回国工作，他们有着良好的科学训练，与国际上知名学者有着密切联系，这些都是潜在的优秀稿源，不少人还都参与着国际有重要影响的期刊的工作。由于研究经费的积极支持，研究队伍的增加，再加上吸取国外成熟经验，创办国际一流科技期刊的基础条件已经具备。

三、我国期刊从大到强存在的问题及建议

期刊做强的主要标志是“使世界同行离不开，国内外知名学者争相投稿”，乃至期刊“引领相关学科发展的新潮流”。

第一，科技期刊从大到强的首要条件在于科学技术的“原始创新”及基础科学与前沿科学的高速发展，不断出创新人才和创新成果，并将论文刊登于中国期刊，这是办好我国科技期刊的基础。

在现行科技体制下，《国家中长期教育改革和发展规划纲要（2010—2020年）》中所规定的那些具有长远性、前瞻性、系统性的项目难以真正得到落实。因为在评审时，人们要的是看得见、摸得着的成果。在教育制度方面，研究生数量增加很快，而对基本素质的培养训练重视不够，却要求在不太长的时期内做出一定数量可发表于科技期刊的论文，这不利于发挥青年学子的首创精神。因此，在大力推动研究成果转化为生产力的同时，必须鼓励具有前瞻性和系统性的基础研究工作，提倡“陈景润刻苦钻研精神”。这样，在近十年（1998—2007）影响大的

论文不断稳步增加的基础上，再经过十几年、几十年锲而不舍地努力，靠中国人的聪明才智，必会有大量原创性成果不断涌现。

第二，在国内办科技期刊的最大困难仍然是稿源问题。

国内不是没有在国内外有影响的学术论文，而是大多数发表在国外期刊。国内研究人员希望通过国际知名专业期刊扩大研究成果的国际影响，这也是可以理解的。但是，作为中国科学家要有一点责任感，要为中国期刊做一些奉献，把部分高水平研究论文投给中国期刊，帮助国内学术期刊逐渐做强，中国科学家即使为此做出了一点牺牲也会感到自豪。

第三，关于办好我国科技期刊的一些具体问题和建议。

(1) 发行于国外科技期刊要采用国际科技语言，这是必要条件。根据我国学科优势、学科前沿及我国要扶持的一些学科，要办好一批以英文为主的期刊，成为在这些学科上的国际窗口。

(2) 加强期刊编辑部的责任，各显其能。向国际著名期刊 *Cell* 执行编辑埃米莉（Emilie）女士学习，把主要的工作时间都放在了访问各国科学家、寻求优秀稿件的任务上；PRL 责任编辑缪凌（Ling Miao）女士每年亲自处理稿件 900～1 200 篇。编辑不能“守株待兔”！

(3) 改变期刊出版周期长、信息量少、发行量小的局面；严格审稿制度，完整的审稿意见及时反馈作者，可以提高青年研究人员写作水平与了解国际差距。

(4) 建立科技期刊发行机制。目前一些期刊采用的“借船出海”模式切实可行。要在当前合作的基础上逐步建立起自己的网络渠道、逐渐摸清国际期刊市场的成功经验和经营规律，扩大自主发行，从而为逐步占领国际市场打下坚实基础。

(5) 要实现科技期刊集团化。这有利于在与国外出版商合作谈判时处于比较主动地位，有利于学科领域内部各个期刊有机地分工合作，避免国内学科领域内性质相近期刊疯抢稿源的内耗现象的发生。科技期刊集团化还有利于在集团内部重新安排期刊布局，学报类期刊、进展类杂志、科普类刊物等不同类型的出版物构成一体，相互宣传、相互支持、相互配合，相得益彰。国际上不少有影响的专业出版集团都采取这样的模式。

（6）重视“出版优良学风”的建立。科技期刊出版界的学风影响期刊的声誉乃至生存，必须高度重视。如自引率过高给人以假象，近水楼台先得月（主办单位文章优先），以及刊发重复投稿的期刊不可能办出高水平。粗制滥造及弄虚作假等行为要坚决杜绝。

（7）建立科技期刊的增加与淘汰制，但要十分谨慎。要听取有关科技界的意见，对那些新兴学科或要鼓励的学科要准予创刊发行。期刊的市场化问题很复杂，目前高水平期刊发行量小，广告招不进来，很难维持，除非得到有关单位的支持。只有等待期刊真正打开局面，期刊价格及销售量大幅度提高（如国外期刊那样）以后才有可能真正实行市场机制。建议科技部、国家自然科学基金委员会、中国科协等部门的专项资助科技期刊项目的管理办法也要适当调整。要资助那些发展潜力大的期刊，不应成为某些期刊维持生存的依赖。

（8）与时俱进。纸质版期刊仍需保留，但数字化期刊要加快发展，同时“开放存取”（open access）的出版模式也要加速进行；新闻媒体要更深入地介入到科技界，将“九七三”“八六三”和自然科学基金等通过国家财政拨款资助的研究课题所取得的大量研究成果，以科普的方式传播给广大的社会公众。这是提高国民科技素质的重要渠道之一。

参考文献

[1] Christopher King, With output and impact rising, China's science surge rolls on. *Science Watch*, 2008, 19 (4): 1-4.

[2] 朱诚，周建阳. 美国汤姆森—路透科技《期刊引证报告（2007）》(JCR. 中国部分). 中国科技期刊研究，2008，19（5）：932.

（原载《中国科技期刊研究》2009 年第 2 期）

科技期刊编辑社会责任的价值本源

孙晓玲

在科技文献传播中，科技期刊一直被认为是最重要、最有效的传播方式。现代社会，无论是科学研究还是经济建设，所需信息的70%～90%以上来自科技期刊。可以说，科技期刊已成为科学事业不可或缺的组成部分。科技期刊客观上担负着促进科学发展的重大责任，而编辑在履行这种职责时，必然承载着自身的价值判断和价值取向。由此，笔者认为，从科学文化的视角考察科技期刊编辑的社会责任，从深层的价值层面认识相关问题，有着重要的理论和实践意义。

科学文化的建构——编辑价值判断的依据

正确的价值判断建立在对事物全面、深刻的科学认识的基础之上，它直接决定着人们对一个事物的评价、衡量和选择，从而对做出与该事物相关的决策有着决定性的影响。科技文献作为科学知识的主体是科学文化的基础和依托，而科技期刊作为科技文献载体，决定了它在科学文化建构中的重要位置。由此决定，编辑在工作实践中必须以科学文化的建构作为价值判断的依据，才能保证科技期刊始终沿着正确的价值目标健康发展。

科学文化最显著的特征就是客观真理性与可检验证实性，并表现出一种动态的创新过程。因此，求真、求新始终是科学发展的价值目标，也必然成为科技期刊追求的价值目标。这个目标始终作为一种导向制约着期刊的发展，编辑的实践活动必须既合其目的性，又合其规律性，否则就会与价值目标相悖。

目前，我国年均论文产出量以百万乃至千万计的数量“急剧膨胀”，但从学术质量考察，有相当一部分并未反映真正的科研成果，而是粗制滥造的垃圾文章。这种现象所产生的负面效应表现在诸多方面：淹没了有价值的学术信息，影响了科学研究的效率；大量重复的、无创新内涵的平庸之作得以发表传播，败坏了科学研究的道德与风气；大量无效信息的增加最终会导致科学文化的异化。这里有一个不容忽视的事实，那就是众多的科技期刊客观上为科研学术的不良之风开了绿灯，起了推波助澜的作用。这里抛开种种其他因素，仅从科技期刊编辑的社会责任进行反思，不能不引起我们高度的警觉。

对于科技期刊来讲，学术论文的把关主要依靠同行专家评议制度。但如何保证制度的有效性，根本在于这种制度的运行机制和实际操作。在这个关键环节上起决定作用的是编辑而不是专家。就是说，编辑的学术见识、对科学文化价值的整体认知、对科学发展的责任感与使命感，从深层左右着评议制度的运作。纵观世界上一些著名的科技期刊，无不视学术质量为期刊的生命。他们共同的特点集中体现在以下两个方面：一是严格的审稿程序与极高的论文淘汰率。例如，美国《科学》杂志的做法是，将收到的稿件首先送给该刊聘请的各专业的高级专家评审，这一环节中有大约50%的稿件退稿，余下的50%送回编辑部再次评审。同一篇稿件由不同编辑从不同角度打分，然后讨论决定是否录用，稿件的最终录用率约为15%。《自然》年收稿约8 000篇，刊载率仅为12.5%。《美国医学会杂志》年收稿约3 900篇，刊载率约为17%。许多刊物广邀世界著名科学家参加刊物的编审，以保证对科技论文鉴定的学术权威性。二是开阔的学术视野与敏锐的创新意识。包括《科学》在内的一些名刊的编辑，都是走出编辑部到世界各地收集科技新闻稿和到世界著名实验室去征集科学论文，面向全世界竞争优秀科技成果和最新科技信息的首发权，所追求和强调的是论文的高质量和信息的独一无二。例如，《科学》为了对有关艾滋病血液检测实验结果及时地进行重点报道，从搜集信息、核对实验结果、组织专家评议、协同科技人员整理成文、修改补充、输入微机、履行法律认可手续到最后刊出，用了不到20小时的时间[1]。诚然，这些刊物的成功和学术优势是一般的科技期刊所无法企及的，但是从科学文化的背景下考察，我们应该看到一种历史的积淀和群体的力量。正是一代又一代编辑对求真、求新的科学价值目标不懈地追求，用自己智慧的劳动沙里淘金，为人类的科学宝库积累了无数闪光的珍宝，同时也塑造了这些名刊今日的辉煌。仔细体悟其中所蕴含的编辑对于科学事业高度负责的精神，编辑从自己的职业角度对科学发展的认知和远见卓识，对于我们从科学文化整体高度认识科技期刊编辑的现实责任和历史使命，都有着极大的启发意义。

科学精神——编辑价值取向的本源

价值取向是指价值主体在进行价值活动时指向价值目标的活动过程，反映出主体价值观念变化的总体趋向和发展方向。纵观科学发展的历程，从牛顿力学到爱因斯坦相对论，再到今天的耗散结构理论、突变论、超循环理论、生命系统论等的产生和发展，科学总是在不断否定旧理论的基础上发展着新理论，在质疑中不断深化，在证伪中不断前进。科学实践离不开科学精神。客观、求实与理性的精神，求真、探索与献身的精神，质疑、批判与创新的精神，平等、公正与自由的精神，是整个科学文化系统的核心与灵魂。从信息延传的意义考察，人类总是以科技文献的形式记录并传承着科学精神。因此，科学精神赋予了科技期刊经久不衰的活力，从而也构成了编辑价值取向的本源。

价值取向是介于价值观念和行为之间的中间环节，人们对价值的认识、判断需要通过价值取向才能在实践中实现。价值取向是一座直接通向实践的桥梁。科技期刊编辑以科学精神作为价值取向的本源包含两个层面的含义：编辑必须对科学精神有足够的认知和领悟，才能从科学整体的高度决定和把握编辑实践活动；编辑自身必须具备科学精神，才能正确地履行自己的职责。20 世纪 90 年代轰动知识界的“索卡尔事件”[2]，也许能从反面给我们一些有益的警示。纽约大学理论物理学家艾伦·索卡尔（Alan Sokal）用恶作剧的手段，迷惑了美国著名的文化研究杂志《社会文本》的五位副主编，在该杂志 1995 年 5—6 月合刊的“科学大战”专刊上，发表了他的论文《走向量子引力的超形式的解释学》。那么，一份在学术界享有很高声誉的杂志的编辑，何以未能识别出这是一篇“纯粹是胡说，充满了错误”的文章？这里抛开其他的因素，仅从编辑的角度来考察，就可发现编辑对这篇论文从判断到取舍的过程中所存在的问题：《社会文本》杂志未邀请任何同行专家对索卡尔的论文进行评审把关，编辑本人不熟悉量子物理学方面的理论，便想当然地轻信了作者的胡乱引用；索卡尔的论文以物理学家的身份来“解构”科学，迎合了《社会文本》编辑的意识形态和学术倾向；索卡尔引用相对论、隐变量、多维流形、引力场、超弦、同调群等新理论和后现代主义几乎所有的重要文献包装了自己的论文，吸引了编辑的兴趣。可以说，索卡尔的“欺诈”暴露出

《社会文本》编辑客观与理性、质疑与批判、平等与公正等科学精神的缺失。

由“索卡尔事件”反观我们所面临的种种违背科学精神的不良现象，不能不引起我们足够的重视和深刻的反思。仅以日常编辑工作中碰到的最普遍的一稿几投问题而论，这种看似并不严重的行为其实质也是一种欺骗，它漠视学术界的规则，损害了学术研究的神圣与尊严。从学术角度衡量，一稿几投的文章质量大多不高，却因种种非学术的原因最终能得以发表。这就是说，期刊在学术把关上的漏洞给一些怀有投机心理的人提供了可乘之机。另外，科技期刊界缺乏一种联合抵制不良之风的群体意识，从客观上怂恿了这种不良行为。这种现象从一个侧面折射出编辑群体科学精神的薄弱，而科学精神的薄弱必然会引起价值取向的迷失。这里特别值得警醒的是，学术界种种有违科学精神的不良现象都属于个体行为，但科技期刊具有信息传播的特殊功能与价值属性。由于编辑价值取向的迷失就会从客观上将个体的不良行为转化为一种社会的不良效应，这种效应对于学术研究、科学发展以及科技期刊自身的发展所产生的负面影响都是不可低估的。所以，科技期刊编辑以科学精神为编辑实践活动中价值取向的本源，充分利用科技期刊的特殊功能弘扬科学精神，倡导优良的科学研究学风，营造一种健康的、浓郁的科学研究氛围，形成一种精神感召和舆论震慑的力量，对于推动科学的整体发展乃至科技期刊自身的提高与发展，都是至关重要的。

科学价值与人文价值的融合——编辑实践的价值指归

科学的人文价值，体现在科学对于人的利益，特别是对于社会的和思想的积极意义。它使人意识到人类对客观世界中真善美的永恒追求，而“这种追求表现着人类对于自己所从来的外在自然和自己的内在自然的自觉超越”[3]。科技的发展，改变了人类的方式和环境，人们越来越多地享受到科技发展所带来的种种便利和好处，从而越来越多地注重科学在物质或经济上的应用价值。但由此而来的功利主义价值观的泛滥导致科学的人文价值失落，使得人的物质活动和精神活动无法超越人的本能活动，而处处表现出一种功利化的利益驱动。

科学的功利化倾向导致人们对科技价值认识和价值判断上的偏差，导致人们在发展和应用科技上的“短期思想”和“短期行为”，使科技发展本身产生方向偏差和结构失衡，甚至是本末倒置，从而引发一系列的环境问题和社会问题[4]。这种功利化的趋向对科学研究领域所产生的直接效应是导致学术失范和科学道德堕落。科学界著名的“黄禹锡科学造假案”可以说是一个很典型的实例。2004 年 2 月，韩国科学家黄禹锡在美国著名的《科学》杂志上发表论文，宣布在世界上率先用卵子培育出人类胚胎干细胞；2005 年 5 月，他又在同一杂志发表论文，宣布攻克了利用患者体细胞克隆胚胎干细胞的科学难题。后经韩国首尔大学调查证实，黄禹锡的两篇论文均属捏造，有关科学成果纯属子虚乌有[5]。那么，黄禹锡作为韩国最负盛名的科学家为何要造假？我们应从两个方面去看：一是整个社会文化形态中的各种功利化因素形成一种浓烈的急功近利的舆论氛围，对黄禹锡形成了巨大的压力，扭曲了一个科学家的心灵和行为；二是面对已有的成功、显赫的声名和盲目的吹捧，黄禹锡自身的名利欲望过度膨胀，以致迷失了一个科学家的理性和良知。

在我国科学界，学术造假、抄袭、剽窃等科学不轨行为也是屡见不鲜，科研成果粗制滥造、低水平重复的现象则更为普遍。有相当多的科研课题“科研设计质量低劣”，包括一些国家级科研基金项目，其科研设计是错误的，所用的统计分析方法是错误的，甚至结论也是错误的[6]。产生这些问题的原因是多方面的，诸如科技管理政策和“科研学术评价体系”的功利化导向，研究者自身的功利欲望等等。诸多因素加在一起，形成一种心浮气躁的社会风气，几乎所有的人都是身不由己，在大家共同构筑的一个利益怪圈中追逐。然而，这些表象后面隐藏的深层原因，则是科学精神的沦丧与科学的人文价值失落。值得注意和深思的是，为何一些造假的学术论文不时出现在《科学》《自然》等国际一流学术期刊上，国内一些质量低劣的“科研成果”以至一些学术造假的论文发表在国家级学术期刊甚至国际学术刊物上。仔细分析一下这类事件，就会发现其中有两个共同的特点：一是事件的主体大多是有较高学术地位的专家学者，二是其涉及的内容大多具有前沿性。这就是说，一些期刊尤其是一些名刊，过分看重权威和刊物的知名度，过分追求刊物在科技信息上的垄断地位，这种功利性的价值取向遮蔽了对科学本真的价值判断，其结果给科技期刊的真实性、科学性和严谨性蒙上了一层阴影。

科学进步与社会进步互为因果，科学品格与人文品格相辅相成。科学文化所具有的理想、精神境界以及相应的信念、意志、兴趣和激情等在内的人文价值内涵构成了“科学的生命”，推动科学生生不息地向前发展。科技期刊的使命与科学文化的使命，在宏观上并无二致。由于科技期刊在科学事业中的特殊位置，编辑的一系列实践活动都在一定程度上导引、调控着科学文化的发展方向，对科学研究起着一定的思想导向、价值导向和行为导向的作用。因此，消解功利主义倾向，规范学术道德是科技期刊编辑义不容辞的责任。编辑行为的正确实施，需要科学和人文两种文化视野、两种文化精神的共同作用。从这个角度而言，科学价值与人文价值的融合构成了科技期刊编辑实践的价值指归。

科技期刊编辑的社会责任，体现于价值意识和实践操作两个层面。科技期刊编辑只有从推动科学文化和科学事业发展的整体高度认识科技期刊的作用和使命，才能形成一种职业化的价值理性；而这种价值理性的自觉，必然会渗透到编辑个体人格塑造和编辑实践活动的诸多方面。在这里，强调编辑群体坚持“为求真理而认识、为求真理而发展”的科学价值观至关重要。只有编辑群体将这种理性的价值追求内化为维护科学纯洁和促进科学创新的强烈责任意识，才能真正推动科研学术与科技期刊自身的健康发展。

参考文献

[1] 刘海涛. 国外科技期刊的四个特点及我们的差距. 出版发行研究，2000（3）：65-66.

[2] 张一兵，周宪，任天石. “索卡尔事件”与科学大战——后现代视野中的科学与人文的冲突. 蔡仲，邢冬梅等，编译. 南京：南京大学出版社，2002.

[3] 吕乃基. 科学与文化的足迹. 西安：陕西人民教育出版社，1995.

[4] 史少博. 功利主义与科技异化. 理论学刊，2008（6）：59-61.

[5] 马越舟. 黄禹锡科学造假的启示. 时事报告，2006（2）：60-61.

[6] 胡良平. “学术造假”给科学界敲响了警钟. 中华医学杂志，2006，86（8）：507-509.

（原载《编辑之友》2009 年第 5 期）

科技期刊编辑主观创造性的发挥

蒋红燕　苏振礼　王克平
张　哲　李　科

一、引言

在市场竞争越来越激烈的情况下，作为承载科技信息、传播科技成果的科技期刊，都在树立杂志品牌，创建精品期刊，提高刊物的核心竞争力。在知识经济时代，科技期刊间的竞争主要表现为编辑人才的竞争，编辑人才在资源配置和品牌创造中具有决定性的作用[1]。

一个成功的科技期刊，所拥有的编辑队伍基本上具有较高的素质和与时俱进的创新能力，每个岗位上的编辑都有一身过硬的基本功，综合素质能力强，善于创新和不断学习。严峻的竞争现实，要求编辑人员不应局限于“学者型”，仅仅只做案头工作，更应是精通现代化办刊理念，掌握最新科技发展动态，应变能力与创新能力强的高素质“复合型”人才。

科技期刊编辑作为科技期刊的主要承办者，不仅要把握期刊的质量和风格，还要为文章质量把关。编辑对文稿的处理，实际上是对作者科研成果的一种再认识，这一认识过程是编辑积极参与的活动过程，具有很大的主观能动性[2]。因此，编辑自身素质和创新能力的高低，直接影响期刊的稿件质量。只有编辑充分发挥自己的主观创造性，综合运用各种知识和能力，不断创新思维，与时俱进，才能全面提升科技期刊的质量和水平。

二、科技期刊编辑自身素质的提升是发挥主观创造性的基础

作为编辑活动主体的编辑在科技期刊的发展过程中担当重要角色，要想使科技期刊更具有活力和竞争力，就必须有充满活力和竞争力的编辑人才。所以，进一步提升科技期刊编辑的自身素质，包括基本素质和综合业务能力，才能更好地发挥主观创造性，不断提高期刊水平。

1. 编辑基本素质

就科技期刊编辑而言，需要具备良好的政治思想素质和业务素质，具备一定的语言文字能力、扎实的专业知识和编辑能力等基本素质。

语言文字能力是科技编辑必须具备的基本功[3]。科技期刊编辑在选题、审稿、改稿等编辑过程中的思维决策能力，很大程度上受自身语言驾驭能力和语文素质的制约。而且编辑对语言文字的再加工能力，对稿件的质量起着很大的作用[4]。科技期刊编辑首先应具有汉语语言文字扎实的基础知识和熟练的运用能力，同时还要熟练地掌握与科技期刊编辑有关的人工语言，如数学语言、符号语言、图表语言、计算机语言以及相关学科的名词术语等。这样，科技期刊编辑加工出来的文章语言才能更清晰、生动，结构更科学合理，具有较高的科学性、逻辑性、可读性和艺术性，达到内容与形式的完美统一。

扎实的专业知识是做一个合格科技期刊编辑的基础。根据我国科技期刊的实际情况，编辑学者化已逐渐成为科技期刊编辑界的共识。科技期刊编辑不仅需要通过不断地学习本学科的专业基础理论、参加相关专业学术会议、参与科研实践工作、撰写学术论文等方式，及时了解学科发展状况，洞悉本学科的前沿和热点，还要及时了解其他学科的前沿动态，扩大自己的学术视野，优化知识结构。这样才能在期刊选题组稿、选择审

稿专家、稿件初审时更专业、更准确地判断稿件的学术质量，能够更清晰地将审稿专家的意图转达给作者；结合自己参与科研实践和撰写学术论文时的体会，能够充分理解作者的思维方式和工作方法，并向作者提出更专业的修改意见，与作者建立更加融洽和谐的沟通。

编辑能力贯穿在科技期刊编辑工作的整个过程中。科技期刊编辑工作包括选题、组稿、审稿、编校、出版等环节，每一环节都要运用编辑学的基础理论知识和技能，如编辑学、出版学、发行学、广告学和编辑美学等。只有学好、掌握好编辑学知识和技能，及时了解和掌握编辑出版方面的新规范、新方法，并灵活运用到日常的编辑工作中去，才能编辑出学术品位上乘、编排规范的期刊精品。在完成日常工作的同时，还要注意编辑经验的积累和编辑学学术问题的研究，丰富编辑学的内容，在科技期刊编辑学理论研究方面有所创新。

2. 编辑综合业务能力

随着期刊现代化、国际化进程的加快，科技期刊之间的竞争要求编辑人员除了有一身过硬的基本功之外，还需要拥有较强的外语能力、计算机及网络操作能力、信息处理能力和沟通能力等多元化的综合业务能力，这样才能更好地适应时代发展的要求。

为了提高期刊的国际影响力，现在我国科技期刊已有部分刊物同时出版中文版和英文版，许多中文科技期刊也都增加了英文题名、摘要、关键词等内容，以方便国外读者的阅读，进一步扩大读者群，同时更有利于被国际知名检索机构收录。这就要求科技期刊中文版编辑必须能够熟练地掌握和利用一门以上的外语，掌握一定的专业英语和专用词，如与专业相关的缩写词、代码、机构名称等。英文版期刊对编辑的英语水平有更高的要求，不仅能理解稿件的内容，而且要对其进行合理的修改，同时还要无障碍地和国外编委、作者、读者、审稿人、发行商等进行沟通。所以科技期刊编辑要在日常工作中加强专业英语的学习，做到能基本读懂本学科英文资料，掌握一些常用英文关键词汇，对学科中新出现的专业词汇及时了解。

近年来，计算机及网络技术在期刊领域的广泛应用，使科技期刊及出版业在整个出版流程上都实现了质的飞跃。这就要求科技期刊编辑应能熟练掌握计算机及网络的基本操作技能和相关软件，实现稿件管理、编辑加工和情报处理一体化。充分利用因特网等现代化工具，使用编辑信息管理软件，对学术期刊的各种信息做到快速处理，及时反馈，缩短稿件处理时间，增强与国外期刊的竞争力[5]。网上投稿和在线交流已成为期刊现代化的重要办公手段。这些都迫使科技期刊编辑人员在思维方式、工作方式和编辑技能上做出相应调整。科技期刊编辑人员要在工作实践中不断加强这方面的学习和应用，更好地适应现代化办刊需求。

信息处理能力是网络时代对科技期刊编辑人员的新要求。现在互联网的信息传播功能越来越强大，各种各样的信息资源浩如烟海。那么，怎样才能从海量资料中快速地寻找以及筛选出编辑工作需要的信息呢？这就需要科技期刊编辑充分利用因特网的信息资源，通过浏览网站和期刊数据库，密切关注各个学科发展的最新动向，巧用搜索引擎，学会迅速准确地查找到所用的信息。用网络的思维方式去思考问题，应用网络平台快捷、直观又富有交互性地表达和选择信息。另外，还可以利用因特网展示期刊，扩大期刊影响，吸引读者阅读和优秀作者投稿。

三、科技期刊编辑思维创新和意识更新是发挥主观创造性的关键

科技期刊出版业属于知识产业的范畴，对期刊社而言，其生产与发展尽管需要种种条件，但它要取得成功，获得市场竞争的主动权，则主要依赖于三个要素：资源、人才与品牌。在知识经济时代，信息增长迅速，知识更新不断加快，产品更新换代周期越来越短，期刊社唯有不断创新，才能保持与巩固已有的期刊品牌。新时期期刊竞争的首要体现就是创意的竞争，独创和创新已经成为科技期刊竞争力的源泉。这就要求科技期刊编辑具有较强的思维创新能力，更新意识和观念。

编辑工作是整个出版工作的中心环节，要实现科技期刊创新的目标，期刊编辑必须冲破陈旧观念的束缚，树立知识经济和市场经济条件下期刊生存发展的竞争意识、超前意识和网络意识；改进技术手段，重视知识学习，优化知识结构，努力为社会提供及时的、高质量的编辑服务。科技期刊编辑只有具备创新意识，才能产生创造思维，使刊物无论从栏目设置、编辑出刊，还是科学选题、展示科研成果上，都能不断创新，富有生命力，在期刊竞争中长期处于不败之地。

1. 确立科技期刊编辑在期刊建设中的主体作用

现今的许多科技期刊编辑缺少职业归属感和职业荣誉感，长期以来“为他人作嫁衣”的消极职业观根深蒂固，对科技期刊编辑的影响负面多于正面，编辑的角色定位及编辑工作在出版业中的作用都没有引起足够的重视。

科技期刊编辑作为科技期刊的主要承办者，直接参与到期刊出版的各个环节，综合运用其专业知识和编辑学知识和方法，对文稿进行创造性加工处理。可以这么说，文章是作者的作品，文章好坏取决于其内容，起主导作用的是作者；而期刊就是编

辑的作品，起主导作用的是编辑。编辑将内容好的文章通过选题策划，加工整理，组织成一定的专栏，以流畅、严谨的方式呈现出来，这本身就是一个创造的过程。从这个角度出发，对期刊的评价就是对编辑的评价，刊物的优秀与否，与期刊编辑有着直接又密切的联系。

这就要求科技期刊编辑必须对自身的主体作用和重要性有足够的认识，真正成为科技期刊发展的主体，将期刊作为自己创造性劳动的成果，摒弃“为他人作嫁衣”的消极观念，积极主动地不断提升职业素质，进而提高期刊的竞争力和影响力。

2. 不断创新思维和更新观念

知识经济时代，科技期刊编辑工作已不再是简单的案头处理工作，而是复合型、高智能型和创造型的社会化生产过程。从传统型向现代化型转化过程中，编辑的心理和观念的转变应当适应创新的基本要求。观念的更新与操作理念的转变已刻不容缓地摆在了编辑工作者面前[6]。

编辑观念的更新要以创新的知识作为准备，以一定的理论和实践经验作为基础。随着新思想、新观念、新方法不断出现，需要科技期刊编辑及时转变和更新思想观念，不断更新自身的知识结构，使自身的思维适应现代科学发展的形势。摆脱旧有的思维模式，打破思维的封闭性、局限性，借助于新知识、新信息，改变自己的生活方式、行为方式和工作方式，形成思维活跃的格局[7]。

编辑的创新性思维是建立在调查研究、充分了解出版市场动向、掌握书刊市场信息的基础之上的，要在复杂的市场变幻中做出自己科学的判断。透过各种各样的信息，经分析思考，筛选出有价值的东西，以创新性思维对问题做出正确的判断。如创新流程，在全面分析传统编辑工作流程的基础上，根据现代网络技术和计算机硬件设备，对传统的编辑模式进行改革，提高编辑工作的质量和效率，实现编辑流程的创新。

3. 树立“终身学习”的观念

编辑主观创造性的发挥离不开知识和经验的积累。在知识经济时代，编辑创新与编辑知识占有量的关系更加密切。科技期刊编辑只有具备了扎实的编辑学基础理论知识、精深的专业知识和广博的邻近学科知识，才能对来稿的理论和技术创新性做出科学的评判。编辑应具备较高较宽的知识面，站在科学文化的前沿，掌握大量的信息，去审视和发掘新的有价值的东西。编辑的创新意识源于不断的学习与思考。丰富的知识可以使人的思想灵活敏捷，不断产生创新性思维和广泛丰富的联想。

这就需要编辑具备“终身学习”的学习意识和学术素质，通过不断的学习，提高自身获取、吸收、交流各种知识和信息的能力，使自己的思想意识、思维方式和价值取向跟上时代步伐，永远站立时代潮头。只有不断通过学习，更新原有的知识结构，才能对最新的科研成果做出敏锐的洞察和把握，使刊物具有朝气蓬勃的学术生命力。

科技期刊编辑还要改变传统的观念，变被动为主动，有主动更新知识结构和创新的意识。这就要求科技期刊编辑不断优化自己的知识结构，自觉培养创新精神和前瞻性思维，形成多维复合型思维习惯，应用到编辑实践中。

四、管理体制的优化和对编辑人才的培养是编辑主观创造性发挥的外在推动力

科技期刊编辑的主观创造性主要来自外因和内因两方面：外因是社会外部环境的影响和压力，内因是自己对所从事专业的兴趣和追求[6]。前面论述的科技期刊编辑自身素质的提高和

观念改变、思维创新都是内因，是科技期刊编辑通过对自身能力的提高进而推动学术刊物的发展和进步，下面要说的外因，主要是科技期刊管理体制的优化和人才培养机制的建立。

目前，国内科技期刊在长期的计划经济体制下，大多挂靠在高等院校、科研单位或者学会、协会，使得科技期刊成了这些机构的附属物[8]。期刊编辑在单位始终进入不了主流群体，处于边缘地位。而且期刊的管理部门包括主管单位、主办单位、承办单位及科技管理部门、新闻出版管理部门，由于多头管理造成一些期刊的所有权不明晰，利益分配、责任不明确，而且也造成期刊的负担过重[9]。再加上有些期刊社管理体制和观念相对滞后，闭门办刊，这一系列的问题造成科技期刊编辑的工作任务重、工作岗位分配欠公平，劳动报酬不合理，提薪、晋级不公平，辛劳和贡献得不到承认，得不到信任和尊重等，这在很大程度上影响和制约了编辑主观创造性的发挥，表现出得过且过的消极情绪。

所以科技期刊管理体制的优化，首先应从国家期刊方面的管理部门及期刊主管、主办等部门开始，制定鼓励科技期刊发展的相关政策、减少对期刊发展诸多不利的限制，简化各种报批、检查的程序；减少诸如出版增刊、增减页码、期刊定价等方面的诸多限制；增加财政支持；简化行政管理等，营造有利于科技期刊创新的宏观管理机制和发展环境[9]。

其次是期刊社应改革传统的办刊模式，进行体制创新，建立符合市场经济要求的经营管理制度。要从各个方面、层次，逐步营造一个从创新中能够得到现实或长远利益的环境，建立合理的激励制度，如物质奖励和精神激励等。实施以期刊为核心的营销创新，建立单位内部的策划和开发机制，对编辑人员制订具体创新的目标，甚至制订量化指标，只有这样，才能调动编辑的主观创造性，愿意创新，敢于创新，积极主动地把自己融入到期刊发展的进程当中去。

建立良好的人才培养机制，主要是设定具体的奖罚机制和培养与发展计划。在期刊的管理过程中，期刊社的每个人应有明确的职责，建立岗位责任制。实行严格的质量管理，从编辑部主任到每名责任编辑必须严格遵守，一旦出现问题追究到个人。应建立一套行之有效的编辑管理和激励机制，能给编辑创造人才脱颖而出的平台，有利于其个人价值的更好实现[9]。

加强人才的培养和利用，对编辑人员进行创新能力的培养，制订发展计划。将不同类型、不同层次的编辑人员合理分配，有针对性地对各类编辑人员进行岗位培训，不断在培训内容中引进新理论、新知识，拓宽知识范围，加大培训力度，使各类编辑人员能够在本职工作中发挥最大的潜能。加强对编辑队伍的继续教育，尽可能多地为编辑创造学习和提高的机会，以培养开发高层次、复合型编辑人才为重点，创新工作机制，丰富内容形式。明确的人才培养与发展计划将有利于编辑队伍素质的整体提高，能积极地调动编辑的工作热情，激发创新思维，对编辑主观能动性的发挥产生强大的推动力。

五、结语

科技期刊是知识传播的重要载体，科技期刊编辑是科技期刊核心竞争力的重要组成部分。科技期刊只有不断开发高素质编辑人才，提升科技编辑人才自身素质和综合能力，顺应时代发展改变观念，创新思维，加强学习和培养，建立起适合人才发展的管理体制和培养计划，使编辑人员最大限度地发挥主观创造性，才能促进自身持续发展，适应科技期刊的现代化办刊需求。

参考文献

[1] 刘明. 科技期刊创新型编辑的素质与能力探讨. 中国科技期刊研究，2007，18（3）：507-511.

[2] 辛俊武. 论学报编辑的主体意识. 甘肃联合大学学报：社会科学版，2006，22（6）：54-56.

[3] 曹兵，蒋伟，佟建国等. 高素质的编辑队伍是科技期刊质量的保障. 中国科技期刊研究，2007，18（1）：157-160.

[4] 李凤琴. 浅谈提高科技期刊青年编辑的语文素质. 中国科技期刊研究，2007，18（5）：885-887.

[5] 李无双，潘淑君. 信息网络化与学术期刊编辑. 中国科技期刊研究，2007，18（2）：291-293.

[6] 刘翠玲，边莉，左文述. 关于科技期刊编辑创新动力不足的思考. 中国科技期刊研究，2007，18（4）：691-694.

[7] 陈矩弘. 论科技期刊编辑的超前意识. 中国科技期刊研究，2007，18（1）：120-122.

[8] 熊家国，金会平，陈万红等. 科技期刊管理转制的深度思考. 编辑学报，2005，17（6）：434-436.

[9] 王革. 学术期刊观念创新与管理创新. 中国科技期刊研究，2006，17（专刊）：908-910.

（原载《中国科技期刊研究》2009 年第 5 期）

论网络时代高校科技期刊的读者定位

李忠富　黄冬华　曹　兵　佟建国

随着计算机网络技术的迅猛发展，网络技术将引发高校科技期刊的一场革命，传统的高校科技期刊如何应对这一变革，值得深思[1]。网络环境下高校科技期刊谋求发展的一个战略问题就是要从传播者本位向读者本位方向转变，因此，高校科技期刊必须对自己的目标读者进行细分，围绕着“让读者满意”这个诉求开展工作，充分利用高校科研前沿的优势，充分利用网络编辑技术，才会占领品牌期刊的高地，展示自己的特色，从而获得健康发展。

一、问题与机遇

高校科技期刊的作者大多为本校师生。一般来说，只要学校拥有的学科，无论是优势学科还是一般学科，其科研成果都要在校办科技期刊上发表，因而高校科技期刊主要反映本校的教学与科研水平，推动校际和国际学术交流。这样的期刊定位，在一定的历史条件下是合理的并且发挥了积极的作用，但是，高校科技期刊一般发行量很小，订阅数最多的不过千余份[2]。

网络技术的迅猛发展为高校科技期刊提供了有利的发展机遇。在计算机网络环境中，各类大学科研活动同时出现了日益综合和日益分化的趋势，学术交流的地域范围越来越大，而专业范围越来越窄。曾有学者提出综合性高校科技期刊必须走专业化的道路：缩小报道范围，抛弃某些专业领域的论文报道；而笔者认为，在计算机网络飞速发展的条件下，高校科技期刊完全可以利用网络传播的有利条件，把学术领域的各自不同层次的研究报道这一特色与现代网络技术有机地结合起来，提供自己的特色服务，把高校科技期刊报道领域广、学术研究深度大，因而缺乏一般意义的读者的不利条件，转化成为向关心相关领域研究成果的研究者提供自己独有的特色服务的有利条件。网络出版对传统高校科技期刊来说，不应是一个互相取代的关系，而应是一种增值服务，关键在于高校科技期刊怎么结合自身的优势资源做好自身的定位，同时要根据目标市场环境来选择自己的读者群体。

二、层次定位让读者满意

高校科技期刊在网络时代要制定其发展战略，首要的问题是要重新审视期刊的读者定位。读者定位是期刊一切发展战略的基础，高校科技期刊如何根据自己在网络环境中的优势重新定位读者群体，决定了其搭建的在网络时代起跳的弹板的高度。

一种期刊通常把读者分为目标读者（特定读者）和潜在读者（扩张读者）。读者定位要求明确期刊的服务对象，即要找到读者的消费区间，并在这个消费区间里表现出该期刊能打动目标读者之心的力量。这种力量的原动力是了解读者的需求和诚心为读者服务。

高校科技期刊也是分层次的。主要分为学术类、技术类和科普类，报道形式分学术论文、述评、介绍、快讯和简报、普及教育等层次。与此相对应，高校科技期刊报道的对象即科技知识成果的研究和应用也分为几个层次，即基础理论研究、应用研究、实验与开发、设计与制作、新技术和新工艺及其投入生产等。

一般认为：科研型大学和科学技术研究机构（统称为“科研机构”）主要从事基础研究和应用研究，是学术类期刊的作者和读者的集中区域[3]；企业及一部分科研机构承担技术研究开发工作，是技术类期刊的作者和读者的主要分布区域；科普类期刊的读者主要是企事业单位的普通劳动者和青少年学生。

高校科技期刊应根据各刊的相关报道领域细分自己的目标读者，并且，高校科技期刊的运作主要围绕着“让读者满意”这个诉求展开。要充分考虑读者的接受程度，考虑读者是否乐于接受，同时，既要考虑作者需求，又要考虑读者需求，努力做到让多数读者满意。

《自然》（*Nature*）是综合性科学周刊，通过多样化的栏目设置来传达涉及科学方方面面的东西，以满足读者的多层次需求[4]。《自然》认为，它要面向的读者是多样性的，它要求作者尽量少用偏颇的技术词汇，必须用时一定要将定义解释清楚。它希望一篇科技文章不仅本专业的人士能理解，非专业读者也能理解其主旨，尤其是开头百十来个字的一段，更是要仔细推敲其结构，以增加明晰度并减少赘述，让人一眼看懂文章的背景、内容和结论是什么。《自然》上发表的论文，至少要修改一次，很少有未对最初的投稿做重大修改就能得以发表的，而且大多数论文需要做大量修改，或者需要做更多的实验，还可能既要做更多的实验，又要做大量的文字改动。正是通过认真的修改，《自然》所发表的论文才真正具有吸引力和说服力。

三、提供增值服务吸引读者眼球

网络化的编辑软件足以使编辑、排版、校对和发行工作同步进行或者混合进行。网络编辑技术具有高度的统程整合性，可以使科技期刊的内容和表现形式达到高度的统一，使得科技期刊的发行工作不再受印刷、装订、运输等环节的限制，而刊载内容的服务范围却得以扩大[2]。尤其是网络数据库技术可以极大地提高信息资源的挖掘能力，使科技期刊读者掌握传递和获取信息的主动权，保障读者根据自己的需要任意查询，可以为读者挑选、评价和使用信息提供各种便利。

《自然》每周出版，同时在英国、美国和日本印刷，在出版当天邮寄给这些国家的订户。www. nature. com 除含有每期的全部内容外，还有一些额外的内容，订户可于出版当日在网上看到这些内容。网络服务不但扩大了刊物的覆盖面，而且加快了传播速度[4]。

在网络环境中，网络编辑技术所具有的交互性使科技期刊编辑与读者之间能够直接进行交流，在使信息的传播效果得到实时反馈的同时，读者的主动性得到增强，甚至读者与作者角色可以互换。读者可以及时将意见和建议反馈给作者及编者，并参与作品的创作和修改，变被动接受为主动参与。

《自然》追求的目标是尽快做出所有决定。因为每一个审稿人只看到很少一部分投稿，判断什么东西会让更广泛的读者群体感兴趣不可避免地会带有一定的主观性，也未必会具有做出这种判断所需的视角；所以，《自然》在编辑方针上保持独立性，由编辑来判断应当发表什么内容。期刊的读者也可能就是作者，争取了作者的信任也就是争取到了读者。从 2000 年开始，《自然》提倡作者通过 www. nature. com/submit/来投稿。从收到稿件到正式录用平均需 13 周，从录用到发表需 7 周。重要论文通常可在投稿后 1 个月内发表，必要时，在不影响审稿程序的前提下，论文还可在收到后 2 周内发表[4-5]。

我国高校科技期刊中的学术类期刊，其读者大都是具有某种专业知识或从事某个领域研究的专业技术人员或研究生，阅读的目的性很强，多为资料检索，即以最快的速度查找与本专业或研究方向相关的最大限量的科研信息[3]。在这种意义上，学术期刊编者必须重新审视其读者定位，在网络平台上，把某一领域的科学研究者的眼球强有力地吸引过来，依靠自己的特色服务，为读者提供方便的查阅和检索，使他们在短时间内阅读到本期刊近期已经发表的相关论文，激发起他们对下期即将发表的论文的阅读欲望。

因此，高校科技期刊应提供网络平台，使读者可以主动检索所需内容，按需浏览、按需下载，将自己研究领域的信息进行编辑与组合。网络编辑技术非常适合于向有特殊要求的读者提供这种个性化的信息服务[6]，高校科技期刊也应根据读者提出的个性化要求依托计算机网络数据库提供这些增值服务。例如，读者提出不购买整本期刊，只购买符合自己研究领域需要的栏目，或相关论文，或几幅图片，甚至几组数据，高校科技期刊出版者可以将最近几期的相关内容重新组合，做成适合读者需要的“个性化期刊”。这种个性化期刊可以通过网络下载到PC机，或传输到电子阅读器中，也可以通过按需印刷技术打印、装订成印刷本，甚至可转换成储存数字信息的数据库，以备随时提取进行合成。

四、网络开发扩大读者视野

当信息化特别是网络的发展使整个社会信息消费成为生活习惯的时候，高校科技期刊如果不注意自身现在的经营群体和经营规模，寻求自己的生存点，就无法在未来面对多方面挑战的情况下立于不败之地[7]。

随着互联网的进一步普及和信息化水平的不断提高，高校科技期刊通过计算机网络将获得很好的展示效果，提高知名度，而且必将建立同读者的互动联系，扩大发行量和营业收入。各期刊社不应该把期刊的电子版看成是对纸版的否定或对立，而应该看成是对纸版的补充和扩大，是期刊发展的新空间。互联网的优势将能够弥补传统期刊的不足，比如期刊网站可以及时地使读者获得各期的目次信息，扩大读者的知识视野，使过期内容资源得到持久的展示和利用，这是传统纸版期刊所不能做到的。

有实力的高校科技期刊应把本校各种不同的科技期刊资源整合在一个大平台上，尽快建立高校科技期刊群或期刊中心自己的形象网站，在网站上发布有关各期刊的介绍和消息，提供同读者的交流平台。对于更多的缺乏实力的高校科技期刊，网站大可采取与其他高校科技期刊联盟或者交专业网站代理的办法。

作为一种跨学科刊物，《自然》发表所有科学领域的论文[8]。在某一些领域，投给《自然》的高质量论文，其数量的增加比其他领域快得多，发表这种高质量的论文，可扩大读者的知识视野。在那些稿件竞争最为激烈的领域创办新的刊物，就可以让这些领域的读者比只有一种《自然》时具有更为开阔的眼界。于是《自然》创办了姐妹刊，如《自然遗传学》（*Nature Genetics*）、《自然结构生物学》（*Nature Structural Biology*）、《自然医学》（*Nature Medicine*）、《自然生物技术》（*Nature Biotechnology*）、《自然神经科学》（*Nature Neuroscience*）、《自然细胞生物学》（*Nature Cell Biology*）等。《自然》系列期刊达到 16 种，同时还创办了《自然评论》（*Nature Reviews*）系列评论杂志[5]。

此外，重视网络开发和规模经营的期刊还应具有很高的编辑水准、合理的订阅价格、较短的出版周期，以及全球化的营销网络、高质量的广告宣传和大规模的网上服务[9,1]，这些都是科技出版物今后获得成功的关键因素。

参考文献

［1］沈海洋．国际电子出版技术发展趋势及我们的对策．出版发行研究，2000（3）：11-15．

［2］曹兵，蒋伟，佟建国，等．提高整体质量　实现可持续发展．中国科技期刊研究，2003，14（4）：413-415．

［3］贾红棉．高校学术期刊改革探索．编辑之友，1999（1）：20-22．

［4］石应江．让读者满意：《Nature》的受众本位．中国科技期刊研究，2003，14（1）：79-81．

［5］石应江．《Nature Materials》的创办与英国自然出版集团．编辑学报，2003，15（4）：308．

［6］沈向昕．论网络时代科技期刊编辑意识的嬗变和突破．湖南商学院学报，2002，9（1）：121-122．

［7］喻国明．中国媒介产业的现实发展与未来趋势．中国人民大学学报，2002（1）：10-16．

［8］李淑兰．中国高校自然科学英文版学报的现状与前瞻．编辑学报，2002，14（2）：121-122．

［9］周宇，王益民．我国科技期刊国际化走势探析．编辑学报，2005，17（1）：13-14．

（原载《编辑学报》2009 年第 3 期）

现代大学学报主编的社会角色与学术责任

杨权斌

大学学报作为一个学术性刊物，担负着推广和交流学术成果、发现和培养学术新人、引导学术研究方向等社会责任[1]。大学学报主编作为学术期刊的领导者和把关人，其履行社会角色和学术责任的问题，越来越受到教育学家、社会学家、文化学者和广大作者、读者的热切关注：在目前急功近利的学术评价体系主导下，学术编辑的学术权力也获得了空前的膨胀；在科教兴国、规范学术道德的进程中，现代大学学报主编务必确立正确的社会角色意识，承担起应该承担的学术责任[2]。

一、现代大学学报主编的多重角色及其意识要求

大学学报主编是大学学术交流窗口的把关人，在现代大学通过学报这个桥梁服务社会、引领社会，传播文化、引导文明的过程中，具有多重角色和责任。

1. 编者角色

编辑出版是学报主编主要的工作责任。大学学报主编的角色定位首先是一个编者，学报按期按质编辑出版是检验主编工作的最直接的指标。因此，必须坚持正确的出版方针和编辑文化方向，始终把握好学报编辑出版内容的政治性、政策性、学术性、科学性、保密性和艺术性。每策划确定一个选题、编辑加工一篇稿件，都要为创造先进文化尽职尽责。

2. 学者角色

学术研究是学报主编的基本功。大学学报主编的工作对象和平台是学术研究人员和学术交流媒介，其学术使命之一就是选择、判断学术价值并推动学术研究的进展。所谓“编辑学者化”意味着必须不断提高学术研究水平，能够对学术问题行使同等的话语权。现代大学学报主编要努力提高自己的学术素养、科学精神和研究能力。

3. 教育工作者角色

编辑育人是大学学报主编的特别要求[3]。我国教育部文件明确大学学报编辑与大学教学科研人员同位，这就要求大学编辑不仅要做好编辑业务工作，而且更重要的是在编辑工作中成为“传道、授业、解惑”的教育工作者，要以严谨的治学态度、科学的工作方法和高尚的人格魅力去潜移默化影响大学生和受众。

4. 发现者角色

提携新人新作是大学学报主编的神圣使命。大学学报主编应以此为己任，自觉关注研究社会性、前瞻性的问题，主动发现、介绍国际国内最新的学术新人、学术动态与最新学术研究热点、学术研究成就，积极发现和传播有利于推动产学研一体化发展和社会进步的校内外科学研究成果和前沿信息。

5. 传播者角色

学术传播是大学学报主编的主要功课。大学学报作为现代大学学术窗口，动态反映专家教授最新的学术观点和研究成果。大学学报主编确立学术传播意识，就是要充分利用学报本身的学术期刊定向文化传播和稳定的文化积累功能，通过现代媒介传播手段，不断地给予广大读者以新的科学知识、历史知识、文化知识以及审美享受。

6. 协调者角色

和谐刊社建设是大学学报主编的管理目标。大学学报也是一个社会文化组织。大学学报主编在把学报编辑部建成学术理性、民主理性和效率理性的文化组织的过程中，必须正视目标构成、学科构成、职能构成、人员构成、任务构成的多样性以及其智力劳动特征的个体性等特点，找寻大学“学术自由”和一定程度上的“个性化”与规范结构和协调发展的平衡点，这就是加强整体制度性建设和科学化协调管理。

二、大学学报主编的在位缺失及其学术困惑

从 20 世纪 70 年代末以来，包括大学学报在内的学术期刊主编“学者化”成为学界热议的话题；其中最突出的问题就是主编职业角色的错位与缺位[4]。近年来，我国文化教育主流媒介多次刊文探析先称学术腐败后说学术失范的缘由及其相关矛盾与困惑；大学学术失范等问题产生的原因是多方面的，本质上是社会不良现象在学术界的反映，是社会转型时期学术发展的阶段性现象[5]。

1. 大学学报发展与主编人才缺乏的矛盾

改革开放以来，大学学报基本上是“一校一刊”，综合性大学学报呈现“一校多刊”或“一刊多版”的景象。由于大学学报主编工作具有学术把关、编辑与行政管理的多重特征，尽管大学拥有众多的教授、副教授，但能胜任学报主编的既懂编辑业务又会管理的学术人才实在是“凤毛麟角”；特别是兼任主编的“学科专家”或“学术带头人”忙于专业事务，而无暇顾及学报主编工作中所谓“琐碎”的编辑业务。

2. 大学学报功能定位与学术尊严的矛盾

大学学报是一所大学的学术理论园地，其主要任务是充分

地、能动地反映专业教学与科学研究相统一的学术研究成果。学术性是大学学报的主要特征，维护学术尊严、加强学术传播应是大学学报主编的责任。但是，在各种思潮的冲击和各种利益的诉求下，一些大学学报的功能定位开始异化，学术尊严遭到“践踏”，有些学报成为一些人评职称、评奖和升官的工具，学术文字的“背后”加进了许多非学术性的东西；有的大学学报以收取“发表费”和“版面费”的多少来取舍论文和安排版面。这其中功利性的、浮躁的东西，使学术论文这朵鲜花也不那么“鲜”“美”了[6]。

3. 大学学报主编素质要求与主编个人素养的矛盾

如前所述，大学学报主编具有编者、学者、教育工作者等多重角色，肩负神圣的社会责任和学术责任，必须坚持追求真理的科学精神和高尚的学术道德。令人遗憾的是，有的大学学报主编似乎对此有些茫然，有的屈于某种压力，将“领导意见”等同于“专家审稿意见”；有的学报主编碍于情面，以“关系亲疏”代替“编辑出版制度”；有的学报主编学术创新意识淡薄，对“刊物自身如何把握新世纪学术潮流的变化、特点及趋向”等问题考虑甚少；“在一些主编的眼里，对刊物的学术导向、审美导向的把握则可以忽略不计”[4]。

4. 大学学报评价体系与主编考核机制的矛盾

在大学管理改革过程中，就学报主编和编辑人员工作业绩评价来说，有的学校按机关干部考核，有的学校按教职人员对待。特别需要指出的是，我国学术界常常将“核心期刊”作为大学学报学术价值的标尺，许多高校的人事部门将“核心期刊”作为主编工作评价和职务职称晋升的条件。目前，我国学术期刊在整个学术生产体制中处于比较薄弱的环节[7]。由于某些高校的学报过度强调“窗口”“园地”作用，还是封闭在国内、行业内甚至本单位内，主编工作难以融入现代学术期刊潮流，主编考核机制也无法接轨世界和国内优秀学术期刊评价体系。加之许多大学的学报编辑部规模小，主编人员兼职多，如何科学制定绩效标准与考核体系还有很长的路要走。

三、大学学报主编的学术责任及其必须处理的几对关系

当前，现代大学学报和主编承担着十分重大的社会责任，但其生存现状和学术水平并不尽如人意。然而，由于大学本身学术组织特质和大学学报学术媒介特征要求，大学学报主编在履行其学术职责时，意味着必须具备更强的社会责任感和创新精神、更高的学术水平和工作能力、更严格的编辑规范和出版管理，并切实加强学术责任和处理好以下几对关系。

1. 主动发现与学术平等

大学学报主编工作作为人类精神生产的编辑活动，不仅具体体现对文化成果发现与选择的成效，而且负有对人类文化的推进与创造的天职。在创新型国家建设的过程中，各行各业都特别需要支持新人，支持新作，推动新的创造[8]。我国大学学报主编必须强化“学术平等意识”，不畏“名”，不畏“利”；不“追名”，不“逐利”。要善于从多样化的科技文化中，主动发现和选择具有“独到见解”和具有“闪光点”的文化新人和文化成果，通过大学学报媒介传播，使之更好地发挥认识、教育、审美、继承的作用。

2. 积极纠错与学术规范

大学学报主编的学术责任之一是遵循学术规范，积极开展纠错工作。要根据学科规范的要求，加强学术引证与学术注释规范，体现形式规范与实质规范的辨证关系[2]。为了使积极纠错与学术规范落到实处，要切实加强审稿专家库建设和盲审制

度建设。充分利用校内外专家资源和“背靠背”审稿优势，及时发现、纠正错误观点和处理虚假注释问题，矫正伪注问题。在推进学术规范建设的历程中，尤其是在文化多样、竞争激烈、市场化发展程度越来越高的情况下，大学学报主编更要经得起诱惑和考验，树立崇尚科学、追求真理的精神，提高履行学术责任的勇气和自觉性。如果没有科学的态度、科学的精神，就很难把握事物的本质和主流文化、主流意识以及社会的主流生活[8]。

3. 坚持公允与学术自由

在我国科学技术赶超世界先进水平的伟大事业中，大学学报作为科学研究成果展示的平台和学术窗口，要坚持学术传播中的学术公允和学术自由；要努力构建学术自由、容忍失败的学术创新环境，激发大学师生学术创新的动力和活跃因素，积极培育高水平的学术成果[9]。大学学报主编在处理学术公允和学术自由的关系时，既要树立全球意识，以积极的姿态关注研究世界性问题，及时反映和介绍国际最新的学术动态与研究成果；又要弘扬民族精神，以主动负责的态度关注研究中国社会现实，主动发现和传播我国科学研究成就与最新学术信息，将“国际化”和“中国式”相结合的学术交流贯穿于编辑活动的各个环节。具体说来，就是要以国际化视野进行学报学术定位和策划选题，建立作者队伍和审稿专家队伍，加强读者意见反馈。

4. 认真把关与学术引领

在实际情形中，学术刊物中广泛存在的把关不严问题，致使大量庸人庸作充斥其中；正是由于同行专家评审制的匮乏，导致精品力作付诸阙如；正是由于学术权力的滥用，故而形形色色的关系稿畅通无阻[4]。大学及其学报是学术研究的“重地”和“聚散地”，大学学报主编作为大学工作者和学术把关人，必须具有崇高的历史使命感和社会责任感，确立高尚的学术道德和职业道德，防范和杜绝利用学术刊物进行权学交易、钱学交易的不端行为，不断提高学术鉴赏能力和作品鉴别能力，努力确保学报的学术水平和出版质量，使大学学报但当起学术引领、服务社会的神圣使命。

5. 强化特色与学术创新

我国现代大学应该立足于增强自主创新能力，鼓励原始创新的学术研究；大学学报主编也应通过学报媒介及时反映各具特色的大学创新文化，主动报道重大科技创新突破的信息，积极引导和培育重要创新思想产生。编辑工作是一种富有创造性的劳动。大学学报主编对学术作品进行鉴赏、取舍和加工、优化，对作者进行举荐、指导和帮助，需要创新的、独特的思维能力，进而及时传播和培育独创性和价值性的科学研究创新作品和创新人才，使编辑出版的学报在文化传承中纳入先进文化体系。大学学报主编要努力成为“科学家编辑”，就是要正确处理自身知识“博”与“专”的关系，努力做到“一专多能”，在强化特色和学术创新的结合上完成学术文化创新与先进文化传播的任务。

参考文献

[1] 周文斌. 学术期刊的社会责任. 光明日报，2005-06-02.

[2] 杨玉圣. 学术期刊与学术规范. 清华大学学报，2006 (2)：43-49.

[3] 杨权斌. 论现代大学的编辑文化建设. 苏州大学学报，2006 (3)：117-120.

[4] 田卫平. 学术期刊主编的角色. 光明日报，2004-12-23.

[5] 周晓燕. 教育部：学术失范严重阻碍学术进步. (2006-11-08) [2009-5-28]. http://learning.sohu.com/20061108/n246260679.shtml.

[6] 冯长根. 学术期刊编辑应该承担起科技创新的历史使命. 科技导报，2005 (5)：6-9.

[7] 许纪霖. 学术期刊的单位化、行政化和非专业化.（2005-12-09）[2009-5-28]. http://www.blogchina.com/20051209106112.html.

[8] 柳斌杰. 做无愧于时代的新型编辑. 中国编辑，2008（3）：4-6.

[9] 杨卫. 服务于人类发展的大学创新文化. 中国高等教育，2007（7）：4-6.

（原载《出版广角》2009 年第 11 期）

科技期刊编辑应重视保密和伦理学原则

潘　伟

一、问题的提出

《中华人民共和国保守国家秘密法》第三章第二十条规定：报刊、书籍、地图、图文资料、声像制品的出版和发行以及广播节目、电视节目、电影的制作和播放，应当遵守有关保密规定，不得泄露国家秘密[1]。我国加入世贸组织后，对外开放及交流的力度越来越大，科技期刊保密工作的重要性也日益凸显，更加艰巨[2]。同时，因为医学是一种爱人之学、人道之学，其服务对象是人；所以，医学从来就与伦理学同源，而医学伦理学的基本原则就是尊重自主、切勿伤害、医疗行善、公平正义。尊重原则包括尊重病人的人格和尊严，尊重病人的生命和生命价值，尊重病人的权利等；而不伤害原则，即要求医务人员在医疗服务中努力做到不做无关的或弊大于利的辅助检查，杜绝滥用药物给病人造成的伤害，防止滥施手术给病人带来不必要的伤害等。在医疗服务中，对技术的运用和医疗行为的选择必须恪守不伤害原则，这是医疗行为必须遵守的基本原则，而作为发表医学科技论文的学术期刊，更应肩负起审查和把关的重要职能。

尽管目前对伦理学研究的实践如何操作尚无章可循[3]，但作为医学期刊的编辑，在日常的组稿、审稿、编稿、校稿的过程中，不仅要精通编辑业务和熟知相关专业知识，而且应该力求掌握相关的国家政策法规和保密原则，仔细审查和评价论文是否符合伦理学原则，杜绝涉及保密和存在伦理学问题的“问题文稿”刊出。

二、案例

《中华妇产科杂志》曾收到一篇论文，内容是关于某大城市的一所三级甲等医院对正常中期妊娠（孕周＞14 周）因计划生育原因要求终止妊娠（引产）的病例。在引产前记录胎儿肝脏各径线的超声测量，然后与引产后尸解胎儿的肝脏径线进行比较，试图得出孕中期胎儿肝脏各径线的正常值。该文从设计到试验严谨可行，结论可靠，经过编辑初筛和编委审稿及编委会讨论通过，同意刊出。然后编辑进行修改和加工，论文已进入发排阶段。稿件在总编处签发时，总编提出，根据国家相关保密政策，孕中期因计划生育原因引产的病例应慎报，特别是对有国外订户和被国外知名数据库收录的期刊。经与相关部门核实及与作者充分沟通，最终该论文在发排阶段撤稿。如果此文稿发表，也许会给某些居心不良、攻击中国人权制度的西方反华势力制造话柄，对我国国策的实施造成不良影响。对于作者来说，这是一种失职；而对于期刊来说，则是一种渎职。

目前，国际公认的伦理学原则包括：研究工作不能对受试者造成伤害，应有利于受试者，尊重受试者，公正对待受试者。生物医学研究中的伦理学具有决定性、普遍性和利他性三条基本原则[2]。如果某些研究并不能给研究对象的健康带来益处，但研究结果可能对今后类似的患者带来益处，这样的研究仍是符合伦理的[4]；而研究结果如果可以给群体带来益处，但对受试者个体是有伤害的，这也是违反伦理的做法，在医学研究中是不允许的[5]。

《中华妇产科杂志》还曾收到一篇论文——《介入治疗前后子宫颈癌组织中半胱氨酸天冬氨酸蛋白酶 3 表达的变化》。作者试图通过检测与细胞凋亡密切相关的半胱氨酸天冬氨酸蛋白酶 3 在介入治疗前后的癌组织中的表达变化，从而达到指导介入治疗后选择宫颈癌进一步治疗时机的目的。该研究选择了 50 例Ⅰb 期～Ⅱb 期的宫颈鳞癌患者，在介入治疗前和介入治疗后的第 7、14、21、28 天用宫颈活检钳钳取新鲜的宫颈癌组织，采用免疫组化法检测癌组织中半胱氨酸天冬氨酸蛋白酶 3 的表达变化，并得出了有一定意义的结果。同样，这一文稿也进入了发排阶段。但责任编辑认为此文存在伦理学的问题，并提交编辑部主任和总编审定。经与有关专家多方讨论，编辑部一致认为此研究尽管所得出的结果可能对群体有益，但毫无疑问，对患者个体是有害的，而且取材时间过密，使患者不得不承担一定的风险，是不应当提倡的。如果刊载，将会误导临床医生，而且对患者也是不负责任的。最终此文也未得发表。

以上两个实例均说明，科技期刊编辑和审稿专家在对涉密和存在伦理学问题的文稿把关中的重要作用。当然，如果我们的编辑都能够熟知国家相关的报道政策和保密原则，掌握伦理学尺度，也许可以杜绝“问题文稿”于编辑的初审阶段，甚至延伸到作者科研设计的初始阶段。

三、“问题文稿”出现的原因

“问题文稿”形成之前，也许就已经存在了设计思路方面的问题，所以目前国际上推行的重大科研成果注册制度，以及要求医学研究单位成立伦理委员会，或许对杜绝这类研究课题的设立实施和最终“问题文稿”的出现有所帮助。我们期刊编辑无力从源头上根本杜绝违反医学伦理学原则及存在其他问题的研究，但是如果这些“问题文稿”刊登出去，编辑却负有不可推卸的责任。

关于论文的涉密问题，有人提出“密责自负”，但实际上论文作者关注更多的是发明创新的技术细节，而尽量把最新最好的技术内容写出来以凸显其论文的质量，这就为日后论文内容的泄密埋下了隐患[6]。此外，“术业有专攻”，我们的审稿专家也许在其研究领域有很深的造诣，但并不能要求他们在涉及保密和伦理学方面也是专家；所以，这就要求编辑部加强自审，编辑应努力克服自己的专业缺陷，尽可能地了解期刊覆盖的所有技术环节，只有这样才能杜绝“问题文稿”的刊出。

在中华医学会系列杂志中，所有的编辑均具有医学教育背景，一半以上的编辑还有临床工作经验，这为编辑的学术判断和与专家、作者的有效沟通提供了先决条件；但是，无论在受教育期间还是在日后的工作中，编辑们尚缺乏有关涉密和伦理学方面的知识及判别能力，从而造成报道内容和导向的偏颇。

总之，通过对现实情况的仔细分析，笔者认为，出现“问题文稿”有下列原因：

（1）编辑的相关知识和政策水平不够，致使稿件初审时把关不严；

（2）审稿专家对相关政策了解不够；

（3）审稿会上编辑没有敏锐地提出问题并提请专家注意；

（4）退修稿件时没有发现问题或未能与作者充分地沟通和确认。

所有这些问题，都应通过采取一定的措施予以解决。

四、杜绝“问题文稿”的对策

对论文进行涉密和伦理学问题的把关，主要依靠审稿专家和编辑。审稿是确定稿件是否涉密和是否符合伦理学原则的最后一道也是最重要的一道关口[2]。因此，选择好审稿人和保证审稿质量非常关键。科技期刊的群体效应理论[7]认为，期刊编辑的专业结构立体化，将有利于实现知识互补；因此，编辑应该在工作实践中努力使自己的知识结构立体化，除了掌握编辑学理论和专业理论外，还要不断学习相关知识，如国家政策法规、保密条例、伦理学知识甚至循证医学知识和统计学知识等，以提高对“问题文稿”的判断力，力争将“问题文稿”杜绝在初审把关阶段。科技期刊编辑部是办刊的主体，应该定期组织编委会、审稿专家和编辑进行伦理学和国家相关政策及保密条例的学习，制订完善的、切实可行的程序处理来稿中涉及保密和伦理学方面的问题。只有期刊编辑、编辑部和审稿人都重视这一问题，具有这方面的能力并采取必要的措施，才能杜绝“问题文稿”出现在我们的刊物里。

参考文献

［1］中华人民共和国保守国家秘密法.［2009-05-25］. http://www.gcv/cn/banshi/200508/21/contet_25096.

［2］郭柏寿，潘学燕，杨继民，等. 科技期刊保密工作中存在的问题及其对策. 编辑学报，2001，13（2）：98-99.

［3］刘冰，卢冬娅，游苏宁. 编辑应重视生物医学研究中的伦理学问题. 编辑学报，2006，18（2）：142-144.

［4］赵一鸣. 医学伦理学与期刊审稿和编辑工作. 中华眼科杂志，2006，42（1）：68-70.

［5］赵一鸣. 医学伦理学：医学研究中不可回避的问题. 中华医学杂志，2005，85（6）：424-426.

［6］高春燕. 也谈科技论文的保密审查. 编辑学报，2008，20（1）：60.

［7］邓大玉. 综合类学术期刊编辑部的群体效应不可忽视. 中国科技期刊研究，2002，13（6）：477-479.

（原载《编辑学报》2009 年第 5 期）

网络化生存环境下期刊的编辑思变

穆广菊

近年来，作为大众媒介的电视为了实现大众传播，越来越多地实行多频道的分众传播方式。期刊相对于电视，其本身就是一种分众传播媒介。在互联网迅速普及，社会进入了网络化生存的环境下，期刊内容该怎么做才能吸引读者，抓住不同的受众？既往的编辑模式该有什么样的变化，以适应不同读者和不同传播载体的需要？现有的编辑理念该有怎样的创新才能适应社会的发展变化？本文就一己之见，就教于方家。

一、选题策划方式要变

随着网络化生存环境的形成，随着阅读载体的增加，很显然人们阅读的机会多了，而不是少了。来自有线的，比如互联网；来自无线的，比如手机、阅读器，还有短信、QQ、MSN的沟通……可以说，从来没有这样一个时期，使阅读和写作变得这样随时随地，这样见缝插针，这样简单易行，这样轻松和随意，眼球的竞争也由此而产生了。

眼球的竞争，从某种意义上讲，也是阅读的竞争。期刊如何争取自己媒体的受众，吸引固有读者的守恒阅读，拓展新的阅读空间？首先，要保证自己的内容有足够的吸引力。比如，利用互联网筛查选题应该是一种不错的办法。根据自己刊物的定位，编辑部首先要有年度策划，而且在编辑每一期杂志之前，先确定拟选主题。通过网络检索，看看网络热点的聚焦何在，内容泛泛还是已有深度，据此可考虑放弃初拟，或转换视角、推陈出新。《中国国家地理》的主张是绝不用网络上已有的选题，追求的是“题”出惊人、全新策划，因此他们推出的每一期杂志都能给读者展现出一个新的视界。

当然，杂志社也可以利用互联网发出选题调查，通过与读者互动确定下期主打内容。如果期刊人能够做到自觉主动地利用互联网带来的方便，改变以往“闭门造车”的思维和习惯，杂志的内容就会更加接近读者的需要和口味。互联网优点是海量，但也正是因为海量，它的内容是芜杂的、分散的、难以聚焦的。读者需要有人为他们做深度加工，编辑出他们愿意深入阅读的内容，这也正是杂志的市场所在。2009 年 5 月初在英国刚刚闭幕的第 37 届世界期刊大会的主题是“多姿多彩的杂志”(The Magic of Magazines)，张扬杂志魔变的魅力，而这种魅力首先就是从年度的选题总策划以及一期期的具体策划中来，是以主编为核心的编辑团队用心、用功的结果。没有呕心沥血的过程，杂志也不可能产生变化无穷的魅力。

二、编辑方式需适应变化了的阅读诉求

网络加快了人们工作学习生活的节奏，阅读方式也悄然发生了改变。如果留心，你会发现，大块头文章已经失去了读者对它的阅读耐心，无论是在纸介上还是在网页上，人们会迅速地翻过，或迅速下拉网页一带而过。这就向期刊内容的编辑者提出了应变的要求。非精耕细作不能征服读者，编辑方式越来越需要匠心独运。借鉴互联网上即时互动，期刊编辑是否可以考虑为栏目加按语、为文章写导语、为行文加批注或旁白、为全文加评议？这样做可以有效地引导读者，留住读者，促进读

者从甚或无心的浏览式浅阅读进入深度阅读。我们的编辑不应该是“我编出来了，读不读是你的事，爱莫能助”，而应以多重的编辑手段带动、带领读者阅读。如果我们做足了这些功夫，不愁读者不爱上我们的杂志。

还有，人文大众类的期刊文章是不是也可以学习学术类期刊的模式，在每一篇文章的前面提供关键词？读者通过关键词的吸引去阅读导语，通过导语走进全文，在阅读中通过旁白或批注去理解认知、引发共鸣，通过最后的评议去感悟、体会。无论是平面媒体还是网络呈现，技术上都是可以实现的，关键是看我们能不能如此这般创造性地经营内容。如此，读者会感到很亲切，犹如编者就在自己身边。

这些手段，虽然目前还未成为普遍的编辑行为，但也有一些期刊已有不同程度的运用。比如《青年文摘》彩版和《家庭》《创富志》等，都利用每页下端，提供“名家语录”或“格言警示”“生活训导”之类的增值服务；《求学》杂志则在每页下方提供分档信息，如“新闻冷热”“高考秘籍”“大学名片”“一点通”“逗你笑”等；《科学养生》杂志每页下端也有类似方便读者的养生提示。这些基本上属于利用以前忽略的空白向读者提供与自己刊物定位相吻合的微内容，编辑用心可嘉。《出版广角》《董事会》等则每一篇文章前面都有摘要性的文字，创刊不久的《家人》则在多数文章后面附有“记者手记”或“专家点评”之类的内容。可以说，他们都在努力尝试新的编辑手段。只要用心，期刊吸引读者的空间可以调度无穷。

人民文学出版社社长潘凯雄称：“近些年来，随着数字技术的不断发展与成熟，在线阅读、手机阅读等新兴写作与阅读正呈方兴未艾之势，尤其深受年轻朋友的喜爱。写作与阅读市场客观存在着的这些新情况、新状态我们不可能视而不见，也不可能无动于衷……传统本身就是一个流动的概念，只有不断创新、不断丰富的传统才具有生命的活力。”如何做赢期刊的定位和追求，如何获取和选择高质量的文稿和图片，如何有创意地把各种信息元素优秀并漂亮地组合，在期刊产品的主题策划和细枝末节中，需要期刊人具有匠人的细心和别出心裁，具有作为再创作主体的独到见解，产品的核心竞争力才能由此产生。

三、文体风格亦要追求变化

期刊出版的周期较报纸长，比图书短，是介乎报纸与图书之间的连续出版物。与图书相近，它传播的内容相对集中，问题探讨比较深入、比较专业，期刊的读者相对集中。因此，与大众传媒的受众相比，读者是小众的，阅读的需求是相对集中和专门化的。但由于它的持续出版，较图书更有利于培养自己的忠实读者。所以，期刊要利用持续出版这条看不见的红线，拴住读者。在网络化生存的当下，社会语言发生了剧烈的变化，包括文体，风格迥异。《明朝那些事儿》的风格，征服的不仅仅是网络一代，亦包括叔叔阿姨、爷爷奶奶辈儿的读者。这个现象不能不引起期刊编辑者的注意。我们杂志的行文风格是不是一直板着脸，不见笑容？我们的刊物是不是清一色严肃说教？我们在编排文章的时候，是否意识到网络一代也是应满足的对象？或许，传统的期刊编辑会认为网络上流行的那些语言和行文风格，不那么庄重，不那么富有文采，甚至显得轻飘肤浅。也许这种感觉有正确的地方，但是网络内容的文体、语言风格也确有它轻松愉悦的一面，瞬间可以拉近彼此之间的距离。他山之石，可以攻玉。传统的文本风格需要嵌入新的环境元素，要有更多的创意。喻国明先生曾在《传媒观察》上撰文指出，媒体作为创意产业，“比前卫慢一点，比主流快一点，就是说要成为生活时尚的引领者，社会价值的诠释者，应该成为价值读本、生活读本”，这样我们才能抓到应该属于我们的那个市场份额。

对于已经实现了网络传播的期刊，这些更加丰富多彩、更加灵活生动的编辑手段，将能够有助于吸引网络读者从浏览式阅读转为深度阅读。对消费者而言，感知到网络更有用是因为出众的产品、良好的服务，抑或是较低的价格、时间的节省，要赢得网络消费者的满意和忠诚（积极的行为倾向），网络营销者必须关注消费者对网络消费活动中服务质量的重视与感知程度。重视内容品质和消费者的感知程度，不仅有利于抓住网络消费者，培养网络一代读者，对于期刊品牌的网络培育和延伸也将是卓有成效的。

据有关资料显示，现在因特网覆盖的国家已达到 189 个，网络读者可能来自世界任何一个角落。今日的期刊编辑必须适应不同载体的读者的阅读习惯，兼纳并蓄不同载体的表现优势，使内容制造尽可能地满足不同载体不同读者的诉求。

四、编辑要带着营销意识做内容

龙源期刊网对网络编辑进行的绩效考核，追求编读效应统一。其中有一条是，检验编辑内容的优劣，根据内容点击量和付费率进行考核，目的在于培养编辑们的营销意识。练就一双慧眼，发现最好的内容，并把它们呈现在网站最好的地方；聚焦社会热点，组织内容专题，让它们在网络上产生较好的社会效益和经济效益，是每一位网络编辑追求的目标。无论是纸媒体还是网络媒体，编辑过程中的营销意识都一样重要。它要求现代期刊人，不仅懂得编辑出版，还要懂得市场营销、阅读心理、购买心理，并且懂得用多种手段去实现它，包括心智的和技术的，不断地改善读者的阅读体验，引导阅读，满足需求。大众传播的“使用与满足”理论也指出，人们利用媒介的动机是多种多样的，如“实用动机”“休憩动机”“夸示动机”“环境监视效用”“心绪转换效用”“自我确认效用”“人际关系效用”等，而过于刻板的、一成不变的内容生产和呈现方式，就不能满足因时间、地点、环境、心情等因素变化了的人们使用媒介的需要，会让读者感到倦怠或失去兴趣，也不可能让读者为你编辑的内容买单。网络化生存的环境要求我们的编辑要打破原有工作程序和思路，内容生产过程中一定要考虑到当下的读者是多方面的，特别是网络一代的读者，应是内容生产者积极争取、适应和培养的受众目标。应该看到网络媒体和平面媒体已经不是两列并行的车，而是越来越互相渗透、互相融合，你中有我、我中有你的融合趋势。编辑要成为多面手，成为通才，成为精专业、懂营销、有创新、通技术的多元人才。

经营杂志，核心是经营内容；经营内容，就是经营品牌。品牌是什么？品牌就是满足社会需求的高质量的产品，其内涵就是得到需求者的满意。品字三个口，口口相传，就有了口碑，好的口碑铸造品牌。期刊编辑的每一项劳动都和品牌的经营息息相关。

五、结语

无论是网络媒体还是平面媒体都负有引导阅读的责任。在网络化生存的环境下，科技的进步带来的不仅仅是载体形式的革新，也会带来内容产生方面的相应变革，其中包括期刊媒体的编辑方针、手段和编辑方向的一系列变化。不研究网络，不研究网络化生存环境下的阅读群体的变化和阅读诉求，抑或不愿意接受变化了的形势而固执地按照原有模式办刊，无疑是抱残守缺。世界期刊联盟（FIPP）新任主席普里（Purie）在上任演说中说："我确信，品牌杂志，不论是线上还是线下，能够创新的话，就能继续活跃、振奋。我坚信，竞争并不是在不同媒体——'杂志''数字媒体''报纸'或者'电视'之间发生，而是在不同的商业模式之间产生。"可见，创新编辑策划、改进期刊编辑方式和手段，才能够保证期刊的生命力，找到一个好的运营模式。

参考文献

[1] 杨毅，董大海. 互联网环境下消费者行为倾向前因研究述评. 预测，2007（4）.
[2] 喻国明. 媒体应更多地嵌入社会生活. 新闻与写作，2009（4）.
[3] 彭兰. 关于报纸印刷版与网络版的互补关系的思考. 人民网，2003-06-27.

（原载《科技与出版》2009 年第 7 期）

学术期刊国际传播的互动性分析

赵文义 王 磊 杨 琦

学术期刊的国际传播是双向的、互动的，既要考虑中国学术期刊如何走向世界的问题，也要考虑国际知名权威学术期刊如何走进中国的问题。人们在谈论学术期刊国际化问题时，往往在认识上不够明确，对国际化学术期刊缺乏足够的理解，把学术期刊的国际化仅仅理解成将中文版改成英文版，或者编委会成员中增加一些外国学者，等等[1-3]。学术期刊的国际化和学术期刊面向世界是两个不同的概念，是我国学术期刊发展过程中面临的不同的战略选择。选择国际化发展战略和选择面向世界的发展战略，在操作层面会产生非常不同的发展策略。

一、国际知名权威学术期刊的引进问题

学术期刊的首要任务是促进学术交流，在我国范围内，要使学术期刊实现促进学术交流的目的，主要是扩大发行范围，实现学术期刊的有效传播（包括一次传播和二次传播）。在国际范围内，要使学术期刊实现促进学术交流的目的，我国学术期刊界要考虑的问题就不仅仅是中国学术期刊的国际化问题即输出问题，更重要的是如何将《自然》（*Nature*）、《科学》（*Science*）等国际知名权威学术期刊引进、推介到国内，使我国学者更容易接触到而且更容易学习和掌握国际上最先进的学术成果，从而促进我国学术研究及实践的发展。

在现实的国际环境中，国家的概念仍是高于一切的。虽然说作为一种理想，科学是无国界的，但掌握并应用科学的却是有国界的人，特别是影响着所有人的经济关系却是借助于“国家”来保护着的；因而，在知识经济日显重要的当代，“国家创新体系”首先要由国家来保护。我国学术期刊要参与国际竞争是离不开知识产权的保护的，特别是发展中国家，一般而言，其科技发展的程度，相对于发达国家是处于劣势地位的。如何保障发展中国家自身的权益，获得公平竞争的地位，更需要引起重视和警惕。从科技发展的角度而言，既有“科学无国界”，积极走向世界的一面，又有保护本国的知识产权，获取应有的劳动所得，维持自身科技持续发展的一面。目前，世界上的知识产权的竞争，已经呈现“贫者愈贫，富者愈富”的马太效应，不仅出现了发展中国家的知识产权外流，而且发达国家彼此之间，也开展着热火朝天的知识产权争夺战[4]。

由于《自然》《科学》等国际知名权威学术期刊存在定价高、语言障碍等问题，我国学者能够接触到而且能从中获取信息的概率并不大，因此，我国学术期刊界应积极考虑采取版权合作、争取政府资助等途径，将这些国际知名权威学术期刊的中文版尽快在国内出版，使我国学者在获取国际上最先进的学术成果方面节约时间成本和经济成本。也就是说，我国学术期刊界更应该优先考虑的是国际知名权威学术期刊如何走进中国的问题，而不应该仅仅考虑中国学术期刊如何走向世界的问题。

二、国际竞争中我国学术期刊的稿源质量问题

目前国内有相当一部分科研院所和高等学校，对本单位投向国外学术期刊的论文的作者进行超过其投向国内学术期刊的奖励，用计高分的办法，鼓励在其所辖范围内，将国内优秀学

术成果推向国外学术期刊发表。这种措施已实行多年，并有扩大、蔓延之势。这种“反超国民待遇”在我国相当一部分领域内能有藏身之所，在世界上确实也是少见的。在我国长远科学规划中已提出建立“国家创新体系”的理念，世界各发达国家正在采取各种措施吸引滞留在国外的高学历、高技术人力资源的背景下，这种做法无异于“为渊驱鱼”，实有南辕北辙之感[5]。

学术期刊的发展有赖于科学技术事业的发展，而科学技术事业的发展为学术期刊带来的不仅仅是机遇，也伴随着巨大的挑战。学术期刊作为学术交流的窗口，理想状态应该说是无国界的，中国科学家可以在国际学术期刊上发表自己的学术成果，中国学术期刊也可以接受来自其他国家的投稿；然而，由于我国学术期刊与国际学术期刊存在着不小的差距，使得学术期刊作为双向学术交流的功能失去了平衡，形成我国最优秀的学术成果涌向国际学术期刊的单极流向，中国学术期刊成为许多中国科学家发表成果的次要选择。这就是目前我国学术期刊面临的困惑之一[6]。

中国科学家选择国际学术期刊还是国内学术期刊发表他们的成果，这是他们的权利。但是，这种自然的选择却把我国的学术期刊推入了两难的尴尬境地：一方面，提升质量是我国学术期刊人的社会责任；而另一方面，由于优秀成果的外流，使得我国学术期刊在学术质量上的开拓更加步履维艰。在这样的背景下，我国的学术期刊界必须思考如何或者是否要融入国际学术交流体系以及如何将我国学术期刊打造成国际学术期刊的问题。我国数千种学术期刊在考虑这些问题时，必须搞清楚学术期刊国际化和学术期刊面向世界这两种不同的发展战略和路径依赖[7]。

三、学术期刊的国际化发展战略

国际化学术期刊是指在某领域中能够迅速报道高水平的最新研究成果，在世界范围内的同行科学家中具有较高学术影响力的学术期刊。学术期刊国际化需要具备六大基本特征，即信息交流的国际化，编委会成员的国际化，编辑工作的规范化，编辑人员的专业化，出版语言的国际化，出版经营的规模化和市场化。其中，信息交流的国际化包含了非常丰富的内容，如论文作者的国际化、引证作者的国际化、在学科领域中具有高量级的被引频次和影响因子，等等。同时，学术期刊的国际化还需要有适宜的“土壤”条件，它需要有中国科学技术国际地位的不断提升、市场机制的日臻成熟等条件。根据这样一个定义，即使是被SCI收录的我国学术期刊，也未必就是国际化的学术期刊。可以说，我国已经有若干种学术期刊将发展目标定位于国际化学术期刊，但到目前为止，还没有一种我国出版的学术期刊能够称得上是真正的国际化的学术期刊。

学术期刊国际化对学术期刊的各方面条件提出了很高的要求。在选择学术期刊国际化发展战略的过程中，应该特别注重前期的调查研究工作，要对本领域的学科发展态势以及本领域的学术期刊主题现状进行摸查，在对自身发展实力和国内外同行期刊有了全面估计以后，才能进行决策和实际操作。其中自身应具备的关键条件就是需要有一批国际领衔的中国科学家队伍，只有在我国的科学技术发展到令世界科学界瞩目的阶段，大力提倡我国学术期刊的国际化才具备了适宜的环境。当然，这并不排除在现阶段以局部优势领域为切入口，以发展国际化学术期刊为战略目标，创办若干种真正称得上是国际化的学术期刊，但这只能是少数。对于绝大多数我国学术期刊而言，面向世界的发展战略和纯粹的本土化发展战略更符合目前的我国国情，更适宜绝大多数我国学术期刊的发展。

四、学术期刊面向世界的发展战略

学术期刊面向世界发展是指学术期刊在坚持目前办刊方针和模式、以本国市场为发展重点的基础上，提高国际知名度的一种发展策略。学术期刊面向世界发展是学术期刊以本土化发展为根本，在强化现有办刊方针的基础上，巩固并扩大国内读者市场，加强对外宣传，争取国外用户的认可、占据更多国际市场份额的发展战略。学术期刊面向世界发展是在不改变现有出版语言的基础上，对论文中除正文外的其他主要信息实施英语化和标准化的发展战略。这是本国学术期刊面向世界的基本条件。

我国学术期刊实现面向世界的发展可以通过多种方式实现。例如：学术期刊可以定期向国际著名检索系统赠送样刊，创造条件让这些系统知道本刊的存在，进而了解本刊的特色；选择合适的国外出版商与之合作，实现学术期刊的国外发行，扩大在国际上的影响；邀请国外著名专家和研究者担任本刊的编委或顾问，通过他们的推荐扩大在国际上的知名度；学术期刊编辑要增加学术期刊对外约稿的力度和频率，选择适当的专题约请国外研究同行撰写稿件或促进国内外研究者的合作，从而增加国际稿件的比例；增加论文的英文摘要、关键词和参考文献等。不论通过什么方式，最根本的前提是学术期刊要首先满足国内读者交流研究成果、了解研究进展的需求，挖掘自身特色，获得并巩固国内同行的青睐和影响，提高在国内学术期刊市场中的竞争力。学术期刊以本国市场为发展重点，可以更有针对性地改善内容、读者乃至广告定位，有效地把握市场的变化并及时调整发展策略。学术期刊面向世界发展有利于形成更多高质量的本土化期刊。

五、学术期刊国际传播的战略选择

我国学术期刊的管理部门以及广大学术期刊从业者在选择发展战略上一定要慎重，一定要避免跟风行为，一定要从我国学术期刊的现状、宗旨以及我国学者进行学术交流的需要出发[8-9]。

我国学术期刊国际传播的战略选择可以考虑以下四种路径。

第一，我国学术期刊界更应该优先考虑的是国际知名权威学术期刊如何走进中国的问题，而不应该仅仅考虑我国学术期刊走向世界的问题。

第二，在我国少数具有局部优势的领域，在对该领域的学科发展态势、该领域的学术期刊主题现状以及对自身发展实力和国内外同行期刊进行慎重、全面研究后，以发展国际化学术期刊为战略目标，创办若干种真正称得上国际化的学术期刊。

第三，部分具有较高学术水平的期刊，其面向世界的发展战略选择更应符合目前我国的国情，更应适应自身发展的需要。

第四，对于绝大多数我国学术期刊，纯粹的本土化发展应该是明智而实际的战略选择；因为在国际传播与交流中还要注意有时越是本土的就越是国际的，如果在不具有学科优势、不可能有国际市场的领域试图向国际传播，只能是劳民伤财而且是徒劳无功的，还不如把精力放在为国内学者的服务上，尤其是对于社会科学领域的学术期刊，连英文摘要都没有必要，更不用说整本期刊都做成英文版的了。

无论是中国学术期刊的国际化还是学术期刊面向世界均属于我国学术期刊与国际接轨的问题。从目前的现实环境来看，中文学术期刊在语言文字上决定了它不可能成为国际化的学术期刊。即便是最好的中文学术期刊，中肯地说，也只能是国内的一流学术期刊。而那些为数不多的国内出版的英文学术期刊，由于论文作者绝大多数是中国作者，加之学术期刊的主题缺乏国际前沿性，所以也很难摆脱国内无读者群、国外无市场的两难局面。近年来在国内创办的几种主题切入既有国际前沿性又有国内学科优势的英文版学术期刊，可以说它们的运作和生长才代表了中国学术期刊走向世界、与国际接轨乃至向国际一流学术期刊发展的方向。

要在我国形成一大批跨国界出版、具有国际学术影响力的国际化学术期刊群体，需要经过相当长时间的艰苦努力，这是一种与我国科学技术总体发展水平和发展战略息息相关的长远的学术期刊发展战略。在现阶段，绝大多数我国学术期刊应当选择面向世界的发展战略和纯粹的本土化发展战略，草率地将中文版学术期刊改为英文版学术期刊不是可取的做法。如果选择学术期刊国际化的发展战略，编辑部就需要对已有的办刊模式进行根本性的改造，从办刊宗旨、市场定位、稿源选择，到编委会组成、出版语言、经营策略等都要以国际市场条件下国际化学术期刊的要求来确定，抛弃已有的部分乃至全部的经营体制，这是一种脱胎换骨的做法。如果选择面向世界的发展战略，编辑部将在不改变现有办刊模式的基础上，在巩固期刊在国内学科市场地位的前提下，采取多种措施增加期刊的国际知名度，力求被国外检索系统收录，争取进入国外发行市场，吸引国际用户。

六、结语

我国学术期刊界更应该优先考虑的是国际知名权威学术期刊如何走进我国的问题，而不应该仅仅考虑我国学术期刊走向世界的问题。我国学术期刊的国际化还是学术期刊面向世界均属于中国学术期刊与国际接轨的问题。我国学术期刊界目前在战略选择上存在盲目跟风、缺乏理性的现象，这主要与目前的学术期刊评价体系有关。学术期刊管理部门以及广大学术期刊从业者有必要及时反思学术期刊评价体系存在的问题，制订出符合我国实际需要的学术期刊评价体系。

参考文献

[1] 陈斌. 我国科技期刊国际化的现状、问题和建议. 山东大学学报：哲学社会科学版，2005（5）：154-157.

[2] 王洪起. 创办国际化科技期刊的途径. 天津科技，2004（3）：48-50.

[3] 诸叶梅. 浅谈我国科技期刊国际化//首届科技出版发展论坛论文集. 北京：中国科学技术协会，2004：184-186.

[4] 周宇，王益民. 我国科技期刊国际化走势探析. 编辑学报，2005，17（1）：13-14.

[5] 王晴，王跃. 所有的中国科技期刊都要国际化吗. 编辑学报，2005，17（6）：458-459.

[6] 李军纪，阮爱萍，马艳霞. 加强高校学报质量控制的策略. 编辑之友，2007（4）：66-67.

[7] 金碧辉. 论中国科技期刊的发展战略：兼论期刊国际化与期刊面向世界的两种发展战略. 山西大学学报：哲学社会科学版，2007，30（3）：110-117.

[8] 陈佳琳. 全球化背景下打造精品期刊的战略. 新闻爱好者，2007（5）：16-17.

[9] 赵勇. 中俄合办英文版《地震预报研究》停刊的反思. 编辑学报，2007，19（3）：199-201.

（原载《编辑学报》2009 年第 1 期）

突发事件与科技期刊的专题策划

刘清海　徐　杰　孙慧兰
张恩健　王晓鹰

科技期刊编辑要有新闻意识。李建新[1]认为，凡能把新闻意识很好地融入到科学编辑工作中的人，大都会有一个全面、快速、高效的发展，具有生机和活力，反之则会有这样或那样的阻梗。《给水排水》杂志社的“鸟巢”系列专题，正是由于编辑能够很好地融入新闻意识而进行选题组稿，刊物能够及时报道有关专题而取得了良好效果[2]。

突发事件是一种特殊的不可预测的新闻，如2008年5月12日汶川大地震等。科技期刊对与突发事件相关的科技内容进行选题组稿发稿，可以反映社会的热点，具有很好的新闻效应；然而，突发事件毕竟与可预知的新闻事件不同，在选题组稿至发稿的过程当中，存在较多的困难。我们在汶川大地震之后，着手组织一批与地震相关的医学稿件，共出版了三期“震后医学专题”。其中，首期专题稿件[3-7]从约稿到出版不足两个月，从收稿到出版则不足一个月；审稿、编辑加工、退修和定稿时间仅为十天左右；作者单位涵盖了中山大学附属医院、暨南大学附属医院、广东省疾病控制中心，以及四川震区医院，如青川县医院等。本次专题在读者、作者和审稿专家中引起了很好的反响。这里总结专题出版工作中的经验与教训，与同人共享。

一、突发事件专题组稿的意义

在建设创新型国家的新形势下，编辑应转换观念，在办好期刊的前提下承担更多的社会责任[8]，而关注社会热点，及时组织专题稿件尽快出版就是承担社会责任与办刊的完美结合。

科技期刊的专题策划具有如下的实践意义：开辟窗口，促进科技进步；发挥导向作用，加速科研成果诞生；满足读者需要，架设实践桥梁；体现期刊特色，创造社会效益[9]。专题组稿论文最能体现期刊的创新性，容易将一个学科最新研究成果的研究原著集中起来，及时反映该学科的动态与发展趋势；最能体现期刊的学术水平，包括科学性与实用性；有利于文献检索；有利于扩大稿源和期刊影响[10]。选题组稿，密切编者与作者和读者的关系，实现作者—编者—读者协同办刊是创办精品科技期刊的重要途径[11]。

突发事件的专题组稿，不但具有一般专题策划的实践性意义，而且具有新闻性和对读者的吸引力和亲和力，是增强科技期刊可读性和趣味性的重要手段，也是科技期刊编辑承担社会责任的重要体现，必将提升科技期刊的社会效益和影响力。

此外，突发事件的专题组稿也因其时效性和新闻性而比较突出地反映了一个编辑的新闻意识、创新意识以及紧急状况下的组稿与处理稿件的能力，也就反映了科技期刊的创新水平，反映了编辑部的团队合作能力。

我们本次专题组稿由于集中了同一专题不同方面的诸多文章，需要相互引用，因此，自然地提高了期刊的被引频次和影响因子，对指导以后可能发生类似事件时的策划与组稿具有重要意义，也必将进一步提高期刊的影响力。

二、专题的内容结构策划与体会

吴新宇总结了期刊专题策划的五个要素，即视觉的专注度、思维的纵深感、角度的切入点、内容的涵盖面、文本的表现力[12]。对于科技期刊来说，内容的涵盖面，也就是专题的结构，可能是最重要的。

地震发生后，我们考虑专题必须突出地震特色，不能混同于一般的救死扶伤。初步分析，震后相关的医学问题大概可以分为外伤的抢救及继发疾病的救治、震区的防疫、震后心理创伤的康复等几个部分。如果细分的话，外伤救治可以分为颅脑外科、骨科、皮肤科、感染科等各科的救治，影像学等诊断，以及重症患者的监护与护理等；但是，外伤的抢救在学术上与普通外伤区别不大，于是重点放在心理诊治和防疫上。后来与正在抗震救灾第一线的医疗队员通过电话商量，觉得震后疾病谱的变化对以后抗震救灾的指挥与组织有极大帮助，因此，有必要补充一篇相关文章。考虑到原著比较单调，结合发表综述会使专题的结构更加饱满，于是策划的专题结构是 1～2 篇综述、3～4 篇原著，内容侧重于心理、疾病谱变化和防疫方面。结果是，首期专题发表了 2 篇关于震后伤员心理状况的论文[3-4]、1 篇反映短期疾病谱变化的论文[5]、1 篇防疫措施的论文[6]和 1 篇创伤后心理障碍的综述[7]。

在专题的结构策划中，策划编辑除了查找文献信息外，还必须与多个医学领域的专家及本编辑部沟通，以弥补自身知识面的不足，掌握该专题涉及的大致方面，便于策划选题。此外，也要与现场的专家沟通，了解到现场的具体情况，知道哪些选题是有意义的，而哪些又是可以实现的。有些有意义的选题如果现场暂时无法收集资料，则可以用综述性文章代替。专题的内容结构确定后，应将它细化，关键的还是“要分析定位，找准突破口”[10]。

三、专题的作者选定与沟通

专题作者的选定，有不少学者提供了有益的思路。黎崇贞[13]认为，可以从国家自然科学基金项目数据库、全国博士生招生目录名单、已往作者、学术交流会、编委会、院士候选名单、名刊和核心期刊的作者中组稿。金伟[14]认为，可以充分发挥特约编委的功能，从特约编委或其推荐的人员中选定作者。

我们此次专题的组稿，消息刚发布，就得到了众多作者的响应，尤其是硕士和博士研究生以及具中级职称者更为主动，中山大学各附属医院赴川抗震救灾医疗队首批就有 30 余人参加，之后由四川省转移到中山大学各附属医院治疗的病人也不少；因此，可选的专题作者不少。我们认为，专题的组稿不能仅凭一腔热情，学术质量必须是第一位的，否则容易造成稿件质量不高、稿件未达到刊出要求、约稿失败、约稿内容失实等[15]。

因此规定：（1）非特约的来稿作者中，硕士或博士研究生未亲临现场者只能写综述，且完成后必须由导师签名、把关；（2）所有作者撰写综述或原著时必须先与编辑部专题负责人沟通，协商专题论文的写作方向，最好确定写作框架，避免重复和低水平；（3）为保证专题按所需要的结构进行组稿，对无作者写作的方向，必须另外特约作者；（4）向所有来稿作者声明，专题稿件仍需经专家审稿，未达到要求者以退稿处理；（5）除了撰写前的沟通外，论文写作中可以随时与专题负责人联系协商，论文提交后编辑初审意见、专家复审意见和主编终审意见都会及时通知作者，并与作者沟通。

经过与作者的充分沟通，有些硕士生放弃了专题论文的写作，有些作者提高了对论文的写作要求，有些作者对初审后被退稿表示理解，有些作者被建议多次修改但仍不厌其烦，甚至有作者修改多次后被退稿还表示理解。最后，专题稿件在保证质量的前提下得以顺利和快速出版。

四、专题的组稿宣传与方式

对于一般的来稿选登方式，想要宣传也不易。不过，兼具新闻效应的优秀选题却可以大力宣传。宣传造势，一是便于组稿约稿，二是便于说服审稿专家做到快速审稿，三是能为读者预报下期论文目次，四是公告编辑部的主动工作项目。

高校学报可以充分利用学校的宣传平台以及各入编全文数据库提供的大平台（如中国知网、万方数据库、维普）或公共网站进行宣传。我们采取了编辑部主页发布通知、校园网发布通知等非针对性的宣传方式和 E-mail、电话组稿等针对性方式。这两种方式都利用了现代通信与信息交流工具，以最快的速度告知受众。

我们的专题出版事实证明：非针对性地公开宣传方式能起到渲染气氛及组织部分稿件的作用，但不能完全解决问题，关键的稿件还需要有针对性地通过电话或面谈的方式组稿。只有这两者的结合才能取得较好效果。

五、专题的内部交流与合作

对突发事件进行专题组稿，不是某一位编辑的事情，而应该是整个编辑部的事情；因此，策划编辑应提出专题策划的想法和打算并与主编商量，由主编亲自或授权策划编辑将专题的各阶段和各个方面的某些任务分配给各位同事，从而把策划人员的个人行为转化为编辑部的集体行动。

可以借鉴出版社重点选题项目管理的办法，在短时间内集中有限的人力和物力，调动各方面的积极性，合理配备，形成目标明确、富有工作激情的项目团队，发挥团队优势，各部门通力配合，从而收到事半功倍的效果[16]。

专题团队组成人员可以包括主编、策划编辑、各模块的组稿编辑、编务和行政人员。

主编的主要任务是统领编辑部相关人员集中精力搞好专题和定稿，解决出版过程中的疑难问题。

策划编辑主要拟定专题的详细组稿计划、流程安排、栏目说明、专题编排与方案设计、宣传与推广措施等，并督促其他人员按时完成计划规定的任务，可以同时担任组稿编辑。

组稿编辑应按计划完成组稿、送审、退修、编辑加工、校对等任务。

编务和行政人员协助编辑做好通知、收费、校对、对外联系等工作。

六、重视专题出版后的新闻效应

突发事件具有新闻效应，与突发事件相关的专栏理应趁此机会走得更远一些。如像一般组稿出版之后仅赠刊并致谢[18]，就浪费了专题背后的“新闻效应”。新闻效应的关键点在于时间，因此，应采取多种办法做好专题出版后的各项工作，并扩大影响。

首先，应以最快的速度将出版的该期刊物赠送给专题作者、审稿专家、各有关部门或有关领导人员以及需要该期刊物的其他人员。

其次，应以最快的速度上网，包括编辑部自身网页、各入编全文或摘要数据库网页公开发布专题论文，可以在出版前将排版定稿的电子文件传送至各网络数据库。

最后，还应通过合适的媒体，最简单的莫过于自身网站主页的新闻栏及校园网等发布专题顺利出版的消息，有条件的可以通过校报等内部报纸或其他公开报纸发布消息。

七、结语

对突发事件进行专题组稿能够反映一个编辑的创新意识和紧急处理问题的能力，反映科技期刊的创新水平，体现科技期刊的社会责任，从而提升科技期刊的社会效益和影响力。

对突发事件组稿时，应事先确定专题的合理结构，选择合适的作者群体，编辑部同事间应充分交流合作，以形成高效的项目团队，充分利用新闻效应做好组稿宣传和出版后的宣传工作，进一步扩大影响。

参考文献

[1] 李建新. 科技期刊编辑要有新闻意识. 编辑学报，2005，17（1）：4-6.

[2] 张彬，关心旺，顾芳. 从“鸟巢”工程谈科技期刊工程专栏组稿. 编辑学报，2008，20（2）：147-149.

[3] 关念红，王昆，魏钦令，等. 汶川地震异地治疗伤员伤后心理状况及影响因素分析. 中山大学学报：医学科学版，2008，29（4）：361-366.

[4] 王相兰，陶炯，温盛霖，等. 汶川地震灾民的心理健康状况及影响因素. 中山大学学报：医学科学版，2008，29（4）：367-371.

[5] 马明湘，郭屏，肖友益，等. 地震灾后短期疾病谱的变迁及医疗预防应对措施探讨. 中山大学学报：医学科学版，2008，29（4）：372-375.

[6] 张玉润，郝元涛. 地震灾区现场紧急状态下传染病风险与防控策略. 中山大学学报：医学科学版，2008，29（4）：375-378.

[7] 马弁，潘集阳. 创伤后应激障碍的预测因素，中山大学学报：医学科学版，2008，29（4）：379-382.

[8] 游苏宁，陈浩元. 科技学术期刊编辑应承担更多的社会责任. 编辑学报，2006，

18（2）：81-82.

[9] 雷琪. 科技期刊的专题策划. 编辑学报，2005，17（4）：267-269.

[10] 王秦岭，王跃军，刘毅，等. 专题组稿：提高《西北国防医学杂志》学术质量的途径. 中国科技期刊研究，2003，14（6）：664-665.

[11] 辛明红，张淑敏，王燕萍，等. 选题组稿与创办精品科技期刊. 编辑学报，2005，17（2）：97-98.

[12] 吴新宇. 期刊专题策划的五个要素. 编辑之友，2006（1）：53-55.

[13] 黎贞崇. 科学技术期刊的组稿方式. 编辑学报，2004，16（5）：338.

[14] 金伟. 探索提高期刊质量新途径：组建特约编委会. 编辑学报，2005，17（6）：454-455.

[15] 曹作华，谢贞，王丽红，等. 科技期刊编辑的组稿策略. 编辑学报，2006，18（6）：447-448.

[16] 胡元. 重点选题的全程策划应实施项目管理. 编辑之友，2005（4）：30-31.

（原载《编辑学报》2009 年第 2 期）

学术期刊与学术失范

吴志慧

学术期刊是学术思想和学术研究成果的重要载体，它在强化理论思维、培养科学精神，倡导理论创新、推出科研精品，传承学术思想、积累文化知识，引领学术风气、规范学术行为中做出了巨大贡献。但是，在社会转型尚未完成、社会腐败现象尚未杜绝的今天，学术期刊出现了大量的学术失范行为，这不仅给期刊本身带来了不良影响，而且也败坏了学术风气，扰乱了学术研究。

综观当下种种学术失范行为，其类型概括起来有以下三种：第一种是学术人用不符合学术规范的手段去实现社会的价值目标（职称、金钱、学位）[1]；第二种是为骗取学术共同体和社会的承认出现的伪造和剽窃行为[2]；第三种是学术人在学术制度发生扭曲时，为实现自己的学术目标而违背学术规范的低效率行为[3]。学术失范行为尽管手段不同，但目标很明确，多是为了满足自己的不同利益和需要。本文就其产生根源和学术期刊如何有效遏止学术失范展开论述。

一、学术失范的产生根源

1. 过分量化的学术评价机制

学术评价是学术管理的基础，也是学术管理的核心。而在当前的学术评价过程中，一味强调论文的数量和刊物级别，忽视学术论文的真正价值，并且在具体实践中，还把学术评价机制与广大科研工作者的职称评审和科研考核紧密挂钩。这种把企业的量化管理方式简单地引入到学术评价中的做法，直接导致行为人为了评上职称，或完成科研工作量，或获得最大化的经济利益，过分地去追求科研的数量和文章刊发的期刊级别，淡化质量意识，甚至不惜丧失自己的学术道德去多出、快出科研“成果”。这种过分量化的学术评价方法，最终造成重复文、平庸文和关系文大量增加。这种过分强调量化指标和期刊级别的学术评价原则，不仅有失合理性，也有失学术评价的初衷。

2. 缺乏相关的学术法律法规

一种失范和不端行为在社会中的大量出现肯定与相关的“规矩”缺失和不健全相关。这里所说的学术法律法规缺失包含两层含义：一是说我国目前对学术规范、评价的法制建设还不够完善。虽然目前也制定了一些成果规范、评价规范等方面的法律法规，但总体上还处于初级层面，既笼统又缺少可操作性，尤其缺乏相应的实施细则，使得学术评价在实际操作中有一定的难度。二是我国虽然出台了有关著作权法和相关的许多规章制度，但“有法不依”和“违法不究”现象突出。许多人明明已经违法，比如抄袭别人的著作，按理应该严惩，但在现实生活中，抄也就抄了，最多是同行和舆论的一声道德谴责，即使诉诸法律，大不了也是给相关著作权人一些经济补偿，何况现实中能到这一步的还是极少数。而在现实中发生的抄袭事件何止千万，最后大多是不了了之，这其实是相关法律法规惩处力度和威慑效应丧失的结果。相反，由于抄袭者付出的非道德成本太低，反而形成了一种可怕的示范效应，人们开始对这种学术失范和学术不端行为习以为常、熟视无睹，有些人甚至已经超越了学术道德禁忌的藩篱，专注于失范手段的“完善”，使得学术失范行为更加隐秘，危害更加重大。

3. 缺少期刊质量管理

一是表现在审稿制度的管理上。长期以来，期刊审稿尽管多采用了编辑初审、专家复审、主编终审的三级审稿制度，有编委的期刊甚至还有编委审稿这一关，这样的审稿制度看起来似乎很严密，其实却缺失了最重要的一关——综合的审稿质量评价机制。在审稿中，许多编辑和审稿专家往往根据自己的学术观点、自己的好恶去评价别人的学术成果，有些编辑和审稿专家或怀有稿件审好审坏一个样的心理，造成了审稿的责任心不强。于是出现了在审稿中不仔细地核对数据，进行论文审查、数据查证，而是敷衍了事，马马虎虎，凭直觉或关系写出片面的、有失公正的评审意见。而编辑部在审稿中也没有向审稿人提出相应的审稿要求以及审稿的关注点，编委又没有起到学术把关作用，主编定稿又仅以专家审稿意见为依据，最终使得一些平庸之作顺利地通过三审并被刊发。

二是表现在优质稿件的引进上。期刊的质量之争就是文章的质量之争，许多学术期刊为了提升期刊的学术质量，千方百计地通过高稿酬、加快发表速度等政策来引进名家学者的稿件，尽管愿望很好，但由于期刊的引进机制不完善，且又缺乏科学性，最后却演变成对名家学者稿件的争抢之战，使得许多期刊只要看到是名家的文章，无论好坏“抢”来就是，再加上有些编辑部规定编辑每年必须引进几篇专家稿件，并作为年终的考核内容，这使为提升期刊质量而引进专家稿件的做法成了争抢之战，这不仅使专家们陷入了尴尬和被动局面，也使得有些具有投机心理的作者有机可乘，他们利用编辑崇尚名家的心理，署上专家的大名四处投稿。

4. 编辑法制意识淡薄

由于现代社会日趋多元，其利益分配和社会交往也日趋复杂，一些编辑由于法律观念的淡薄，通过他们之手刊发了一些平庸、伪劣之作。他们对作者随意署名不闻不问；对不注明出处的文章不严格把关，也不向作者提出严格的修改要求；对因作者的学术不端行为给期刊造成的损失也没有用法律来进行整治和处罚，而是听之任之。可以说，编辑法制意识的缺乏在一定程度上纵容了学术失范和学术不端行为的产生、扩散和蔓延，而当这种情形达到一定程度时，它则形成一种社会惯性和“生态场”，反过来会对任何想要改变这一现状的人和组织产生阻抗力。

二、构建期刊学术生态

1. 加强编辑的自律和学术道德教育

任何法律法规和好的决策决议最终的立足点都在于人，人是任何活动的最核心因素。同样，学术期刊活动的方方面面也都是依靠人，尤其是期刊编辑人员来展开的。学术期刊要在遏止学术失范、构建学术生态系统中发挥作用，首先必须加强期刊编辑人员的自律。

要加强期刊编辑人员的自律，也就是要加强对期刊编辑的学术道德教育。近年来，学术管理层已经意识到学术道德的作用。如教育部在2006年就出台了《树立社会主义荣辱观 进一步加强学术道德建设的意见》，该意见指出，加强学术道德建设具有重要的现实意义。学术道德是科学研究的基本伦理规范，是提高学术水平和研究能力的重要保证，对增强自主创新能力，促进学术繁荣发展具有不可忽视的重要作用；学术道德是人才培养的重要内容，与学风、教风、校风建设相互促进、相辅相成；学术道德是社会道德的重要方面，对良好的社会风气形成具有示范和引导作用。

保持自律、恪守学术道德是学术期刊编辑的职责所在，更是学术期刊有效遏止学术失范、构建良好学术生态系统的关键所在。因此，学术期刊编辑不仅要恪守学术道德，坚守学术诚信，修身正己，自我约束，反对投机取巧、弄虚作假，还要加强对作者、读者的学术道德教育，培养作者的求真务实、勇于创新、坚韧不拔、严谨自律的治学态度和科学精神。

2. 完善期刊学术评价制度

（1）突出审稿重点。在加强稿件的三审制中，不能搞形式主义，走过场，要责、权明确，重点突出。审稿编辑在收到稿件后要认真初审文章，重点对文章的格式、写作规范提出意见，对文章的价值提出评价；复审专家要重点关注文章的观点和原创性，对文章的价值提出切实的意见；编委除对编辑和专家的审稿意见进行评价外，更重要的是还要挖掘未被发现的问题；最后主编对前三者的审稿意见进行综合评价，并侧重作者对文章修改情况的审查[4]。如此有所分工，有所侧重，相互补充，相互监督，层层审稿，层层把关，不仅有助于审稿质量的提高，也有助于审稿人责任心的加强，在一定程度上可以防止学术失范。

（2）自觉回避关系稿。我国是一个人情社会，个体无法避免由各种人伦关系构织的人情大网。因此，学术期刊编辑在工作中自然也会碰到各种各样的人情关系，这是无法避免和抗拒的。但回避制度不失为一种抗人情干扰的有效办法。无论是编辑还是审稿专家，凡涉及自己朋友、学生或同单位、同科室或熟知文章作者的稿件都要自觉回避，要舍得放弃自己手中的审稿权力，自觉跳出人情圈，以免自己在审稿中处于尴尬或被动的境地，受各种人情因素的影响而手下留情，从而无法对稿件做出客观、公正的评价，影响审稿质量。

（3）重视审稿质量评价。根据编辑部的情况、读者的反馈意见和期刊的社会效应，学术期刊可定期召开专家会议，对近期的审稿质量和文章刊发情况进行分析和评价，对审稿质量好、审稿责任心强，并给期刊带来社会效益和经济效益的审稿人要给予一定的精神奖励和物质奖励；对那些不负责任或出现差错，甚至给期刊带来损失的编辑或审稿人不仅要提出严肃的批评，视情节轻重还可以撤消其编辑资格和审稿资格，必要时还要给予一定的经济处罚，以加强其审稿的责任心，严肃学术风气。

（4）建立保密制度。编辑部对作者个人的信息要对审稿人保密，这有利于审稿人不受作者因素的干扰，把注意力放在对稿件的学术性、新颖性的审查和质量的评价上，也有助于客观、公正地对文稿写出评价意见。同时，编辑部对审稿人的身份以及专家文稿的详细评审意见也要对作者保密。因为审稿人在审稿中难免与作者有不同的看法，对文章提出不同的意见和观点，其中有合理的也难免有不合理的，如果编辑部在与作者交换意见时透露了审稿人的审稿信息，恐怕日后会造成审稿人与作者之间的矛盾或尴尬，引起作者对相关审稿人的看法和意见。双向匿名审稿制度不失为一种能较好保证作者和审稿人信息不致泄露的办法。

3. 强化著作权法意识

著作权立法的根本目的是鼓励作者独立创新，保护知识产权，促进社会发展。著作权法是编辑工作的法律依据，每位编辑在期刊的编辑出版工作中都必须认真贯彻执行，都应自觉地、主动地用著作权法来规范、约束自己的行为，依法选题、依法定稿、依法编辑、依法出版[5]。

坚决杜绝一稿多投、重复发表现象，编辑一定要本着高度的工作责任心，对稿件认真审阅，并利用现代化的网络信息技术上网搜索，一旦发现问题要及时更正，情节严重者近几年中拒收、拒刊该作者文章。与此同时，学术期刊事先也应在征稿启事中明确注明不宜一稿多投，并在收稿工作中及时做好稿件的接收和审查，保证在著作权法规定的时间内把稿件的处理结果反馈给作者，避免作者因等不到编辑部对稿件的处理结果而另投他刊。

关注作者署名问题。有些作者由于各式各样的原因，经常要增添、更改文章署名，编辑如果对这一问题听之任之，那不但是对学术规范的不尊重，也就是对著作权法的违背。因此，学术期刊要建立相应的署名管理规定，内容可包括：在投稿时要求作者提供署名的真实性证明，并与作者签订相关协议，以保证署名的正确性，做到不遗漏、不造假，实事求是。

引文、注释和参考文献是学术传承、评估学术创新、尊重他人成果的重要方式和表现，它的存在并非可有可无，其内容也并非可以随意选择或增删。期刊编辑在恪守引文、注释和参考文献等学术规范中，首先要在审稿中重视审查文中引文的核对、参考文献的引录以及注释的准确与否，以防止错引、漏引、重引或故意不引、恶意引用等问题。尊重他人劳动，规范学术论文中的注释、引文及参考文献的标注要成为学术期刊编辑进行学术编辑活动时的自觉行为。

4. 不宜提倡市场化

当前，学术期刊存在着办刊经费不足的问题。为了解决这一问题，近几年来许多学术期刊纷纷采用市场化运作理念，试图通过走市场化道路来以刊养刊，解决期刊的生存问题，但由于制度不完善、不科学，期刊在以市场化办刊理念的幌子下滋生出了许多学术失范和学术不端行为，在过分追求利润的一方阵地中，背离了学术研究引导社会科技、文化发展方向的本质，失去了学术竞争力。学术性是学术期刊的生存依据，学术期刊如离开了学术性，那就无生存的价值了。因此学术期刊如果把社会经济的市场化简单地等同于学术期刊的市场化，把“以刊养刊”作为期刊生存的基础，学术期刊的学术性就会丧失殆尽，也就无生存意义了。

从另一方面讲，期刊走市场化之路，需要编辑一手抓期刊出版，一手抓经济创收，势必要求编辑把原有的编辑工作时间分出一部分去搞创收，这无疑要侵害编辑的部分编辑精力和学术精力。更有甚者，有些编辑在走市场化之路中，不惜把主要精力放在创收上，这样本末倒置怎能办好期刊，期刊质量下降自然是不可避免的。因此，为了有效解决学术期刊的生存问题，主办单位要采用有效的保护措施，加大对学术期刊的经费投入，确保办刊经费，绝不能把学术期刊拒之门外，让学术期刊在当下不完善的体制下去走市场化之路。学术期刊不能以追求赢利为自己的出发点和归宿，追求社会效益为主要取向才是学术期刊所必须坚持的原则。

学术期刊中出现的学术失范和学术不端行为问题本身并不可怕，可怕的是没有认识到它存在的根源。编辑是学术期刊质量的把关人，是学术成果流向社会的最后把门人。因此，在有效遏止学术期刊的学术失范的过程中，我们一定要充分认识其危害性和产生根源，采取有效的防御措施，坚持学术原则，坚守学术阵地，自觉遵守学术规范和学术道德，构建良好的学术生态环境，维护学术研究的一片蓝天。

参考文献

[1] 江新华. 学术何以失范——大学学术道德的制度分析. 北京：社会科学出版社，2005：31.

[2] 蒋保德. 我所理解的学术道德. 安徽史学，1995 (4)：75.

[3] 王晓华. 学术失范与中国学术深层危机. 学术界，2001 (5)：170.

[4] 朱美香. 遏制审稿失范　提高审稿质量. 编辑学报，2004 (3)：25.

[5] 张英娥. 编辑要发现科技期刊论文的署名问题. 科技与出版，2003 (6)：37.

（原载《中国出版》2009 年 9 月下、10 月下合刊）

期刊编辑遏制学术腐败的审稿实用方法

刘 芳 易冰源

关于学术腐败的定义及表现，美国科学院用FFP做了概括，即捏造（fabrication）、篡改（falsification）和剽窃（plagiarism）[1]。20世纪90年代中期以来，我国学术界关于惩治学术腐败的呼声渐起；到了2000年3月，学界代表在全国人大政协会议上强烈呼吁要制止学术腐败。然而，由于学术管理制度的不完善以及学术研究者的功利化和浮躁化，学术腐败非但未被遏制住，反而大面积蔓延开来，且有愈演愈烈之势[2]。众多学者和期刊编辑分析了学术腐败产生的原因，并提出建立各种机制和相关对策。刘雪荣、董兴杰[1]以及李新红[2]等强调应提高编辑素质；罗哲[3]、黄松[4]、孟建安[5]等建议强化期刊的自律机制建设；黄松以及曾伟明、辛均志[6]等提出在学术期刊行业实施准入制度和责任追究制度；孟建安[5]、曾伟明、辛均志[6]以及肖静[7]等指出应加强编辑的职业道德建设；任汴[8]、郭俐虹[9]则主张构建规范化的编辑出版机制。这其中，强调最多的是作为学术论文最重要的把关者之一，编辑不仅有责任，而且应该有能力遏制学术腐败。为了实现编辑有效把关，结合多年编辑工作实践，本文总结了五种简单实用的遏制学术腐败的审稿方法，与编辑同仁商讨。

一、利用参考文献进行研究判断

1. 要求作者规范使用参考文献

参考文献是作者在学术研究中，对其他著作或论文的整体或部分观点、表述进行借鉴。国内学术期刊一般采用顺序编码制在文后列示所引参考文献，并在原文引文处注明，标注规范为 GB/T 7714—2005。编辑在稿件审理中有义务提示或要求作者注明参考文献，这也是对被参考文献及其作者的尊重，同时也可以为学术腐败的纠察工作提供线索。

2. 利用参考文献判断主题研究现状

专业期刊编辑是外行中的内行，由于专业学习和长期工作积累，对所涉领域有比较全面的认识。但专业期刊编辑又是内行中的外行，对于学术研究进展状况，尤其是某一具体领域的发展不可能像“专攻”者那样了解深入。这就需要利用参考文献来初步判断该主题的研究现状。若参考文献大多与被审文章主题类似，则可初步判断该选题不具较强的创新性；若参考文献中同主题文章均为近期发表，则该选题有可能是近期探讨的热点，可以在多轮比较的基础上审慎编校，并查证文章内容是否存在抄袭、挪用等。反之，若同主题参考文献发表时间较久，且无近期发表文章，则证明该选题已过时。

3. 利用参考文献判断文章核心内容是否具有创新性

学术论文中，除综述部分需要参考大量文献以厘清研究方向外，观点和论述部分应主要体现原创性。论文中的主要观点有少部分为“引用”是比较正常的，如均为参考或大部分为参考，则证明文章创新性不强（把参考的观点充分加以综合来论述，则另当别论，需具体判断）；如参考的文献大多是已出版的基础类图书，如基本的数学方法、理论模型、基础知识等，且表现为该文的主体内容时，则可判断文章属于“拼凑”类的功利稿件。此外，文章审编中还应注意：比较重要的数据需要注明出处，以防捏造数据；数据引用应注意参考文献的发表时间，防止过期数据误用。

二、利用网络信息资源进行研究判断

信息化是现代社会的一大突出特点。网络搜索为生活在现代社会的人们快捷、便利地获取信息资源提供了广阔的平台，并成为最受欢迎的信息获取途径。在论文审编过程中，利用网络信息资源，同样是判断、抵制学术腐败的有效途径。编辑对网络信息资源的利用主要有两类：专门数据库的利用和大众搜索引擎的利用。

1. 专门数据库的利用

专门论文数据库有很多，规模较大、为大众所熟知的有：中国知网（CNKI）、万方数据、维普资讯网等。上述数据库均收录了大量论文，提供的信息资源服务也比较相似，编辑可根据本人习惯和爱好进行选择。另外，与期刊合作的数据库一般会提供给期刊编辑部一定量的免费下载权限，这样编辑可以方便地查看文献全文。例如，中国知网，该库收录国内 8 200 多种重要期刊，全文文献总量 2 200 多万篇。充分利用好这类资源库，对编辑在文章查重、辨别稿件质量等方面有非常重要的帮助。

利用论文数据库可方便地检索到一稿多发的情况。主要方法有：在检索项中选择“作者”，在检索词中输入被审论文作者名，检索后便可查看到该作者已发表论文情况。对于不是很常见的名字，该方法最为简便有效。但对于较常用的名字，如王红，检索的结果会有很多，这时需要结合篇名或其他项目综合查询。在检索项中选择“篇名”，在检索词中输入被审论文题目。为避免作者将题目稍加修改后投递，编辑在“篇名”输入时不一定是输入全名，只需将题目的关键词输入即可，如《我国住房公积金制度存在的问题及对策》一文，只要在检索词中输入“公积金制度”即可，这样便基本可以确定是否一稿多发。如作者名和文章名基本一致，还要查看作者单位、关键词、摘要等，进行综合辨别，以防止因同名和选题类似而发生误判，必要时也可下载全文进行核对。对于发现的“重稿”，编辑在处理上要慎重，因为虽然不排除作者一稿多投的可能，但常常也会碰到由于编辑所在期刊审稿期限过长，在行业规定的期限内没有给作者回复，被作者判定为退稿，之后又投递到其他期刊且已被发表的情况。因此，遇到这种情况，编辑一定要和作者沟通。

对于选题与参考文献极为相似或完全相同的论文，可以通过专门数据库查看参考文献全文判断是否存在抄袭，有的甚至只通过摘要的比较便可做出大致判断。因为通过摘要的对比即可以判断文章思路和主体框架。对于文章的文理脉络、论述内容均与参考文献相同的论文，应重点审查，看看是否存在抄袭或照搬的行为；对于部分选题类似的文献，应下载全文核实主要观点和内容，以防止挪用观点但不标注参考文献的变相抄袭。

2. 大众搜索引擎的利用

相比而言，大众搜索引擎虽不像参考文献和专门数据库那样针对性很强，但可以检索到更为宽泛和全面的内容。比较常用的大众搜索引擎有谷歌（google）、百度（baidu）、雅虎（yahoo）等，在编辑工作中充分利用这些便利条件，可用以检索那些未被数据库收录的其他文献和专著。

（1）检索抄袭、挪用的内容或观点是否来自未被各大数据库收录的文献。尽管当前的学术论文数据库资源覆盖面已经非常宽泛，但仍有部分期刊未被收录，尤其是地方性期刊。所以，大众搜索引擎可作为数据库的补充。搜索引擎利用中最关键的是找准有代表性的检索词，这需要编辑根据自己的经验进行判断。在检索时，可以对质疑的整句内容进行检索，这样检索到的概率较大。与专门的数据库相比，搜索引擎的搜索量更大，一般要选择几句内容搜索之后仔细比对才能发现其中原委。如参考文献中无明显破绽，专业数据库亦无法准确查证，但编辑对文章内容又心存疑虑时，运用大众搜索引擎往往十分有效。就笔者而言，在实践中发现的主要问题可归结为以下几类：直接照搬他人文章，更名后作为自己成果发表；盗用网上现成资源，删改整理后作为自己的成果改投其他期刊；大幅挪用他人观点，东拼西凑，集结成似是而非的一种观点，拿去发表（对于客观集结别人观点，并详细标明参考出处，且真正从众人观点中提炼出有价值的信息和结论的，应另当别论）。

（2）检索是否抄袭专著的内容。专门数据库目前收录的大多是学术期刊、博士硕士学位论文、会议论文等，有的还涵盖了报纸、专利、标准等相关文献，但对于专著的收录，目前仍是一个空白。这就给编辑校审稿件是否抄袭专著内容带来较大困难。利用搜索引擎可以适当弥补这一不足。因网上的资源有时会涵盖专著中的内容，尤其是典型的案例等，输入案例基本信息便可轻松找到出处，比对之后可进行一些基本判断。实践中，常见的情况有：大量抄袭已出版的各类标准、规范，将其中的解释性条款或补充性条款改头换面表述成自己的观点；滥用经典案例等。经典案例往往会在网上广泛流转，所以搜索起来也不是难事。

三、从行文分析作者水平

质量高的论文往往构思缜密，脉络清晰，结构合理，衔接自然，论述充分，有理有据。低劣之作和伪作品则表现为明显的拼凑，或出现概念性低级错误，或思路混乱，衔接不畅，文理或语言风格不统一，等等。对于不注明参考文献的文章要特别注意，因为这类论文往往存在着两种情况：一是文章确为作者自己的实践经验总结，但由于作者行文能力不是很高或不经常撰写论文，行文可能存在一些缺陷，但内容却具体、实在并有应用价值；一是干脆将别人文章直接“拿来”，略加“整理”或大量抄袭，出于功利而想蒙混过关。

四、根据作者资历判断

任何一门专业知识的形成都需要一定的知识背景、研究积累。根据作者资历判断其论文是否存在学术腐败也是一种有效的方法。就资历的判断而言，编辑不应简单地理解为资历高的作者所著论文质量就高，资历低的作者论文质量就一定低。而应根据作者的经历、研究领域、工作内容以及已有的研究成果等进行综合判断。比如，在某领域交叉学科取得知识的创新，往往需要有两个学科的丰富理论及知识背景做支撑，如果一个硕士研究生刚入学不到半年，就写出一篇跨领域的学术论文，而且在论文的整体表现上思路清晰、结构合理、推导计算准确、论述有理有据，且无相似选题的参考文献，这时就需要编辑进行更细致的甄别了。但笔者在编辑实践中，确也见到过有些资历尚浅的作者写出高质量文章的，因此对于浅资历作者写出高水平文章的情况，需根据具体情况进行缜密辨别。

五、通过与作者的沟通交流判断

与作者沟通交流是了解作者思路和想法的有效途径。在沟通中，如作者对自己的研究在沟通表述时思路清晰、言之有物，则基本可以判断作者在该领域或主题上的研究是有背景做支撑的。如若作者对编辑在审校其文章中提出的问题表现得支吾含糊、词不达意，抑或推诿逃避，则要引起注意。在具体实践中，编辑还要具备不被作者误导的能力，如笔者曾就某一文章与作者沟通，作者声言为该论文付出了多少心血，又如何花了大量时间进行调研，最后整理出有关数据，还从侧面提及自己在该领域取得了哪些成果、有不俗的地位等，但经过对文章内容的核实，发现其文乃抄袭之作，对比被抄袭的原文，除仅删除了一部分内容外，竟连摘要都只字未改。故编辑在实际工作中，应保持必要的审慎，做到按规定、流程审理文章，不可凭感情简单从事。

作为遏制学术腐败关键的一环，编辑必须掌握有效的审稿方法。对于上述方法，仅是笔者在多年实践中的一点归纳。由于每个编辑部规章制度不同，编辑个人审稿思路和做法各异，因此还需结合具体情况具体分析与操作。

参考文献

［1］刘雪荣，董兴杰．论编辑在治理学术腐败中的作用．燕山大学学报：哲学社会科学版，2006，7（3）：139-142.

［2］李新红．从高校学报编辑视角解析学术腐败．哈尔滨学院学报，2006，27（4）：133-135.

［3］罗哲．从学术腐败看编辑的职业规范和自律机制建设．甘肃社会科学，2004（5）：250-253.

［4］黄松．论学术期刊自律与防止学术腐败．编辑学报，2007，19（3）：167-169.

［5］孟建安．维护学术自尊，扼制学术腐败——社会转型时期学术期刊编辑的学术

自觉. 平顶山师专学报，2003，18（1）：100-102.

[6] 曾伟明，辛均志. 规范编辑行为 扼制学术腐败. 南昌高专学报，2006（3）：79-81.

[7] 肖静. 论高校学报编辑如何抵制学术腐败. 武汉科技学院学报，2006，19（9）：122-124.

[8] 任汴. 学术腐败的期刊编辑控制. 湛江师范学院学报，2006，27（5）：87-89.

[9] 郭俐虹. 学术期刊编辑应在抵制学术腐败中发挥作用. 武汉理工大学学报：社会科学版，2007，20（4）：567-569.

（原载《中国编辑》2009 年第 1 期）

新中国第一代装帧艺术家曹辛之思想探源

吴明新　王　强

曹辛之是我国书刊出版界享有盛誉的书刊装帧艺术家，其人其事在业界早已流传，对其装帧艺术成就的研究也有见诸媒体，对相关历史文献的调研发现，关于曹辛之作为书刊装帧艺术家的编辑思想来源很有研究价值，但还鲜见深入研究报道。值此新中国成立60周年之际，我们探究曹辛之的出版装帧思想来源，可以为广大编辑出版工作者提供多方面的借鉴参考，也借此缅怀这位值得尊敬的新中国第一代出版装帧艺术家。

一、爱国爱书，投身出版

曹辛之是江苏宜兴人，从小就酷爱读书，每逢看到一本心爱的书，就琢磨着把书精心装扮一番。他也喜欢绘画，曾经梦想成为一个画家或一个作家。时代的激荡，生活道路的曲折，他没能完全实现少年时的梦想。与出版结缘始于19岁那年在家乡宜兴，他为宣传抗日救亡，在中共地下党员吴启璋（吴伯文）的领导下，与沈毅（孔厥）等同志创办了文艺刊物——《平话》，尽管刊物只出版了几期便遭到查封，但曹辛之说："这是我学习编辑业务和印刷知识的开始，是我从事文化出版事业的起点。"[1]

抗战爆发后，曹辛之随之奔赴抗日前线，1938年到延安，入陕北公学和鲁迅艺术学院美术系学习。1939年夏，他由党组织调配到著名爱国民主战士、社会教育家李公朴先生率领的抗战建国教学团，并开赴敌后——晋察冀边区工作。1940 年夏教学团结束，李公朴原想留曹辛之在读书出版社工作，后因生活书店更需要美术干部，他便被调到当时在国统区广大读者中有着巨大影响的生活书店。在这之前曹辛之便经常阅读生活书店出版的进步书刊，这些进步书刊对其早期的爱国进步思想给予了很大的启发和教育。由于爱书又爱写爱画，所以当得知组织上让他到生活书店工作时，曹辛之非常高兴，当时的书店负责人徐伯昕和他谈话时，他激动地表示："不管工作条件怎样困难，书店的生活如何艰苦，我都要好好学习，努力工作，愿意终生为出版事业服务。"[1] 正如曹辛之所言，在后来艰苦的环境中，他始终不惧艰难，满腔热血投入到生活书店的编辑出版工作中。在那段时间，他既要处理来信来稿，又要将画稿进行雕版木刻，还要绘题花、画封面、算稿酬……在邹韬奋的言传身教下，曹辛之养成了严谨的编辑工作作风和勤恳的工作态度，生活书店当时出版的书刊几乎没有一个错漏。1941 年 1 月国民党反动派制造了震惊世界的"皖南事变"，国统区的进步文化事业遭到摧残，生活书店设在全国的五十余处分店除重庆分店外都被查封，一些工作人员还被国民党特务逮捕。在这危急关头，曹辛之毅然接替被疏散走的同志开始专门从事生活书店的书籍装帧工作。他当时设计的图书封面具有明显的时代特色。1948 年 10 月，生活书店、读书出版社和新知书店在香港正式合并成立了三联书店，曹辛之即负责三联书店的书籍装帧和美术方面的工作。这期间他为《太阳照在桑干河上》《战后欧洲录》等小说设计的封面，在读者中深受好评。1949 年夏天，曹辛之被调到北京，先后任三联书店总管理处美术科、宣传科科长。1951 年人民美术出版社成立，他又到该社先后任宣传科、版权科科长，设计组组长和编审级美术编辑。

曹辛之的爱国、爱书、爱画的思想是其走上编辑出版、书籍装帧之路的源头。从青年时代投身编辑出版工作到1995年5月辞世，半个世纪以来，除了被错划为“右派”到北大荒劳动和十年“文革”动乱时期，他一直坚持在编辑出版岗位上勤勤恳恳地发挥自己业务的专长。经他装帧设计的书籍和期刊约有2 000多种，其中《苏加诺总统藏画集》曾获得1959年莱比锡国际书籍装帧设计金奖。

二、精益求精，谦虚谨慎

曹辛之一参加编辑工作就在邹韬奋领导下的《全民抗战》编辑部工作，邹韬奋对编辑出版的各道环节都做出了严格要求，以出版物“没有一个错字”为“鹄的”。生活书店的传统精神给了曹辛之直接的熏陶，使其养成了“从事编辑出版工作必须具备的工作作风和工作态度”[1]，为其此后的出版工作生涯打下了良好的基础。

1985年他担任《诗·书·画》执行主编时，对年轻编辑言传身教，从初审文稿时的一丝不苟到编排图片时的相得益彰，他一再强调编辑文字图片要眉目清楚、一丝不苟。他说：“编辑工作就像绣花，一笔一画如同一针一线，绝对马虎不得。只有这样做了，才会给读者以美感。”[2]当有些稿件因不适用而退给作者时，曹辛之都要编辑亲笔写退稿信对作者表示尊重和歉意。作为执行主编，他除了在春节出版那期为活跃版面发表一件自己的篆刻作品以外，就再没发表自己的任何作品。他说：“在这个位置，就要出于公心，如果通过自己负责的报刊获取私利，就不好了。”[2]在编辑工作中，曹辛之对自己提出严格要求——“要精益求精，永不自满”。在为书稿设计封面时，他总是反复琢磨书的内涵，努力实现“未成曲调先有情”，为每一本特定的书量体裁衣，通过精心的艺术设计，把作品的内涵反映出来，使封面与书刊内容成为一个完美的整体。他在《装帧设计》一书中这样认为，装帧是从属于书籍的装饰艺术，要寄作者之情，传书稿之神，要引人联想，力避一览无余[3]。基于这一艺术观，他从不轻易采用具象的绘画和摄影材料做封面素材，而是反复观察、深入研究生活中具象的美，并从中抽象出共性的美的形象来。在他的作品中可以看到很多书名、作者名，他都一笔一画亲笔写成。在《毛主席诗词》一书的设计稿中可以看到“三十七首”字样亦不是印刷体，而是用的曹辛之亲自篆刻的朱文印章。设计稿曾几经修改，使这部书的装帧效果达到了完美的境界。1985年岭南美术出版社出版的《曹辛之装帧艺术》一书展现了他的200余幅精美的书刊装帧设计作品，既有像《苏加诺总统藏画集》那样的壮丽、典雅的鸿篇巨制，也有像《寥寥集》这样精致夺目的小花；既有像《莎士比亚喜剧五种》那样典雅、柔美的经典之作，也有像《东北蹦蹦音乐》那样不拘一格、轩举有致的现代艺术精品。

纵观曹辛之一生的编辑道路，最使人感动的就是其精益求精、谦虚谨慎的精神。他在《中国装帧艺术文集》中撰写的一章《我与书籍装帧》就非常谦虚地把自己在成长道路中取得的每一个成绩都归功于邹韬奋早年的教导，归功于徐伯昕、胡愈之、王仿子等同志的领导、关心和帮助。他说：“新中国成立以来，和我合作共事装帧设计工作的许多同志，如在三联书店时期的叶然、赵友兰，在人民美术出版社时期的陈允鹤、李文昭、曹洁等，都曾在我的一些装帧设计作品中出过不同程度的力”，“我们的队伍后继有人，并且后来居上”[1]。曹辛之不仅谦虚谨慎，而且从不满足于过去已经取得的成就，他的一些感情充沛、形象饱满的优秀作品，像《寥寥集》《九叶集》《黎明的呼唤》等封面设计，都是他进入花甲之后的创作。这种谦虚谨慎、永不自满的思想是其在书籍装帧艺术中取得丰硕成果的基石，也是其从事编辑出版工作的精神原动力之一。

三、广结善缘，虔诚作嫁

曹辛之的一个重要编辑思想就是尊重作者，他常说“要和作家交朋友”。他认为，装帧设计讲究融洽的配合，书的主体是文稿，作者是文稿的创作者，编辑要和作者交朋友，有机会听听他们谈自己的创作思想、艺术见解、写作背景，等等，那就为你的创作提供了好的参考[4]。曹辛之一生设计了数千件作品，许多作品的作者都是他的朋友，这些朋友大多是曹辛之通过热心地为作者服务、虚心地与作者沟通的工作中结交的。我们翻阅曹辛之的作品集，有许多我们熟知的我国文学艺术界的许多大师的著作封面设计，据说这些大师，像茅盾、丁玲、李可染、臧克家等都是曹辛之的至交好友。

例如，《曹雪芹》的封面设计就是曹辛之与国际友人通过装帧书稿结下友谊的一段佳话。《曹雪芹》是端木蕻良写的一部长篇小说，但是光看书名，读者会以为是部学术性的个人研究评传。曹辛之在设计时考虑到这一点，就和作者反复商量，于是在封面地脚处加上一行“长篇小说·插图本”，使版面结构更加丰满。曹辛之的篆刻名声远播，不仅国内许多文人高士喜与结交，就连外国朋友也经常慕名求教。日本讲谈社国际室负责人前后两次登门拜访曹辛之，曹先生不顾年迈暑热，将自己多年的治印经验娓娓道来，诲人不倦的精神令在场的人都为之感动。曹辛之在设计工作中，每每与著作者、责任编辑认真交流，听取他们介绍自己的创作思想、艺术见解、写作背景、编辑心得等，为书刊的装帧设计做好思想准备。许多作家、诗人和理论家经常登门拜求，请曹辛之为他们的书稿做装帧设计，他不仅热情接待而且从不马虎，虚心地听取作者的意见，把作者的想法与书的内容结合，设计出非常精美、高雅的装帧画稿。曹辛之对编辑出版界的年轻人更是关爱备至，有年轻编辑拜访他，即使事先没有预约，或偶尔碰到也很热情，主动约请到家中叙谈。据去过他家的编辑记载[5]，他家墙壁上挂的字画有茅盾、叶圣陶、周汝昌、张正宇等名家的手书，其中一副字——“江流天地外，山色有无中”，正是表达了曹辛之先生在编辑出版工作中虚怀若谷、往来鸿儒的广阔胸怀。

曹辛之与作者、编辑这种融洽和谐的关系，还源于其对书刊装帧工作的热爱。他 1985 年 12 月在《人民日报》上发表了《装帧工作者之歌》，其中有两句诗：“愿这些精神食粮，都有他完美的形体，我们以虔诚的心，来为他人作这嫁衣裳。”诗言志，曹辛之的诗句正是他虔诚为人作嫁、广结天下善缘的写照。

四、文、艺双修，一专多能

曹辛之从小爱好绘画，更喜欢写诗，抗战胜利后，在我国著名诗人臧克家的大力支持下主持创办了星群出版社，出版过小说、戏剧、诗歌等文艺书籍，还出版了《森林书丛》8 册和由臧克家主编的《创造诗丛》12 册，并创办了《诗创造》和《中国新诗》两个月刊。

在生活书店工作时，他更是挤出时间来钻研出版业务，白天在生活书店上班，晚上和假日在家写诗、编诗刊、设计书刊封面。他以笔名“杭约赫”先后出版了诗集《噩梦录》《火烧的城》，长篇政治抒情诗《复活的土地》。曹辛之还多方面提高自己的艺术修养和思想水平，而且经常和印刷厂、装订所、纸行等打交道，有时还协助门市部布置橱窗和卖书。通过艰苦的学习、工作，曹辛之对出版工作的整个流程都逐渐熟悉，各项工作都能独当一面且进退有方。

在出版界，大家称曹辛之是多面手，他不仅擅长诗画，还自幼学习篆刻。“文革”期间他在湖北咸宁“五七”干校开始学刻竹，劳动之余，捡拾废弃的竹根、竹片，刻制了一批笔筒、臂搁，件件都是精雕细琢的艺术品，分送给学友们珍藏[6]。从干校调回北京后，他更是钻进了篆刻的艺术天地，在两三年中应友人之请，为茅盾、叶圣陶等文坛名家治印 200 余方；1977 年，刻陈毅的《满庭芳》印谱，齐燕铭为之题词，茅盾题签，曹辛之亲自拓印，装订了百余册，分赠文艺界朋友，得到一致赞赏。1983 年元月，《红旗》杂志用封底的整块版面，双色套印，公开发表了曹辛之的这一组篆刻[4]。曹辛之当年在印刷厂劳动时曾经利用有限的业余时间，精心设计了几种适用于报刊标题和书版的字体，亲手书写了一本厚厚的设计字样和设计方案（初稿），他在设计方案里，写了他当时的一些想法：“试图把图案的描绘技法和书法艺术做有机的结合，使其方中带圆，刚柔相济，秀雅而不单薄，浑厚而不臃肿，既有规律又富于变化，既符合印刷字体的科学要求，又能保持一定程度的中国书法的笔意，并带有雕版书和碑帖的那种质朴圆润的雕、刻、印拓的效果。”[4]从中可见曹辛之为出版艺术殚精竭虑的良苦用心。尽管在当时的条件下，曹辛之的美好设想没有得到实现，但他尽了一个装帧艺术家的责任，为今后我国印刷字体的创新与发展，提供了可贵的资料和范例。

曹辛之认为，作为从事出版工作的装帧设计者要不断地提高修养，因为对于著作本身的理解是装帧设计的出发点，它同时又在艺术上具有相对独立性。因此，装帧设计工作者加深自己的文学修养和艺术修养，是更好地取得工作成绩的重要前提[3]。曹辛之的出版工作实践完全证明了他的这一文、艺双修思想是编辑出版工作者提高能力的重要基础，也为今后的年轻编辑成为一专多能的复合型编辑出版人才树立了成功的典范。

参考文献

[1] 曹辛之. 我与书籍装帧//章桂征. 中国当代装帧艺术文集. 吉林：吉林美术出版社，1998.

[2] 鹿耀世. 虔诚的文学、艺术家——曹辛之. 中国出版，1996（11）：45-46.

[3] 王子野.《曹辛之装帧艺术》序//王子野出版文集. 北京：中国书籍出版社，1997.

[4] 方平. 如饮芳茗　余香满口——谈曹辛之的装帧艺术. 文艺研究，1984（4）：9-10.

[5] 章桂征. 回忆大师——我所知道的曹辛之先生. 编辑之友，1998（1）：62-64.

[6] 王仿子. 五十年友爱的回忆——曹辛之同志逝世周年纪念. 中国出版，1996（11）：57-58.

（原载《出版发行研究》2009 年第 12 期）

美编如何走出形式迷宫

郑　艺

美术编辑经常会面临这样的局面：辛辛苦苦做出的设计方案，责任编辑不满意，主编、作者不认可，市场部门不喜欢，大家提出了很多修改意见。结果，为了能顺利通过，自己的整个设计方案被改得“面目全非”。为此，美术编辑们难免有些困惑，甚至感到苦恼。这种被动的工作方式不仅会直接影响到书籍设计的整体质量，还会影响到编辑出版工作的顺利进行，甚至会影响到图书的销售。可为什么自己觉得很美的设计不能被作者、编辑和市场认同呢？问题究竟出在哪里呢？对此，美术编辑的惯性思维往往会停留在对形式的反思，即对设计工作中字体的运用、色调的控制、图片的安排、材料的运用等元素的调整上，难以跳出自我创作的狭小空间。

笔者认为，忽略了书籍设计所具有的特殊设计属性，任由长期形成的“单向度”设计思维所牵引，直扑形式而罔顾内容与其他，是导致这一困局的主因。实际上，任何成功的设计都离不开一些基点的支撑，所谓“功夫在诗外”，回归基点，夯实基础，才是设计之路得以开拓的最重要的源泉。换言之，在正式运用各种艺术元素和采取各种艺术形式进行书籍设计前，应该对所设计的图书牵涉的重要的方方面面进行必要的了解、调研和分析，为设计方案的诞生做好前期的准备工作，也就是通常所说的“做好功课”。无论形式如何变换，这一功课都离不开三大“基点”——内容、功能与市场。可以说，这三大基点是图书设计之所以获得成功的重要基石。

一、基于图书内容，做“胸有成竹”的设计

德国莱比锡每年都举办“世界最美的书”的评选，各国评委对“最美的书”评判标准的第一项就是：能将图书内容准确地传达给读者。对图书内容的了解在书籍设计中可谓头等大事，这也是作者、责编和读者衡量一本书的设计方案是否成功的关键所在。可惜，这一点恰恰是美术编辑最容易忽视甚至轻视的地方。

书籍设计大多是“先有稿，后有书”的命题创作，是基于特定内容的专属设计。因此，创作的过程与通常的艺术创作偏重于个人情趣与理念的表达不同，不应该开“无轨电车”。若仅仅根据书名来定义图书的内容，凭着主观想象进行设计，那只能是没有深度的“浅设计”，这样的设计是无法贴切地传达图书的内涵和实质的。所以，在创作之前，美术编辑必须花一定的时间和精力，通过对书稿简介、提要以及部分章节的阅读，对书稿内容先做一个大体的了解。在此基础上，再主动与责任编辑和作者进行有效的沟通，尽量准确领会书稿的蕴涵所指，然后紧扣主题，对书稿内容进行概括，将原著的精神旨归、形象诉求等要素提炼出来，运用艺术的手段加以传达，将一个无形的概念转化成可见的形象。这样才能使书籍设计传达出来的信息更加贴切，更加准确，才能产生由内而外的美感。

德国设计家冯·德李希曾指出：“重要的是必须按照不同的书籍内容赋予其合适的外观，外观形象本身不是标准，对于内容的理解，才是书籍设计者努力的根本标志。”可见，对书稿内容的了解和熟悉是设计者的重要工作之一，是设计者行之有效

地开展设计工作的大前提，是将图书内涵完美体现的基础。准确把握书稿内容才能在制订设计方案时做到“胸有成竹”。

二、基于图书功能，做“实实在在”的设计

在日常工作中，大家普遍认为美术编辑的工作就是美化版面和设计封面，将图书装饰得美观就可以了。其实这种观念是片面的，因为从图书的功能来看，它是供人阅读的文化产品，和其他供人使用的产品一样，其使用价值是先于艺术价值的，所以，对图书使用功能的设计也是非常重要的。如果一味追求图书形式的美感而忽视了图书使用功能的合理性，就会对读者的使用（阅读）造成影响，图书的所谓“艺术性”也就荡然无存了。英国美学家罗杰斯·思克拉顿曾经说过：“只有极少数的人才会有兴趣把建筑看作表现建筑家个人情感的东西。”虽然建筑设计和书籍设计不是同一门类，但建筑和图书都要求设计的艺术性必须建立在功能性的基础上。因此，就一般图书而言，书籍设计也不应该是艺术家宣泄个人情感的艺术品。

书籍设计必须首先考虑书籍装帧的实用功能，要符合人类阅读的科学规律。美术编辑应在充分了解书稿内容的基础上，预先制订一个有关图书所需功能（便于载录、阅读、识别、保护和促进购买等功能）的计划，以便于在此后的设计过程中结合各种艺术构思逐步将这些功能一一实现。例如：美术编辑应根据书稿的类型和特点，理性地选择图书开本的大小，便于文字、图片等内容的合理呈现，使读者的翻阅更方便；考虑阅读者的生理特点，遵循人类的视觉规律，科学地设定文字的字体、字号、字距和行距，使读者的阅读更流畅；通过页面色彩的适当搭配和调节，减轻读者阅读时的疲劳感，增强阅读的舒适度；

通过纸张质地的选择，使阅读者在触摸书本时，产生美好的心理感受。总之，美术编辑对书籍功能的合理安排和配置，可以提高读者阅读的兴趣，增加阅读的愉悦感。

书籍设计大师杉浦康平先生曾说过："书籍的设计是外在观赏美与内在功能和谐美的综合。"可见，书籍设计作品应该是艺术性和功能性的完美结合，只强调个性发挥而忽视书籍实用功能的美术编辑不是一个真正的好编辑。只有对书籍的实用功能进行认真分析和充分考量，将书籍的功能性和艺术性完美地融合在设计中，才能做出既实用又美观的好书。

三、基于图书市场，做"有的放矢"的设计

图书既是精神产品，又是物质产品，它一旦进入社会交换领域，也就成了商品，因此图书还具有商品属性。我国每年出书二十多万种，其中新书十几万种，市场可供应的图书已达四十多万种，已经成为实实在在的出版大国。虽然每年出书的总数在增长，但销售册数在逐步下降，库存量也在增长，各个出版社之间的竞争也越来越激烈。因此，各出版社越来越重视图书的设计，希望图书能够依靠新颖别致的视觉表现形式从浩如烟海的同类书中"跳"出来，吸引读者的视线，从而带动图书的销售。

在市场经济的大形势下，美术编辑已不能再"闭门造车"了，应该具有市场意识，应时常关心图书市场。在设计前，美术编辑应该做好相关图书的市场调研。首先是针对"书"的调研：对市场中的同类书进行比较、分析，这既是一个学习的过程，也是一个扬弃的过程，可以理清设计思路，避免同类撞车。然后是针对"人"的调研：充分了解此类图书的受众范围，研究和分析读者的购买心理，不妨可以设想一下自己作为一名读者在看到此书时的感受，是否能产生审美共鸣和购买的欲望？总之，只有在对市场进行有效的调研后，美术编辑才能从中梳理出较为清晰的设计思路，明确设计的大方向。

书籍设计本身也是一种文化现象，优秀的书籍设计能引导设计潮流，折射出一个时代的设计风格，体现出一个地区、一个国家的文化格调和艺术水准。随着我国出版业“走出去”战略的不断扩大，有很多优秀的图书将会输出到世界各地。美术编辑在设计这类图书前，还要研究不同国家和地区读者们的阅读习惯和审美取向，按照不同的图书市场考虑和制订不同的有针对性的设计方案，吸引当地读者的目光，满足当地受众的阅读需求。

读者的审美需求是不断发展和变化的，相应的图书市场也是瞬息万变的，图书设计也应随着社会的发展而变化。有了对图书市场的准确把握，美术编辑在制订设计方案时就可以做到“有的放矢”，有目的地将图书的艺术性和商业性有机地结合起来，做出市场认同度高、深受读者喜爱的图书。

书籍设计发展至今，已不再是一项简单、独立的工作，也不是美术编辑随心所欲就可以做出的艺术作品。从设计的全过程来看，书籍设计是融合了众多元素和环节而达到整体和谐的工程，是一个系统工程。工程之前的规划和筹备工作不可忽视，只有通过对书籍内容充分了解、对书籍功能进行合理设定以及对读者需求进行精心调研，做足功课，美术编辑才能走出形式的迷宫，逐步形成一个明确的设计大方向，才能进一步有计划地做好书籍设计各个方面的构思和创意，使各个环节密切配合，最终成就出一本和谐完美的书。

参考文献

[1] 吕敬人. 书籍设计四人说. 北京：中国青年出版社，1996.

[2] 邓中和. 书籍装帧创意设计. 北京：中国青年出版社，2004.

[3] 吕敬人. 书艺问道. 北京：中国青年出版社，2006.

（原载《编辑学刊》2009年第3期）

书籍装帧艺术中的动态设计

冯美玲

精美的图书令人赏心悦目，甚至让人反复地玩赏，这就是书籍装帧的整体美的魅力。随着科技的发展，书籍不再一成不变，它是一个不断变化、充满活力的容器，其各环节之美在互动中显现出来。所以，设计者尤其要以一种“动态”的设计观去对待书籍设计。

一、书籍的整体美表现在动态设计上

我国先秦思想家荀子说，“君子知夫不全不粹之不足以为美也”（《荀子·劝学篇》），极为强调美的整体性。《论语·八佾》记载孔子说：“尽美矣，又尽善也。”孔子“尽善尽美”的审美理想，虽然包含了伦理内容，但“尽”字显然也表达了全部、整体的含义。

西方美学自古希腊始，各时期的美学家也都洞见了整体美在审美活动中的重要性，并力图以科学的方法给以解释。古希腊哲学家亚里士多德曾说：“美与不美，艺术作品与现实事物，分别就在于美的东西在艺术作品里，原来零散的因素结合成为统一体。”中世纪哲学家和神学家托马斯·阿奎纳更明确指出：“美有三个要素：第一是一种完整或完美，凡是不完整的东西就是丑的。”17 世纪，英国哲学家培根也断言：“美不在部分而在整体。”

同理，现代书籍装帧也是这样。书籍装帧已不仅仅是完成封面和版式的设计，而是各个环节相互映衬，相互关联，体现出一种书籍的整体美。这种整体感是人的一种经验中的组织与构建活动，是与活动、运动密不可分的。人的视觉整体概念绝不是在静态下产生的，而是人与物相对运动的视觉结果。所以，整体美是多因素、多层次构成的动态系统，它绝不是一贴黏糊的膏药。

书籍装帧的整体的视知觉既然来源于动态，那么，“整体美”与“动态”两者便如影随形，紧密结合在一起。因而在书籍装帧设计中，设计者要在头脑中树立起“动态”的设计观。

二、书籍装帧艺术中动态美的表现

书的信息是通过动感的阅读行为才渐渐地渗入读者的内心的。这是电子读物所不具备的，唯有书籍这种形态随着翻阅形成了一个戏剧化的延续过程。在这个过程中，书籍各环节通过互动来显现书籍的整体美。

例如，中国传统图书的经折装，一折折打开的过程连续而又独立，能增强阅读中的连续感；而卷轴形式的书籍则更为连续流畅，让人边卷边读，如听舒缓的音乐；线装书每页相对更为独立，阅读秩序很容易把握，通常是顺流而下，有着固定的平稳的阅读顺序。从小到大的书页在阅读时可以产生强烈的顺序感；书页尺寸阶段性的跳跃能将书分成不同的阅读单元，使人产生跳跃性阅读的欲望；而在书中插入小尺寸页面或异形页面通常会活跃阅读的状态，强烈的反差使这种页面成为点睛之处，折页也是书页尺寸变化的常用手段之一。展开折页的过程往往能给人豁然开朗的感觉，展开后的大幅面不仅能容纳更多的信息，也改变了阅读的状态。此外，还有很多更为特殊的方式，如在大的书中的折叠结构等，应用虽然不广，但其新鲜的动态过程往往能给读者深刻的印象。

又如吕敬人先生装帧设计的《黑与白》，书中描述了一个澳洲土著人的生活。书的封面对书名进行了艺术处理，将“黑”与“白”二字进行变形，使文字图形化，并产生一种动感，同时在封面的中间部分，有一组跳跃的袋鼠，袋鼠的图形组合成一种波浪形式，形成一条富于动感的线，横穿书的封面。同时，打开封面，内文的版式上也有与封面同一形式跳动的袋鼠，贯穿书的始终并前后呼应。该书的装帧设计巧妙地在点、线、面的互动关系上做文章，运用一条有形又无形的“动线”使书籍的各个环节互动起来，创造出与众不同的设计效果。

目前，我们的书籍设计还存在着注重封面而忽视内文或者其他设计环节的现象。封面与内文相互脱节，没有关联，致使整个设计失败，这正是由于我们对书籍设计中“动态”的设计观缺乏深入领会和理解的后果。在我们的设计中，还经常会忽略一个环节，那就是书脊的设计。其实，书脊的设计不是孤立存在的，它是整体装帧的一部分，它的设计要和封面设计风格一致，与封面相呼应。虽说书脊在一本书之中只占据着一块缝隙之地，却起着画龙点睛的作用，其涵盖内容包括书名、作者、出版社、装饰图案。这就要求我们在设计时，必须考虑到字体空间的搭配、色块图形的搭配、大小虚实的搭配。如果设计得不考究，安排得不到位，那么极有可能导致封面与封底的割裂与脱节，破坏书籍的整体美感。如果能将各设计元素之间的关系处理得当，做到排列有序、虚实相当，即使是方寸之地，也会令封面和封底之间有了关联，使它们形成互动，在互动的过程中显现书籍的整体美，使读者感到流畅而舒服。

三、书籍动态设计要注意的几个问题

1. 确立书籍装帧艺术的动态设计理念

任何一本书都与任何一个立体物的视觉概念一样，只能在三维空间中加以再现，而且在动态中形成。因此，应该确立动态的书籍装帧设计新观念。

（1）动态的多侧面性。书籍装帧设计者在装帧设计中应对整体中的多侧面性有明确的认识。雕塑家往往对人与物在运动中的审美关系特别敏感，他们的创作思维是立体的、连贯的和多侧面的。书籍装帧与雕塑艺术有共同点，书籍也是让人们从多方面、多侧面欣赏的艺术品；把书籍装帧艺术只理解为简单的、平面的封面设计，绝对是一个错误。书籍装帧设计者要确立动态的书的多层面设计观，并要具备把多层面的复杂的连续的相对独立的单位，转化为“完形”整体的能力。

（2）动态的多距离视点。人对书的注意是一个由远及近的过程。书籍装帧既要对几米以外的读者具有感召力，又要适于站在面前的读者欣赏，即便是读者把书拿在手中，也有吸引读者把玩品味的魅力。因此，人与书之间距离变化的运动性，产生了书籍审美合适视点的多样性。合适视点距离的多样性，决定了装帧设计可视内容的多样性。

（3）动态的视觉相继性。人类的视觉总是不满足于只看到物体的一个局部，而要把握它的全貌。这就意味着，人类视觉上的不满足心理，总在引导人们去看暂时看不到的部分，去寻求整体的完整，甚至把看不到的那一部分也要用想象加以补充，来满足追求整体把握的心理需要。因此，在对书籍的审美活动中，书籍是在动态中使各个部分相继显现，以满足人们的视觉心理从而给人以经验中的“完形”。任何局部的中断或欠缺都会对整体美造成致命的破坏。因此，设计者只有具备了把整体的书籍看成一个连续的整体的能力，才标志着他把握住了书籍在动态中三维空间的整体特征。

（4）动态的视觉时间性。在人的审美活动中，对雕塑的感知通常只涉及空间而不涉及时间。但是，书籍的动态审美特征恰恰表明，人对书籍装帧的审美，应该把它看作一种有时间和空间感的紧凑连贯的活动或事件。人的视觉特征有这样一个特点，一开始往往只感觉到一个模糊的整体，随后便逐渐对其进行修正、润饰和细节加工。这时审美知觉选择的对象和重点也不是凝固不变的，而是随着对象特征的逐步展现，读者欣赏的目的、需要、能力、情绪等的变化而不断转移。这种感知选择重点的不断转移，构成了书籍视觉审美的时间性。

读者的阅读，是一个跨越时间的动态过程，充分表现在对图书翻阅浏览的每一个瞬间。从封面、环衬、扉页的欣赏，直到篇、章、节的细读，整个书籍装帧的审美过程在时空中展开。设计者在文字与图像设计中制造的繁与简、详与略、前与后，诱导读者的视线循序渐进，使阅读的空间过程成为跨越时间的审美过程。

（5）动态的多层次性。书籍的多层次形态决定了装帧设计的多层次性，这是书籍装帧艺术区别于其他造型艺术的一个显著特征。通俗地讲，书是供人一页页翻看的，在翻动中展示着动态的多层次的美。这就决定了书籍多层次性的设计要求。这种多层次性的设计由表及里、层层深入，要求设计者把精美的封面、勒口、内封、环衬、扉页、每页正文直至封底，依次在动态中展现在人们眼前。

在书籍中，层与层之间疏密的对比与和谐关系，图像符号的变化呼应关系，封面、环衬、扉页之间的色彩节奏关系，使书籍层与层在动态中展现出无限的魅力。

2. 充分运用书籍装帧设计的各种类型和设计方法

（1）引导型。设计一座建筑，要根据使用目的来设想人在建筑中的活动路线和行为方式。同理，设计一本书要设计阅读者接受信息的动态过程和阅读状态。动态设计对读者的引导主要靠结构和平面语言两方面。

书籍的结构通常决定阅读的基本程序。最常见的结构即为一侧装订的方式，如骑马订、锁线装、无线胶装等方式。在这种结构下，阅读秩序很容易把握，通常是顺流而下，有着固定的平稳的阅读顺序。但是在这种结构中也可以有丰富的变化。为了改变单调的节奏，有的书分为两部分，前一部分在左侧装订，后一部分在右侧装订，阅读的时候两部分的变化如同由两条脉络构成的电影，共同发展，相互关联，又自成体系。在同侧装订的情况下，改变页面的尺寸也是一种有效的方式。页面大小的变化从视觉和触觉都能带给读者鲜明的节奏变化，使这种页面成为点睛之处。

（2）参与型。参与型就是诱导或者迫使读者参与到预先设定好的行为中去。参与型的动态方式可以分为主动参与和被动参与两种类型。

主动参与指在设计中提供读者参与的可能，由读者完成的动态过程。主动参与型图书很多都具有游戏性，特别是一些儿童读物。例如，带轮子的书，书的内容是介绍车子，但图书本身也可以当作车子来玩。还有一种小型动画图书，读者可以通过快速翻动书页使之呈现动态效果，如同看电影一样，甚至可以选择正反和快慢播放。更有趣的是有一些关于立体视觉的书，通过封面上附带的透镜，读者就可以观看到三维图像。

被动参与是指读者在阅读过程中不得不参与的行为或在翻阅书籍时会自动出现的动态效果。例如，有的书将书页封起来，读者只有将书页撕开才能够阅读。撕书成为阅读体验的一部分，读者的被动行为也就实现了这本书的动态设计目的。还有很多书里面有立体折叠结构，在打开书页的时候，立体画面会自动形成，画面中的形象也会自动完成动作。这种类型的设计经常也会用到一些特殊材料。有的采用光栅板作为封面，从不同角度观看会呈现不同的画面，从而形成动态效果。有的书籍甚至采用复写纸作为封面，阅读者的触碰都会留下动作的痕迹，从而和设计者一起完成作品。书籍中动态设计的方式随着技术手段的发展在不断地丰富。各种巧妙的动态设计不仅能更好地演绎书中的内容，也让读者对书籍更加爱不释手。

动态的设计观是现代书籍装帧中先进且重要的设计理念。我国近二十年的书籍装帧艺术的进步，已经开始在世界上显露出独特的魅力。如今中国一部分装帧设计家开始在注重民族化、传统化精神的前提下，重塑新形态的书籍。这种重塑书籍形态的做法，意在“破坏”书籍固有模式和纯铅字传递形式的束缚，倡导主观能动、有想象力的设计。具体来说，就是装帧设计师要具有整体设计的意识，要拥有现代动态设计观的理念，将书籍各个要素连成链条，令人与书之间有情感交流，使书籍装帧艺术上升到一个新的层次。

（原载《中国编辑》2009 年第 2 期）

当前编校质量问题把脉与救治

王於良

对我国出版界来说，编校质量是个陈旧而又新鲜的话题。近些年来，尽管政府相关部门三令五申强调确保出版物质量，但编校质量问题依然十分突出。产生这一问题的原因，笔者认为与出版界正在发生的一些变化有关。

一、在全国出版系统内部，出版社的出版专业分工被突破

新闻出版总署对出版社的出版范围有明确规定。长期以来，各出版社在编辑、校对人员的招聘、培训、考核等方面，基本上是按照本社出版范围来运作的。出版社从业人员的知识结构、专业学识水平，对相关专业在国际和国内过去、现在、未来的状况的了解，作者队伍的建立与沟通，以及营销渠道等，与出版社的出版范围基本匹配。出版社从业人员的专业出版运作能力与出版社出版物范围这种相对对等性，使得编辑人员有能力对稿件进行审读、评价，对稿件内容合理取舍，能够与作者进行良好沟通，对稿件修改提出正确的意见和要求。这就使得出版物的编校质量具有了相对保障。这同时为出版社从业人员代表国家在出版岗位上，对出版物的内容从严把关提供了可能性。

近些年来，这种状况有了改变。在经济利益的驱使下，一些出版社把本单位的出版范围往外扩张，与本出版社出书范围不相吻合的所谓“打擦边球”的出版物越来越多，出版社的专

业分工界限越来越模糊。特定的专业分工在一些出版单位实际上已经不存在。人民出版社出文艺作品，美术出版社出中小学语文、数学教材、教辅，文艺出版社出中医、美容、保健、养生出版物；理工科专业的编辑去编辑社科类稿件，而学哲学、历史、古代文学专业的编辑却去编辑理、工、农、医等专业书稿。这种跨领域、跨学科组稿、编稿的状况，使出版从业人员的知识结构与出版物的内容产生严重错位。专业出版人员识别出版物内容质量的资质严重缺失，没有能力去把握、识别出版物内容的正确与错误，没有能力去衡量出版物科技含量的多与少，出版物文化品位的高与低，甚至对国家有关的法律、法规、政策都不知晓，有关的基础知识、规范标准、专业术语、计量单位都不掌握，根本不具备与目前出版物的内容相适应的业务能力。以其昏昏，使人昭昭，出版物内容的真实性、准确性、科学性自然大打折扣。

二、在出版社内部，编辑人员与校对人员的工作分工被突破

过去，在出版社内部，编辑人员的职责很明确，主要是市场调研、选题策划、书稿编辑。校对人员的分工也很清楚，以校样对原稿，校异同；水平较高的校对人员可以校是非，原稿错了，与责任编辑商讨后可以改原稿。长期以来，有责任心的出版社按照编辑工作与校对工作不同的要求、特点，对相关人员的招聘、培训、考核，采取了不同的标准、措施。这种明确的并行的稳定分工，对出版物内容质量不出硬伤、大错，提供了可靠的保证。

现在一些出版社出于多种“理由”，说是“精简机构”，“减少工作层次”，“降低成本”，等等，撤掉了专业校对机构，把校对人员安排到编辑室或项目组，既校对，也编稿。原先的编辑人员，既编稿，也校对。这种编、校运作方式，被称为“编校合一”。编辑人员与校对人员各自的职责被混淆了，责任编辑与责任校对之间的分工消失了。同一个从业人员，面对一部书稿，既编又校，原来具有不同责任的“编辑”与“校对”两方面的工作，对编校合一者而言，无法区分。就个人而言，从事两份既相近又相远的差事，是分身无术的，结果只能是既负不起“责任编辑”的责任，也负不起“责任校对”的责任。全部负责的设想必然导致全部都负不了责任。这给编校质量的保障留下极大隐患。有的出版社领导对这种变动可能造成的严重后果心知肚明，担心出大问题，在单位内部又建立了“印前审读”“印后审读”组织，再设一道关口，再把一次关。这就是有的同志提出的编校关口“前移”“后挪”的直接原因。这种办法，其实解决不了多少问题。倘若操作不当，反而让编校人员多了一层心理上、工作上的依赖，“反正后面还有人把关”，把一些可做可不做，甚至该做而不想做的编辑与校对上的事情，推到下一道工序。

三、编校人员每年工作量超负荷，行之有效的编校质量保障制度被突破

以前每位责任编辑每年大概可以核发到 5 个书号，考核的工作量是编发 70 万字左右的书稿，实际发稿量在 100 万字左右。按照正常工作流程，拿到书稿，先通读一遍，明确全部内容，再编辑加工，再看一次一校样。这样 100 万字的书稿，实际的工作量是 300 万字左右。这样的工作量，是比较适中的。从业人员有比较充裕的时间，精心编辑稿件，同时可以参加有关社会活动，搞调查研究，策划选题，协助出版物的营销。同时，二审、三审也可以从容不迫地尽他们应尽的审稿责任。也

就是说，这样做给严格执行对保证出版物质量行之有效的“三审三校制”创造了条件。近些年来，实际情况有了很大变化。第一，在全国五百多家出版社总数没有大的增加、每个出版社责任编辑数量增加有限的状况下，全国出书总数，由20世纪90年代中期不到10万种，猛增到现在的近30万种。责任编辑一年用的书号远远超出5种，多到20～30种，工作量多达1 000万～2 000万字！如此大的工作量，按照“三审三校制”的要求来运作，编辑校对人员不吃饭、不睡觉也难以完成。对每个出版从业人员来说，时间是恒定的，精力是有限的，工作量的大幅度增加，势必只能以牺牲工作质量为代价。忙得焦头烂额的不仅仅是责任编校人员，面对如此大的工作量，二审、三审除了签字画押，还能做什么呢？在一些出版单位，多年来行之有效的“三审三校制”已经名存而实亡了。

有的出版社组织外编、外校来解决生产能力不足的问题，但是这些外编、外校中有相当一部分人是奔着钱来的，他们不是单位的员工，对单位没有任何责任。马马虎虎、敷衍了事的不在少数，其编校质量可想而知。

文化界、学术界存在的不正之风、学术腐败，更是雪上加霜。一个“教授”一年能“编写”出几本书，一个“学术带头人”几年编出几套丛书，书稿质量原本就不理想，出版社加工、提升书稿质量就更加困难了。

针对上述疾患，出版主管部门应当求良方、下猛药予以救治。

第一，调整出版专业分工，由出版单位和出版管理部门共同确定出版范围。社会分工是社会发展的必然结果，社会越是现代化，社会分工必然越精细。出版产业当然不能背离这个规律。在专业分工明确的情况下，生产经营走专业化道路，才能显示特色，做出品牌，取得良好的效益。

我国出版机构设置专业分工，是计划经济体制的产物。除了少数边远省份，其他省、自治区、直辖市，基本上都是一个模式：一个人民社、一个科技社、一个教育社、一个少儿社、一个古籍社、一个美术社……平心而论，在各社专业分工范围内，产品市场有大有小，利润空间有厚有薄。这就给部分从业人员带来心理上的不平衡：你的效益好，并非你有能耐，而是你的那块田地是“风水宝地”；我的状况不佳，不是我不努力，而是我的“土地太贫瘠”。总以为别人家锅里的饭好吃，想方设法把勺子往别人锅里伸，这就是一些出版社频打“擦边球”的深层次的缘由。

现在出版单位改制转企，在真正成为市场经济的主体，成为独立的法人后，在宪法和法律允许的范围内，出版什么，不出版什么，应当有相对的选择自由，出版主管部门不应当干预得过于具体。实际上，这是出版社市场选择的一次重大而深刻的重新洗牌。这将是一个漫长的过程，也是一个痛苦抉择的过程。有的出版单位选择对头，举措得当，将因此壮大、发展起来，而有的则将被淘汰出局。出版单位“难生”“难死”，或“只生不死”的格局将被打破。

重新确定市场定位，就像一桩婚姻，不是强制性的包办，而是由政府牵线和出版社自己“相亲”两方面结合而确定的。有了这样的定位，各出版单位没有必要再左顾右盼，“吃着碗里的，想着锅里的”，而是坚定信心，目不斜视，一心一意耕种好自己那块地，生产民众“信得过”的产品。

第二，优化结构，控制品种数量，提高质量，增进效益。出版管理部门的领导和出版单位的领导，在指导思想上要解决发展方式的问题。物质生产部门有个发展方式的问题，文化生产部门也有个发展方式的问题。不能一味地把产品数量的增长看成是“发展”，不能把发行码洋，尤其不能把造货码洋的增长当成是“发展”了；不能把品种增加、广种薄收当成是“繁荣”了。优化结构、控制品种数量、提高质量、增进效益，应是出版界的努力方向。

所谓优化结构，优化出版物产品结构是重要一环。这里有两个层面的产品结构需要调整。首先，在宏观层面上，发达国家的出版物中，大众类读物、专业类读物、教育类读物，三大类品种的比例结构是1∶1∶1。而发展中国家，三类品种的比例很不均衡，大众类读物、专业类读物比例很小，而教育类读物的比例（主要是中小学教材、教辅）大约占到出版物总量的80％～90％。越是经济文化落后的国家，后者的比例越大。我国的情况稍许好一些，教育类读物占出版物总量的比例大约在60％～80％，发行码洋尤其是利润所占比例可能更高一些。这说明，我国出版业依靠中小学教材、教辅支撑的状况没有根本性改变。在继续做好中小学教材、教辅出版的同时，出版主管部门的注意力、出版单位的工作重点应当放在大众类读物和专业类读物的品种和市场的开拓上。所谓创新、特色、品牌，主要是对大众类读物和专业类读物而言的。世界知名的出版集团，如贝塔斯曼集团、施普林格集团、维亚康姆集团、讲谈社等，都是以大众读物、专业类读物闯天下的。这就是所谓核心竞争能力的集中体现。很可惜，我国大部分出版单位在这两方面出版工作上，调查研究不到位，选题策划不到位，市场营销不到位，创新的努力不到位。没有叫得响的大品牌，只能在低层次上徘徊，只能在国内市场转悠，甚至只能在本地区运作。其次，从微观层面上讲，各出版社内部，各类出版物的比例结构应当科学、合理，尽量扩大走市场这个渠道的大众类读物和专业类读物的比例，凭真本事赢得两个效益。有了科学、合理的出版物结构，出版从业人员就有可能把精力和时间放在市场调研和选题策划上，下功夫提高“单位面积产量”，转变“广种薄收”的困难局面。品种数量控制住了，编校质量的提高就有了可能。换一个角度来表述，提高“单位面积产量”，必须靠“精耕细作”。数量与质量是相辅相成的。这也是一个必须遵循的规律。否则必将受到惩罚。

第三，针对突出问题，认真抓好当前几项工作：

（1）各出版单位对新招聘的年轻编辑和校对人员，必须有计划、有步骤地进行培训、考核，合格者方能上岗。对原有的编校人员也应结合实际，进行培训、考核，建立终身学习制度。

（2）凡超出出版分工范围的出版物，在上报选题时，应同时上报具备该选题相对应资质的责任编辑、责任校对人员简况。不合要求的，不予放行。

（3）责任编辑不可以担任自己所编稿件的责任校对。也就是说，对同一部稿件来说，责任编辑与责任校对，必须分开。

（4）凡使用外编、外校的出版单位，领导班子应有专人分管这方面工作，认真对外编、外校进行培训和考核，通过择优汰劣的方法，建立起一支具有较高政治、业务素质，有责任心的、合格的社外编辑和社外校对人员队伍。

（原载《中国编辑》2009 年第 5 期）

校对人力资源管理中的人本理念

张大伟

作为编辑工作的继续，校对工作是出版工作不可缺少的一环，其管理的成败关系到整个出版管理的完整性和连贯性。管理，归根结底是对人的管理。校对人力资源管理在整个校对管理中至关重要。在校对人力资源的开发、配置、绩效管理、激励机制和留人机制等方面，现在的出版环境已对传统的校对管理提出了严峻的挑战。在建设和谐社会的今天，在校对人力资源管理中坚持科学发展观的核心思想——以人为本的理念，贯彻人性化管理原则，显得格外迫切。

一、校对人力资源开发中的人本理念

校对人力资源开发是指出版单位根据本身的需要，运用一定手段对校对个体或校对组合的能力进行开发并有效整合，使其充分发挥作用，为提高校对工作质量和加快校对工作进度服务的过程。

传统的校对管理以事务为中心，对人力资源开发意识不强，尤其缺乏开发目标和开发计划，校对队伍处于不被重视的状态。有的出版社甚至取消了专业校对组织，或者只留下个别校对调度，校对工作依靠社会上的校对力量，且“有事有人，无事无人”，任其自流，疏于对外校人力资源的开发管理。当出版高峰到来的时候，出版社争抢外校，以致好的校对比编辑还吃香，显示出校对作为一种人力资源具有经济学意义上的资源稀缺性的特征。

出版社要在市场竞争中保持经常的校对优势，校对人力资源的开发工作是第一位的。不管是针对专职校对还是针对社会外校，它都是一个系统性工作，同时包括识人、选人、育人、用人、留人等多个环节的配合，而且还存在再度开发、深度开发的问题。人本管理要求在人力资源开发中把企业员工作为管理的中心，首先尊重员工的权利，再以员工为中心设计相应的管理制度、管理方法及策略。就以校对培训这一校对人力资源开发的主要手段来说，随着知识经济时代的到来以及校对人员对自我价值、自身发展的重视，培训已成为出版社校对队伍长远发展和留住人才的重要途径。但传统的校对培训满足于一般技能、流程的教学训练和一般的职业道德的教育宣传，而且还是闲的时候抓一把，忙的时候搁一旁；以人为本的校对培训则要求致力于人才培养、队伍建设，并要求将该项工作持续进行下去。在这方面，以下理念是值得重视和坚持的：

（1）加强学习支持，开展继续教育，培养校对人员的学习能力，不断加强出版工作的基本理念，满足其知识更新的要求，帮助其优化知识结构，增强基本素质。

（2）通过培训，培养校对人员合作互补（知识互补、能力互补等）的团队意识，营造校对工作的和谐气氛。

（3）通过培训，增强校对人员的自我管理意识，培养其自我管理能力，自我管理主要体现为校对人员在工作中自我监督、自我反馈、自我评价、自我控制、自我培养的过程。这是一种没有“管埋”的内在管理，是管理的高境界。

（4）面向未来，通过对校对人员潜能的发掘，在培养“为我所用”之人才的同时，也满足校对人员个人职业生涯发展的需要，最终实现出版社与校对人员的“共赢”。

二、校对人力资源配置中的人本理念

校对人力资源配置是指通过招聘、甄选、录用和培训把符合出版单位发展需要的各种校对人才及时、合理地安排在合适的校对岗位上，使之人尽其才，以实现校对工作目标。

一般的校对人力资源配置立足于“管住”人，而非“用好”人。不是从校对人员的实际情况出发，力求因才适用、人岗匹配，而是从校对事务出发，特别是在任务集中时“乱点鸳鸯谱”，致使“大材小用”“小材大用”“鞭打快牛”等不正常现象屡见不鲜。比如，熟悉文史的与熟悉科技的错位分配，结果校对者虽勤奋努力但绩效不佳，虽接受调度但无快乐心情。

一般的校对人力资源配置的另一个大问题是不尊重校对人员的选择。美国管理心理学家马斯洛的“需要层次”理论，把人的需要分为“生理”“安全”“归属和友爱”“尊重”“自我实现”等需要层次。校对的个人需要也因层次不同而各异。有的外校人员家庭经济条件差，其参与校对首先是为了改善物质生活，即为的是满足生理需要。因此，各种校次，各色校样，只要有时间、有精力、有能力去干，他都愿意接受。而有的外校人员本来就吃用不愁，参与校对纯粹是自我价值实现的精神需要，他只对能体现其自身水平的校次、校样感兴趣。校对管理者、调度者若随意派发、硬性派发、盲目派发任务，就会引起校对人员的不满。

以人为本的校对人力资源配置则不一样，其基本原则是“用人所长，用人所能”，“尊人所愿、人适其事、事得其人”，实现人与事的优化配置。

具体而言，坚持如下人本理念是必要的：

（1）校对岗位或校次、校样的调度分配，应尊重校对人员的选择，尽量满足其兴趣、爱好，尽量符合其专业特长、个性特点，使其在工作中能够扬长避短，享受快乐。如果任务与人力发生矛盾，难以做到人岗适配时，则应耐心进行解释与沟通工作，相信沟通是解决人事矛盾、缩短人心距离的最好方法。

（2）校对工作量的调配要适当，要充分考虑校对人员的身体条件、家庭状况和心理素质，对他们多一点人文关怀。

（3）校对人员的使用，要从人才培养的需要出发。分配工作要有利于校对人员能够从中受益、提高。校对岗位的调整，既要有利于出版社的正常运转，又要有利于实现校对个人职业生涯的发展规划。

（4）校对岗位配置要把握公平、公正的原则。校对人员一般并不害怕辛苦，就怕自身价值被漠视。管理者用人，要重才识、重业绩、重结果。

三、校对人力资源绩效管理的人本理念

校对人力资源的绩效管理是指对校对人员的工作状况和结果进行考核、测定和评价，以及在此基础上与校对人员交流考核结果、制定绩效改进目标和措施的过程。

一般的绩效管理基本上属于制度管理，即刚性管理。出版社一般都根据《图书质量管理规定》《编校质量认定细则》《图书校对工作基本规程》等确定量化指标（如“完成校对字数”“灭错率”“留错率”等），再结合本单位的规章制度确定校对绩效考核标准。该标准的执行主要依靠组织制度和职权的力量，一般重扣罚而轻奖励，再加上管理者在执行过程中“一碗水”端不平，又不注意帮助校对人员提高绩效，很容易引起校对人员和管理者之间的矛盾与对立。

以人为本的校对绩效管理，并非否定制度管理的存在与健全，而是要求管理者重视人性化管理方法、柔性管理方法的运用，要让校对人员把组织行为规范、规章制度、目标要求内化为自己的认识和理解，从而激发潜能，提高工作热情，创造更好的业绩。所以，校对绩效的人本管理对管理者增强以下诸方面的管理意识颇为重视：

（1）多一点“参与管理”。各项考核标准的制定应该是管理者与校对人员达成共识的过程。通过校对人员参与制定与之利益相关的决策过程，增强组织内部的沟通、协调，满足校对人员的知情需要，使他们感受到组织的信任，体验到自己的利益与组织发展的关联性，从而增强实现绩效目标的责任感。

（2）多一点“爱心管理”。管理者不应吝惜感情支出，要多体谅校对人员的个人弱项和难处，包括尊重他们对工作量的选择。有时候，从实际出发下调绩效考核指标，反而有利于激发校对人员的工作热情，从而实现更高的绩效目标。

（3）多一点“流程管理”。在校对日常工作流程中，我们既要坚持“三校一读”进行相对静态的周期控制，又要根据当下多种书稿同时交叉校对而进行动态性、多线性控制；既要根据规章和指标进行预先控制，又要通过检查进行事后控制；既要按照本社计划进行数量控制，又要根据行业规范进行质量控制……这些流程控制都离不开校对人员的优化配置，它们是组织调度控制、前后校次互相监督补充的群体控制的结果，更是校对人员角色行为相互影响、紧密合作的结果。从以人为本的要求出发，进行协调、优化，使流程和谐运行，是绩效管理落到实处的具体表现。

（4）多一点“知识管理”。一个单位推行内部知识管理，构建单位专业知识资讯库（网），有利于把个人散乱的隐性知识通过整理转化为大家共用的显性知识，这也有利于统一校对人员的行为规范，普遍提高校对人员的信息处理能力和绩效创新能力。

(5) 多一点“自我管理”。自我管理源于校对个人愿景和组织共同愿景的充分融合，形成共同的价值观。这个共同价值观的形成，离不开组织管理者在日常工作中对校对人员进行贴心的引导和培育，离不开企业内部所具有的宽松的、互动的人文环境。

四、校对人力资源激励机制的人本理念

激励是指通过调整外因来调动内因，从而使被激励者的行为朝着提供激励者预期的方向发展的过程。对于出版社来说，激励也是有利于实现校对人力资源的最优配置。

有的激励形式和内容都比较单调，激励机制的设计缺乏整体性和系统性，往往头痛医头，脚痛医脚，在实际操作上，又常常东一榔头西一棒子，使用随意，致使激励效果经常跟预期不一。

以人为本的激励机制要求管理者掌握如下原则：

(1) 因人而异，根据激励对象的需要层次进行激励。对生理需要为主的，要采用物质激励方式；对尊重需要为主的，要多用表彰等激励方式；对自我实现需要为主的，则可通过参与制度和发展计划的实施来达到激励的目的。

(2) 奖罚要适度。奖励过重，会使人产生骄傲情绪；奖励过轻，会使人产生不被重视的感觉，奖了等于白奖。惩罚过重，会使人感到不公，或失去对组织的认同，甚至产生消极怠工的情绪；惩罚过轻，会使人轻视错误的严重性，以致重蹈覆辙。

(3) 注意公平心理的疏导。因为任何不公平待遇，都会影

响校对人员的精神状态和工作效率。每个校对人员都是用主观的判断来看待是否公平。尽管客观上奖励很公平，也仍有人会觉得不公平。因此，管理者要注意对校对人员的心理疏导，引导大家树立正确的公平观。

五、校对人力资源留人机制的人本理念

现在一些出版单位对外校的依赖度有增高趋势，而外校人员又经常在出版社、报刊社、广告公司等文化单位之间流动，没有专属性，缺乏忠诚度，出版单位对他们的管理更多采用电话、快件、网络等联系手段，表现出管理上的虚拟化倾向。在这种管理状态下，留人机制的建立已成为稳定校对队伍的重要之举。

一般的留人策略注重形式上、物质上的引导，而疏于对校对人员本身的分析，即把校对人员特别是外校人员基本上视为“为挣钱、为改善物质生活”而参与校对的“经济人”。前文提及的马斯洛“需要层次”理论其实同样适用于出版单位人本管理的留人策略和留人机制，并可以表现为多元化的人性化的留人方式。这应该从思想观念上引起管理者的重视：

（1）改善工作条件留人。工作条件，或称之为工作环境，有软硬之分。硬环境主要是指物质性条件，软环境则是指企业的文化氛围、企业内人际关系和员工个人的发展机会与发展前景。出版单位的企业文化如果强调“以人为本”，关心人，理解人，尊重人，培养人，提倡在满足人的必要的物质需要的基础上尽量满足人的精神需要，那么校对人才就很容易被留住了。

（2）提高待遇留人。在同行业内，待遇的高低对人才去留的直接作用是显而易见的。

（3）完善制度留人。一个单位制度不完善，特别是制度及

其实施不讲究人性化，不能体现公平、公正，则往往让人寒心，留不住有用之才。

（4）满足情感留人。尊重员工，信任员工，关心员工，都是加强组织管理者与员工之间情感关系的重要因素。校对工作中情感关系的加强，使校对人员对组织和企业产生归属感，提高忠诚度，甚至形成心灵契约，人才自然容易留住了。

（5）忠诚管理留人。忠诚管理就是指企业组织在管理活动中，能够始终坚持把“员工即企业的内在顾客”奉为自己的管理信条，在企业文化、薪酬激励等方面充分考虑员工利益和需要，使员工心情愉快甚至感动。一个出版单位若能这样做，各类有用之才，包括优秀的校对人才的忠诚度就会提高，留住人才的目的就会达到。

（原载《书海》2009 年第 1 期）

校对工作与编辑工作的相互关系

一　凡

出版，是编辑、复制作品并向公众发行的活动。这个定义是中华人民共和国成立以后，我国学者经过多年的探讨、商榷才共同确认的。它符合出版工作的实际，应该说是比较科学的。我国很早就有出版活动，但是在我国古代，人们没有使用“出版”这个词，而把出版活动称为“梓行”“雕印”“版印”等。

出版物是一种思想文化信息载体，其作用在于将负载的思想文化信息向读者传递，并作为人类的文化遗产积累留存。而实现文化积累与传播最重要的条件是“保真”，即确保积累与传播的各种文化信息真实无误、完整无缺；失真的信息是没有传播与积累价值的。出版物所积累与传播的思想文化信息，都是通过文字记录与描述的，信息的保真，有赖于用字用词的准确。清代学者戴震说：“经之至者道也，所以明道者词也，所以明词者字也。由字以通词，由词以通其道。”他把道（思想、知识、经验）与字词的关系阐述得非常明确。真理与谬误之间，有时只是一字之差，字词的差错会使信息失真甚至走样。所以南宋诗人陆游说：“错本散满天下，更误学者，不如不刻之为愈也。”出错书不如不出书。清代学者顾广圻曾用六个字概括错本的危害：“诬古人，惑来者。”“古人”指的是作者，“来者”指的是后代读书人。出错书，既会诬枉作者，又会误导读者，贻害后代。

校对，是根据原稿核对校样，订正差错，提出质疑，以保证出版物质量的工作。此外，“校对”一词也指从事校对工作的专业人员和出版专业技术职务系列之一。校对工作历来受到重视。我国历史上把校对工作称为“校雠”，“雠”字也作仇敌解，颇有“仇人相见，分外眼红”之义。这是要校对者把消灭书稿校样中的讹误、错别字当作和敌人做斗争，随时保持高度的警惕性。根据史料记载，校雠工作在我国汉代就已经成为一门专业。古代的校雠通常是编校合一的。随着社会的进步、出版业的发展，编校合一的校雠发生了变化，校对工作逐渐与编辑工作分离，演变成为出版过程中独立的工序并逐渐职业化。时至今日，校对已经成为专业性很强的技术工作，须由专门的技术人员承担。可以说，自从人类有记载自己的文明历史以来，就伴随着产生了校雠工作，倘若没有这种校雠工作，人类文化积累和传播的混乱局面将是不堪设想的。随着社会生产力的不断发展，出版事业分工更细，校对工作的专业性也就更强了。

在汉语中，“编辑”是一个多义词。在古代，“编辑”（早期也称“编缉”）与“编纂”“编次”“编修”等词意义相近，主要被用来指称那种把众多的材料搜集起来予以整理加工的著作方式；在现代出版业中，“编辑”则一般被用来指称作为出版工作一个组成部分的专业活动和专业人员；在当代的日常生活和信息技术用法中，“编辑”有时也用于指称各种文字整理活动（如把计算机的文字复制、粘贴、格式设置功能称为“编辑”功能等）。所以，正确理解“编辑”的含义，需要联系时代和语境做出具体分析。

《中共中央国务院关于加强出版工作的决定》明确指出：“编辑工作是整个出版工作的中心环节。”编辑在出版工作中的中心地位，是由出版工作特有的性质、特点以及出版要素的结构功能所决定的。编辑工作对出版工作的全局具有关键性的作用和影响。出版工作的社会作用主要是通过出版物的思想文化内容来体现的，出版物的思想文化内容虽主要靠作者提供，但要通过编辑的设计、组织、审读、加工等，才能完善、提高。可见，出版工作对社会发展的能动作用主要是通过编辑工作来实现的。

在由编辑、复制、发行三位一体组成的出版过程中，编辑工作处于出版过程的开端和核心地位。没有编辑，出版物的复制和发行就不能进行。在出版过程的矛盾运动中，编辑常常作为矛盾的主要方面对出版全过程发生影响：编辑工作的质量水平，是直接影响、制约甚至决定复制或发行效果的因素。1989年在北京曾经举办过一次出版管理高级培训班，联合国教科文组织官员昌德拉·奈尔在介绍西方出版管理经验时说："编辑部是出版社的发动机，它给全社各部门提供动力。编辑部提供的书稿，质量好坏，畅销与否，直接影响出版社的命运。"

校对工作与编辑工作的不同点在于：编辑的工作对象是作者的原创作品，是未定稿，其工作的注重点在宏观，即首先对书稿的整体做出评价，从而决定取舍，其思维表现出"纵览总观"的特征；校对的工作对象是编辑发排文本，是已定稿，其工作的注重点在微观，即发现局部的错漏，从而弥补编辑工作的疏漏，其思维表现出"细辨详察"的特征。又比如，编辑加工要斟酌字句，其出发点是为了表达更准确、更精巧，斟酌的目标是"对不对"。两种不同的工作对象，两种不同的工作出发点，必然决定着他们的不同思维方式。分析校对的思维过程可知，校对思维具有逆向性、保真性、联想性、整体性四个特征。校对思维的这种特征与编辑思维的特征是不同的。正是不同的思维方式，影响着编辑、校对各自的工作。校对工作可以由编辑自己担任，有时编校合一是不可避免的。但是，身份合一，阅读方式却不能一样，编辑做校对工作，必须进行艰苦的角色转换，即按照校对的思维方式和阅读方式来校对工作。

校对工作与编辑工作的关系，可以用八个字来概括：同源，分流，合作，同归。

校对工作是与编辑工作同时出现的，在古代相当长的时间里，编校是合一的。古代的编校合一，是与当时的出版生产力水平相适应的。那时的出版手段是手写，缺乏复印能力，出版不能形成规模生产，除朝廷组织的大规模编校活动外，编书校书基本上是个人行为，所以编书人同时又是校书人。

纸和印刷术的发明，改变了出版手段，使出版生产逐渐形成规模，编校工作也随之走向分工。校对同编辑彻底分离而成为独立工序，是现代出版的特征之一。由于铅活字排版和机器印刷，改变了出版工作的程序，校对成了编辑后、印制前的独立工序。

编校分流，是出版生产力发展的必然产物，是出版生产集约化的表现，是历史的进步。

编校分离，促进了校对技术的发展，推动了校对管理的完善，也造就了现代校对人才。现代校对的点校法、折校法、核红、整理以及校对软件的应用等术，都是对古代校雠技术的发展；现代校对管理的三校一读、集体交叉与责任校对结合、校对主体多元化与专业化结合、人校机校结合、校对质疑编辑排疑以及定额管理和质量量化管理等一系列制度，更是古代校雠所不曾有过的。

由于特殊的工作性质和功能方法，在长期的校对实践中，专业校对养成了独特的感知习惯、职业敏感、思维方式和心理素质，这些都与编辑不同。这些独特的感知习惯、职业敏感、思维方式和心理素质，是做好校对工作的基本条件。

校对工作是从编辑工作分离出来了，但校对工作作为编辑工作的重要组成部分这一基本属性并未改变，它是编辑工作的延续，是对编辑工作的补充和完善。如果说，校对工作所具有的校异同功能的发挥，主要是解决书稿录排过程中造成的差错的话，那么，编辑加工过程所遗漏的原稿差错的发现与订正，则主要依靠校对工作的另一功能，即校是非功能的发挥来实现。原稿是校异同的依据，校对人员要在对原稿负责的同时，敢于对原稿中的差错提出质疑，配合责任编辑订正原稿中的差错。如新中国成立初期，人民出版社出版《资本论》一书时，校对过程中对翻译的原稿提出了几百处疑义，后经编辑与译者以及校对者相互配合，使这些疑义得以消除，从而保证了该书的出版质量。

除此之外，美术编辑在装帧设计上所出现的一些疏漏，也能通过校对环节予以弥补。如版式规格不统一、字体安排不妥当、物料安排不合适等问题，校对人员发现之后可向美术编辑提出，以使出版物外在质量上的是非问题能够及时解决。因此，一个优秀的校对人员，不仅要具有高度的政治责任心和一丝不苟的工作作风，而且要具有较宽的知识面和扎实的校对基本功，并要熟悉书刊设计和排版方面的技术规则。

根据上述考察，关于校对工作与编辑工作的相互关系，可以做出这样的界定：校对工作是编辑工作的重要组成部分，是出版生产流程中编辑后、印制前的独立工序，是出版物内在质量的把关环节，其作用是将文字差错和其他差错消灭在图书出版之前，从而保证它的传播和积累价值。校对工作同编辑工作一样，是文字性、学识性的创造性劳动，是编辑工作的延续，是对编辑工作的补充和完善，因而是最主要的出版条件。编辑是从宏观上把握原稿，而校对则立足于微观。换言之，校对工作是从编辑工作中分流出来的，它仍是编辑工作的组成部分，是编辑工作的延续。例如“勾画蓝图”一词在文中常用，如果编辑在处理文稿时书写正确，而打印期间容易错为“勾划蓝图”，通常难以察觉，有经验的校对往往能及时纠正，避免出现类似错误。再如排版时多空一行或分错栏数，也常会使行文出现很大失误，一个称职的校对则能避免这种失误的出现。由此看出，校对工作对编辑工作起着监督、检查、补充和完善的作用，二者各具不同的灭错优势和完善功能，如青山与绿水，缺一都不能称其为一幅美丽的图画。

（原载《书海》2009 年第 2 期）

巴金的编辑实践与编辑思想

王世杰

巴金一生的文学成就极高，人们在研究中主要关注的是巴金的文学作品，却忽略了他在编辑出版方面的重要贡献。正如香港文学史家司马长风先生所说："巴金以文名太高，掩盖了他在出版方面的贡献，其实后者对新文学的贡献远比前者重大。"[1]巴金长达半个多世纪的文学活动，始终与编辑工作紧紧相连，为我国出版事业做出了杰出的贡献，是出版史上一面辉煌耀眼的旗帜。

一、巴金的编辑实践

巴金的编辑生涯贯穿他一生的文学活动，并在实践中逐步形成了鲜明的编辑风格和编辑思想。巴金把文学编辑活动当成一条使理想变成现实的途径，把自己定位为"理想事业的实践者"，可以说他的编辑实践是他个人理想、情操和文学追求的反映。从巴金日趋成熟、逐步走向辉煌的编辑历程中，我们可以清晰地看出巴金的编辑思想。

1. 编辑实践的准备期

在步入文坛之前，巴金便开始了编辑活动。在《新青年》《新潮》《少年中国》《每周评论》等进步杂志的影响下，巴金从20世纪20年代初期开始进入编辑领域，先后参加了《半月》《警群》《平民之声》的编辑工作，是《民众》杂志的发起和创办人。1929年，他以“马拉”的笔名主编《自由月刊》……前后近十年的编辑工作，运用编辑这一平台来进行个人的无政府主义思想宣传，积极地创作与编辑意图一致的文章来宣传自己的思想。这一时期是巴金学会运用编辑话语主导权来贯彻自己的意图，并在编辑文章的过程中形成了一种介入精神的试验期。同时，他的个人创作也在配合这种编辑理念，使得编辑的主题更加鲜明与突出。尽管他初期的编辑实践并不成熟，甚至显得十分幼稚，却初步显示了他编辑与创作紧密结合的特点。尽管这一时期的创作与编辑实践大多不属于文学范畴，涉及的内容也较为狭窄，工作简单粗糙，但在编辑与创作领域的初步尝试与实践使他获得了经验，为他后来的文学编辑与创作奠定了坚实的基础。

2. 编辑实践的开拓期

1934年，巴金参与了郑振铎和靳以主编的《文学季刊》的编辑工作，正式开始了文学编辑工作，这对于巴金来说是一个重要的实践阶段。首先是编辑的大气魄和以文化建设为宗旨的办刊特色，对于巴金今后编辑事业产生深刻影响。在当时出版的300多种杂志中，80％的文艺或半文艺性质刊物几乎全是幽默的“软性读物”，《文学季刊》却能坚持以文化建设为编辑宗旨，坚持独树一帜的纯正严肃的文学创作态度是难能可贵的。这种大气魄在当时的杂志中也是极为少见的。《文学季刊》以作品吸引人，远离哗众取宠、取媚市场的做法，“以忠实恳挚的态度为新文学的建设而努力着”的观点，成为巴金后来编辑、创作工作的主导思想之一。其次是打破文学上的门户偏见，注重文学的交流，尊重作者的个人创作思想，重视对文学新人新作的发现。推荐《雷雨》在《文学季刊》发表，并引起轰动，给巴金今后从事编辑工作带来了信心和热情。这在一定程度上也影响了巴金后来形成的“编辑的成绩不在于发表名人的作品，而在于发现新的作家，推荐新的创作”[2]这一正确的编辑理念。

3. 编辑实践的收获期

1935年，巴金已经创作了《家》《灭亡》等作品，备受文坛瞩目，被鲁迅称为“一个有热情的有进步思想的作家，在屈指可数的好作家之列的作家”[3]。同时，他在这一时期的编辑工作也取得了丰硕成果。

（1）期刊编辑。

第一阶段：1936年6—12月，巴金与靳以合作主编了《文季月刊》，虽然创办的时间很短，却为广大的作家提供了追求梦想的舞台。这次复刊，延续了之前重视作品质量、注意发现新人、不搞门户偏见的特点，同时一改先前学究式的考究和对古文的咬嚼，注意杂志的现实性。特别引人注目的是这份杂志的大容量，如第一期特大号就同期刊登了几部有重大影响的作品：鲁彦的《野火》、巴金《春》的连载、曹禺的《日出》……栏目轻简，作品精良，有特色，充分地体现了一份文艺刊物大气、成熟的风格。1937年3月，在《文季月刊》被国民党政府查禁以后，靳以、巴金又创办了《文丛》，基本上是《文季月刊》风格的延续，紧紧地把握为人生和真实地反映时代的宗旨，编选的作品主题严肃，格调高昂，坚决排斥颓靡、享乐低俗的游戏笔调。

第二阶段：《文丛》与另外三家刊物《文学》《中流》《译文》联合出版小刊物《呐喊》，后改名为《烽火》。这份杂志一方面为抗日奔走呼号，充分体现在民族危亡时刻的战斗精神；另一方面，仍然延续对文艺不懈追求的编辑思路，萧红、师陀、卞之琳、何其芳等文学新人在刊物的扶植下逐步走上了成熟的创作道路。另外，巴金等人在刊物上发表的谈创作思路的文章，也是对文学创作者的启示和借鉴。

(2) 图书编辑。

第一阶段：1935—1938 年，这是巴金文学编辑工作的成功实践期，也是文化生活出版社最辉煌的阶段。在巴金的主持下，文化生活出版社陆续推出几套大型丛书："文化生活丛刊""该学丛刊""译文丛书"。这三套丛书的作家与译者的阵容，以及作品的质量引起了人们广泛的关注，而巴金在此所起的作用是巨大的。从创办到抗日战争爆发前，正是该社开始步入自己的辉煌时期，在巴金的带领下，同人们满怀激情地工作，共编辑了八种丛书、一百多本文艺和科学书籍，使得该社从一个小规模的同人社发展为初具规模的品牌社。

第二阶段：抗战开始以及整个 20 世纪 40 年代，由于日军的侵略，使得处于发展黄金时期的文化生活出版社发展速度减缓，几至停顿。在编辑出版工作陷于困境时，巴金带领同人无私奉献，坚持工作，也取得了一些成绩。出版了"现代长篇小说丛书""文季丛刊""文学小丛书"等，虽然出书的数量不多，却有不少文学精品，如老舍的《骆驼祥子》、沙汀的《淘金记》《还乡记》、巴金的《憩园》。

巴金在主持文化生活出版社工作的 14 年中，主编了"文化生活丛刊""文学丛刊""译文丛书""新时代小说丛刊""现代长篇小说丛书""文季丛书""文学小丛刊""烽火小丛书"等丛书，团结了一大批文化人士，为中国现代文学奉献了大量优秀作品。在这里，我们看到鲁迅、茅盾、巴金、老舍、曹禺、郑振铎、沈从文、汪曾祺、李健吾、靳以、黄源等中国文学史上名垂千秋的名字，同时造就了一大批文学青年；在这里，我们读到《故事新编》《骆驼祥子》《边陲线上》《运河》《南行记》《雷雨》《日出》《八骏图》《路》《饭余集》等在中国文学史上举足轻重的作品；在这里，我们还可以看得到包括狄更斯、勃朗特、福楼拜、托尔斯泰等文学巨匠的名作。从考究的封面到精制的排版，到“以老带新”的出版特色，再到面向平民大众的出版宗旨，无不体现出巴金饱含个人理想和品格的编辑理念。

4. 编辑实践的影响期

1957 年，《收获》创刊，巴金任主编。《收获》杂志始终坚持走纯文学办刊之路，两次停刊，两次复刊，历经多次考验，但“为读者”“发现新人”“坚持文学格调”的办刊思想始终没有改变过。“文化大革命”结束，为了扶持复刊不久的《收获》，巴金不仅亲自给一些老作家写信约稿，希望他们一如既往地支持《收获》，而且每当编辑部发现有好的来稿，他都会大加呵护、大力扶植。一大批有才华、有胆识、有勇气的中青年作家们在《收获》上说自己想说的话，写自己熟悉的生活，表达自己真实的感受，给文坛带来了清新的气息和活力。在一份新中国首届中篇小说评奖名单中，我们可以看到谌容、张一弓、冯骥才、从维熙等熟悉的名字，而他们的作品都是在《收获》上首次发表的。

在经济大潮不断冲击纯文学阵地，一次次向文学性刊物提出考验的时候，《收获》在巴金编辑思想的引领下，杀出了重围，至今仍然是中国文学期刊的一面旗帜。

二、巴金的编辑思想

1. “求新”

“求新”一方面表现在，“编辑的成绩不在于发表名人的作品，而在于发现新的作家，推荐新的创作”。巴金把发现可塑之才、扶植和培养文学新人与文艺出版的长久发展联系在了一起。巴金在《〈萌芽〉创刊致词》中呼吁：“作为编辑工作者，你们应当把自己看作这个园地的园丁，你们做的不仅是介绍、展览的工作，你们还有将‘萌芽’培养成树木的责任。”正是巴金敏锐的文学艺术的眼光和求新的文艺标准，才使得文化生活出版社出版了许多优秀之作，才从根本上推动了中国新文学的发展。

另一方面，“求新”也表现在编辑工作中特别注重文学创作的突破与创新。巴金注重创新的思路使当时的不少新作都成为文学史上的经典，如20世纪40年代的“现代长篇小说丛书”中编选老舍的《骆驼祥子》、沙汀的《淘金记》等名作，都以其新颖独特的方式在中国文学史上占有一席之地，包括巴金本人这一时期的创作《憩园》《寒夜》，与早期的文学创作《灭亡》等作品相比，无论思想与艺术上都有了显著的发展和变化，这些都充分显示了巴金对文学革新的重视。

2.“求精”

巴金把艺术质量和文化品位作为自己编辑工作的准则。他在“文学丛刊”第一集后面的一则广告中，指出：“我们这部小小的丛书虽然也包括文学各部门，但是作者并非金字招牌的名家，编辑者也不是文坛上的闻人。不过我们可以给读者担保的，就是这丛刊里面没有一本使读者读了一遍就不要再读的书。”

巴金对编辑工作十分认真，从组稿、审稿到校对、装帧设计、联系印刷一直到宣传推销，每一个环节，他事必躬亲。对于作者来信、来稿，巴金都要亲自复信，诚恳提出修改意见。即使在战火纷飞的年代，他仍然坚持编辑工作。

巴金对所用的稿件都要经过认真细致的筛选。如文学青年郑定文溺水而死后，他的友人王元化、丁景唐、魏绍昌等人为他出版遗稿而奔走，巴金接受了遗稿，还认真地阅读。在《大姊》后记中，他说明：“其中两篇类似文艺杂论而又写得不好的东西，我没有采用。”从这种细致严谨的编辑态度中，我们不难了解巴金编辑丛书既突出“新人”又不失文学水准的内在原因。

3.“求实”

巴金为出版的第一套丛书“文化生活丛刊”所做的广告就具体地阐述了这一理念：“艺术哲学，只有少数人可以窥见它的门径，一般书贾所看重的自然只是他们个人的赢利，而公立图书馆也以收集古董自豪，都不肯替贫寒青年作丝毫的打算。多数青年的需要就这样被人忽略了，然而求知的欲望却是无法消灭的。青年们在困苦的环境中苦苦挣扎，为知识而奋斗的精神，可以使每个有良心的人流下感激之泪。我们是怀着这种心情来从事我们工作的，我们能力异常薄弱，我们的野心却不小。我们刊行这部丛刊，是想长期努力，建立一个规模宏大的文库，把学问从特权阶级那里拿过来送到万人面前，使每个人只出最低廉的代价，便可享受他的利益。”巴金的编辑立足于民众，为民众考虑。在《收获》的“编后记”中，这种时时刻刻为普通民众考虑的思想仍有体现。

编辑出版活动是社会精神文化活动，编辑起着引导、设计、淘汰、修正、把关的作用。巴金在编辑工作中真正做到了把读者摆在第一位，从读者的角度编选作品，从读者的阅读视角来指导自己的编辑与创作工作。巴金以他的热情、真诚与奉献的精神，获得了广大作者的信任，尤其是名家的支持，这为文化生活出版社品牌的树立奠定了基础。进步的新文学作品和外国文学名著的销路都不是很好，因赚不了钱，出版商们都不愿出这类书，尤其是非名家的作品。巴金他们不仅愿意出，而且更愿意出新人新作，只想着繁荣创作、把更好的作品介绍给读者，而不考虑赔赚。他说：“我编辑丛书只是把可读的书介绍给读者。我生活在这个社会，应当为它服务，我照我的想法为它工作……正因为这样……我才编印那许多丛书。”这种崇高的奉献精神和职业道德，得到了前辈作家鲁迅和茅盾等名家的鼓励与支持。鲁迅生前最后几部书稿都给了文化生活出版社，并对书的装帧设计予以指导，还亲自撰写广告词，甚至先垫付印刷费。茅盾也是大力支持，送来了作品。

参考文献

[1] 司马长风. 中国新文学史：中卷. 台北：昭明出版社，1980：12.

[2] 巴金. 致《十月》. 香港大公报，1981-08-08.

[3] 鲁迅. 答徐懋庸并关于抗日统一战线问题//鲁迅全集：第6卷. 北京：人民文学出版社，1981：536.

（原载《编辑之友》2009年第2期）

中国出版界的大师与楷模

——纪念赵家璧先生诞辰100周年

宋　超

在赵家璧先生诞辰100周年之际，我们谨向中国现代出版史上这位声望卓著的编辑家、出版家，表达崇高的敬意和深切怀念！

赵家璧先生为中国新文学事业承前启后、继往开来和中国编辑出版事业的建设、发展，做出过不朽贡献。他1908年11月20日生于江苏松江，1928年入上海光华大学攻读英国文学专业，在此期间加入良友图书印刷公司任杂志编辑。1932年大学毕业后，他正式加入良友公司，积极投身左翼文艺运动。在60年的编辑生涯中，赵家璧先生历任晨光图书公司总经理、上海人民美术出版社副总编辑、上海文艺出版社副总编辑、上海市出版工作者协会副主席、中国出版工作者协会副主席等职。

赵家璧先生的一生，是为人民和国家的文化建设勇于开拓、不断创新的一生。在出版方面，“一角丛书”中的《沈阳事件》等爱国图书，唱出了中华民族反抗侵略、追求自由的最强音；“良友文学丛书”则在当时中国文学荒芜的园地里撒播进步思想的种子，为左翼作家提供了战斗阵地，成为向黑暗势力挑战的强大武器；《中国新文学大系》清晰地记录了新文学第一个十年由诞生、成长到壮大的过程，保存了新文学前进道路上先驱者们的脚印；《中国版画史图录》为抢救古典文化遗产做了努力，成为中国美术出版史上的一大创举。在翻译方面，他在《现代》月刊和《文学季刊》上翻译发表了一系列由各国小说界权威作家撰写的“现代小说之动向”，将当时世界文学最新研究成果及时带入国人的视野。晚年，他翻译了《漫长的革命》《国际事务概览》《赫鲁晓夫回忆录》《第二次世界大战史》等作品。在创作方面，他从中学时代起先后在《小说月报》《申报》《现代》《作家》《中流》《烽火》《文学》《文艺风景》等刊物发表大量进步作品，或号召抗击侵略，或针砭时事世风，为文坛注入一股清流；他撰写的美国文学评论集《新传统》，对忽视美国文学的中国读者具有开拓视野的创新意义；他撰写的《编辑忆旧》《文坛故旧录》等，是他编辑出版理论的珍贵成果。他从事出版工作的60多年，心怀祖国，情系大众。他尊敬爱戴鲁迅先生，为鲁迅及其周围的进步青年出版了大量作品，有力地声援了革命文学，成为发扬鲁迅精神、推动我国出版事业的一面旗帜。

作为后辈，我没有与赵家璧先生共事的机会，但曾有一面之缘。那是1981年7月的一个上午，为纪念鲁迅诞辰100周年，我与朋友去山阴路上赵家璧先生家约稿。两个多小时谈了些什么记不全了，但有三点我至今仍记得很清晰：其一，十分支持年轻人工作，欣然应约撰稿；其二，十分喜欢与年轻人交谈——包括光华旧事、徐志摩印象等；其三，十分重视向年轻人介绍鲁迅，崇敬之情溢于言表。临别时他还与我们合影留念。念及此，他鹤发童颜、文雅平和的面容，如在眼前。

赵家璧先生以他光辉的一生，成为中国出版界当之无愧的大师与楷模。今天，我们纪念赵家璧先生，传承他的人生追求，弘扬他的出版理念，学习他的高尚精神，有着特殊的历史意义和丰富的现实意义。

我们要像赵家璧先生那样，忠实履行出版工作者服务于人民、服务于时代的神圣使命。出版物是人类文明进步的阶梯，是文化成果记载、传播、积累的重要载体。我们一定要牢牢把握以人为本这一科学发展观的核心要求，保持全心全意为读者大众服务的满腔热忱，始终把人民群众的利益放在第一位，把满足人民群众文化需求、保障人民群众文化权益、促进人的全面发展、提高中华民族的思想道德素质和科学文化素质、创造民族文化新辉煌，作为新时期编辑出版工作的出发点和归宿点。

我们要像赵家璧先生那样，始终践行“书比人长寿”的出版理念。质量是出版物的生命，对文化事业负责，从根本上讲就是对出版物的质量负责。我们每确定一个选题，每推出一种文化产品，都要严肃认真地思考它的文化内涵、价值取向和对读者心灵深处的影响，做到千锤百炼，精益求精，倾力奉献经得起大众评判和历史检验的精品力作，为丰富中华民族乃至全人类的思想文化宝库竭尽全力，奋斗不息。

我们要像赵家璧先生那样，既放眼世界，又贴近时代、贴近人民，立足于出版岗位，为实现文化创新而勇于开拓。赵家璧先生出版生涯中每一项重要出版成就，无不体现他为文化创新而突破传统、开辟新境界的努力。今天，出版业竞争异常激烈，时代的发展也对出版工作提出新的要求。面对新的形势和变化，我们一定要有创新的勇气，做出创新的努力。

我们要像赵家璧先生那样，树立和弘扬出版工作者的职业精神和职业道德。出版工作者是传播民族文明和人类文明的人，一定要有很高的职业素养、职业追求和职业道德水平，这样才能做好出版工作。要坚决制止媚俗、格调低下、买卖书号刊号等各种损害人民群众利益的出版行为，坚持职业操守，培养高尚人格。

我们要像赵家璧先生那样，牢牢把握进步文化的前进方向。

要从赵家璧先生的编辑出版理念和实践中汲取营养，深入探索文化建设的内涵，坚持不懈地把发展进步的文化事业放在第一位。要坚持马克思主义的指导地位，高举邓小平理论和“三个代表”重要思想伟大旗帜，深入贯彻落实科学发展观，积极推动出版工作的发展，增强推进社会主义文化大发展大繁荣的使命感和责任感，在建设先进文化的进程中谱写出新时期出版人的出色篇章。

（原载《编辑学刊》2009 年第 1 期）

钱君匋与人民音乐出版社

——纪念钱君匋先生诞辰100周年

岳洪治

我国现代音乐出版事业的先驱和奠基人，著名音乐出版家、装帧艺术家钱君匋先生，1907年2月12日（清光绪三十二年除夕）出生于浙江桐乡屠甸镇。他的祖籍是浙江海宁。1925年，钱君匋入上海私立艺术师范学校攻读音乐、图画，师从丰子恺、吴梦非、刘质平。1938年抗战时期，钱君匋在上海创办现今人民音乐出版社前身——万叶书店，任总编辑；1953年，任以万叶书店为核心的私私合营新音乐出版社总编辑；1954年，新音乐出版社与中国音乐家协会出版部公私合营组建国家级音乐出版社（1974年改名为人民音乐出版社），他任副总编辑。1998年8月2日，钱君匋先生因病在上海逝世，享年92岁。

一、与艺术结缘

钱君匋出生于浙江桐乡风光秀美的屠甸镇上。幼年时的居住地，在屠甸镇中街46号。1923年，经老师钱作民推荐和丰子恺的介绍，钱君匋进入上海私立艺术师范学校，专攻音乐与图画两门课程。给他授课的，有吴梦非、刘质平、丰子恺等几位先生，都是弘一法师李叔同的名弟子。在校期间，钱君匋与同窗好友陶元庆结为忘年之交（陶比钱大十几岁）。陶元庆是我国现代书籍装帧设计方面的开拓者之一，鲁迅先生的《彷徨》《坟》《朝花夕拾》等多部著作的书面，均由他经手绘制。陶元庆对钱君匋的艺术道路，尤其是在书籍装帧艺术方面，有很大的影响。

1925年7月，钱君匋以优异的成绩，毕业于上海私立艺术师范学校。最初，他曾在海宁盐官第一高级小学担任代课教师。1926年2月，经丰子恺先生的推荐，他来到浙江台州的省立第六中学，担任了音乐教师。

然而，钱君匋在这个正式的教师职位上，并没有待住。1926年7月，他受同学沈秉廉的邀请，又转入浙江艺术专科学校，担任了图案课的教师。在浙江艺专任教期间，为宣传新文化运动、宣传男女平等、反对封建礼教、反对包办婚姻，在钱君匋带头倡导与鼓动下，一个名为"春蜂乐会"的艺术团体在校内成立了。

这个团体的主要成员有沈秉廉、邱望湘、陈啸空等人，他们成功地创作了《你是离我而去了》（钱君匋词、陈啸空曲）、《摘花》（钱君匋词曲）、《春雨》（钱君匋词、邱望湘曲）、《在这夜里》（钱君匋词、邱望湘曲）等不少的声乐作品。"春蜂乐会"成员所创作的这些新作品，均由《新女性》杂志（章锡琛主编），每月按期刊出。后来，钱君匋将这些创作歌曲，编辑成《摘花》《金梦》和《夜曲》等三部歌曲集，由开明书店正式出版发行，在社会上产生了很大的影响。《摘花》集中的一些歌曲，还被一些学校选为教材，在青少年学生中广泛传唱。

二、开明书店的音乐编辑家和装帧设计家

由于"春蜂乐会"每月都要为章锡琛主编的《新女性》提供歌曲稿件，章锡琛对钱君匋的人品、艺术造诣与才干，也逐渐有了解了。当《新女性》杂志业务扩大，组建为开明书店的时候，章锡琛就写信给钱君匋，请他到开明书店来，担任音乐、美术编辑，并负责艺术方面书稿的编辑工作和书店全部的书籍装帧设计工作。于是，1927 年 8 月，钱君匋就进了开明书店。从此，他便踏上了漫长的编辑出版工作之路。

加入开明书店之后，钱君匋所做的第一件事，便是为恩师丰子恺编辑出版了一本《音乐入门》。这也是他入行之后所编辑出版的第一本音乐书。《音乐入门》是由丰子恺在上海私立艺术师范学校授课时所用的讲义整理而成。这本音乐启蒙读物一经出版，立即受到广大读者的热烈欢迎，在社会上产生了广泛的影响，许多学校把这本书选作音乐教材，为此印数极大。据丰元草（丰子恺之子）回忆，这本《音乐入门》前后重版达三十余次之多。我国不少的音乐家，就是读着这本书而步入音乐殿堂的。

开明书店共出版音乐书谱，包括音乐教材、各类歌曲集、中外音乐知识等，总共几十种之多，如《西洋音乐知识》《孩子们的音乐》《开明音乐教本》《中外民歌五十首》等。这些书谱的装帧设计、责任编辑，都是由钱君匋一个人担任的。只要是用心地做事情，活干得愈多，所学到的东西也会愈多。这也是一种“多劳多得”。所以，既踏实肯干，又聪明好学的钱君匋，在开明书店工作没有几年，就掌握了编辑、装帧设计、出版、发行等全部的编辑出版业务，这就为他日后创办国内第一家音乐出版社——万叶书店，打下了坚实的基础。

1927 年秋天，钱君匋加入开明书店以后，为《新女性》杂志重新设计了封面。这个新封面设计得很有新意，引人入胜，甫一面世，便引起读者很大反响。钱君匋在书装界的知名度，也与日俱隆。从此以后，他除了要为开明书店出版的书籍做装帧设计之外，商务印书馆出版的《小说月报》《东方杂志》《妇女杂志》《教育杂志》《学生杂志》等当时在全国影响最大的五大杂志，也都请他设计书面。再加上钱君匋此外还设计了其他一些个性特点浓郁的书籍封面，于是，他便由此而博得一个“钱封面”的美誉，并在社会上迅速地传扬开来。

三、亲承鲁迅先生教泽

1927 年 10 月 12 日，鲁迅到开明书店会晤书店老板章锡琛，偶见钱君匋装帧设计的《寂寞的国》《尘影》《破垒集》《春日》等书，鲁迅便说：“很好，有陶元庆的影响，也有自己的风格，努力下去，不会错的。”得到鲁迅的鼓励，钱君匋很受鼓舞。11 月里的一天，陶元庆邀请他同往鲁迅家中去看汉代画像拓片。鲁迅谈了许多关于装帧设计要有民族特点之类的话。鲁迅的教导，给钱君匋留下了深刻的印象，并对他一生的工作都产生了巨大的影响。

1928 年 7 月，陶元庆为鲁迅的散文集《朝花夕拾》画了一张封面，鲁迅甚是喜欢。在工厂印制时，鲁迅便委托钱君匋前往“监印”。事后，钱君匋在给鲁迅写信时，谈过了该书印制的情况之后，顺便把鲁迅新译的《思想·山水·人物》一文中的一处误译，告诉了他。鲁迅很快就给钱君匋写来了回信：

君匋先生：

顷奉到惠函并书面二包，费神谢谢。印费多少，应如何交付，希见示，当即遵办。

《思想·山水·人物》中的 Sketch Book 一字，完全系我看错译错，最近出版的《一般》里有一篇文章（题目似系《论翻译之难》）指摘得很对的。但那结论以翻译为冒险。我却以为不然。翻译似乎不能因为有人粗心或浅学，有了误译，便成冒险事业，于是反过来给误译的人辩护。

此外，钱君匋还为鲁迅翻译的《艺术论》《死魂灵》《文艺与批评》等书籍设计了封面，为郭沫若、茅盾、巴金、叶圣陶、胡愈之、丰子恺、陈望道、郑振铎等多位著名作家的作品设计过封面。至20世纪二三十年代，钱君匋以其在书籍装帧艺术上的卓越成就，已经名满天下、蜚声文坛。

四、抗战烽火中创办万叶书店

1937年7月，日寇发动卢沟桥事变，抗日战争全面爆发。8月，战火殃及上海。在“八一三”淞沪会战前夕，钱君匋为躲避日寇炮火和飞机的狂轰滥炸，被迫携妻小离开上海，辗转逃难。他和家人历经浙江、安徽、江西、湖南、湖北五省，而后又去了广州、香港。经过万里跋涉、颠沛流离，直到1938年6月，这才重新回到了已沦为日寇魔爪包围之下的“孤岛”上海。

回到上海以后，为了生计，也为了尽一己之力宣传抗日，钱君匋邀请了几位挚友共同协商，拟议用大家集资的办法，在上海创办一家音乐书店。钱君匋的想法，得到在座各位一致的赞同，当即决定每人出资一百元，作为书店的创办资金，并一致公推钱君匋先生担任经理兼总编辑。

1938年7月1日，“万叶书店”的招牌，在一片热烈的掌声中，挂在了上海苏州河北海宁路咸宁里11号的门外。中国现代出版史上的第一家，以出版音乐读物为主的专业出版机构——万叶书店，就这样诞生了。

万叶书店创办初始，要在抗日烽火中艰难地求生存、图发展，真个是困难重重、举步维艰。钱君匋凭借他非凡的才干，和多年在编辑出版行当里摸索出的经验，在同仁的共同努力下，想方设法，克服困难，总算把书店的业务坚持了下来。1945年8月15日，日寇无条件投降。抗战的胜利，也给万叶书店的发展带来了生机。钱君匋立刻就想到了应该设法扩大一下万叶书店的经营规模。

可是，资金的问题，又该如何解决呢?

精明而又注重实干的钱君匋，很快就想到了向社会公开招股筹资的办法。

这个想法，能够在 1946 年的时候提出来，不可谓不大胆。“办法”公开之后，盐商大老板陆海藩和画家费新我率先出资入股。在他们的带动下，此次应招入股者，约有七十余人之多。一笔数目可观的资金，很快就筹集了起来。万叶书店也便更名为“万叶书店股份有限公司”，并印发了股票。书店资金充裕了，业务得到很好的发展，每年都能够向股东们发放一份不菲的“红利”。

1949 年，中华人民共和国成立了。钱君匋和他主持的“万叶”，以万分欣喜的心情，迎接了一个新时代的到来。

1950 年，第一届全国出版工作会议在北京召开。会议明确提出了“出版专业化，统筹兼顾，分工合作”的出版方针。钱君匋根据这次会议的精神，在认真思考了“万叶”的长项与优势之后，便采纳了挚友缪天瑞的意见，决定把“万叶”此后的出书方向，定位在侧重出版音乐书谱方面，逐步向专业音乐出版方面发展。

五、新音乐出版社的总编辑

1952 年 1 月 26 日，中共中央发出《关于在城市中限期展开大规模的坚决彻底的“五反”斗争的指示》。于是，一个以反对行贿、反对偷税漏税、反对盗窃国家资财、反对偷工减料和反对盗窃国家经济情报的“五反”运动，便在工商界开展起来。

这次运动使钱君匋深受教育。他认识到：企业要得到很好的发展，更多地造福于人民，就一定要顺应历史潮流，接受党和政府对私营出版业的社会主义改造的政策。于是，他决心寻找机会，让“万叶”能够尽快走上“公私合营”的道路。

在这个时候，他又想起好友缪天瑞说过的一席话。缪天瑞曾经同他说，“今后搞私营是不行的，要向国营方面转化。解放以后，国家总要有一个音乐出版社的。只要‘万叶’坚持把音乐图书出下去，就有可能发展成为国家的音乐出版社。”让“万叶”成为一家国家级的音乐出版社，这正是钱君匋心中的最大愿望。现在不就是实现这个愿望的最好时机吗？

这样想过之后，钱君匋立刻动身去了北京。到了北京之后，通过缪天瑞，他先同吕骥、赵沨见了面；而后，又到国家出版总署，与黄洛峰、万国钧见了面。各方面的领导在倾听了他的意愿之后一致表示赞同。希望他积极“创造条件”，争取早日走上公私合营的路。

领导们所说的“创造条件”，就是同类的中小型出版社，先要私私合营，而后才能够进行公私合营。在钱君匋多方努力和上级主管部门的协调帮助下，经过与私营上海音乐出版社、教育书店反复协商，三家出版单位私私合营，以万叶书店为核心的新音乐出版社终于在1953年6月15日宣告成立了。

新音乐出版社的社址，选在上海卢湾区南昌路43弄76号（即万叶书店后期店址）。钱君匋任总编辑，陆海藩任经理，徐鉴堂任副经理。

六、实现心愿——国家级音乐出版社的成立

1953年6月15日，私私合营的“新音乐出版社”成立了。上级提出的“万叶”要想成为一家国家级的音乐出版社，需要“创造”的“条件”，业已具备。为了使心中盼望已久的成为一

家国家级的音乐出版社的愿望能够尽快地实现，为了能够早一天通过公私合营，成立国家级的音乐出版社，1954 年的春天，钱君匋再次来到北京，与上级部门和领导谈这件事情。

正所谓“功夫不负有心人”，钱君匋这次来北京，没有白跑。上级审核了相关的材料，认为“万叶”符合公私合营的条件，很快就批准了他们的请求。就这样，1954 年 10 月 11 日，公私合营的国家级音乐专业出版机构——音乐出版社，终于在北京正式成立了！

音乐出版社成立大会，在新社址北京东城区沟沿头条 33 号办公楼大厅隆重举行。

会上，赵沨首先讲话，并宣布了社领导名单。社长：赵沨（兼）；总编辑：孙慎（兼）；副总编辑：章枚、钱君匋；经理：徐德和；副经理：曹道祥、陆海藩。

音乐出版社（1974 年改称人民音乐出版社）成立后，在中国共产党的领导下，经过几代人的不懈努力，现在已经发展成为我国具有较大规模的音乐专业出版机构。全社职工由创建初期的二十几个人，增加到了二百九十余人（包括离退休职工），出书品种累计近万种，为我国社会主义精神文明建设和物质文明建设做出了应有的贡献。

为了追溯历史，缅怀君匋先生，弘扬他艰苦创业的精神，2007 年 9 月 28 日，人民音乐出版社在全国政协礼堂隆重举办了“追溯历史，缅怀先人——纪念人民音乐出版社创始人之一钱君匋百年诞辰座谈会”，纪念人民音乐出版社创始人钱君匋先生诞辰一百周年。

（原载《出版史料》2009 年第 3 期）

《辞海》第六版编纂工作既一脉相承又进一步深化

巢 峰

《辞海》由中华书局出版于1936年。1957年，毛泽东主席于上海接受《辞海》主编舒新城先生的建议，决定对《辞海》进行修订。不久，党中央、国务院把这项任务交给上海。1958年于上海成立中华书局辞海编辑所（1978年后改为上海辞书出版社），1959年成立《辞海》编辑委员会，专门从事《辞海》的修订工作。五十余年来，《辞海》共修订了五次，1965年出版第二版（未定稿，内部发行），新中国成立三十周年前夕出版第三版（1979年版），四十周年前夕出版第四版（1989年版），五十周年前夕出版第五版（1999年版），六十周年前夕出版第六版。

《辞海》是当代中国唯一的极具权威的大型综合性辞典。“对不对，查《辞海》”已成为广大读者的口头禅。一书在手，常用的单字、语词和百科词语，包括重要名词、概念、术语、成语、国名、人名、地名、组织、机构、事件、会议、著作、文件、决议等，均可查到。因此，它的发行量巨大，除数以千万册计的按学科出版的分册外，合订本至今已发行600万套。以13亿人口计，每二百多人或几十户人家就拥有一套。

今天，我着重就编纂出版第六版《辞海》的情况向党和国家领导机关、学术科研单位、《辞海》的编纂和审定部门以及广大读者做一汇报。

《辞海》第六版的编纂工作始于2005年年初。首先，进行准备工作，包括制订编纂计划，修订3.7万字的《〈辞海〉编纂手册》，联系和组织作者队伍，培训编辑人员等。2005年11月26日，《辞海》编纂动员大会在上海友谊会堂举行。中共上海市委副书记殷一璀，新闻出版总署副署长邬书林，中共上海市委常委、宣传部部长王仲伟等出席会议并讲话。中宣部、新闻出版总署和中共上海市委宣传部把此项工作列入向新中国成立六十周年献礼的重大文化工程。中共上海市委、市政府在财力上还给予大力支持。

《辞海》第六版在夏征农、陈至立主编的先后主持下，以马克思列宁主义、毛泽东思想、邓小平理论、“三个代表”重要思想为指导，贯彻落实科学发展观，经过数以千计的作者、编者、出版者五年的奋战，终于在2009年7月底完成编纂工作，并于9月上旬出书。

本版收单字字头17 914个（附繁异体字4 400个，即出现单字字头22 314个），比第五版增加近400个；词目127 200条，比第五版增加4 200余条；字数2 300余万字，比第五版增加200余万字；图片16 000余幅，与第五版相当。本版新增词目12 300余条，删去因改名或重复、过专过细、见词明义、不成词、学科之间不平衡及意义不大的词目7 000条，词目改动幅度超过三分之一。本版有大16开五卷彩图本、大16开三卷普及本、大16开一卷缩印本以及大16开多卷彩图豪华本（暂名）几种规格。此外，还计划推出具有无线上网功能的《辞海》手持阅读器以及网络版。由出版社推出手持阅读器，在中国独一无二，在世界绝无仅有，是我国数字化出版的重大成果。

编纂工作的基本内容和程序既一脉相承，又进一步深化：

（1）收词，即确定各学科词目单（包括增删条目）；（2）各学科作者对文稿和图片进行修订；（3）出版社对文稿和图片进行初审、复审、决审；（4）审读（编辑修改加工）和校对初校样、二校样、三校样、四校样、五校样和对红样；（5）按规定凡应送中央有关部门审定的条目，一批批整理送审；（6）进行18种专项检查（中国古今地名、外国国名和地名、外文、组织机构名、现代汉语异形词规范、科技名词规范、数字及量和单位、统一用语、中国历史纪年、引书格式、书证查核、图片、义项编排、明交叉条目核对、参见落实及暗交叉、改名词目的相应处理、字形、繁异体字及注音等）。

作者修订，尽心尽力，尤其是老作者，一丝不苟，全力以赴。增加新词10 000余条，删去7 000左右，基本上都经过他们一一甄别，斟酌再三而定；条目内容的修订，大多做到字斟句酌、精益求精。上海水产大学伍汉霖先生在赴美探亲期间，还将鱼类学书稿带在身边，逐条认真修订，生怕误了《辞海》的进度。中科院古脊椎动物与古人类研究所的叶祥奎先生已是耄耋老人，在病危通知发出的情况下，还念念不忘《辞海》的收词工作。世界史分科主编孙道天先生于1979年就参与编纂第三版《辞海》，第六版编纂开始后不幸患了癌症，动了大手术，但仍然坐在病床上修订《辞海》。到了后期，他说话都困难了，还几次打电话给编辑部，询问《辞海》修订情况。电子技术分科主编沈志广先生，因突发心脏病猝死，当时，在他的办公桌上，还堆着电子技术学科的稿件，真是“春蚕到死丝方尽”。他们这种对《辞海》高度负责的精神，使人敬佩不已、感叹不已！

编辑处理稿件，一般如临大敌，唯恐有所疏漏，埋下隐患，误导读者。编辑在三审、读样和专项检查中，发现和处理了大量问题。例如，随着古籍整理的推进和各种图书重版，图书版本陆续更新，从而使《辞海》书证内容和出处多有不当。为此，编纂处组织二十余人，用了两个多月时间，检查了63 331条书证，检索和核对了146种图书（主要是古籍），改正了1 868处，使《辞海》历次版本遗留下来的问题得以解决，使书证的质量得到保证。例如，《关于“无产阶级革命家”头衔的掌握尺度》，起草和修订八次，有关人物，据此逐一论证和平衡。再如，普通语词条目因新增的现代汉语条与古汉语条文风各异，很不协调。为此，编辑不厌其烦，字斟句酌，条分缕析，使之浑然一体。又如，处理四校样时除各专项检查组按处理每次校样的惯例，逐一检查外，还将全书校样分成242包，每包（16页）皆由不同知识背景的语词类、科技类、社科类三人，一字不漏地审读一遍，有社内外79位资深编审参加，发现和处理了不少问题，大大提高了书稿的质量。

与历次编纂方法相比，本版编纂充分利用了计算机和数字化技术，建立了全文检索数据库以及质量技术保障系统，大大提高了工作效率和书稿质量。如历次版本，成千上万的参见条（包括见××条、即××条、详××条）都未注页码，读者使用必须按查检法重新检索，十分不便。本版则有了根本性变化，14 361条参见条，都加注了页码。如［阿家阿翁］释文末有“参见‘家翁’”，就在“家翁”后面加注（738页）。

第六版《辞海》的情况，特别是新的变化和特点如下。

一、增加和充实中国共产党和社会主义中国指导思想的条目

增补和充实了“改革开放”“三步走战略”“综合国力”等有关邓小平理论的条目。增收了“三个代表”重要思想及其系列条目，包括“‘三个代表’重要思想”“以德治国”“依法治

国”“立党为公、执政为民”等。增收了科学发展观及其系列条目，包括“科学发展观”“发展”“以人为本”“全面协调可持续”“统筹兼顾”“构建社会主义和谐社会”“社会主义核心价值体系”等。从而使中国特色社会主义理论体系条目形成系列，同时使马克思主义和科学社会主义在中国的发展的条目形成系列。

在中国，经受了十年“文革”的灾难后，国际上又发生了震惊世界的“苏东事件”。一时间，社会主义和马克思主义还灵不灵，社会主义和马克思主义向何处去，成为许多人的疑问。在这一关键时刻，中国共产党人高举马克思列宁主义、毛泽东思想和社会主义大旗，在建设社会主义的伟大实践中创造性地发展了马克思列宁主义、毛泽东思想，产生了当代中国的马克思列宁主义——邓小平理论、“三个代表”重要思想和科学发展观，产生了中国特色社会主义和中国特色社会主义理论体系，从而显示了马克思主义和社会主义的无限生命力。

第六版《辞海》在这方面有别于前几版的是，更加全面、更加深刻、更加系统地反映并广泛传播马克思主义和社会主义这两个关系到人类命运问题的最新成果，并使之发扬光大。

二、突破《辞海》只收古代汉语的陈规惯例，增收5 000条常用的近现代汉语和网络用语

增收近现代汉语，如果按义项计则数以万计。如“赖”(lài)，除保留第五版5个义项外，第六版又新增了5个现代汉语义项，即：诬赖、责怪、不好（坏）、无赖、当离开而不肯离开。这与新增词目“机制”“基本”“激化”“极限”“极端”“集体”“季节”“纪念”“家底”“家长”“尖锐”“剪彩”“僵局”“僵化”“交代”“解决”等一样，都是人们日常生活中常用词

汇。同时，增加了网络用语。第五版《辞海》，在网络方面，仅收“因特网”一条。随着网络的全球化、全民化，第六版《辞海》增收了“上网”“登录”“博客”“口令”“闪客”“网吧”“网民”“网虫”“网关”“网站”“播客”“上传”“下载”，等等。现代汉语和网络用语在人们生活中使用频率极高，增收这两方面的条目，无疑能使《辞海》更加贴近群众，贴近生活，贴近实际，贴近时代。

三、增加大量科学技术条目，反映科学技术的飞速发展

例如，航天科学新增的“‘神舟’号宇宙飞船”，既反映了从1999年11月到2002年11月，发射“神舟”1号至4号完成的不载人的飞行试验，又反映了从2003年10月至2008年9月，“神舟”5号至7号分别载1名、2名、3名宇航员的载人飞行试验。在“嫦娥工程”条中，反映了中国“嫦娥奔月”的探测成果。新增的“北斗导航定位卫星系统”和“北斗导航地面应用系统”，从另一个侧面反映了我国航天科学的状况。香港《镜报月刊》曾以“北斗二代组网中国跻身四强”为题发表评论。“四强”之说，即指中国继美国、欧盟、俄罗斯之后，掌握这一先进科学技术。它不仅对水陆交通带来极大的便利，而且在测绘、电信、水利、渔业、勘测、森林和国家安全等领域，发挥重要作用。汶川大地震时，调兵遣将，就使用了这个系统。这些都具体体现了中国在航天领域中的重大突破。

例如，生物学、医学新增了“核糖核酸组学”“泛素”“糖组学”“端粒”“细胞永生化”“代谢工程”“人类基因组”“基因诊断”“细胞治疗”“基因突变”以及深入认识人体组织的“组织工程”等条目。其中，“核糖核酸组学”于20世纪末提出，是探索生命奥秘的概念，与“基因组学”“糖组学”等都是生命科学的基石。“糖组学”被美国麻省理工学院著名的《科技评论》定为“行将改变世界的十大新兴技术之一”。用它检测人体，有望提高肝癌的早期发现和诊断效率。

例如，纺织业从材料到工艺都发生了惊人的变化，新增了“竹纤维”“转基因纤维”“甲壳素纤维”“大豆蛋白纤维”“莫代尔纤维”“纳米复合纤维”等纤维条目，以及“干法成网”“气流成网”“湿法成网”“聚合物挤压法成网”等非织造的新技术，都是这一变化的具体成果。

例如，新增了反映我国新的建设成就的标志性工程和建筑。如新增“西气东输工程”“长江三峡水利枢纽工程”“中华世纪坛”“东海大桥”“江阴长江大桥”“润扬大桥”“苏通大桥”（世界第一座跨径超千米的斜拉桥）、“杭州湾跨海大桥”（世界最长的跨海大桥）、“青藏铁路”“京沪高速公路”和“国家体育场”（鸟巢）、“国家游泳中心（水立方）等。

例如，环境科学学科新增了“资源节约型社会”“环境友好型社会”“京都议定书”“持久性有机污染物”“国际减灾日”“节能”“世界水日”“污染环境责任”“可燃冰”等条目，还增加了“氢燃料汽车”等各种新能源汽车条目。

例如，2006年国际天文学会通过决议，认为冥王星不符合太阳系行星的条件，因而从太阳系行星中除名，从而使太阳系的九大行星成为八大行星。据此，本版有关条目反映了这一内容。

尤其值得一提的是，随着数字化的发展，世界上第一个“虚拟人”于1994年在美国诞生，虚拟人能代替人类进入人所不能进入的领域或完成人所不能完成的工作。而我国继美国、韩国之后，独立掌握了这项科学技术，本版增加的“虚拟人”条目，反映了这一方面的最新科学成就。

四、文学、艺术和传播、出版学科面貌一新

《辞海》历次版本未收新中国成立之后的文学作品，本版增收了《暴风骤雨》《白鹿原》《红日》《红岩》《红旗谱》《铁道游击队》《于无声处》等，填补了这方面的空白。外国文学学科增收了20世纪迄今的比较知名的作品，如奥地利的《变形记》、意大利的《分为两半的子爵》等。

艺术学科条目也有较多革新，如第五版《辞海》音乐条目以“击乐器”“管乐器”“键盘乐器”“弦乐器”等列目，本版改用音乐界通行的“霍恩博斯特尔萨克斯乐器分类法”，即以乐器的声学振动体特点分类，即“弦鸣乐器”“气鸣乐器”“体鸣乐器”“膜鸣乐器”“电鸣乐器”等列目。如“钢琴”，第五版作“键盘乐器”，本版则作“击奏弦鸣乐器”，“小提琴”，第五版作“拉弦乐器”，本版则作“擦奏弦鸣乐器”，使乐器分类更为科学和准确。

中国美术增补董希文的油画《开国大典》，傅抱石、关山月合作的国画《江山如此多娇》。

传播和出版等方面新增“全球移动通信系统”“数字地球”“虚拟局域网”“电子政务”“电子商务USB（通用串线总线）”“BBS（电子公告系统）”“电子邮件”“楼宇电视”“移动电视”“网络电视”“手机短信”“数字出版”“中国出版政府奖”“计算机直接制版”“数码印刷”“数字化工作流程”“电子辞书”“数字图书馆”等，反映人类社会在这些领域也进入了数字化时代。与此同时，本版还修改和增收了重大出版项目，如《中国大百科全书》和《辞海》，分别补充了第二版、第六版的内容，增收了编纂45年、有31 142种植物的《中国植物志》。

五、历史地理学科推陈出新

历史方面随着学术研究的深入，凡有新的成果，都予采纳。如三国人物“邓芝”第五版生年不详。在中国古代史研究中发现，《三国志·宗预传》中有延熙十年（247 年）邓芝时年 70 岁的记载。据此推算邓芝于公元 171 年生。本版依此补加了邓芝的生年，解决了历版《辞海》的一个悬案。又如，霸王别姬的“垓下”，原稿为“今安徽灵璧东南沱河北岸”，经查，由于沱河改道以及行政区划调整原因，使“垓下”处于沱河南岸。据此改“垓下”为“今安徽固镇东北沱河南岸”。又如，“阿房宫遗址”，第五版有“秦亡，为项羽所焚毁”之说。第六版据考古和科研新的发现，改为：“历代相传：‘秦亡，为项羽所毁。’21 世纪初，中国文物考古专家实地勘察，认为此说尚难成立。”各学科类似修改，举不胜举。

地理学科，因地名和从属关系变动，以及人口和各方面变化，改动甚大。如重庆市改为直辖市，而下属县、市又改为区；韩国首都“汉城”，改作“首尔”；柬埔寨的“磅逊市”改为“西哈努克市”；缅甸首都从“仰光”迁至“内比都”；等等。所有国家、州、省、市、县等的人口、城市面貌等方面的情况都做了资料更新。如“北京市”人口，将第五版的 1 083 万（1996 年）改为 1 200 万（2006 年）；“上海市”人口，将第五版的 1 304万（1996 年）改为 1 368 万（2006 年）。又，古地名、古水名等，一般比较稳定，但亦发现一些错误。如今水名“溆水”，第五版错以古水名释义，并引用屈原《楚辞》：“入溆浦余儃佪兮，迷不知吾所如。”屈原词所指是为古水名“溆浦”，并非“溆水”。本版做了改正。

六、人物方面，增加一大批新去世的人物

如里根、叶利钦、阿拉法特、萨达姆、苏哈托、范文同、张学良、习仲勋、薄一波、华国锋、宋美龄、陈立夫、张春桥、巴金、冰心、费孝通、苏步青、谈家桢、陈芳允、陈省身、顾毓琇、谢晋、孙道临，等等。中国知名学者季羡林、任继愈于2009年7月去世，因《辞海》彩图版已经制版，无法增收。为了弥补这一遗憾，编纂处决定在第六版普及本、缩印本和豪华本中予以增收。

如果说时间是历史和时代的步伐，那么也可以说，《辞海》就是历史和时间的脚印。社会和自然比较重要的发展和变化，特别是新中国六十年来的发展和变化，基本上都在《辞海》中得到反映。十年来的情况，除了上述例举外，无论是会议如“中国共产党第十六次全国代表大会”“中国共产党第十七次全国代表大会”“博鳌亚洲论坛”“联合国千年首脑会议”，计划如我国的“国家人权行动计划2009—2010年”“国家中长期科学和技术发展规划纲要（2006—2020）”“面向21世纪教育振兴行动计划”、欧盟的“伽利略计划”，会谈如“汪辜会谈”，共识如“九二共识”，著作如《江泽民文选》、胡锦涛的《高举中国特色社会主义伟大旗帜为夺取全面建设小康社会新胜利而奋斗》，公约如《保护文学艺术作品的伯尔尼公约》《制止核恐怖主义行为的国际公约》《联合国打击跨国有组织犯罪公约》，组织如“上海合作组织”“非洲联盟”，主义如“后现代女权主义”，事件如“9·11事件”，决定如《中共中央国务院关于深化教育改革全面推进素质教育的决定》，制度如“听证制度”“最低生活保障制度”，原则如“一物一权原则”“公标公信原则”，犯罪如“法人犯罪”“计算机犯罪”“网络犯罪”，流行疾病和自然灾害如”非典型肺炎”“人类禽流感病毒感染”“汶川特大地震”。凡此等等，第六版《辞海》中应有尽有。

可见，一版又一版《辞海》，就是历史和时代的大事记、档案馆和里程碑。所以说，用《辞海》第六版庆贺新中国六十华诞，具有非同一般的意义。

编纂第六版《辞海》虽然做了大量工作，但《辞海》的学科有一百多个，作者、编者和出版人数以千计，头绪纷繁，问题和错误在所难免。敬请各位领导、各位学者专家、广大读者，不吝批评指正。

（原载 2009 年 12 月 31 日《中国新闻出版报》）

论朱熹作为出版家的精神境界

李士金

朱熹是一位出版家，有自己的印书出版基地。1995 年方彦寿先生发表《朱熹刻书事迹考》一文，其中说："朱熹刻本的种数达三十几种之多，闽、浙、赣、湘，宦迹所在，均有刻书，因此，朱熹实际上是一位相当有成就的出版家、刻书家。"[1] 并且认为"朱熹拥有专门的刻书工场"。2005 年林振礼先生发表《朱熹：作为编辑出版家的评价》，说"朱熹躬亲领导的编辑出版活动，以编刻载体为儒家典据嬗变奠定了基础"[2]。这些事实说明朱熹确实是一位有成就、有影响的出版家。

一、出版为追求圣贤理想

为了更有说服力地证明朱熹确实是一位出版家，我们先列举他作为出版人的几个细节事实。说到节约纸张问题，他苦口婆心地告诉他的员工："我现在有纸一万张，想印经子及《近思》《小学》《二仪》。但按照板样，印刷经子纸张不足，印刷《四书》纸张又多余。我的意思是，先用大半的纸张印刷经子，以少半的纸张印他书，这样调节可以不浪费纸张。"关于运送纸张，他说，有纸四千幅尚未到书库，"今先发六千幅，便烦一面印造，仍点对，勿令脱版乃佳"[3]，时间就是效率，朱熹连纸张运送过程中的安全问题都考虑到了，不能不令人惊叹！确实，印书出版事业不容易啊！经济是大问题，货物往来需要有人护送，如果人有邪心，则出问题。朱熹说到送钱“须得一的当人乃佳，不然又作周升矣”[3]，说明有过这方面的教训。从书的销售情况看，实用性的书社会需求更大，朱熹说：“库中墨刻亦各烦支钱买纸，打十数本。内《献寿仪》及《永城学记》多得数本不妨，《献寿仪》要者更多也。”这说明了当时人在祝寿的时候有一定的仪式，祝寿的人很多，需要的量也就比较大[3]。而且，有事实证明，朱熹的“出版社”最终倒闭，他也坦然承认了自己的失败和退出，他在《答李伯谏》的信中说：“书肆之败，始谋不臧，理必至此，无可言者。既败之后，纷纷口语，互相排击，更不可理会。幸已自脱去，不能复问。”[3]这说明了当时出版事业的复杂和困难，朱熹远大的出版理想很难完全实现。出版书籍不是个别的孤立的活动，由于各人的品格、个性、素质不同，追求目标不同，利益需求不同，必然会产生种种矛盾，甚至互相责怪、排挤！朱熹承认自己在这方面没有深谋远虑，不得不退出纷争，因为他还有很多事情要做。

要理解朱熹作为出版家的精神境界，我们首先应该知道，出版工作是他追求圣贤理想的有机组成部分。他这个人一生不为名不为利，有很多当高官的机会，但只有做官能够为社会安定团结服务的时候，才愿意做，否则，坚决辞职不干。他一生廉洁奉公，勤政为民，这种思想德行在出版事业上也有明显的体现。比如，南康军学教授杨元范用公款为他出书，而且说明出书的目的是为了传播圣贤思想，但朱子坚决不同意，说：“忝为长吏于此，而使同官用学粮钱刻己所著之书，内则有朋友之谯责，外则有世俗之讥嘲，虽非本心，岂容自辨?”[3]换句话说，即使是好的用心和目的，也不能违规用公款出书！为了坚持原则，他要求把已经准备出版的文字毁去，所有的花费都由自己负责：“熹请得以私钱奉赎毁去，而其已置之板，却得面议，别刻一书，以成仁者开广道术之意，自不失为善事。”[3] 为了尽量减少损失，他建议用已经准备好的印板，别刻一部符合出版规定的书，也是一件有益于社会的善事。

詹仪之是朱熹的门人，任江西静江府时刻印朱熹《四书集注》，理由也是为了传播圣贤之道。但朱熹写信要求取消，说：“熹今有公状申使府，欲望书押入案，收索焚毁。其已用过工费，仍乞示下实数，熹虽贫，破产还纳，所不辞也。”[3] 朱熹在40多年的仕途生涯中，真正当权的时间只有9年，又是著名的廉洁奉公的官员，经济贫寒，但在出版问题上始终坚持正道，纵使变卖家产也决不违反相关规定出自己的著作。因为出版书籍的目的是要传播圣贤之道，而无故用公款出版著作这个行为有背天理，朱熹在出版问题上同样坚持“存天理、灭人欲”的原则。

正因为如此，朱熹对于官员用公款刻书卖钱的腐败行为坚决予以揭露：“仲友自到任以来，关集刊字工匠在小厅侧雕小字赋集，每集二千道。刊板既成，般运归本家书坊货卖。其第一次所刊赋板印卖将漫，今又关集工匠又刊一番。凡材料、口食、纸墨之类，并是支破官钱。”[3]，朱熹对唐仲友腐败行为的坚决斗争，是历史上著名的事件，揭露其用公款刻书卖钱只是其中的一个具体的情节。

二、质量品牌意识很强

朱熹对于所出书籍的质量极端重视，用今天的话来说，他的品牌意识很强，这一点可以从他出版编辑《尚书》的讨论中得到证实。比如关于“孔传《尚书》”的真伪，他在《记尚书三义》中说：“尝疑今孔传并序皆不类西京文字气象，未必真安国所作，只与《孔丛子》同是一手伪书。盖其言多相表里，而训诂亦多出《小尔雅》也。此事先儒所未言，而予独疑之，未敢必其然也。姑识其说，以俟知者。”[3]这就是说，后世有人假托孔安国注解《尚书》，并以安国名义写了序。朱熹以其渊博的学识眼光，发现孔传并序与西京文字气象不同，与《孔丛子》同是一手伪书。为什么做出这个推断呢？因为这两部书，语言内容多相表里，训诂也多出自《小尔雅》。以前的学者没有说到这个问题，朱熹首先做出其为伪书的推断。

作为一个有高度社会责任感的出版家，朱熹为了使自己所出的《尚书》版本不误读者、取信后世，他在与学生的讨论中也反复指出孔传尚书不可信。他反复说：“书序恐不是孔安国作。汉文粗枝大叶，今书序细腻，只似六朝时文字。”“尚书决非孔安国所注，盖文字困善，不是西汉人文章。安国，汉武帝时，文章岂如此！但有太粗处，决不如此困善也。如书序做得善弱，亦非西汉人文章也。”[4]并且具体地论证说，汉儒训释文字，有疑问的地方就空缺着，不强为解释。而现在的孔传却都解释了，哪有千百年前人说的话，“收拾于灰烬屋壁中与口传之余，更无一字讹舛”，这是不可思议的事情。《尧典》一篇自说尧一代为治的次序，到了让于舜方止。现在却说是让于舜后才作。《舜典》说的本是一代政事终始情况，却说是“历试诸艰”。从文风看，先汉的文章，厚重有力量。现在看到的大序“格致极轻，疑是晋宋间文章”。从出现的时间看，孔书到了东晋才出来，以前的学者从未说起，所以，其作伪的嫌疑很大[4]！

那么，从文化传承、书籍出版的角度来说，怎么解决真伪的疑难呢？朱熹在《书临漳所刊四经后》中明确指出自己出版编辑的方针：“一以诸篇本文为经，而复合序篇于后，使览者得见圣经之旧，而不乱乎诸儒之说。”[3]这就是说，出版传统的经典是出版人的责任，而辨别真伪、传信后世更是出版者的义务！

在这篇说明中，朱熹首先列举了世传孔安国《尚书序》中说的伏生口传的《尧典》《皋陶谟》《禹贡》等28篇目录，又列举孔氏壁中书《大禹谟》《五子之歌》《胤征》等25篇。其中还把伏生书中四篇分为九篇，这样就增多了五篇，这五篇分别是《舜典》《益稷》《盘庚中》《盘庚下》《康王之诰》，“并序一篇，合之凡五十九篇”[3]。接着，朱熹特别说明了现在的流行版本情况：到了安国作传，把序作为开端，“而定为五十八篇，今世所行公私版本是也”。朱熹分析说，汉儒以伏生之《尚书》为今文，而说安国之《尚书》为古文，很难令人信服！为什么呢？因为从文本来考察，今文文字很艰涩，而古文的文字反平易。朱熹还从其他方面提出了自己的疑问，这里不再多说。值得注意的是，朱熹在说明自己的新版本即“今别定此本”是继承前人的成果后，指出他的出版说明“又论其所以不可知者如此，使读者姑务沉潜反复乎其所易，而不必穿凿附会于其所难者云”[3]。这正是朱熹作为出版家对读者负责的态度。

朱熹崇高正大的出版目的、严肃认真的出版态度，在他的另一篇出版文献中也有明确的体现。他在《刊四经成告先圣文》中告诉我们：“熹恭惟《六经》大训，炳若日星，垂世作程，靡有终极。不幸前遭秦火煨烬之厄，后罹汉儒穿凿之缪，不惟微词奥旨莫得其传，至于篇帙之次，亦复淆乱。”正是在这样的情况下，他要担负起神圣的出版编辑使命，对于经典的内容“参稽本末，皆有明验”，对于经典的版本“辄加绪正，刊刻流行”，从而“以晓当世”。甚至说“神灵如在，尚鉴此心，式相其行，万世幸甚”。这是多么严谨的出版态度，这是多么崇高的出版目的，这又是多么高远的出版境界啊！时间虽然过去了八百余年，朱熹作为出版家的思想作风和精神境界仍是值得我们今天的出版工作者学习和借鉴的。

注释

[1] 方彦寿．朱熹刻书事迹考．福建学刊：1995（1）．

[2] 林振礼．朱熹：作为编辑出版家的评价．河南师范大学学报，2005（4）．

[3] 朱熹．晦庵先生朱文公文集．上海：上海古籍出版社，2002．

[4] 朱熹．朱子语类．上海：上海古籍出版社，2002．

（原载《编辑学刊》2009 年第 5 期）

论解缙的文化传播媒介创构思想与《永乐大典》的编辑传播特色

阎现章

学术界对于明代解缙和《永乐大典》的研究，从发表的论文和出版的相关书籍来看，已经取得了很大的成就。2002 年 4 月，中国国家图书馆主办了“《永乐大典》编纂 600 周年国际研讨会”，并于次年出版了研讨会论文集。2005 年，北京图书馆出版社出版了张昇编的《〈永乐大典〉研究资料辑刊》，但由于研究者研究方法和探讨内容侧重点的不同，其研究成果可谓各有特色，但至今还没有从编辑创构文化传播媒介的角度对解缙和《永乐大典》进行一番新的研究。2009 年 6 月 20 日，是世界文化遗产明十三陵的首陵——长陵（永乐皇帝墓）建陵 600 周年纪念日，永乐皇帝作为我国历史上一位具有雄才大略的君主，在他统治时期的文化建设和文化传播与交流方面有两件举世瞩目的成就：一是编辑创构了集文化创新和文化传承以及知识信息传播等多功能于一体的文化传播新媒介——世界上最早最大的百科全书《永乐大典》；二是派郑和七下西洋，最远到达非洲东部，在国际传播的层面上有力地促进了我国和亚洲、非洲 30 多个国家之间经济与文化的大交流和大传播。其中由著名编辑家解缙主编的《永乐大典》（初名《文献大成》），是我国古代同时也是世界编辑传播史上一项宏大的编辑工程和文化建设工程，从而把我国古代类书媒介的编辑创构推上了一个新的里程碑，创新并创构成为具有百科全书意义的文化传播媒介和编辑文化传播形态。本文试从编辑创构文化传播媒介的新视角，对解缙的文化传播媒介创构思想以及《永乐大典》文化传播媒介的编辑传播特色进行探讨。

一、解缙的文化传播媒介创构思想及其实践

解缙（1369—1415），字大绅，号春雨，明初江西吉安府吉水人，是我国明代一位杰出的编辑家。“自幼颖悟绝人，五岁教之书，应口成诵，七岁赋诗，诗有老成语；十岁日诵数千言，终身不忘；十三（岁）尽读四书诸经，贯穿其义理，宿老不敢难也。而文思溢发。”[1]卷九《内阁大学士行实》洪武十八年（1385）举江西乡试第一，二十一年（1388）中进士，授中书庶吉士。解缙的文化传播媒介创构编辑思想，在洪武和永乐时期经历了两个不同的发展阶段，从洪武时期到永乐初编辑《文献大成》，以类编儒家经书为编辑主旨来创构文化传播媒介；而在永乐时期从修编《文献大成》到扩编成《永乐大典》，则由偏重于儒家经书和史传文集的编辑上升到了把经、史、子、集、释藏、道经、北剧、南戏、平话、医学、工技、农艺等所有门类的典籍资料都囊括类编传播的新高度，文化传播媒介的创构与文化知识的创新形成了一种互为条件和相互促进的编辑传播关系。由此也可以看出，文化的传承和传播以及创新离不开媒介的支持，而媒介作为一种传播载体，它的创制又促进了文化的交流和创新，编辑在文化传播媒介的创构过程中扮演着十分重要的地位和作用，甚至可以说，编辑也是文化传播媒介的主要创构者和建设者。

解缙年少登科，“甚见爱重，常侍（皇）帝前”，朱元璋曾在大庖西室对解缙说：“朕与尔义则君臣，恩犹父子，当知无不

言。"[2]卷一百四十七 于是血气方刚的解缙以敏锐的目光和才华即日便上奏了封事万言，草拟了著名的《大庖西封事》。深受儒家正统思想影响的解缙以《大庖西封事》为媒介，在对时政进行评论的过程中，也以高度的政治文化建设责任感，明确地向朱元璋提出了编纂一部大型新颖类书、创构新型文化传播媒介的建议和设想。

解缙说："臣见陛下好观《说苑》《韵府》杂书，与所谓《道德》《心经》者，臣窃谓甚非所宜也。《说苑》出于刘向，向之学不纯，溺于诞妄，所取不经，且多战国纵横之论，坏人心术，莫此为甚。《韵府》出元之阴氏，鄙猥细儒，学孤识陋，蝇集一时，兔园寒士，抄缉秽芜，略无可采。陛下若喜其便于考阅，则愿集一二志士儒英，臣请得执笔而随其后，上溯唐虞夏商周孔之华奥，下及关闽濂洛之佳葩。根实精明，随事类别，以备劝诫，删其无益，焚其谬妄，勒成一经，上接经史，岂非太平制作之一端也欤？今又六经残阙，而礼记出于汉儒，踳驳尤甚，宜及时删改，日御经筵，访求审乐之儒，大备百王之典，作乐书一经以惠万世，以承唐虞。……一洗历代之因仍，肇起天朝之文献，岂不盛哉！"[3]卷十一《解学士文集》《大庖西封事》展现了解缙放逸的才气与胆识，和传播"唐虞夏商周孔之华奥，下及关闽濂洛之佳葩"正宗文化的编辑卓识。在这里，解缙所提出的编辑创构文化传播媒介的类型和传播的内容，主要还是有关儒家的经书和治国安邦思想的内容。洪武三十一年（1398），朱元璋诏侍读唐愚士等编辑经史百家之言为《类要》，这年闰五月间朱元璋病逝，解缙宏大的类书编辑计划和文化传播媒介创构也暂告中断。

解缙在洪武时期所萌生传播有益于世道人心的知识信息和书籍内容，禁止含有坏人心术的书籍传播，以及通过编辑传播活动创构文化传播媒介从而推动文化创新的编辑文化传播思想，是与他对作为传播知识信息载体的书籍媒介的认识密切相关的。

解缙在阅读大量书籍的过程中，深切地体会到出版物所传播的内容以及书籍品位的高低，对人们（读者、受众）的思想意识和行为方式具有很大的影响，要慎重地选读，切不可滥读。他把传播知识的书籍载体划分为三种类别：可以读的书籍、不必读的书籍、不可读的书籍。他明确地指出："虽然书不可不读，有不必读者，有不可读者。方外异端之书不必读，妄诞迂怪之书不必读，驳杂之书不必读，淫佚之书不可读，刻薄之书不可读。"[4]卷九《溪山读书处记》读书是人们获取知识信息的重要渠道，书籍媒体作为一种文化资源在提高人们素质和能力方面起着重要的作用。解缙对朱元璋的直言谏诤，并明确提出一些有问题的书籍不可读、不必读，劝诫朱元璋应阅读有关儒家治国治民的书籍，并富有远见卓识地提出了有选择性的知识建构和编辑大型新类书重构书籍传播媒介，以有益于人的具有创新性的设想。同时，也含有通过对新类书的纂辑和相关经过重新建构的知识与思想的传播，使朱元璋从新的书籍传播媒介和新的文化媒介创构中吸取儒家治国安邦的思想，以缓和当时严酷的政治气氛。

解缙是一位集编辑家和政治家的思想于一身的人物，媒介创构编辑思想和关注时政的政治思想在他身上或者说人格上，呈现出一种互为依托和互补互动的状态。比如，他在《大庖西封事》中提出了通过"随事类别"的编辑活动，创构"上溯唐虞夏商周孔之华奥，下及关闽濂洛之佳葩"和具有"根实精明"文化传播媒介的编辑思想；而他在上奏的《献太平十策》中也表达了对时政的关注，实际上也是他政治思想的一种流露。针对明初的社会状况，他指出："当今之急务，王政之大端，不过十事而已。一曰参井田均田之法……”[3]卷十一《献太平十策》。在朱元璋看来，解缙年少登科对于政治方面的议论锋芒毕露，是“涵养未至”[1]卷九《内阁大学士行实》，加之其他原因，以“大器晚成”而劝其归乡进学，并许诺“后十年来，大用未晚也”[2]卷一百四十七《解缙传》。

但是，朱元璋的病逝改变了解缙的政治前程。“归八年，太祖崩，缙入临京师。有司劾缙违诏旨，且母丧未葬，父年九十，不当舍以行，谪河州卫吏。”不但未被“大用”，反而被谪贬到陕西临洮的河州卫充小吏。建文帝时期，解缙求书于礼部侍郎董伦，被召回后授以翰林待诏的小官职，虽然结束了政治流放生活，但其编辑才智和政治才华却无法得到展示。

永乐时期，解缙坎坷的政治生涯重新获得了新的转机，这也为他发挥展示编辑才智创造了契机。在被擢为正六品侍读后，奉命总裁编纂《太祖实录》，对建文帝时所编纂《太祖实录》中关于“靖难”之事及不利于朱棣的言论重新编修。又奉命编辑了《列女传》，永乐帝亲撰序文，以示重视。永乐二年（1404），解缙升为翰林学士兼右春坊大学士，他“才高，任事直前，表里洞达”，并“自负匡济大略”[2]卷一百四十七，在文化建设方面，其功在典籍的编辑整理和建构传播。他主编的《文献大成》以及在《文献大成》编辑基础上修订而成的《永乐大典》，作为一种具有创新性和创构形态的文化传播媒介，使一切遗文坠简不仅以此为载体赖以保存和传播，而且还把古代类书的编辑推上了一个新的高度，创构成为了百科全书意义的传播媒介，充分显示了他高超的编辑技艺和编辑智慧，从而也说明了编辑工作是一种文化传播媒介的创构实践和文化知识创新活动。尤其是这一编辑传播活动的开展，直接揭开了明清两代编纂群籍的浩大编辑工程的序幕，因而在中国编辑传播历史上占有十分重要的地位和影响。

二、文化传播媒介创构与编辑传播信息的扩充增殖——由《文献大成》到《永乐大典》

永乐元年（1403），朱棣为了加强“文治”，通过文化建设提高国家文化软实力和凝聚人心，于七月谕翰林侍读学士解缙等曰：“天下古今事物，散载诸书，篇帙浩穰，不易检阅。朕欲悉采各书所载事物类聚之，而统之以韵，庶几考索之便，如探囊取物尔。尝观《韵府》《回溪》二书，事虽有统而采摘不广，纪载大略。尔等其如朕意：凡书契以来经史子集百家之书，至于天文、地志、阴阳、医卜、僧道、技艺之言，备辑为一书，毋厌浩繁。”[5]卷二十一这实际上是一种有目的有计划的和主动的文化传播媒介创意实践活动。早在洪武时期，解缙曾向朱元璋建议并提出了创构文化传播媒介，编纂一部大型类书和传播儒家正宗知识思想的新设想，这一时期解缙是新颖类书编纂的倡导者和传播者。到朱棣登基后，永乐帝明确提出让解缙主持编辑大型新类书，显示了对其编辑才能和驾驭能力的信任，到这一时期永乐帝则成为了新型类书编辑的倡导者和传播者，而解缙则由过去的倡导者角色转换为了主编者和践行者。传播角色的转换，为解缙发挥编辑智慧创造了新的空间和平台。

永乐帝鉴于“天下古今事物，散载诸书，篇帙浩穰，不易检阅”，以及阴时夫《韵府群玉》、钱讽《回溪史韵》编辑的“采摘不广，纪载大略”等编辑传播现状，要求新型类书媒介的编辑建构在体例和内容上要有新的突破，不仅“悉采各书所载事物类聚之”，而且还要“统之以韵”，便于阅读和查找材料，如探囊取物。编选的范围要广泛和全面，充分地占有各种丰富的书籍编辑资料。这既是一项把浩如烟海的群籍分门别类、有序化重新建构的宏大编辑工程，又是一种对文化传播媒介重新建构和创新的编辑创造性活动，同时也是一种知识创新活动。

解缙在领旨后，与胡广、胡俨、杨士奇等召集了 147 名编辑人员组成了一个编辑队伍，博采群书，在编辑传播体例上分门别类按韵目编辑，仅用了一年多时间就迅速编辑创构了一部体现解缙文化媒介创意编辑思想的新的大类书，于永乐二年(1404) 十一月进呈后赐名为《文献大成》。《文献大成》的命名，表明这是一部汇编和集大成性质的编辑作品，同时也表明了是一种具有创新性的对有关知识经过专门化编辑建构的文化传播媒介和传播载体。

永乐帝在后来使用《文献大成》的过程中，感觉所选编的内容"向多未备"且简略，未达到他期望的"毋厌浩繁"的编辑要求，于是遂命对此编重加增修和扩充，实际上也是进行新的再创构。有的学者据此认为这是对解缙前段编辑工作的否定，这是对解缙编辑传播思想未全面考察的一种认识。如前所述，解缙的文化媒介创构编辑思想主张类书的编辑要有选择性，删其无益，焚其谬妄，使编辑出版物（媒介）传播的知识信息和思想内容要有益于社会，以备劝诫之用。而永乐帝所主张的则是求大而全，即"凡书契以来经史子集百家之书，至于天文、地志、阴阳、医卜、僧道、技艺之言，备辑为一书，毋厌浩繁"。可见二人在文化传播媒介的创构与选择和类书编选内容与传播的类别方面，实际上存在着一定的距离，解缙按照自己的文化传播媒介创构和编辑传播思想编纂《文献大成》，永乐帝却认为所选择的书籍内容尚多未备，要求重新编辑创构。需要指出的是，这次重新扩编创构意义重大，若不扩充书籍编辑的内容，最多也只是在类书的编辑传播历史上新增加了一部类书而已，虽有所创新但陈陈相因的编选其意义并不很大，而正是对《文献大成》的再次修编和创构，使得文化传播媒介和传播载体在内容和形式上发生了划时代和里程碑意义的变革，创生成为具有百科全书形态的文化传播媒介，这是我国和世界编辑传播历史上一个重大的进步和文化传媒创新。

永乐三年（1405），永乐帝“敕太子少保姚广孝、刑部侍郎刘季篪及（解）缙总之。命翰林学士王景、侍读学士王达、国子祭酒胡俨、司经局洗马杨溥、儒士陈济为总裁。翰林院侍讲邹缉，修撰王褒、梁潜、吴溥、李贯、杨觏、曹棨，编修朱纮，检讨王洪、蒋骥、潘畿、王偁、苏伯厚、张伯颖，典籍梁用行，庶吉士杨相，左春坊左中允尹昌隆，宗人府经历高得旸，吏部郎中叶砥，山东按察司佥事晏壁为副总裁”[5]卷三十六，进一步充实了编辑领导力量。同时，令礼部选拔内外官员及四方宿学大儒和有学问者，也参与文化媒介创构和编纂工作。据史载，“命礼部简中外官及四方宿学老儒有文学者充纂修，简国子监及在外郡县学能书生员缮写”[5]卷三十六，从事编辑活动的多达 2 169 人。编辑领导组织机构设在京师（南京）文渊阁，最高负责人为监修，分别由姚广孝、郑赐和解缙担任。监修下设有都总裁、总裁、副总裁、纂修者、编写者、缮录者和圈点者等职。据张忱石先生考证：“整个编辑机构分工由监修、总裁总其大成，都总裁一人由陈济担任，负责调节和沟通监修与总裁、副总裁之间的情况。副总裁除参与总的计划工作外，大致还兼管一个部门的实际任务，领导若干纂修人员，从事搜集和加工本部门的图书资料。在副总裁中，如林环兼《书经》副总裁，王彦文兼《诗经》副总裁，高得旸兼《三礼》副总裁，蒋用文、赵友同兼医经方副总裁，释道联兼释教副总裁，从这些人担任的职务来看，显然是与他们个人的专长相结合的。如果副总裁所主管的部门范围较广的话，再分成若干小组，修纂人员按照所分工的范围搜集资料，然后将所有资料由编写人依韵目编排和连缀起来，再由校对人员负责核实资料，最后是缮写工作。此外还设有‘催纂’五人，监视编辑工作的进度。整个编纂机构虽然庞大但并不臃肿，人手众多却没有造成杂乱。由于组织严密，分工细致，保证了整个工作的顺利展开。”[6]7-8 并且还给编辑人员在生活和工作上提供了许多方便。修订的书稿是在解缙主编的《文献大成》基础上“重加增辑”[7]卷一百三十八，于永乐五年（1407）冬十一月定稿纂成。

永乐帝对重新增辑而成的巨帙《文献大成》非常满意，并赏赐参与编辑工作的 2 169 人，以年号改赐名为《永乐大典》。在御制序文中，他说：“昔者圣王之治天下也，尽开物成务之道，极载成辅相之宜，修礼乐而明教化，阐礼至而宜人文。……朕嗣承鸿基，勔思缵述，尚惟有大混一之时，必有一统之制作，所以齐政治而同风俗，序百王之传，总历代之典。”盛赞此编辑巨帙是“上自古初，迄于当世，旁搜博采，汇聚群书，著为典奥”[5]卷七十三。在《文献大成》基础上修订重构而成的《永乐大典》，实际上展现了一种文化传播媒介创构与编辑传播信息的扩充增殖呈正相关的传播发展轨迹。《永乐大典》形态的文化传播媒介具有“齐政治而同风俗，序百王之传，总历代之典”和“汇聚群书，著为典奥”的传播功能，通过对文化传播媒介的再创构，形成了正文 22 877 卷，目录 60 卷，共 22 937 卷，分装成 10 095 册，编选的图书包括经、史、子、集、释藏、道经、北剧、南戏、平话、工技、农艺、医学、志乘等高达七八千种，约有 37 000 万字，可见已经形成了一种新的知识和思想传播的媒介载体，实际上也已类似于大众传播媒介（只不过当时是专门供皇帝阅读使用的媒体）。《永乐大典》编创规模宏大，媒介形态新颖，不仅超过了前人所编辑的大型类书，而且更把类书的编辑传播活动提升到了百科全书编辑的新高度，发展创生成为了百科全书形态的文化传播媒介。百科全书是人类智慧的凝结，被誉为“没有围墙的大学”，因此《永乐大典》形态百科全书文化传播媒介的创构，反映了当时我国编辑传播事业发展在媒介创新、知识创新等方面的最高水平。

三、《永乐大典》文化媒介的编辑传播特色

文化传播媒介作为一种大众传播载体，由于其形制可分为不同的类型和类别，因此不同形态的文化传播媒介对其传播的内容在编辑加工过程中具有不同的要求，而按照传播内容的具体要求进行有针对性的编辑，就能使信息的传播呈现有序化和条理化，从而提高编辑内容的传播效能。《永乐大典》是在解缙主编的《文献大成》的基础上，增辑了有关“经史子集与道释医卜杂家之书”的内容，在重编再创后而生成的一种文化传播媒介，解缙的文化传播媒介创构编辑思想也随着《文献大成》和《永乐大典》编辑实践，逐步升华并融入到了具体的媒介创构编辑实践之中，并最终形成了具有百科全书意义的文化传播媒介创构编辑思想。但官修的《明史》解缙传中，却只字未提解缙在《永乐大典》编纂中的创构和主编之功，这也是有违编辑史实的。

《永乐大典》作为一种具有创意形态的文化传播媒介，其编辑质量决定着传播的效益，而编辑特色也是其编辑质量的主要体现。从编辑出版学的角度来看，《永乐大典》的编辑传播特色表现在以下几个方面。

1. 在传承前人类书编纂优点的基础上把类书的编纂内容和形式，发展创构成为一种具有百科全书意义的编辑传播媒介和编辑文化形态

历史学家郭沫若在影印本《永乐大典》的序中评价说：《永乐大典》“不仅在我国文化史上提供了一部最早、最大的百科全

书，而且在世界文化史中也是出类拔萃的”[8]。这一具有创构形态的文化传播媒介其所编选的书籍内容博大精深，保存了大量的我国14世纪以前有关社会科学和自然科学等方面的丰富资料，这些经过编辑重构的资料作为一种文化遗产负载了大量的文化知识信息，在中外编辑传播史上可谓空前的文化传播媒介创新杰作，早于欧洲启蒙运动时期法国资产阶级思想家狄德罗主编的《百科全书》和著名的《大英百科全书》300多年。从字数上讲，亦尤见其编辑规模之宏大，如狄德罗主编的《百科全书》有2 268万字，而《永乐大典》则多达37 000万字。

《永乐大典》在编辑传播的体例上勇于创新，突破了过去官编类书单纯按类编辑传播的陈旧方法，采用按韵和分类两种方法相结合的编辑传播方式，其媒介构成要素据《永乐大典》凡例，“用韵以统字，用字以系事，凡天文、地理、人伦、国统、道德、政治、制度、名物，以至奇闻异见、廋词逸事，悉皆随字收载。事有制度者则先制度，物有名品者则先名品。其有一字而该数事，则即事而举其纲。一物而有数名，则因名而著其实。或事文交错，则彼此互见；或制度相因，则始末具举。包括乾坤，贯通今古，本末精粗，粲然备列。庶几因韵以考字，因字以求事，开卷而古今之事一览可见”。从而有效地避免了过去官编类书由于单纯地分类编纂，以至于在类目较多的情况下，把同一条材料拆散割裂和同一条材料的重复出现所造成的编辑体例的混乱和分类的不科学。比如宋代官编的大型类书《册府元龟》分31部、1 104门类，《太平御览》分55部，部下又细分为5 426门类，若读者对其编辑分类的部目不熟悉，查找有关材料就比较困难，使用也不之太方便，其传播内容也会受到一定的影响。《永乐大典》则兼容了分类和按韵两种编辑方法，反映了类书编辑发展过程中编辑传播方法的完备成熟和不断的进步性。

《永乐大典》的编辑传播机理：韵→字→事→文献汇编，编辑分类体例借鉴了宋人阴时夫《韵府群玉》和钱讽《回溪史韵》两部类书的编辑方法，并弥补了这两部书的编辑缺陷，有所改进。如《永乐大典》在编辑体例上的创新之处在于每一个重要的事项下面，都有编者所做的历史性和概括性的总论，且对每一个事目都编辑了标题，从而使《永乐大典》具备了百科全书体例所应有的条件。同时，《永乐大典》还把经、史、子、集中的重要典籍，整部整编地以书名或篇名为标题编入字目之下，又把集部中的诗词和散文，按事目分编，也编入字目之下，使《永乐大典》所编辑传播的内容不仅丰富渊博，而且资料也翔实可靠。

在具体的编辑分类上，《永乐大典》依《洪武正韵》的韵目，按韵来分列单字，每一单字下详注该字的音韵、训释及它的篆、隶、楷、草各种书体，然后分类汇辑和此单字有关的天文、地理、人事、名物和诗文词曲等各项材料，可谓眉目清晰，开卷有益。对这种颇具创新性的编辑传播体例，永乐帝在序文中盛赞曰："用韵以统字，用字以系事，揭其纲而目必张，振其始而末具举。包括宇宙广大，统会古今之异同，巨细粲然明备，其余杂家之言，亦皆得以附见，盖网罗无遗，以存考索，使观者因韵以求字，因字以考事，自源徂流，如射中鹄，开卷而无所隐。"[5]卷七十三对读者检索所需的材料来说，确实也方便。全祖望在《抄〈永乐大典〉记》中对此编辑体例评价说："其例，乃用洪武四声韵分部，以一字为纲，即取十三经、廿一史、诸子百家，无不类而列之，所谓因韵以统字，因字以系事者也，而皆直取全文，未尝擅减片语。夫偶举一事，即欲贯穿前古后今书籍，斯原属事势所必不能，而'大典'辑砉并包，不遗余力，虽其间不无汗漫陵杂之失，然神魄亦大矣。”[9]卷十七 这种编辑方法保留传播了大量的文学、艺术、史地、哲学、宗教和应用科学等方面的丰富资料，也为后人辑录佚书提供了极大的便利，实际上形成了一种各门科学知识传播和相互渗透的有机传播链条。

2. 旁搜博采编辑和汇聚群书，使《永乐大典》成为中国15世纪初科学文化知识传播的重要载体和文化传播媒介

在我国古代编辑传播历史上，编辑在文化知识的传播过程中，随着社会的发展进步和文化的创造创新发展以及读者的需要，编辑在创造各种形态的书籍编辑体裁过程中，也创构了不同类型文化传播媒介，从而使得人类所创造的知识以媒介为载体得以传播，并转化生成为一种知识生产力。比如在类书的编辑传播历史上，唐代的《艺文类聚》编收图书达1 431种，宋代的《太平御览》编收图书1 690种，而《永乐大典》编辑收录图书则高达七八千种之多。《永乐大典》编选各种图书材料时，直取原文，整部、整篇、整段地编录，“未尝改片语”，并注明材料出处，使许多珍贵的典籍得到了完整的保存。通过这次编辑建构，使“元以前佚文秘典，世所不传者，转赖其全部全篇收入，得以排纂校订，复见于世”[10]。清乾隆时所编《四库全书》从中辑出佚书达500多种，《永乐大典》编辑贡献之巨大，由此可见一斑[8]郭沫若《序》。

《永乐大典》的编纂宗旨是把天下古今各类典籍，不厌浩繁地创构为一部新书和新的文化传播媒介，追求大而全的编辑特色，把固有的文化知识经过有序化建构后再生成了新的文化知识，这些新文化知识以《永乐大典》为媒介向社会进行扩散和传播，实际在一定程度上促进了文化知识的不断创造和更新。永乐四年（1406年）四月，永乐帝至文渊阁，询问解缙阁中藏书是否够用，解缙说经、史两部大体齐备，而子、集两部阙略

较多。于是永乐帝说："士家人稍有余资，皆欲积书，况于朝廷可阙乎？"令礼部尚书郑赐派通晓典籍的官员四处收购遗书秘籍。并强调说："书籍不可较价值，惟其所欲与之"[11]卷十二，庶奇书可得，用高价来求购遗书。比如修撰柴钦说其师赵谦曾撰有《声音文字通》一书，应当编入，永乐帝就令人到浙江余姚赵家把书取来编入。永乐帝曾对解缙等人说："置书不难，经常览阅乃有益，凡人积金玉亦欲遗子孙，金玉之利有限，书籍之利岂有穷也。"[12]卷十二在永乐帝的关注和重视下，有丰富的资料可供编辑人员采编辑录，尤其是这次求购遗书秘籍对《永乐大典》扩编增加内容，起了至关重要的作用。

尤值得指出的是，《永乐大典》还改变了过去类书媒介编辑偏重儒家经典、史传文集的传统编辑思想，以开放的文化传播胸襟和兼收并蓄的编辑传播理念，编辑收录的图书内容十分宽泛，大凡经、史、子、集、释藏、道经、北剧、南戏、平话、医学、工技、农艺等无不类而编列之。正如姚广孝在进呈《永乐大典表》中所称述的："上自古初，暨于昭代，考累朝之逸典，搜罗百世之遗言。名山所藏，金匮所纪，人间之所未睹，海外之所罕闻，莫不具其实而陈其辞，参于万而会于一。"其文化自信和编辑气魄在《永乐大典》编辑中得到了最佳展现，不愧为一部闪烁着中国编辑人智慧的大百科全书。

3. 别具一格的装帧设计，体现了高超绝妙的编辑传播艺术

文化传播媒介的创构与编辑，在装帧设计的外在表现形式上也要求风格独特，与传播的内容相得益彰、相互渗透成为精品之作，既美观且实用。《永乐大典》传播媒介在载体纸质的用料方面，选用上等的白宣纸，印有朱丝栏，每半页八行，每卷第一行题"永乐大典"卷目，顶格大写，下题某韵，字略小，次行为标题，或顶格，或低一格，或低三格，也用大字。其余

为双行小字，每行28字，用端正的楷体抄写，墨色黝黑。中缝记《永乐大典》卷数及页数，边框、行线、引用书名、中缝诸字及断句圈声之小圆圈全用朱笔，十分醒目。对于名物器什、山川地形皆绘插图，采用白描手法，形态逼真直观，是书籍媒介插图之珍品。每册30～50页不等，每册1～3卷不等，以两卷为一册者居多。每册左上角有一黄绢书签，内题“永乐大典”，下用双行小字注明卷几至卷几，书签四周印黑色双线，线外围再用蓝绢边镶衬。右上角有黄绢蓝边小方块，题该册所属韵目，又低一格题隶属该韵的册数。每册末页题总校官、分校官及书写、圈点等人的职衔及姓名。书面硬裱，用粗黄布连脑包装，庄重而朴实[13]。由此可见，《永乐大典》作为百科全书形态的文化传播媒介，在整体设计策划方面具有较高的文化内涵。

上述三个编辑传播特色相互支撑，互为依托，从而使《永乐大典》生发成为了一种中国特色的文化传播品牌和具有较高编辑品位的文化传播媒介，以至于后人在不断地研究和品评过程中，也形成了一种以《永乐大典》为研究主题的文化传播链，可称之为“永乐大典学”。

解缙由《大庖西封事》中明确提出“一洗历代之因仍，肇起天朝之文献”的编辑创新设想，到《文献大成》以及《永乐大典》的编辑创构和传播，反映了他文化传播媒介创构编辑思想深入发展的轨迹。解缙作为《永乐大典》的实际主编，“刊定凡例，删述去取，并包古今，搜罗隐括，纤悉靡遗”[4]卷十六附录《内阁学士春雨解先生行状》的文化传播媒介创构和编辑之功跃然纸上，他在编辑传播事业上所取得的成就为中国编辑传播事业的发展做出了不朽的贡献，解缙和《永乐大典》共生共荣，在中国和世界编辑传播史上名留史册。

参考文献

［1］雷礼．国朝列卿记//元明史料丛编：第一集．台北：文海出版社有限公司，1984．
［2］张廷玉．明史．北京：中华书局，1974．
［3］陈子龙．明经世文编．北京：中华书局，1962．
［4］解缙．文毅集//四库全书．
［5］太宗实录//明实录．中央研究院历史语言研究所，1962．
［6］张忱石．永乐大典史话．北京：中华书局．1986．
［7］王圻．续文献通考：经籍考//元明史料丛编：第一集．台北：文海出版社有限公司，1984．
［8］解缙，等．永乐大典．北京：中华书局，1960．
［9］全祖望．鲒埼亭集外编．借树山房，清同治十一年（1872）．
［10］纪昀．四库全书总目．北京：中华书局，1965．
［11］孙承泽．春明梦余录//四库全书．
［12］黄佐．翰林记：收藏秘书//丛书集成初编．上海：商务印书馆，1936．
［13］阎现章．中国古代编辑家评传．开封：河南大学出版社，2007．

（原载《河南大学学报（社会科学版）》2009 年第 5 期）

论数字时代出版人才能力之培养

罗紫初

数字时代的来临，使出版产业的发展出现了许多新的变化。这些新的变化，又对编辑出版人员的素质提出了更高的要求。笔者认为，新时期编辑出版人员素质的提高，应重点表现在能力的提高上。为此，特对数字时代编辑出版人才的能力培养问题发表如下三点意见。

一、从数字化时代对编辑出版人才的新要求看能力培养的新方向

数字时代是以数字化技术的发展为主要特征的时代。数字时代给出版业发展营造了一个崭新的空间，由此而对出版人的能力提出了不少新的要求。

首先，文字信息处理的数字化与信息传播的网络化，使传统的编辑出版模式发生了很大变化。从内容上看，多媒体的有效触合成为必然趋势；从功能上看，已由单一传播方式向双向互动传播转变；从手段上看，数字化信息处理技术与网络平台的结合，不仅使出版业告别了铅与火，甚至连纸张载体都变得不太重要了。如目前发达国家正积极推行的“按需印刷”，使整个出版运作能实现个性化定制、零库存销售，已显示出强大的发展潜力。

这些变化，对出版人员的编辑业务能力提出了许多新的要

求。数字时代的出版人员，除了要扎实掌握编辑业务基础知识之外，还要具有在各种新型媒体出版中具体运用这些知识的能力。在传统的出版物生产流程中，编辑业务主要是纸质出版物内容的删选把关。载体的单一性使得知识内容的筛选把关也相对较为简单。数字化时代的出版往往涉及多种媒体的互动与触合，一种知识内容可以产生多种形式的出版产品。这就使得编辑业务中不仅删选把关的要求更为复杂，如出版主题内容的选择要考虑适应多种媒体的要求等，而且要按各种媒体的特定要求运作，还要具有使各种载体出版产品熟练地进行转换操作的能力。这对编辑出版人员的基本素质无疑提出了更高的要求。

其次，数字化技术的发展不仅对出版物生产环节的发展有着决定性影响，而且对其他出版环节，如出版物物资供应、出版资源开发、出版物流通组织等也有着重要的影响。作为一个整体的出版业，无论是采用何种形式从事出版物的生产与传播，都将在一个更为广阔的市场空间中运作，出版者面对的不确定因素将更多也更为复杂。以出版物的流通组织为例，以数字化形式存储在数据库中的各种出版产品，与存储知识信息的光盘、磁盘等相比，其流通渠道、促销方式、盈利模式等方面就有着很大的区别。同样，与传统出版相比，出版物物资供应、出版资源开发面临的是一种更为复杂的市场环境，供求关系中的可变因素更多且更难以把握。这就要求出版者不仅具有敏锐的市场意识，能敏捷感知各类出版产品市场要素的变化情况，而且要熟悉各类产品的营运过程与规律，具有较强的市场营销能力。

此外，数字化技术的发展不仅对出版业本身产生了直接影响，而且对整个社会都会产生影响，由此而使出版业运行的社会环境发生根本性变化。以与其关系最为密切的计算机网络的发展为例，今天的互联网已经延伸到世界的各个角落，全球互联网用户已超过10亿。据国际电信联盟（ITU）统计，截至2006年年底，互联网用户已占世界总人口的17.4%，而在发达国家这个比例更是高达58.6%。据中国互联网信息中心（CNNIC）统计，截至2008年6月底，中国（不包括台、港、澳地区）互联网用户总人数达到2.53亿，互联网的普及率达到19.1%，仍然低于世界平均水平（21.1%）。但由于中国人口众多，网民的绝对数量位居世界第一。对于成千上万的网络用户来说，计算机已经成为重要的信息终端。只要有联网的计算机，就可以自由、便捷地接收和发送数字化信息。数字化技术使整个世界连成一体，也使社会各行各业连成一体。由此而使各行业之间的相互依赖性也大为加强。此种社会背景下的出版业，也就不得不由关门式的封闭型运作模式向社会化的开放型模式转变。这就要求出版人必须具有较强的社交能力，要善于同社会各行各业联系沟通，善于同社会各界人士交流合作。

二、从数字化时代出版人才所需的具体能力看能力培养的新内容

前面提到的数字化时代对出版人素质所提出的新要求，大体可归结为三类：一是要求出版人必须具有新的编辑业务能力，二是要求出版人必须具有全方位的市场营销能力，三是要求出版人必须具有较强的社交公关能力。无疑，这三种能力的培养应该成为数字时代出版人素质培养的重点内容。下面分别对这三个方面内容进行具体描述。

1. 新的编辑业务能力

对数字时代出版人的新的编辑业务能力要求，主要表现为两个方面：一是在工作内容上，二是在工作手段上。

从工作内容上看，编辑业务由选题、组稿、审稿、加工、

发稿、校对六大基本环节组成，与传统的编辑业务能力相比，适应数字时代要求的新的编辑业务能力，主要体现在对选题与组稿这两个环节能力要求的变化上。数字时代的出版物选题，由于多媒体互动的技术条件日益普及，所以任何依靠单一媒体的出版产品，其盈利的机会都要远逊于能够进行多媒体运作的产品，为此要求编辑出版人员在策划出版项目运作时，必须考虑选题在多媒体上运作的可能性，要具有对选题进行综合设计的能力。如策划图书选题时，要考虑将其转化成光盘等封装电子出版物以及 E-book 等数字化网络出版物，还可考虑制作成 Mp4，以及利用电讯系统发布、通过手机接收阅览的手机出版物。编辑人员要熟悉各类媒体的产品及其运作要求，具有在各种媒体上都能熟练操作选题的能力。数字时代的出版物组稿，由于稿件资源的分布面更广更宽，作品数量大为增多，而质量则参差不齐，加上多种媒体的出版产品对稿件资源都有着各自不同的要求，为此要求编辑人员必须有很强的稿件资源控制能力。包括资源开发能力，即善于从海量的作品资源中选取有用的资源进行有效开发，将其转化成受市场消费者欢迎的出版产品；资源质量把关能力，即能对作品质量进行准确鉴别，以确保拟开发成出版产品的资源质量；资源有效转化能力，即能组织作者将书稿资源按照各类媒体发布的要求加工成可用的作品。

从工作手段上看，数字时代的编辑业务操作，大都是通过计算机终端利用网络进行的。编辑工作的方方面面，离不开对信息化技术、网络平台、多媒体转换等现代化技术的应用和依赖，为此要求编辑人员必须具有与此相关的能力。包括信息检索能力，能熟练地利用各种搜索引擎查找到选题及编辑加工所需的资料；计算机操作能力，能利用计算机处理书稿，与作者联系等对外交流；多媒体转换能力，能将一种媒体的出版产品熟练地转换成另一种媒体所需的文本格式，为另一种媒体的产品生产创造好条件。

由此我们可以说，数字时代的编辑出版人员，应该成为知识内容产品数字化加工制作的专家。

2. 全方位的市场营销能力

数字化时代的出版单位，无论是出版社、期刊社、报社，还是数据库或网络平台运营商、电信运营商等，都需面对着由不同的消费者群体组成的多元化的出版市场。各类市场都有着不同的盈利模式，其运作程序也有着各自不同的要求。因此要求编辑出版人员必须具有全方位的市场营销能力，其中最为重要的是市场预测能力、产品包装设计能力、宣传促销能力。

编辑出版人员的市场预测能力，即能通过对各种市场信息的整理分析，对自己主持运作的出版产品的市场表现做出相对准确的预先判断。只有具备了此种能力，编辑出版人员才能对选题的形成做出较准确的经济价值评估，才能根据市场需求对内容产品的呈现方式进行调整，才能更好地把握市场变化，掌握控制市场的主动权。

编辑出版人员的产品包装设计能力，即能通过对各种消费者特征与消费心理的调研把握，有针对性地对拟推出的出版产品进行装帧设计，使其能更受消费者青睐。推向市场的出版产品，是一种整体产品，除了内容要有针对性之外，其外在包装如文字的表达、插图的绘制、封面的安排等，也要符合特定消费者群的审美要求，并要与产品内容紧密配合。所以，编辑出版人员的产品包装设计能力，对于产品的市场行情有着重要的意义。

编辑出版人员的宣传促销能力，即能够通过一系列精心设计的宣传促销方式与手段，准确地揭示出版产品的市场卖点，以促进出版产品市场销售量的不断增长，以及出版产品市场寿命的有效延长。实践证明，编辑人员由于熟悉出版产品的内容，也对需要这些知识内容的消费者的分布有大致了解，所以他们参与宣传促销活动具有独特的优势，由此而对编辑出版人员宣传促销能力的要求显得比以往任何时候都更为重要。

由此我们可以看出，数字时代的编辑出版人员，应该成为精明的数字出版产品市场的营销能手。

3. 较强的社交公关能力

正如前面所说，数字时代信息网络化的发展及信息传输速度的加快，使出版业与社会的联系越来越广泛，也越来越深入。每一个出版项目的运作，都与各个社会系统存在着千丝万缕的联系。任何出版项目的成功运作，都离不开良好社会环境的支撑，离不开众多社会系统的协作与支特。编辑出版人员具有较强的社交公关能力，就能为出版项目的运作营造良好的社会环境，也能争取相关社会单位的顺利合作，这就为出版项目的运作成功打下良好基础。

数字时代编辑出版人员所应具备的社交公关能力，主要包括以下几个方面：

一是能按照出版选题规划要求顺利地寻找到相应的社会资源，并顺利转化为作品。包括通过与社会政治、经济、科技、文教等部门的广泛联系，收集选题内容信息；通过与各领域专家学者的广泛联系，物色合适的作者；等等。

二是能根据出版流程需要顺利地寻找到最佳的社会合作单位，并顺利开展合作。包括通过与各种印制单位的普遍联系，挑选到最佳的产品印制合作厂家；通过与各种运输单位的普遍联系，挑选到合适的产品承运单位；通过与各种市场中间商的普遍联系，寻找到最优的产品经销商；等等。

三是能按照产品上市的要求顺利开拓出尽量多的社会需求，并转变成特定出版物的市场消费。包括根据出版事业发展需要策划设计各种社会公关战略，根据出版市场开拓要求制定与执行各种社会公关策略，根据出版产品宣传促销需要组织和参与各种社会公关活动，等等。

由此我们可以说，数字时代的编辑出版人员，应该成为一名出色的社会活动家。

三、从数字化时代编辑出版高等教育的现状看编辑出版人才能力培养的新举措

1. 调整教育目标，摆正掌握知识与提高能力的关系

我国的出版高等教育发展神速。从武汉大学1983年4月经当时的国家教委批准正式开设图书发行管理学专业（后更名为出版发行管理学专业）至今，我国大陆开设各种类型编辑出版学类专业的高校已达百余所，每年培养的学生数以千计。在出版高等教育规模不断扩大的同时，综观各高校的办学理念与培养目标，我们却不难发现，偏重课堂知识传播、忽视学生能力培养的情况相当普遍，其具体表现如下：课程设置照顾编辑出版工作所需的各个方面知识，体系庞杂，重点模糊，内容陈旧；不少课程内容因任课教师知识结构所限（不少新开设的专业，教师大多改行而来）而不能联系专业实践，与出版业的发展需要脱节；课程体系中以重点培养学生动手能力为主的实习实践类课程所占比重很小；实验室建设及实习基地的建设严重滞后，由此而使学生动手能力的培养缺乏最基本的条件；社会实践活动的组织不力，学生的参与度不高；等等。

这些现象的出现有多种多样的原因，如教学经费不足，办学体制没理顺，等等。但笔者认为，主要还是办学指导思想不

明确、教育目标发生偏离所致。目前，我国多数高校的出版学专业本科教育，无论是教育部直属高校，还是一些二级学院或高职高专学校所办的编辑出版学专业，几乎都是以培养高、精、尖人才为目标，教学内容也大多以课本知识的灌输为主，无视出版学专业的应用性学科特征，忽视了学生各项能力的培养，使我国高等教育中普遍出现的高分低能现象在出版学专业领域显得尤为突出。因此，应该调整教育目标，摆正掌握知识与提高能力的关系，把教学重点移到学生能力的培养上来。

对一个人来说，知识是通过学习、交流等活动所获得的信息的积累；而能力是在社会实践活动中应用和创造的技能，两者是有很大区别的。掌握知识与发展能力都是学校教学的重要任务，然而，我国目前的出版高等教育却偏重知识掌握，相对轻视能力发展。因此，高校的出版学专业教育应该调整目标，将发展学生的能力作为教育改革的重要方向。

在教学理念上，要强化能力培养意识，将全力打造工作能力强的学生作为专业的重要培养目标；在课程教学中，不仅要帮助学生掌握各个知识点，更重要的是理解不同概念、原理及事实之间内在的逻辑联系，强化学生对知识的深层理解和灵活应用；在教学体系中，要增设与出版专业实践联系密切的课程，增加实习实践环节的操作时间；在教育投入上，要增加对实验室、实习基地等实习实验教学平台的投入，等等。通过这一系列具体措施的采用，使调整后的教育目标真正落到实处。

2. 更新课程体系，增大能力培养类课程的分量

教育目标必须通过课程体系来实现。新的以强化学生能力培养为主要内容的教育目标确定后，就要更新原有的课程体系，使之符合新教育目标要求，调整的重要方向就是增大能力培养类课程的分量。之所以要将增大能力培养类课程的分量作为课

程体系调整的重要方向，主要是因为我国现有各校开办的编辑出版学专业课程体系中，专门培养学生能力的课程分量严重不足。下表所列是王彦祥、杨云艳提供的我国不同类型的 5 所高校编辑出版学专业主要课程表[1]。

从下表可以看出，在这 5 所不同类型的高校编辑出版学专业主要课程中，大多是理论阐释与知识介绍类课程，真正以培养学生能力为主要任务的课程则少而又少。因此，增加此类课程很有必要。

我国不同类型的 5 所高校编辑出版学专业主要课程表

学校＼课程	传播理论	专业历史	专业原理	发行学	经营管理	行业法规	语言文字	版权贸易	出版技术
北京大学	新闻传播学	中国编辑出版史	编辑学概论	出版发行学基础	出版社管理	书业法律基础	现代汉语	版权与图书外贸	出版现代技术
武汉大学		中国出版史	编辑理论	出版发行学基础	书业企业管理学	书业法律基础		对外图书贸易	出版发行现代技术
北京印刷学院	传播学	中国编辑出版史	编辑学	发行学	出版社经营管理	出版法规	现代汉语		多媒体出版
河北大学	传播学概论	中国编辑出版史	编辑出版概论		出版社经营管理	出版法规与版权贸易	现代汉语修养	出版法规与版权贸易	电子出版技术
浙江工商大学	传播学概论	中国出版史	出版学概论	出版发行学基础	出版社经营管理	书业法律法规		版权图书外贸	网络编辑

再从武汉大学新制订的编辑出版学专业本科培养方案看。新方案计划开设的编辑出版学专业课程共 31 门，其中必修专业基础课有出版学基础、网络与电子出版概论、书业营销学、书业经济学、书业企业管理学、书业法律基础、中国出版史 7 门，必修专业课有编辑理论、编辑实务、书业财务管理、出版发行现代技术等 5 门；选修专业基础课有图书学、印刷基础、编辑出版应用写作、知识产权法、书业统计学、出版文化学、信息资源数据库、网页设计与网站建设 8 门，选修专业课有读者学、音像出版物、书籍装帧设计、期刊学、书业物流组织与管理、信息检索、出版物市场管理、书业电子商务、对外图书贸易、世界书业导论、编辑出版专业英语 11 门。这一新方案中增设了不少培养学生动手能力的课程，如网页设计与网站建设、书籍装帧设计、信息检索、书业编校软件应用等，基本体现了人才培养新方向的要求。但仍有改进的必要，如增加些营销案例分析、计算机应用等方面的课程，将现有的一些以介绍知识为主的课程，如音像出版物、编辑实务等，改造成重点培养学生动手能力的课程。由此而使培养学生动手能力的课程比重不断增大。

3. 加强实习实践环节的教学，提高学生的动手能力

实习实践环节的教学，是提高学生动手能力的最直接、最有效的手段，对提高学生的动手能力有着非常重要的意义。

就武汉大学的情况而言，大学本科实习实践环节的教学，大体可分为四类：一是课程实习，这是根据课程教学需要安排的以巩固课堂学习内容为目的的实习；二是阶段实习，这是在学完几门主要专业课程后的本科学习中段安排的以实际运用这几门专业课程所学知识为目的的实习；三是毕业实习，这是在学完本专业全部专业课程后安排的以将本科阶段所学全部课程

知识综合运用于实际工作的实习；四是社会实践，这是为提高学生社会适应能力而组织学生通过各种方式了解社会、接触社会的实践活动。

武汉大学编辑出版学专业在这四类实习实践环节的教学上都有进一步加强的必要。在课程实习方面，首先是专门安排实习实践内容与时间的课程不多，在新修订的教学计划所列出的31门专业课程中，此类课程不超过10门。其次是这些安排了实习实践活动的课程，也还是以教师课堂讲授为主，真正由学生动手操作的时间非常有限。在阶段实习方面，只有在专业成立初期招收的几届学生中安排过阶段调查或实习，之后就基本上没安排过。在毕业实习方面，新教学计划安排6周的毕业实习，时间太短；实习组织上存在的问题也较多，由此而使毕业实习的效果也要大打折扣。在社会实践方面，编辑出版学专业配合院学工部利用寒暑假将学生组成若干实践小分队，结合自己所学的专业知识围绕特定主题开展社会考察与调查，取得了良好的效果，但参加人数有限，学生参与度不高。

我相信，武汉大学编辑出版学专业在实习实践环节教学中所存在的问题，在兄弟院校中也同样存在。因此，笔者特就实习实践教学系统的完善问题有针对性地提出如下建议：增加编辑出版学专业课程中实习实践课程的比重，使其中三分之二的课程都能安排实习实践内容；精简实习实践课程中教师讲授的内容，增加学生动手直接操作的时间；在几门专业主干课程学完后，安排20天左右的阶段实习；延长毕业实习时间，至少安排3个月左右时间进行毕业实习，且要加强组织，切忌放鸭子、走过场；对社会实践要有统一要求，要将其纳入实践教学的内容之一加以安排，包括占有一定学分等。

注释

[1] 黄先蓉，罗紫初. 数字时代出版产业发展研究. 北京：高等教育出版社，2007：79.

（原载《出版科学》2009年第1期）

媒介融合中的编辑流程再造与编辑能力要求

刘玉清

数字化时代越来越多的传统媒介正在探索与新兴媒介的互动与融合，于是产生了网络报、手机报、手机杂志、数字出版、数字电视等新型传播方式。在这个新旧媒介不断融合、传播手段不断创新的过程中，编辑不仅要主持传统媒介的报道策划和编辑工作，还要主持网络等新媒介的报道策划和访谈工作，越来越多的编辑正在扮演多媒体主持人的角色。编辑工作内容的新变化，不仅使编辑人员的角色发生了巨大变化，而且也使编辑流程发生了巨大变化。正如中国人民大学高钢教授所言："在多媒体信息的采集、合成、播发的过程中，现代信息技术的全方位应用，直接影响着媒体工作流程和工作方法的改变。"[1] 在媒介融合的背景下，以往的编辑流程已经不适应编辑工作的新环境，编辑流程的科学再造已经成为媒介融合进程中不得不解决的关键问题之一。

一、融媒的编辑流程

媒介融合是指在数字技术的基础上，报纸、杂志、图书、广播、电视、网络、手机等媒介形态在内容和形式上走向一体化。融合媒介（简称融媒）的编辑流程再造就是在媒介融合进程中对编辑流程进行整体性的再设计，使各个媒介在报道中步调一致。传统的媒介产业可以分为两大类：一类是印刷媒介产业，包括报纸、杂志、图书等；一类是电子媒介产业，包括广播、电视等。传统印刷媒介的编辑工作流程是：选题→组稿→审稿→编辑加工→排版→校对。传统电子媒介的编辑工作流程是：策划→组织节目→选择加工素材→编排节目→审查修改节目→播出监控。传统媒介产品的生产流程具有纵向一体化的特点，例如，广播和电视通常采取采、编、播三个环节一体化，图书、期刊和报纸习惯于将编、印、发各个环节的业务联成一体。媒介融合后，随着网络、手机等新媒介的加入，融媒生产流程除继续向纵向一体化延伸外，还在媒介及其表现形式和表达方式、手段的选择和使用上向横向一体化延伸。融媒编辑不再是单一媒介的编辑，随着编辑职责的扩大，编辑流程也更加复杂了。媒介融合使编辑流程发生了一系列变化，融媒的编辑流程主要包括 3 个阶段 9 个步骤，图示如下。

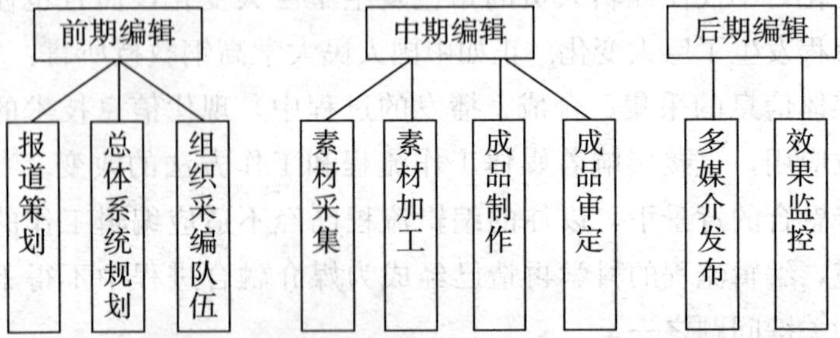

图 1　融媒编辑流程

1. 前期编辑流程

（1）报道策划。前期编辑工作，通常是由主创型编辑完成的。在单一媒介的报道策划工作中，其工作目标是单一的。例如，图书编辑的策划是针对一本新书的策划；报纸编辑的策划要么是对阶段性报道的策划，要么是对专题性报道的策划；广播和电视编辑的策划则是针对报道任务制订最佳报道方案并付诸实施。融媒编辑的策划就复杂多了，如内容资源是否有多种媒介传播的开发潜力，形式上是否适宜文、图、声、像等多种成品的制作。当然，并非所有的报道都值得进行这样的策划。值得进行策划的报道通常是真正能够产生重大影响的报道。就新闻而言，只有重大事件、典型事实和代表某种发展趋势的事实报道才值得进行这样的策划。报道策划的最终目的是充分利用素材资源，发挥各种媒介的传播优势，实现社会效益和经济效益最大化。报道策划工作的直接表现形式是一份《×××报道策划书》，其主要内容与印刷媒介或电子媒介的报道策划书相似，包括基本内容与特色、受众调查与分析、制作条件与周期、预期社会效益与经济效益，此外还包括对该内容准备通过哪些媒介传播或者哪一部分内容最适合在哪个媒介上播发进行详细的策划。

(2) 总体系统规划。报道策划书审查确定之后，便进入总体系统规划阶段。所谓总体系统规划，就是对该报道策划的内容、结构、形式、最终产品介质、传播渠道进行整体规划。显然，这是报道策划的技术性直接拓展，也决定着各种媒介能否顺利对接。这项工作步骤在单一媒介运作时期是可有可无的，但在媒介融合环境下是不可或缺的。做好总体系统规划工作，不仅可以减少部门间的协调成本，避免推诿、扯皮现象的发生，而且也将极大地提高报道的管理效率。由于总体系统规划涉及各个部门的共同落实，因而应由总策划人与策划编辑共同牵头，召集有关媒介采编人员共同协商。总体系统规划的表现形式，应该是一份比较规范的《×××报道总体系统规划书》，其主要内容包括：报道的基本目标、内容结构、制作平台及各种文件格式，等等。

(3) 组织采编队伍。总体系统规划需要总策划人组织采编队伍落实。各个媒介的编辑应当围绕落实总体系统规划这个中心联合办公。英国《每日电讯报》就是联合办公的，其做法值得借鉴。《每日电讯报》的布局是中心式的，一个圆形的桌子为它的编辑和11个部门的主编而准备。他们把网站的编辑全部调过来，与报纸的编辑们在一起工作，每一个部门都围着这个中心。他们在这样一个平台上不仅办报纸，也做网站、无线下载、视频等，目的是推行“一个内容三个介质”（一拖三，报纸、网站、短信）的联合工作模式[2]。当然，联合办公只是手段，其目的是为了更有效地落实总体系统规划。规划的落实还需要将规划中的各项具体任务加以分解，以便分别交付采编人员去完成。融媒采编任务通常是以集体协作为基础的，因而在组织采编队伍时，要对采编人员的业务专长、技术水平等进行通盘考虑。组织采编队伍的结果，是按照具体任务项目编写出《×××子任务书》，其内容包括子任务的完成者、完成时间、基本内容、成品形式等。全部子任务书完成后，再汇成一本《×××子任务汇编》。

2. 中期编辑流程

（1）素材采集。素材采集是全体采编人员依据报道总体规划和子任务书，实际采集有关素材的过程。素材采集通常由编辑组织有关人员来完成，但在媒介融合环境中，编辑有时也需要搜集背景资料之类的相关信息。特别是在紧急情况下，没有事先策划，没有上述规划和任务书，就需要全体采编人员齐心协力，共同完成素材采集任务。如某地发生了突发性事件，编辑部门应立刻向现场派出采访小组，小组应由有经验的文字记者、摄影记者、电视录像记者或者熟悉各种技术手段的“多媒体记者”组成。他们将采集的素材迅速传回编辑部门，然后再由精通各类媒介业务的编辑加工制作成适合不同类型媒介传播的新闻产品。

（2）素材加工。为了适应媒介融合背景下多种媒介传播的需要，采集的文字、图片、声像等各种信息元素，都必须经过数字化处理，必须先把这些要使用的信息元素数字化。具体说来，文字内容需要录入制成所需格式的文稿文件；图片内容需要使用扫描仪或数码相机等设备转化成图片文件，然后保存为所需格式的图片文件；声像内容则需要使用数字化录音设备和视频采集设备录制成所需的声音文件和数字化视频文件。当然，上述信息数字化工作仅仅是素材加工的一部分。素材加工还包括对素材进行剪辑、排版。对于传统印刷出版物来说，编辑所能接触到的编辑元素只有文字和图形，编辑也不参加实际排版活动，编辑意图几乎完全是在文字编辑状态中通过编辑符号来表达的。偶尔有一些图片编辑工作，通常都在版面编辑模式中留空后贴，编辑并不对图片做技术加工[3]。但是在媒介融合环境中，编辑的素材加工工作变得更加复杂了，通常还要参加剪辑和排版活动。

（3）成品制作。融媒产品不是以往的不同媒介之间的合作和联动报道，而是根据不同媒介的需要，将同一内容的素材制成不同的媒介产品。假如采集的第一批素材是简单的文字、录音和图片，编辑就可以制作成用于报纸传播的简讯和图片，或制作成用于广播的口播新闻；假如紧接着采集到的素材包含视频，编辑就可以制作成能够比较完整地表现事件现场的电视节目；假如最后采集到的素材是比较全面的文字、图片和声像，编辑就可以制作成能通过任何媒介传播的既有更多文字信息又有相关背景资料介绍的深度报道；假如这则新闻事件具有流传后世的价值，则可以将有关素材资料加以整理，结集出版图书或电子音像出版物。

（4）成品审定。对成品从内容与效果方面进行审查，是保证融媒产品质量的关键措施之一。审定任务通常由总策划人与各个媒介的编辑共同完成，而子任务项目成品可由有关编辑来审定。与传统媒介的成品审定一样，审定首先应对内容上是否符合规范进行审查，如是否符合政治导向，是否遵守法律与道德规范等。此外，还要对不同媒介的成品效果进行严格把关。如果成品是多媒体电子出版物，应审查图像的质量（色彩、亮度、清晰度等），音频、视频和动画的效果；如果成品是手机报，应审查信息长度、语言风格等是否与手机报相契合。

3. 后期编辑流程

（1）多媒介发布。数字化技术为同一内容多媒介发布提供了技术基础。在这种背景下，融媒编辑就必须承担“一次内容生产，多种媒介发布”的任务。融媒编辑应按照《×××子任务书》，在指定的媒介上发布经过审定的成品。在这个阶段，融媒产品的播出与发行不应当是“马路警察——各管一段”，应实行媒介联动的发布模式，即各种媒介的编辑联合行动，共同做好发布宣传工作。如网络编辑可以在网站上发布本次策划内容有关的报刊摘要，甚至可以链接图书的精彩片段，以吸引更多受众的眼球；手机报编辑则可以利用即时性和互动性强的优势就本次策划的精彩内容进行广泛宣传。

（2）效果监控。媒介融合活动的出发点和归宿，是取得最佳信息传播效果。传统媒介之所以与新兴媒介融合，目的就是要改变传播效果衰减的状况。有研究者认为，传统媒介传播效果衰减的根本原因在于当代的技术变迁及其所引起的社会变迁[4]。利用现代技术，可以使各个媒介的传播效果达到理想境界。我们可以根据素材特点选择传播方式，达到最佳传播效果，利用多媒体的呈现方式来扩大传播效果。媒介融合以后，编辑完全可以凭借自身力量开展受众调查，利用网络和手机等新媒介即时性和互动性强的优势，随时监控并掌握传播效果，不断改进工作以实现传播效果的最大化。即使通过传统媒介发布内容，也可以通过融媒自办的网站和短信平台针对本次策划内容的传播效果开展调查。通过传播效果调查，及时收集受众反馈信息，有助于总结本次策划过程中的经验教训，为以后的编辑工作提供借鉴。

二、融媒编辑流程的变化对编辑能力的要求

1. 提高报道策划能力

随着媒介之间的融合和编辑流程的变革，媒介对编辑人员的报道策划能力提出了更高的要求。编辑接受一项任务以后，需要对传播内容进行筹划、组织报道，寻求多媒介传播效果的最大化。在媒介融合的环境中，编辑不仅要针对某一报道制订《报道策划书》，而且还需要分解任务制作《子任务书》。因此，编辑需要具备非同一般的多媒体策划理念和能力，这样才能使成品的社会效益和经济效益远远超出单一媒介的成品。编辑设计《报道策划书》时，首先必须考虑报道在多媒体上运作的可能性，要具有综合策划的能力。如策划图书的选题时，要考虑将其转化成光盘等封装电子出版物以及 E-book 等数字化网络出版物，还可考虑制作成 Mp4，以及利用电讯系统发布、通过手机接收阅览的手机出版物。编辑人员要熟悉各类媒介的成品及其运作要求，具有策划和设计“一次内容生产，多种媒介发布”的能力。

2. 增强素材控制能力

数字时代的素材采集与加工难度加大了。由于素材资源的分布面更广更宽，素材数量大为增多而传播价值则参差不齐，

加上多种媒介的产品对素材资源都有着各自不同的要求，因此要求编辑必须有很强的素材资源控制能力。在融媒工作平台上，编辑面对的素材可能有媒介记者采集的稿件，有作者投稿发来的电子邮件，有网民通过网络发来的信息，有受众通过短信平台发来的短信，有公众打来的电话，等等。因而，编辑处于这种多渠道信源的环境中就必须具备超凡的素材资源控制能力。这种能力包括：素材资源开发能力，即善于从海量的素材资源中选取有价值的资源进行有效开发，将其转化成受消费者欢迎的媒介产品；素材资源质量把关能力，即能对素材质量进行准确鉴别，以确保拟开发成品的质量；素材资源有效转化能力，即能组织有关人员将素材资源按照各类媒介发布的要求加工成适宜各种媒介传播的作品。

3. 努力实现一专多能

在媒介融合情况下，传统媒介从业人员与新兴媒介从业人员的界限将会被突破，编辑或者记者的身份将会被淡化，因为融媒从业人员将同时具备多项职能，扮演多种角色。但是，一个人的能力和精力毕竟是有限的，“术业有专攻”，这就要求编辑人员一专多能——在精通一种媒介的编辑技能的基础上，成为“全能型”复合融媒人才。因为只有一专多能的编辑齐心协力、共同合作，才能完成融媒的报道任务。例如，从事报纸文字报道的编辑也可以编辑为电视新闻播音员提供的稿件，从事网络网页制作的人员也可以为报纸编辑提供三维图像，从事网站视频工作的人员也可以为电视台提供视频报道等。未来的融媒编辑应当是既能编辑文字报道，又能编辑网络、视频、广播等多种传播形式的报道。编辑工作的大融合，离不开对信息化技术、网络平台、多媒体转换等现代化技术的应用和依赖，为此要求编辑人员必须具有与此相关的各种能力。这些能力包括：

信息检索能力，熟练地利用各种搜索引擎查找到策划及编辑加工所需的资料；计算机操作能力，能利用计算机处理素材，并加工成媒介传播所需的成品；多媒介转换能力，能将一种媒介的成品熟练地转换成另一种媒介所需的文件格式，为另一种媒介的产品生产创造条件。总之，融媒编辑应尽力成为一专多能的复合型人才。

注释

[1] 高钢. 媒体融合：追求信息传播理想境界的过程. 国际新闻界，2007（3）：55.

[2] 王荣. 报纸记者带着摄像机采访——英美报业数字化转型战略的启示. 军事记者，2007（10）：51.

[3] 张天定，郭奇. 编辑出版学. 开封：河南大学出版社，2003：301.

[4] 谢俊贵. 传统媒介传播效果衰减成因探析——基于信息社会学的视角. 湖南师范大学社会科学学报，2008（4）：86.

（原载《中国编辑》2009年第4期）

编辑信念及其培养

张 冰 张楚民

心理学意义上的信念，是指激励、支持人们行为的那些自己深信无疑的有关理论观点、思想见解和准则，是被意识到的个性倾向。信念是由认知、情感和意志构成的融合体。信念不单纯是认识，而且富有深刻的情感体验，使人迸发出坚强的毅力。也就是说，只有当思想、理想、准则与主体的经验、认知、情感发生共鸣并为主体确认和坚信，进而内化为主体的精神时，才可称其为信念。因此，信念一旦确立，就会给人的心理和行为以深远的影响，决定着个体成长与发展的方向、速度和效果；同时，某种信念一旦动摇或瓦解，人们的精神支柱就会开始崩溃[1]。

由此可认为编辑信念是：编辑主体在编辑理论的认识和编辑实践活动过程中，有意或无意地通过自身的内心体验形成的思想、观点和见解，是编辑主体对编辑事业、编辑理论的确认和坚信。它是编辑主体在编辑实践活动中的精神支柱，直接影响着编辑主体的知觉、判断，进而影响其编辑行为和发展方向。所以，借用苏联杰出教育家苏霍姆林斯基的话“教师信念——这是学校最宝贵的东西”[2]，我们可以说，编辑信念是期刊中最宝贵的东西。但目前，期刊界对编辑信念的研究几乎没有，本文拟对编辑信念在编辑活动中的作用及其培养做些探索。

一、编辑信念在编辑活动中的重要性

1. 编辑信念是期刊发展的灵魂

期刊存在的目的是为了向大众传播先进文化。而编辑活动是编辑主体通过鉴别论文成果的优劣、价值的高低，有选择地给予加工，使其更为完美，最后使这些成果实现其社会价值[3]。所以，编辑是一种有目的、有计划的活动，这就需要编辑主体有深思熟虑的科学的编辑信念作为指导。编辑主体是编辑活动的主体，他们有无编辑信念，有何种编辑信念，直接影响着编辑主体的知觉、判断，从而决定了其价值判断与价值选择，直接左右着期刊要向大众传播什么样的思想信念与文化。从这一意义上说，编辑主体的编辑信念是期刊全部工作的活的灵魂。

2. 编辑信念是编辑主体的精神支柱

编辑信念也是编辑主体在编辑活动中的精神支柱与精神皈依，它为编辑主体提供了一个精神家园和意义世界。期刊编辑工作是繁杂而琐碎的，每篇论文的发表都凝聚着编辑主体无数的心血，但其付出与得到是不成比例的，“为他人作嫁衣裳”“无名英雄”等称谓真实反映了其社会地位的尴尬，因此，编辑主体要长期坚守编辑工作岗位实非易事。而编辑信念一旦确定，不但能促使编辑主体在编辑实践活动中目标明确，意志坚定，情感专一，积极克服不利因素的干扰，不断强化从事这一活动的自觉性；而且使编辑主体能够超越现实，寻求理性背后更为广阔、丰富和人本化的精神寄托与意义世界，为编辑主体持续长久地从事编辑实践活动，提供一个强大的精神支柱。这点在当今市场经济环境中显得尤其重要。

3. 编辑信念决定着编辑主体的编辑行为

人的行为常受内隐和外显两类因素的制约。内隐因素主要包括人的需要、兴趣、理想、信念、世界观等，外显因素主要包括环境、条件、情境、关系等。编辑主体稳定性的行为主要受内隐因素的影响，而即时性的行为则更多地受外显因素的制约，但最终人的行为仍受内隐因素的支配。也就是说，编辑主体的编辑行为可以看成是他所信奉的编辑信念的一种投射。实践也表明，编辑信念一经确定难以改变，从而形成编辑主体所特有的道德人格和职业信念。只有这种道德人格的魅力、职业信念的坚定才是实现有效编辑活动的最重要的力量所在。由此可见，编辑信念是编辑主体行动的指南和行为的内在动力，是编辑主体个性倾向性系统中高层次需要的表现形态。由于人的活动行为的动力系统是多层次的、极其复杂的，由编辑信念所引起主体的行动往往抑制了低层次的表现形式。例如，与少数的编辑主体忙于兼职赚钱、跳槽改行、无作为不同的是，许多编辑主体耐得住寂寞，不为金钱利欲所诱惑，不为“俗”事“尘”事所羁绊，放弃某种物质需要而毅然“咬定青山”，把自己的生命无怨无悔地献给编辑事业。显然，这些编辑主体正是由于有了崇高的编辑信念，宁愿牺牲自己的一些低层次需要，故而做出对编辑行为的正确选择和决定。

4. 编辑信念是编辑主体自我发展的原动力

编辑主体拥有坚定的编辑信念，对编辑主体的自我发展有积极的作用，是编辑主体自觉、主动提高自我素质的原动力。现在是知识爆炸时代，科技的迅猛发展使扮演知识传播者角色的期刊编辑主体遭受空前巨大的压力，这要求编辑主体要主动学习，积极钻研，不断提高自己的专业知识与编辑业务水平，才能满足现代期刊发展的要求。编辑主体如果没有坚定的编辑信念，在面对编辑工作中出现的困难与挫折时，会更多强调困难与自身能力的不足，特别在当今市场经济环境下，更易左右摇摆，迷失方向，产生跳槽改行的想法，也不可能主动学习与钻研业务，从而使自身得不到发展，事业就不可能取得成功；而具有坚定编辑信念的编辑主体，对编辑职业的自觉认同度和情感依赖度高，职业承诺高，喜欢从事并把热情和精力投入到编辑工作中，把编辑事业作为持久的、稳定的职业，这样，编辑主体就会积极主动寻求职业的自我发展，建立终身学习的信念，并在这一信念指导下，不断主动学习新的编辑理论，并在编辑实践中不断探索，勇于创新，最终成为一名优秀的编辑工作者。因此，编辑信念可使编辑主体摆脱“为人作嫁衣裳”的困惑，使平凡工作得以升华和富有意义，使编辑工作者成为研究型、专家型编辑主体。

二、编辑信念的培养

编辑主体坚信编辑信念，不仅对编辑工作十分有益，而且对提高编辑主体素质具有积极的作用和良好的效果。为此，我们应该重视编辑主体的编辑信念的培养与完善。但因信念具有稳定性，一经确定难以改变，信念的改造是对自身深层次的变革，它不仅涉及认识的变革，还与情感密切联系，既触及理性层面又不能撇开非理性层面。这种变革无疑是困难的，却又是富有挑战性的，具有深远影响的。所以，信念的培养与完善过程是艰苦而漫长的。其主要途径有以下几种。

1. 自我反思

编辑主体对编辑行为的反思是培养编辑信念的重要途径。编辑主体的反思不但可以激活其编辑智慧[4]，同时也是其编辑专业能力发展和自我成长的核心因素[5]。但反思不能仅停留在编辑方法、编辑技艺层面，还要对编辑观念、编辑实践进行深入思考，对编辑经验进行重新构建，才能挖掘出编辑行为背后的编辑信念。编辑主体对自身编辑活动的反思应包括以下环节：（1）编辑主体通过阅读等方式从外界获取新信息，这是更新信念的外部推动力量；（2）编辑主体应追踪所编发论文的评价、影响，诸如被引频次、影响因子等，并撰写编辑日记、编后感想等，促使本身反省自己的编辑信念；（3）在自我反省的基础上，组织编辑部的编辑主体进行讨论，通过讨论受到新信息冲击，感受到看待同一问题的不同视角；（4）相互审读、校对文稿，也是促使信念更新的重要一环。在审读、校对过程中不要只关注技术层面，还要进一步挖掘编辑行为背后的深层信念。由此可见，编辑主体在反思自身编辑行为的过程中，不仅能意识到自身编辑信念的不合理之处，从而产生更新的欲望与动机，而且也切身体会到编辑信念对编辑实践的巨大影响，并不断检验、完善和丰富自己的编辑信念。

2. 培训

期刊界现在普遍较重视编辑技艺、专业知识的培训，但对深藏于编辑行为背后的编辑信念等深层次的东西鲜有触及。究其原因，一是由于功利思想。编辑技艺、专业知识的培训对提高期刊的编校质量见效较快，而编辑信念的培养是艰苦而漫长的，其作用也需要较长时间才能体现出来。二是由于编辑信念深藏于编辑行为背后，隐蔽性强，导致期刊界现在普遍还没有充分认识编辑信念对编辑主体及编辑工作的影响。为此，应重视编辑信念的培养、培训。期刊界可借鉴教师的校本培训[6]，对编辑部内的编辑主体们进行部门培训，主要的培训方法有：（1）针对期刊实际情况，开展专题学习，并带动编辑主体去主动学习；（2）请资深编辑或相关的专家来编辑部举办讲座，让编辑主体能接触到最新的、权威性的编辑理论，以不断提高自己的编辑理论水平；（3）组织编辑主体外出考察学习，学习其他期刊先进的编辑方法和编辑理念，取长补短，不断提高自己的编辑水平，完善自我的编辑信念。

3. 为新入行的编辑主体设立编辑导师[7]

让专家型的编辑主体作为新入行的编辑主体的编辑导师，为新编辑主体提供编辑心得、编辑经验、技术和心理上的支持，不仅能帮助新编辑主体迅速进入编辑工作状态，更重要的是通过老编辑主体的言传身教与榜样力量，使新编辑主体从一入行就树立坚定、正确的编辑信念。由于信念具有较强的稳定性，所以新编辑主体最初的编辑信念是否坚定，对其今后的职业发展将产生无可比拟的重大影响，将会影响他终身对编辑工作的态度与投入。

4. 创造良好的工作环境

编辑部要加强管理，改善办公环境，营造愉快、积极上进的工作氛围，形成和谐、团结、互助的人际关系，创造出良好的工作环境，才能增加编辑主体对编辑事业情感上的认同与依赖，提高其工作积极性，从而促进其编辑信念的形成与坚定，保证我国期刊事业的健康发展。

参考文献

[1] 俞国良，辛自强. 教师信念及其对教师培养的意义. 教育研究，2000 (5)：16-20.

[2] 索洛韦伊奇克. 苏霍姆林斯基论教育. 陈茵梅，译. 合肥：安徽大学苏联问题研究所，1984.

[3] 田潇鸿. 编辑修养浅淡. 编辑之友，2005 (8)：60.

[4] 杨华忠. 编辑反思的特征及方法. 编辑之友，2005 (4)：41-42.

[5] 高建民. 提高编辑职业效能的新思维. 中北大学学报：社会科学版，2006，22 (4)：97-100.

[6] 尹小敏. 校本培训与教师专业发展. 安徽教育学院学报，2007，25 (1)：

119-122.
[7] 王和平. 提高编辑职业效能感的几点建议. 编辑之友，2006（1）：44-45.

（原载《编辑之友》2009 年第 4 期）

应该重视培养新型校对人才

——有感于编校质量滑坡与校对价值重建

刘　影

校对是图书和报刊出版最重要的环节之一，有人甚至把校对称作“文章司命”。近些年出版物编校质量下滑特别严重，读者反应强烈，业界呼吁狠抓质量管理。其实，造成这一现象的深层原因是校对价值的丧失。如何从根源上重建校对职业尊严，议论者颇少，而高校专业教育的作用也尚未引起重视。

一、出版校对新趋势及人才培养

编辑出版领域长期存在“行业强，学科弱”的现象。出版产业实行编校分离以来，校对被认为是“字对字”的技术性工作，不构成一门学问。其实，仔细分析出版业未来趋向和校对知识的特性，高校专业教育有其独特的优势。

1. 编校质量大滑坡，呼唤校对价值重建

出版物编校质量大滑坡原因有三：一是主观上利润至上。市场经济时代，出版物质量不可避免受到利益机制严重冲击。二是客观上力不从心。随着我国文化市场的日益繁荣，编辑、校对的工作压力跟计划经济时代也不可同日而语。三是职业道德缺失。编辑、校对不以精编精校作为职业追求，校对工作得不到重视和尊重，校对人员的水平得不到提高。但是历史上每一次文字垃圾的增多，伴随而来的必定是校对价值的不断被重新认识和肯定、校对人员地位的提高、校雠学的东山再起。所以，我们不妨将当下视作重新审视校对价值的历史契机。

2. 出版产业新变化，需要新型校对人才

现代校对采取主体多元化（作者、编辑和校对员共同参与校对）和专业化（“三校一读”校对制度）相结合的制度，保证三个校对主体优势互补，最大限度地消灭差错。但是当前编辑大多忙于策划组稿和市场营销，对稿件质量的把关能力有所削弱，校对“三校一读”制度中的通读作用大大加强，通读的职责主要在“校是非”。而“人校与机校结合”的逐渐推广，已经使传统人工完成的“字对字”机械工作被校对软件取代，更使“校是非”取代“校异同”上升为校对的主要职能。出版产业的这些新变化，呼唤复合型知识结构的高水平校对人才。

3. 校对知识独特性，造就专业教育优势

编辑和校对的知识结构都有“杂家”的特性，面广不深。但是校对工作是在大面积的“同”中挑“异”，在大面积的“是”中挑“非”，这种猎错的特殊性决定了校对知识的掌握可以不经历由浅入深、由点及面的积累过程。例如，唐玄宗天宝三年至肃宗至德三年（744—758年），曾一度改“年”为“载”，这是非隋唐史专业的历史研究者未必知晓的专深知识，而校对员经历过这方面的误校后，不通过历史的专门学习就牢固地掌握了这个知识点。高校专业教育可以对校对典型案例进行搜集归纳，总结出语言文字、格式、知识点方面的系统校对知识。

二、校对专业教育的三个关键

业界培养校对人才的途径主要有两个：一是校对人员靠日积月累地校稿提高水平。优势是实践性、应用性强，缺点是知识零散、重复率高。二是组织校对短期培训班。特点是知识比较系统、有针对性，但不够全面，挂一漏万。高校专业教育理论上能够扬其长避其短，但在实践教学中关键要做到以下三个方面。

1. 教学方法采取校对查错的反向思维

出版物的错误包罗万象，常见的有文字、词语、语法、逻辑、标点符号、数字、度量单位、版面格式、事实性错误、知识性错误、政治性错误等。如果不能掌握校对“查错”的特性，从反向思维的角度归纳总结出全面系统的知识，专业教育的优势也无从体现。

例如，针对语言文字方面的校对知识，校对课程应该跟语文课程是完全相反的。拿词语部分来说，校对要求重点掌握的是出版物中常见的词语的误用（意思弄错、忽视限定性、生造词、文白夹杂等）、成语的误用（褒贬不分、滥造瞎拆等）以及书报刊中不规范的词语（如方言词、港台词、外来词、网络词汇、缩略语、已淘汰的政治经济类名词）等，用不着从实词、虚词等基础知识讲起。同样的方法适用于讲解文字错误、语法错误和标点符号的误用等。这样学习者能迅速进入校对者“查错”的角色，既克服了重复学习的轻视和厌倦心态，又全面重点地掌握了相关校对知识。

2. 教学重点放在知识点错误的鉴别上

传统校对人员比较注重语言文字的培训，因为校对“对原稿负责”，一定程度上是“字对字”的工作。但是如今校对软件在这方面查检功能强大。另据统计，报刊差错 60%以上是常识性和专业知识类差错。所以培养知识型校对人员是将来发展的必然趋势。

知识点错误的形成原因很多。有属于排印失误的，如《亚眠条约》误为《豆眼条约》；有属于编辑无知妄改的，如地质学名词“延深”改为“延伸”，“地盾”改为“地质”。经过校对专业训练，掌握出版物出错规律，遇疑勤查，这两类问题不难解决。我们最常遇见的是作者、编辑知识匮乏造成的错误，通过反向查错也难以归纳穷尽。这部分的重点教学，主观上可以使学生认识到校对是一门大学问，对编校人员的知识素养要求很高，增强对校对工作的自尊感和职业自豪感。大学生的知识起点较高，如果再辅以基础导读书目阅读、日常书报刊查错等手段，客观上也可以迅速扩大他们的知识积累。

3. 教学效果取决于案例的选择和总结

首先，案例越新鲜典型，学生的动手实践能力越强。目前校对教材案例陈旧的现象比较突出，比如语法差错大量不是来自出版物实践，而是照搬语法教辅的简单病句。即便是2007年出版的某教材附“媒体常误语句81例”，还是摘自1991年版的《报刊病句四百例析》，主要例证基本是20世纪80年代的，显然跟不上业界的发展。

其次，案例总结得越全面，学生的查错意识越强。比如有关国家主权和领土问题，最常见的政治性错误是将港、澳、台地区与其他国家并列，但事实上出版物中还存在大量的此类隐性问题。比如，对1949年后的台湾历史采用“民国纪年”；照搬“台湾总统府”“中央研究院”“国立台湾大学”等词，不做处理；称香港人为“香港公民”，称台湾为“一介岛国”；游记将内地一章名为“神州揽胜”，港澳单列“港澳一瞥”；法律图书屡屡将我国法律与台湾法律对照；地图上，对台北、香港使用首都标志；等等。

三、校对学的建立与理论探索

高等教育在探索培养知识型校对人才的过程中，更重要的任务是不断完善校对学科的理论体系。只有这样才能提高出版界对校对工作的认识，形成重视校对工作、尊重校对人才的良好出版环境。进一步通过理论指导校对实践，提高校对工作的质量，努力实现提供优质出版物的终极目标。

1. 借鉴古代校雠学的理论成果

校雠学能够成为古代一流大学者纷纷从事的高级学问，是因为历代校雠学者在校书实践中，注重总结校雠的基本内容（讹误）、基本方法（对校、本校、他校、理校）、基本功能（校异同、校是非），使之成为独立于文字学、版本学等的有理论体系的学科。现代校对的内容性质、基本方法、基本功能与古代校雠完全相同，但是我们还缺乏将校雠学理论成果应用于现代出版物的系统研究。当代著述过于强调校对与校雠的现代差异，将校雠、校勘简单视为“校对前史”，忽视它们更深的内在联系，这恰恰是造成今天校对缺乏理论基础，被看作“技术性工作”的根本原因。

2. 总结现代校对的实践经验

业界每年新出版的书报刊数量庞大，出版过程中产生的校对典型例句可以说不计其数，却基本上没有得到专门整理；与此同时，高校教学案例陈旧、与实践脱节是目前存在的通病。高校与业界可以进行广泛合作，实现资源共享。一方面，继承校勘学的优秀传统，总结现代校对的实践经验，用理论来指导实践，这恰恰是出版界无心无力完成的，而高校和研究机构在这一方面则占有优势；另一方面，这个成果还可以应用于出版机构职业培训，将专业教育与岗位培训结合起来，为校对人才教育开辟广阔的前景。

3. 探索校对学的理论体系

著名校对学研究者周奇在《现代校对学概论》一书中首先

提出“现代校对学”的概念，但其理论体系尚有待建立。制约现代校对学发展完善的“瓶颈”：一是现代校对著述的理论部分主要是介绍出版机构的校对实务（制度和技术），尚未摆脱行业附庸的地位；二是校对案例既陈旧又不够丰富，无法成为构建校对学理论体系的坚实基础。目前我们还只是在局部理论探索上取得了一些突破，像《现代校对学概论》对校对活动心理的系统研究，《当代校对实用教程》对校对活动领域的扩大研究等。“借鉴古代校雠学的理论成果，总结现代校对的实践经验，探索现代校对学的理论体系，是当代校对工作者不可推卸的责任。”

相比出版产业的悠久历史，编辑出版教育还处在起步和发展阶段，这二十多年的发展，不应该始终停留在专业学科建设和课程设置的理论源头探讨上。校对的教育实践表明，高等专业教育是有希望培养出适应乃至推动中国出版产业发展的创新型复合人才的。

参考文献

[1] 周奇. 现代校对学概论. 苏州：苏州大学出版社，2005.
[2] 周麟. 出版校对培训教程. 北京：商务印书馆，2005.
[3] 黎洪波，等. 图书编辑校对实用手册（修订版）. 桂林：广西师范大学出版社，2006.
[4] 王育济，周晓瑜. 当代校对学实用教程. 北京：中国书籍出版社，2007.
[5] 周奇，等. 现代新闻出版编校实用手册. 苏州：苏州大学出版社，2008.
[6] 魏志刚，李边. 建立复合型校对人才体系的构想. 新闻前哨，2005（6）.

（原载《编辑学刊》2009 年第 3 期）

中国编辑出版学本科教育现状研究

李建伟

20世纪80年代，编辑学研究热潮在国内兴起，一些高等院校开始设置编辑出版学专业，招收编辑出版学本科生和研究生。经过近30年的发展，我国的编辑出版学教育形成了较大规模。随着时代的发展，出版工作涉及的范围越来越宽，面临的情况越来越复杂，更多的现代复合型人才和高层次人才的需求要求编辑出版学教育在培养人才上必须有所体现。因此，对编辑出版教育的现状进行一次全面的调查分析，是目前现实提出的要求。本文以问卷调查、数据收集等方法对目前的编辑出版学本科教育进行了实际情况分析，以期对我国编辑出版学教育的发展提供借鉴。

一、我国编辑出版学本科教育基本情况调查

1. 设置编辑出版学专业院校数量及地域分布

通过网络检索，统计出我国目前设置编辑出版学专业和开设编辑出版学课程的高校216所，涵盖国内大部分省、自治区、直辖市。其中以广东、北京、湖南、吉林、上海等地较为集中。此外，教育部批准青海师范大学在2007年招收编辑出版学本科生，结束了青海省没有高校开设编辑出版学的历史。值得注意的是，部分民办高校也开设了编辑出版学专业，如浙江万里学院、西安欧亚学院，虽然只占总数的很小一部分，但也反映出

编辑出版学专业的社会需求。

2. 设置该专业所属院校类型及招生情况

根据网络检索和问卷调查的相关信息，27 所高校占我国开设编辑出版学专业本科教育高等院校的 40%。武汉大学 1983 年即招收了我国第一届编辑出版学专业本科生。但在 20 世纪 80 年代，编辑出版学教育在我国并没有得到快速发展。到 20 世纪 90 年代，我国的编辑出版学本科教育才逐渐形成规模。进入 21 世纪，招收编辑出版学专业本科生的院校增多，我国编辑出版学教育形成了较大的规模。27 所院校中，有 7 所院校在 1998 年以前开始招生，占 26%；有 20 所院校在 1998 年以后开始招收本科生，占 74%。这 27 所高等院校已经为社会培养了数千名编辑出版人才。

3. 专业培养方向情况分析

通过对 20 份问卷进行统计，以及登录部分院校的网站，查阅其专业相关信息，发现我国编辑出版学专业的培养目标主要是图书报刊编辑，其次是网络编辑和电子编辑，再次是出版发行，还有就是出版管理和出版文化方面。专业培养中一个新的动向，就是随着电子媒介的盛行，网络编辑和电子编辑成为诸多高校的培养对象。

二、编辑出版学专业本科教育师资队伍情况

我们选取了华中科技大学、武汉理工大学、广西民族大学、河南大学等 20 所院校作为取样单位，对国内编辑出版学专业师资进行了分析。

1. 部分编辑出版学专业本科教育师资年龄结构情况

这 20 所高校，共有 188 名专业教师。从师资年龄结构来看，其中 55 岁以上的教师占 9%，45～54 岁的教师占 22%，35～44

岁的教师占29%，35岁以下的教师占40%。由此看出，编辑出版学专业教师以中青年教师为主，特别是35岁以下的青年教师居多（见表1）。

表1 部分编辑出版学专业院校师资年龄结构

年龄段	55岁以上	45～54岁	35～44岁	35岁以下
人数	16	42	55	75
所占比例	9%	22%	29%	40%

2. 我国编辑出版学专业师资职称结构情况

从专业教师的职称构成来看，在188名专业教师中，教授占29%，副教授占25%，讲师占31%，助教占16%。讲师和教授职称的教师较多，这与编辑出版学专业教师以中青年居多有关。在专业教师中，硕士研究生导师占32%，博士研究生导师占5%（见表2）。

表2 我国部分编辑出版学专业院校师资职称结构

职称	教授	副教授	讲师	助教	硕士生导师	博士生导师
人数	54	47	58	30	61	9
所占比例	29%	25%	31%	16%	32%	5%

3. 师资学历及专业背景情况

编辑出版学专业教师的学历以硕士、博士为主。其中硕士占55%，博士占21%，本科占23%。其中有编辑出版实际工作经验的占27%。

4. 编辑出版学本科教育课程设置

课程设置是编辑出版学专业的重要内容。每个学校的课程设置均不相同。这里我们选取了北京大学、中国人民大学、北京印刷学院、南京师范大学、上海师范大学、广东海洋大学、西北政法大学、南京大学、南开大学、河南大学等10所院校，对其编辑出版学专业的专业必修课进行分析。分析结果是，我国编辑出版学专业课程设置主要由专业基础理论课程和实践课程组成。基础课程主要依托文学专业，可见培养具有深厚学养的编辑人才已成为本学科本科教育的共识。

三、编辑出版学本科教材使用情况

调查发现，大部分学校使用的编辑出版学教材由两部分组成，一部分是使用出版社的统一教材，一部分使用自编教材。使用的统一教材以辽海出版社出版的为主，其他还有苏州大学出版社、复旦大学出版社、人民大学出版社的教材。自编教材比较多，如昆明理工大学的《编辑学概论》，以大编辑出版涵盖纸媒介、数字媒介等；此外还有华中科技大学的《网络编辑》，北京印刷学院的《出版学》《编辑学》，上海理工大学的《期刊策划与经营》等。

辽海出版社的编辑出版学教材是国家教委“八五”规划教材，新闻出版署专业系列教材重点项目。在20世纪80年代末期，随着我国出版事业的繁荣和发展，编辑出版人才的培养和队伍建设日益显示其重要性和紧迫性。特别是高校设置编辑出版专业以来，不仅对编辑、出版学科的建设提出了更高的要求，而且办学过程中迫切需要有一批系统、全面、准确地总结和反映我国编辑出版工作规律，具有完整的学科体系和自己特色的教材。为了克服教材的脱节和滞后现象，使教材工作能同编辑出版专业建设同步发展，经新闻出版总署批准，于1989年5月成立了编辑出版类高等教材规划座谈会，制订了《关于编辑出版专业高等教材编写出版规划初步方案》。在这次会议后，相应成立了编辑和出版两个专业教材编审委员会。

该教材的编写是结合当时有关高等学校设置的编辑出版专业所确定的培养目标、教学计划和课程设置，努力做到既有科学性，又有适教性，经过广泛调研、酝酿之后，确定了18门专业课的选题。其中编辑学方面的教材8本，即《书籍编辑学概论》《科技书籍编辑学教程》《中国编辑出版史》《期刊编辑学概论》《社科中文工具书使用》《科技工具书及其使用》《编辑实用语文》《编辑应用写作》。出版管理方面的教材10本，即《出版学概论》《出版社的经营管理》《出版法概论》《著作权法概论》《校对业务教程》《图书发行教程》《计算机在出版工作中的应用》《书籍装帧设计教程》《外国出版概况》《印刷基础及管理》。编辑学教材是按照当时大学本科的办学层次所必需的专业性课程编写的，出版学则是从当时多数出版单位岗位设置的现实情况出发，按大专办学层次编写的。1994年，这套编辑出版学教材陆续出版使用。进入21世纪，辽海出版社对编辑出版学教材进行了修订，除了原有的18种教材以外，还结合形势变化，出版了《网络出版及其经营管理》。

中国人民大学出版社的“21世纪新闻传播学系列教材”中，有《新闻编辑学》《报纸编辑学教程》《西方报纸编辑学》等编辑学教材，是高等院校使用较多的。中国人民大学出版社的“新闻传播学英文原版教材系列”，出版有《西方出版概况》《当代新闻编辑》等编辑出版专业英文原版教材。苏州大学出版社的“现代出版学丛书”，有《中国编辑出版史》《现代印刷技术概论》《现代出版产业发展论》《现代图书编辑学概论》《现代图书营销》《现代出版学》。复旦大学出版社出版的编辑专业教材主要有《中国编辑史》《当代新闻编辑》等。

河南大学作为全国最早开设编辑出版学专业的高校之一，

十分重视编辑出版学的教材建设。自20世纪80年代起，河南大学出版社开始出版“编辑出版学丛书”。该套丛书是一个开放的体系，20多年来不断有新书出版。2006年，为纪念河南大学编辑出版学专业创办20周年，河南大学出版社组织作者对“编辑出版学丛书”进行了修订，和一些新编写的教材一起推出，该系列共15本，即《编辑学通论》《编辑社会学》《影视编辑学》《编辑家茅盾评传》《中国古代编辑家评传》《中国近代编辑家评传》《中国近代版权史》《中国期刊发展史》《图书出版学》《编辑心理论》《图书评论学概论》《版权贸易基础》《数字编辑技术》《出版传播策划学概论》《网络编辑学》。此外，河南大学出版社出版的《编辑出版学》也被国内部分高校作为教材。

四、我国编辑出版学本科教育存在的问题及对策

从调查情况来看，我国编辑出版学本科教育情况有以下方面。

1. 我国编辑出版学本科教育随着社会的发展，已呈现基本适应出版业繁荣的需要

（1）1998年，教育部颁布《普通高等教育本科专业目录》，将编辑学和出版学整合为编辑出版学，作为二级学科，被列在新闻与传播学一级学科之下，对于编辑出版学专业的发展有重要意义和重大促进作用。1998年以后，原先开办了编辑专业、出版管理专业、印刷专业、图书发行专业的学校纷纷按照教育部公布的目录统一定位为编辑出版学专业，如1999年武汉大学进行大规模的院系调整，编辑学专业与出版发行学专业合并，改称编辑出版学专业。此后很多高校如安徽大学、湖南师范大学等纷纷开设编辑出版学专业。我国编辑出版学本科教育飞速发展，已经形成了较大规模。

（2）从开设编辑出版学专业的院校类型来说，综合性院校

和师范类院校居多，而一些专门性院校如政法、财经等较少。对编辑出版学专业来说，有些专业的基础会更有利于就业。有些出版社急需科技、经济、法律等专业性较强的编辑，而有些以编辑出版中小学教学辅导用书为主的教育类出版社，在招聘人才时，就优先考虑汉语言文学、数学、物理、化学等专业的学生，因为这些学生具有较高的专业水平，其专业知识能够完成本学科教学辅导用书的选题策划、编辑等工作，而编辑出版学专业的学生则因缺乏学科专业知识而被拒之门外。有些专业性的院校，在课程设置上就体现出很强的专业特点，如西北政法大学的课程设置中有民法学、刑法学、知识产权法、经济法、商法、行政法、诉讼法（包括民事、刑事、行政诉讼）等专业法律课程，这就为编辑出版专业学生打下了良好的法律基础，能够满足社会对复合型人才的需求。因此有编辑出版学专业的综合性院校，可以充分利用师资力量，开设第二学位课程，鼓励编辑出版学专业学生选修其他专业的第二学位，吸引其他专业学生选修编辑出版学专业，以解决培养复合型编辑出版专业人才的问题。

2. 存在问题

（1）我国的编辑出版学是在胡乔木的提倡下发展起来的，是为了适应 20 世纪 80 年代我国出版事业的飞速发展而创办的。所以我国的编辑出版学专业在包办之初，普遍以图书报刊编辑作为人才培养方向和目标。但是从就业情况和社会环境的变化情况来看，原来的培养方向已经不能适应社会需求。加之我国图书出版业长期以来是事业单位，由于各种原因，吸纳编辑出版学专业毕业生有限。因此编辑出版学专业毕业生就业呈现出多样化趋势。人才问题一直是制约我国出版业发展的瓶颈。长期以来，我国出版业迫切需要的图书选题策划、出版物发行、出版经营管理、版权管理、国际版权贸易等复合型高层次专业人才的培养没有专门的通道，因而出版业人才数量不足，层次不高，知识结构严重不合理的问题十分突出。

（2）教材建设问题较严重，使用的教材严重滞后。辽海出版社的教材是目前高等院校广泛使用的主要教材之一，其编写出版于20世纪90年代，与现实严重脱节。因此，教材建设应该引起学界重视。我国编辑出版学专业教材建设要尽快编辑出版一批贴近时代、实用、科学、统一的教材。具体措施是：①要根据产业发展要求确定教材内容设计和范围领域，重视教材理论应用于实践的要求，增多对不同观点和理论的介绍和评价；②树立“大出版观”，将讲授内容由图书出版编辑向多元媒体编辑出版转变；③增加有助于提高专业人才文化素质的教材编写；④教材编写应该统一有序，各校及出版社之间要加强合作，避免重复，提高质量；⑤教材设计应该提高科技含量，便于辅助现代化教学。

3. 对策

面对上述情况，我们认为，国内的编辑出版学本科教育应在以下几方面进行一些思考，制订对策。一是编辑出版学专业教育应该对培养方向和目标进行调整，按照“大出版”的理念，宽口径地培养编辑出版专业人才，以适应新形势的变化；二是加强学科建设，促进学术水平与教育质量的提高，使产、学、研能够真正形成一条龙，形成良性的互动格局；三是建立一支高水平的专业师资队伍；四是形成一定的激励机制，保证编辑出版专业教育与出版专业资格考试相辅相成，相互促进。总之，只有全社会共同努力，我国编辑出版学本科教育才能在新的历史条件下，取得更高的成绩。

（原载《编辑之友》2009年第1期）

论将编辑出版学列入《授予博士、硕士学位和培养研究生专业目录》的必要性和迫切性

李文邦

自1998年至今，经过10年的时间，我国编辑出版研究生教育得到蓬勃发展。据不完全统计，到2007年3月为止，全国已有35所高校共38个办学点招收该专业研究生[1]，我国编辑出版研究生教育已粗具规模。10年来，我国编辑出版研究生教育为社会输送了大量的人才，为我国出版业的繁荣和发展做出了重要的贡献。

无论从规模上看还是从效益上分析，我国编辑出版研究生教育都取得了不小的进步和显著的成绩。但是在形势喜人的现象背后，也存在着内在危机和不足之处。其中的首要问题是现在学科定位不明确，《授予博士、硕士学位和培养研究生专业目录》没有列入编辑出版学，而这一问题已经成为影响我国编辑出版研究生教育健康发展的瓶颈。

一、基于对我国编辑出版专业研究生教育的学科归类分析

目前，《授予博士、硕士学位和培养研究生专业目录》中在文学门类（编号05）下设有新闻传播学（编号0503）等4个一级学科，在新闻传播学下设有两个二级学科——新闻学（编号050301）、传播学（编号050302），没有列入编辑出版学。虽然国家新闻出版总署以及宋木文、刘杲等老一辈出版领导者不断

向国家呼吁，同时各相关高校也一直在不断努力，要求将编辑出版学列入国务院颁布的《授予博士、硕士学位和培养研究生专业目录》之中，但这一问题至今没有得到解决。由于《授予博士、硕士学位和培养研究生专业目录》中没有编辑出版学，各高校只能根据自己的实际情况，在相关专业下培养编辑出版学方向的研究生。这种在相关专业下培养研究生的方式，导致目前编辑出版专业的学科归属非常混乱。例如，北京印刷学院和湖南师范大学招收的编辑出版专业研究生，研究方向为编辑、出版、发行，学生毕业后授予的学位是传播学硕士学位；武汉大学招收的编辑出版专业研究生研究方向也是编辑、出版、发行，但授予的学位却是管理学博士、硕士学位。

肖东发、杨琳统计分析了截至 2005 年 7 月我国培养编辑出版专业研究生的 31 个办学点，在这 31 个办学点中，54.8％的办学点专业名称为传播学（17 个），12.9％的办学点专业名称为新闻学（4 个），9.7％的办学点专业名称为图书馆学（3 个），6.5％的办学点专业名称为新闻传播学（2 个），3.2％的办学点专业名称分别为编辑出版学（1 个）、出版发行学（1 个）、纸浆造纸工程（1 个）、古典文献学（1 个）、文学与传播（1 个）。北京大学、武汉大学、南开大学、南京师范大学 4 家单位的编辑出版学专业办学点分设在同一学校的不同院系，存在课程设置重复、教学资源浪费的问题[2]。

笔者统计了我国目前 35 所高校（38 个专业方向）培养编辑出版专业研究生的办学点，其学科归类和目前办学特征如下：(1) 本专业办学点在不同的高校设置在不同的院系，共有 20 个，极为分散，较多的名称是新闻与传播学院（7 个）和文学院（5 个），分别占 20％与 14.3％。(2) 本专业的二级学科归属，绝大部分高校将本专业归属于传播学，达 26 个，占 74.3％；其次是新闻学和图书馆学（一级学科），分别是 6 个和 2 个，分占 17.1%和 5.7%。（3）全国 35 所办学高校共有专业设置 38 个，专业名称共 16 个，专业名称中以“编辑出版”为最多（达 19 个，占 50%），其余高校的专业名称各不相同。

二、基于对编辑学、出版学、传播学的辩证关系探讨

1. 编辑学和出版学的关系

自从编辑学与出版学建立以来，围绕这两门学科的关系问题，产生了不同的观点和主张，主要有以下四种：一是编辑学等于出版学，是一门学科的两个名称；二是编辑学隶属于出版学，是出版学的一个分支；三是出版学隶属于编辑学，是编辑学的一个分支；四是编辑学和出版学没有相互隶属关系，谁也不能包含谁，它们是两门既有联系又有区别的彼此独立的学科。

在以上列举的不同观点中，有的只是一两个人的看法，而且由于论证过程理由不够充分，难以形成独立的流派，所以随着理论和实践的不断发展，有的看法逐渐失去了存在的市场和价值。在这些观点纷争之中，最后形成了两种比较具有代表性的典型的流派：一派以刘光裕、王华良等为代表，坚持认为有出版才有编辑，在出版产生以前没有编辑活动。王波、王锦贵紧随其后，并明确提出编辑学是出版学的分支。另一派以王振铎、邵益文、姚福申为代表，他们认为人类在其社会文化传播交流中，普遍地存在编辑活动，在近现代出版业产生以前就已有编辑活动，此外，出版活动以外仍大量存在着编辑活动，因而出版学无法包含编辑学，它们是两门有着紧密联系，但又相对独立的学科。

作为学科研究，编辑学与出版学应该各有侧重，但在实践活动中应该紧密配合。研究之则分，应用之则合，或者说，可

以分别进行科学研究，综合进行实务应用。编辑学和出版学虽有着千丝万缕、不可分割的联系，但作为专业学科却是彼此独立的，谁也不包含谁，谁也不隶属谁[3]。

杜立民认为，编辑学与出版学相互独立，但不相互排斥，两者有交叉。编辑学中各种编辑活动规律只有一部分对出版有用，而出版学中的三部曲，即编、印、发，编只是其中一部分。所以两者的关系是并立的，但有一部分是交叉的。因此，所谓编辑学是出版学的分支或出版学是编辑学的研究对象的说法，都是不确切的，并陈述了主要理由。第一，编辑学与出版学粘连而后分裂的根由：出版学中需要编辑这一主要环节，没有编辑，出版就无法进行下去；而编辑也需要出版物作为它的具体表现形式。第二，相互独立又允许交叉才能使编辑学与出版学协同发展：相互独立并不等于完全分裂，而是在研究方法上的独立、研究对象上的交叉。一个问题可以用多种方法解决，这也是现代知识体系的模式。恰恰是它们的相互交叉关系，才使编辑学在研究编辑时也研究了出版，出版学在研究出版时也研究了编辑，使其在知识体系上形成一个网络型结构，以推进编辑学与出版学的协同发展[4]。

笔者认为编辑学和出版学是相互联系、相互交叉、相互依存而又相互独立的两个学科。编辑和出版的历史、现状已经证明了这一点，随着科技的发展和进步，新媒介的不断出现，在未来，笔者相信，这个观点依然成立。

2. 编辑学、出版学、传播学的关系

传播学中的“传播”一词，是英语 communication 的对译词。关于传播的定义，当下已在 100 种以上。但比较公认且言简意赅的定义为：信息的流动即为传播。传播学即是研究社会信息系统及其运行规律的科学。传播学的研究对象就是社会信息系统本身。

从传播及传播学（广义）的定义来看，毫无疑问，传播学包含编辑学和出版学，甚至包含新闻学。传播学包含出版学和编辑学，道理已经很清楚，笔者不再赘述。

关于传播学和新闻学的关系，杜立民认为，传播学是研究人类社会的信息传播、交流及其客观规律的科学，而新闻诸如报纸新闻、电视新闻、电台新闻等多种形式都会进行一定的筛选、审阅、组织，这已经融入了大量的编辑活动，亦即涉及传播学的范围。且从新闻的目的和结果来看，都离不开“传播”二字。因而可以认为，新闻也是一种传播信息的形式，而且是主要的形式。田中阳先生亦认为，传播学研究的范围大于新闻学研究的范围。新闻学研究的对象是报纸、杂志、广播、电视、通讯社等，其重点是研究报纸的新闻传播工作。传播学除了研究上述对象外，还研究广告、公共关系部门、书籍出版、电影、戏剧、音乐等，凡是人类的传播行为都在它的研究之列[5]。在传播学诞生之前，新闻学是唯一研究社会信息传播现象的学科。对新闻学的研究要早于传播学，至今，新闻学的学科建设已取得一定的成绩，新闻学也得到了相应的学科地位。但笔者认为，正因为新闻学的快速发展催生了传播学，新闻学是传播学的重要学科渊源。学科诞生的时间先后问题，并不能影响传播学对新闻学的包含关系。例如，在我国，图书发行学、校对学的出现要早于编辑出版学，但现在谁也无法否定编辑出版学包含了图书发行学和校对学。

三、基于现实需要的分析

1. 编辑需要高素质、高学历人才

邵益文先生认为，编辑出版学专业的学生，不能光懂策划、

审读和加工，以及算利润、搞包装、做营销等出版业务，还要强调专业背景，至少一门，两门更好。当编辑光有出版业务知识，没有专业知识，就难以胜任。根据这种要求，必须加强硕士生教育，招收有专业背景的学生，再进行编辑出版的硕士学位教育[6]。何皓认为，出版学高等教育是一个多层次多方向构成的教育体系，没有专门学科的系统知识，仅仅用出版理论加文史哲或科学概论式的知识，是无法胜任专门学科编辑工作的。试问现有的编辑出版专业本科办学点，有谁能向出版社输送承担数学编辑的毕业生，故而编辑、出版管理应以研究生教育为主，也即遵循先专门学科再编辑出版理论的模式[7]。

在国外，美国著名出版家 J.P. 德索尔提出：所有出版业中的编辑人员都应该取得硕士学位。并且，国内外出版业发展的实践证明，加强培养高层次人才的编辑出版专业教育是现代出版产业发展和参与国际竞争的客观需要，这已成为我国目前出版业发展中急需解决的关键问题之一。

笔者认为，出版产业链上的不同出版单位、同一单位的不同部门，对人才的学历要求可以有不一样的标准。例如印刷、发行人员就不一定非要强调具有本科学历。但从出版业的发展要求及发展趋势来看，编辑人员应当具有硕士学位，据笔者调查，湖南省内各图书出版社对新进编辑都有如此要求。图书毕竟是精神产品，要讲思想导向，要讲文化品位，要讲知识含量。如果当编辑的本身知识不多，他对书稿的内容就难以驾驭，对相关稿件的取舍就缺乏判断能力，在体现编辑的三项基本功能（选择、加工、传播）上可能出现缺失，也难以编出有分量、有影响、有品位的图书。因而，要加强编辑出版专业的研究生教育，丰富多层次、多渠道、多规格的编辑出版教育格局。邵益文、何皓所提的先专业后编辑出版硕士学位教育的模式，则是一种更理想化的模式，笔者相信，这在以后的编辑出版教育中会逐步实现。

2. 出版业现有从业人员的学历层次有待提高

据新闻出版总署出版人才现状研究课题组《中国出版人才现状研究》（中国大百科出版社 2001 年版）显示，目前新闻出版总署直属出版单位的出版社人才构成以本科和专科为主，两者合计约占出版人才总数的 77.6%，具有硕士、博士学位的人才尚不足 10%。新华书店总店的人才以中专为主，占 56.8%；其次是专科，占 22.6%；本科占 9.1%；硕士占 0.6%；没有博士。地方出版单位的人才构成与署直单位大同小异。以上海市为例，上海市新闻出版局直属出版社中，本科占 40.6%，专科占 38.1%，硕士以上占 6.9%，专科以下占 14.4%。上海市新华书店的人才，以专科为主，占 54.4%；其次是中专，占 27.9%；本科占 12.9%，硕士占 1.5%；中专以下占 3.2%；没有博士[8]。

2001—2004 年我国高校出版社人员学历结构基本情况如下表所示。

2001—2004 年全国高校出版社人员学历结构基本情况[9]

（单位：人）

统计项目	2001 年	2002 年	2003 年	2004 年
博士研究生人数	122	158	204	252
硕士研究生人数	1 156	1 372	1 667	2 006
大学本科人数	1 927	3 550	4 037	4 208
大学专科人数	2 377	2 044	2 132	2 148
高中以下人数	2 218	2 333	2 257	2 267

从上表可见：（1）我国高校出版社人员的学历层次不断提高，本科以上人员逐年增加；（2）工作人员的学历构成仍以本科和专科为主，以2004年为例，本科占39%，专科占20%，硕士占18%，博士占2%，高中以下占21%。

据笔者所知，出版业中出版单位工作人员学历层次要高于发行单位，发行单位要高于复制单位。出版社中，高校出版社本科以上工作人员比例要高于地方出版社。但从总体来看，我国高层次、高学历人才数量不足。出版业属于知识密集型行业，虽然不能完全以学历衡量人才素质的高低，但目前的学历结构显然不能适应全球化的挑战。我国出版业从业人员的学历亟待提高。

事实上，出版业从业人员大多有进一步提高学历的愿望。笔者曾对湖南师范大学出版社和湖南大学出版社10位未取得硕士学位的年轻编辑做过调查，他们均希望能进一步提高自己的学历，且要求迫切。在全国范围来看，目前在编辑岗位上工作的同志大部分都不是编辑出版学专业毕业的，只有其他学科的本科学历，尽管他们中有许多人在工作中做出了很好的成绩，但因为学历问题，在申请高一级编辑系列职称时会受到一定限制。要他们去学原来本科专业的硕士课程，会有许多困难，他们最希望能攻读编辑出版学的在职研究生。

出版业是知识密集型的文化产业，从表面上看，出版业的竞争主要体现在产品和营销上，但无论是图书产品的策划还是市场营销渠道的开拓，都是由人来实施完成的。出版业的竞争归根到底是人才的竞争。国以才立，政以才治，业以才兴。一流的人才，才能做出一流的成绩，创造出一流的业绩。我国出版业健康快速发展需要足量的高、精、尖优秀出版人才做支撑。在编辑出版人才的培养过程中，高校的编辑出版高等教育起着举足轻重的作用。其中编辑出版专业研究生教育对出版业领军人才的培养和各出版单位核心竞争力的形成必将产生重要而深远的影响。

四、结语

尽管在《授予博士、硕士学位和培养研究生专业目录》中没有列入编辑出版学，但它独立的学科属性已经内在地和顽强地滋生着它特有的学科内涵，学科地位也应当进一步明确。

为了培养适应新形势的编辑出版高级人才，在加强编辑出版学本科教学的基础上，更需要加强编辑出版学研究生的培养。而不论是加强本科的教学还是加强研究生的培养，把编辑出版学正式列入《授予博士、硕士学位和培养研究生专业目录》是极为重要的一环，甚至是前提。目前编辑出版学已经取得可喜成果，编辑出版专业教育已经取得比较成熟的经验，编辑出版学的教材、师资都已经达到一定规模。这些情况说明，将编辑出版学正式列入研究生专业目录已经具备条件[10]。

肖东发认为，现在的编辑学研究，仅靠本科的教育是解决不了的，一定要有博士、硕士学位的高层次专业人才方能解决。建立编辑出版学的博士点和硕士点是时代的要求，也是建立有中国特色的编辑学的重要组成部分。时代的发展和出版产业的进步带来了编辑出版人才需求的多样性，这既给传统的教育模式带来新的冲击，又给出版高等教育留下广阔的发展空间[11]。

王振铎认为，在现行的研究生专业学科目录中，一级学科仍然是“新闻传播学”，但其下却只有新闻学、传播学两个二级学科，三级学科阙如。这个目录设置得很不科学，过分看重新闻学，但没理清新闻学和传播学的关系。新闻学固然需要传播，但它只是传播的内容之一，二者并列显然不当。说新闻从属于传播，以新闻修饰传播，则更不恰当，因为它限制了传播的内容范围与性质。一级学科下面并列的只有新闻学、传播学，使一级学科与二级学科之间的涵盖关系变得近乎同义重复。为什么不能在传播学之下，堂堂正正地列上新闻学、编辑学、出版学、广告学、广播学、电视学、发行学以至网络学等学科呢？教育的综合性是以学科研究的分析性为基础的，没有精细的、科学的分析研究，就谈不上现代化的整合性素质教育[12]。

笔者赞同王振铎的意见，建议：以传播学替代新闻传播学，将传播学升格为一级学科；在传播学下列入新闻学、编辑出版学、广告学等二级学科（如有可能，干脆将编辑出版学分为编辑学和出版学，同时作为二级学科列入《授予博士、硕士学位和培养研究生专业目录》），以期我国编辑出版研究生教育得到更好更快的发展。

注释

［1］李建伟，张锦华．我国编辑出版专业研究生教育现状研究．河南大学学报：社会科学版，2007（2）：167-173.

［2］肖东发，杨琳．抓住历史机遇　促进编辑学的建设和发展．中国出版，2005（12）：34-36.

［3］杨春兰．编辑学和出版学的关系，开封：河南大学硕士学位论文，2005：27.

［4］杜立民．编辑学学科体系的科属种问题．中国编辑，2003（2）：58-60.

［5］田中阳．大众传播学理论．长沙：岳麓书社，2002：11-18.

［6］邵益文．编辑出版学专业教育需要总结和提高．出版科学，2005（5）：38-41.

［7］何皓．论出版学高等教育．出版科学，2005（6）：30-33.

［8］张志强．全球化与中国出版业的发展．中国出版，2002（5）：10-12.

［9］教育部社会科学研究与思想政治工作司．中国高校出版社发展报告（2001—2004）．北京：中国人民大学出版社，2005：5.

［10］宋木文．我国高校编辑出版学专业发展历程和加强建设的意见．出版发行研究，2005（11）：22-30.

[11] 肖东发. 中国编辑出版学教育的思考与探索. 编辑之友，2003 (1)：37-39.
[12] 王振铎. 编辑学的学科建设与专业发展. 出版发行研究，2002 (3)：35-39.

（原载《出版科学》2009 年第 2 期）

中英出版专业硕士研究生教育的比较研究

何　妍　叶　新

英国是最早意识到出版知识能够传授的国家，曾经颁发了世界上第一个出版学学位。英国现有12所大学开办出版专业教育，其中有9所提供出版研究生教育课程。本文采用文献法和访谈法，分别对英国9所和我国12所设有出版专业研究生教育的大学进行了资料分析；利用在英国斯特灵大学留学的机会，对出版教育工作者进行了深度采访，并根据这些资料和笔者在国内长期的教学、出版工作经验，从教育理念、课程设置、教学方式、师资等方面对中英出版专业硕士研究生教育（以下简称“出版研究生教育”）进行比较研究。

一、培养目标比较

出版学在英国是一门应用性很强的学科，9所大学开设多种规格和不同要求的研究生课程，其中授课式课程（taught course）侧重培养学生解决实际问题的能力以及综合素质，研究式课程（research course）侧重培养学生独立研读与研究的能力。虽然不同课程的研究生培养目标略有不同，但都特别注重专业能力的培养，培养的目标是具有振兴出版和解决实际问题的才能的实用型人才。如英国斯特灵大学出版研究生的培养目标明确强调“通过教学，能够提高学生实际工作的能力，以及工作中的灵活性、自我管理能力、创造力和想象力”。为了达到这样的培养目标，英国的出版研究生教育从教学理念到教学方法，从课程设置到师资配备，都非常注重实际效果。比如斯特灵大学就开有两种硕士班，因材施教。一种是“出版学硕士”（M. Litt. in Publishing Studies），秋季入学，面对大学本科毕业生和其他想进入出版行业工作的人员开设，培养的是一般从业人员。另一种是“国际出版管理硕士”（M. Sc. in International Publishing Management），面向出版业从业4年以上的出版管理人员，帮助他们完成从业务骨干到高级管理人才的转化，培养的是出版项目经理人、策划编辑等。

相比而言，我国现阶段出版研究生教育能够取得各方认同的培养目标还没有形成。出版教育同出版实践之间还存在反差，一些矛盾问题仍没有得到解决，如学生知识面的专与博的矛盾，或者说“专家”与“杂家”取向的矛盾；“学”与“术”的矛盾，即学术型人才与应用型人才培养之间的矛盾等。与这些矛盾相对应的是两种不同的研究生培养思路：一种强调培养综合性人才，认为出版专业的硕士研究生阶段，应该培养既能从事编辑出版发行管理，又能从事教学与科研的高层次人才，还要懂“文史哲政经法”，了解“数理化天地生”。另一种思路是培养专门化人才，强调特色化、专业化，认为社会对人才的需求是多样化的，是有分工的，人不可能成为全才。其实这两种观点并不矛盾，都有一定道理。我国现代出版集团由事业单位改成企业之后，面临着新兴的图书市场和读者群，迫切需要能够适应数字时代出版产业发展要求和适应新兴市场需求的新型人才。学校和教师应鼓励研究生在学好编辑出版专业课程的同时，选修或辅修其他专业课程，扩大知识面，提高文化修养和综合素质，成为既有专业知识又懂出版的复合型人才。

二、学制比较

英国的出版研究生教育按照学习方式不同，可分为全日制和兼读制。全日制教育为一年学制，兼读制为两年。以伦敦城市大学为例，该校的全日制出版研究生课程，从时间来说是整整12个月，一般是9月底到10月初入学，结束的时间是第二年的9月底。整个学习过程分为两个阶段，第一个阶段是9个月的课程学习阶段（含假期），第二个阶段是3个月的论文写作阶段。除了颁发硕士文凭的研究生课程需要念全日制一年或兼读制两年以外，还有颁发研究生文凭的课程，学制是6～9个月，不要求写论文；颁发研究生证书的课程，学制为3～6个月，也不要求写论文。英国这种短时快捷的学位制度，受到了本国以及其他国家留学生的欢迎，“高强度”的特点对攻读该学位的学生的自觉性、献身精神提出了很高的要求。

我国的硕士研究生学制一般为三年，出版研究生教育也是如此，其中一年半至两年为课程学习时间，一年至一年半为硕士学位论文写作时间。由于出版研究生教育起步较晚，长期以来过于注重学术性和理论修养，要求学生具备相当的教学、科研能力，但是随着教学科研类人才的日趋饱和，以及出版体制改革对应用型人才的需求，我国出版研究生教育的功能应当重新定位，进行全面的研究生培养模式改革，包括学制和具体的教育内容改革，如：将学术研究上移到博士教育阶段，缩短研究生培养年限，调整不合理的撰写论文要求，重新设计研究生课程体系以及培养方案等。另外，过长的学习年限造成了资源和人才的浪费，显然不利于加入WTO后的中国研究生教育在国际舞台上的竞争，因此学制亟待改革。可喜的是，北京大学和中国人民大学等高校已率先在学制方面进行改革实验，从2004年起，北京大学硕士研究生两年就毕业，指导教师以两年为准制订培养方案和计划。这是我国在学制方面加快与国际研究生教育接轨的可贵探索。

三、课程设置比较

英国大学出版研究生教育的课程设置以市场需求为导向，充分考虑行业的需要，设置比较完备的关于编辑、市场营销和图书制作的核心配套教学和课程方案，内容涉及出版业务、管理、版权、著作权法、合同和分销等。在编辑课程中，学生学习如何用以市场为导向的方法，选择值得出版的书。在市场营销课程中，学生们学习如何制订市场营销计划，如何选择和评估市场路线，如何制订预算，如何分析与收入相关的成本等。课程后期，学生将研究和撰写出版课题论文。

例如，牛津布鲁克斯大学牛津出版研究中心出版专业硕士研究生课程分为四个方向，包括出版硕士、国际出版硕士、出版与语言硕士、欧洲出版硕士。其中出版硕士方向开设时间最长，相对也最为成熟。其课程每年会随着出版业界的需要和讲师的情况适当调整，但核心课程一般不变。2009 年最新出版硕士方向的课程设置共计 12 门，其中必修课程有出版设计与制作、编辑管理、出版营销管理、新选题开发，课程结束要提交 15 000 字的论文或项目报告书；选修课程有儿童读物出版、数字出版、电子出版、出版史与出版文化、期刊出版、国际出版管理、版权管理、独立研究。斯特灵大学的国际出版管理硕士课程，全部采用哈佛商学院的案例教学方式，在一年的时间里通过 5～6 个重点案例，对出版业的组织管理、资源管理、财务管理、知识产权战略进行全面的研究学习。这些案例注重鲜活性，紧跟出版业的最新动态，一般一个案例只用两年就淘汰。毕业论文则综合案例所学，针对某个出版机构的发展战略提出自己的解决方案。

另外，英国课程设置还有一个显著的特点就是注重理论结合实际，为学生提供多种多样的经验课程。英国的大学一般与业界保持着很好的沟通和合作。出版界能够为学校开辟多种学生实习与就业的途径，比如没有报酬的课间和假期实习，有报酬的出版和销售兼职，提供承担项目、参加图书博览会的机会，允许学生旁听编辑和营销会议，为学生提供奖学金，成立小组为课程发展提供咨询等，以期让学生能够有机会真正了解出版工作，包括编辑、市场营销、图书制作和版权等一系列过程。

在我国现有的出版研究生教育办学点中，由于挂靠专业不同，因而不同高校的课程设置也各不相同。以新闻传播学内容为主的课程挂靠在“新闻传播学”一级学科下，如中国传媒大学新闻传播学院，在新闻传播学硕士点开设的主要课程有新闻理论报刊理论和实践、中国新闻史、中国广播电视史、新闻业务、广告学、媒介经营管理、新闻理论、传播心理基础理论、传播心理应用研究、传播心理测量与研究等。以出版发行学的内容为主的课程挂靠在“图书馆、情报与档案管理”一级学科下，如武汉大学信息管理学院出版科学系为研究生开设的主要课程有出版发行基础理论、出版物市场与营销、出版企业管理理论、编辑理论与实务、出版法制、版权理论及版权贸易、中国出版史、出版物对外贸易、国外书业、书业财务管理理论、书业物流的组织与管理、书业计算机技术与应用等。

可以看出，我国出版专业研究生的课程设置主要以专业基础知识和理论知识为主，实践课程和操作类课程很薄弱。这样的课程设置与英国相比，我们学生的理论知识显然会更扎实，而实践能力、动手能力和创新能力方面就欠缺不少。这样的核心课程构建并不适应“大出版”“大传播”的行业发展趋势。因此，在今后的教学实践中应该打破学科界限，注意学科融合，加强优势互补。第一，在核心课程设置中应该做到理论课与实践课并重，加强实践环节；第二，增加相关学科如新闻学、传播学等课程的内容介绍；第三，加强文史知识等基本素质培养的课程；第四，课程设置应该由业界、学界、管理部门共同商讨，充分利用教育资源，突出办学特色。

四、教学方式比较

英国的出版教育将实用主义作为基本教育理念。在此理念指导下，出版研究生教育在教学方式上很讲究教学过程中的教学互动。教师很注意学生的反应和要求，不断调节自己的表述重点；同时准备充分的案例，以及自己的从业文字资料，让学生有依据思考，特别是给出工作情景，请学生分组讨论，提供自己的工作思路与建议方案，再由教师和学生评议，做补充和纠正。斯特灵大学的国际出版硕士班实行案例教学，大约每 3～4 周一个案例，学生分成两组进行研究，每组 5～6 人。教授指出案例的研究主题，学生则在小组长的带领下分头进行资料搜索、观点提炼，教授随时给以答疑，纠正偏差。到最后一周，每组写出演讲稿，做出课件，进行现场演讲和答辩。每个小组成员最后还得递交自己的商业报告，以便教师匿名评审和打分。

英国的授课方式也灵活多样，有讲座、研讨会、小型讲习班、一对一辅导等，每个学生在课程顾问的帮助下，确定自己的研究项目和论文主题。同时注重学生的能力培养，提供体验式学习。在课程学习期间，学校一般会安排学生进行几次专业参观，比如到连锁书店参观，了解书的销售和定价运作；到出版公司的仓储基地参观，了解书业的物流管理等。学校在培养学生的过程中非常重视具有实践意义的教育方式，有的学校如斯特灵大学甚至有自己的机房实验室，出版学硕士班的学生可以自己动手制作图书。当然，这种培养方式也存在不足之处。由于这种教学过于强调学生的主体性，比较适合已经在业界有过一定经验的人学习，如果完全是业务经历空白的学生，恐怕难以适应。

反观我国，长期以来在课堂教学中，以“教师为中心”，“满堂灌”“填鸭式”的教学方法比较普遍，教师比较偏重传授理论知识，不太注意结合案例指导学生综合分析、解决问题；学生只是被动接受，没有很多可以充分展示自己的机会，积极性、主动性不能充分调动起来；研究生在入学之初即选定研究方向和导师，每门课程都有固定教材，导致学生的专业面过窄、基础知识准备不足，动手能力、实践能力和创新能力都受到不同程度的限制，不能适应数字时代出版业发展的需要。

数字时代，编辑工作的触角已经伸向出版工作的前端和后端，编辑工作已介入作者的创作和图书的营销过程；而发行工作也要求发行人员既懂书又懂市场。这就要求教师的教学方式也必须跟上时代的步伐，切实转变观念，要“以学生为中心”，采用互动式、启发式教学，教给学生学习和研究的方法，注重讲授理解知识要点的思路和整体把握知识的技巧。在教学方式上要加强实践环节，增加实务体验分量，其中，硕士研究生在出版发行行业实习的时间应达到6～12个月，但由于目前有些学校硕士研究生实行2～3年的弹性学制，对于两年制毕业的硕士研究生，在出版发行行业实习的时间就受到限制，因此，通过“做出版”来“学出版”，在“做中学”是一种较好的培养方式。对于三年制毕业的硕士研究生，实习6～12个月的时间是可以保证的。这样，既有助于学生了解出版发行业务，学到解决实际问题的知识，还可以寻找到符合实际需要的研究课题，培养出来的研究生也符合出版行业对毕业生“应该具有实践经验”的要求，能够同出版产业发展需求较好地呼应起来。

五、师资比较

在师资上，英国各大学所聘请的教师绝大多数是有着丰富的从事编辑出版第一线工作经验的教师，他们大多是成功的出版人士，能够洞察并亲历出版业的最新发展。如斯特灵大学出版研究中心主任安德鲁·威特克罗夫特（Andrew Wheatcroft）教授，曾经做过 Weidenfeld 和 Nicholson 两个公司的学术出版物编辑部主任，是 Routledge 和 Kegan Paul 出版公司的资深编辑，还是中国出版集团的顾问。其他的校外师资包括培生集团的版权总监林内特·欧文等。英国出版师资跟业内保持非常密切的联系，比如在本届伦敦书展期间，牛津布鲁克斯大学国际出版研究中心的老师就牵头组织了多个研讨会，包括“印度儿童出版业”“世界儿童出版业”“出版业与出版自由”等。

此外，在英国的出版教育界，大部分高校都有一个专业委员会（顾问委员会），这个专业委员会并非挂名性质，而是拥有实际决策权，如有权决定开设什么课程等。比如，牛津布鲁克斯大学的国际出版研究中心的“行业顾问委员会”，由出版企业德高望重的高层领导、专家、资深编辑、著名作家等十几位业内人士组成。该委员会的成员及中心的教师每年都会举行两三次座谈会来深入讨论出版界的真正需要，并且经常邀请有经验的出版商前来给学生授课，也为出版专业学生的就业和专业的发展提供咨询和帮助，对完成培养学生的目标起到了积极的推动作用。

当然，英国出版研究生教育的师资配备也存在一些缺陷：其一，由于各高校固定的教学人员偏少，而学生的规模偏大，在教育成本相对降低的同时，也对课程的稳定和学生的学习（特别是初级阶段的学习）造成困扰；其二，理论的研究有利于提升教学的品质，而英国出版教育的研究人员队伍比较薄弱和不稳定，对教育的专业性和质量的提高带来了不利的影响。

我国的研究生师资与英国相比，有两个显著的特点：一是教师队伍相对固定，每位导师指导几名研究生进行学习研究，保证了学生学习的连贯性和系统性；二是教师的专业化程度总体较低，但理论修养较高，与出版实际和出版界有些隔膜。虽然北京大学、清华大学、南京大学、武汉大学、河南大学、北京印刷学院等高校的出版研究生教育经过十多年的发展，已经形成了一定的规模，具有了一定的影响，导师素质较高，能够胜任出版学研究生的培养工作，但是，总体来看，专业化程度较高、能够兼顾专业学术机制与市场机制的研究生导师还很匮乏。

导师的素质和学术水平直接关系到研究生的培养质量，因此，应注重教师队伍的建设，一方面有计划、有目的地培养一批具有编辑出版学硕士学位或博士学位，既懂编辑出版理论，又熟悉编、印、发业务的高水平的师资队伍；另一方面，采取“走出去、请进来”的办法，提高现有师资队伍的教学水平。“走出去”即选派一些教师到编辑出版部门挂职工作一段时间，在实际工作中熟悉编辑出版业务，了解编辑出版动态，结合典型案例开展教学活动，从而成为编辑出版理论与实践结合的专家；也可选派一些教师和研究人员到国外相关院校或研究机构进行学术交流或培训，了解国际出版动态，成为双语教学或中外出版比较类课程的专家。“请进来”即聘请全国有较深学术造诣的编辑出版专家到校讲授编辑出版研究成果，或者聘请国外编辑出版专家来校进行学术交流，共同提高编辑出版的教学水平。

六、结语

目前，我国出版业正在进行体制、机制方面的重大变革，专业化和商业化程度越来越高，“走出去”参与国际竞争的趋势已不可避免，数字化技术等也对出版业形成了巨大的挑战，因此行业对人才的需求日趋多样化，原来出版社只需要单一的编辑人才，而现在则需要大量的策划编辑、项目出版人、版权贸易人员等。如何为我国出版业提供更多适销对路的高级专门人才，是出版教育界面临的重大问题。我国出版教育界可以在发挥自身优势的基础上，借鉴英国出版教育的一些优点。依笔者所见，两年制的出版专业硕士是今后的一个主要培养方向，那么我们在培养目标、学制年限、课程设置、教学方式、师资配备等方面都要进行重大的改革，实现“数量规模型”向“质量效益型”的根本转变。

参考文献

[1] 罗紫初. 中外高校出版类专业课程设置比较，出版发行研究，1999 (4).

[2] 吴平. 数字化环境下的编辑出版学教育. 出版发行研究，2001 (2).

[3] 李文邦. 我国编辑出版专业研究生课程设置现状及对策研究. 湖南师范大学教育科学学报，2008 (5).

[4] 黄先蓉. 关于我国出版学研究生教育的几个问题. 出版发行研究，2007 (1).

[5] 吴启迪. 积极推动编辑出版学专业教育持续健康地发展. 中国编辑，2004 (6).

[6] 邓雷仓. 反思编辑出版专业的尴尬. 出版发行研究，2005 (11).

[7] 北大调整研究生学习年限 硕士两年就毕业. 教育文摘周报，2003-10-01.

[8] 英国教育出版协会网站. http://ukape.org/index.html.

[9] 刘靖. 边干边学培养多层面人才——欧美出版教育模式比较. www.cbbr.com.cn/info_6804_1.htm.

[10] 陈丽菲. 英国出版教育掠影. http://www.epphome.com/shisheng/ShowArticle.asp?ArticleID=16.

（原载《出版发行研究》2009 年第 7 期）

新形势下中职教材建设工作的几点思考

沈立军

中职教材建设是一项立体工程，是国家培养中职人才的一项战略任务，需要树立完整的教材建设概念。在打造中职教材建设良性链条，实施“立体出版工程”中，出版社应当如何定位自己的角色和作用？这是对出版社的出版理念和能力的双重考验。一家有高度责任感的出版社，已经不能将自己定位于简单的教科书供应者，而应该致力于切实推动中国职业教育的发展，为中国职业教育的进步做出自己的贡献。只有站在一定高度审视中国职教和教材出版状况，才能充分发挥出版社的资源优势，在职教理论体系、教材立体资源开发和培训服务等各环节寻求突破，提供全面解决方案。

具体来说，教材出版方需要在教材建设链条的三个环节上做好以下基础性工作。

一、教材研发：提升教学理念，构建职教理论体系

精品教材开发的前提是课程研究和教学理念的研究。教科书首要的功能是作为课堂教与学的工具，中职教材的一项重要职能是起到教学示范作用，任何教师在使用教材时，都能轻松、快速、充分吸收教材中蕴含的优秀教学理念和教学方法，从而提升授课水平和教学质量。

因此，中职教材的出版必须获得一个专业的支持，需要对

中职教育有深入的研究。中职教材出版方的真正定位应该是课程教学和教材的研究者。出版社不仅要投入大量的人力、物力去编写，还需要组建一支教学科研队伍对课程教学和教材进行全方位的研究，每一套教材都应有一套完备的研发支撑体系。

一个领域的理论构建是否完备，往往决定着该领域是否能够走上良性发展的道路。教材的成功与否也与教育理念的成熟与否密切相关。然而，就目前的情况来看，我们的职业教育理论研究大多停留在政策解读和模仿外国理论的层面，由此导致职教教材理念缺乏创新，与世界先进水平相距甚远。要改变这一状况，应当将必要的理论引进和本土化的理论构建结合，出版社在其中可以大有所为。

第一，中国的职业教育想要学习和引进前沿理念，就必须依托国际化交流的平台，把握国际合作、互通有无的机会。我国的现代职业教育从它诞生的那一天起，就不是孤立的，而是与外部世界紧紧联系在一起的。改革开放30年来，我国职业教育的快速发展，一方面确确实实是得益于我国经济社会发展的实际需要，另一方面也是得益于学习借鉴其他国家发展职业教育的有益经验。出版社作为教材资源的提供者，更需要重视国际合作。一方面，出版社需要积极引进出版国外职业教育的优秀科研著作和教材；另一方面，出版社也可以搭建国内外交流的平台，促进中外职业教育的交流，通过推动国内外职业教育专家学者的交流研讨，加强与国外职业院校的合作，建立长期有效的合作机制和交流平台，探索我国职业教育发展和改革的新思路、新途径、新办法。

第一，针对目前中国职业教育在理念和方法论上的不足，加强国内科研课题和理论研究是当务之急。这不仅需要国家的支持、科研机构的投入，也需要社会力量的参与。出版社作为中职教育改革发展的重要参与者，就应当担当起中职教学科研理论研究的责任，在支持相关科研课题任务的同时，大力推动职教理论成果的推广。

二、教材编写：强调实用性，丰富教材形式，立体开发职教教材资源

对于中职教材的编写，有两个方面需要特别强调：第一是教材编写理念，需要以工作过程为导向，强调实用性；第二是教材的编写形式，需要丰富教材形式，注重开发立体化教材。

第一，教材的编写开发必须体现以工作过程为导向的课程设计理念，强调实用性，贴近生活实际和学生今后所从事的职业。

目前，大多数的职业教育课程开发还是围绕学科性课堂教学进行，课程微观内容的设计与编排远未跳出学科体系的藩篱，因而在这一传统观念束缚下编写的教材始终不能适应职业工作的需要。教育部职业教育研究所所长姜大源教授就提出，中职课题设计要打破学科体系的结构，而采用行动体系，以工作导向进行重构。工作导向的课程结构可以把学习者的心理顺序，跟学习的顺序、工作的顺序一致，达到事半功倍的效果。这样就能够把职业教育和教育技能及相关的知识结合起来，在工作过程中集成技能和技能所需要的知识，使其成为一种融合过程，使知识排序的方式发生变化，最后升华变成能力存在。我国的职业教育在学习和借鉴国内外职业教育课程改革成功经验的基础上，工作过程导向的课程开发思想已逐渐成为中职教育领域的广泛共识。

我国中职教育课程改革曾掀起三次浪潮。第一次浪潮是实践本位课程改革浪潮，主要特征是：以就业为导向，原有学科式课程暂时保持不变，主要加强实践和实训课程建设本质上属于学科系统化课程开发模式的改良版。第二次浪潮是能力本位

课程改革的浪潮，主要特征是：打破原有的课程内容结构，以能力目标为基础，设计每一课程和每一教学单元体系，开始了构建职业新课程模式，但本质仍是不彻底的改良模式。第三次浪潮是工作过程本位的课程改革浪潮，要求学校课程设置应遵循企业实际工作任务开发“工作过程系统化”的课程模式。目前我国中职课程改革正在大力推进，大多数中职学校在基于学科体系之上都进行了或实践本位或能力本位不彻底的课程改革，但笔者认为，根本的出路在于实施工作过程本位的课程改革。从传统的学科系统化的课程体系转型为工作导向的课程体系，这要求我们的教材出版方也需要在教材编写理念上进行改变。

第二，教材形式必须由封闭走向开放，要开发立体化教材，形成教学资源的集合。

实际上，从基本的教育功能和作用出发，教材更应该指教学资源，甚至应被教学资源所取代。对教材的现代认识表明，教科书只是教学资源中的一种，它与教育资源库中所有其他的教学材料一样，都是为课程服务的。教科书并不是唯一的教材，凡是承载教学内容和信息的物化的材料，乃至教具，都是教材。教学资源是教科书以及一切有利于学生增长知识或发展技能的材料的总和。或者说，现代意义的教材是以不同的承载媒体、不同的使用主体与不同的装帧形式出现的教学资源的集合。

在新形势下，中职教材必须由封闭走向开放，实现两大转变：(1) 教材由传统单一的纸介质教材向立体化教材过渡，逐步形成完整的课程教学资源；(2) 教材由静态、单向的教材向动态的、具有交互功能的数字化教材过渡。因此，中职教材的出版方需要根据中职教育的特点，建设好一个整体的教学资源库，满足中职学生个性化、自主性和实践性的要求，为教学提供整体解决方案，以促进优秀教学资源的有机整合与合理运用。

观察目前职教教材市场，仍然是以纸质教材为主，配套教学资源的开发无论从数量上还是质量上都还无法与普教教材相比，大多停留在个别选题、零星制作阶段，远未形成整体规划、配套出版的体系。要做到立体化开发，需要出版社从整体把握教材开发计划，同时投入大规模的人力和物力，这对于出版社来说具有一定的挑战性，但随着出版技术的飞速发展和读者教材使用习惯的改变，立体化开发教材资源，无疑是职教教材建设的必然趋势。

具体对中职教材而言，由于受职教领域长期以来“重技能轻文化”的教学思路的影响，如何加强文化基础类课程的吸引力和教学效果，一直是职教教师们头疼的问题。笔者认为，加大文化基础教材配套资源的开发，可以增强教学的生动性和学生主动性，不失为一种解决方法。教材配套资源一般包括磁带、光盘、Mp3 制品，电子课件，网络支持，配套题库等，如外研社新推出的英语教材，就涵盖了功能强大的多媒体教学光盘、互动教学网络平台、电子试题库、网络教学备课资源等。在这些配套教学资源中，互动的网络教学平台将会是未来教材开发的重点。可以成为多种教学资源集中呈现的平台，同时具有互动性、及时性等优势，符合技术发展的趋势和学生学习的新习惯。

因此，中职教材应该按照工作过程系统化的课程结构，从对封闭的基于存储与传递学科专业知识的教科书的解构与重构之中，走向开放的涵盖课程标准（教学计划、教学大纲）的整体的教学资源建设上来。因此，教材形式由封闭走向开放，是职业教育教材发展的必然。

三、培训服务：关注教学实践，保证教学效果，推进课程改革

教学研究是教材编写前不可或缺的一步，而教师培训以及

调查反馈则是提高教材使用效率的重要后续服务，出版社的使命并没有在教材出版后结束。现在的职业教育教材市场除了有产品内在质量的竞争之外，教学服务也是竞争的重要一环。

有了先进的理念指导教材出版，有了优秀的编写团队和出版社打造出的精品教材，也有了网络化、电子化的配套资源，还有一个亟待解决的问题，就是教材资源怎么用，老师怎么教。职业学校的教师素质、使用教材的能力和方法，是教学效果的决定性因素。随着职业教育规模的扩张，职教师资队伍面临着前所未有的挑战，生师比高、专业教师不足等问题已在一定程度上制约了职教的改革和发展。而职业学校的教师本身也普遍存在着职业认同感不强、职业成就感缺乏、对职业前途存有担忧、职业倦怠感强等问题。

出版社如何以教材为基础，为提高中国职教师资队伍的稳定性，提升教师素质和能力做一些努力和尝试呢？这便涉及教材出版链条中的关键一环——对职教教师的培训服务。这种培训服务不仅包括面对面的培训班，还包括学术报告会、教材研讨会等，对中职教师来说，这也是提升课改理念的好机会。因此，出版社需要建立“教学科研＋精品教材＋全面服务”的教材出版模式，既要保证教材质量，又要解决教师教材使用上的后顾之忧，实现教学与科研相结合、理论与实践相统一。

正所谓“功夫还在教材外”，中国职教教材建设已经成为一项“立体工程”。只有勇于面对这一挑战，承担起建设中国优秀职教教材体系的重任，出版社才能在全面竞争中胜出，真正为中国职业教育发展做出自己应有的贡献。

（原载《出版发行研究》2009 年第 9 期）

高校编辑出版专业路在何方

祁文寿

一、高校编辑出版专业教育现状分析

自20世纪80年代以来，我国有几所高等院校开始试办编辑出版专业。如河南大学、武汉大学、南开大学、清华大学、北京师范大学等创办了本科或双学位教育。到目前，全国有近百所大学开设有编辑出版或与编辑出版有关的专业，教育层次从本科、硕士到博士。总体上形成了多专业（包括编辑、出版管理、印刷、图书发行、装饰设计）、多层次（包括博士、硕士、本科、专科、技校、职高）、多规格（包括正规学校教育、函授、夜大、职大等）、多渠道的格局。然而与快速发展中的中国出版业和出版社对人才求贤若渴形成鲜明对照的是，不仅编辑出版专业没有“红火起来”，那些以高分入校的学生在毕业时还陷入了就业的困境。这些都说明高校编辑出版专业教育与出版业的需求脱节已是不争的事实，高校编辑出版专业的教育面临着巨大挑战和压力。

首先，从高校自身的办学来看，目前编辑出版教育在学科定位、课程设置、师资队伍建设以及教材方面存在着种种棘手的问题。编辑出版教育是新发展的学科，创建二十多年来，经过不断探索和努力，在办学规模等方面取得了很大的成绩，但不容忽略的是，编辑出版学学科建设的核心问题——学科定位却一直模糊不清。多位学者也指出，虽然经过了二十多年的发展，我国高校编辑出版学学科至今仍未调整到位，而且很难预期在未来会有产质性的进展。由于学科定位不明，课程设置、教材选用乃至师资调配等方面，各高校也自行其是，难以形成较为统一的认识。学科定位模糊、办学思路不清楚的情况在高校中具有普遍性。

学科建设的主体是人，而我国高校的现状是，编辑出版专业的师资力量极其薄弱，尤其缺乏研究能力强且具备编辑出版从业经验的专业教师。为了“应付”教学任务，很多学校的做法是：从中文系选教师教授古代汉语、现代汉语，从管理学院选择教师教授企业管理、信息组织，从艺术系选教师教授书籍装帧，从经济系选教师教授图书营销……很明显，这些教师对编辑出版实务很不了解。而一些具有深厚人文底蕴的、有潜力的年轻学者又不愿涉足编辑出版这一新的领域，这样就难免存在何平先生所指出的“专业化程度欠佳，专业学术机制与市场脱节”等弊病。

在这种情况下，编辑出版专业的课程设置和教材情况也不容乐观。各高校课程设置的总体特征是基础课程几乎为清一色的文科教程，课程设置明显偏重理论而轻视技术类、实践类的课程，还远远没有形成科学和系统的课程体系。教材方面，大多数高校采用的是由新闻出版署 1989 年开始组织编写的那套教材。受各方面条件限制，出版法、网络出版、电子出版等课程至今缺少适合的教材。多数高校开设的编辑出版教育缺乏特色，办学层次流于形式化，也缺少适合人才分级培养的师资与教材。

其次，从用人单位的反馈信息来看，编辑出版专业的教育成效受到批评，出版单位普遍不欢迎编辑出版专业的毕业生。学科、专业的发展有自身的逻辑，但最终还是通过人才培养来检验。而目前的状况是，飞速发展的出版业迫切需要大量高素质的人才，而作为编辑出版教育的“产品”却往往无人问津。不少出版社在近几年的招聘中，很少录用编辑出版专业的毕业生。编辑出版专业的信任危机不仅仅来自出版业，编辑出版专业的在读学生对本专业也不看好。可以说，编辑出版教育与行业实际的脱离，使编辑出版教育陷入“内外交困”的尴尬境地，甚至有些地方出现了恶性循环的趋势，学科定位不明→课程质量不高→学生培养质量得不到保证→缺乏业界的认可→优秀生源流失→学校不重视使得投入得不到保证→硬件设施缺乏→师资水平无法提高……如果高校编辑出版教育不设法摆脱目前的困境，恶性循环在所难免。

二、高校编辑出版专业教育发展的思路

高校编辑出版专业教育的一个重要使命是为中国出版业输送适应行业要求的合格人才。全球化背景下的中国出版业已经从传统的事业属性向产业属性转变，其产业化、多样化、国际化的特质已经初步显现，并将越来越显示出它的朝气和活力。在这场变革面前，高校编辑出版教育在受到挑战的同时，也面临重大的发展机遇。对编辑出版教育构成挑战的那些因素，并非绝对的不利因素。那些作为外因起作用的因素，往往是因为内因的制约而产生不利影响，如果我们从内部着手进行改革，则外在的不利条件往往可以转化为有利条件。基于这样的认识，本文认为当前高校编辑出版学科应该从以下几个方面进行调整。

1. 明确学科定位，培育“大出版”理念

从当前我国高校的编辑出版专业教学实际来看，虽然编辑学和出版学有不少交叉成分，但将二者并列或者平行都不是很科学严谨。在具体的学习中，同为编辑出版专业的同学，对自己专业的认识也存在一定程度的混乱。这种对编辑出版学的定

位模糊，使当前的专业教育始终不能摆脱技能传授的层面。因此，怎么协调编辑学和出版学的关系，到底以哪一个方面为主，是每一个办学单位值得研究明确的问题。一些高校在这方面做了积极的努力和调整，但总体上来说，由于普遍缺乏一种大出版的理念，各高校在学科定位问题上往往偏执一端，各行其是而互非其非。

笔者认为，明确学科定位，更要将其落到实处，关键要有大出版的理念。众所周知，我国高校编辑出版教育已经走过了二十余年的历程，但遗憾的是，在编辑出版专业教育上至今仍未形成一个被各方认同的教育理念。这种状况在其开办初始阶段容易被人们忽视，但随着国家对出版行业体制的调整，在整个出版行业进入快速转型的时候，这种状况对高校编辑出版教育带来的负面作用就越发明显。大出版理念就是在对编辑出版教育以及整个出版业形势的深刻分析的基础上提出的。所谓大出版理念，就是将编辑出版专业纳入传播学的范畴，以大出版理念统摄整个编辑出版专业教育。目前，一些高校如河南大学和北京大学，在培育大出版理念方面，取得了一定的成效。北京大学坚持以媒介大传播大出版的理论视野来指导教学，在课程开设中采取了小核心大外围的方法，受到了学生的欢迎和出版业界的肯定。

2. 控制办学规模，加强特色化教学

高校编辑出版专业近几年来迅速发展，尤其是当教育部把编辑出版学列入招生目录后，招生规模空前扩大，办学条件不成熟的高校也上这一专业，以至于出现一个省就建有四五个编辑出版教育点的现象。这样盲目扩大规模，使教育质量难以保证。为了保证办学质量，相关教育部门应采取一定的措施，在办学点的布局和招生人数上要加以调控。建立相关的教学评估指标体系。

高校方面也应加强自律。对于已经开办编辑出版教育的院系来说，一定要在教学质量上下功夫，争取办出特色。以北京师范大学的编辑出版教育为例，近二十年的办学历程，使北京师范大学的编辑出版专业蜚声业界，硕果累累，为出版业培养了一批编辑出版人才。武汉大学的出版教育也办出了自己的专业特色。另外，华中科技大学培养的科技类编辑人才和北京印刷学院培养的印刷技术方面的人才，也颇受出版业界的欢迎。

3. 调整教育层次，发展编辑出版专业硕士教育

我国高校当前的编辑出版教育主要是以本科生为主，而作为一门应用性较强的学科来说，没有其他学科专业背景就进入编辑出版专业的学习，不足以达到一位职业出版人的素质要求，在工作中常有后劲不足等问题。所以，应该根据学科性质对编辑出版专业教育的层次进行调整，以研究生教育为主兼顾专科、本科层次，建立出版培训和研究中心，将产、学、研真正结合起来。从目前出版业的情况看，对编辑出版专业的专科、本科、双学位几个层次的需要的看法基本一致，但对于是否设置研究生这一层次则多有争议。编辑出版作为一门实践性很强的应用型专业，应该借鉴其他应用型专业的教育经验，按照职业要求，通过开办硕士学位教育培养高层次应用型人才。这是加快培养出版业高端紧缺人才的一个可行途径。对出版社来说，编辑攻读硕士学位，或出版社将硕士学位纳入到社里的继续教育体系中，有利于出版社对人才进行系统培养，从业编辑学习的积极性也高。而对高校来说，这是编辑出版专业教育转型的一个务实的选择，它不仅可以摆脱目前的编辑出版专业毕业生就业难的尴尬，还能使编辑出版专业获得可持续发展的动力。

4. 开拓国际视野，引领编辑出版教育

随着数字传媒的迅猛发展和文化体制的深入改革，出版产业已进入按需出版、跨媒体出版和市场营销时代。这种形势要求教育要紧跟时代步伐，树立现代人才观。

首先，高校应积极吸收和借鉴国外先进教育模式，加强国际与地区间的学术交流。目前，我国出版界的国际合作更多的是在业界，而教育领域的合作非常缺乏。这就可能造成出版业开放程度越来越高，新型出版模式越来越多，而编辑出版教育的发展跟不上。困扰业界的版权贸易逆差问题，很大程度上也是相关人才匮乏的一种体现。这就要求编辑出版教育要与国际接轨，要有真正的国际视野。

其次，着力培养版权贸易人才。版权贸易水平的高低是衡量一个国家出版国际化程度的一个重要砝码，也是出版竞争力的外在体现。长期以来，我国的版权贸易水平处于低层次运行的状态，逆差严重。这种版权输出的弱势局面，固然有社会、经济和文化等深层次原因，但版权贸易人才的匮乏则是一个很直接的原因。在我国出版界，懂外文的不一定懂出版，懂出版的不一定懂外文。常能看到在一些国际图书博览会上，出版社的老总、编辑们要靠翻译作为“二传手”来介绍图书的特点及市场前景。经“二传手”这样一过渡，老总们拍板时显得底气不足。解决这个问题，除了培训在业人员以应急需外，高校的编辑出版教育应义不容辞地担负起这一历史重任。但从我国当前的出版教育现状来看，单靠编辑出版专业本科教育显然很难解决。高校应鼓励外语专业的学生报考编辑出版专业的研究生，另外，还要鼓励有外语专长的学生选修编辑出版专业第二学位，加大版权贸易人才培养力度。

最后，关注国际出版科技动态，加强对新出版技术教学的重视程度。在当下全球化的时代，网络的普及以及服务功能的日渐丰富便捷，使得受众接触传统媒介的时间逐步下降，而其中尤以纸媒介最为突出。显而易见，新的出版技术极大地改变了传统出版的形式和内容，传统出版业正被赋予新的内容。作为培养高层次出版人才的教育部门，高校在传授给学生实际操作和运用技术的同时，更要向他们传达一种坚持创新、开拓、变革的理念。只有这样，高校培养的学生，才能在不断追逐新科技的同时，怀抱超越的冲动，成为我国出版行业发展创新的新生力量。

（原载《中国出版》2009 年第 3 期）

编辑出版学界与业界须共谋发展

吴培华

编辑出版学学科的发展绝不仅仅是高校学科建设的问题，作为一门应用性很强的新型学科，业界的支持是其能否持续发展、健康发展的十分关键的因素。但是，长期以来，编辑出版学学科的建设和发展很不尽如人意，其中的一个重要因素就是学界内部的各执一词和学界与业界之间的各行其是，乃至于“鸡犬之声相闻，老死不相往来”。这直接导致了学科建设推进的缓慢状况，直至今天，连个二级学科都没有得以承认，我们应该对此进行认真的反思。

我们先看看学界内部。

为了学科名称的命名，在“编辑学”“出版学”乃至于“出版管理学”上各做文章，互不相让。编辑出版学界讨论学科的建设问题，哪次不为了这个学科名称的命名争得不亦乐乎？研讨、呼吁、申报，乃至于联名写信给主管部门，我们都做了，为了我们自己的学科，同人们不谓之不努力。然而，一个连自己的学科名称都无法统一以成定论的学科能够获得外界承认吗？既然二级学科新闻学和传播学上面可以有个新闻传播学，那我们编辑学、出版学上面为什么不可以有一个编辑出版学？更何况教育部早已设有编辑出版学这个本科专业！这样的争论成了学科建设多年来没有进展的主要障碍，也成了别人对这个学科存在基石的轻视乃至于怀疑的主要诠释。不过，全国高等教育学会新闻学与传播学专业委员会编辑出版学专业分会的成立，应该可以看作学界开始意识到了这个问题的严重性，从而在专业名称的定义上取得了统一，这是很好的事情，值得庆贺。

我们再看看学界与业界之间。

应用性学科与业界的关系应该是一种唇齿相依、相互依托的关系。可现实几乎是相反的，在一些学科会议乃至于报纸杂志的文章里，学界与业界之间矛盾重重。在学界的文章里，就有这样的观点：编辑学培养的是对编辑活动进行研究的人才，只有“术”才是培养编辑的，由此得出结论，编辑的职业只是在“术”的层面上，这恰恰给长期以来“编辑无学”的偏见做了一个注释。且不谈这样的理论把一个应用性学科的“学”与“术”完全对立起来了，在这里我们却找到了今天大多数编辑出版专业的学生得不到业界青睐的真正原因，就是因为学校培养的目标与业界的要求大相径庭。作为培养人才的单位，不去检讨自己在为社会服务、为业界服务的培养目标上是否发生了偏差，却指责业界以“编辑学研究中根深蒂固的实践检验理论的意识”去要求编辑学学科的建设，不是显得有些过头了吗？要知道，作为一个应用性很强的学科，用实践去检验理论永远是一个必须具备的标尺，脱离了实践，离开了实践的检验，学科发展将失去持续发展的动力。

在学界还有这样的观点，编辑家不必在从事编辑职业的人中出现；因此，编辑学专业培养的学生也不必是从事编辑职业的，甚至认为，“如果一个学科不停地被学生就业或者具体的操作实践来检验是很悲哀的”。试问，一个应用性的学科与业界没有了关系，皮之不存，毛将焉附？如果一个专业培养的学生不能或者大部分不能在本领域就业，那这样的专业还有存在的必要吗？笔者曾经听到一位编辑出版系的主任在会上说自己培养的学生为什么要去从事编辑出版工作，应该什么工作都可以做。这除了是为自己的培养对象无法在自己领域里就业的窘境辩护，还能说明什么呢？笔者虽不能完全赞同高等教育管理部门对连续几年就业率最低的专业限制甚至停止招生的政策，但是对于一个应用性学科，这样的政策导向也不是完全没有道理的。再请问，编辑家有几个没有从事过编辑的职业？由此可知，追问“是谁决定了只有从事过职业编辑工作的才能被称为编辑家”的人，不过是在为自己无缘编辑出版实务的遗憾粉饰而已。

而业界呢，似乎确也有点瞧不起编辑出版学，认为这个专业培养的学生既无学科背景，又无实践知识和编辑能力。记得在某一期某个出版专业类刊物上发表了一组文章，许多出版社的掌门人几乎是异口同声地公开表示了对这个专业不感兴趣。这种现象的发生，学界固然有责任，但是，我们业界是否也应该反思一下？我们的一些社长、总编辑，忙于为自己的两个效益建功立业，只知埋头拉车，却不抬头看路，论坛因此成了广告的发布场所，研讨会也因此演变为经验交流会。轻视理论，忽视研究，是目前中国出版业界之所以浮躁风气盛行，跟风出版屡禁不止的一个深层次的原因。试问，一个行业，或者说一个领域，没有了理念的支撑，没有了理论的导引，又将如何发展？

笔者在六年前就这样说过：“历史给我们留下的遗憾是，二十多年的中国出版业改革发展历程未能为我们提供和造就一大批具有较高理论水准和丰富实务操作经验的高层次管理人才。”“中国出版业呼唤高层次管理人才，呼唤中国出版理论界要紧紧扣住中国出版业的实际现状，呼吁中国出版社的社长总编辑们要抬头看路，去研究出版理论，去研究、了解出版业的发展大势。”而这种现象的长期存在，直接导致了一些学科建设的会议和专业的理论研讨会议的参加者除了少数是身兼实务与理论或者教学的出版人外，几乎清一色的是教育界人士。由此而开展的学科发展方向和道路的研究、编辑出版规律的探寻和发展趋势的研究就没有了实践的依托，这种状况下能贴近和适应中国出版业的实际需要吗？

这样一种现状的存在，严重阻碍了这个学科的发展，甚至至今还没有获得一个名正言顺的名分！难道这还不值得我们编辑出版学界、理论界、实务界重视吗？笔者作为一个身在业界，又是学界、理论界的人，由衷地担心，长此以往，编辑出版的学科建设固然会受到严重影响，而我们出版业的发展，同样也会因为缺少学界的支撑而受到制约。因此，笔者再次呼吁，我们需要的是编辑出版理论界、教育界与实务界的和衷共济、共谋发展，双方的相互配合、支持才是编辑出版学科得以发展的基础。

（原载《中国编辑》2009 年第 4 期）

深情思念老出版家王益同志

宋木文

深受我尊崇的老出版家王益同志，走完他 92 岁的光辉历程，告别了他为之毕生奋斗的事业和跟着他脚步前行的人们。1935 年参加生活书店的王益同志，在全国解放前，为革命出版工作做出了重要贡献；在全国解放后，他成为新中国出版事业的开创者之一。作为他的老部下和他的事业的继任者，我更想将悲痛转化为思念。

从 1959 年起，因同住文化部宿舍的一个楼层，我开始了解时任文化部出版局局长的王益同志，感到他知识渊博而又平易近人。1972 年，他和我先后从文化部“五七干校”返京在国务院出版口报到，接触也逐渐多了起来。但“文革”那种特殊政治环境使这位出版界的智者和行家难有作为。他当年曾悄悄对我说普遍存在两种人：一种是总想怎么整人，一种是总想怎么不被人整。这怎能使人做好工作呢？粉碎“四人帮”特别是十一届三中全会之后，这位多年受着压抑的智者和行家像获得了新生一样，从精神状态到工作业绩都达到了成熟出版家的高峰期，他抓改革，促发展，著书立说，稳步前行。

一、图书发行体制改革的首创者和奠基人

我国出版改革是从发行体制改革起步的，而发行改革则是由王益同志提出并组织实施的。

十一届三中全会之后，经过拨乱反正，我国出版事业很快得到恢复和发展，图书品种和印数迅速增长，广大城乡读者对图书需求更是与日俱增，出现了社会普遍关注、反映强烈的出书难、买书难的状况。这首先是由于印刷落后、出版周期过长造成的，而发行体制存在弊端使之流通不畅也是重要原因。从20世纪50年代初开始，实行专业分工，出版社集中精力搞编辑出版，图书发行由新华书店独家经营。这种体制有其历史积极作用，但流通渠道太少、购销形式和所有制形式单一，出版社不得自办批发；开办个体、集体书店也受到限制，这已不能适应改革开放的新形势。疏通流通渠道，搞活发行体制，增强发行能力，迫在眉睫。

经过充分调查研究，王益同志早在1982年即提出“以国营书店为主体，多种经济成分、多条流通渠道、多种购销形式，少流转环节”（“一主三多一少”）的改革思路，并被写入中共中央和国务院1983年做出的《关于加强出版工作的决定》，对主渠道的改革、出版社的自办发行、多种购销形式的出现和民营书业的发展，都起了推动作用。

1984年，王益同志又提出，从改变出版与发行绝对分工、出版社也要搞发行入手，推动包销改为寄销，适当提高书价，出版社由生产型向生产经营型转化，对图书出版与发行的传统体制进行综合配套改革的新思路。王益同志的意见在新华社“内参”发表后，中共中央政治局委员胡乔木于11月8日写信给邓力群并中宣部出版局、文化部出版局，说“王益同志所提意见，触及了现行出版发行制度弊端的症结所在，这是新中国成立以来没有人提出过的”。

王益同志积极倡导和组织实施的出版发行体制改革，既缓解了当时困扰出版界和广大读者的“买书难”，又为日后的深入改革打下了坚实的基础。

二、对振兴中国当代印刷的重要贡献

王益同志对发展我国印刷事业的贡献，应当以浓重的笔墨写入当代中国出版史册。

印刷术是中国古代的重大发明，是我们祖先对世界文明的伟大贡献。到了近现代，特别是到了需要加快发展出版事业的20世纪70～80年代，我们才痛切地感受到被西方发达国家远远地抛在了后面。印刷技术和装备严重落后，印刷生产能力严重不足，造成出书慢、出报难，出版周期长，压得出版部门各级领导人喘不过气来，成为当年天天讲、月月讲、年年讲的“永恒主题”。王益同志经过认真调研和周密思考，于1982年8月7日在新华社“内参”指出：“不尽快地用新式的机器和新的工艺来取代陈旧的老式设备和落后工艺，是很难改变书刊出版这种落后状况的”，“目前由使用单位进行研究的办法要改变”。他建议由国家经委牵头，“机械、轻工、化工等有关部门密切配合”，“搞好印刷技术改造”。这项建议得到中共中央政治局委员胡乔木的“完全赞成”，胡乔木在写给中宣部长邓力群并国家经委主任张劲夫的信中指出：“为了解决我国出版事业的极端落后状况，非请机械、轻工、化工三部门大力协作攻关不可。此事希望中宣部和经委共同牵头来解决。”从中央采纳王益同志的建议起，出现了一个重大转机，关注和解决出版印刷落后问题，不再局限于使用单位和宣传、文化部门，而是成为国务院领导下各有关部委共同谋划和实施的国家技术改造专项，并经十余年的协作攻关，我国印刷实现了由手工铅排到激光照排、由铅版印刷到胶印印刷、由照像制版到电子分色、由单机装订到联动装订的全面性历史飞跃，根本改变了我国印刷技术严重落后的面貌，为我国出版事业大发展大繁荣提供了坚实的物质技术基础。我在撰写《亲历出版三十年》之《印刷技术革命的历程及其历史性巨变》一文时，深情地回顾到："我个人有一种非常幸运的感受，在我担任新闻出版署主要领导职务的时候，再也没有当年徐光霄、王匡、陈翰伯那种沉重压力了，新闻出版署主管印刷的机构，再也不会像二十多年前那样做着全国印刷生产总调度室的工作，而是侧重于对我国印刷技术、印刷工艺和印刷企业管理如何赶超世界先进水平的筹划。人类印刷技术的发展，从铅与火到光与电是一个历史性的飞跃；现在又有了新飞跃，进入了0与1（数字化），或者可以说是光与电、0与1相结合的新时代。技术的革新与进步永无止境。抚今追昔，请允许我以中国出版界受益者的名义，对提出应由国家经委牵头组织联合攻关建议的王益同志"，向领导、主持、参与其事的其他同志，"表示由衷地感谢与敬意"。

三、一位出版实践家和理论家

王益同志一生只做了出版这一行，而出版的各个主要方面他都工作过。他长期从事图书发行工作，也做过编辑出版和书刊印刷工作，更长期在国家出版管理机关担任领导职务。王益同志一生为出版事业一直在不倦地追求，不倦地奋斗，不倦地奉献。王益同志有丰富的实践经验，又善于思考和总结，将实践经验上升为理论。他对我国出版的历史和现状有比较全面和深入的研究，对外国出版业做过比较系统和深入的考察，写了大量的立意新颖、论据严谨、文风朴实的文章，他对我国出版学的形成和发展以及对出版实践问题的解决，都做出了重要贡献。他一生笔耕不辍，著述甚丰：著有《王益出版发行文集》《王益印刷文集》《出版工作基本知识》《王益印刷发行文集》

（续编、三编、四编）等；主编《图书商品学》，亲自撰写《前言》和有较高理论水平的《总论》（上编）第一至第八章。他在80岁高龄时，还翻译出版了美国一位出版家的专著《图书出版的艺术与科学》，赠送给出席庆祝他从事出版工作60周年座谈会的同志，使与会者不仅能够读到这部有借鉴意义的专著，而且更可以从中体验到这位老出版家对出版事业极端负责、精益求精和不断进取的精神。王益同志以他的出版学著作，给我们留下了一笔丰厚的遗产。

四、严谨求实创新的楷模

以我和他几十年的接触，我认为王益同志最大的特点也是特长，是他的严谨求实的精神。他从不夸夸其谈，也少有豪言壮语，总在勤勤恳恳、扎扎实实地工作着。大到对一个重要理论问题和实践问题的探求，如国家印刷技术改造专项的建议与筹划，小到对一个技术性问题的解决，他都要通过对大量的信息资料和准确数据进行认真细致的分析，得出符合客观实际的正确结论。工作中讲科学、严谨与准确，他首先做到了，也对他的追随者从严要求。1981年，我起草国家出版局党组向中央的汇报提纲，在讲出版重要地位时，不经意地写出："有史以来，在整个人类文化绵延不断发展的过程中，图书出版一直是传播和积累优秀文化的主要工具。"王益同志批道："不能说'有史以来'。中国是有出版事业最早的国家，历史也不过一千几百年。"对我未多加思考写下的这个"有史以来"，他只做批注而未做删改，这一细节多少也反映了他处世待人的一种风格。

王益同志不断进取、勇于创新的精神，深受与他共事的人们及其继任者所称道。他不满足现状，总是想多做贡献；他不守旧，一直在追求创新。20世纪80年代，王益同志已是出版战线的一位老兵了，而这位老兵却在书写新传，在不断创新历史。当年为打破独家垄断、搞活流通而推行发行体制改革，就是在这位老兵带领下，克服各种困难和阻力而不断取得改革新成果、创出一片新天地的。读读这位老兵当年那些讨论发行改革的文章吧，你会感受到一位有个性的稳健的改革者在向你走来。当前，出版界正按中央的部署进行出版社的转企改制，然而，人们也许未曾注意，首先提出出版社应确定为企业而不应是事业单位的乃是王益同志，是他在《出版发行研究》1999 年第 1 期发表的《事业乎？企业乎?》一文中提出的，进而引起出版界的广泛关注和热烈讨论，起到了当年引领出版舆论的积极作用。

我深情地思念着王益同志。我曾这样说过："我从他对出版事业的贡献中得益，使我有一种'坐享其成'之感；我从他思想品格中得益，却使我感到同他有一种难以缩短的差距。"王益同志对出版事业的重要贡献和不倦追求的思想品格，将永远激励着我们。

（原载《出版发行研究》2009 年第 4 期）

敬悼王益同志

邵益文

王益同志逝世的噩耗传来，令人悲痛。虽然说他享年 92 岁，可以说是喜丧了，但从此再也见不到这位忠厚的长者，心里仍感到难以承受。王益同志的逝世，是中国出版界的巨大损失。

回想 25 年前，我有幸在王益同志的直接领导下，从事中国出版发行科学研究所（1989 年 8 月改名中国出版科学研究所）的筹建工作。他考虑问题的全面深入，对工作要求的明确，在落实过程中的细致耐心，给我留下了极为深刻的印象，也给我很大的教育。

1984 年，文化部正式批准筹建中国出版发行科学研究所，并任命王益同志为筹备组组长，叶再生同志和我为副组长。王益同志当时已六十七八岁，是文化部出版局的顾问，他还管发行改革和印刷方面的事，头绪相当繁多。但对研究所的筹建工作，他深思熟虑，不仅早有谋划，而且一直抓得很紧。在他的心目中，办好研究所，是出版行业基本建设中之基本。

早在 1984 年 4～5 月，王益同志就在《出版工作》杂志（当时有关出版的唯一的一个内部刊物）上发表文章，在谈到出版学术研究的现状时，他概括了“五个没有”和“三个二十”。“五个没有”就是：一没有出版学院，甚至在大学中也没有出版系（新闻方面的系有 21 个）；二没有出版研究所（新闻方面有

30 多个研究所或研究会）；三没有出版过讨论出版发行工作的学术著作（新闻方面新中国成立前后出版过论著七八十种）；四没有公开发行的讨论出版发行工作的学术性刊物（新闻方面有 34 种）；五没有社会公认的出版发行的专家学者，因为“出版发行学”还没有建立起来。他强调这“五个没有”，对出版事业的发展、出版工作质量的提高、出版人才的培养成长，都十分不利。王益同志还明确指出：“五个没有”中，首先要办好研究所。为了办好研究所，第一步，他提出了“三个二十”，即二十个人、二十间房、二十万元的经费，这是开办的前提条件。王益同志的五个“没有”，是当时出版科研的实际情况，“三个二十”，也是根据客观要求与可能提出来的，在那时的具体条件下，已经很不容易了。

筹备组成立以后，王益同志主要抓了几件事。

其一，协助局党组研究制订研究所的方针、任务和工作原则。经过多次讨论，确定研究所的方针是：在马克思列宁主义、毛泽东思想和邓小平理论指引下，坚持“两为”方向，贯彻“双百”方针，理论联系实际，研究出版工作中的重大理论问题和实际问题。任务是要对中国出版发行工作的历史和现状、理论和实践进行全面系统的研究；组织编撰有关出版发行科学的学术性、资料性和信息性书刊和教材；收集、翻译国外学者、专家有关出版工作的学术著作、资料，作为发展中国出版科学的借鉴。明确出版科学研究工作要实行专业研究和业余研究相结合的原则，广泛依靠出版战线及有关方面从事编辑、出版、发行科学研究的人员，交流研究资料和研究成果。

其二，访问请教专家、学者，向他们学习取经。文化部出版局对建所工作十分重视，主管副局长刘杲同志和筹备组组长王益同志曾经做过许多具体的指示，要我们走访有关部门、兄弟研究所和有关的领导同志及学者、专家，听取他们对建立出版发行研究所和开展工作的意见。他们首先要我们走访新闻研究所、法学研究所等兄弟单位，学习他们的办所经验，并征求有关部门、有关单位的领导和专家的意见。我们访问了王子野、陈翰伯、王仿子、叶至善、陈原、罗竹风、高斯、胡道静等领导同志、学者和专家，宋原放、胡真、蔡学俭等同志还专门邀集当地的老出版人以及关心出版研究的同志和我们座谈，大家提出了许多很好的意见和建议，对具体开展建所工作有很大的帮助。

其三，深思熟虑，解决人员编制问题。经过半年多的筹建，王益同志的“三个二十”的设想，已经基本实现，但真正要开展工作，二十个人显然不够。但要编制，这是个大问题。局党组召开会议反复讨论，听取各方面的意见。但各方面对人员编制意见不一，有的说五十人，有的说七十人，也有的说要一百多人。究竟以多少人员编制为好？王益同志认为：提出人员编制既要看研究所工作的实际需要，又要考虑编制委员会可能批准的概率，如果一有反复，那就会旷日持久，造成麻烦。加上当时正值精简机构，压缩编制的时候，要新建机构，扩大编制，实在是一件很不容易的事。王益同志为此煞费苦心，考虑再三，决定提出“力争七十，死保五十”的方案，并为此准备了许多资料和多种理由，准备向有关方面申述。报告上送不久，编制委员会就找我们去当面商谈。一位姓庞的局长接见了我们，我们汇报了研究所筹建情况和编制方案。这位局长很客气，没有提出疑问，也没有要我们论证，只问了一下，这样的研究所现在有几个，我们说“只此一家”。他深思了一下说，新闻有好几个研究所，连有的省和大学都有，出版只有这一个研究所，七十人也不多。并说，目前编制是紧，但真正需要的，应该给，不需要的，一个也不能给。你们回去研究一下，把正式的编制方案报来。他这个表态，真是出乎我们的意料，我们心里的一块石头也落了地。在回来的路上，王益同志很高兴，说："想不到问题解决得如此干脆，这也鼓舞我们一定要把出版科研工作搞好。"这里也使我深深地感到，党对出版社事业的关怀和处理问题的实事求是精神。

其四，重视研究队伍建设。王益同志强调研究所的行政工作人员不要多，专业人员要坚持有真才实学，同时要做好业余研究队伍的工作。他认为，专业研究人员总是有限的，很难适应开展工作的需要，一定要坚持专业研究和业余研究相结合的原则，尽可能调动各方面的研究力量，发挥他们的积极性。他要求我们对业余研究队伍做一次认真的调查摸底，做到心中有数。他仔细审核了我们设计的调查表，要求印几百份，并以文化部出版局的名义，发文给各省、市出版局和中央部委出版社及新华书店总店，要求各地按我们提出的条件，发给有关人员填写，按规定时间报送研究所筹备组。这次调查，得到各地的热烈响应，有的还嫌表格不够，来电话索要，有的书店的老同志一看"出版发行研究所"这个名词，觉得发行工作终究被承认为一门学科，感动得热泪纵横。这次调查，不但是对业余研究力量的一次摸底，也是对研究所筹建工作的一次造势。返回的表格有三四百份，王益同志抽看了其中的一部分，高兴地说："这里面真是有一批人才。"事实证明，后来研究所工作的开展，依靠了大量的业余研究力量，产生了许多科研成果。

其五，重视资料收集工作。王益同志认为我们对出版资料尤其是国外的出版资料收集甚少，要十分重视、认真地做好这项工作，这是做研究工作的基础。他一方面以出版局的名义，给各省、市出版管理机构和新华书店、中央各部委出版社发文，要求提供可供研究的资料，一方面和一些老同志沟通，请他们把可割爱的书刊捐赠给研究所。同时，要求研究所预订国外有关出版工作的杂志（由于限于外汇，他要求订几种最主要的刊物）。所以到第二年研究所正式成立时，就看到了这些刊物，对研究所工作起了很好的作用。王益同志这种细心的工作精神，实在令人敬服。

王益同志刻苦学习的精神，更是令人敬佩。他六七十岁了还在学英文，还动手翻译出版了一本书。一次，我和他谈起我们要出版一本英译中的书稿，他提出把书稿给他看看，结果他认认真真地看了书稿，改正了不少差错，还提出许多问题，请译者斟酌。译者是位年轻人，看了十分感动，说："这样的编辑现在太少了。"但他哪里知道，这位"编辑"的年龄可能比他的祖父还大，而且是拿了放大镜审读他的稿件的。

王益同志是大家敬重的我国出版界的一位元老，从 1935 年参加生活书店起，一直服务于出版工作，他在我心目中的分量很重。他热爱出版工作，忠于职守，一心扑在工作上，为中国特色社会主义出版事业做出了杰出的贡献；他平易近人，关心同志，正派公道，不愧为一名优秀的老共产党员。他是我学习的榜样。现在他走了，我将永远怀念他、学习他，他将永远活在我的心中。

（原载《出版发行研究》2009 年第 3 期）

倾心执著编书　潜心研究立学
——怀念编辑出版家阙道隆

程绍沛

编辑出版家阙道隆走过81年的人生历程，驾鹤西去。阙道隆逝世后，中国编辑学会名誉会长刘杲送的挽联，表达了对逝者的高度评价和深情怀念：

壮年编书老年立学知行结合垂后世，
诗论吐凤文论雕龙师友长逝恸余生。

“壮年编书，老年立学”，是对阙道隆编辑生涯的高度概括。他1955年调入中国青年出版社（以下简称中青社）从事编辑工作，历任编辑组长、编辑室主任、副总编辑、总编辑、编审。是中国编辑学会顾问，第一、第二届副会长，为享受政府特殊津贴的专家。他在四十余年的编辑生涯中，在把握青年读物的出版方向、组织高质量的青年读物出版方面成绩卓著，是一位资深编辑专家。他在编辑学研究上孜孜不倦地奋力探索，为编辑学学科建设做出了重要贡献，赢得了出版界同仁的尊重和赞誉，是一位有成就的编辑学专家。

一

作为资深编辑，阙道隆勤勉耕耘，主持编辑出版了一批有重大社会影响的青年读物。他长期负责青年修养、文学艺术和哲学社会科学读物的初审、复审和终审工作。1960年以前，他主持编辑的《青年共产主义者丛刊》，是当时较有影响的青年政治思想修养读物之一。1960年以后，他担任中青社文学编辑室主任，具体主持了长篇小说《红岩》的编辑工作，和该书责任编辑一起，倾注全力与作者一起研究小说的修改方案，使该书在质量上有很大提高。该书成为我国对青少年进行革命传统教育的优秀教材之一，对一代又一代青年的成长发挥了重要作用。他主持了长篇历史小说《李自成》第一卷的编辑工作，并负责该书的复审。《李自成》第一卷的出版，开创了中国长篇历史小说的先河，在国内外都有广泛的影响，曾受到毛泽东主席的肯定。他还参与了《风雷》《朝阳花》《韶山风云》等书的编辑工作。为了宣传焦裕禄的模范事迹，他率编辑人员深入兰考，参与了《焦裕禄在兰考》一书的编写工作。这一时期，他负责复审和终审的书稿有《王若飞在狱中》《短篇小说选》《古文选读》《诗词例话》《历代文选》等几十种读物。这些有较大影响的文学艺术作品和经典文选，受到广大青年读者的欢迎，产生了广泛的社会影响。

阙道隆勤于笔耕，才思敏捷，不仅有较强的编书能力，还有很高的写作水平。他在主持做好编辑工作的同时，为《凤凰琴》《山水情》《我们这一代年轻人》等多种图书作序或写读后感，为多种期刊撰写文章。他还撰著《处世智慧》，主编《中国文化精要》和《朗文中文新词典》等。这些充分反映了他丰富的学识和过人的才华。

二

作为出版社的总编辑，阙道隆善于开拓，能提出新的出书思路。20 世纪 80 年代初，阙道隆任中青社副总编辑，协助当时的社长兼总编辑朱语今全面主持编辑工作。1983 年他任中青社总编辑，又和此后两任党组书记和社长密切合作，克服困难，共同开创中青社出版工作新局面。尽管在他任总编辑的十多年中，出版界在不同的时期曾受到某些错误思潮干扰，但他坚决贯彻党的出版方针，坚持社会效益第一和质量第一的原则，为中青社组织出版了一批好书，使中青社多年来始终沿着正确的轨道前进，既继承了中青社在 20 世纪 50～60 年代形成的出版传统，又在改革开放的条件下不断创新。

“文革”使广大青年失去了正常的学习机会，同时社会上出现了“书荒”。为了给广大青年在思想道德和文化知识教育方面“补课”，为培养“四有”新人提供优质的精神食粮，阙道隆认真贯彻落实邓小平同志在党的理论工作务虚会上提出的“一定要赶快组织力量，定好计划，在尽可能短的时间里陆续写出并印出一批有新内容、新思想、新语言的有分量的论文、书籍、读本、教科书来，填补这个空白”的要求，积极与有关编辑室研究，落实出版计划。经过几年努力，中青社有计划地推出了六十余种通俗政治理论读物。其中《通俗哲学》《中国共产党历史讲话》《趣味逻辑学》《政治经济学简明读本》《共产主义道德概论》等读物，在 1983 年首届全国通俗政治理论读物评奖中获一等奖或二等奖。不仅获奖等级高，而且数量多，在当时的出版界名列前茅，为中青社赢得了荣誉。

阙道隆注重调查研究，每年都要抽出时间深入基层进行调查，根据党的教育方针和新时期青年读者的实际需要，全面规划和安排出版社的编辑出版工作。他主持制订了中青社 20 世纪 80 年代的出书规划，先后组织出版了《青年文库》《祖国丛书（中青部分）》《现代科学知识小百科》《哲学小百科》《科学与社会丛书》《社科新论丛书》《中华文化集粹丛书》《走向国际市场》等一大批具有广泛影响的丛书和套书。其中的《青年文库》，兼备理论性、知识性、稳定性和可读性，是一套既切合青年需要，又具有较高知识质量的大型综合性基础知识丛书。这套书从1978—1989年先后经过12年时间，共出版各种读物120种，总印数2 987万册，平均印数24.8万册，获得了双效俱佳的效果。特别是他在天津做调查研究后，在他的提议下，中青社在20世纪80年代初期创办了《青年文学》和《青年文摘》两份青年刊物。《青年文学》的出版为一批青年作者提供了展示文学才华的平台。其中不少作品多次在国内中短篇小说评奖中获奖，一大批作品为各地文学刊物所转载，有的还被改编为电影或电视剧。《青年文摘》这份刊物，由于办刊宗旨明确，刊物定位准确，风格清新独特，注重展现当代青年自尊、自立、自强的精神风貌，探讨青年关注的时代、社会、人生等问题，给广大青年以强烈的吸引力、感染力，被广大学生家长誉为最放心的青年刊物。在期刊如林、市场竞争激烈的情况下，刊物发行量节节攀升，现已成为我国发行量最大的青年刊物，成为中青社可持续发展的重要经济支柱。

阙道隆作为编辑出版家，在丰富的实践经验基础上，经常思考和探索新形势下怎样办出版社，怎样做编辑出版工作的课题。他在《市场经济条件下的办社思路》一文中提出，社会主义市场经济条件下的出版社，仍然要保持它的文化品格，完成传播文化、积累文化的任务。他鲜明地提出以质量求效益，以经营求效益的办社思路。通过提高书刊质量，加强经营管理，来实现优质高效的目标。贯彻这种办社思路，一要明确办社宗旨，选择出书重点；二要一手抓精品，一手抓畅销书；三要积累保留书目，增加可供书目。他认为，衡量一个出版社的成绩和实力，主要看他积累了多少保留书目。中外一些著名出版社的优势就在于它们的保留书目多，因而能长盛不衰。他在《编辑工作如何定位》《迎接“入世”后的文化挑战》《新时期的青年读物出版工作》《出版经营六法》等文章中，从出版战略和策略上阐述了新时期办社思路，阐明如何提高出版物竞争力和效益，表现了他的远见卓识和高超智慧，给人们以宝贵的启示。

三

阙道隆作为编辑学研究学者，潜心研究，为编辑学学科建设做出了重要贡献。他从 20 世纪 80 年代中期开始，结合自己的工作实践，利用业余时间，进行编辑学的研究。由他担任主编的《实用编辑学》一书，被学者称为我国第一部书籍编辑学专著，获全国首届编辑出版理论图书奖。他离休后，仍心系编辑事业，潜心于编辑学研究。他在《中国编辑》《出版科学》《编辑学刊》等国内各种编辑出版专业刊物上发表了数十篇编辑学研究论文，探讨编辑理论和编辑实践，探索编辑出版工作的客观规律，思想深邃，见地独到，受到业界、学界广泛关注。其中，《编辑学活动的性质和社会功能》一文获首届全国出版科学研究优秀论文奖，并被收入日本出版学会年刊《出版研究》中。他的另一篇编辑学论文《论编辑构思》，获上海《编辑学刊》论文评奖一等奖。他担任《编辑实用百科全书》的副主编、《出版词典》的编委，主持《出版词典》的编辑分支 1 000 多个条目约 30 万字的编撰工作。由于他在我国编辑学研究方面的贡献，他先后被中国出版科学研究所聘为首批特约研究员，被新闻出版总署任命为高等学校编辑专业教材编审委员会主任，负责编辑出版专业教材的编审工作。他和徐柏容、林穗芳合著，由辽宁教育出版社出版的《书籍编辑学概论》，成为高校编辑学专业的主要教材，受到业界和学界的普遍重视。特别是他潜心研究编辑学理论的长篇力作《编辑学理论纲要》，被公认为中国编辑学开始走向成熟的一个标志。他还担任《中国编辑》编委、《中国编辑研究》年刊的主编。他在任《中国编辑研究》主编的十年中，主持选编了大量高质量的编辑研究论文，丰富和积累了有价值的编辑学研究成果，为推动我国编辑学研究和编辑学学科建设做出了重要贡献。

阙道隆对编辑学的研究大体经历了三个探索过程：从工作总结到理论探索，从重大理论课题的思考到学科体系的构想，从研究书刊编辑学到研究涵盖多种媒介的普通编辑学。这个探索过程也在一定程度上反映了 20 世纪 80 年代以来我国编辑学研究的历史进程。阙道隆注重把学术研究与严谨治学结合起来。他把“勤、谨、和、缓”作为一种良好的治学方法。他说：我们搞研究、做学问，离不开一个“勤”字，“勤”就是不偷懒，不怕苦，做事持之以恒；“谨”是严谨审慎，一丝不苟，谈意见、下结论，要有证据；“和”是心平气和，虚心体察，不感情用事，在学术研究上有平和公正的气度；“缓”是不轻易做结论，不轻易发表著作，在意见不成熟、证据不充分时，宁可缓一缓，放一放。他的这些可贵的精神和品质，是他成为资深编辑、编辑学研究学者和编辑出版家的一个重要原因。

四

阙道隆学有专长、成绩卓著，但他谦虚谨慎、低调做人。2008 年 3 月，阙道隆 80 岁生日时，许多和他共事多年的老同志提议要给他过 80 岁生日。鉴于他在编辑出版事业上取得的成绩，有的同志提议在他生日时开一个编辑思想研讨会。我受一些同志的委托，写了一个《阙道隆 80 寿辰暨编辑思想研讨会方案》，得到中青出版总社领导的关心与支持。当我们把这个想法告诉他时，他坚决反对；我们说把会议规模尽量缩小，他也不同意。他毕生致力于编辑出版事业，业绩突出，但并不追求个人的荣誉，甚至他主持编辑的图书也没有他的名字，然而却倾注了他的心血。他为中青社建社 40 周年而作的《叶的事业》一文中说："果实的事业是尊贵的，花的事业是甜美的，叶的事业是谦虚的……编辑出版事业属于叶的事业，需要的是谦虚的、专心的奉献精神。"他是这样说的，也是这样做的。这是对编辑工作者不求闻达、默默奉献的职业品格的最好说明。

高山景行，生荣死哀。阙道隆的逝世，使出版界失去了一位资深编辑出版家，也使我们失去了一位可敬的良师益友。他虽然离开了我们，但他的奋斗业绩将与他主持编辑的传世之作延之久远，他的治学风范和高尚品格永远值得我们学习。

（原载《中国编辑》2009 年第 5 期）

阙道隆及其《编辑学理论纲要》

蔡学俭

2009年6月11日12时，编辑家阙道隆的心脏停止了跳动。

6月12日，中国编辑学会致唁函悼念这位著名编辑家，肯定“他在编辑出版工作中取得的辉煌业绩，在编辑教育事业和编辑研究上作出的重要贡献”，认为“他的逝世，是编辑出版事业的损失，是中国编辑学会的重大损失”。

7月10日，《中国新闻出版报》发表胡守文追忆恩师阙道隆的文章《若有碍难可问谁?》[1]，回忆老阙的为人处世和办事治学，情深意切，读后不禁为之同声一哭。

我同阙道隆相识于1992年，那年12月13日中国编辑学会成立，他和我同时被推选为副会长，渐近古稀之年因编辑学研究而结识，又因性格、思想、见解相投而逐渐成为莫逆之交。在我担任《出版科学》主编和执行主编这段日子里，他和其他出版界专家一道成为刊物的基本作者，他在此期间写的文章几乎都交由《出版科学》发表，刊物也因刊发他和其他基本作者的文章而得以提升学术深度和理论高度。我同他的交往不止是编者和作者的关系，还是师友关系。他比我年长，学识远胜于我，特别是在编辑理论研究方面具有深厚修养，从1986年主编《实用编辑学》到1995年与徐柏容、林穗芳合著《书籍编辑学概论》，以及在《编辑实用百科全书》中撰写若干词条和在报刊发表诸多专文，都体现了他的学识根底和研究功力。我在编写

《图书编辑工作基本规程》时，就认真学习和借鉴了他的许多见解，深感受益匪浅。

1996 年，中国编辑学会将编写编辑学理论框架作为一个重要研究课题。刘杲会长提出："这个理论框架应当是迄今为止编辑学研究成果的一种提纲挈领的归纳"，"它要争取比较多的人认可"，"这里讲的认可，不是指对理论框架具体内容的完全同意，而是对理论框架的参考价值的基本肯定"，"理论框架对进一步深入研究编辑学，不是限制和束缚，而是提供一种参考和服务"[2]。20 世纪 80 年代以迄当时的编辑学理论研究，已经取得可喜的进展，尽管还拿不出成熟的编辑学理论，但拿出一个理论框架还是有可能的。中国编辑学会和刘杲会长的这项要求既是现实需要也具有客观基础。

1997 年 9 月，中国编辑学会在银川市开会集中讨论理论框架，天津市编辑学会和六七位与会者提出了各自的方案。会后，阙道隆、林穗芳和逸士（庞家驹）写出关于编辑学理论纲要的构想。《出版科学》1999 年第 1 期发表了刘杲的专文《我们的追求：编辑学》和这三篇"构想"[3-5]，其目的在于引起更多同行的关心和参与，以便集思广益进行攻关。后来，编写理论框架的任务实际落到阙道隆身上。他是编辑理论研究的实践者和见证人，又担任《中国编辑研究》年刊主编，熟悉研究动态和各种有代表性的观点，胸有成竹且学风严谨，善于汲纳不同意见，自然是理想人选。

阙道隆在《编辑学刊》1998 年第 1 期发表了《建立和完善编辑学的学科体系》[6]一文，提出编辑学总论、编辑活动、编辑活动与社会、编辑活动主体、编辑活动对象等 12 个研究课题。此后着手研究这些课题，使之向理论框架转化。1998 年 6 月，写出《〈编辑学理论纲要〉构想》[3]（以下简称《构想》），发表于《出版科学》1999年第1期。《构想》分11个专题，内容已比较具体、系统。2000年初夏，中国编辑学会先后召开两次小型研讨会，集中讨论编辑活动的共性和编辑学理论框架问题。与会者肯定阙道隆的《构想》有较好基础，同时提出许多意见。例如明确理论纲要的研究对象，根据研究对象确定理论纲要内容，避免两者脱节；充实编辑理论的内容，不能回避编辑规律等必须回答的问题；反映我国编辑理论研究成果，对不同意见可以介绍各种观点，同时申述己见；等等。

阙道隆认真研究了这些意见，又广泛搜集有关文献资料和著作及专文，从2000年7月开始修改增删《构想》，到2001年3月，前后经过七八个月时间写成《编辑学理论纲要》（以下简称《纲要》）初稿。同《构想》相比，《纲要》内容已有很大变化，增加和重写的章节占全文2/3，其余章节也有重大补充修改，篇幅从2万多字扩展到近6万字。初稿写成排印后送北京及外地一些专家征求意见。其间，阙道隆还走访了有代表性的编辑理论研究者，相互商量切磋。2001年5月，中国编辑学会邀请部分在京研究者讨论《纲要》，6月最后定稿交《出版科学》发表。在定稿和校阅清样过程中，阙道隆又字斟句酌反复推敲，如在读者后加"（受众）"、编辑与编辑工作者提法使用上的区分等就权衡再三。我当时在北京，作为责任编辑，目睹他兢兢业业、一丝不苟的治学态度和敬业精神，深深为之折服和感动。

《出版科学》2001年第3期和第4期刊发了《纲要》全文[7]。《纲要》包括《导言》《编辑概念》《编辑活动》《编辑过程》《编辑工作者》《编辑与作者、读者（受众）》《编辑与传播媒介（上、下）》《编辑与社会》《编辑规律》《编辑价值》《编辑模式》《编辑规范》《编辑风格》共13章。阙道隆在《纲要》的《后记》中曾说明自己对《纲要》不敢提出更高的要求，只是希望能实现三个目标：一是对众说纷纭的编辑概念进行清理整合，为进一步研究提供新的起点和基础；二是将分散的理论研究成果系统化，形成编辑学的理论框架；三是对编辑价值进行理论分析，建立比较科学的编辑理念和编辑价值观[8]。林穗芳提出撰写《纲要》有三大难题：一是对众说纷纭的“编辑”概念如何处理；二是编辑的规律是什么，以及如何表述；三是编辑学有哪些基本范畴和概念，在《纲要》中怎样组成一个逻辑严密的体系[9]。这三大难题和三个目标文字表述有同有异，但基本点是吻合的。阙道隆在写完《纲要》后说：“为了实现上述目标，我已付出自己的全部力量。”[8]林穗芳在评述《纲要》时也实事求是地指出：从“《纲要》文章的内容可以看出作者为把这三大难题解决好煞费了苦心”[9]。这是两位在编辑理论研究上卓有建树又有不同观点的老友出自肺腑之言。应该说，《纲要》基本实现了三个目标和比较妥善地解决了三大难题。

熟悉我国编辑理论研究情况的人都知道，有关“编辑”概念的解释多达几十种，《纲要》介绍了姚福申、胡光清、刘光裕、林穗芳、王振铎、任定华、邵益文、陈仲雍八家的观点，其中主要是“两种编辑”的争论。林穗芳、刘光裕提出要区分“两种编辑”，即作为著作方式之一的“编辑”和作为出版工作一部分或一种专业工作的“编辑”，编辑学研究的不应该是前一种编辑，而是后一种编辑。其他论者则认为古今编辑活动既有个性又有共性，在古代为成书做准备，近现代以后为出版做准备，两者都是编辑学研究的对象。《纲要》可贵之处是没有简单地引述各家的原话，而是对各种观点的特点加以概括，指出几种观点的区别及其共同点，并肯定“不同观点的争论，深化了编辑理论研究，形成了自由讨论、生动活泼的学术气氛”。在上述分析基础上，阙道隆提出“对编辑概念宜作广义和狭义的理解和界定”。“广义的编辑包括古代作为成书方式的编辑活动、各媒介组织中的专业编辑活动和社会上的非专业编辑活动。狭义的编辑指各媒介组织中的专业编辑活动”。“本文除研究这种专业编辑活动之外，还把作为成书方式的古代编辑活动和社会上的非专业编辑活动纳入研究视野之内。因为它们有共同的本质，研究它们的共同本质，有利于开阔研究视野，揭示编辑活动的普遍规律”。界定“编辑”概念是编辑学赖以确立和发展的前提。阙道隆整合众说，提出区分广义编辑和狭义编辑，以期在此基础上构建编辑学理论框架，这种努力是应该肯定的。他的概括和论述也确实得到许多论者的理解或认可。林穗芳在上述文章中认为它“反映出作者编辑观点的新发展”[9]。王振铎、朱燕萍认为，对编辑概念做广义和狭义两种解释是一种“提高和创新”，“更有利于推动编辑学的学科建设，特别是普通编辑学的学科建设”[10]。另外也有论者如蔡克难[11]等对这种区分提出了异议。

编辑规律是编辑学理论研究中的又一难点，“如果找不出公认的编辑活动的客观规律，就不能认为编辑学已经真正确立”[9]。《纲要》第九章集中讨论编辑规律，介绍了20世纪80年代以后有关编辑规律的研究成果和王振铎、徐柏容、向新阳、逸士等人的见解。阙道隆在引述这些见解时，密切关注论者的研究进展，力求将新的成果纳入《纲要》。如介绍王振铎的编辑理论观点后特别说明“这是作者文化缔构编辑观的最新表述”。在介绍向新阳1995年提出的编辑劳动三条规律后，又补充向新阳后来提出的第四条规律，说他“对编辑规律进一步作了比较系统的阐述”。在此基础上，阙道隆着重阐述了自己的三条编辑活动普遍规律。陈述众说又申述己见，这是《纲要》中常见的一种研究方法，既能纵向展现研究进展，又能横向概括研究成果，便于读者在比较中加深理解。这反映了阙道隆在研究中尊重已有成果和实践进展的实事求是的科学态度。《纲要》不足之处是当时没有来得及对编辑基本规律进行讨论。此前已有一些论者对此做了阐述，如刘杲在1999年1月就提出：“我认为，编辑活动的基本规律是对人类创造的文明成果的选择、加工和传播。选择，包括优化和创新。加工，包括内容和形式的优化。传播，包括复制成果和服务受众”[2]（以后表述有修改）。还有一些同志也有自己不同的见解。《纲要》刊发后，一些论者对缺失编辑基本规律研究提出了意见。2001年11月，中国编辑学会召开全国编辑学理论研讨会，重点讨论编辑基本规律。会议提出了对编辑基本规律的几种不同表述。2002年5月，阙道隆发表《试论编辑基本规律》[12]一文，说明修改《纲要》时已经思考了基本规律问题，由于《出版科学》发稿在即，只能暂付阙如。全国编辑学理论研讨会后受到启发，形成了对编辑基本规律的看法。他提出：“在文化创造和传播过程中编辑与社会相互作用规律，是编辑活动的基本规律。”这是《纲要》发表一年后作者的研究成果，它不同于其他一些研究者的见解，但与《纲要》的研究内容是一脉相承的。

阙道隆十分重视编辑与社会的相互作用。他认为编辑与社会的关系是编辑学研究的重要课题。编辑活动是编辑主体的创造性活动，但不是随心所欲地创造，而是在既定的社会环境中创造，社会环境对编辑活动具有制约作用。编辑活动对社会环境也具有能动作用，它通过对文化产品的策划组织和选择优化，建构社会文化体系，并对作者、读者和整个社会产生影响。编辑与社会相互作用的结果，推动了编辑活动的发展和社会的文明进步。因此，“编辑学不仅要研究编辑过程中各个阶段、各个工作环节的关系，编者与作者、读者（受众）的关系，以及编辑活动与传播媒介的关系，还要研究它与社会经济、政治、文化、科技的关系”[7]。基于这种认识，《纲要》设专章讨论编辑过程、编辑与社会、编辑工作者，以及编者与作者、读者（受众）的关系，编辑与传播媒介的关系（第三章、第四章、第五章、第六章、第七章、第八章），在《导言》中还设有一节“编辑活动的社会功能”。他提出的编辑活动三条普通规律（尊重作者创作个性与编者选择把关相统一规律，传播已有文化成果与文化创新重构相统一规律，保证文化产品质量与掌握最佳传播时机相统一规律），其立论都可以在编辑与社会的相互关系中找到依据。他提出的编辑基本规律和上述三条普通规律的表述与《纲要》此前各章内容逻辑相连，构成比较严谨的框架体系。可以看出，从编辑与社会的相互关系中研究编辑学，构建理论框架，这是《纲要》的着力点。

基本范畴的确立是学科走向成熟的标志。《纲要》为构筑编辑理论体系，还提出和阐明了若干编辑基本范畴，如编辑价值（第十章）、编辑模式（第十一章）、编辑规范（第十二章）、编辑风格（第十三章）。编辑价值是作者创设的范畴，强调编辑活动必须坚持以文化价值为本位价值，以出版传世之作为最高价值目标。将编辑价值列为编辑基本范畴，既具理论意义又有现实意义。编辑模式是近些年编辑学研究提出的一个重要范畴。编辑模式是一种客观存在，它的变革是一种趋势。对于古代中国封建主义的编辑模式和现代西方资本主义的编辑模式，不能全盘照搬，只能继承发扬精华，舍弃糟粕，建立与当代中国特色社会主义相适应的编辑模式。编辑规范既是文化传播和编辑活动客观规律的反映，也是其发展要求。广而言之，规范为一切社会活动包括文化活动所必需，没有规范同没有创新一样，编辑活动就会停滞不前。编辑风格是编辑主体追求的高尚目标和境界，是编辑主体成熟的标志。在追求编辑风格的过程中，编辑主体的自主性和创造性能得到充分发挥，自我价值和社会价值也能充分展现。在文化建设和传播中做出重大贡献的编辑组织和个人都具有鲜明的编辑风格。《纲要》阐明这些基本范畴不在于其是否完全准确，这些基本范畴及范畴表述容或有许多可以商榷之处，其重要意义在于有了对基本范畴的梳理和初步界定，就为继续深入研究编辑学理论打下了扎实基础。正如刘杲所说，它“不是限制和束缚，而是提供一种参考和服务”[2]。

从中国编辑学会和刘杲会长提出编写编辑学理论框架到《纲要》问世，经过了五六年时间。从阙道隆构思课题到写成《纲要》，按《实用编辑学》算起，经过了更长时间。《纲要》自然有不完善之处，但应该说中国编辑学会交办的研究课题已经完成，刘杲会长提出的要求已经实现。正因为这样，才有许多公允的评价，如《纲要》“被公认为中国编辑学开始走向成熟的一种标志”（中国编辑学会唁函）。“《编辑学理论纲要》的发表反映了我国编辑学研究二十年来的长足进步，并在研究的核心领域填补了空缺，因而具有里程碑的意义。”“他‘付出自己的全部力量’呕心沥血地写成的这篇理论纲要，我们应该特别珍惜，使其充分发挥作用。”[9]《纲要》集中阐述了此前众多学者对编辑学理论的观点和研究心得，堪称是一座理论大厦。”[11]《纲要》“对编辑学的产生和发展、研究对象和学科性质作出明确规定，大大充实了编辑学学科的理论框架。《纲要》归纳出一定的概念系列，界说了编辑学的基本范畴，努力构成完整的理论体系，奠定了普通编辑学的基础”[10]。

需要提到的是《中国编辑》2005 年第 2 期发表了任定华、杨忠民的批评文章：《编辑学的理论构建应具有科学的、严密的知识体系：评阙道隆先生的〈编辑学理论纲要〉》[13]，提出：“《纲要》对编辑学诸多理论问题未能涉及或轻描而过，而非编辑学理论问题却涉猎过多，妨碍了对基本理论的挖掘。《纲要》没有统摄编辑学观点，对其提出的众多新概念，未给出科学界定，因而在知识结构上缺乏科学的完整性。从编辑学理论来讲，很多问题还是值得商榷的。”文章从编辑学理论应包括哪些内容、编辑与编辑学概念的界定、编辑学的学科性质、编辑与文化的关系、编辑学研究中的哲学思考五个方面提出了自己的见解。作为回应，阙道隆在《中国编辑》2006 年第 1 期发表了《需要建立什么样的编辑学》[14]，进一步阐述了他的编辑学理论观点。文章包括三个部分：编辑学研究什么？为什么研究编辑学？能抹杀编辑活动的文化和意识形态属性吗？主要针对评论文章进一步阐明编辑学研究为什么要以编辑活动为研究对象，而不应是研究信息、知识有序化、媒体化与社会化发生、发展和运动的基本理论、基本原理和基本方法的科学；为什么编辑学属于应用科学，而不是属于横断学科；编辑活动具有文化属性和意识形态属性，这种内在联系无法割断，而不是如评论文章作者认为的“编辑与文化的关系是外在的功能关系，不是本质的内在联系”。接着，他又在《中国编辑》2006 年第 5 期发表了《编辑学学科建设中的三个问题》[15]。第一个问题是编辑学成为一门独立学科，要弄清编辑概念、编辑活动的社会功能、编辑学的学科性质和学科地位、编辑学的概念体系五方面的问题，其他两个问题是编辑学和出版学、新闻学的关系。文章重申和强调了《纲要》的观点，同时寄托了他对编辑学理论研究的期望。2007 年，他又发表了《〈出版笔记〉对编辑学的贡献》[16]一文，评价刘杲的学术观点，回顾自己的思考及不足，对照刘杲在中国编辑学会第四次代表大会闭幕式的发言，再次补充了自己的见解，例如，编辑学与出版学的关系等。这可能是他最后一篇探讨编辑学学科建设的专文。

评论文章的第一作者任定华也是一位资深编辑家和编辑学科带头人，1997年出版《编辑学导论》[17]，构建了自己的编辑学理论体系。他认为编辑学是一门具有综合性、横断学科性质的新兴学科，编辑学对象是信息、知识客观存在的间接事物，试图在较高的层级上对编辑基础理论、基本原理和科学原则加以探讨。同其他一些编辑学著作一样，任定华的理论框架也是一种模式，编辑学研究鼓励探索，需要建立各种研究模式。科学探索是永无止境的，阙道隆的《纲要》，王振铎、赵运通的《编辑学原理论》[18]，向新阳的《编辑学概论》[19]，任定华的《编辑学导论》等，都是探索中的可贵成果，但都没有也难以穷尽编辑学学科建设的全部研究任务。各种理论模式并不是永不相交的多条平行线，而是可以相互切磋、交流、借鉴，取长补短，逐渐接近、交叉甚至交融。理论探索需要争鸣，争鸣需要理解、包容和合作，集思广益才能构筑编辑学大厦。这是中国编辑学会组织编写《纲要》的初衷，也是二十多年编辑学理论研究的实践经验。

1996年11月，孙培镜获首届出版工作者老有所为伯乐奖，兴奋之余写了一首七律《心迹》。阙道隆读后写了《和〈心迹〉》，诗曰："编书有涯学无涯，未入门庭日已斜。常忆朱颜修断简，不辞白首育春华。无才我作山途马，多艺君称秋后花。有志老人余热在，双眉且展送晚霞。"[20]这年正是他思考《纲要》、立志兴学之时，和诗既对老孙表示祝贺，又抒发了自己"不辞白首育春华"的豪情，并对完成《纲要》充满"双眉且展送晚霞"的信心。后来，周振甫和我也写了和诗，成为一段编坛佳话。三老现在都已先后谢世，每忆及此，不能自已。阙道隆"壮年编书，晚年立学"，把一生献给编辑出版事业，堪称楷模。追悼会上刘杲曾送挽联："壮年编书老年立学知行结合垂后世，诗论吐凤文论雕龙师友长逝恸余生。"悲允感人。我未能去京向遗体告别，谨写此文寄托哀思，并期望后来者能在既有研究成果基础上努力完成编辑学学科建设的艰巨任务。

注释

[1] 胡守文. 若有碍难可问谁？——追忆恩师阙道隆. 中国新闻出版报，2009-07-10.
[2] 刘杲. 我们的追求：编辑学. 出版科学，1999 (1)：2.
[3] 阙道隆：《编辑学理论纲要》构想. 出版科学，1999 (1)：6-16.
[4] 林穗芳. 撰写和完善《编辑学理论纲要》需要探讨的一些问题. 出版科学，1999 (1)：17-19.
[5] 逸士. 从电子出版物的编辑活动想起. 出版科学，1999 (1)：20-22.
[6] 阙道隆. 建立和完善编辑学的学科体系. 编辑学刊，1998 (1).
[7] 阙道隆. 编辑学理论纲要. 出版科学，2001 (3)：9-24，2001 (4)：8-22.
[8] 阙道隆. 编辑学理论纲要·后记. 出版科学，2001 (4)：23.
[9] 林穗芳. 对我国编辑学理论研究深化的重大贡献：喜读阙道隆《编辑学理论纲要》. 出版科学，2001 (4)：24-27.
[10] 王振铎，朱燕萍. 普通编辑学理论体系的雏形. 出版科学，2002 (2)：15-18.
[11] 蔡克难. 璧有瑕，请为君示：对《编辑学理论纲要》的推敲. 出版科学，2002 (1)：18-20.
[12] 阙道隆. 试论编辑基本规律. 出版科学，2002 (3)：14-16.
[13] 任定华，杨忠民. 编辑学理论的构建应具有科学的、严密的知识体系：评阙道隆先生的《编辑学理论纲要》. 中国编辑，2005 (2)：69-72.
[14] 阙道隆. 需要建立什么样的编辑学. 中国编辑，2006 (1)：20-25.
[15] 阙道隆. 编辑学学科建设中的三个问题. 中国编辑，2006 (5)：29-33.
[16] 阙道隆.《出版笔记》对编辑学的贡献. 出版科学，2007 (5)：93-96.
[17] 任定华. 编辑学导论. 北京：中国经济出版社，1997.
[18] 王振铎，赵运通. 编辑学原理论：修订版. 北京：中国书籍出版社，2004.
[19] 向新阳. 编辑学概论. 武汉：武汉大学出版社，1995.
[20] 阙道隆. 编辑研究文集. 北京：中国青年出版社，2003：588.

（原载《出版科学》2009 年第 5 期）

新中国出版60年简述

刘兰肖

自中华人民共和国成立以来，出版事业就作为社会主义伟大事业的重要组成部分，伴随着共和国的风雨历程不断成长壮大。特别是1978年党的十一届三中全会实现历史性的伟大转折以来，随着改革开放的不断深入，出版业日益发展成为社会主义文化事业和文化产业的核心力量。在新中国60华诞之际，回顾出版业走过的60年发展道路，不仅有助于明确未来的发展方向，而且可从一个侧面展现新中国60年的盛世辉煌。

一、社会主义出版事业开端良好，曲折前进，成就斐然

自中国共产党成立之日起，党领导的出版事业以星火之势激发起无数爱国者的革命热情，引导着人民群众走上革命道路，在为中国革命的胜利做出重要贡献的同时，自身也不断成长壮大。到1949年新中国成立前夕，解放区新华书店系统总分店、支店已达735家[1]441，印刷厂29处[1]259；国民党统治区的三联书店在大中城市开设有分店13家[2]，因此奠定了新中国出版事业的初步基础。1950年，政务院做出《关于改进和发展全国出版事业的指示》，第一次明确提出了要把出版业作为新中国一项崭新事业来加速发展。

从新中国成立到1956年社会主义改造基本结束的几年间，社会主义出版事业的体系初步建立，出版物的生产与人民群众

的需求之间的矛盾得到一定缓解，出版事业在国家文化建设和经济建设中发挥了应有的作用。但是，1957年“反右”斗争扩大化和1958年“大跃进”时期的“浮夸风”，使出版工作受到一些影响。1961年，中共中央提出国民经济实行“调整、巩固、充实、提高”的方针后，出版系统认真贯彻，情况逐步好转，到1965年，出版事业从机构到体制、从基础设施到队伍建设，都取得了显著成绩。

其一，建立了适应社会主义事业发展要求的出版管理体制。一是成立国家出版行政管理机关，加强对出版事业的管理。1949年11月，中央人民政府出版总署正式成立。1954年撤销出版总署，在文化部内设立出版事业管理局，管理全国出版工作。二是确定新中国出版事业发展的方针，统一全国出版事业。在新中国成立第三天召开的全国新华书店出版工作会议上，毛泽东为会议题写“认真作好出版工作”的题词。会议提出为人民大众的利益服务是人民出版事业的基本方针，制定了新华书店必须迅速走向统一集中，加强专业化、企业化以发展人民出版事业的目标，做出了《关于统一全国新华书店的决定》。到1950年，统一新华书店的工作基本完成。三是统一各项工作制度。出版总署和文化部出版管理局先后建立了全国统一的书籍编校制度和稿酬制度，统一了重要图书和课本的版本、书刊定价、全国书刊版本记录及书刊进出口。四是出版法规初步确立。新中国成立之后，国家相继制定了一些出版管理法规，如1951年政务院发布的《国外印刷品进口暂行规定》，1952年政务院发布的《管理书刊出版业印刷业发行业暂行条例》《期刊登记暂行条例》，1955年文化部发布的《关于书籍、杂志使用字体的原则规定》等，有的法规至今仍发挥着效力。

其二，形成了以国营出版为主体、编印发合理分工的出版体系，奠定了新中国出版业的基本格局。一是调整公私营出版业关系，完成了对私营出版业的社会主义改造。新中国成立之初，人民政府没收国民党政府及官僚资本的出版资产，在此基础上建立人民的出版事业。根据国家对私营工商业的总体政策，先后采取了调整公私营关系和对私营出版业进行社会主义改造两大步骤。到1956年6月，对私营出版业、发行业、印刷业的社会主义改造基本完成。二是改变了旧中国出版业出版、印刷、发行三位一体的格局，实行专业分工，分别成为独立的出版、印刷、发行企业。从1950年起，相继成立了科学出版社、人民出版社、人民教育出版社等专业出版社，至1957年底，全国出版社达到103家；书店、印刷厂的数量也有很大增加，书刊印刷能力显著提高，到1965年全国书刊印刷工业总产值30 700万元[3]44。三是报刊发行交邮电局负责、图书发行由书店负责的图书发行与报刊发行的两大体系初步建立，遍布全国的书刊发行网络基本形成，图书发行网点由1950年的742个发展到1965年的52 198个[3]45。

其三，出版物的品种、数量都有很大的发展，出版物匮乏的局面基本得到扭转。1965年，全国出版图书20 143种，是1950年的1.66倍，印数21.71万余册，是1950年的7.89倍[3]36。报纸343种，印数47.41亿余份，是1950年的5.94倍[3]38。杂志790种，是1950年的2.68倍，印数4.41亿余册，是1950年的12.6倍[3]40。

出版事业配合党和国家在不同时期的政治、经济和文化生活的需要，出版了大量的具有鲜明时代特色的出版物，为社会主义事业的巩固与发展做出了应有的贡献。从1949年到1965年，《马克思恩格斯全集》和《列宁全集》相继问世。《毛泽东选集》一至四卷发行1 114.9万套[3]1。《青春之歌》《红岩》《保卫延安》《牛虻》《钢铁是怎样炼成的》等国内外优秀文学作品，以及侯外庐主编的《中国思想通史》、华罗庚的《数论引导》、钱学森的《工程控制论》等社会科学和自然科学图书相继出版。《红旗》《新华月报》《经济研究》《人民文学》《知识就是力量》等优秀报刊，从不同角度承担了武装思想、发展经济与科技教育、滋养精神生活的作用。此外，大型工具书如《新华字典》《辞海》《辞源》《现代汉语词典》以及《资治通鉴》《全唐诗》等一批有重大文化积累价值的奠基性工程开始启动，农村读物、高等学校教材等也极大地满足了社会的需要。

其四，少数民族文字出版从无到有，对外出版交流稳步发展。新中国成立后，除在少数民族人口较多的地区，如新疆、西藏、内蒙古等省区建立以民族文字出版为主要任务的出版社外，还在北京成立了民族出版社，出版民族书刊。从1949年到1965年，全国出版民族文字图书11 435种、7 933万册。到1965年，全国少数民族文字杂志发展到36种，总印数达268万册；少数民族文字报纸发展到36种，总印数达3 955万份[3]42。

在大力发展少数民族出版事业的同时，新中国出版业也以开放姿态向世界展示中华文化的魅力。1950年，《人民中国》（半月刊）英文版创刊。1952年，成立了专门出版外文书刊的外文出版社。1963年，成立了外文出版发行事业局，促进了对外出版交流的合作。到1965年，我国用43种外文出版3 000多种图书，用13种外文40个文版出版外文期刊[4]68。同时，我国还参加了莱比锡国际图书博览会、法兰克福国际图书博览会等多个大型国际图书博览会，对外交流的渠道逐步扩大。

其五，出版教育与科研机构逐步建立。1953年，在上海成立了上海印刷学校。以此为起点，正规的全日制出版教育体系逐步形成，出版科研也开始起步。1956年，北京印刷技术研究所、上海印刷工业公司实验室相继成立。1961 年，上海出版系统建立了“上海出版文献资料编辑所”，至 1965 年共搜集整理出版资料 142 种[5]，张静庐《中国近现代出版史料》等一批出版科研成果相继问世。

概言之，从新中国成立至“文化大革命”的 17 年间，出版事业虽然经历了许多曲折，但成就有目共睹，而且在许多方面奠定了出版业繁荣发展的坚实基础。

二、社会主义出版事业遭受严重挫折，陷入停滞状态

1966 年 5 月至 1976 年 10 月的“文化大革命”，使党、国家和人民遭受了严重的挫折和损失，出版业也未能幸免。

1967 年 1 月，在“中央文革小组”的支持下，首都出版系统“造反派”夺权，导致各级出版行政管理机构陷于瘫痪。与此同时，各出版单位的权力也落入“造反派”手中，出版工作处于停滞状态。大批出版工作者被迫离开出版系统，出版机构减少近半。据统计，到 1971 年，全国出版社从 1964 年的 87 家减少到 46 家，职工总数约为“文化大革命”前的一半。出版机构和出版队伍遭受破坏，导致出版业受到极大破坏。大批图书被批判为“封、资、修”的“毒草”加以封存或销毁，书刊品种锐减，结构失衡。全国出版图书从 1965 年的 20 143 种骤减到 1967 年的 2 925 种，杂志从 1965 年的 790 种锐减为 1969 年的 20 种，报纸从 1965 年的 197 种锐减到 1969 年的 20 种，出现了严重的“书荒”。从内容上看，除了毛泽东著作之外，绝大部分图书是配合当时政治学习的小册子和“革命样板戏”图书，其中许多是报刊文章的汇编[6]。这些出版物在经济上也造成很大的损失。据统计，这一时期因内容错误而停售报废的图书达 5 000 多种，浪费纸张 4 万余吨，经济损失达 2 亿多元[7]。

1970 年国务院“出版口”成立，1973 年国务院设立国家出版事业管理局，出版工作开始恢复。图书、杂志品种及印数有所增加，出版队伍开始重整。

三、探索创新，改革发展，出版业走上市场化、产业化、国际化、数字化之路

1976 年 10 月，“文化大革命”结束。1978 年 12 月，党的十一届三中全会做出了把工作重点转移到社会主义现代化建设上来的战略决策。与其他各项事业一样，出版业也进入复苏与发展的新时期。一方面，出版业的生产快速恢复和提高，出版物从品种到数量急剧增加，扭转了“文化大革命”造成的“书荒”；另一方面，出版行政管理制度得以恢复与健全，从国家出版局到新闻出版署，各地也相应建立了新闻出版局，逐步理顺和加强了对出版业的管理。从 1979 年 12 月在长沙召开的全国出版工作座谈会，到 1983 年中共中央、国务院做出《关于加强出版工作的决定》，再到 1988 年《关于当前出版社改革的若干意见》的发布，出版经营管理体制改革逐步展开，书报刊等出版单位由事业单位到实行企业管理，从单纯的生产型向生产经营型转变，并逐渐实行经济核算、自负盈亏。发行领域引入民营资本，新华书店进行了“一主三多一少”“三放一联”等一系列的改革。

1992 年，邓小平同志南方谈话和党的十四大确立了社会主义市场经济体制的改革目标，逐步建立与社会主义市场经济体制相适应的出版体制成为出版改革的重点，建立统一、开放、竞争、有序的大市场成为出版改革的目标。通过改革，出版生产力得以解放和发展，市场在资源配置方面的基础性作用不断加强。加入世界贸易组织后，书报刊分销市场实现对外开放，税收减免或返还等产业政策相继出台，集团化改革的试点工作取得成效，产业组织结构逐步调整，完整的产业体系、比较完善的市场体系和出版法律法规体系初步形成。

党的十六大正式提出包括出版业在内的文化产业概念，确立了出版业在全面建设小康社会中的极为重要的地位和作用。特别是《国家“十一五”时期文化发展规划纲要》的实施和党的十七大提出的深化文化体制改革、完善扶持公益性文化事业、发展文化产业、鼓励文化创新、推动文化大发展大繁荣的政策，为出版业的改革发展指明了方向。以深化体制改革为突破口，出版业加快了管理体制和所有制格局的改革，走上了产业一体化、数字化、国际化的道路。以 2003 年文化体制改革试点为契机，出版发行体制改革逐渐深入，实行经营性单位和公益性单位两分开，支持经营性单位转企改制、面向市场、竞争发展，扶持公益性单位创新机制、增强活力、搞好服务。至 2008 年，部分转制企业已实现投资主体多元化，少数出版企业成功上市融资，出版单位的所有制结构开始多元化。出版、印刷、发行企业之间通过联合重组实现产业链一体化，不同行政区域之间、出版企业之间联合、重组形成地区之间的一体化，书报刊、音像电子、网络出版之间资源共享形成媒体一体化。出版的国际合作增强，两个市场和两种资源受到广泛重视。

具体而言，出版业 30 年改革开放取得了以下主要成就。

其一，高举旗帜，把握方向，为社会主义建设创造了良好的舆论环境。十一届三中全会以来，出版业坚持正确舆论引导，服务大局，为经济建设和改革开放提供了强大精神动力、智力支持和社会舆论环境。围绕党和国家的大局，在发动真理标准问题讨论、推动党的工作重点转移、宣传改革开放总方针和贯彻经济体制、政治体制、文化体制改革决策以及推动社会主义市场经济体制建设、构建中国特色社会主义理论体系等方面，坚持了正确的政治方向和舆论导向；出版了一大批马克思主义经典著作以及反映中国特色社会主义理论的最新成果，学习贯彻党中央提出的一系列重大战略思想，弘扬社会主义和谐文化和社会主义核心价值体系的精品力作和主旋律作品；充分运用多种载体，推出大量面向"三农"、面向未成年人、面向大众的群众喜闻乐见的优秀读物；出版了一大批具有较高政治思想价值、文化积累价值和经济实用价值的优秀图书和传世之作；实施了网络游戏防沉迷系统，净化互动游戏出版市场，引导网络出版导向，使主流思想文化始终处于对多样化思想文化的引导地位。

其二，不断解放思想，深化改革，出版生产力获得空前解放。十一届三中全会以来，出版业破除了与计划经济体制相互作用的僵化的思想观念，逐渐确立了产业化、市场化的方向，进行了拨乱反正、恢复重建、"三放一联"和集团化建设等几个阶段的改革探索。十六大以来，出版领域改革取得了新的突破。2003 年，中共中央、国务院正式启动文化体制改革试点，在所确定的 35 个文化体制改革试点单位中，出版单位 21 家。2005 年，按照出版发行体制改革的总体思路，在转企改制、企事分开、职能转变、上市融资等改革难点问题上寻求突破，一批转制后的企业经营活力大为增强，融资渠道不断扩大。出版、发行、报业上市公司已达 11 家，市值 2 000 多亿元，净融资达 240 多亿元。中外合资、合作或外商投资书报刊发行企业和印刷企业达 2 500 多家。全国性民营连锁经营企业 8 家，民营发行网点达 10 万个，一批民营网络出版发行企业快速成长。以公有制为主体，多种所有制经济共同发展的出版产业格局初步形成，大大解放了出版生产力。

其三，走科学发展之路，产业体系初步形成，产业实力不断增强。在正确思想路线的指导下，出版业已逐步明确了发展的目的、地位、方向、思路和格局，把调整结构、转变发展方式作为发展的中心任务，实施了精品战略、集约经营战略、科技兴业战略、“走出去”战略和人才战略等五大战略，使出版业逐渐摆脱单纯数量扩张、盲目布局、低效运行的低水平重复的发展模式，产业规模不断扩大，实力不断增强，逐步走上全面、协调、可持续发展的健康轨道。2008 年，全国书报刊定价总金额达到 1 296.8 亿元，出版物总销售额达 1 622.8 亿元，印刷产业工业销售产值已经超过 976.9 亿元[8]。如今，出版业已成为国民经济的重要组成部分，在推动经济和社会发展方面发挥着越来越重要的作用。

其四，出版物质量提高，人民群众基本文化权益得到维护和发展。以满足人民群众精神文化需求为目标，出版业在多出好书、办好报刊、多出精品等方面做了大量工作。2008 年，图书品种已由 1977 年的 12 886 种增长到 275 668 种，图书印数由 1977 年 33.08 亿册（张）增长到 69.36 亿册（张）；期刊品种和印数由 1977 年 600 余种、5.6 亿册，增长到 9 549 种、31.05 亿册；报纸品种和印数由 1977 年 200 种、123.7 亿份，增长到 1 943 种、442.92 亿份[8]；音像制品、电子出版物、数字内容产品从无到有，日益丰富，通过数字化和互联网传输的中外报刊达 3 万多种，真正实现了文化产品从不足到“过剩”、媒介由单一到多样的历史性转变，基本满足了人民群众多方面、多层次的精神文化需求[9]。与此同时，党和政府对出版业实行了一系列财税优惠政策，建立了“宣传文化发展专项资金”，支持义务教育教材出版发行，扶持少数民族地区新闻出版事业。十六大以来，新闻出版总署组织实施了“农家书屋”工程、全民阅读工程、发展少数民族文字出版的“东风工程”等重点工程，加强了国家重点出版工程、古籍整理工程、文化环保工程等公益性事业，解决了农村九年义务教育免费教材的出版发行问题。以政府为主导，以公共财政为支撑，以公益性出版单位为骨干，以重大工程项目为载体，全面覆盖各类人群、各个领域的出版公共服务体系逐步形成。

其五，科技创新催生新业态，出版业加快数字化转型步伐。互联网、计算机等新技术催生了以数字出版为特征的新的产业增长点。为了推动传统出版产业向现代内容产业转变，进入新世纪以来，国家着手实施“中华字库”“国家知识资源数据库”“国家动漫振兴工程”等一批国家重点数字工程，培育和推动了新的出版形态。网上书店、以信息提供为主的网站方兴未艾，以搜索引擎、移动终端、电子阅读器等为主的数字出版技术创新日新月异，数字阅读终端产品不断升级。印刷技术也从王选等研制汉字激光照排技术引领的“光与电”时代，推进到数字化印刷的“0 和 1”的时代。截至 2008 年，我国数字出版业的整体收入达到 530 亿元。数字出版的产业形态经过多年的探索，逐渐清晰。

在新业态高速发展的同时，传统产业也加速了转型步伐。截至 2008 年底，国内 578 家图书出版社已有 90%开展了电子图书出版业务，出版电子图书 50 万种，收入达 3 亿元。300 家报社开展了数字报业务，电子期刊总量已达 9 000 种，年产值达到 7.6 亿元[10]。

其六，不断扩大对外开放，增强中国文化软实力和文化竞争力。随着对外开放的不断扩大，中国出版业也逐步扩大了对外开放的领域。从 1986 年举办第一届北京国际图书博览会至今，我国每年参与的国际书展、书市已达 40 多个。加入世界贸易组织后，书报刊分销市场向世界开放。中外合资、合作的印刷、发行、出版企业达2 500多家，期刊版权合作50多家，图书合作年均600多种；对外版权贸易的成交量由1990年的几百种发展到2008年的1.94万种[8]。国际书展、国际合作、国际交流、境外办社等“走出去”的渠道日渐多元化，一大批中国自主研发的网络游戏产品，进入了国外的主流市场。2005年以来实行的“对外图书推广计划”，已经推出1 400多种中国精品图书，在西方主流社会产生了一定影响。中国出版企业在海外投资，拓展发展空间，也为我国在改革开放中汲取各国创造的先进科学技术和优秀文化、利用国外的资金和先进的管理、缩短与国际的差距、提高国际竞争力做出了贡献。

其七，出版法制建设逐步完善，适应社会主义市场经济体制需要的出版行政管理体制基本建立。十一届三中全会以来，以法律为核心、以行政法规为基础、以部门规章为有效补充的出版法制体系基本上形成。1990年9月，《中华人民共和国著作权法》获得通过并于次年正式实施。以此为基础，逐步形成了“一法七条例”为主的出版法制框架，颁布实施了三十多部相关配套法规、规章，基本做到了有法可依、依法管理。加入世贸组织后，通过实施国家知识产权战略，制定版权发展战略，积极推进版权法规、执法、服务、行政、国际合作体系建设，有中国特色的版权保护基本框架初步确立。

在行业行政管理方面，从文化部出版事业管理局、国家出版局、新闻出版署，到新闻出版总署，全国普遍建立了省级出版行政管理机关（海南设文化广播电视出版体育厅），71个地市建立了独立的出版行政管理机构，从中央到地方的四级行政管理体系日益完善。适应市场化的要求，出版行政管理机关实行政事分开、政企分开、管办分离，通过深化行政审批制度改革，实现了政府职能的转变，以“四大准入”为基础，以“扫黄”“打非”、规范出版物市场秩序为核心的市场监管体系逐步完善。中国出版工作者协会、中国期刊协会、中国音像协会等行业组织和专业团体在市场协调、监管、服务、维权等方面的作用逐步发挥出来。宏观调控、政策调节、依法行政、市场监管的出版行政体系初步形成。

其八，不断加强人才建设，造就了高素质的专业队伍。十一届三中全会以来，出版业提出“人才兴业”战略，实施“跨世纪出版人才工程”和素质工程、领军人才工程、高技能人才工程，建立起政府引导、单位和社会各界共同参与的人才培养投入机制及在职人员业务培训和继续教育制度。人才队伍的结构和质量发生了积极变化，一批政治强、会管理、懂经营的复合型人才脱颖而出。1978 年至 1997 年，从业人员数量年增长率达 11%，1998 年至 2008 年，人才数量年增长率为 16%。

与人才队伍建设相表里，出版教育与科研也得到迅速发展，成果丰厚，对出版业的发展繁荣给予了理论指导和人才支持[11]。出版高等教育方面，20 世纪 80 年代以来，逐步形成一个多门类、多层次、多渠道的完备的出版专业教育体系。至 2008 年，全国开设全日制本科编辑出版学专业的学校达 70 多家，40 多所高校在招收和培养出版学类硕士研究生，近 10 所高校招收出版学博士研究生[12]。出版科研方面，从 1977 年到 1980 年，各省、自治区、直辖市出现了一个建立印刷技术研究机构的高潮，14 个印刷技术研究所应运而生[4]92。1985 年，经国务院批准成立中国出版发行研究所（1989 年改名为中国出版科学研究所）。此后，各种类型的出版研究机构相继建立，逐步形成了一个覆盖全国的出版、印刷、期刊、报纸、传媒、版权研究网络。国际出版学研讨会、中国编辑学会年会等国内外出版学术交流活动日益活跃，每年都有大批的科研成果问世。截至 2008 年，共出版专著教材 425 部、专业期刊 38 种[13]。

此外，中国新闻出版网、中国出版网、出版学术网等专业学术网站成为新的学术交流平台。

经历了 60 年的风雨历程，尤其是经历了改革开放 30 年的洗礼，出版业实现了从计划经济到市场经济，从事业到产业，从分工、分散到集团化、一体化，从封闭到开放，从纸介质到多媒体，从“书荒”到“书海”的重大转变，在国家经济社会和文化建设中发挥着越来越重要的作用。当前，全球化、数字化的浪潮，将进一步促进世界范围内的文化交流和竞争，作为文化重要载体的出版业，必将在中华文化的伟大复兴进程中发挥更大的作用。

参考文献

[1] 中国出版科学研究所，中央档案馆. 中华人民共和国出版史料第一辑. 北京：中国书籍出版社，1995.

[2] 中国出版科学研究所，中央档案馆. 中华人民共和国出版史料第二辑. 北京：中国书籍出版社，1996：204.

[3] 中国出版年鉴 2000. 北京：中国出版年鉴社，2000.

[4] 王子野. 当代中国的出版事业（中）. 北京：当代中国出版社，1993.

[5] 上海出版志. 上海：上海社会科学院出版社，2000：279-280.

[6] 方厚枢，魏玉山. 中国出版通史（中华人民共和国卷）. 北京：中国书籍出版社，2008.

[7] 当代中国的出版事业（上）. 北京：当代中国出版社，1993：81.

[8] 新闻出版总署财务司. 2008 全国新闻出版业基本情况. 中国新闻出版报，2009-07-21.

[9] 柳斌杰. 在出版界纪念改革开放 30 周年座谈会上的讲话. 2008-12-17.

[10] 孙寿山. 第三届中国数字出版博览会主题报告. 2009-07-07.

[11] 宋木文. 亲历出版三十年（下）. 北京：商务印书馆，2007：567.

[12] 方卿．我国出版高等教育30年．出版发行研究，2008（10）．
[13] 肖东发，肖莎．中国出版教育与科研30年．中国新闻出版报，2008-07-23.

（原载《编辑之友》2009年第10期）

十套教材见证新中国教育的改革与发展

韩绍祥

新中国成立60年来，作为全国最大的中小学教材研究、编写、出版、发行基地，人民教育出版社在教育部直接领导下研究编写出版了十套全国中小学教材，见证了我国教育改革发展的历程。

第一套教材　1950年12月，人民教育出版社（以下简称人教社）成立，原华北联合出版社和上海联合出版社并入人教社，从此中小学教材的编写、出版工作归于统一。人教社开始编写全国通用中小学教材，并于年内实现全国中小学教材由国家统一供应。人教社当时只有30多名编辑，时间又十分紧迫，这时只能在全国各地已经出版的教材中筛选较好的教材进行修订、改编，以适应新中国教育事业的发展。这套过渡性教材依据1950年8月教育部颁布的《小学各科课程暂行标准（草案）》和《中学暂行教学计划（草案）》，成书于1951年，这是第一套全国通用的中小学教材；同年秋季出版发行，适用学制为小学六年、初中三年、高中三年，共12个年级。

第二套教材　1953年我国开始执行国民经济发展的第一个五年计划。是年5月，毛泽东主席主持中共中央政治局会议讨论教育工作，决定由中共中央组织部负责选调150名干部、教师，充实和加强人教社的领导班子和编辑队伍。为了加强对语文和历史学科的教学领导，是年中共中央成立了“语文教学问题委员会”和“历史教学问题委员会”，分别研究确定语文和历史的教学与教材的指导方针和原则。同时确定了各科教材的编写原则和体系安排，设立了编审制度。人教社依据教育部制订的《小学教学计划》和《中学教学计划（修订草案）》，于1956年编写完毕这套新教材。这是人教社编写的第二套全国通用的中小学教材，于同年秋季向全国发行。这套教材的思想性、科学性较前有显著提高，但数学、物理、化学教材受苏联教材影响大，结合中国国情不够。

第三套教材　1958年在“大跃进”的形势下我国开展了“教育革命”。随着教育管理权限下放，中小学教材由各地组织力量编写。人教社编写的教材供各地选用。1959年，各地开始学制改革的实验：要求中小学要适当缩短年限，适当提高程度，适当控制学时，适当增加劳动。1960年人教社根据上级精神，赶编了一套十年制中小学教材，这是人教社编写的第三套全国通用的中小学教材，这套教材从1961年秋季起出版发行，供试行十年制（小学五年制、中学五年制）的学校选用。

第四套教材　1961年6月在总结“教育革命”经验教训后，教育部制订了十二年制的《全日制中小学教学计划（草案）》。在中宣部和教育部的领导下，人教社又开始编写全国通用的十二年制中小学教材。历时两年，小学和初中教材编撰完毕，高中教材编出了初稿。这套教材注重加强基础知识和基本技能，注意知识的系统性，并于1963年秋季起在全国十二年制的学校小学一年级和初中一年级使用新教材；同时高中三年级解析几何教材也开始使用。1964年，根据毛泽东同志“春节讲话”精神，在调研的基础上，人教社又对教材进行修订，由于国内形势的变化，修订后的中小学教材未及出版使用。

1966年夏“文化大革命”运动开始，中小学生中断学习参加运动。人教版教材遭到批判，人教社的编辑干部也被下放到“五七干校”劳动。1967 年底，各地开始陆续复课。中小学课程由各地自己选定，教材由各地自己编写。1968 年北京、上海等地组织编写暂用教材，1969 年开始使用。由于正处于“文革”中，各地编写出版的教材受“文革”影响大，教材不仅“穿靴戴帽”，而且大都严重削弱了基础知识，甚至一些教材还充斥大量谬误的内容。

第五套教材　“文革”动乱结束后，邓小平同志刚恢复工作就积极倡导编写全国通用的中小学教材，当时全国有 22 个省、自治区、直辖市的中小学都是十年制，因此教育部决定十年制为中小学的基本学制。在小平同志的支持下，从全国调回了人教社的编辑人员，还从全国抽调了部分大、中、小学教师共有 200 人参加，组织了 12 个编写组。全套教材从 1977 年 9 月开始编写，1980 年基本完成。各科的起始年级第一册教材，于 1978 年秋季开始使用，适用学制为十年制。这套教材注意处理好思想政治教育与文化科学知识教育、理论与实践、传统内容与现代科学知识的关系，注重知识的系统性。这套教材对于拨乱反正，正本清源，提高教育质量，稳定恢复教学秩序起到了不可磨灭的作用。

第六套教材　1981 年 3 月和 4 月，教育部相继颁发了五年制小学、五年制中学、六年制重点中学教学计划草案，针对中小学形成的十年制和十二年制两种学制，除了修订五年制小学和五年制中学教材以外，又编写了初中三年、高中三年的中学教材。由于十年“文革”的破坏，中小学师资水平参差不齐，学生水平程度不同，根据教育部的精神，1983 年适当调整高中数学、物理、化学、生物和外语的教学内容，分为甲种本（较高要求）和乙种本（基本要求）两种高中教材，于 1984 年供书。1984 年教育部又颁发了六年制小学教学计划，1984 年以后，又编写了六年制小学教材。新编或修订的各科教材于 1985 年基本完成，这套十二年制中小学教材于 1986 年 9 月起供全国选用。以上十年制和十二年制两套教材都是全国通用的第六套教材。

第七套教材 1986 年春，国家教委委托人教社、北京师范大学、北京市教育局等单位对全日制中小学各科教学大纲进行了全面修订。1986 年 9 月全国中小学教材审定委员会成立，标志着我国中小学教材开始执行审定制。1986 年 11 月，全国中小学教材审定委员会召开扩大会议，审查并通过了修改后的 18 个学科的教学大纲。根据新大纲的规定，对各科教材又做了一次大修订、改编，并于 1988 年秋季起陆续供应全国使用。

第八套教材 1988 年 4 月至 11 月，国家教委陆续颁发了《九年义务教育全日制小学和初级中学各科教学大纲》。人教社根据国家教委颁布的《义务教育全日制小学、初级中学教学计划（试行草案）》和各科教学大纲（初审稿），从 1989 年开始编写义务教育“五四”和“六三”两种学制的实验教材，于 1990 年秋季在全国 29 个省、市、自治区部分中小学校中进行实验。在编写、出版这套教材中，小学语文、数学、思想品德、自然采用了 880 mm×1 230 mm、32K 的规格，进行彩色或双色胶印，相对以往的 787 mm×1 092 mm 规格单色印刷是一个创新。

第九套教材 1988 年国家教委召开教材规划会议，从全国经济文化发展不平衡的国情出发，会议决定教材试行一纲多本，并依据 1991 年国家教委颁布的《九年义务教育课程计划》，拟编写四种类型（即面向大多数地区的“六三”制、“五四”制和面向经济发达地区、经济落后地区）的义务教育教材。按照会议规划，全国共有“八套半”教材准备上马（人教社面向大多数地区的“六三”制、“五四”制各一套；北师大“五四”制一套；广东教育厅和华南师大一套，俗称沿海版；四川教委和西南师大一套，俗称内地版；八所高师院校一套；上海教育厅、浙江教育厅各一套；河北编写小学复式班教材，俗称半套）。人教社编写的两套，即面向全国大多数地区的“六三”制和“五四”制教材各一套，均经审定通过（八所高师院校未编出，上海和浙江各一套未送全国中小学教材审定委员会审查，只在当地使用，其他均获通过，因此俗称“五套半”）。人教版两套教材于1993年秋季开始出版发行（审查通过的其他版本教材也出版发行），在使用中，许多地方逐渐改为选用人教版教材。1996年3月国家教委颁发《全日制普通高级中学课程计划（试验）》，人教社启动与义务教育相衔接的新高中教材编写工作，从1997年秋季起人教版新高中教材开始在“两省一市”（江西省、山西省、天津市）进行试验，之后进一步修改，陆续在全国出版发行和使用。

第十套教材　根据1999年第三次全国教育工作会议的精神，为全面推进素质教育，体现时代要求，教育部颁布《基础教育课程改革纲要（试行）》，进一步实行教材多样化政策。全国数十家出版社参与了竞争编写、出版。人教社一方面修订正在使用的第九套教材，同时采用项目课题制和“走出去请进来”的“三结合”的办法参加了国家课程标准实验教材的编写和出版工作。这套教材在培养学生思想道德素质、自主学习能力、研究性学习能力、创新能力等方面进行了大胆尝试。虽然九年制义务教育中小学教材，全国有78家出版社参与竞争，每个学科都有多种版本，如小学英语全国就有30个版本，市场竞争的激烈可以想见，但人教社以其教材的质量和良好的售后服务仍在市场中独占鳌头（在市场中占有较大份额的还有苏教版、北师大版、湘教版、粤教版、冀教版和上海版等)。2004 年，根据教育部的部署，人教社又按九年制义务教材的编写办法，编写出版了高中课程标准实验教材。这次经审查，批准编写出版高中课程标准实验教材的有 37 家出版社，每个学科的教材，也有多种版本（如北师大版、苏教版、湘教版等)。现在第十套教材的九年制义务教育课程标准教材中，人教版在全国占 53％的市场份额；而在新高中课程标准教材中，在已实验的 15 个省、自治区、直辖市中，人教版占据 60％以上的市场份额。

（原载《出版发行研究》2009 年第 10 期)

记录中国当代妇女解放与成长的历史

——祝《中国妇女》创刊70周年

宋应离　安　静

中国的妇女期刊有着光荣悠久的历史。据目前所见资料，中国历史上最早的妇女期刊是戊戌变法时期1898年7月创办于上海的《女学报》。由于戊戌变法运动的影响，从戊戌变法到五四运动之前，先后创刊的妇女期刊约有五十多种。这些早期妇女期刊的主要内容是提倡女学、争取女权、反对男尊女卑，反对缠足、穿耳等封建陋习，着重对妇女进行思想启蒙教育。随着民族民主革命运动的发展，有些刊物进一步把妇女运动与反清反帝斗争结合起来，鼓吹妇女解放要同争取国家与民族解放结合起来。五四时期又新创办了一些妇女刊物，其中的一些刊物在内容上提出了“婚姻自主”“妇女经济独立”“男女教育平等”“妇女参政”等口号。这些涉及反对封建礼教的旧制度问题，具有进步意义，但未能从根本上触及对旧政治制度的改革，在思想上还没有摆脱资产阶级改良主义的范畴，离开了劳动群众解放，孤立地谈妇女问题，因此也就不能指出妇女解放的社会根源与正确途径。

妇女运动是整个人类解放事业的重要组成部分，妇女的命运同国家民族运动紧密相连。只有在中国共产党领导下，妇女才能在政治、经济上获得真正的自由平等和自身的解放。中国共产党一贯把宣传妇女解放和做好妇女工作视为一项极其重要的任务。早在抗日战争时期，在延安创办的《中国妇女》期刊就是一个突出的范例。

一、延安时期的《中国妇女》

1939年，正值抗战两周年之际，为了更广泛地发动妇女参加抗战，中共中央书记处于1939年2月20日发出《关于开展妇女工作的决定》，强调要用多种方式，宣传动员妇女在抗战中发挥作用，其中一项重要举措就是创办《中国妇女》。中共中央妇女运动委员会主办的第一份《中国妇女》于1939年6月1日在延安诞生了。

《中国妇女》发刊词阐明了刊物的任务和内容："就是企图对于动员和组织二万万二千五百万妇女大众积极参加抗战建国大业工作尽一分绵薄的力量。"使它"成为全国女同胞的喉舌，成为一切妇女先进和热心妇运的男同志们的共同栽培的园地"。《中国妇女》的创刊受到毛泽东的关注与重视，他亲笔题写了刊名，并在创刊号上题诗一首："妇女解放，突起异军，两万万众，奋发为雄。男女并驾，如日方东，以此制敌，何敌不倾。到之之法，艰苦斗争，世无难事，有志竟成。有妇人焉，如旱望云，此编之作，伫看风行。"形象生动地表达了刊物的指导思想：鼓舞妇女奋发图强，与男子一起，战胜敌人，才有光明前途。创刊号的版式设计新颖活泼，插图引人入胜。美术家江丰特为封面创作了生动的木刻画。

研究妇女运动，探讨妇女解放是刊物的一个重要内容。创刊之初，先后发表了王明的《妇女解放问题》、洛甫的《对于妇女干部的几点希望》、邓颖超的《抗日民族统一战线中的妇女运动》、蔡畅的《持久抗战中的中国妇女》、朱德的《十月革命与妇女》等。为了表彰历史上杰出妇女人物对妇女运动的贡献，刊物上还开辟了田家英撰写的《中国妇女生活史话》、亚苏的《中国妇女在近代历史上参与政治运动的研讨》专题讲座，分别讲述了太平天国、戊戌变法、辛亥革命、五四时期妇女参与政治运动求解放的历史事实，从历史发展的角度肯定了妇女在推动社会前进中的作用。

在长达几千年的封建社会里，社会生活中男权居于主导地位，中国的广大妇女挣扎在社会的最底层，备受压迫凌辱，对妇女的歧视渗透到社会的各个层面。她们不仅受帝国主义、官僚资本主义、封建主义三座大山的压迫，还受到政权、族权、神权的支配。“至于女子，除受上述三种权力的支配外，还受男子的支配（夫权）。”[1] 广大妇女政治上无地位，经济上不独立，人格上没自由，沦为男子生儿育女繁衍后代的工具，成为男子的玩物与家庭奴隶。为了揭露、根除这种压迫、残害妇女的丑恶现象，《中国妇女》在第1卷第3期和第5、6期，先后刊登了慰冰等采写的兴县通讯《旧社会——一个角里的婚姻地狱》《兴县的妇女生活和买卖婚姻》《敌骑蹂躏下的冀东妇女》调查报告等，以具体事实揭露了山西吕梁一些地区妇女的悲惨遭遇。如兴县只有9万人口，95%的婚姻属于买卖婚姻，其方式直接以货币、耕牛、窑洞做交易（以物换媳妇）。当地早婚现象十分严重，女孩15岁嫁人居多，最小的11岁嫁人，七八岁做童养媳的很普遍。与此同时，刊物还对比性地发表了《获得民主权利的陕甘宁边区妇女》《抗战两年来的华北妇女工作》《论新女性的恋爱观》等，歌颂革命根据地妇女获得自由解放的文章。

毛泽东在延安女子大学开学贺词里说“全国妇女起来之日，即抗战胜利之时”，高度重视妇女参加政治斗争的作用。妇女要获得政治上、经济上、人格上的解放与独立，必须从狭小的、烦琐的窒息妇女生机的家庭桎梏中解放出来，参加社会生产劳动和民主运动为妇女解放开辟了一个新途径。《中国妇女》当时发表了魏巍写的晋察冀通讯《唐县妇女自卫队的检阅》、范瑾写的《走向解放的冀西妇女》以及《陕甘宁边区妇女的生产运动通讯》，生动地描述了抗日根据地及延安地区八个县十万妇女摆脱了“缝衣补烂、烧锅煮饭、养儿抱蛋”的狭小天地，走向开荒种地、纺花织布，参加边区大生产的经济建设支援抗日活动，表现了翻身后的广大妇女崭新的精神风貌。刊登在第10、11期的《女大检阅日——“三八”插曲之一》的一首诗是一个生动的写照：“号音响亮，步子在歌唱，曾踏过几层关山的脚，如今行进在延河岸旁。休提起花木兰梁红玉，这千百个中也有旧时的姑娘……这就是女儿兵将，谁说‘女子无才便是德’？去吧！关不住了，在那闺阁厨房，再不学擦脂粉香，再不学说细语柔腔！巨变作铁的伙伴了，她们的脸，只会笑傲太阳，口边衔紧仇恨，手搬动亲爱的枪机，在岗上，林外，欢叫着在血的战场之上，为民族吐气增光……看呵！‘三八’辉耀的旗帜！导引她们到明天——胜利了，——妇女呵！站起来了，在史篇上！”这是对一支从狭小天地里走向战场的英姿飒爽的女战士的赞歌，表现了中华儿女英勇自信的伟大力量。

《中国妇女》还报道了国际重大时事，介绍了革命根据地一批妇女生产劳动模范的事迹和国统区及国外妇运动态，开辟了妇女工作经验介绍、妇女卫生知识栏目等。

《中国妇女》自1939年6月1日创刊，到1941年3月共出版发行两卷22期。1941年5月，延安《解放日报》创刊，为精简机构，《中国妇女》同《中国青年》《中国工人》一起，改为《解放日报》副刊，每两周出版一期。

《中国妇女》虽创办时间不长，但在党中央的直接领导和老一辈革命家的关怀下，始终坚持正确的办刊方针，动员革命根据地广大妇女参加抗日斗争，成为抗战中的一支号角。它在宣传妇女解放、提高妇女政治、经济地位方面发挥了推动作用。尤其是在极端艰苦的条件下，编辑工作者做出了突出贡献。“开始都是一个人包了全部的编辑工作，从订计划、约稿、改稿、写稿，到送审、编排、校对，全部一个人都承担了。”据罗琼、沙平等同志回忆：“延安当时夜里没有路灯，但印刷厂在清凉山，编辑部在杨家岭，为了发排，她们往往在山沟沟里走夜路，有时在万籁俱寂的黑夜里有狼向她们嗥叫、在身后尾随，使她们毛骨悚然。但当她们拐过山脚，见到毛主席窑洞里的煤油灯光还在闪亮，她们便不怕了。”[2]

时间已过去了70年，延安时期的《中国妇女》对后人的影响还是深远的。时过50年后，陈慕华回忆说：“那时，在延安工作、学习的许多年青女干部，都很喜欢这本杂志，每次得到它都争相阅读，那上面登载的中央领导同志对时局的分析，对妇女工作的指导，对妇女理论问题的探讨，以及报社对各地妇运情况、妇女生活的生动报道，给大家留下了难忘的教育和记忆。”[3]

二、前进中的十七年

1949年4月，正当中国人民在政治上、军事上取得节节胜利，新中国即将诞生前夕，中国妇女第一次全国代表大会召开。大会一致提议“要办一个全国性的妇女刊物”。根据大会的提议，当年7月20日，新中国第一个以妇女问题为中心内容的综合性月刊《新中国妇女》（1956年起恢复为《中国妇女》）在北京创刊。毛泽东为刊物题词：“团结起来，参加生产和政治运动，改善妇女的经济地位和政治地位。”创刊后刊物的任务，正如创刊号编者在《见面话》中所说的：新中国的妇女和新中国的人民在一起，努力实现革命在全国范围内的完全胜利，动员妇女参加新中国工农业建设。“帮助读者学习如何运用马列主义毛泽东思想分析中国当前的妇女问题及妇女解放的途径……同时也将更进一步帮助读者了解妇女生活和妇女工作情况，交流妇女工作经验，供给妇女工作材料，指导妇女运动的发展”。在以后相当长的时期，刊物是遵循这一指导思想的。

1. 动员广大妇女投入社会主义建设

新中国成立后，摆在全国人民面前的艰巨任务是继续实现民主革命在全国范围内的全面胜利，同时又不失时机地进行社会主义改造和社会主义经济建设。这是一个伟大的群众运动。动员全国人民包括占总人口一半的妇女投入社会主义经济建设是全党的中心任务，也是刊物宣传的重大主题。刊物围绕这一问题，刊发了区梦觉的《怎样做一个新社会妇女》、帅光的《肃清封建思想才能提高自己》、徐特立的《中国妇女的历史任务》、蔡畅的《关于妇女工作的几个问题》、宋庆龄的《“三八”纪念与家庭妇女生产建设》、邓颖超的《对女青年的希望》等。文章从不同的角度阐明妇女参加社会主义改造和社会主义建设的必要性、重要性，强调妇女是推动社会前进的强大动力，为妇女的解放提供了思想武器。与此同时，刊物还报道了在土地改革、抗美援朝、“三反五反”以及贯彻社会主义总路线过程中，妇女参加工农业生产出现的新人物、新气象的动人事迹。如《天津中纺二厂的女工发动起来了》《新疆妇女的新生》《土地改革后的豫中农村妇女》。这些报道从各个侧面反映了获得解放的妇女参加社会建设精神面貌的深刻变化，她们意气风发，扬眉吐气，真正充当了“半边天”的角色，真正掌握了自己的命运。

2. 宣传婚姻法，实现男女平等

新中国成立后，为了解放妇女，实现男女的自由平等，

1950年5月1日，中央人民政府公布了《中华人民共和国婚姻法》。这是一部废除旧的包办强迫封建主义婚姻家庭制度，实行男女权利平等、婚姻自由、一夫一妻制，保护妇女和子女合法利益的社会主义婚姻家庭制度的法律。与此同时，中共中央发出关于保证执行婚姻法给全党的通知。作为全国性的妇女刊物，宣传贯彻婚姻法实现男女平等责无旁贷。刊物在这个时期有针对性地发表了一批权威性的宣传婚姻法的文章。如安子文的《宣传婚姻法与肃清封建思想残余》、刘子久的《清除清规戒律，保障妇女特殊利益》、史良的《对婚姻法中一些问题的解答》与《关于中华人民共和国婚姻法的报告》、帅孟奇的《坚决清除封建思想及资产阶级腐朽思想才能彻底贯彻婚姻法》、谢觉哉的《男女平等的意义》与《学习婚姻法与实行婚姻法》等，形成了全社会贯彻婚姻法的强势舆论氛围。典型事例是最具有说服力的。在大规模地开展思想理论宣传的同时，刊物还介绍和报道了全国各地贯彻婚姻法的好典型及出现的新气象。中央贯彻婚姻法联合办公室撰写的《河南鲁山县贯彻"婚姻法"的成就与经验》《云南呈贡县贯彻婚姻法运动的经验》，长篇通讯《婚姻法帮助我们改造了家庭》《婚姻法把旧家庭变成了新家庭》《几年不和的婆媳关系搞好了》等，反映了贯彻婚姻法之后在社会和家庭生活中发生的深刻可喜变化。鉴于封建思想的影响，歧视妇女、残害妇女现象在当时时有发生，对此，刊物刊登了《罗安氏惨死事件告诉了我们些什么——罗安氏惨死案件始末》，揭露了河南省睢县一个恶婆同一个恶夫用残忍手段谋杀媳妇的事件；江苏淮安县妇联主任虐待保姆受到撤职处分的案件，在当时起到了一定的警示作用。

3. 继承先贤遗志，表彰时代新人

向广大妇女进行革命传统教育是《中国妇女》的一个优良

传统。中国近现代革命史上，涌现出了一批女豪杰、女英雄，在她们身上体现了中华民族的爱国主义精神和献身精神，发扬革命传统，弘扬革命先贤的崇高革命精神，对鼓舞当代妇女投入社会主义建设有很大的激励作用。刊物曾陆续介绍了女革命家秋瑾、革命先烈向警予的英勇事迹。还发表了《回忆抗战女英雄赵一曼》《刘胡兰鼓舞着我们》《记陈铁军烈士》和黄钢撰写的长篇传记文学《革命母亲夏娘娘》等一系列反映革命先贤英勇行为的文章，在读者中产生了强烈反响和巨大的震撼力。

社会主义的新中国是英雄人物辈出的时代。无论是社会主义改造还是社会主义建设时期，在各条战线上都涌现出了一批先进模范人物。在他们身上体现了新的时代精神，成为推动社会前进的动力、人们学习的典范。刊物以较大篇幅报道了劳动模范王秀鸾、新中国第一位女拖拉机手梁军、第一位女将军李贞、新时代的花木兰人民特等战斗英雄郭俊卿、治淮一等功臣李秀英、模范军属申纪兰、富于改革创新精神的纺织女工郝建秀和赵梦桃、农村知识青年的好榜样徐建春、植棉能手第一位农民出身的女研究员张秋香、山沟里的“女秀才”黄顺玉、舍己为人的向秀丽与徐学惠以及德艺双馨的爱国艺人常香玉，这些灿若群星的先进模范人物家喻户晓，成为广大妇女学习的楷模，鼓舞着她们在新的长征路上前进。

三、谱写新时期的光辉乐章

《中国妇女》因“文革”爆发，出至 1966 年 12 月第 238 期停刊，时隔 12 年，于 1978 年 7 月复刊。复刊后的《中国妇女》面临的是新时期、新形势、新任务。新时期最鲜明的特点是改革开放。党带领人民进行改革开放的目的是解放和发展社会生产力，实现国家现代化，让中国人民富起来，实现中华民族的伟大复兴。为了实现这一宏伟目标，作为全国性的妇女刊物，肩负的任务是自觉宣传动员广大妇女投入改革开放的大潮中，发挥广大妇女在社会主义建设中的独特优势，把妇女工作的作用、影响和社会价值表现出来，把新时期妇女的伟大贡献、优秀品质和精神风貌展示出来，同时要扫清妇女在参加现代化建设中的种种障碍，为广大妇女贡献自己的聪明才智创造良好的社会环境。正如复刊号《致读者》所说的：新时期要结合妇女的实际和特点，宣传改革开放中各条战线的先进妇女人物，保障妇女的合法权利，反映妇女的意见和要求，批判一切剥削阶级的旧思想、旧传统、旧风俗、旧习惯，树立社会主义的新道德、新风尚，团结和教育广大妇女在三大革命中发挥妇女“半边天”的作用。

1. 塑新时代女性形象，展示新女性风貌

社会主义革命胜利后，男女法律上的平等为妇女政治上、经济上和自身的解放提供了前提，但妇女的真正解放，还有赖于妇女自身素质的提高，这是提高妇女政治、经济地位的基本保证。妇女自身要做到“四自”，即自尊、自信、自主、自强，自觉投入政治经济建设中，通过参政和国家管理真正得以实现。列宁曾指出：“法律上的平等还不是实际生活中的平等。我们要使女工不但在法律上而且在实际生活中都能同男工平等。要做到这一点，就要使女工愈来愈多地参加公有企业的管理和国家的管理。”[4]中国的广大妇女在改革开放的新时代，清醒自觉地投入改革开放的洪流，献出了自己的智慧和才能，各条战线涌现出了一批先进模范人物。像身残志坚的张海迪、人民的好警察任长霞、模范法官宋鱼水、建设乡村都市的刘志华、著名企业家关广梅、科技战线上的谢希德与韦钰、医疗战线上的标兵冯理达，以及以敬一丹、李瑞英、宋祖英为代表的众多影视明星、歌星等，她们的先进事迹、改革创新精神、优秀高尚的思想品德在《中国妇女》上频频出现。新时期，许多妇女优秀人物走入政坛，管理国家。刊物还报道了一批上至担任国务院副总理、省委书记、省长，下至基层的一批妇女干部参政的典型，展示了她们高超的管理才能。可以说，新时代妇女英雄人物辈出，充分显示了新时代新女性掌握了自己的命运，当家做主人的精神风貌。

从社会学的角度看，作为一个社会占人口一半的女性形象总是既反映出这个社会中的妇女地位、社会发展水平，又能反映出这个社会占主流统治地位的价值观念和社会心理。从《中国妇女》对新时期新女性的宣传报道看，与过去相比，出现了一些新的变化。从职业形象看，20 世纪 50～60 年代占主导地位的先进典型人物主要集中在工农业战线，而 20 世纪 80～90 年代典型人物中，科技、医疗战线知识女性的比重明显增加。这种变化反映出我国广大职业女性文化素质和政治地位在不断提高，社会在不断进步以及中国社会自身现代化进程和整个社会历史的巨大变迁。

2. 肃清封建残余，维护妇女权益

传统习惯势力是一种最可怕的势力。中国是一个长期处于封建社会的国家。旧社会遗留下的男尊女卑、歧视虐待妇女的丑恶现象在新形势下依然存在。社会历史的发展离不开人类自身的延续生育，女性为此做出了特殊贡献，然而却成了受歧视的种种借口，社会生活中虐待妇女、性别歧视、暴力侵犯时有发生。为此，维护妇女的正当权益，揭露、抨击迫害妇女的行为，为妇女的健康成长创造一个良好的社会环境是妇女刊物的神圣职责。

1978 年，针对河北邢台地区农村女青年高彦芳为摆脱不幸的买卖婚姻，竟被夫家人野蛮毒打严重致残一事，《中国妇女》发表了《残害妇女，国法不容》的长篇报道，并在刊物上开展讨论，使高彦芳的问题得到妥善处理。继高彦芳事件之后，1984年第11期刊登了陕西绥德姑娘阎爱芝的来信，申诉她12年来被诬陷打击、家破人亡的悲惨遭遇。12年来，她冲破种种困难，坚持申诉上告，1978年王任重同志多次过问她的问题并批示有关单位处理，但问题仍未得到解决。王任重同志又写信给陕西省委书记白纪年催办此事。白纪年虽然很快提出了处理意见，但后来仍未落实。于是王任重给《中国妇女》和陕西《法制周报》写信，力促问题的解决。王任重同志在信中说："从阎爱芝同志冤案可以看出，我们有的国家干部仗势欺人，无法无天。他们认为迫害一个小干部或者老百姓是可以不受任何惩罚的，这样怎么能发扬社会主义民主，健全社会主义法制呢……假如你们抓住这个问题不放，促使有关方面彻底解决（当然依照事实和法律），就不仅是为阎爱芝同志个人彻底平反昭雪，还可以作为典型案例，对广大干部群众进行法制教育的好教材，会产生很大的积极作用。"[5]王任重同志还在信中表扬了《中国妇女》在处理阎爱芝事件中表现出认真负责的精神。在王任重、白纪年同志的关心下，阎爱芝的问题终于得到妥善解决。

刊物和编辑虽然不是法官，承担直接处理某一案件的责任和权力，但可以通过舆论的力量促使某些问题的解决，这种力量是无形的，也是巨大的。《中国妇女》在这方面是有特殊贡献的。

"父母之命，媒妁之言"被一些家长视为天经地义的真理，像一把紧箍咒，长期限制、窒息着青年男女的婚姻自由，这种情况在旧社会极为普遍，但在新时期并未绝迹。《中国妇女》1980年第10期刊登了陕西省宝鸡市园林路灯管理处女工孙静给

《中国妇女》的来信《希望你们救救我》。信中倾诉了她与一位家庭出身不好的男青年相爱结婚，而没有服从父亲——一位文教局长共产党员的意见，遭受种种打击迫害而置之死地的悲惨处境。《中国妇女》在刊登这封来信的同时，刊登了《文教局长粗暴干涉女儿婚姻的调查报告》，并为此发表了《孙静的遭遇说明了什么?》的编者按。认为“当前，包办、干涉，甚至粗暴干涉子女婚姻的现象，各地都有发生，这是违犯婚姻法的。这不仅是关系到广大妇女，而且是关系到千家万户、男女老少的社会问题。希望读者对这个问题发表自己的意见和看法”。《中国妇女》于1980年第11期、1981年第1期和第2期连续刊登了宝鸡市和其他地区读者参加讨论撰写的《肃清封建思想遗毒，正确处理子女婚姻》的文章十多篇，文章对孙静的不幸遭遇给予同情，对限制男女婚姻自由的旧思想给予谴责，起到了很好的教育警示作用。由于这些问题涉及妇女的切身利益和整个社会问题，引起了社会的广泛关注，使刊物内容拉近了与读者的距离，这个时期的刊物发行由过去的100万份猛增至170多万份。

3. 抓住热点难点焦点，组织广泛讨论

一个刊物要生存、发展，扩大影响，在很大程度上取决于能不能敢于及时反映读者关心的社会热点、难点、焦点问题。根据形势的发展，适时地开展震撼人心的有关问题的讨论是《中国妇女》编辑工作的一个亮点。早在20世纪50～60年代就曾组织了“杨云为什么自杀”“我们夫妇关系为什么破裂”“选择爱人的标准是什么”“女人活着为什么”等问题的讨论，在当时产生了广泛的影响。在改革开放的新时期，社会的急速发展，关系妇女切身利益和实际生活中的一些新问题、新情况层出不穷，正确认识对待并解决这些问题，有利于调动广大妇女参加经济建设的积极性，也有利于推动妇女工作前进。《中国妇女》精心策划，先后组织了“应当树立什么样的婚姻道德观”“独生子女教育问题”“大龄青年婚姻问题”“下岗再就业问题”“关于女人出路问题”“吃青春饭问题”“妇女与我国当代社会生活方式问题”“妇女参政问题”等问题的讨论。这些问题，由于贴近妇女生活实际，贴近群众，广大读者参与讨论，发表了许多不同意见，起到了相互交流、提高认识、统一思想的作用，是群众自我教育的好方法，也是编者与读者相互交流思想，双向互动的好形式，既增强了刊物的吸引力，又扩大了刊物的影响。

四、经验与启示

《中国妇女》自1939年6月1日创刊至今，已走过了70年的光辉历程，出版了770期。它凝结着几代编辑人的心血，积累了许多成功的编辑经验，给办刊人提供了有益的启示。概括起来有以下几点。

一是服务大局，紧紧围绕党在各个历史时期的总任务开展宣传工作。刊物始终结合妇女运动和妇女工作的特点，关注女性历史命运，记录女性成长轨迹，以妇女解放、提高妇女素质为主要内容，以妇女先进人物为榜样，创造性地多侧面、全方位地反映中国妇女投身革命和建设，在各个历史时期各条战线上的突出贡献，展示妇女高尚的精神风貌。这是《中国妇女》成功的一个根本原因。

二是抓好重点文章，扩大刊物的影响力。一般来说，一个刊物实现期期精彩、篇篇佳作是难以做到的。为了突出刊物个性特色，在编辑指导思想上宁可局部突出，以精取胜，也不可整体平庸，贪多求全。编者的重心是在每期推出几篇重点文章即好文章。刊物上的好文章就是一刊之帅，就是一个刊物的旗帜和标志。好文章具有创新思想，观点新颖、内容深刻并有文采。《中国妇女》在改革开放时期精心策划推出的卷首语和名家撰写的扉页上的短文及新的一年的开篇文章，如《寄语女干部》《关于妇女参政问题的提出》《中国需要成千上万杰出女性》《性别歧视：教育的叹息》《我们需要重建——90年代开篇》等，就是其中的代表性文章，这些文章立意有高度，思想有深度，影响有力度。文章以散文的体裁、抒情的笔法，透射出深刻的思想哲理，而且文笔生动，语言清新流畅，对读者有很大的感染力与吸引力。

三是贴近妇女生活实际，指导性强。刊物始终以妇女运动、妇女工作为中心。在文章内容和栏目设置安排上，反映的是广大妇女切身关心的问题。向社会宣传妇女，向妇女宣传社会，反映妇女心声，成为亿万妇女的知音、千万家庭生活的参谋、解决妇女关心问题的论坛。许多读者称刊物是自己的良师益友，是维护妇女权益的公正法官。还有读者称它为“前进的路标，思想的明灯”，“精神的食粮，战斗的武器，学习的教科书”，从而产生了很强的指导作用。

四是运用多种编辑手段，扩大刊物影响。首先是针对重要人物和重大事件的宣传，采用连续式集束式的报道。如对革命烈士张志新、工人模范赵梦桃的革命事迹及婚姻法的宣传，在刊物上连续几期刊登系列文章，造成强大声势，产生很好的宣传效果。其次是重视编者与读者互动，扩大刊物影响力。曾先后开展了“中国妇女知识竞赛”“评选年度海内外最有影响的几位华人时代女性人物”“中国女知识青年的足迹征文”“我与《中国妇女》征文”等活动，引导广大妇女积极参与这些活动。形成了信息互动反馈机制，编者与读者交流，缩短了编者与读者的距离，刊物拥有了一批稳定的读者群和老订户。再次，重视连环画、图片的运用，增强宣传效果。新中国成立之初，限于广大妇女文化水平较低，刊物在封二、封三或内文中插入一些宣传先进模范人物事迹的连环画与照片，图文并茂、生动直观，颇受读者欢迎。最后是印制高雅精美又独具女性特色的封面。封面是刊物的“脸面”，也是留给读者的第一印象。《中国妇女》的封面不是袒胸露脐、挤眉弄眼的美人画，而是展示中国新时代女性，充满正气、举止大方的各条战线上的顶尖人物。既适应市场化需要，也适应了大众文化的消费需求。

注释

[1] 毛泽东．毛泽东选集：第1卷．北京：人民出版社，1991：31．

[2] 顾兰英．创刊初期的艰苦时光．中国妇女，1998（2）．

[3] 陈慕华．贺《中国妇女》五十周年．中国妇女，1989（6）．

[4] 列宁全集：第38卷．北京：人民出版社，1992：171，170．

[5] 王任重同志为一件冤案给本刊编辑部的来信．中国妇女，1989（2）．

（原载《出版史料》2009年第2期）

为出版插上飞翔的翅膀

——论技术在出版变迁中的作用

贺圣遂

从结绳记事到超高速计算机，人类在技术的变迁中经历了数千年的历史沧桑。伴随着技术的不断进步，一个对社会发展有着举足轻重影响的行业——出版业诞生了。一般认为，出版业因思想而闪光，知识和智慧使出版的内涵不断丰富。但事实上，技术的变革和进步对它的变迁也有不容忽视的影响，其作用怎么估计也不为过。本文以活字印刷术的诞生为论说基点，试图结合前印刷时代、印刷术时代和后印刷时代三个历史时段，来探讨这种重要的影响和作用。

一、前印刷时代：文字及书写载体技术的进步与出版业的诞生

文字是人类文明最重要的载体和媒介。公元前 3000 年左右，古埃及人发明了圣书字这种象形文字；稍后，两河流域的苏美尔人又创造了一种楔形文字；稍晚，中国文字诞生了，并且在商代发展成熟。自从创造出文字这种表意工具，人类的知识得以沉淀并承传，社会的发展也因此而大大进步。当我们品阅古埃及的《亡灵书》，读到楔形文字记录的账目，或从甲骨文中了解远古中国人祭祀、田猎、占卜、旅行等生活记录，不禁感叹文字的力量，它使我们穿越时光隧道，感悟到数千年前的

社会与人生。

在文字发展过程中，因技术导致的文字记录材料的进步，更使文字传布如虎添翼。在中国，公元前14世纪，人们已开始广泛使用经过处理的龟甲和兽骨作为文字记载的材料（其时的笔大约是由石、骨、金属等锐器担当，当然，类似墨的材料亦已发明），为后人研究那一时代历史提供了信实可靠的资料。公元前11世纪的周代，人们又用青铜器作为文字记载的载体，开启了金文时代。此后还有陶、石、玉等都曾作为文字记载的材料。春秋战国时期，则主要用竹简、木牍和缣帛，其中，又以竹简和木牍的易得和成本低廉而被广泛使用。同时，毛笔应运而生，成为主要的书写工具。先秦诸子的著述正因为有了这些书写材料而得以保存。例如，在郭店楚简中就有《老子》和《缁衣》《五行》《性自命出》等重要典籍的最早版本；在长沙马王堆汉墓的古代帛书中也有《老子》《战国纵横家书》等珍稀文献。如果没有这些书写材料，上述古代文献及古人的思想智慧也许早就化为乌有了。

在国外，古埃及人已经将文字写在纸莎草上。纸莎草是一种水边植物，其茎经过处理就可书写，因为廉价易得，所以被广泛使用，历经数千年而不衰。与此同时，泥板、泥塑、石头、树皮、木材等也被充分利用。例如，古代的撒克逊人曾经在山毛榉木板上写字。在纸被广泛使用前，经加工的羊皮曾是西方最主要的书写材料。早在公元前200年左右，小亚细亚一个叫帕克曼地方的人已经使用它来书写。羊皮纸好似中国的缣帛，制作成本高，据说一本《圣经》就要耗去两三百张羊皮。但其优势在于书写质量好，并且易于保存。

从甲骨到竹简、木牍，从刻刀到毛笔，从纸莎草到羊皮纸，从芦苇管到鹅毛笔，书写技术的革新和进步，承载着东西方文明一路前行，也为后世出版业的兴起奠定了基础。据20世纪的伟大哲学家波普尔所言，至少在2 500年前，雅典已有图书贸易集市。公元前1世纪的罗马，就已经出现了贩书的连锁店，作者与出版者之间的利益冲突已经发生，著名诗人贺拉斯便曾指责出版商瞒报销售数量。中国的书市则诞生于2 000年前的西汉。扬雄在《法言·吾子》中最早提出“书肆”一词。到了东汉，书肆不仅在长安、洛阳这样的大城市发展，而且小县城也有人以卖书为业。书肆的兴起，催生了职业的抄书人，也培育了一代文化人。思想家王充就是凭借在洛阳书铺读书完成自己的知识积累的，于此可证有着商业属性的出版行为在人类历史上早就已发生。而书写技术和载体的更新和超越，始终发挥着推进出版和书业发展的作用。

纸张的发明在人类文明史和出版史上具有划时代的意义。20世纪80年代，考古学家在甘肃天水发现了一幅西汉时期的纸制地图，足证当时中国已经发明了造纸术。公元105年，蔡伦对此加以改进，使造纸原料更加多样化，纸的成本也大大降低，为纸张的普及使用奠定了基础。纸的发明，使中国迎来一个抄本流传的时代。与西方羊皮手抄本的盛行一样，这预示着一个新的行业——真正意义上的出版业的诞生。

造纸术的发明与纸的广泛使用，对中国乃至世界都发生了广泛的影响。不仅使文化的普及程度得以大幅度提升，贵族传统渐行渐远，不同文化阶层间人员流动和社会阶层的重新划分开始出现，还对东西方艺术人文的发展产生了决定性的影响，可以说，它成就了中国传统美术和书法的独特风格，也在世界范围内使远古时期的口头传播逐步向文字传播时代迈进。自唐朝末年纸传入阿拉伯，经当时的文化中心巴格达传入西班牙，到12世纪左右欧洲人开始造纸，15世纪现代机械印刷术发明前后，欧洲人开始用纸张来印刷书籍。正如加拿大经济史学家、传播学家伊尼斯所言：“纸使我们能够用一种普世的物质去代替昔日传递思想的昂贵材料，它促进了人类思想成果的传播”，“没有纸，就不会有这么多的人去从事写作的艺术，印刷术对人类的贡献也将大大逊色”。尤其是后来木浆造纸法的发明及造纸机械的进步，使纸的产量、品质得以大幅度提升，为书籍规模化生产提供了条件。享有世界声誉的中国书籍史专家、芝加哥大学教授钱存训认为，从19世纪初起，木浆被普遍采用为造纸业的最主要原料。另据法国年鉴学派学者费夫贺、马尔坦考证，1844年，欧洲书籍装订匠凯勒发明混合木浆与布浆的新方法，从此木浆造纸在欧洲盛行开来。由于纸的诞生、造纸工艺改进和在出版业的广泛使用，世界迎来一个出版新时代。

二、印刷时代来临：印刷术带来出版业惊天动地的大变革

纸的运用与出版发生不可分隔的联系，端赖印刷术的出现。印刷术带给出版业的是一次革命性的变革。

据信，我国在公元7世纪左右的唐代初期，已经发明了雕版印刷。成熟的存世印刷品，8～9世纪，在中国、朝鲜、日本都有发现。1040年左右，北宋毕昇发明了泥板活字印刷术，1450年左右，欧洲人谷登堡发明了铅活字印刷术。谷登堡的印刷术是否受到中国印刷术影响尚存争议，但中国造纸术为谷登堡现代印刷技术提供了最基本的条件和保障，却是不争的事实。没有纸的发明，印刷机是永远发挥不了多大作用的。

毕昇的活字印刷虽然代有改进，先后产生过木活字、铜活字和瓷活字等，但始终未获普及，雕版印刷一直占据出版主流。据专家估计，中国历代累积的著作约有30万种，其中大部分集中在清代，每种著作平均印数在100册左右（依钱存训说），以

此推断，自中国印刷术发明直至鸦片战争期间，中国古代印刷的书籍总量不过 3 000 万册，而有清一代中国人口已达 4 亿之众，故无论是书籍印刷总量，还是人均拥有书籍册数，都算不上丰富。究其原因，钱存训认为，汉字的复杂多样使活字印刷难度很大，同时活字印刷出版又是一个高投入的产业，非得有广阔的市场需求才能维系其发展，而在古代，恰恰是需求并不充足，批量生产的规模效应得不到彰显，活字印刷术终无用武之地。事实上，受限于农本传统和道德规范，印书者更多地专注于传播圣贤文化，对市场效应和商业价值历来重视不够，这严重阻碍了印刷技术的革新并最终影响到出版的发展。反观西方，尤其是谷登堡印刷术发明之后，谋求利润成为出版业的发展驱动力；盈利之后又会进一步革新技术，提高生产力，由此使得印刷术不断改进，出版业得以蒸蒸日上。15 世纪的欧洲，一个世俗化的社会已然成形，民众对知识的渴求，不仅造成图书需求的巨大市场，也使活字印刷术的威力得到极大的发挥。

印刷术的发明是出版史上的巨大进步，它使书籍的制作成本大幅度下降，批量生产由此成为现实。据明代胡应麟和清代叶德辉的考证，唐初手工抄本的成本高昂，是印本成本的 10 倍。也就是说，同样的资金，可以生产出 10 倍于手抄本的印本。由此可以推断，雕版印刷的批量生产已经显现出规模的优势。到了五代和北宋，雕版工艺日臻成熟，加以活字印刷技术的出现，印书成为一个可以获利的行业。五代后唐宰相冯唐和后蜀宰相毋昭裔都曾组织人力刻印《九经》《文选》等典籍。此外，毋氏还自己出资刻版来印制书籍，所刻书籍遍及海内，由此集聚了很多财富，后世子孙因此而衣食无忧。官宦士大夫参与刻书成为一种传统，仅南宋时期就有陆游父子、范成大、杨万里、朱熹、张栻等百多位官员参与。他们中大部分人为文化的传播做出了贡献，但持传统道德观念的人士却因为朱熹的刻书有商业图谋而对其大加挞伐。两宋时期，是中国出版发展史的黄金阶段。北宋有文字可考的刻书之地仅有三十多处，到南宋数量激增至近二百多处。技术的进步不仅使官刻繁盛，私刻亦飞速发展。浙江杭州、福建建阳、四川成都和眉山、山西平阳是著名的出版中心，浙本、建本、蜀本影响深远。刻书售卖因为有利可图，引来普通百姓纷纷将其作为谋生手段。这些家族世代以印书为业，为中国出版业的发展做出了不可估量的贡献。如福建余氏家族自北宋时期即开始以印书为业，此后五百余年连绵不断，实乃出版史上的奇迹。宋代被称为中国历史上文化最为繁荣的时期之一，也是社会教育水平最高、最普及的时期之一，印刷技术不断提高带来书籍和文化的普及是其中重要的原因。甚而中国的科举制的形成、巩固和发展，亦有赖于斯。

书籍因印刷术的发明和使用，逐渐从神圣走向了世俗。应该说，自从人猿相揖别以来，人类并不匮乏文化、知识和思想，急需的只是承载和流播这些思想的载体。在西方，印刷术发明前，欧洲的书籍出版也是凭借人工手抄，抄本内容单一，多为宗教典籍，但价格却很昂贵，能够分享书籍带来的智慧的人多是贵族和教士，社会还处于一个少数精英垄断的阶段。恩格斯曾为印刷术的出现而欢呼："禁锢在独卷手抄书内的思想，无法传扬到四面八方！还缺少什么？飞翔的本事？大自然按照一个模型，创造出无数不朽的生命，跟它学吧，我的发明！""你在数百年前给予思想和言语以躯体，你用印刷符号锁住了言语的生命，要不它会逃得无踪无影。如果没有你哟，时间也会吞噬自身，永远葬身于忘却之坟。"据法国著名学者巴比耶的研究，从 1450 年到 1500 年谷登堡印刷机问世仅 50 年间，印刷业在欧洲 250 多个城市逐步成为有利可图的行业，书商和印刷商借此跻身上流，成为社会的“新宠”。据美国书籍史专家刘易斯·布兹比估计，在印刷机发明后仅 50 年，欧洲出版的各种书籍数量就急剧膨胀，有 10 000～15 000 种、30 000～35 000 版之多，印出的书籍达到 2 000 万册。

1500 年前后，欧洲的人口在 8 000～8 500 万之间，也就是说，大约每 4 个人就拥有一本书。另据英国学者麦克格雷考证，在谷登堡发明印刷机之前，欧洲大约只生产过 3 万种图书，而 1450 年起短短 4 个世纪，就已出版了 1 125 万种图书，图书生产能力增长了 375 倍，印刷册数更是无法统计。仅意大利出版中心威尼斯一地 1481～1500 年 20 年间，出版书籍估计就达 200 万册，其余可知。这个伟大的奇迹无疑是印刷术创造的。欧洲工业革命前，使用木制的手摆印刷机，此后，随技术不断革新，18 世纪末，英国人首先发明了耐用的铁质印刷机，19 世纪初，德国人柯尼希发明了蒸汽动力铁质印刷机，印刷速度和效率成倍提高，书籍的生产能力更加突飞猛进。

印刷术还使书籍本身发生了很大的变化。首先是呈现方式的丰富化和多元化。手抄书时代，书籍已有插图，但因为绘制复杂，并未普及。印刷术发明后，批量生产节约了成本，插图本越来越多。尤其是 1839 年法国人达盖尔发明照相术后，照片逐步被运用到书籍中，相比以往在人工印刷机上的手绘木刻插图本书籍，蒸汽动力印刷机和照相术使书籍的品质有了根本上的飞跃。读者成倍增加了，所谓“绘画是俗人的文字”，不识字的人也可以看书了，不仅提高了全社会的文化水平，也为出版业的发展创造了更大的市场。其次，印刷术使书籍出版规范化，并最终助成民族语言文字和民族国家得以诞生。如我国古代辽、西夏、金、蒙、满等民族语言文字的成熟，都有赖于印刷术的普及传播。在欧洲，印刷术发明前，书籍的生产是靠很多抄书坊，各个抄书坊有自己的风格和书体，手抄本也因此规格不一，尤其是抄写过程中有意无意的疏漏，这些都对书籍的知识传播有所妨碍。印刷术发明后，印书坊在书籍出版过程中，自觉承担起规范版本和语言的责任。正如费夫贺和马尔坦所言："印刷术带来的语言统合历程，对于德国写作语文的成形，贡献特别显著。""书籍产业为谋取经济利益而鼓励书刊以民族语文出版，最后则助长了这些语文的茁壮，同时造成了拉丁文的衰微……各种的方言，受惠于印刷机的力量而博兴，终究瓦解了万流归宗的欧洲拉丁文化。"英国的第一个印刷业者卡克斯顿在印制《百科全书》时说："那种正在形成的英语，在各个郡是不一样的……我把这本书的规模压缩一下，翻译成我们的英语，不是用我们粗俗的语言，也不是用奇特的语言，而是用我们大家都能够理解的语言。"正是卡克斯顿通过印刷工作，把英国自己的文学带给了广大民众。甚至可以说，如果没有卡克斯顿，就没有莎士比亚。事实上，印刷术的规范作用已经远远超出了书籍印刷的范畴，正如麦克卢汉所言："西方机械文化的一切方面都是由印刷术塑造的。""印刷术产生了第一种整齐划一的、可重复生产的商品。同样，它也造就了福特牌汽车、第一条装配线和第一次大批量生产的商品。活字印刷是一切后继的工业开发的原型和范型。没有拼音文字和印刷机，现代工业主义是不可能实现的。"大约在10世纪末11世纪初诞生于中国宋代的纸币（当时称交子或钞），是中国造纸和印刷术结合的伟大发明，它的出现对于当时及此后的中国和世界的经济、政治变迁的影响，更是不言而喻的。换言之，没有印刷术，就没有今日之世界。再次，印刷术使书籍突破了时空的限制，成为时空并重的媒介。从此，书籍的印刷和传播速度更快，传播空间也更加扩展，进而改变了图书馆作为帝王权力象征的局面。知识垄断的状况被打破了，越来越多的书籍充实到公、私图书馆中，新的科学的图书分类法因此而产生。概言之，印刷术为出版带来的一系列变化是前所未有的，其影响更是难以估量。

譬如，印刷术为蔓延欧洲的宗教改革奠定了群众基础和技术基础。印刷术革新使书籍内容的多元化、世俗化和批量生产成为现实，各个阶层的民众均有书可读，带动识字率上升，整个社会文化水平为之提高，书籍开始向人们讲述很多新颖的东西，人们也开始采用前所未有的方式思考问题，由此带来的知识普及和思想解放为宗教改革奠定了群众基础。印刷机成为大众权力的重要表征，诚如英国自由思想家理查德·卡莱尔所宣称：印刷机“如同真正的弥赛亚一样走来，将大众从国王和主教的影响中解放出来”，英国桂冠诗人骚塞也认为印刷术“把学问送到了普通人的手里”。印刷术发明之后在中国出现了“邸报”等形式的官私新闻纸，在欧洲则迅速萌发出新闻业，对于中外的政治、宗教的影响更是不可低估。

印刷术又使书籍的印刷、传播速度与传播数量得以成倍提高，宗教新义能够更便捷广泛地深入人心。早在 1409 年，欧洲胡斯教派不满宗教现状而厉行改革，其宗教新理念未得广泛流播便以失败告终；马丁·路德的宗教改革开始于谷登堡印刷术产生后的 16 世纪初，借助现代印刷术，他的宗教新义 15 天内就遍布德国的各个角落，在欧洲获得了巨大的成功。除却社会原因和个人因素，在他们宗教革新的一败一成中，印刷术是决定其成败的重要一环。尼尔·波兹曼认为，路德的新教发展成了一种书籍的宗教，由此改写了欧洲文化的知识版图，印刷机推动的知识传播使北欧民众的文化修养和情感修养以及抽象思维能力开始赶超地中海沿岸地带。可以这么说，印刷机不仅仅是一种经济活动，同时它显示了巨大的道德力量。

印刷术还增加了科学书籍的出版，直接促进了现代科学的飞速发展。科技类图书因内容需要往往要求附有大量插图，印刷术的进步为此提供了有利条件，为科技知识的传播提供了空前的便利。在中国，宋明之际，附有插图的印刷书籍大量出现，初刊于宋代的彩印本《营造法式》，元代王祯（木活字印刷的发明者）的《农书》、明代李时珍的《本草纲目》、宋应星的《天工开物》、徐光启的《农政全书》都利用印刷技术的进步插入许多直观的插图，是中国古代插图本科技类书籍的代表。尤其是《本草纲目》附有1 100多幅药物图谱，对于人们阅读、学习、使用本书提供了极大方便。而16世纪初期欧洲人出版的书籍中，科技类图书已达3 000种之多，占到图书总量的1/10。动植物学、解剖学、工程力学等学科的发展，也都得益于印刷术的盛行。随着社会世俗化进程的加速，科学技术在欧洲因传播的便捷而获得快速发展，一个全新的科技时代因印刷术的推动而来临。所以马克思说："印刷术则变成新教的工具，总的来说变成科学复兴的手段，变成对精神发展创造必要前提的最强大的杠杆。"

三、后印刷时代：数字化技术的魔力使出版的未来超越想象

印刷术是现代化数字技术的引线。因为印刷术，五百年来，人类出版了越来越多的科技类图书，这些书籍以前所未有的速度和广度传播，又促使新的科技知识层出不穷。这种新知识回馈了出版业，使得20世纪下半叶，一个全新的数字化传播时代悄然诞生。伊尼斯说："一种新媒介的长处，将导致一种新文明的产生。"而数字化技术的优势正预示着一个与以往迥然不同的数字文明形态的出现。

数字化技术创造了全新的传播环境，为传统出版业的发展提出了新课题，在数字化出版的语境下，书籍的读者有了多重身份。不但是静态的接受个体，更是广播电视阅听人、网络用户、手机使用者。据调查，2007 年，中国 4 岁以上的电视观众达12.05 亿人，互联网用户规模达1.82 亿人，预计2008 年将达2.44 亿人，手机用户达到 5.4 亿人，2010 年有望超过 7 亿人。这就预示着，每 5 人当中就有 1 个网民，每 2 人中就有 1 个手机持有者，几乎所有的中国人都是电视观众。新的数字化传播环境为人们提供了更多的信息资源，读者用在书籍阅读上的时间呈递减趋势。正如麦克卢汉所言："电脑之类的技术没有它固有的无能为力的事情。这种技术使我们的意识延伸，成为一种普世一体的环境。人们有一种感觉，我们受到电力技术信息的包围，这种环境就是我们意识的延伸。"

数字化技术构建了新的交流平台。数字化技术的重要特征是广泛性、互动性和参与性。如果说 20 世纪中期以前，阅读还局限于一定层次的话，数字化技术的兴起则为人人阅读创造了条件。尼采说的"容许人人阅读，不仅会糟蹋写作，而且会糟蹋思想"早已过时，人人皆可阅读的潮流势不可挡。保罗·莱文森说，有了数字化技术，"书写这匹快马就能够以宇宙最快的速度和曝光率奔驰了：历史上开天辟地第一回，一个词一旦写就，世界各地都可以立即读到它了。这不是毁灭文化，而是摧毁思想贵族"。有了数字化技术，作者与读者可以更方便地交流互动，工作节奏加快了，工作效率提升了。更为关键的，在数字化环境下，写作、出版与阅读的界限不再像以往那样清晰，作者、出版者与读者的身份也变得日益模糊，人人皆可以是读者，人人皆可以是作者，人人也都可能是出版者和传播者，数字化时代是一个“众神狂欢”的时代，“你能，他能，我也能”的广泛参与性使出版充满了未知的因素，也打开了它通往无限未来的一切可能的通道。在古代，人们聚在一起通过口头传播进行面对面交流，实现了局部性、低层次的互动沟通；印刷术发明前的手抄书时代，抄书人可能有意无意地在原书文本中羼入个人的写作，使原书走样变形；印刷术发明后相当长的时间里，书籍的生产能力虽然大大扩充，但和手抄书时代一样，书籍和知识仍然掌握在一部分人手中，是特权的象征；在数字化时代，数字技术则主动为人们提供了参与文本创作的机会，开启了数字化时代自由书写的新篇章，更为重要的是人们重新获得文明的口头传播的机会，从此书面传播与口头传播并行不悖，面对面即时交流和互动的生机再次展现，传播的多元化、共享化和民主化得到空前实现。

数字化技术提供了新的阅读载体。计算机网络终端是非常好的阅读载体，它集视、听、写于一体，兼有纸质媒体、广播和电视的一切优点，特别是通过计算机阅读的光盘电子书，与传统纸制图书相比，更显生动活泼。尤其值得一提的是，许多电子书在图文并茂的同时，利用科技手段添加了许多声音、图像、影像资料，创造出一个全新的多元的阅读文本，使阅读本身不仅有增加知识的功能，还使人在阅听的过程中享受到汲取知识的快乐。较之传统纸制书，这不能不说是一个大进步。例如，《全唐诗全宋词》光盘珍藏版，不仅收录了近5万首唐诗和近2万首宋词，配有作者简介、注释、点评（这已经具备了纸质图书的全部内容），还有意境幽远的古乐和声情并茂的朗诵（这大大超过了纸质图书的表现力）。和光盘需要借助计算机阅读不同，电子书阅读器是一部仿真的图书，同时又是一个容量巨大的图书库。美国微软公司、亚马逊公司，日本索尼、松下、东芝三大公司，都斥巨资予以开发。在中国，南开津科公司广泛与网络出版商、传统出版商合作，推出了“翰林电子书”，辽宁教育出版社与美国公司合作，推出了“秦通掌上书房”。目前电子书阅读器的开发和研制正方兴未艾，一个新的阅读载体正在崛起。

数字化技术营造了新的出版环境。1998 年，蔡智恒的《第一次的亲密接触》作为网络小说开始流传并引来无数好奇的目光。2000 年，斯蒂芬·金的小说《骑着子弹飞行》通过网络出版和销售也引起人们的广泛注意。几年过去了，现在网络文学已经司空见惯。在中国，榕树下、起点中文网、幻剑书盟、红袖添香等著名文学网站每年都有成千上万部作品问世，其中不少作品受到热烈欢迎。例如，网络小说《赵赶驴电梯奇遇记》创造了点击上亿次的神话，而《明朝那些事儿》也是先风靡网上，书出版后也一直长销不衰。除了网络，还有手机，日本的手机小说《恋空》在手机网连载后，创造了 1 200 多万人次的点击率，随后，纸质书上市，一个月内即销售了 100 万册。再如，维基百科、维客、播客、博客等都为个人写作、传播创造了条件。凡此种种无疑部分地印证了麦克卢汉 1966 年的预言：“电脑可以接管整个的机械时代。过去机械条件下所做的事情，都可以比较轻松地用电脑来做。”

数字化技术还拓展了新的出版营销渠道。人类自诞生以来，文化的创造者和接收者从来没有这么近距离地接触过，数字化技术使传、受双方直接面对面。对出版者而言，数字化技术条件下，营销环节大大缩减，营销渠道越变越短。出版社可以将图书信息传送上网，读者可以通过网络直接购书。美国最大的网上书店亚马逊公司，在销图书约 300 多万种，2007 年公司年收入 148.4 亿美元，比 2006 年增长 39%；利润为 4.76 亿美元，比2006年增长150％。2008年第一季度，其销售收入为41.4亿美元，比2007年同期增长37％。国内最大的网上书店当当网，在销图书约60万种，2005年以来实现快速发展，2008年销售额有望实现15亿元。与网上书店形成鲜明对比的是实体书店，图书品种因很难与网上书店匹敌，近几年来，经营状况举步维艰。在美国，巴诺、鲍德斯、百万三大连锁书店均业绩下滑、经营惨淡；在中国，2008年贝塔斯曼中国公司的撤离，似乎预示着在网络书店的强力竞争下，实体书店的未来生死难料。此外，数字化技术还为POD印刷提供了条件，使出版社不再依赖传统的营销渠道，能够将产品直接销售给读者，并且实现零库存。

进入数字化时代的出版业呈现挑战与机遇并存的复杂局面，伴随印刷机和纸质出版物走来的出版人也许会陷入恐惑和兴奋兼有的状态。麦克卢汉说："新媒介不仅是机械性的小玩意，为我们创造了幻觉世界；它们还是新的语言，具有崭新而独特的表现力量。""新媒介并不是旧媒介的增加，它不会让旧媒介得到安宁。它永远不会停止对旧媒介的压迫，直到它为旧媒介找到了新的形态和地位。"计算机网络是人类大脑的延伸，全世界的人通过网络构建出一个全球化的大脑，个体完全可以自由自在地生成知识并将其输入这个全球化的大脑，与他们分享个人智慧，也可以在角落里独处，在保持个体自由的同时，悄悄地在全球化大脑上吸取知识，拓宽视野。恰如保罗·莱文森所言："拥有一本书仅仅是拥有那本书及凝固在其中的词语。可是，拥有一台电脑却是拥有一所图书馆，而且是一所潜在的无所不包的图书馆。"

当然，数字化技术的快速普及并不是简单地宣告印刷时代的结束及数字时代的开启。每一种新技术都有超越以往的优点，也必然缺乏以前技术的某些特色，有些特色对于信息传播而言更是性命攸关。1966年，英国广播公司花费两百多万英镑制作的《末日审判书》的多媒体计算机软件，倾注了上百万人的智慧与心血，其内容包括上万张地图和图片，数十万个地名和数千套辅助资料，其文本的呈现方式大大优于纸版图书。但非常不幸的是，当2002年人们打算阅读这个内容优异的电子版《末日审判书》时，却无论如何都打不开，虽然最后请了世界著名的技术专家，仍无济于事。据悉，目前的电子化资料的保存期限大都难以超过十年。换句话说，数字化图书的安全性和稳定性远远不如纸版图书。以历史的眼光看，新的数字技术的诞生并不意味着过去技术的死亡，手抄本、纸质印刷本和电子版图书完全可以相得益彰，友好共处于读者的书桌上。数字出版物的开发商往往止步于把书视为传播信息的工具，其实书作为人类千百年来共同成长的精神伴侣，单纯一块显示屏一定难以给人带来精神的愉悦。所以，保罗·莱文森又说，数字化未必对书籍这种传统的印刷载体构成终极的威胁，“即使电脑显示屏将来取代了纸张，并成为印刷传播的主要形式之后，我们还可以印制一些珍藏本。康德的《纯粹理性批判》和麦克卢汉的《理解媒介》之类的著作，因为我们在反复阅读中不断受益，在摩挲中得到乐趣，就可以用纸印书籍的形式保留下来”。的确，未来的“纸书”、未来的“阅读”，精致化的品味和风格比什么都重要。正如牛津大学出版社美国公司副总裁施艾文所说，在讨论数字出版时，我们应该明白，传统出版不会消失，它只是改变了形态；与其说人们喜欢技术，不如说人们更喜欢读书本身。换句话说，计算机数字化技术是服务于阅读习惯，而绝不是颠覆阅读习惯。

从文字的产生，到造纸术的发明，再到印刷术的运用，技术为人类的进步创造了条件，技术也推动出版业一路向前。技术的特征就是不断地变革和进步，它在出版业留下的痕迹，是知识载体的趋向简易快捷和更替超越。回望历史，展望未来，在出版业的发展历程中，技术构成知识，给我们的思想提供物质表现。印刷术时代需要发明天才，数字化时代更需要科技英雄，历史需要蔡伦、毕昇和谷登堡，也渴望有更多的冯·诺依曼、王选和比尔·盖茨涌现。从某种意义上说，尽管是人创造了技术，但技术可以带给人的东西更多，落实到出版业，似乎尤其如此。

参考文献

[1] 马克思，恩格斯. 马克思恩格斯全集：第 41 卷、第 47 卷. 北京：人民出版社，1982.

[2] 埃里克·麦克卢汉，弗兰克·秦格龙. 麦克卢汉精粹. 何道宽，译. 南京：南京大学出版社，2000.

[3] 伊尼斯. 传播的偏向. 何道宽，译. 北京：中国人民大学出版社，2003.

[4] 保罗·莱文森. 思想无羁. 何道宽，译. 南京：南京大学出版社，2003.

[5] 波普尔. 二十世纪的教训. 王凌霄，译. 桂林：广西师范大学出版社，2004.

[6] 钱存训. 中国纸和印刷文化史. 桂林：广西师范大学出版社，2004.

[7] 尼尔·波兹曼. 童年的消逝. 吴燕莛，译. 桂林：广西师范大学出版社，2004.

[8] 弗雷德里克·巴比耶. 书籍的历史. 刘阳，译. 桂林：广西师范大学出版社，2005.

[9] 高信成. 中国图书发行史. 上海：复旦大学出版社，2005.

[10] 张秀民，韩琦. 中国印刷史. 杭州：浙江古籍出版社，2006.

[11] 钱存训. 书于竹帛：中国古代的文字记录. 上海：上海书店出版社，2006.

[12] 费夫贺，马尔坦. 印刷书的诞生. 李鸿志，译. 桂林：广西师范大学出版社，2006.

[13] 玛丽娜·弗拉斯卡-斯帕达，尼克·贾丁. 历史上的书籍与科学. 苏贤贵，译. 上海：上海科技教育出版社，2006.

[14] 约翰·H. 林哈德. 发明的起源. 刘淑华，主译. 上海：上海科学技术文献出版社，2008.

（原载《编辑学刊》2009 年第 2 期）

美国童书出版史上的六位先驱者

魏龙泉

在美国，儿童书在早年并不太受重视，处于图书界二等地位，而现今已普遍认为儿童书是行业的赢利中心和进行创作的舞台，过去七十多年见证了这部分书的惊人增长和重新定位。正如伦纳德·马库斯在一本新的儿童书史《可信赖的守护人：理想主义者、企业家、美国儿童文学的形成》中所说："这一巨大变化折射出我国文化和社会生活的巨大变化。"

美国早期的一些创业者和领军人物，是他们把曾经微不足道的儿童书发展成为在一般图书出版业中占有巨大的份额。美国出版商周刊最近显著报道六位美国儿童图书的先驱者。

路·贝克特尔：最称职的女性童书编辑

1919 年夏天，第一次世界大战结束，美国最大的出版公司——麦克米伦成立世界上第一个儿童读物编辑部，公司总裁乔治·布雷特认为，如果有一位单独的编辑主管，儿童书恐怕比其他任何类图书能够获利。他还认为，儿童书或许比其他任何书都重要，在青少年道德观形成期，可用这些书对他们进行教育。

布雷特挑选路易丝·西曼·贝克特尔（Louise Seaman Bechtel）负责儿童图书部，这位雄心勃勃来自纽约布鲁克林的 24 岁职员，有高学位和教书的背景，上任不久便做出成绩，写出

《十四行诗编目》。

布雷特所以喜欢挑选女性任童书编辑，是因为他坚信女人比任何男人都更了解孩子，因此更胜任做启迪童智的工作。1928年，马奥尼在《号角》一书中也有很好评论，他说一位称职的女性，选择儿童书的成功几率高，在决定一本书的版式时，更像是给一个小女孩挑选合体的衣服，她们关注细节到极致。

麦克米伦成立儿童书部的成功，引起许多出版社纷纷效仿，布雷特鼓励贝克特尔继续创造佳绩。贝克特尔继承了一份丰富的“财产”——250种书的在版书，包括美国标准版的《爱丽丝漫游奇境》、金斯利的《水中娃》、莫尔斯沃斯的《布谷鸟钟》，以及拉克姆长长一套的礼品书。她的首要任务是选书，到1920年，她的任职书目已达88页，很明显，她不是简单地当一名守护员，而是在发展。她编了一本《关于书的插图资料书》，巧妙地将插图、促销文字和文学家的引言做艺术性的处理，成为展示编辑出版思想体系的一个橱窗。布雷特对她一年来的工作很满意，给她增加了工资。三年后她的工作更加得心应手，一位朋友给她写信说：“在我认识的所有人当中，你的生活似乎是最合适和最正点的。”

弗·梅尔彻：积极推动设立儿童文学奖

1917年，哥伦比亚大学创立普利策奖，每年颁奖一次，表彰新闻、小说、诗歌和其他文化方面的杰出贡献者。当时出生于新英格兰的书商弗雷德里克·梅尔彻（Frederic Melcher）认为，没有把儿童文学包括在普利策奖之内是一大憾事，后来他成为美国出版商周刊编辑和美国书商协会的秘书，一直在为设立儿童文学奖项而奋斗，是约翰·纽伯里金奖（John Newbery Medal）和考尔德柯特奖（Caldecott Medal）的发起人。

梅尔彻以出版商协会领导人身份首次参加在麻省召开的美国全国图书馆协会大会，同时还参加推广儿童书的活动，便借机要求向儿童图书馆馆员发表演讲。他鼓动听众：现在设立儿童文学奖项的时机已到，以奖励和宣传那些年青人在写作上的成就，而图书馆员与某一本特定的书并无利益的瓜葛，理应成为获奖人的评选员。

他建议这项新奖命名为“约翰·纽伯里金奖”，以纪念这位18世纪的英国书商、印刷商、出版商，是他提倡一种理念，儿童书应当在向读者提供教育的同时也要提供快乐。这一建议获得图书馆馆员的热烈反响，成为世界上第一个儿童书文学奖的起源。

图书馆协会主席亨特起草了评选儿童文学奖的办法，要求儿童图书馆馆员至少应有部分时间参与儿童工作，授权在下届年会上颁发第一次纽伯里金奖，获奖者需由参加评选的馆员投票提出，最后则由少数几位具有高水平和资历的人评判确定。

由于身份和工作关系，梅尔彻决定减少在公众面前曝光，以免降低奖牌的可信度。第一次投票，范隆的《人类的故事》胜出，1922年图书馆协会的年会上，上千名馆员参加颁奖，梅尔彻正式把奖品交给亨特，然后布鲁克林图书馆馆员把第一枚金牌颁给获奖者范隆，范隆发表了演讲，新闻媒体做了报道。

16年后，梅尔彻又建议设立“考尔德柯特奖”。这两项骄人的成就受到称赞，他本人则是世界的无名英雄。在随后的40年中，他不断重申儿童图书对繁荣文学和改善现代民主社会都至关重要。

艾·达格利什：首推科幻小说

到了20世纪30年代，即便是像声誉卓著的斯克里布纳父子出版公司，要想在图书馆为主导的儿童书市场获得成功，都需要有一名全职的青年读物编辑。艾丽丝·达格利什（Alice Dalgliesh）投身出版界，她具有前卫的教育背景，当过小学教师，在哥伦比亚师范学院做过文学导师，还在麦克米伦出版公司经贝克特尔编辑出版过几本儿童书。她到斯克里布纳出版社担任部门的负责人，建议贝克特尔让她一试身手为青少年写书，两人所见略同，相互支持。同时，她的办公室与著名的编辑家皮金斯邻近，也得到了皮金斯的指导。

作为在儿童书出版社的一名编辑，达格利什进行出版科幻小说的试验，后来成为她书目的一大亮点。经久不衰的畅销书目是斯克里布纳的插图经典系列，主要是韦思的艺术作品、韦思的导师霍华德·派尔的冒险故事，如《风中柳》《彼德潘》《小爵爷》以及 1927 年获得纽伯里金奖的詹姆斯的作品《烟火》，詹姆斯始终将他的书委托这位女性编辑。

达格利什发现，她接手的斯克里布纳的书目，都充满了男子气，如公认的许多经典作品《哈克贝里·费恩历险记》、吉卜林的《吉姆》、克罗克特的《金银岛》、埃格斯顿的《胡热尔地方的学童》，所有这些书主要是为儿童写的，大部分男孩读过这些书，是很多男孩子最喜欢的书。出版社大部分作家描写的坏男孩式的言行举止的科幻小说，与其他先锋式作品一样都卖得火爆。达格利什审读罗琳斯奋力写作的《幼崽》（*The Yearling*）一书的初稿，给予了很高评价，那些奇妙的河流和狩猎之旅，相伴着狗和猎枪，以及很多淳朴人们所关心的事，尽在她优美的笔下。罗琳斯 1933 年出版的《南方月亮的下面》，也有类似的描述。

《幼崽》一书于 1938 年出版，次年获得普利策小说奖，显示出达格利什已在斯克里布纳公司的男人中开辟出一片自己的天地，平静而能获益的前哨站。

格·霍格思：条件虽差工作出色

霍顿·米夫林出版公司姗姗来迟，于1940年设立一般儿童书部。但与第一次世界大战后十年间纽约一些主要出版社相比，霍顿也并不是一个新手，曾先后出版过两种19世纪美国传奇性的儿童杂志《我们的年青人》和《河边》，累积了一本令人印象深刻的书目，包括授权美国版的克里斯琴·安德森的作品，美国经典名作道格拉斯·威金的《森尼布鲁克农场的瑞贝卡》，菲奇·珀金斯的《荷兰双生》。

霍顿出版公司曾长期将儿童书作为非常盈利的教育出版部的一个附属品，到20世纪40年代就显得很不合时宜。一般图书出版部经理汤普逊喜欢儿童书，决定提升儿童书的地位，并任命霍格思（Grace Hogarth）为刚成立的儿童图书部的初任经理。她曾担任纽约牛津大学出版社少儿图书部的经理，声名鹊起，同时有丰富的印刷技术知识，也有插图、设计和编辑的实际经验，并与业内人士关系密切，很快适应新的岗位。初期出版社的儿童图书部设在一间狭小昏暗的房间里，窗户很少，两张办公桌，一个废纸篓，当年《大西洋月刊》奥尔得利奇经典小说《坏男孩的故事》系列交给霍格思，办公室桌上放不下，只好放到地下室的水泥地上。条件虽差，她还是很快融入了新工作。

霍格思在英国时曾出版过德国犹太艺术家奥古斯多·雷伊的插图童书，1940年德军占领巴黎，雷伊夫妇经巴西到达纽约，马上写信给霍格思报告他们的情况，她怕别的美国出版社抢先拿走书稿，便立即回信雷伊表示，“我会尽全力在本周决定出版你的书”，开始与德国犹太艺术家进行新的合作。

霍格思与雷伊夫妇见面讨论为少年儿童写作“引起大家快乐”的新颖图书计划，并建议雷伊去看望在双日儿童图书部的书店经理巴克斯代尔，在那里可以看到很多他感兴趣的书，特别是一本《抚摸小兔》，打开有一面小镜子可以折射出小兔。

后来，霍格思与雷伊签订了四本书的合同，虽然雷伊当时在美国图书市场还名不见经传。第二年出版了他的两本书，其中一本原来书名是《菲菲》，一名同事提议更名为《好奇的乔治》，后来成为经典童书。

厄·诺德斯特隆：钟情漫画书出版

20 世纪 40 年代初，一批崭露头角的青年编辑接替年老的退休者，厄休拉·诺德斯特隆（Ursula Nordstrom）是其中一位佼佼者。1910 年她出生在曼哈顿一个演艺人家庭，7 岁时父母离异，被送到一家寄宿学校，孤苦伶仃，这同她在《秘密语言》一本童书中所描述的情况相似。

1936 年诺德斯特隆参加哈珀兄弟出版公司，在大学部任职员，部门经理对这名年轻女士印象不错，1940 年便决定要她担任童书部经理，她很高兴地接受了此项工作，并表示：“放手让我干，我豁出去了。”

诺德斯特隆上任不久，在报摊上买了《狄克·特雷西》和《小孤儿安妮》两本漫画书，想了解是什么东西如此让孩子们着迷，结果她也喜欢上了漫画，认为漫画书的人物性格鲜明，名字搞笑，动感十足，有些作品画工精美。她奉行的出版信条是：“为坏孩子出版好书。”在随后的 35 年中，她出版了一批突破性的书，成就了一批作家和插图家，包括布朗、怀特、克劳斯、约翰逊。1950 年初，她在布鲁克林一家玩具店遇见年轻的艺术家森达克，便邀请他创作一部书，鼓励他自己写稿和插图，而不总是帮别人配图，相信他的书一定会很棒。结果，森达克创作了《野马到哪儿去了?》系列，获得成功，进入《纽约时报》书评版十本畅销插图书年度奖候选名单。

1964 年，诺德斯特隆获得更大的荣誉，成为继麦克尔德里之后在一年内得到两个奖项的编辑家。哈珀公司第一个纽伯里奖是内维尔的书《猫，是这样的》。年度双奖使诺德斯特隆在同事当中出类拔萃。

贝·瑟夫：成功推出“里程碑”童书系列

兰登书屋的合伙人贝内特·瑟夫（Bennett Cerf）原本对儿童类图书不感兴趣，甚至还嘲笑过儿童书，但在一次度假途中由一个偶发事件而萌发为青少年编一套“里程碑”系列书的计划，获得成功。

二战结束后，美国开始“婴儿潮”时代，一些有远见的出版商看到了儿童书能赚钱，蕴含巨大的商机。1948 年的夏天，瑟夫与家人到海边度假，有次在沙滩上问他的儿子，他是否意识到现在他们正站在三百年前“朝圣者”登陆的同一位置。儿子回答说：“爸爸你错了，他们是在普利茅斯的礁石上登陆的。”两人看法不同，瑟夫便建议直奔当地书店，找资料弄清这个问题。

瑟夫所说“五月花”号北美第一次登陆的地点是对的，但在书店的所见所闻却使他大吃一惊，当时没有任何一家出版社供应书店有关“朝圣者”的优秀儿童书。后来瑟夫在《兰登书屋》一书中回忆说：假期中我开始考虑这个问题，突然想到，应当有这么一套书，每一册介绍美国伟大历史的一个篇章，到休假结束时，我已拟好了头十集的书单，并且想好书名，这套书就叫“里程碑”（*Landmark Books*）。

瑟夫的合伙人西奥多·盖泽尔（Theodor Geisel）崇拜法国著名艺术家布伦霍夫（Jean de Brunhoff），兰登书屋早在1934年就出版了这位艺术家关于“大象巴巴”的大型画册，还有沃尔特·法利的“黑色牡马”系列，均很成功，为瑟夫做出了榜样。

初期，瑟夫将兰登书屋的儿童书项目交给他的妻子管理，后来他找到一位全职少儿编辑——有丰富出版经验的路易斯·博尼诺。有一天，她参加儿童教育委员会会议回来对瑟夫说，一位专家问她，你们为什么不出版针对五至六年级儿童的自传系列书。这件事引起瑟夫的同感。1949年10月，博尼诺携带设计好的样书遍访中西部的图书馆、书店、百货店和学校的关键人员，得到良好的反应。因此，瑟夫决定要找国内最著名的作家参与写书，首先想到坎菲尔德·费希尔，她是杰出的小说家，也是“每月一书俱乐部”的评选员。瑟夫不顾同事的反对，请费希尔吃饭，向她介绍“里程碑”图书系列，想请她写其中的一本。费希尔却回答说：“我看了系列书头十本的目录，我想写其中的两本。”

随着费希尔的加盟，“里程碑”系列的作者很快凑齐。1950年9月，头十本书从委托编辑到配图设计和最终付印，一切进展顺利，首印十万册。兰登书屋迅速完成儿童书大项目的消息在同业中引起轰动。瑟夫相信，儿童书仍有很大潜力，就规模和获利的可能而言，将成为下一个“金书”。

（原载《出版史料》2009年第4期）

美国《读者文摘》破产对我国期刊业发展的启示

周根红

2009年8月24日，美国拥有全球最大销量的家庭杂志《读者文摘》（*Reader's Digest*）正式申请破产保护。《读者文摘》创刊于1922年，被视为杂志业的“旗舰”，曾是全球最畅销的月刊杂志，即便在申请破产保护期间，其销量仍然处于全球第一。因此，《读者文摘》申请破产保护这一举动引起了举世关注，也被赋予某些象征意义。通过追溯美国《读者文摘》破产情况，可以给我国期刊行业，特别是大型期刊集团的发展提供以下五点启示。

一、重视新媒体的培育

《读者文摘》对美国以及世界各地都有长期的影响，它传播的许多价值观也对很多家庭产生了持久的作用。这次申请破产保护，导火线是在金融风暴的压力下，其广告量减少，而实际上则是因为《读者文摘》自身的老化和读者的老化，使得它难以面对互联网出现所产生的挑战。在网络的冲击下，资讯的呈现更加个性化及丰富化，资讯内容聚合技术出现更新，这就要求媒体在新的技术条件下找到新的价值调整方式。毕竟，在互联网时代，读者可以完全免费地便利地取得信息内容，花钱订阅、购买报纸期刊的年轻人越来越少。随着网络的发展，年轻人阅读习惯和休闲方式的改变也不断发生变化，如网络视频、手机媒体、移动电视等逐渐成为年轻一代的主要媒介。

在网络、手机、移动电视等新媒体冲击下，传统媒体出现衰退成为必然的结果，特别是报纸、期刊的发行量与阅读率总体呈不断下降趋势。如果传统媒体对新媒体的发展没有给以足够的重视，最后必然也会丧失发展机遇，直至出现《读者文摘》的结局。因此，面对这种情况，我国期刊行业必须改变方式以适应互联网时代，大幅削减自己的成本，以新的内容，特别是可以和互联网结合的内容，并以与网络融合的方式，重新吸引读者。其实，“传统”与“新兴”的分歧，无非在于电子媒体的强势。不过与几年前很多人担心“纸质媒体快死了”不一样，新媒体与传统平台之间未必是你死我活的关系。传统媒体从最初的抗拒，到平静接受了事实，接着出于求生本能，懂得要与新兴媒体“合作”，把纸媒生产、电子报、光盘出版等都融为了一体。事实上，在电子媒体初兴之际，许多传统媒体就开始两条腿走路，进入这一领域。对很多品牌媒体而言，很难说其是传统媒体还是新兴媒体。

二、做好投融资风险评估

2007 年，以纽约私人投资公司利普伍德（Ripplewood Holdings）为首的股权投资者以 24 亿美元的价格将连年亏损的《读者文摘》公司进行私有化收购，试图挽救这本曾经辉煌的老杂志。这次收购行为采用了私募基金典型的操作手法，以 16 亿美元优先支付的有担保债务和 6 亿美元优先次级本票的形式，为公司的资产负债表注入大约 22 亿美元的承诺债务工具。然而，从经济学角度来看，利普伍德采用的这一收购模式是典型的“杠杆收购”，而且是一种高“杠杆收购”策略。所谓杠杆收购也被称为高度负债的收购方式，是以少量的自有资金，以被收购企业的资产和将来的收益能力做抵押，筹集部分资金用于收购的一种并购活动。杠杆收购最大的风险存在于出现金融危机、经济衰退等不可预见事件，以及政策调整等等。这将会导致公司定期利息支付困难、技术性违约、全面清盘。此外，如果出现收购经营管理不善、管理层与股东们动机不一致等情况，都会威胁杠杆收购的成功。不幸的是，《读者文摘》被收购的过程正好是美国金融危机发生后的经济衰退时期。这一时期，正是投资银行业务的泡沫高峰期，资本本身存在不少泡沫，于是出现了《读者文摘》资金运转困境。

因此，在期刊行业的投资和融资过程中，应该做好充分的投融资风险评估，实行投融资风险的有效防御措施，具体来说包括以下几方面：首先，提高投融资平台的透明度，推动当前期刊行业通过投融资平台所形成的隐形负债向及时公开披露的合规的显性负债转变，改变当前信息披露严重不透明的状况。其次，推动投融资平台投融资行为的市场化。在当前的状况下，债券发行等投融资行为必须引入各种市场约束机制，如投资银行和会计师、律师、评级机构的参与等，促进投融资行为的规范化，实现资产的证券化和更为灵活的投融资结构安排。再次，银行应当推进更为审慎的投融资的风险管理举措。这包括对项目资本金的严格监控，以及对偿还能力的深入分析，控制发放打捆贷款，重点跟踪期刊行业的负债状况和偿债能力，来把握融资平台的还款能力和贷款风险。最后，建立投融资责任制度。无论是通过投融资平台的贷款行为，还是不同形式的发展行为，都应当要求债务规模必须与财力相匹配，建立投融资责任制度，严格管理担保行为。

三、强化危机管理策略

《读者文摘》破产保护申请的一个重要原因就是在金融危机期间，采取了一些治标不治本的应急性策略，如对杂志 LOGO 进行重新设计、裁员瘦身、停止按 401（k）计划为员工缴纳养老保险金等。然而，这些应急性策略却没有从根本上改变《读者文摘》“家庭杂志”的传统理念，甚至使调整后的《读者文摘》内容更加琐碎化、平庸化，而且传统的减薪和裁员等规避风险的方式也受到了来自社会舆论方面的压力。其实，在当前的金融危机和媒体语境下，《读者文摘》最为重要的变化无疑是加强危机管理，实行业务重组，而不是把鸡蛋都放在一个篮子里。

《读者文摘》的破产保护申请给我国期刊行业的重要启示是：在危机期间要加强危机管理，寻找突围策略。具体来说，有以下几种手段：（1）成本管理中的开源节流。在经济不景气之际，期刊行业的第一反应就是削减成本。受全球经济衰退、消费大幅下降影响，大多数期刊都采取裁员降薪的方式来降低运营成本。但是，在降低成本方面一些企业推行的开源节流的方式似乎更得人心：优化工作职能和业务流程、降低管理费用；营销、转型、开发新的产品，拓展市场、降低成本。（2）关键时期的品牌应对。在品牌认知方面多做投资，从而不断满足消费者的需求，可让消费者对媒体产生信任，而这种信任能带来他们对某一品牌的忠诚度，这往往是品牌媒体和大型传媒集团渡过难关的重要方面。（3）实施有效的人才战略。无论是金融危机发生后，还是危机过后，媒体都必须强化人员培训，提高员工技能，进而促进内部创新形成媒体竞争力。此外，还需要建立起完善的管理模式和人力资源管理平台，为媒体搭建具有前瞻性的人力资源管理平台，并为媒体可持续性发展提供足够的人力资源管理积累和人才储备。（4）优化重组形成新的竞争力。期刊行业要主动以市场为导向，加快经营结构调整，着力转变发展方式，有效克服危机冲击，继续保持较快发展。同时要在经济困难的情况下，主动实行期刊行业之间或期刊行业与其他行业、产业进行优化重组，实行强强联合和上下游一体化经营。

四、实现多元产业经营

《读者文摘》公司破产的困境还在于产业结构的单一化，除招牌《读者文摘》杂志外，《读者文摘》有限公司拥有 90 多份杂志，从中可以看出，《读者文摘》公司的产业基本上还是在传统媒体领域，没有形成较好的合力，因此在面对危机时，没有较好的产业资金支撑。《读者文摘》CEO 也在这次破产申请中总结道："在现在这个时候运作媒体，如果不懂得去开拓利用新兴得势的各种平台，注定只有死路一条。"[1] 其实，传媒作为一项产业，处于几种不同市场的交叉点上——科技、制造业、零售业、市场营销、广告——媒体的发展能够强有力地激励整个国民经济的发展。不仅如此，媒体的收入还由另外一些范围广泛的辅助性行业来支撑，而所有这些都有助于在萧条时期稳定工业发展，在条件良好时促进经济繁荣。

目前我国媒介资本涉足的经营领域有娱乐、房地产、旅游、餐饮、贸易等项目，跨行业经营可以使资本产生更大效益。以《家庭》期刊集团为例，《家庭》期刊集团坚持以品牌核心期刊《家庭》为龙头，进一步实施品牌发展战略，巩固和提升期刊出版发行的支柱产业，同时积极整合资源，发展壮大以图书和影视音像产品的出版发行业作为重点的相关产业，继续投入家庭网站及电子商务等高新技术领域，做大做强广告产业，积极稳妥地涉足房地产、生产制造领域，努力开发新的利润增长点，向实力雄厚的产业多元化集团发展。在今天这个媒介融合的时代，媒介内部资源向外部其他行业或部门的渗透和扩张，是实现规模优势、降低组织风险、营造持续竞争优势的战略行为。

五、媒体财务运营至关重要

2007年《读者文摘》被利普伍德控股公司收购之前，就一直处于财政危机状况，而利普伍德控股公司收购之后，更是加重了《读者文摘》的资金困境，负债高达22亿美元。因此，美国《读者文摘》的高杠杆收购不仅没有挽救《读者文摘》，相反，在金融危机、广告和发行双萎缩的压力之下，《读者文摘》最终不堪重负。从《读者文摘》的这次困局来看，媒体的财务运营至关重要。债负沉重、缺少足够的流动资金，是《读者文摘》申请破产保护的直接原因。

媒体财务工作涉及媒体内部的采、编、播、通以及经济的方方面面，是媒体健康、快速发展的前提和保证。因此，在媒体的发展过程中，有必要实行严格的财务运营机制：（1）运用财务杠杆，发挥资金效用。资金是媒体进行各项财务活动的前提和依据。媒体应以财务管理为中心，而财务管理以资金管理为核心，由此建立健全有效的资金管理制度，利用内部会计控制体系，以资金控制为重点，将资金控制制度渗透于媒体的财务活动全过程之中。（2）完善预算制度，提供决策数据。预算编制工作不能被动地接受财政拟定的指标，应全面考虑媒体事业发展要求，建立包括编制、审批、监督在内的全面预算控制系统，不断完善预算管理制度，减少预算硬缺口，严格控制预算追加，增强预算的严肃性和约束性。在分析论证的基础上，尽可能预计当年支出因素，从根本上改变预算执行中频繁追加的局面。同时，预算又应注意动态管理，对一些临时性或年内确实需要增加的支出，严格审批制度。（3）加强财务监督，防范潜在风险。要在制度上杜绝行政管理作风的发生，在资产购进、资金调拨、业务结算、对外投资等方面，实行重大事项集体决策和会签制度，不能以行政监督代替财务监督，这样才能增强媒体活力，以实现利润最大化为经营目标，使财务监督真正落到实处。财务主管应把工作重点从算账、报账等具体业务，转移到对财务活动的预测、决策、预算、控制、分析的全过程上，抓好内部管理控制，使责任落实到个人，使各项措施落实到位，定期对经济部门的财务收支进行公示，形成财务公开透明的民主监督制度，完善廉政建设体系，及时防范潜在的职业道德风险和财务运营风险。

注释

[1] 张璐诗. 危机并非始自破产. 新京报，2009-08-27.

（原载《出版发行研究》2009 年第 10 期）

日本动漫产业带给我们的思考

章文焙

动漫产业是国际上近十多年来成长非常迅速的文化产业，我国政府敏锐地看到了这一点，对我国动漫产业的发展高度重视，在政府大力推动下，我国的动漫基地、动漫制作公司如雨后春笋般涌现，大量的动画片不断推出。在这样的背景下，出版业也闻风而动，纷纷出版动画片的纸质衍生产品。尤其是在安徽少儿出版社出版的《虹猫蓝兔》创下销售一千多万册、销售码洋一个多亿的辉煌业绩后，出版社出版热播动画片的纸质衍生产品的热情空前高涨，热播动画片的纸质衍生产品的版权费也被抬到了 800 万元、1 000 万元的高位。

当出版社都以为找到了新的经济增长点的时候，市场形势却发生了变化。《虹猫蓝兔》热退潮了，随后热播的《小鲤鱼》、乘奥运会之势而热的《福娃》，其纸质衍生产品的销量，从开卷的排行榜看，最好的时候也只有《虹猫蓝兔》的四分之一左右，且在榜的时间也没有《虹猫蓝兔》长。目前在榜的动漫图书销量只有《虹猫蓝兔》当年销量的十分之一左右。动画片纸质衍生产品出版的效益在下降，风险在加大。那么，出版业该如何发挥自己的优势，在动漫产业这块大蛋糕中切到尽可能大的一块呢？本文想借助于对日本动漫产业的分析，就我国出版业如何介入动漫产业做一些思考。

之所以以日本动漫业为借鉴，是因为在日本动漫产业的发展中，出版业起的作用很大，所占的份额也更大。日本的受热捧的动画片大部分都是由广为流传的漫画书改编的，出版社在衍生产品的开发授权上，有很大的收益。比如集英社、讲谈社、小学馆，它们都拥有好几个著名动漫品牌形象，每年为它们带来巨大的收益。日本出版业的经验，更值得我们借鉴。分析日本动漫产业发展的模式，出版业可以从以下几方面入手。

一、下大力气抓原创，创造拥有自主知识产权的著名动漫形象

出版业要想在动漫产业链中占有较大的份额和较长久的利益，就必须拥有自主知识产权的著名动漫形象，站在动漫产业链的上游进行品牌形象的商业运作。要想做到这一点，就必须花大力气抓原创作品，而不能只盯着热播动画片的纸质衍生品。这是日本同行给我们的启示。

日本出版社出版的原创漫画书不仅多，而且出版的运作方式也十分灵活，便于操作。有从畅销小说改编的，有原创的。一部连载漫画，往往每周更新一期，遇到特别的节日，比如春节、情人节、七夕、新年等时，还会出一些“番外”（故事主干外的一些分支故事）或者“特别篇”。而一部新出的漫画，往往会先在相关的报纸杂志上连载，如果反响好，就会考虑出单行本。漫画书继续受到市场的欢迎，才会考虑进一步动画，搬上电视荧屏，紧接着再出周边产品。这在很大程度上避免了盲目投资。

我们现在的原创漫画书，品种不多，出版形式单一，拍成动画的极少，更别说形象的产业链运作了。市场上流行的动漫书大部分还是动画片的衍生产品。这样做的好处是，在动画片热播的带动下，书的销售有一定的保障。但是，动漫图书的收

益在动漫产业链中只是很小的一部分，且风险很大，书的动销周期极短，电视片播完，书也卖不动了。我们应向日本同行学习，发挥纸媒出版的优势，通过杂志、图书连续不断地推出系列原创漫画作品，经过市场检验后，再选择受读者欢迎的作品拍成动画片。这样的运作模式，可能一上来的收益不大，但投入也相对较小。而且因为经过了市场检验，成功的把握较大。即使动画片不播了，其图书也能畅销和长销。日本的《名侦探柯南》《蜡笔小新》等漫画书，一直长销不衰，就是明证。

二、拓宽动漫图书的受众群体和思想内容

在日本，动漫早已不是儿童的专属。如果按年龄来分，日本动漫可分为幼儿动漫、少年动漫、少女动漫、青年动漫、成人动漫等；从内容来看，根据日本动漫界的分法又有格斗、恋爱、搞笑、变身、推理、魔法等类型。不同的类型还可能交叉重叠。

正因为日本动漫的读者群体不局限于儿童和青少年，一些动漫作品也包含了比较深刻的哲学思考。比如高桥留美子的《人鱼之森》，通过描写一个吃了人鱼肉而长生不老的青年几百年来的经历，引出这样的问题：长生不老对于人类是不是幸福？是智者一个人永无休止的旅行好，还是短暂而幸福的一生更好？是不是生命有限才更懂得珍惜？这样的思想深度，对于成年人也是耐人寻味的。

日本民族是一个善于借鉴和吸取其他文化精华的民族，在动漫作品的创作上也是这样。除了表现本国的文化，日本动漫对其他国家的文化也非常感兴趣。如最近网上热播的《黑执事》便有明显的18世纪英伦风格，《开膛手杰克》《魔犬案》的情节有着福尔摩斯小说的痕迹。涉及中国题材的作品一直都长盛不

衰，比如《中华小当家》《D伯爵恐怖宠物店》等。而《尼罗河的女儿》则完全以古埃及为背景，充满了异域风情。

我们国家的原创漫画图书除少数几部外，大部分是针对少年儿童的，动画影视则基本上是少儿片一统天下，许多动画片还拍得相当幼稚，缺乏想象力，说教味太浓，这些都极大地束缚和限制了我国动漫的发展。我们不妨解放思想，首先在动漫图书的受众群体、思想内容上拓宽思路，不要只盯着少儿读者，也不要以为给少儿看的书就不能有深刻的思想。也许有人会觉得日本和中国的国情不同，日本成人有看漫画的习惯，而中国的大人还是认为动漫书为儿童读物，有排斥心理。早几年这个看法是有道理的，现在不同了。看着动漫长大的“80后”已进入成年，相信好的动漫作品还是会吸引他们的。日本动漫作品在中国的受众中有相当一部分是二三十岁的青年，就是很好的证明。

另外，也不妨实行一下拿来主义，或是改编世界名著，或是创作以别国文化为背景的动漫作品。我们一直都奉行“越是民族的越是世界的”，在考虑外向型作品的时候，首先想到的是表现民族文化的内容。但在互联网时代，各国人民的交流更加便捷，我们是否也可以改变一下思维？日本的漫画现在在欧洲也很受欢迎，在许多书店中都有日本漫画书出售。2009年3月德国莱比锡国际书展上，在少儿馆中，到处都是装扮成日本漫画书中斗士、美少女、怪物、动物形象的金发碧眼的孩子，可见欧洲孩子对日本漫画书的喜爱。这可能与日本漫画表现了他们熟悉的文化内容有关。

三、精心研究剧本和绘画，用最恰当的绘画风格和呈现方式表现作品的精神

日本的动漫广受欢迎，不仅故事编得好，绘画也很讲究。

从早期的《美少女战士》到现在的《魔法禁书目录》等，所承袭的都是这样的动漫风格：女孩子都是大得夸张的眼睛，有些婴儿肥的脸庞，男孩子一律都是帅气阳光的，这也是为大众广泛接受的风格。同时，日本动漫也有许多非常个性化的作品。简单稚拙的动漫，有早期的《蜡笔小新》《樱桃小丸子》到现在的《甜甜起司猫》等，因为这些动漫的受众群体往往是儿童，简单的画风能让他们更好地理解内容。细致烦琐的风格，代表作品有《圣传》《魔法骑士》等。《吸血姬美夕》则一直是铅笔淡彩的画风，那空灵淡漠的色彩下，隐藏了主人公刻骨的哀伤，令读者为之感动，为之叹息。

从以上作品可以看出，制作者对怎样用最恰当的绘画风格和呈现方式表现作品的精神，什么样的画风适合特定的读者等方面，也都是经过精心研究的。

反观我们的动漫作品，精品不多。要么故事不吸引人，要么绘画粗糙不讲究，要么人物造型没有特色，想象力不够，有的模仿痕迹也太明显，给人以仓促上阵的感觉，没有花时间沉下心来打磨剧情、研究绘画风格。但是，精神产品的创作有其本身的规律，所以，我们在生产一些短平快产品的同时，不妨花些人力物力，精心打造一些高品质的动漫作品。就我们出版业来说，在积极寻找优质动画纸质衍生产品的同时，一定要在原创漫画书上投入人力和经费，从脚本到绘画，从角色造型到呈现方式，都要认真研究，细细打磨，要推就推精品。

四、突破传统的图书宣传模式，利用现代传媒的各种手段推广宣传漫画书

在市场经济时代，产品要想卖得好，都必须宣传。传统图书的宣传方式大多是在相关报纸、杂志、互联网上发信息、书

评、摘要，做一些签售活动。对于漫画图书，还可以利用现代传媒手段进行多种的宣传。

动漫在日本已经形成了一个完整的产业链，除了传统的漫画杂志、漫画单行本、电视连续剧、电影版等以外，广播剧和舞台剧也占有重要的地位。

动漫的周边产品一直都是极其热门的项目。对于一个热门动漫，往往还会请到其主要的配音演员录制“角色CD”。相关游戏的开发也是持续不断，各种类型游戏层出不穷，让人眼花缭乱。动漫人物印在日常用品上已经是司空见惯，各种人物手办（按照动漫人物的形象做成的人体模型，很多都是限量发行，制作极其精美）、钥匙链、手机链、磁卡书签等，更是动漫爱好者不肯错过的收藏品。一些动漫中出现的道具也备受青睐，如《死亡笔记》中的“死亡笔记本”和配套的一支鹅毛笔，在动漫展上一出现，便被抢购一空。还有Cosplay真人秀。在日本，专业的Cosplay团体有上百个之多，而各种Cosplay的演出和比赛更是层出不穷。这样Cosplay所需的服装道具等又为动漫商提供了一个广阔的开发空间。

日本动漫产业链的形成，既使动漫文化产品的效益最大化，同时也有效扩大了动漫作品的宣传。我们国家的动漫产业链还没形成，一些实力雄厚的动画公司也正学习日本的模式举办种种活动，一些动画的衍生玩具、文具也在陆续上市。对于出版业，也许我们可以借鉴他们的一些方式，运用一些现代技术手段和互联网对我们的原创动漫图书进行宣传。比如，可以改编成广播剧，赋予书中人物个性化的声音；可以制作flash动画、qq表情、壁纸等放到网上，也可制作一些书中的小道具、书中形象的文具、贴纸等作为书的附赠品，甚至可以结合书中的情节开发一些小游戏。这些宣传手段很有效，流传面广，目标受众明确，且投入都不太大。同时，也可为我们介入动漫产业链中除纸质出版以外的其他业态积累经验。

五、大力引进、培养动漫编辑人才

日本漫画作为当代日本一个重要的文化产业，几乎和文学、影视等处在同等地位，无论在商业性上还是在意识形态上都是不容忽视的重要维度。日本有漫画杂志 2 000 多种，每月出漫画单行本 300 多种。支撑这个庞大产业的是一支上万人的编辑队伍和几千人的漫画作者队伍，其中著名的漫画家就有 1 000 人左右。而我们国家，漫画作者有 100 来人，成绩突出的不过 20 来人。熟悉漫画的编辑估计也就 100 来人。因为我国到目前为止只有 10 多种的漫画杂志，每年出的漫画书也很少。出版业要想介入动漫产业，在品牌形象的创造上有所建树，首先就会遇到人才的问题。虽然我们大学的美术专业、动漫专业每年培养出不少大学生，但他们离一个优秀的漫画编辑还有相当的距离。现代流行的漫画读物不同于传统的漫画及传统的连环画，它的一个重要的特点是影视语言介入漫画语言，使它具有了与影视分镜表类似的分镜系统。同时，与影视相比，文学在漫画中的介入更直接，这是漫画相对于影视的一个重要优势。

现代流行漫画读物的这些特点，对漫画编辑提出了很高的要求。编辑不仅要懂漫画，对影视的分镜头表现方法有一定了解，还要有相当的文学修养，这样，才能对稿件有比较准确的评判，从而在作者创作初期就介入策划，编出高品质的漫画图书。出版业要想在动漫产业上有所作为，就必须在动漫编辑人才的引进和培养上加大力度、加快进度，尽快建立起一支优秀的编辑队伍。有了一流的编辑，才有一流的作者队伍，创造拥有自主知识产权的动漫形象的目标才有可能实现。

综上所述，动漫产业是一个发展潜力巨大的文化产业，作为文化产业主力军之一的出版业，可以借助自己的优势，从纸质媒体积极介入，努力掌控核心资源，以获取更大的利益回报。当然，困难会很多，但我们必须有所行动、有所作为。因为，这既是形势对我们提出的要求，也是我们作为文化产业从业者的责任。

（原载《中国出版》2009 年第 6 期）

成果来之不易 研究仍需深入

——在《中国出版通史》出版发布会上的讲话

石 峰

经过八年的艰苦努力，由中国出版科学研究所承担的国家社科基金重点项目、“十五”“十一五”国家重点图书出版规划项目——《中国出版通史》，在中宣部、新闻出版总署、全国哲学社会科学规划办公室的关怀和领导下，在出版界老前辈、老领导和海内外专家学者的热心支持下，经过全国近两百位中国出版史研究者以及众多编校人员的艰辛工作，终于出版面世了。

一

《中国出版通史》从项目启动到正式出版发行，历时八年，工程浩大，困难重重，得来不易。这套书之所以历经种种困难而最终得以出版，是社会各界共同努力的结果。

全国哲学社会科学规划办公室对《中国出版通史》从立项审批到具体实施等各个环节都给予了大力支持和具体指导，多次派人出席有关研讨会，了解《中国出版通史》的编撰情况，并提出了重要的指导意见。在项目结题验收时，《中国出版通史》被评为优秀成果，对课题组的工作给予了充分肯定。

新闻出版总署党组对《中国出版通史》的研究编撰工作极为重视，从始至终在工作中予以具体指导，在经费上给予大力支持。新闻出版总署三任署长石宗源同志、龙新民同志、柳斌杰同志在指导和协调《中国出版通史》研究、编撰、出版过程中遇到的一系列重大问题上，做了大量工作，及时决断，发挥了无可替代的作用。宗源、斌杰同志还担任了《中国出版通史》的总顾问。图书司、计财司及分管署领导在项目申报、重点图书出版规划列选、经费拨付等问题上，也都全力支持，使得《中国出版通史》项目顺利立项，经费及时到位。

宋木文、刘杲、王益、王仿子、宋原放、戴逸、高斯等老一辈出版家惠然出任《中国出版通史》的顾问，他们虽然年事已高，但对《中国出版通史》的研究撰写工作给予了极大的关心和支持，在多次研究编撰会议上，他们就《中国出版通史》的编撰原则、体例、整体框架、研究的重点难点等问题都发表了许多很好很重要的意见，对编撰工作起了很大的指导和推动作用。编委会的几位副主任都承担着繁重的本职工作，但是每次都克服困难参加相关会议，从提纲的拟定到分卷书稿的审定，倾注了大量的心血，做了许多细致的工作。各位编委也都积极参与《中国出版通史》的研究编撰工作，很多老同志尽管年事已高，但只要是《中国出版通史》的会议都尽量争取参加；有的老同志虽没有参加《中国出版通史》的撰稿，但都参与了《中国出版通史》稿件的审阅，并认真提出意见和建议；一些京外的编委，多次千里迢迢来京参会，对稿件和整个项目的进展贡献了自己的智慧和力量。

几十位来自出版界和史学界的专家学者承担了分卷的主笔和研究撰写工作，他们推掉了其他工作，把主要精力投入到撰写《中国出版通史》中，几度寒暑，数易其稿，精益求精。参与审读稿件的史学专家和编辑专家本着对学术、对专业、对历史负责的态度，反复阅读各相关分卷的稿件，认真提出意见，确保了书稿的质量。

中国出版科学研究所、编委会办公室作为《中国出版通史》项目的办事机构，为参与本项工程的专家学者做了大量的统筹安排、协调保障、联络服务工作。为了使《中国出版通史》的研究编撰工作顺利进行，编委会办公室摸索出了不少好的经验和做法，如实行“分级责任制”“倒计时工作制”等，对提高书稿质量，加快编撰进度，起到了很好的保障作用。

中国书籍出版社为《中国出版通史》的编排、校对，付出了巨大的努力。出版界的几十位编辑专家参与了统稿和编辑工作，本着认真负责的精神，坚持精编精校，并及时处理了不少编撰中存在的疏漏和问题。

可以说，没有中宣部、新闻出版总署的大力支持和指导，没有各方面的关心帮助和积极参与，要完成《中国出版通史》这项巨大的文化工程是不可想象的。尽管我们的工作还存在这样那样的不足，但各方面的共同努力和热情支持，将成为我们美好的记忆和宝贵的精神财富。

二

从现在成书的情况看，尽管还有不少不尽如人意的地方，但这套书基本达到了目前我国出版史研究所能达到的水平。《中国出版通史》的出版，可以说是中国出版史研究的一个里程碑，对出版学的建立将起到重要的推动作用。但对出版史的研究工作还远没有完成，在出版史的一些重大学术问题上，在学界还存在不同见解，出版史料的搜集整理，也还有大量工作要做，在出版学的建立方面依然任重道远。因此，在《中国出版通史》出版之际，笔者谨提出以下建议。

其一，以《中国出版通史》的出版为契机，进一步活跃和深化出版史研究。《中国出版通史》的出版，不仅是中国出版史研究的一个新的起点，同时也为出版史研究创建了一个新的平台。我希望通过《中国出版通史》的出版，联络全国关心出版史的学者，形成研究合力，立足学科建设，做好研究规划，使出版史研究形成规模，引向深入。同时，历史的发展是永无止境的，人们对于社会历史的认识也在不断深化。时代的发展，对出版史研究提出了新的课题；史料的日益丰厚，为我们深化对出版史的认识提供了条件；研究者自身学术造诣的提高，对已有的研究成果会提出新的见解。因此，《中国出版通史》的出版并不等于出版史研究的结束，有关研究编撰人员要继续对一些尚未完全解决的理论问题、概念问题以及本书中着墨较少的部分进行深入的探讨，如出版史的起源、中国出版与同时期世界各国出版的比较、交流等问题，都要进一步挖掘新的史料，获得更加科学的认识。有的还应该进行专题研究，如对重要出版事件、重要出版人物、重点出版物等，都应该有专门的研究，以便在以后增补修订时充实完善《中国出版通史》的内容。

其二，要对《中国出版通史》研究编撰工作的经验进行总结。《中国出版通史》既是一部完整的通史性著作，有自己统一的体例和严谨的结构，又在各个分卷体现了各个作者的独立见解和写作风格。这种既集体攻关又发挥个人所长的做法，使这部著作不仅达到了一定的学术水平，而且有新意，有自己的特点，这也为科研所今后同类著作的编写和集体课题的完成提供了有益的经验。此外，在《中国出版通史》研究编撰过程中形成的工作方法和工作机制，也值得很好地总结，以带动和影响其他课题项目工作的进行。

其三，加强向社会大众宣传出版文化。作为我国哲学社会科学领域的填补空白之作，《中国出版通史》对于进一步推动我国出版史、印刷史、思想史、学术史、文化史等方面的研究和发展，对于弘扬中华民族的优秀文化传统、促进我国文化建设，都具有十分重要的意义。因此，我们要调动各种宣传途径和手段，一边研究，一边宣传，一边推广，进一步扩大出版的社会影响力。将来还可以把这套书做成电子版或者简写本，通过数字化手段和普及的形式，使更多的人了解我国博大精深的出版文化，增强民族自豪感，使中国出版所承载的历史资源、历史经验、历史智慧更好地惠泽后人。对此我们要有使命感，把它当作一项出版发展战略工作来做。

其四，做好《中国出版通史》的对外宣传工作。一方面，中国出版发展史所承载的博大精深的文化，需要我们共同努力，将其推向世界。另一方面，《中国出版通史》学术文化价值不仅是中国的，更是世界的。因此。我们有责任将这一研究成果推向世界。希望这项工作能得到宣传、出版和版权部门的大力支持，希望新闻界、文化界和出版界的同志们共同努力。

其五，重视《中国出版通史》的修订完善工作。《中国出版通史》的出版来之不易，但其中肯定还有这样那样的不足甚至不妥之处，欢迎出版界、史学界的专家学者挑毛病，提出批评。在广泛听取各方面意见的基础上，及时加以修订，使之更趋完善，这也是通史类著作通常的做法。希望中国出版科学研究所从现在起就要做《中国出版通史》修订的准备工作，要做出规划，要有专门机构负责，在条件成熟时及时进行修订。

（原载《出版发行研究》2009年第3期）

不辱使命　负重前行
——关于《中国出版通史》研究编纂和出版情况的汇报

郝振省

作为《中国出版通史》编委会的一位负责人，作为统筹这项重大出版文化工程的中国出版科学研究所负责人，请允许我代表研究所的老所长余敏同志简要报告这项学术工程的研究进程、主要内容、突出特点和质量保障工作的有关情况。

一、《中国出版通史》研究编撰的大致进程

中国是一个文明古国，历史悠久，其文明的发生与发展离不开出版业的贡献，但系统的出版通史之前还没有，1996 年一些老同志建议编撰一部《中国出版通史》，这就是研究编撰这部通史的最初动因。2000 年，在社会各界的大力支持下，在出版史学界专家学者的努力与参与下，《中国出版通史》研究编撰工程开始运行。2002 年，《中国出版通史》被列为国家社会科学基金重点项目，同时列入新闻出版总署“十五”国家重点图书出版规划，并获准顺延为“十一五”规划重点图书项目。自本项目启动以来，《中国出版通史》编委会组织召开了 18 次学术研讨会，先后讨论解决了分卷提纲、分卷主笔人选、个别卷变更主笔、分卷和卷名调整、各卷中少数民族部分的研究撰写和衔接等问题，决定将明代卷单列，将清代卷分为上下两册，将近

现代卷、当代卷改为《中华民国卷》和《中华人民共和国卷》，确定了少数民族部分的研究和撰写以少数民族文字出版为主，兼顾少数民族出版和少数民族地域性出版的原则。此外，还对全书的体例、写作风格、总序框架、起止时间等一系列重大问题进行了讨论并达成了共识。2005—2006 年，各卷的初稿基本完成并相继进入史学专家和编辑专家的审读程序；2006 年底各卷修改完毕定稿后，项目编委会提出结题申请并将 9 卷本、近 400 万字的书稿呈报全国哲学社会科学规划办公室；2007 年 3 月，最终通过国家哲学社会科学规划办公室的审核并获“优秀”等级；此后，全部书稿移交中国书籍出版社进入编辑出版环节，2008 年 12 月统一出版。

《中国出版通史》的研究编撰工作得到了新闻出版总署历届领导的全力支持。于友先同志对课题的启动给予了诸多关注；石宗源同志提出了“打造精品力作，传承出版文化”的研究宗旨和撰写要求；龙新民同志亲自主持党组会，研究解决《中国出版通史》编撰过程中的困难和问题；柳斌杰同志担任总顾问，多次强调《中国出版通史》研究撰写对于保存、弘扬中华文明的重大意义，并欣然为之作序；石峰同志受党组委托，全程主持了《中国出版通史》编委会的工作；宋木文同志在“出版起源”的讨论及民国出版史的研究撰写中起到了重要的协调和推动作用；邬书林同志参加了《中国出版通史》稿件的终审工作；阎晓宏同志帮助解决了项目启动时的经费困难问题；李东东同志分管研究所工作后，也对这项成果的推广、宣传提出了要求；还有出版管理司、财务司、商务印书馆的同志们在项目申报、重点图书出版规划列选、经费拨付等问题上，也都给予了大力支持。可以说，总署的大力支持和具体指导，为《中国出版通史》项目顺利完成提供了多方面、强有力的保障。

二、《中国出版通史》的主要内容

《中国出版通史》是关于中国出版历史的通史性著作，旨在梳理中国出版事业的源流、演变及其发展脉络，总结中国出版事业繁荣发展的规律，展示中华民族对世界文明所做出的巨大贡献。这部书共9卷，分别是：《先秦两汉卷》《魏晋南北朝卷》《隋唐五代卷》《宋辽夏金元卷》《明代卷》《清代卷（上）》《清代卷（下）》《中华民国卷》《中华人民共和国卷》。研究时段上起商周，下迄公元2000年，以研究我国历史上出版事业的产生、发展及其规律为基本内容，在对中国出版历史科学分期的基础上，将全部研究分为古代、近代、现代、当代四部分，涵盖以下十个方面的基本内容：

（1）各个历史时期出版事业发生发展的社会、文化背景，包括时代特点、学术思潮、文化政策；

（2）各个历史时期的出版业概貌，包括各朝代历史阶段的划分、区域概况、出版数量统计；

（3）各个历史时期的出版管理与出版机构，包括管理机构及制度（有关著作权、出版、流通等法规，审查制度与禁书）、政府出版机构（中央和地方）、民间出版机构（书坊、私家、寺院、书院）、官修私撰的编撰活动和校勘整理；

（4）各个历史时期的出版业分布，包括出版中心、重要出版地区、各地出版特色分析；

（5）各个历史时期的重要出版人物和社团，包括编辑家、出版家与出版思想、发行家、刻书家（印刷术发明前的以抄书为业的书佣和经生以及印刷术发明后的私人刻书家、书坊刻书世家及刻工）、出版群体、出版社团、文化团体；

（6）各个历史时期的重要出版物，包括类型分析、各个时期的代表著作、选题分析、畅销书现象和机制分析；

（7）各个历史时期的出版技术和装帧设计，包括复制技术（刻画、抄写、印刷、光电新技术）、书籍制度（简策、卷轴、册页）、装帧设计（字体、字号、版式、结构、封面、扉页、插图及演变）；

（8）各个历史时期的出版物流通与经营，包括流通渠道（聚书地、市场、读者）、版本记录（题记、牌记等）、经销策略（定价、稿酬、印数）、作伪与粗制滥造（制假、剽窃）；

（9）各个历史时期的中外出版交流活动，包括中外出版物交流、中外版权交流、中外技术交流、技术的外传（造纸术、印刷术的外传）；

（10）各个历史时期出版业发展的总体特点及影响，包括编辑思想及实践、出版策略及分析、出版研究及成果、优良传统及经验教训、对当时及后世的影响。

三、《中国出版通史》的突出特点及创新

《中国出版通史》在实证研究的基础上，力图突出一个“通”字，避免流于专史的简单拼盘，注重时代精神对出版活动的整体影响和整合作用，注重出版内外系统的内在联系及其发展，于沿革流变之中体现中国出版自身的发展规律，并在其中贯穿以下基本观点。

1.“以史为鉴”的学术追求

《中国出版通史》将出版活动放在当时社会经济和文化的背景下进行研究，以出版活动与社会经济文化的关系为切入点，深入探讨了出版发展的规律；既注重研究政治、经济、科技等诸方面对出版历史的影响，也研究出版对社会发展的推动作用，力图探寻并揭示中国出版事业发生发展过程的某些规律性，实现“以史为鉴”的社会价值。

2. 世界史的眼光

充分研究中国出版史对世界出版史和文明史的促进作用，研究出版、印刷、造纸技术的对外传播和出版物的对外交流及其影响；同时也注意研究国外出版技术、出版物在中国出版史上的作用，使中国出版史的研究兼具世界出版史的功用。

3. 统一的多民族国家的整体观点

全面反映各少数民族出版在中国出版史中的重要作用和伟大贡献及港、澳、台地区出版事业的发展情况，从而使《中国出版通史》成为一部名副其实的完整的“统一的多民族的出版通史”。

4. 大出版的视野

不仅反映由编辑、印刷、管理、发行、版权及书籍装帧等图书出版活动的各个环节及其之间的相互联系，关注文字、复制技术、载体的发明和发展对出版事业所起的巨大推动作用，而且将报纸、期刊、电子出版、网络出版等多种出版形式的发展史纳入研究的视野；同时，对以前研究相对薄弱的版权保护、经营管理、出版教育等问题，也有比较系统的描述，开辟了出版史研究的新领域，拓宽了出版史研究的对象和范围。

5. “史从考出、论从史出”的史料学观点

在中国出版史史料发掘方面用功尤深，考证、补充了许多鲜为人知的重要史料。如俄罗斯黑水城发现的以西夏文字印刷的书籍，为研究西夏的活字印刷提供了珍贵的依据；又如挖掘了太平天国时期农民起义军所控制区域内出版活动的史料；等等。这些新史料和新发现，对于拓展中国出版史研究的视野，对于中国文化史学等相关学科的研究，均具有重要的文献价值。

6. 加强学科整合及建设的努力

以历史的客观性为中国出版史研究的基础，在充分吸收已

有研究成果的同时，对中国出版史上一系列重大史实及理论问题进行了总结性研究，并做出了具有说服力的回答；在充分发掘史料的基础上，将出版活动放在不同时期的社会大背景下进行考察，对中华文明发展史进行了全面的解读，把图书史、印刷史、文字史等各个出版史分支学科整合到“出版史”的轨道上，由此在立意、结构、行文等方面形成了出版史所独有的学术风格，初步确立了出版史研究的新范式。

作为首部有关中国出版发展的通史性著作，《中国出版通史》在以下五个方面取得了开拓性成果：

（1）首次系统地梳理了历代出版活动，时间跨度上起商周、下迄公元2000年，叙述的出版史长达3 000余年，这不仅是中国，也是世界上“最长”的出版通史；

（2）首次对少数民族的出版史进行了梳理，各卷的内容都涉及了不同时期少数民族出版的发展状况，是中华民族完整的出版通史；

（3）首次囊括了港、澳、台地区的出版史，是真正意义上中国的出版通史；

（4）首次对现当代出版史进行系统梳理，叙述的下限直至公元2000年，填补了现当代出版史研究的空白；

（5）首次对“文化大革命”时期的出版史进行了系统梳理。

四、为确保项目质量所做的工作

《中国出版通史》研究编撰项目于2000年1月正式启动。一开始，我们就意识到它的神圣性、艰巨性及历史延续性，恪守三个“至少”（至少让编撰者自己满意，至少让专家学者满意，至少让读者满意）和三个“对得起”（对得起国家，对得起人民，对得起历史）的底线，在新闻出版总署历届领导的关心支持和社会各界的帮助下，筹措资金，克服困难，保证了《中国出版通史》的研究经费；遴选、邀请了国内一流的专家学者担纲主笔和副主笔，担纲分阶段把关的副总主编（后因体例缘故改任编委会副主任），构建并执行了比较严格苛刻的管理制度，使整个研究编撰工作最大限度地有序进行；把《中国出版通史》作为研究所这几年工作的重中之重，在编委会领导下，成立了编委会办公室，整合全所资源，尽最大努力凝聚社会力量，做好协调、组织、服务工作，确保了《中国出版通史》作为科研课题在2006年内顺利完成，在2007年内获得了验收通过，在2008年底出版问世。

为了保证这项国家社科基金重点项目和国家“十一五”重大出版工程的内容质量、史料质量、文字质量和图片质量等，我们主要采取了如下一些措施。

1. 建立了良好的把关机制，打造了课题质量的坚实基础

在总的成稿过程中，实施了编委会对副总主编、副总主编对分卷主笔、编委会办公室对副总主编及分卷主笔的责任机制。在成稿前，实行“三不”规制——没有充分了解和掌握《编撰手册》要求，不能进入起草明细提纲阶段；明细提纲未经编委会讨论认可，不能进入试撰写阶段；试撰写章节未经编委会讨论批准，不能进入正式撰写阶段。通过签订一对一的责任合同，开始进入研究撰写阶段。在成稿后，我们实行了编委会、史学专家、编辑专家三级审读制度，除了编委会委员之外，我们还邀请了清华大学、北京师范大学、中国社会科学院、中华书局、人民出版社等单位资深的史学专家和编辑专家对稿件进行审读，从研究思路、研究框架的调整，到文字的斟酌推敲，层层把关，从不同的角度查找问题，编委会办公室将有关问题汇总，返回给各卷作者加以修改完善。如此反复，有的作者甚至十多次修

改其稿，才有了我们今天看到的阶段性成果。

2. 调动了多方面的科研力量，保证课题权威性

《中国出版通史》是一项综合性、交叉性的课题，涉及出版学、历史学、文字学、文化史、思想史等多个学科领域，为此我们组织了史学界、出版界等多个领域的专家学者参与研究、撰写，邀请权威专家担任主笔。在《中国出版通史》的主笔中，有海内外知名的版本学家、目录学家和书史研究专家、国家图书馆发展研究院前院长李致忠先生，有民族史学、民族学研究专家、中国社会科学院学部委员史金波先生，有编辑出版史、年鉴学研究专家、北京大学肖东发教授，有出版史研究专家、中国出版科学研究所老所长方厚枢先生……，可谓尽一时之选。

为了提高课题质量，我们还邀请多个相关领域的专家对项目的进展提意见，对已完成的文稿进行审读，其中包括中国社会科学院学部委员、中华人民共和国史学会副会长喻权域教授，中国社会科学院《历史研究》杂志社副主编、民国史学者李洪岩研究员，中国社会科学院《中国史研究》主编、先秦史学者彭卫研究员，清华大学人文学院博士生导师、魏晋史学者王晓毅教授，等等。如果算上后期的出版编辑及审核人员，参与这项学术工程的专家有近两百人。他们为《中国出版通史》付出了重要的劳动，贡献了自己的心血和智慧，我在这里向他们表示衷心的感谢。

3. 发扬实事求是的学风，把统一编撰体例与尊重学术个性结合起来

《中国出版通史》项目不是一个单纯的编纂活动，它首先是一项富有原创性的重大学术工程，是建立在一系列扎实的专题研究之上的综合性研究。为此，我们充分发扬学术民主和实事求是的学风，先后召开了18次规模不等的学术会议，参加会议

人数达500余人次，印发简报及纪要30多期，邀请了王益、宋木文、刘杲、戴文葆、潘吉星、李致忠、吴道弘、邵益文、叶再生、方厚枢、汪家熔、刘光裕、王建辉、肖东发、曹之、缪咏和、王余光、周少川、朱赛虹等顾问、编委和作者，就研究撰写过程中不同阶段出现的问题展开讨论，对一系列的重大学术理论问题进行了深入的研究和探讨，初步奠定了《中国出版通史》具有原创性的学术著作的基础。

在坚持统一编撰体例的前提下，我们充分尊重作者的学术个性和学术风格，注意尊重和保护学者们的积极性和创造性。

在史学专家、编辑专家审读书稿过程中，也形成了一种良好的风气，大家都能本着对学术、对历史、对后人负责的精神，认真提出修改意见，甚至很严厉的批评意见，很大程度上减少了《中国出版通史》研究编撰过程中的错误与遗憾。为了确保研究质量，我们甚至下决心对不够负责任的情况进行了审慎调整（该项目的延期也与此有很大关系）。可以说，这种求真务实的风气，贯穿于整个《中国出版通史》撰写的始终。

4. 实行了编辑出版责任制度，打造图书精品

作为“十一五”国家出版规划重点图书，为了确保《中国出版通史》能够经得住读者的检验、历史的检验，真正成为精品图书，我们进入后，又成立了《中国出版通史》出版工作委员会，全权负责《中国出版通史》的编辑出版工作；制订了《〈中国出版通史〉编辑体例》，要求各个编辑加工环节严格执行，以确保各卷体例的统一；聘请中华书局、人民出版社、商务印书馆、天津人民出版社等兄弟出版社有丰富实践经验的编辑专家（都是从事编辑工作20年以上，同时也是这一学术领域且在出版行业中的权威人士或学者）担任特约编审。这些特约编审业务扎实、态度极为认真负责，发现并改正了书稿中的不

少错误，提出了很好的意见和建议，实际上是再一次的深度加工。有些资深专家审读过程中的眉批、修改及贴上去的小条子，甚至可以作为艺术品保存下来，以备后用。我们对这些专家表示崇高的敬意！

上述措施，有力地推动了《中国出版通史》研究撰写和编辑出版工作的顺利开展。2003 年 4 月，在全国哲学社会科学“十五”重点项目检查会议上，中国社会科学院文献信息中心主任，国家图书馆学、情报学与文献学学科规划评审组组长黄长著研究员，对中国出版科学研究所围绕《中国出版通史》项目所做的一系列工作给予了充分肯定。同年 9 月在国家哲学社会科学规划办公室召开的全国重点规划项目会议上，我们应邀介绍了组织《中国出版通史》研究编撰的经验。2007 年 3 月，作为《中国出版通史》的最终成果，全部 9 卷、近 400 万字的书稿呈报国家哲学社会科学规划办公室并被评为“优秀”等级。

《中国出版通史》是一项巨大而艰难的出版学术文化工程，在新闻出版总署党组的直接领导与关怀下，在业界的全力支持下，在专家学者的积极参与下，终于出版问世，我们感到莫大的安慰与踏实。同时，又为它存在的不足和问题感到惶恐和不安。究竟如何做好《中国出版通史》的宣传与发行工作，使它发挥应有的效应和功能，如何把《中国出版通史》的研究编撰工作提高到一个新的水平，如何借助《中国出版通史》的问世，把中国出版史的研究推向一个新的阶段，都需要继续付出艰辛的劳动和不懈的努力。为此，我们愿意一如既往地向各位领导、各位专家讨教，也期待大家不吝赐教。

（原载《出版发行研究》2009 年第 3 期）

记《中国出版通史》的前期策划

章宏伟

中国出版业在改革开放 30 年中成绩斐然，方方面面都取得了巨大成就。从出版理论方面来说，中国出版史学科建设无疑是比较引人注目的。从 30 年前甚至没有“出版史”这个概念，到今天各种出版史、编辑史、图书流通史著作不断出版，更有 9 卷本《中国出版通史》问世，而且中国出版史学科体系的讨论也日趋深入。9 卷本《中国出版通史》无疑是具有里程碑意义的，是新中国出版史研究的巨著。据笔者所知，《中国出版通史》脱胎于刘光裕 1993 年开始策划的《中国古代出版通史》。早在 1996 年 11 月，经刘光裕策划，并获得多方面协助，在济南成功举行了“《中国古代出版通史》编纂工作座谈会”。座谈会由中国出版科学研究所、中国编辑学会、山东出版总社三方联合召开，山东出版总社提供资助。这次会议是讨论编纂《中国出版通史》的第一次全国性会议。从此，联合全国力量编纂出版通史迈出了实质性的一步。笔者当年在中国出版科学研究所与中国书籍出版社工作，因而有幸亲身参加该项目的前期策划工作。1995 年，由我经手将刘光裕牵头主编《中国古代出版通史》作为中国书籍出版社的选题，申报“九五”国家重点图书出版规划项目，获得新闻出版署批准；1996 年，我又与刘光裕一起筹备组织了济南会议。济南会议参加者多是年迈的前辈，有些现在已经故去，唯我年轻。而且，了解这些情况的人本来很少。故而愿借宋应离、刘小敏两位先生编辑《亲历新中国出版60年》的机会，对我所知的这项工程做个回顾，为将来的出版史研究留份资料。

一、为什么要编《中国出版通史》

中国出版史是世界出版史上无与伦比的光辉一页。中国古代出版，对教育的普及、科技的发展、艺术的繁荣、国家观念的深入和巩固、民族精神的形成与发扬，以及国家文化、国家经济、国家政治等，产生了极为重要的影响。中国的古代出版，对周边国家如韩国、日本、越南等，同样产生了极为重要的影响，进而促使形成了至今犹存的东亚汉字文化圈。中国的文化史，包括思想史、文学史、科技史、教育史等，其发展和繁荣大都离不开出版对它的巨大贡献。与此同时，也创造了中国古代出版业本身在世界上独一无二的高度繁荣。中国古代出版史是中华民族对人类、对世界的文明和进步所做的，最具有持久意义和最具有深远影响的伟大贡献。今天的中国人，义不容辞地和理所当然地应该研究这一部分历史。

可事实上，中国的出版科学研究如果一定要画一条起始线，可以定在1985年中国出版发行科学研究所的成立，说明人们已经认识到要对编辑出版发行进行科学的研究。虽然说编辑出版工作每天都是在为不同的学科添砖加瓦，但对于编辑从事的工作，当时弥漫着“编辑无学”的观点，而且根深蒂固，曾激烈地争论了好些年。当时仅有的几个出版方面的专业刊物，如《出版工作》《出版发行研究》《编辑之友》，发表的文章主要是有关编辑出版实务内容的，这时研究出版史的学者并不多，出版史成果寥寥无几。方厚枢从1980年开始在国家出版局内部刊物《出版工作》上连载的《中国出版简史》，是最早的一种出版史论述；张召奎 1985 年出版的《中国出版史概要》，是第一部以出版史命名的著作。什么是出版史，还没有人讨论过，只是依稀把与图书出版史相关的书史、印刷史、编纂史、编辑史、发行史等都收在囊中。在这之前，有关图书印刷史、图书史、图书版本学的著作也不多，只有刘国钧的《中国书史简编》、钱存训博士论文的中文译本《中国古代书史》、张秀民的《中国印刷术的起源及其影响》、翻译美国卡特的《中国印刷术的发明和它的西传》、魏隐儒编著的《中国古籍印刷史》，以及余嘉锡的《古书通例》、王重民的《校雠通义通解》、张舜徽的《广校雠略》等，有关新闻报刊史的著作，也只有戈公振的《中国报学史》、方汉奇著的《中国近代报刊史》等不多的几种。1988 年韩仲民出版了《中国书籍编纂史稿》，张静庐在 20 世纪 50 年代编选有《中国近现代出版史料》。

造纸印刷、图书版本都是出版史不可回避的重要组成部分，但是印刷史、书史本身并不是出版史，它们是出版史的重要相关学科，创建出版史时需要借鉴、吸取这些相关学科的成果，然而不能混为一谈。出版史要想成为一门独立的学科，必须摆脱这些既有学科的窠臼。如果把《中国古代书籍史》《中国书史》《中国图书和图书馆史》等都说成是出版史研究的成绩，实在是贪天之功。包括写这些书的作者，他们撰写的目的本就不可能是作为出版史，甚至那时在他们意识里都没有想过“出版史”这个词。这些书都不是出版史，只是出版史相关学科所取得的成绩，包括被钱存训称为“划时代的作品”的张秀民的《中国印刷史》和钱存训为李约瑟《中国科学技术史》所写的第五卷“化学及相关技术”的第一分册《纸和印刷》。

20 世纪 90 年代以后，中国出版史著作纷至沓来。李致忠的《历代刻书考述》（巴蜀书社 1990 年出版），宋原放、李白坚合著的《中国出版史》（中国书籍出版社 1991 年出版），吉少甫主编的《中国出版简史》（学林出版社 1991 年出版），张煜明编著的《中国出版史》（武汉出版社 1994 年出版），姚福申著的《中国编辑史》（复旦大学出版社 1990 年出版），靳青万著的《中国古代编辑史论稿》（河南大学出版社 1992 年出版），吴柏龄著的《中国图书发行简史与发行刍议》（黄山书社 1991 年出版），汪轶千著的《中国图书发行的昨天与今天》（中国大百科全书出版社 1994 年出版）等，既有以中国出版史为名的通史性著作，也有编辑史、发行史著作，呈现出一片繁荣景象。这些著作大多是通论性的著作，都在构建出版史的框架。像这样密集地在短时间内出版这么多通史性著作，只能是如有的学者所说的“大部分论著教材都注意吸收考古界的新发现和学术界的新成果来充实自己的内容”，这样的评论既可以做积极的理解，也可以反过来理解为对于出版史自身的专题研究极为不够。

有的学者特别强调，研究出版史应该有明确的目的，研究工作不应满足于对历代出版史实的钩沉索隐和对历代图书的编辑、复制、流通、管理等出版环节的阐述，理出发展头绪也仅是研究的开始。我们要站在更广阔的社会背景之下，透过纷繁复杂的历史现象，全景式审视并清理出中国出版事业的发展、变革的脉络，总结其兴变盛衰的规律。毋庸置疑的是，研究出版历史，就是要以史为鉴，继承和发扬历史上的优良传统，就是为了创造出版的明天和未来，建设和发展有中国特色的社会主义出版事业。但在探讨规律之前，首先要建立一部出版史信史，这是建立中国出版史学科的首要条件，也是中国出版史最终作为独立学科得以成立的根本。

也就是说，出版史要有自己的研究对象、范畴和研究方法，要独立自主地搜集本学科所需资料，要坚持不懈地开展本学科的专题研究，出版史学科才能走向成熟，才能走出书籍史的窠臼与阴影，才会有出版自己的历史。这是当时我一直在考虑的课题，希望能够写出一部与历史上的辉煌相称的《中国出版史》来。

二、刘光裕对出版史的思考具有极大的启迪意义

刘光裕是山东大学中文系教授，他曾两度主持《文史哲》编辑工作，1984 年开始研究编辑理论，兼及中国出版史，是位有实践、有理论的高手，著有《编辑学论稿》《柳宗元新传》等。在山东大学念书时无缘认识他，一朝认识他后，我就为他那深厚的理论修养、严谨踏实的学风、文采飞扬的文笔、不折不挠的追求真理精神所折服，每每赞赏他的文章思想敏锐、材料充分、笔锋犀利。认识他后我就视之为自己的老师。

刘光裕有极强的问题意识，1987 年《编辑学刊》刊出他的长篇论文《论编辑的概念》，其意义并不限于如何界定编辑概念，更在于如何确定编辑学的对象和范围，因而成为 1990 年和 1994 年两次全国编辑学理论研讨会的中心议题，有关编辑概念的讨论从此成为中国编辑学界规模最大、历时最久的学术争论。刘光裕及其一派认为："有出版才有编辑，书籍编辑存在于发展于出版业中，所有编辑都存在于并发展于传播业中。"另一派认为：有书籍就有编辑；编辑可以与出版业和传播业无关，有"著作者的编辑活动""阅读者的编辑活动""教师的编辑活动""小说家的编辑活动"。刘光裕认为，这一派的编辑概念造成了编辑学的研究对象和研究范围的混乱，结果将会使编辑理论和编辑史成为"一笔糊涂账"，延误这门新兴学科的建设和发展。为此，他接连撰写论文，如《再论何谓编辑》《三论何谓编辑》《有出版才有编辑》。刘光裕坚持认为，编辑的历史不能脱离开

出版的历史来研究。因此，早在 1987 年就论证了孔子不是编辑。不承认孔子、吕不韦、司马迁等人是编辑家，这是他与另一派在编辑史领域的重大分歧。刘光裕于 1989 年最早界定出版概念，其表述为：“以社会传播为目的，利用机械或其他方法对著作物进行复制，此谓出版。”以后，他公开表明在出版概念上赞同林穗芳的表述，并采用其“抄本出版”之说。由此出发，他把中国出版史分为抄本出版时期、雕版出版时期、机械出版时期三个阶段。他说，不可认为凡抄本皆是出版，因此必须区分抄本中的出版与非出版。这是一个相当复杂的问题。在此前提下去研究中国编辑史，便可把它与著作史、编纂史、校雠史等区别开来。

刘光裕特别强调书籍史与出版史的区别，他说：书籍史研究的是书籍，出版史研究的是出版业与出版物，从出版物是书籍看，两者的研究对象是相同的。在现代，出版物应该包括书籍、报纸、杂志；古代没有报纸、杂志，出版物主要指书籍，但也不限于书籍；且古代的书籍不一定是出版物。就此而言，两者的研究对象不相同。出版史必须将出版物与书籍区别开来，因为出版史的学科对象、学科范围与书籍史是不同的。区别的目的，乃是为了真实地研究出版的历史过程，真实地显示出版技术与出版业的历史进步性。

出版史大致就是出版业的产生与发展演变的历史，所以出版史要把出版业置于首位。一般说，古代出版史主要是书籍出版史，然而并非有了书籍就一定有出版，因为，所有出版都把公众传播作为自己的最终目的与归宿，古今皆如此。历史上的书籍出版肇始于书籍公众传播之时；书籍是否公众传播乃是判断书籍出版是否诞生的关键。在古代，虽然已有书籍，只要书籍尚未公众传播，就是尚未有出版。所以，出版史要做的第一件事，就是考察古代书籍如何走向公众传播，何时开始公众传播。书籍出版产生以后，出版史重在考察三方面问题，借此了解当时出版业的具体状况。其一是，作者的作品如何问世？出版学所说作品问世，都是面向社会问世，或面向公众问世。其二是，读者通过什么方式或渠道获得书籍？亦即书籍流通或书籍发行的具体方式与渠道。其三是，存在于作者与读者之间的中间环节具有怎样的地位与作用？通过考察这三方面问题，人们可以发现中国古代出版业的具体形态，不仅与现代出版业有区别，也与欧洲古代出版业有区别。出版业的具体形态并不完全一样，中国与外国不一样，古代与现代不一样，这就是出版的历史多样性。刘光裕认为，出版的历史多样性乃是一种客观存在，一种不以人的意志为转移的客观存在。尊重出版的历史多样性，就是尊重历史事实，就是实事求是，就是从实际出发。如此研究出版史，可以避免拿了某个既定概念作为条条框框乱套数千年历史，也可以避免玩弄编辑、复制、发行三者的魔方组合，无中生有，生造历史。他甚至断言："不承认出版的历史多样性，中国出版史不可能走上科学之路。"

从与社会环境的关系看，一般来说，出版业的发展演变受社会文化（包括文化政策）、社会经济、出版技术这三方面的影响最为重要。刘光裕认为，中国古代出版业受文化与技术这两大因素的推动作用最大，流通与发行始终是中国古代出版中最薄弱的环节。在世界古代史上，中国是先进出版技术的发源地。对出版最具深远影响的两大技术即造纸与印刷，都是中国人发明的，世界各国的造纸与印刷无不都是直接或间接从中国引进的。对出版技术贡献最大之人，首推东汉伟大发明家蔡伦（63？—121）。博学多才的蔡伦，集汉代造纸技术之大成，终于发明了制造"蔡侯纸"的成套工艺与技术，圆满解决了纸业生产中的科技问题。蔡伦发明的工艺路线与模式，至今仍为世界造纸业沿用。在出版学看来，纸是一种书籍材料，汉代发明的纸是当时世界上从未有过的一种新型书籍材料。随着蔡伦制造的“蔡侯纸”天下“莫不从用”，中国从此进入全面推广应用纸的时代。纸的使用，在出版业内部引发了第一次革命；后来，印刷术的使用，又在出版业内部引发了第二次革命。出版史上这两次最具深远意义的技术革命，都是在中国首先完成，进而影响全世界。在出版学中，印刷是一种复制技术。印刷复制必须以纸为载体，故而纸的应用普及乃是后来印刷得以问世，进而得以推广的先决条件。由此看蔡伦对出版进步的贡献，是非常深远的，是不朽的。另要注意，汉代人造纸，旨在解决“缣贵而简重，并不便于人”这个社会问题，足以说明具有自觉的文化目的，并且洋溢着人文精神。两千来年前的汉代人造纸，不为宗教，不为神灵，全部目的是为了“便于人”，这就是人文精神。与欧洲中世纪文化相比，中华传统文化的特征之一为人文精神。蔡伦造纸大获成功，正是中华人文精神的一次重大胜利。蔡伦以后，纸书抄本立刻出现了，又迅速走向普及。纸书抄本在当时书籍媒介中，从经济实用与传播功能上看是世界上最先进的媒介体。纸书抄本为中国创造的第一个奇迹，就是建安文学与魏晋学术的繁荣。

当印刷术发明后，最早的印刷品多是佛像、经咒、历书、字书等非主流文化，亦即流行民间的大众文化，以后逐渐扩展到主流文化的经书、文集等领域。经过这样漫长而曲折的过程，印刷复制成功用于书籍出版；到五代，冯道（882—954）刊行《九经》成为雕版出版臻于成熟的历史性标志。公元10世纪以后，与现代出版基本特征一致的古代出版业，迅速遍布中国各地。世界古代史上，中国的出版技术与出版业在全世界长期担当领先者的角色。中国以外的所有国家，都是或先或后地，依靠中国的出版技术去建立自己的出版业。在欧洲中世纪，官府与宗教全面垄断出版业达千余年之久，千余年间不准民间染指。与此不同，中国自汉代以来，官府并没有垄断出版业（垄断是局部的或暂时的），相反是敢于将出版向民间开放，先进出版技术也向民间开放；向不同阶层开放，向不同宗教开放；开放的领域与范围，总的看随历史发展逐渐扩大。汉代以来的中国出版业，不仅拥有最先进的出版技术，而且是向民间开放的出版业，是没有垄断的多元化的出版业。比较中世纪以来世界各国出版史，出现一千余年全面繁荣与持续繁荣，而业绩最辉煌持久者，唯我中国一家而已。毋庸置疑，中国古代出版史在世界上独树一帜，具有无与伦比的重要地位。中国古人利用先进的出版技术，通过多元化的出版业，纷纷将教育用书、文艺作品、宗教著作、科技著作、学术著作等实现“化身千万”，空前迅速地，并且空前广泛地传播开来。出版业给文化的繁荣，不断带来了巨大机遇，形成为持久的推动力。出版业为教育、为文艺、为宗教、为科技、为学术等的发展与繁荣，总之是为社会文化的发展与繁荣，创造了空前有利条件。而文化的繁荣，又影响社会经济的发展，影响社会政治的发展。

刘光裕认为：当今中国人，似乎更清楚西方人如何利用出版去推动宗教改革，却不知道中国古人更早利用出版做了更多好事。个中原因，就在长期轻视中国自己的出版史。

刘光裕对出版史的见解深契我心，凭着编辑的敏感，我很是看好刘光裕这样的潜在作者。

三、《中国古代出版通史》的策划与启动

记得在1995年初夏，刘光裕从山东来北京找我，谈他的一

个宏愿，即在有生之年主持完成《中国古代出版通史》的编纂工作。选题一说出来，就得到我的积极赞同，我以为这是一项“千秋功业”。当时，我在中国书籍出版社主持编务工作，我们决定这个项目不仅作为中国书籍出版社的重点选题，还希望列为中国出版科学研究所的重点科研题目。当天，我陪同刘光裕拜访了中国出版科学研究所所长袁亮同志，得到了袁所长的热情支持，表示作为研究所的科研课题绝没有问题，并提出希望这个项目能够争取到国家新闻出版署的支持，最好能被列为国家重点出版项目，并能给一些经费的支持。一切都按照这样的谋划来进行。之后几天，我陪同刘光裕拜访了国家出版局原局长王益、中国编辑学会会长刘杲、中国编辑学会常务副会长邵益文，以及戴文葆、林穗芳等专家，得到他们的一致肯定和鼓励。

这样，中国书籍出版社就将刘光裕牵头主编的《中国古代出版通史》选题申报“九五”国家重点图书出版规划。因为选题意义重大，前期准备工作充分，一报就准，同时被批准的重点规划项目还有一部多卷本的《中国典籍文化史》。“九五”国家重点图书出版规划初评结果下达后，中国出版科学研究所老领导、新闻出版署党史资料征集领导小组副组长叶再生找我，希望能把他正在撰著的《中国近代现代出版通史》选题增补入“九五”国家重点图书出版规划。鉴于《中国近代现代出版通史》选题的意义，且能与《中国古代出版通史》前后衔接，成龙配套，经新闻出版署同意，我们将《中国典籍文化史》撤下，替换上了叶再生的《中国近代现代出版通史》。叶著《中国近代现代出版通史》后来经我手，2002 年 1 月由华文出版社出版，洋洋 4 大卷，近 400 万字。

为落实“九五”国家重点图书出版规划，1996 年，中国出版科学研究所开始启动《中国古代出版通史》的编纂工作。在刘光裕的全力促成下，山东省出版总社社长石洪印给以大力支持，1996年11月26日至28日，中国出版科学研究所、中国编辑学会、山东省出版总社在山东济南联合召开了《中国古代出版通史》编纂工作座谈会。这次会议，由原新闻出版署副署长、中国编辑学会会长刘杲主持，与会者有中国编辑学会副会长邵益文、宋原放、高斯，中国出版科学研究所副所长余敏，北京市新闻出版局局长何卓新，山东省出版总社社长石洪印，中国版协学术委员会主任吴道弘，浙江省版协主席谭克，以及福建李瑞良、江苏缪咏禾、安徽徐学林、河南大学张如法、复旦大学王华良、山东大学刘光裕、中国书籍出版社章宏伟等，总共17人，好像还有刘光裕的几个研究生列席会议。

这次会议的与会者，多数是1993年以来与刘光裕一起酝酿编纂出版通史者。这次会议的书面材料中，有刘光裕《关于编纂中国出版通史情况的汇报提纲》一文。全文分四部分："一、酝酿过程概况"；"二、关于工作的意义"；"三、有利条件与不利条件"；"四、大体设想"。有关这个项目的最初酝酿情况，我并不清楚。因此，将刘光裕《汇报提纲》中有关这项目"酝酿过程"的文字转录于下，供大家参考。

> 这件事的酝酿，最早是在中国编辑学会内部进行的。大概是1993年秋天，武汉举行出版史研讨会以后，一些同志深感中国需要一部完整的出版史，记录我们祖先在这方面早已举世闻名的伟大业绩。可能由于中国的高等学校未设出版专业，从来没有出版史这门课程，所以这方面的专业人才特别缺乏，给出版史研究造成不小困难。好在20世纪80年代以来，我国编辑学的研究出现高潮，同时带动了

出版学与出版史的研究。此外，各省市的地方出版志工作已经进行多年，投入了不少人力物力，成绩颇为可观。从建立出版史这门学科的要求来看，工作尚需进一步规范和提高；再者，出版志力量分散在各省市，单独搞大一点的项目，力量就嫌不足。针对这些情况，我当年曾与一些同志，或当面，或在书信中，商谈这件事。大家几乎一致认为，把各地出版志的力量和高校的力量联合起来，才有可能办成。可是，实现跨省市的联合，牵涉到方方面面的问题太多，地方上一时难以解决，因此要想出一个可行的办法，把全国力量联合起来才行。当年与我商谈过的同志有，浙江谭克、上海宋原放、江苏高斯和缪咏禾、福建李瑞良、安徽徐学林等，今天都在座。

过了一年，1994 年，在郑州举行的编辑学理论讨论会上，又议论起这件事，参加议论的有山东教育出版社的马惠敏等，并得到中国编辑学会邵益文十分热情的支持。以后，中国编辑学会的几位副会长邵益文、高斯、宋原放等，都一直关心这件事，并给予不少帮助和鼓励。编辑学会是最早支持编纂《中国出版通史》的学术团体，认为这是对国家、对学术都有益的一件大好事，只是觉得有些问题需找到合适的解决办法之后，才能付诸实施。

又过了一年，到 1995 年，我受高斯等人嘱托赴北京。中国出版科学研究所和中国书籍出版社得知此事之后，视为自己分内之事，最初是袁亮、章宏伟，以后又有余敏，都热情支持。特别是刘杲同志的支持，使我们的酝酿工作变得顺利起来。此外，关心出版通史编纂事宜，并给予指点帮助的，还有王益、吴道弘、林穗芳等。

刘光裕为会议所写“汇报提纲”中讲的“酝酿过程”，大概是较为真实的。据此可知以下几点：（1）最早酝酿编纂古代出版通史的时间为1993年；（2）1995年以前，这个项目完全是在中国编辑学会内部酝酿的；（3）最初参与酝酿者，多是中央或省市出版界的重量级人物；（4）出版科研所在1995年经刘光裕加入这个项目。

1996年的济南会议在山东省出版总社提供的一座小楼里召开，刘杲同志自始至终主持会议。与会者多为出版界老领导。像宋原放、高斯、谭克、李瑞良都年事已高，身体并不好，他们与会本身就是表示对编纂出版通史的一种支持。总的看，济南会议是成功的。

刚到任的中国出版科学研究所副所长余敏出席了会议，并代表研究所对《中国古代出版通史》项目的启动表示全力支持。他说，《中国古代出版通史》不仅是中国书籍出版社的重点选题，也是中国出版科学研究所的重点科研项目。中国是一个出版大国，也是一个出版古国，编纂《中国古代出版通史》是我国出版科研方面的一件大事。编纂工作既不能以论代史，也不能就史论史，一定要古为今用，从辩证的和历史的理性高度来研究出版史，更好地为今天的出版生产服务。这部著作应是集体的研究成果，要比较全面地反映我国出版史研究的成果。他希望《中国古代出版通史》能在2000年前基本完成，能成为代表国家水平的专著，为弘扬中华民族优秀文化做出贡献。

会议对编纂《中国古代出版通史》的意义、指导思想和措施等展开了充分的讨论。

会议认为，中国古代出版是中华民族对人类、对世界文明和进步做出的伟大贡献。研究中国古代出版史，其意义不仅限于出版史本身，它可能对学术史、思想史、文学史以及传播事业史的研究带来新的视野和活力，有利于出版理论研究的深入开展，也有利于出版学科的形成和建立。编纂《中国古代出版通史》不仅是进行爱国主义教育的实际教材，也是为世界出版界关注的一件大事。

会议对《中国古代出版通史》的学科定位进行了认真的讨论，认为应从出版角度来审视出版史，应当全面系统地介绍中国古代出版事业的源流、演变和发展脉络，探讨古代出版事业的发展规律和兴衰的原因，并且应当是全方位地反映出版事业的全貌，既要反映编辑、复制、流通各环节，也要反映出版事业和相关学科的关系，还要反映各个时期全国出版业的共通性和各个地区的特殊性，要正确反映出版业在中华文化形成、发展过程中的地位、作用和影响。

会议明确《中国古代出版通史》的编纂并不是将现在已有公认的成果集结成册，用论文集的形式把它表述出来。尽管十多年来出版史研究取得了许多成果，但仍有许多问题、观点需要研究、解决。所以编纂的过程是一个系统化的过程，也是进行再研究的过程，而且要反映出我国出版史研究的最新成果。选题与课题结合，无论是编纂工作还是研究工作，都必须坚持马列主义，坚持历史唯物主义。

会议认为，要把资料工作放到重要的位置上。《中国古代出版通史》应当是一部信史，要花很大气力去做史料的搜集和发掘工作。资料以全面、翔实、可靠为宗旨。要大量占有资料，尽可能使用第一手资料，选择能反映一个时期主要趋向的资料。这样才有助于我们了解漫长的出版业发展的趋向和脉络。会议提出要提倡、形成一种风气，即从资料入手，从个案入手，以促进编辑出版学研究的深入。

会议还对《中国古代出版通史》的框架、起讫、规模和分卷等进行了初步的讨论，对编纂工作的组织机构进行了讨论。全书计划分5卷、300万字，另编资料500万字。会议确定了各卷撰写人。

会议认为，《中国古代出版通史》的编辑出版不仅对出版界，对整个社会科学、人文科学的发展都有很大意义，希望这个项目能够得到新闻出版署和各地新闻出版局更多的关注，尤其是在资金投入方面需要得到更多的支持。

中国编辑学会会长刘杲做了总结讲话，他从建设有中国特色社会主义出版事业的高度，指出要加强出版理论和出版史研究。他认为搞《中国古代出版通史》，可以以史为鉴，总结历史经验教训，弘扬中华民族文化，促进出版理论研究深入开展。他还特别强调一定要做好项目的落实、组织的落实和方针的落实，要把编纂工作和科研活动结合起来，要制订统一的体例和编写计划，要把资料工作放到重要的位置上。总之，要把这个项目真正落到实处。

会后，我写了“会议纪要”，所以有些事情尚能记得较为清楚。

四、《中国古代出版通史》的前期成绩

济南会议之后，我们就分头紧锣密鼓地开始了工作。落实编写队伍，制订编写体例，排定时间进度，向新闻出版署申报项目。

刘光裕提倡脚踏实地研究的风气，反对出版史界的浮躁之风，他认为当今的出版史，其实是书籍史的翻版，或书籍史加印刷史；尽管有些人吆喝声音振天响，仔细一看尚在门外，并未走上正道，因此他要求大家研究出版史需从搜集资料着手。他这么要求的，自己也是这么做的，他总要在材料堆里理头绪。

比如对于纸发明以后的应用与普及情况，纸到底在何时开始完全替代简帛？广泛应用后对社会生活产生了何种影响？这些出版史研究首先要弄清楚的问题，国内外的研究几乎是一片空白。为了真正弄清楚它，刘光裕从1996年底起，把自己所有的时间都放在了这项工作上，他仔细阅读了自汉代至隋唐的所有史料和相关文献，把大量的资料输入了电脑，并开始写读史笔记，记录自己的考证和心得。他先后发表了《读史笔记》(《编辑学刊》1997年第3、4、5期连载)、《纸简并用考》(《编辑之友》1998年第2—6期连载)、《古代撰述国史称“著作”考》(《编辑学刊》1998年第4期)、《蔡伦年谱疏证》(《出版科学》1999年第3期)、《论蔡伦发明“蔡侯纸”》(《出版发行研究》2000年第1、2期连载)、《印刷术以前的复制技术——拓书与拓石的产生与发展》(《出版发行研究》2000年第8、9、10期连载)、《发明家蔡伦生平事迹考》(《齐鲁学刊》2000年第4期)、《简书的流通》(《编辑学刊》2000年第6期)、《论中国出版史的对象和范围》(《出版史料》2001年第2期)、《唐及唐以前的书法复制》(《书法研究》2001年第3期)、《古代拓书考》(《中国书法》2002年第4期)、《简帛时期书籍流通资料》及《抄本时期书籍流通资料》(收入《中国古代出版史资料》第一卷)等一系列专题论文。后两文关于抄本时期书籍的生产与流通问题，文献资料所显示的诸多史实，与当今学界的说法就有很大差别。又如有先生说：“书肆的货源，主要出自佣书之手。书肆可以雇佣书抄书，也可以收购佣书所抄书出售。”刘光裕对此并不盲从，一定要去找文献根据，找不到文献根据，就不予认同。他根据发现的史料，提出“士大夫制作自己需要的书籍，是抄本时期书籍生产的主流现象”的新观点，指出我国自西汉以来，书籍市场缓慢地扩大，但市场在唐以前书籍流通中作用不大。读者

“传写”或抄写在魏晋以来数百年里，是书籍流通的主要方式。没有了“传写”或传抄，几乎就等于没有书籍流通。类似这样的新见，在刘光裕的论著中比比皆是。

其他作者也和刘光裕一样，马上投入了紧张的研究写作中，如承担“明代卷”写作任务的缪咏禾，花了3年时间，写出了45万字，因等不及研究所的通史出版计划，在高斯同志支持下，2000年10月以“明代出版史稿”为题，先行在江苏人民出版社出版。

五、从《中国古代出版通史》到《中国出版通史》

1998年，我调离出版研究所，出版通史项目就改由其他同志负责。研究所继续抓紧通史项目的工作，并将古代出版通史与近现代出版通史合并为《中国出版通史》，组织专家学者重起炉灶，2002年被列为国家社会科学基金重点项目，同时列入“十五”国家重点图书出版规划，并顺延为“十一五”规划重点图书项目。《中国出版通史》在中国出版科学研究所组织的专家学者共同努力下，共8卷9册、300万字的大部头史书，在2008年12月由中国书籍出版社出版，好评如潮，可说是成果来之不易。当我们赞扬这批来之不易的成果时，应该记住最先发掘这一选题的刘光裕的贡献。

（原载宋应离、刘小敏编《亲历新中国出版60年》，河南大学出版社2009年版，收入本书时作者进行了修改）

听老编辑讲那动人的故事

——《编辑之歌》编辑札记

方厚枢

2007年春，中国出版工作者协会学术工作委员会召开会议，动议策划编辑一套《书林守望丛书》，为弘扬优良的职业传统做点实事。这一倡议得到出版界领导部门和一些老同志的赞成及大力支持，最终由首都师范大学出版社承担了这套丛书的编辑出版工作。经过几次会议的讨论、研究，确定丛书通过老编辑的生动讲述，反映编辑工作的创造魅力与内在规律，阐扬科学严谨、敬业奉献的职业精神，传承优秀的编辑传统与出版文化。丛书的目标读者是从事编辑、出版工作的业内同人，重点是在第一线工作的中青年编辑，也包括大专院校出版专业的师生、出版科研单位的研究人员，也可供爱书人阅读。

我作为中国版协学术工作委员会的委员之一，义不容辞地承担了其中一本介绍我国著名编辑家事迹的文集——《编辑之歌》的编辑任务。

关于介绍著名编辑家的传记和汇编多位编辑事迹的文集已出版多种，如何来编出新的特色？我首先做了一番调研工作，对已出版的同类书籍和多年来积累的报刊上发表的编辑事迹特写等文章进行研究、比较后，拟订了编辑计划，（1）根据丛书每本篇幅20万字左右的要求，选收已逝世的著名编辑家20人左右；（2）对每人的生平不做传记式的全面介绍，不论他们在出版界曾担任过何种高层领导，本书中均着重介绍他们在书刊编辑工作中的突出成就，并注重对其编辑工作经验的介绍；（3）约请了解情况的合适作者提供怀念文章。

经过反复研究，确定拟收的著名编辑家的名单后，分别向确定的作者打电话或写信，提出约稿要求。

收到约稿通知的同志在了解本书的编辑意图之后，都一致表示支持。在不到一个月时，我就收到了第一篇来稿——《知音和挚友——怀念编辑世家传人叶至善》。本篇作者史晓风曾任叶圣陶的秘书多年，与叶至善情同手足。他在文章中满怀激情地回忆了许多生动感人的故事。文中有一节“替至善兄了一遗愿”，说的是1998年春节收到叶至善寄来的一张贺年片，上面题了一首他的词作《蝶恋花》，反映自己的编辑生涯：

> 乐在其中无处躲。订史删诗，元是圣人做。神见添毫添足叵，点睛龙起点腮破。
>
> 信手丹黄宁复可？难得心安，怎解眉间锁。句酌字斟还未妥，案头积稿又成垛。

叶至善多才多艺，爱好音乐，曾在编辑工作的余暇将一些世界名曲和我国一些著名的唐诗宋词相匹配，著有《古诗词新唱》一书。有一天，史晓风跟叶至善说：“我很喜欢你的《蝶恋花》。一般的词牌名与内容是‘勿搭界’的，只有这首词牌名与内容很贴切。你也把它谱成曲子唱吧。还可以在《编辑研究》上发表，作为《编辑之歌》传唱开来。”叶至善苦笑了一下说：“那也总得等重编父亲的文集以后了。”遗憾的是这一愿望在他生前未能实现。2006年3月4日叶至善病逝后，史晓风为完成他的遗愿，试用19世纪美国一位作曲家的《梦中情人》曲，配以《蝶恋花》词成为一首《编辑之歌》。时隔不久，史晓风又给我来信，说他查到了叶圣陶1979年6月26日写给贾祖璋一封信中的一段话，可以为叶至善词中“难得心安，怎解眉间锁”一句作注解。叶圣陶的信中说：“至善把给孩子编书的事看得太认真，有时说起社中的工作推不动，竟至于失声而哭。他一天到晚在家看稿改稿，看完了到社中去接头谈事，回来时高兴少，懊恼多。我是非常同情他的，但是我没有办法使他宽心。”

史晓风文章中谈的这件事使我很受启发，决定将我编的这本书命名为《编辑之歌——怀念远去的英才》。

回忆韬奋事迹的著作和文章已有不少，但专门写他的编辑工作的文章还少见。我知道雷群明对韬奋的研究已有多年，发表过有关韬奋与出版的专著和文章。他于2002年接任“韬奋纪念馆”馆长后，边工作、边学习，对韬奋的研究有了更多的收获。我去信请他写一篇专谈韬奋和编辑工作的文章，他很快寄来《韬奋的编辑实践与编辑思想》这篇内容充实的新作长文。

耄耋老人李纪申是巴金的亲属，曾和巴金同在文化生活出版社共事多年。他接到约稿信后复信说，“虽年过九十，却有义难推辞之感”，于是，“往事再拾，查阅资料，重作构思以应命”。在7月暑热中他写出万字长文《巴金的编辑生涯》，详细介绍了巴金新中国成立前主持出版社、从事编辑工作的艰辛经历。

叶籁士在开创新中国出版事业中作出了卓越的贡献。张惠卿从1949年6月进华东新华书店编辑部工作后，就在叶籁士的直接领导下担任编辑工作多年。他应约写了《追念作为编辑出版家的叶籁士》，介绍了叶籁士对编辑工作所做的突出贡献的感人故事。

姜椿芳是我国现代百科全书事业的奠基者，我听说过姜老在编纂《中国大百科全书》中有许多感人的故事，于是约请百科全书专家金常政写一篇怀念姜老的文章，金常政又约请百科全书老编审黄鸿森合作来完成。他们俩都是跟随姜老从《中国大百科全书》最早进行的“天文学”卷起步直到《全书》第一版 74 卷完成，是了解情况最多的两位老人。黄鸿森已年近九旬，脑部供血不足，金常政也年近八旬且要照顾久病在床的老伴，但他们仍然克服困难，搜集资料，合作写成了《营造中华文化丰碑的巨匠姜椿芳》的万余字长文。

其他作者中，有的根据亲身的经历、见闻或多年研究的成果为本书撰写新作；有的在过去发表的文章基础上加以订正、修改或补充了新的内容。例如，王维玲将他 1990 年初写的怀念边春光的文章增补了近 2 000 字，其中有的是过去漏写的，有的是面对今天出版界的现状，将边春光讲过的一些对编辑出版工作很有感染力、富有现实意义的话补充进来。王维玲在给我的信中说：“边春光逝世后，中青社出版的大型文学双月刊《小说》约我写一篇纪念文章，我一口气写出这篇，感情色彩较浓。十多年过去了，回头再看心情仍很激动。”

商务印书馆的老编辑柳凤运跟随陈原多年，曾在多家报刊发表过介绍陈原的文章，是出版界著名的研究陈原的专家。我请她从已发表的文章中选出较满意的一篇加以修改、补充后给我。但她了解本书的编辑意图后，说以前在报刊上发表的都由于约稿时间急促、赶写而不够满意，坚持要重新思考写一篇新作。于是她花了较长时间重新构思，反复修改，甚至在老伴因病住院需要照顾的困难情况下仍未停止思考，成为我约稿最早而交稿最迟的一位作者。她的一丝不苟、精益求精，体现了商务老编辑的严谨精神，很使我感动。

《编辑之歌——怀念远去的英才》全书共收介绍 21 位著名

编辑家的文章23篇，难能可贵的是，为本书提供怀念文章的18位作者中，多数是高龄老人，其中90岁、86岁、81岁各1人，71～78岁11人，61～68岁3人。这些作者都有丰富的编辑工作经验，有多位同志曾分别担任过人民、人民文学、中国大百科全书、文物、中国青年、上海人民等出版社的总编辑、副总编辑，或是著名杂志的主编、副主编，以及在出版社、杂志社工作多年的老编辑。他们之中有的是跟随著名编辑家多年的秘书，多数是和著名编辑家共事多年，或对他们的编辑工作情况十分熟悉而素有研究的人。因此，在他们所写的怀念文章中，具有叙事真实、文字生动，并善于总结编辑工作经验的特色。

本书通过老编辑的讲述，可以鲜明地显示，这些著名编辑家们都十分珍惜“编辑”这个头衔并引以自豪。例如，叶圣陶在新中国成立后，曾先后担任过出版总署副署长、教育部副部长等重要职务，但他自己在晚年说，如果有人问他的职业，他就回答说，他的职业是“编辑”。在他94年长长的一生中，做编辑的时间超过60年。

叶至善从22岁起就跟着父亲叶圣陶学习当编辑，一直当了半个多世纪的编辑还“老觉着没做够”。1998年，中国少年儿童出版社为祝贺叶至善80寿辰，准备为他举办庆贺活动，他听说后表示不如出本集子，也许对编辑工作会有点用处。他花了一个半月的时间赶编了一册书，书中专收1979—1997年近20年来他从事编辑工作时所撰写的有关文章100篇，取的书名就叫《我是编辑》。书中如实反映了他的编辑工作经历，表达了他对编辑工作的无限热爱。在新书出版座谈会上，时任中国编辑学会会长的刘杲对这本书做了很高的评价，并说：“叶老把他的文集命名为《我是编辑》，寓有深意。这是一种宣告。它宣告了叶老作为一位老编辑，对编辑职业的强烈的自信、自尊和自豪。”

周振甫自1932年进入开明书店并从校对做起，1953年起转入中国青年出版社工作，1975年9月调中华书局直至1989年退休，在长达半个多世纪的时间里，他把大部分时间和精力都用在了默默无闻的编辑工作上。他不但是一名资深的老编辑，还是一位著述等身的知名学者，成果累累，不胜枚举。这位优秀的学者型编辑家的巨大成就从何而来？从中华书局的老编辑冀勤生动传神的描述中就可知道：

> 周先生像是特殊材料制成的人，他在工作中专心致志，从不闲聊天串办公室，不喝茶不吸烟，头也不抬地伏案审改书稿，如遇需要查什么书，便迈开碎步摆起双臂急匆匆去图书馆，很快查得，又急匆匆回办公室接着做下去，从不浪费时间。每天他总是早七时半到办公室，下午五时才走，往返挤公共汽车，从灯市西口到工人体育场，年复一年，日复一日，天天如此。直到1985年改为在家办公，每周到办公室半天。只有这时，周先生偶尔到我们办公室，就事说事几句话，说完转身摆起双臂走了，他不愿影响我们工作。……一次我问师母，周先生不是三头六臂，怎么能做那么多事？师母说，他每天晚上九点睡觉，夜里两点起床，开盏灯，不是看书就是写啊，做到早上五点多，我起床做早饭，他稍眯一下，吃过就上班去，振甫辛苦唻。周先生在一旁笑盈盈地说，弗辛苦，弗辛苦。[1]

通过老编辑的讲述可以看出，这些著名编辑家无不十分重视书刊编辑的质量。据史晓风回忆，叶圣陶在担任人民教育出版社总编辑时，对书稿的质量十分重视，许多中小学教材的书稿都经他逐字逐句修改定稿。他很欣赏毛泽东同志1949年9月为全国新华书店出版工作会议的题词："认真作好出版工作。"叶圣陶说："做任何工作都要认真，做出版工作特别需要认真。"他要求教科书不但"质文并美"，不许有一个错字、错标点，而且要求"及时供应，课前到手，人手一册"。据吴道弘回忆，王子野几十年来始终强调编辑工作的重要意义，以及对出版物质量的重大关系。1994 年王子野病危期间，他还对前来看望他的新闻出版署主要负责人说："提高出版物质量是最重要的。"

在老编辑的讲述中，还对那些著名编辑家如何重视编辑工作者的自我修养，如何做好编辑工作的方方面面，以及如何培养编辑人才等，介绍了不少经验和体会。

回望历史，为我国出版事业做出重要贡献的编辑家英才辈出，灿若群星，他们为我国编辑出版史谱写了许多动人的篇章。众多新作家的出现和优秀作品的诞生，无不和他们的热情关怀与无私帮助、指导密切关联。收入本书的 21 位编辑家，正如刘杲同志为本书写的序言中所指出的，他们当之无愧是中国编辑的光荣代表，是中国编辑高扬的旗帜和学习的楷模。他们的编辑思路和编辑实践各有独到之处。而作为编辑群体，他们共同铸就的高尚的编辑精神，必将永葆青春，光照后代。

注释

[1] 冀勤．难忘低调实干的编辑家周振甫//方厚枢．编辑之歌：怀念远去的英才．首都师范大学出版社，2009.

（原载《出版发行研究》2009 年第 2 期）

世界书业：从微观到宏观的审视

——读李苓《世界书业概论》

徐柏容

一

文化体制改革正在全面开展，出版改革是其中一个重要组成部分。出版改革虽是全面的改革，但对大多数出版社来说，从事业单位企业管理到全面的转企改制，应是改革中较为重要也较为复杂的一个问题。转制后会有利于出版产业充分运用市场机制而发展，有利于突破旧机制如地域、行业、行政级别等的约束，因而是需要深化并加快速度进行改革的。不过，改革的深化和加速，又不是随心所欲的，需要每一步都扎扎实实，以便尽可能不走或少走弯路。要做到这一点，首先就要真正熟悉、了解各方面的情况，特别是出版工作的情况——国内的情况和国外的情况，从而去粗取精，闯出自己的创新之路。从有助于我们了解国外出版情况来说，2008 年 10 月四川大学出版社出版的李苓教授的《世界书业概论》一书，可谓适逢其时。

这本书所说的“书业”，是有其特定指称的，它“是指人类运用印刷或电子技术，将文字、图画等稿件复制成各种形式的出版物并提供给众多读者所从事的一种营利性的、经常性的文化传播产业”[1]。这就把非营利性的出版事业排除在外了，而只限于营利性的出版企业。我们今天许多出版单位要转制而成的企业，不是与国外早已有之的“书业”有相似或相近之处吗？那么，他们的成功经验和失败教训，完全可以作为我们不走或少走弯路的前车之鉴。

书中指出，要理解“书业”，就必须掌握“书业”的四个特征：

第一，书业是图书复制活动达到一定规模，所生产的出版物具有商品价值以后形成的一种行业；

第二，书业在人类文化传播活动中的中介性；

第三，书业职能的双重性；

第四，书业活动的性质是一种文化选择功能。

从这四个特征看本书所说“书业”，和我们要“转企”的出版业，固然有相似或相近的某些性质，但也有不同之处，有的还可能是较重大的不同。例如，特征三所说的“书业职能的双重性”中，具体指出：“从绝对意义上讲，书业活动是一项寻求经济利润的商业活动，生产的读物属商品……从相对意义上讲，书业向人们提供的读物又不仅是一般商品，它具有改变人们思想和行为的社会作用，包含着很强的超越单纯牟利动机的文化属性，于是，书业者们的活动总是要受到经济效益和社会效益两个标准的检验和制约。”[1]这里，提及两个效益时与我们先提社会效益后提经济效益不同，而是先提经济效益后提社会效益。这并非出自偶然，而是由于外国的书业是把书业职能的双重性中的商品属性认为是“绝对意义”的，而文化属性只是“相对意义”的必然结果。和我们出版业转企后还是要以社会效益第一，兼顾经济效益，力求二者的统一，几乎可说是背道而驰的。

二

《世界书业概论》一书研究的对象，是世界各国书业组织的规模、机构、出版方针、经营管理、编辑出版手段、发行工作等。研究的重点是一些世界上的重要国家如英、美、德、日、法、俄、澳等。对这些国家的研究都是逐一安排专章编写，同时，对我国香港、台湾地区也设了专章。如果说这些研究论述用的是重点深入、逐一解剖的话，该书也没有因突出重点而疏忽照顾全面。为此，又设立了专章，对亚洲、欧洲、非洲、美洲及澳洲的书业，进行了由点及面的研究、论述。这也是将对书业的国（地区）别研究扩展到洲别研究的外扩式点面结合的研究方式。另一方面，在国（地区）别研究的各国（地区）专章和各洲研究的一章中，除个别外，又择出当地具有典型意义的书业组织，进行了“经典案例分析”——如对英国的培生集团模式、美国的汤姆生集团模式、德国贝塔斯曼集团模式、日本的讲谈社模式等的个案研究分析，则是从作为研究重点的国（地区）别研究中，再择出重点之重做解剖麻雀式的内敛式点面结合研究方式。这就形成一种以不同国（地区）别书业的研究为主轴，再辅之以洲别的外扩式研究、典型模式解剖的内敛式研究，体现从中观到宏观又从中观到微观特点的多维研究，自然就使该书的研究比其他只一般地介绍外国出版情况的著作更为深入也更清晰了。

作者对各国（地区）书业的研究主要是通过对其四重关系的描述与评价逐一呈现的。这四重关系的第一重是出版产业与政府形态的关系，具体是出版业的属性及控制模式；第二重是出版产业与市场形态的关系，具体为产权结构、市场操作（并购与融资等）、规模效益等；第三重是出版机构与发行销售机构的关系，具体为发行销售渠道的运作模式等；第四重是出版产业内部的关系，包括出版集团的组织机构、管理模式等。它在具体论述各国（地区）书业情况时，往往既从宏观审视——研究其书业的生存环境、生存与发展背景等，又从微观审视——研究其出版机构的运作模式、经营管理等；既做历史的回顾，又剖析其现时生存状态，还关注其未来发展趋势。这种历时性与共时性相结合的研究论述，便于我们从中汲取经验教训，为我所用。

三

分国（地区）别研究论述，是该书的一个主要组成部分，它虽只是该书上、中、下三编中的一编，篇幅却占有全书的五分之三。当然，这并不就意味着只占全书五分之二的上、下两编不重要。恰恰相反，上编的“世界书业总论”和下编的“困境与挑战”可以使我们高屋建瓴、综览全局，也形成本书与一般只是介绍外国出版情况的著作的又一不同特点。当然，只是介绍外国出版情况的书，也是有其市场的。不仅是在改革开放、敞开国门之初期，就是在改革开放三十年后，人们早已不是井底窥天了的今天，我们仍然需要不断了解世界情况，不断扩展眼界，但更需要在了解情况的基础上，进行深入的研究。从这个意义上说，《世界书业概论》的出版，也是适逢其时。而其中的上、下两编，也使得对世界书业的国（地区）别研究，通过总体审视得到深化。这样说是因为，《世界书业概论》中编的“各国及地区书业透视”内部，虽然还有更宏观的洲别书业研究和更微观的“经典案例分析”，但相对于上编和下编来说，整个中编本身仍只是微观研究，而上编、下编才是宏观研究、总体审视。

上编的“世界书业总论”标题，就已揭示了这一性质。下编“困境与挑战”也是从书业整体来审视、研究外国出版集团的生存模式、大众书刊时代书刊的品种以及书业所遭遇到的电子传媒的挑战，并从当今穿越时空，展望其未来发展趋势。这些论述，正是以上编对世界书业形成的关键因素、形成过程及其本质特征，以及世界书业管理的宏观研究，加上中编对世界各国（地区）书业的微观研究成果为基础而做的概括论述。我们如果将中编对各国（地区）书业的研究认定为逐点深入研究的话，上编、下编则可认为是以从历史到未来为线索，将这些点串联起来，成为一幅完整的全景画——不仅有骨有架，而且有血有肉的解剖式的全景画。

读了《世界书业概论》后，人们可能注意到，虽然有些地方如论述纸的发明、印刷技术等时，提到了蔡伦纸、毕昇活字等有关中国的情况，而整个论述则似乎主要是研究外国书业的。中编“外国及地区书业透视”中，虽有“我国台湾、香港地区书业”一章，却没有研究中国大陆情况的部分。书中所概括的书业四个特征，也可以看出是就外国书业情况而言的。因而，这实际研究的是外国书业。从本书下编一些提法，如不是像提“世界书业”那样提“世界出版集团”，而是提“外国出版集团”来看，不知作者是不是也意识到了这点？

注释

[1] 李苓. 世界书业概论. 成都：四川大学出版社，2008：34.

（原载《中国编辑》2009 年第 3 期）

科技出版必须以民族和国家的利益为第一要义

——有感《中国近代科技出版史研究》

周家华

从目前学术界对科技出版史的专题研究来看，由于科技出版史研究横跨科技史和出版史两大学科领域，研究难度大，成果相对较少，尤其近代科技出版史的研究更是如此。在这种情况下，《中国近代科技出版史研究》（冯志杰著，中国三峡出版社2008年版）一书的出版难能可贵。作者站在中国近代科技出版历史的大背景下，以历史学的实证研究为基础，理论与实证相结合，从科技出版的历史演进、出版物生产、出版组织机构、出版家等诸方面，首次对中国近代科技出版进行了比较系统的研究，勾勒出了中国近代科技出版的历史图景，对中国近代科技出版的产生条件、产生途径、发展动力、历史演进等进行了分析，总结了中国近代科技出版发展的意义、经验和启示。

一、作者认为中国近代科技出版产生的历史条件有三个

近代中国的基本国情和社会背景，孕育了中国近代科技出版产生的三个历史条件。一是经世致用思想的勃兴与睁眼看世界思潮的兴起，特别是稍后形成的“师夷长技以制夷”思想，为中国近代科技出版的产生奠定了思想基础。鸦片战争以后，国家内忧外患，积贫积弱，清朝野受到巨大震动，经世致用思想开始走向勃兴，逐渐占据思想界的主导地位。黄爵滋、贺长龄、徐继畲、林则徐、魏源、龚自珍等都是鸦片战争时期经世致用思想的倡导者。他们从当时国家日益衰落的社会现实出发，以务实、求用的精神，以经世致用思想为指导，开始睁眼看世界和学习西方的先进技术，并积极寻求解决国家危难的途径和办法。二是欧洲近代科学技术的迅速发展和对中国的输入，为中国近代科技出版提供了传播内容。出版是内容产业，科技出版的核心是对科学技术内容的传播。因此，没有近代科学技术，也就没有近代科技出版。直到鸦片战争以后，中国的有识之士才发现自己的差距所在，提出“师夷长技”，并以此为指导原则开展对西方先进科学技术的学习。三是近代印刷技术的日臻成熟为近代科技出版物大量复制与传播准备了技术条件。1833 年，英国传教士麦都思（Walter Henry Medhurst）将石印技术传入中国。1847 年，美国人谷立（Richard Cole）将铅制活字印刷技术引入中国，并于 1851 年完成小字及数目字字模的雕刻，应用于印刷生产。1858 年，美国姜别立（William Gamble）用电镀方法制造出汉字铅活字，并得到推广应用。

二、作者提出了中国近代科技出版发展的“三动力”说

一些学者认为，西方科学技术的输入，是在西方人用大炮打开中国的大门使中国沦为半殖民地的社会条件下和在列强的殖民化政策的支配下进行的，中国人对西方文化的接受是被动的，在 20 世纪以前西方人在向中国传播西学方面占有主导地位，至少在自然科学方面如此。作者对这种观点并不赞同，认为近代中国打开国门是被动的，而学习西方的科学技术则始终是主动的。作者认为，中国近代科技出版发展的社会动力有三个。一是中国近代早期的有识之士自发学习西方“长技”的内在要求及其实践。鸦片战争以后，产生了以林则徐、魏源、龚

自珍、冯桂芬等为代表的一批“睁眼看世界”的士大夫和官僚知识分子。这些有识之士，自看到西方先进技术的那一刻起就自觉地提出了“师夷长技以制夷”的主张。在学习近代西方先进科学技术上，中国近代的先进人士，始终是抱以积极的甚至如饥似渴的态度。而所谓被动接受，只不过是对清廷中当政的保守势力而言。正因为如此，中国近代早期学习西方的步伐很快，在短短的二十多年时间中就达到了一个高潮。二是西方传教士进行的文化渗透对中国近代科技出版的萌动产生了催生作用。这种动力对中国文化的发展具有两重性。作者承认，西方传教士传播西方近代科学技术适应了当时中国人学习西方“长技”的要求，在客观上的确催生了中国近代科技出版业的萌发。傅兰雅、林乐知、合信等人翻译出版了大量的西方科技著作，其中傅兰雅、林乐知还被清廷授予很高的官阶，以表彰他们在科技翻译出版方面所做的贡献。他们的工作对中国近代科技出版的产生和发展起到了促进作用，推动了西方近代科学技术在中国的传播与应用，成为中国近代科技出版产生的一股重要动力。当然，作者也指出，西方传教士来华传播科学技术知识，最初的目的并非是发展中国的科学技术事业和科技出版事业，而是为了向中国传播其价值观和道德观，从而在思想观念上实现对中国人民的奴役和控制。三是新文化运动和五四运动期间爱国知识分子倡导的科学救国思想是中国近代后期推动科技出版发展的新动力。新文化运动时期提出的“人权”“科学”到五四运动时期发展成为“民主”“科学”思想，并很快成为鼓舞人民反帝反封建的旗帜，同时也已成为中国近代科技出版的新动力，对五四以后的中国近代科技出版产生了重大影响，发挥了不可替代的历史作用。这一时期，整个中国社会在“民主”“科学”旗帜的感召下，思想得到空前解放。作为文化事业的组成部分，科技出版业得到了较快发展，迎来了中国近代史上的又一次高潮。

三、作者认为科技翻译是中国近代科技出版产生的必由路径

作者认为，中国近代科技出版是在翻译引进西方近代科学技术著作的基础上产生的，与西方的近代科技出版的产生途径截然不同。西方的科技出版是以西方自身的科学技术内容为基础发展起来的，而中国近代的科技出版的产生没有中国自己的科学技术作为支撑，其内容完全是借“西学东渐”从西方国家输入的。因此，在中国近代早期，所有科技出版活动均与科技翻译密切相关。可以这样说，没有翻译，就没有中国近代科技出版的产生和发展。这种提法是有历史依据的。

科技翻译是西方科学中国化的重要渠道和转化中介，是接受和融合西方科学文化的综合创造过程。近代中国由于特殊的国情和历史背景，从西方输入近代科学文化知识成为这一时期的主流。一批具有世界眼光的中国本土科学家，在反思和批判传统文化过程中逐渐成长起来，成为实现中国传统科学向近代科学转换的主角。他们自觉自为的科技翻译活动，对中国科学近代化起到了推进作用。尤其是洋务运动时期，洋务派倡导了科学翻译运动，此外，戊戌变法至五四运动前后（清末民初），中国知识界出现了科学的社会运动。这两次运动，引发了中国思想意识中科学思想、科学方法、科学知识的变革，为近代西方科学的中国化扫清了障碍，铺平了道路；科学翻译机构的出现为科学家提供了潜心翻译和切磋研究的空间，为科学家的成长提供了条件；科学书籍的翻译变得专门化和普及化，从而引导科学研究在专门化、理论化、系统化的方向上延伸，并同时向一般民众普及科学文化知识，扩大了西方科学在中国的影响。

总之，从冯志杰《中国近代科技出版史研究》一书中，我们可以得出这样的结论：中国近代科技出版是从学习、引进西方近代科学技术开始的，是中国近代史上对外开放的一种实践。近代科技出版，不仅与其他技术引进途径一起启动了中国科学技术的近代化进程，而且对中国革命的实践也产生了深刻影响。从晚清时期的学习西方长技到五四运动时期的科学救国，无不反映了民族和国家利益的需要，体现了社会发展对作为先进生产力的科学技术的客观要求。从这个意义上说，本文从历史角度论证了科学技术是第一生产力的正确性。科技出版作为科学技术的传播手段，必须以民族和国家的利益为第一要义，这是中国近代科技出版发展取得的历史经验。

（原载《科技与出版》2009 年第 11 期）

中国编辑学会2009年活动纪事

1月6日 中国新华书店协会召开第二届会员代表大会。桂晓风会长、袁良喜副会长兼常务副秘书长到会祝贺。

1月9日 桂晓风会长主持召开会长办公会议，讨论2008年工作总结、2009年工作要点、第十三届年会优秀文章评选方案及经营性图书出版单位等级评估工作总结。王德有、袁良喜、程绍沛、陶庆军和等级评估工作人员等参加了会议。

1月12—13日 桂晓风、袁良喜参加新闻出版总署召开的2009年全国新闻出版局长会议。

1月15日 学会向宁夏人民出版社发去贺信，祝贺该社建社50周年。

1月21日 中国编辑学会在北京召开会长（扩大）会议暨新春联谊会。桂晓风主持会议。会上传达学习了全国新闻出版局长会议精神。学会副会长、新闻出版总署出版管理司司长吴尚之讲话，充分肯定学会在过去一年中，围绕中心服务大局，在推进编辑学研究、促进出版业繁荣发展等方面所取得的成绩。学会副会长程绍沛汇报了本届理事会三年来做的主要工作，重点汇报了2008年的工作；副会长兼常务副秘书长袁良喜汇报了三年来学会建设及财务工作状况；常务副会长兼秘书长王德有对《中国编辑学会2009年工作要点》（征求意见稿）做了说明。

出席会议的学会副会长、常务理事和热心支持文化事业的企业界人士欢聚一堂，畅论发展。大家表示，在新的一年里，要以创新精神和求真务实的工作态度，扎实有效地做好各项工作，以优异的成绩迎接新中国成立 60 周年。会后举行了新春联谊活动，首都文艺工作者表演了精彩节目。

2 月 26 日　桂晓风参加《中国出版通史》出版座谈会。

同日　学会党支部派代表参加新闻出版总署召开的深入学习实践科学发展观活动总结大会。

同日　袁良喜主持召开了中国编辑学会编辑教育研究小组第一次会议。与会同志讨论了 2009 年度培训计划，就如何发挥学会优势，贯彻服务会员、服务行业的宗旨，加强培训的针对性，选聘优秀教师等问题进行了讨论。王德有、程绍沛、李敉力、董秀玉、蔡鸿程、刘拥军、尤广巽等参加会议。

同日　由中国编辑学会举办、中国编辑学会教育专业筹备委员会承办的第六届“未来编辑杯”征文竞赛评选揭晓。《编辑选择与社会文化》等 5 篇文章获一等奖，《论编辑活动文化选择的制约性与文化增值》等 15 篇文章获二等奖，《绿色 3G 时代的手机出版之传播特性、文化属性》等 30 篇文章获三等奖，《点燃前行的灯火——对编辑文化的几点思考》等 4 篇文章获优秀论文奖。

3 月 3 日　学会向王益同志治丧小组发去唁电，对王益同志的逝世表示沉痛哀悼。

同日　学会向韩国李正春会长发去贺电，祝贺他继任韩国出版学会会长。期望中国编辑学会与韩国出版学会的友谊更加密切，并在出版学术交流方面取得更多的成果。

3 月 15 日　学会召开“中国编辑学会第十三届年会优秀文章”评委会，95 篇文章按所涉出版物的类别（学术类、文化类、妇少类、应用类、综合类）进行评审，共评选出55篇优秀文章（一等奖10个、二等奖18个、三等奖27个）。并将这些文章编入中国编辑学会第十三届年会优秀文集。

3月26日 学会以中编学（09）字第7号向总署呈送《中国编辑学会关于轮值主办第十四届国际出版学术会的请示》。

4月21日 在人民教育出版社召开《中国编辑研究》编辑委员会会议，编委会主任王德有、主编邵益文主持讨论了《中国编辑研究》（2009）年刊入选目录。

4月21—25日 学会在北京举办汉语语言文字知识提高班，来自全国出版社的86名编辑人员参加培训。

4月22日 桂晓风在北京清华科技园阳光厅参加“在线全民阅读”网开通仪式。

4月26日 学会与中文在线在济南国际展览中心举办全媒体出版整合营销沙龙活动。桂晓风会长发表了《发展全媒体出版，为全民阅读服务》的致辞。新闻出版总署副署长、国家版权局副局长阎晓宏，学会副会长、中国出版科学研究所所长郝振省，中文在线总裁童之磊作为嘉宾致辞。作家出版社社长何建明等六位同志做主题演讲，一百余家畅销书出版社负责人和二十多家新闻媒体记者参加活动。

4月28日 袁良喜参加中国三峡出版社举办的“新农村建设丛书”出版座谈会暨向三峡库区赠书活动。

5月4日 桂晓风、袁良喜参加新闻出版总署出版管理司召开的经营性图书出版单位等级评估工作中介组织联系会议。

5月8日 桂晓风主持召开了评估领导小组扩大会议，传达新闻出版总署5月4日会议精神，讨论总署总装后社科、文艺类出版单位等级评估的结果，写出总结报告报新闻出版总署。

5月11日 桂晓风、王德有参加新闻出版总署召开的评估工作会议。

5月13—16日 桂晓风参加第五届中部出版高层论坛，对“对金融危机环境下的中国出版业的应对”“出版集团上市过程中的难点问题及对策”等问题进行研讨。

6月2日 学会举办图书选题策划培训班，来自全国出版单位的169名学员参加培训。

6月4日 学会将《第十四届国际出版学术会议议程安排》报新闻出版总署对外交流与合作司。

6月6日 桂晓风在上海参加“全球数字出版教育与出版产业研究高级论坛”，发表了《为数字出版业的大发展提供强大的人才支持》的致辞。

6月15日 著名编辑出版家，中国编辑学会第一、二届副会长和第四届顾问阙道隆同志于6月11日在北京逝世。学会发去唁函。刘杲、邵益文、王德有、程绍沛、张增顺等学会领导前往八宝山参加了阙道隆同志遗体告别仪式。

6月16日 学会向日本出版学会会长川井良介先生、韩国出版学会会长李正春先生发出邀请函，邀请日、韩出版学会派代表团出席2010年5月在南京举办的第十四届国际出版学术会。

6月17日 学会向新闻出版总署对外交流与合作司报送《关于应邀组团赴尼泊尔参访的请示》。

6月18日 桂晓风在南昌参加全国地方编辑学会联谊会。

6月19日 学会向台北市出版商业同业公会理事长李锡东先生发出参加第十四届国际出版学术会邀请函。

6月25日 袁良喜参加新闻出版总署主管社团负责人“加强行风建设”座谈会。会后，组织学习了新闻出版总署领导对贯彻会议精神做出的重要批示和副署长孙寿山、中纪委驻总署纪检组组长宋明昌的讲话精神。学会秘书处根据总署党风廉政建设领导小组办公室关于社会团体工作的汇报提纲的要求，对本届理事会成立以来的工作进行了回顾和自查，对进一步加强行风建设进行了研究，并向新闻出版总署党风廉政建设领导小组办公室呈送了自查报告。

6 月 30 日　在中国人口出版社的大力支持下，《优秀出版物价值论——中国编辑学会第十三届年会优秀文集》出版。

7 月 14 日　袁良喜代表中国编辑学会参加全国新闻出版局纪检组长座谈会并做会议发言。他在发言中介绍了学会在围绕中心服务大局、加强学术研究、坚持行业自律、建立行业规范、坚持依法办会、加强自身建设、努力提高服务能力和水平等方面的情况。

7 月 15 日　新闻出版总署办公厅以新出厅字〔2009〕278 号复函学会，同意学会于 2010 年 5 月 8—11 日在南京举办第十四届国际出版学术会，会议规模一百人以内。

7 月 21 日　学会举办图书成本核算与市场运作研讨班。桂晓风做开班动员，来自全国出版社的 188 名学员参加了培训。

8 月 10 日　桂晓风会长代表三个中介机构在出版社首次等级评估工作新闻通报会上发言。

8 月 14 日　桂晓风会长主持召开会长办公会议。会议听取了新闻出版总署召开主管社团负责人“加强行风建设”座谈会的精神、第十四届国际出版学术会议筹备情况、学会上半年工作小结及下半年主要工作安排，研究确定了第十四届年会召开的具体时间和地点。袁良喜提出本届理事会换届及筹备工作的建议。会议还讨论了少年儿童读物专业委员会换届组成人员名单和申请入会名单，同意长征出版社、中国摄影出版社、军事谊文出版社为单位会员，刘士忠等 14 位同志为个人会员。王德有、袁良喜、程绍沛、陶庆军等参加了会议。

8月15日 学会向单位会员发出《关于评选推荐百名有突出贡献的新闻出版专业技术人员的通知》。

8月17—19日 学会图书编辑学专业委员会在沈阳召开新形势下的图书编辑工作研讨会。桂晓风出席会议讲话，五十余位代表参加了会议。

8月19—20日 学会工具书和百科全书专业委员会在青海省西宁市召开年会暨学术研讨会，主题是：工具书、百科全书编纂理论与实务。出版界六十余位代表参加了会议，桂晓风出席会议并讲话。

8月23日、9月1日 学会两次召开推荐评选工作领导小组和专家组会议。经评审，从31名上报名单中推荐和龑、朱欣欣等14名同志为“百名有突出贡献的新闻出版专业技术人员”，并上报新闻出版总署参加评选。

8月23日 桂晓风主持召开会长办公会议。王德有传达了中纪委何勇同志在电视电话会议上的重要讲话精神和柳斌杰同志的重要讲话精神。会议回顾检查了本届理事会成立以来推进惩防体系建设的情况，对进一步加强惩防体系建设进行了研究。会后形成《关于贯彻落实中纪委驻总署纪检组〈通知〉精神，推进惩防体系建设检查工作的情况报告》，上报总署党风廉政建设领导小组办公室。

9月13日 学会翻译编辑专业筹备委员会、中国译协翻译服务委员会在武汉共同主办2009年中国翻译服务产业论坛暨全国第七届翻译经营管理工作讨论会。国内翻译界、翻译编辑界的150多名代表参加会议。桂晓风出席会议并讲话。会议就认清新形势、把握新机遇、明确新目标、发展新思路、翻译与出版产业的发展、翻译与高素质的人才培养、加强翻译和出版业界的密切合作、推动翻译和出版产业的发展创新与规范管理等问题进行了交流与研讨。

9月14日 学会在北京永安宾馆举办图书选题策划培训班，来自全国30个出版社的94名学员参加了学习。

9月16—18日 学会科技读物编辑专业筹备委员会在山东省烟台市举办了出版社转企改制后的总编辑工作专题研讨会。桂晓风出席会议并讲话，与会代表就出版社转企改制后总编辑这一岗位面临的新形势、新任务、新特点、新要求以及如何更好地履行职责展开了讨论。新闻出版总署出版产业发展司副巡视员张亮、人民军医出版社社长兼总编辑齐学进、人民卫生出版社社长兼总编辑胡国臣、知识产权出版社社长白光清等近40家出版单位的负责人参加了研讨会。

9月18—20日 学会美术编辑专业筹备委员会在厦门召开年会暨2009“金牛杯”全国优秀美术图书评奖会。来自全国26家美术专业出版社的社长、总编辑及代表38人出席会议。桂晓风会长发表了《美术出版社转企改制后要更好地履行对国家和民族的文化责任》的讲话。本次“金牛杯”评奖共有32家美术出版单位参加，送参评样书326种，按照优秀美术图书的评奖办法，经过评委两轮的无记名投票，评出金奖16种、银奖37种、铜奖62种。

9月23日 桂晓风主持召开会长办公会议。会上汇报了第十四届年会筹备情况，讨论了四届七次常务理事会议题及实施“经典中国国际出版工程”有关事宜。王德有、袁良喜、程绍沛等出席。

10月29—30日 中国编辑学会第十四届年会在安徽省黄山市召开。本次会议的主题是“编辑与文化”。来自全国出版界、教育界近百位专家学者进行学术交流与探讨。桂晓风在讲话中指出：近几年来，中国编辑学会的学术研究贯穿着一条主线“编辑与文化”、两大主题“文化”和“人才”，坚持为中华文化的伟大复兴提供编辑服务，为编辑工作的新使命培养高素质编辑人才。桂晓风强调指出：在今后的编辑学研究中，一方面要切实保持基本思路的稳定性和主要工作的连续性，持之以恒，锲而不舍；另一方面，要根据实际的需要和提供的新资料，不断补充、深化、发展研究课题，取得新的研究成果。

会议采取大会发言、小组讨论和论文交流等形式，探讨的主要问题有：编辑与提高国家文化软实力；编辑与提高文化创造力；编辑与提高文化传播力；编辑与提高文化在国际上的竞争力；编辑在廉政文化建设中的作用力；为了担当文化使命，编辑应提高学习力等。王德有做了《编辑是一种创新性的辑录活动，它的灵魂在于文化再度创新》的会议总结。

10 月 29 日 桂晓风在年会期间利用晚上主持召开学会四届七次常务理事会。袁良喜汇报了 2009 年上半年学会工作和下半年工作要点，对学会换届的有关问题提出建议。出席会议的常务理事进行了讨论。

11 月 13—16 日 由学会主办、学会电子与网络编辑专业筹备委员会组织，江西师范大学传播学院、江西省出版集团数字出版中心联合承办，在江西省南昌市召开了第五届全国电子与网络编辑年会暨数字出版、内容管理与新媒体发展研讨会。150 多位专家和代表参加了本次会议。桂晓风就“阅读”和“数字出版”发去书面讲话。会议研讨了教育和学术网站编辑及运营管理，大众、新闻及门户网站编辑，网络文化建设等问题。

11 月 16—19 日 学会少儿读物专业委员会在福建省武夷山市召开 2009 年度编辑学术研讨会，共同探讨繁荣和发展少儿读物的理论和实践。来自全国 28 家出版社的 46 名少儿读物编辑代表参加了会议。学会为研讨会发去贺信，会上宣布了经中国编辑学会批准的新一届少儿读物专业委员会成员名单。专委会主任孙学刚向新聘请的顾问和新聘任的副秘书长颁发聘书。本次研讨会共收到论文 85 篇，有 8 篇论文获优秀论文一等奖，30 篇论文获优秀论文奖。

11 月 17—19 日　在北京国谊宾馆召开“经典中国国际出版工程”专家评审会。邬书林副署长代表新闻出版总署出席会议并传达了柳斌杰署长的意见，对工程的由来、宗旨、评审中要把握的原则和对专家的希望做了全面阐述。桂晓风对“经典中国国际出版工程”专家评审会有关问题做了说明。经过 30 多位专家对出版社上报的 311 个图书项目进行评选，有 113 项入选，报新闻出版总署评委会终评。

11 月 20 日　学会编辑规范专业筹备委员会在北京召开“编辑文件个案分析研讨会”。出席会议的 40 多位代表多是全国百佳图书出版单位中成立时间较早的出版单位的社长、总编辑或资深编辑。熊国祯同志就《方舆胜览》一书做了部分编辑文件分析，中国大百科全书出版社的资深编辑孙关龙谈了审读《中国大百科全书》第二版稿件的问题和体会，高等教育出版社的副编审迟宝东分析了高教社“大学语文教学内容集成方案”的选题策划文案，复旦大学出版社社长贺圣遂介绍了复旦版《中国科技的基石——叶企孙和科学大师们》的出版过程，中国青年出版总社副社长、副总编辑胡守文披露了当年中青社出版《牛虻》的一些鲜为人知的艰辛等。桂晓风出席会议并讲话，认为从书稿的个案入手分析，切合实际，把握规律，说服力强；提高书稿质量，编辑责任重大，无论是实现中华文化伟大复兴的目标，还是继承中国编辑的光荣传统，当代编辑都有义不容辞的责任。

11 月 21—22 日 由学会编辑史专业委员会主办的中国编辑出版史与社会变迁学术研讨会在北京召开。会议主题是：以科学发展观为指导，深入探讨我国悠久的编辑出版传统及其对社会变迁的历史作用。会议交流了新的研究成果，为当今编辑出版实践提供参考和借鉴。来自全国编辑出版史界的专家、学者50余人出席了会议。会长桂晓风、副会长兼常务副秘书长袁良喜、顾问邵益文出席了会议。桂晓风就如何深化编辑出版史研究提出要求，编辑出版史专业委员会主任吴道弘做专题报告。

11 月 23 日 学会搬迁到北京市海淀区紫竹院路 116 号嘉豪国际中心 D 座 1202 室，作为临时办公地点。

11 月 26 日 桂晓风参加由版协经管会和上海市新闻出版教培中心举办的体制改革和中国出版业的发展研讨会。

12 月 4 日 在中国大百科全书出版社 10 楼会议室，桂晓风主持召开会长办公会议，讨论研究关于在北京举办出版社转企改制后总编辑工作高峰论坛，关于 12 月 28 日在北京举办文汇·彭心潮优秀图书出版基金报告会，以及做好年终工作总结和明年工作安排等问题。

12 月 5 日 学会在北京举办出版社转企改制后的总编辑工作高峰论坛，学会科技读物编辑专业筹备委员会、中国出版工作者协会科技出版工作委员会、学会教育专业筹备委员会、中国出版工作者协会校对工作委员会联合承办，高等教育出版社、《中国编辑》杂志社、《中国新闻出版报》、新浪网和网易网给予大力支持。新闻出版总署副署长邬书林、中国编辑学会会长桂晓风、新闻出版总署人事司司长孙文科出席会议并讲话。中宣部出版局副巡视员王泙、新闻出版总署产业发展司副司长张亮、中国出版集团党组书记兼副总裁李朋义、中国出版科学研究所所长郝振省等出席了会议。参加论坛的四个承办委员会的委员、在京出版单位的社长和总编辑以及媒体代表140余人出席论坛。

12月18日 桂晓风会长代表新闻出版总署主管社团在中国出版工作者协会成立30周年大会上致辞，向中国版协致以热烈的祝贺。

12月28日 中国编辑学会、《文汇报》社、文汇·彭心潮优秀图书出版基金管理委员会联合在北京（中国职工之家）召开文汇·彭心潮优秀图书出版基金恳谈会。桂晓风会长出席会议并讲话。会议由学会常务副会长兼秘书长王德有主持。彭心潮基金会副理事长、基金管委会副主任彭宏渊代表基金发起单位介绍基金的背景、发起和首届活动情况；基金管委会副主任、秘书长潘大明介绍第二届征集资助项目的要求和安排；中国作协副主席、天津作协主席蒋子龙等出席会议并讲话。

12月31日 著名编辑家、翻译家、第二届韬奋奖获得者、《中国编辑研究》年刊编委、人民出版社资深编审林穗芳同志于12月29日在京逝世。学会发去唁函。桂晓风、袁良喜、程绍沛等前往中日友好医院参加林穗芳同志遗体告别仪式。

（薛　楚）

编后记

《中国编辑研究》年刊由中国编辑学会主办，《中国编辑研究》编辑委员会负责编选，在人民教育出版社的大力支持下，于1997年创刊，每年一本。承蒙业内同行、高等学校编辑出版学的教育工作者，尤其是全国编辑出版研究工作者和相关领导部门、领导同志的关心、支持和鼓励，经过大家的努力，把它打造成为一个积累研究资料，进行学术交流的平台，实现了我们预期的目的，这是需要感谢大家的。

2010年刊总的栏目一如既往，没有多大的变化。只是考虑到近年来编辑理论和实际的研究在不断地开拓和深化，新的成果和见解常有展现，不同意见也时有发生，因而在选文时，我们更多地注意了不同观点的作品，目的是让读者了解更多的情况，以便做更深入的研究和更广泛的交流，进一步推动编辑学学科建设不断向前发展，使编辑出版理论研究取得更大进步。

在本辑选文过程中，我们觉得有这样几个问题，应该引起广大同行的注意。

一．要继续坚持马克思主义在意识形态领域里的指导地位

由于世界多极化、经济全球化、文化多元化和媒体多样化的深入发展及国际国内各方面的矛盾和问题相应交织、相互作

用，西方的思想文化、意识形态、生活方式对我国产生了一定影响。加上我国目前正处在改革发展的关键时期，各个方面、各个阶层的不同利益日益凸显，形形色色的社会思潮大量涌现，对人们的思想观念和理想信念形成冲击。在这种情况下，编辑出版工作者必须按照党的十七届四中全会的精神，遵循中国特色社会主义的指导思想，在社会主义中国的经济制度、政治民主和思想文化等重要问题上，增强政治敏感性，提高自身的鉴别力，巩固思想防线，尤其是要划清马克思主义与反马克思主义这条界限，包括在学术上，我们要坚持“双百”方针，也必须以马克思主义为指导，这是事关中国特色社会主义的指导思想和精神支柱的大问题。马克思主义是我们建设中国特色社会主义的根本指导思想，也是我们做好编辑出版工作的基本要求，更是我们在意识形态领域坚持和弘扬社会主义核心价值体系，坚持中国特色社会主义理论体系的主导地位，引领多元化的社会思潮，促进中国特色社会主义文化大发展大繁荣的基本保证。

二、要旗帜鲜明地反对低俗文化

一段时间以来，内容低俗的出版物招摇上市，贻害读者，污染社会空气，引起了社会的关注、舆论的批评。我们必须旗帜鲜明地加以反对，绝不能迁就放松、姑息纵容，甚至蓄意炒作、推波助澜、误导读者、危害社会。

出版物中的低俗之风，花样繁多，蔓延颇广。主要表现在对传统经典胡批乱侃，对历史人物极尽戏说、讥嘲之能事，或以揭秘爆料为卖点制造假象，影响读者的判断。有的宣传拜金主义、唯利是图等“要金不要心”的错误思想，模糊了人们为人民服务、奋发向上的人生观。有的炒作名人、明星的隐私绯闻和生活琐事，迎合部分读者的猎奇心理。有的宣传离奇古怪的“养生之道”“治病秘方”，用反科学、伪科学糊弄读者，造成思想混乱，甚至误导人们的健康生活。有的宣传“厚黑学”，鼓吹一切以个人某种目的为中心，为了达到这个目的，不惜开出奉迎吹拍、心计权谋、尔虞我诈、虚伪圆滑的处世“妙方”，毒化社会风气。有的为了追求眼球效应和感官刺激，居然渲染淫秽色情，大打“性”的擦边球，模糊社会的道德底线。有的以揭“黑”为幌子，大写暴力、凶杀和糜烂生活，毒害青少年读者。还有的宣扬风水、面相、手相、生日星座决定吉凶命运等宿命论和封建迷信思想，消解人们的思想、信念。低俗出版物从表面上看，是有的出版者以赚钱为目的，唯利是图，实际上是渲染社会的消极因素，败坏社会风尚，消磨人们的意志和追求，不利于弘扬正气、塑造美好心灵、培养优良品德、建立良好的精神氛围。

三、要重视当前某些中文出版物夹杂字母词日趋泛滥的现象，净化汉字语言环境

近年来，国际交流日益频繁，新概念越来越多，在某些出版物中字母词大量出现，极大地影响了我国语言和文化环境。面对这种状况，新闻出版总署领导明确指出：在汉语中不规范使用字母词，会直接造成交流的不畅通，人为地在广大读者面前设置了一道语言屏障。汉语言文字博大精深，作为一种成熟的语言符号体系，应该保证它的严正性、系统性和规范性，没有必要刻意使用外文字符。

由于信息和网络技术逐渐发展，助长外来语通过互联网很快渗入汉语，时间一长，使有的人只知道 WTO、GDP、GPS、DNA，而忘了“世界贸易组织”“国内生产总值”“全球定位系统”“脱氧核糖核酸”等汉字词语，这是值得注意的。我们认为，作为编辑出版工作者，在一般出版物中，要注意慎用字母词。要严守《中华人民共和国国家通用语言文字法》，认真执行新闻出版总署的有关规定，不使字母词继续蔓延，扰乱汉语语言文化环境。这是编辑工作者义不容辞的社会责任和最起码的职业要求。

当前，信息和网络技术飞速发展，编辑工作的空间越来越宽阔，时间要求也越来越快，新生事物和新的名词概念越来越多，对编辑工作的要求也越来越高，难度也越来越大，这也是社会发展、时代进步的客观要求。编辑工作者要适应这种新的环境，必须坚持不懈地学习，不断提高自己的思想政治水平、精神境界和知识技能，改进工作作风。我们的一切工作，都是为了读者能够更好地阅读，并通过阅读把自己塑造成社会主义建设的有用人才。我们既然选择了这样一个通过提供优秀出版物为读者服务的职业，我们自己就应该更好地阅读和学习。

编者

2010 年 12 月